増補改訂

本願寺史

凡例

一、漢字は原則として、現行の字体を用いた。ただし、異体字・かな記号などをそのまま用いたものもある。合字のゟ（より）などはそのまま用いた。

一、人物名に関しては、親鸞聖人は「宗祖」とし、本願寺歴代には「宗主」を付した。その他、真宗他派の歴代上人などへの尊称は用いなかった。また、文章表現にも敬語を用いず、死没の表現は宗祖のみ「示寂」とし、他は「死去」「没」とした。

一、引用史料には適宜、読点を施した。漢文の史料には返り点を付し、仮名主体の史料には適宜、右側に漢字を傍記した。

一、明らかに誤記と判断できる場合は、傍注に正しい表記を付したり、（ママ）などと注記した。

一、改元のあった年については、原則としてその年の初めから新年号で表記した。

一、出典史料の所蔵および同史料の刊行物所収に関して、本文中に注記する場合は、同じ史料出典・所蔵が頻出するものについては、当該章および当該節の最初の掲出時で示した。著名な史料集については、編著者名を省略した。『龍谷大学三百五十年史』史料編の引用については、『史料編』第二巻のように略記した。

一、本巻の出典史料は、ほとんどが本願寺の所蔵ならびに本願寺史料研究所の保管、龍谷大学の所蔵である。また旧版『本願寺史』第三巻の史料を引用した場合もある。なお本願寺史料研究所保管は本文中に「史料研保管」と略称した。

一、出典史料の確認については、既刊の本願寺史料研究所編『本願寺年表』の各項目も、合わせて参照されたい。参考文献については、適宜注記した。

一、本書の中には、当時の差別的名称で記載されている部分がある。これは差別のおこなわれていた当時の歴史状況を正しく認識し、その解消に資するため、そのまま掲載した。

一、外国名・外国地名・都市の漢字表記は、日本の漢字の音訓を借りてその語の表記にあてたものがある。また、当時の歴史状況を的確に示す目的で日本統治下の地名をそのまま掲載した部分がある。

増補改訂 本願寺史 第三巻

目次

第一章　近代本願寺の歩み

一　明如宗主とその時代

徳如新門　広如宗主には初め四男一女がいたが、相次いで早世したため、鷹司輔熙《たかつかさすけひろ》の末男（守君）を実弟として縁組みしたが、入家せずに夭逝した。そのため、異母妹の常（のち幹《もと》、安政三年十一月朔日改名）を養女として鷹司家から迎えたものの継嗣がなかったので、河内顕証寺摂真《せっしん》（本淳）の長男実枝を迎えた（「御日記」史料研保管）。

実枝は、文政九年（一八二六）十二月十七日の誕生で、母は愛楽院という。実枝は広如宗主の猶子として得度、法名広淳、院号普賢院とした。弘化四年（一八四七）五月十七日、二十四歳で宗主の養嗣として本願寺に入り、諱を光威と改め、法名を徳如《とくにょ》と改称した。六月に九条尚忠《ひさただ》の猶子となり、七月に新門跡と称した。嘉永二年（一八四九）一月二十二日には大僧正に昇任した（「徳如新門任大僧正口宣案」本願寺所蔵・教海一瀾社編『広如上人芳績考』教海一瀾社　明治三十五年）。

なお、新門は、安政四年（一八五七）二月に幹と婚儀をあげて、翌年九月に枝子《しげこ》が誕生した。枝子は後に明如宗主の室となった（『広如上人芳績考』）。幹は安政五年十一月二十五日、十八歳で没した。

光雲院如空という。

徳如新門の死没　徳如新門は、周防の妙円寺月性・近江の覚成寺超然・山城の願成寺礼厳・摂津の常見寺明朗など勤王僧といわれる人たちと交流をもち、尊皇攘夷の姿勢をもっていた。蛤御門の変や鳥羽・伏見の戦いなどに際して、広如宗主や明如新々門らとともに政情の変化に対応していた。明治元年（一八六八）二月八日には、新政府への献金のため摂津・河内・和泉などを巡教し、さらに明治天皇の行幸を津村別院で迎えるなど、宗主を支えていた。このような多難な状況が続くなか、新門は病に臥して、明治元年閏四月十四日、四十三歳で没した。院号は信歓院という（『広如上人芳績考』）。二十五日に葬儀が本願寺境内南集会所で執りおこなわれ、五月十九日に大谷本廟に納骨された。

明如宗主の誕生　第二一代明如宗主は、嘉永三年二月四日、本願寺内の永春館で誕生した。広如宗主の五男で、童名は峩《たか》という。母は蔵人所《くろうどどころ》の岡田栄柄の娘為子（すて、長門・玉櫛と称す）という。同母の弟妹には沢依《たくえ》（摂津本照寺日野摂喜の養子）・朴子《なおこ》（播磨亀山本徳寺・大谷昭然の妻）がいた。生母の為子は、広如宗主の没後、蓮界院寿照と称した。

明如の得度・新々門　峩は、安政二年四月二十五日初めて大谷本廟に参拝、御堂での日中・逮夜法要前に焼香をした。四年二月五日、八歳の時に、徳如新門の意向により新門の養子として継嗣と定められ、二月十九日には九条尚忠の猶子となった（「奥日次抄」本願寺室内部編『明如上人日記抄』前編本願寺室内部　昭和二年）。万延元年（一八六〇）二月二十一日、十一歳で得度、諱を光尊《こうそん》、法名を明如とした。光尊の諱は、青蓮院宮尊融《そんゆう》法親王（久邇宮《くにのみや》朝彦《あさひこ》親王）より受けたもので、檀紙三折に光尊と染筆し、剃刀二挺を添えて贈られた。明如は新々門と称した。新々門には、得度の即日に法眼・大僧都の勅許があり、十二月四日に僧正、文久元年（一八六一）正月二十三日に法印、さらに三年十二月十八日には、十四歳にして大僧正に昇任した（「奥日次抄」）。明如新々門は若くして和歌などを詠み、雅号を六華《ろっか》・梅窓《ばいそう》、字を子馨とした。

新々門の動向　明如新々門は、本願寺内での仏事・行事への出仕のみならず、地方への巡教、朝廷への伺いや宮家・公卿との交流、諸本山への出向など、広如宗主を補助する寺務にあたっていた。文久二年三月二十日には本願寺を発って、日野沢依とともに津村別院・堺別院・西宮・神戸などを巡教して、四月十五日に帰山した。三年二月二十四日の一橋慶喜の入京にあたって本願寺で出迎えた。慶喜は御堂に参拝、飛雲閣に立ち寄り、徳如新門は百華園でこれを饗応をした（「奥日次抄」）。元治元年（一八六四）七月十九日の蛤御門の変にともなって京都市中に大火が広がったため、明如新々門は広如宗主・徳如新門らと御本尊・御真影などを奉じて大谷本廟に退き、同夜、再び山科別院へ立ち退いた。本願寺では北小路総門・学林・総会所などが焼失した。七月二十五日早朝に明如新々門は、御本尊・御真影を奉じて帰山した（「奥日次抄」）。

明治元年一月三日に広如宗主や徳如新門・明如新々門・家臣などが飛雲閣で「王政復古の大号令」への対応を協議しているさなかに鳥羽・伏見の戦いがはじまり、徳如新門らは家臣らと御所猿ケ辻での警備にあたり、明如新々門は御真影を大谷本廟へ、さらに山科別院へ移した（「奥日次抄」）。そして明如新々門は徳如新門と交替で御所警備にあたった。

本願寺は、朝廷側の軍資金不足による求めに応じて四日に三〇〇〇両、五日に五〇〇〇両を献じた。五日には、本願寺は摂津・加賀・能登・越前・越中・越後などに使僧を派遣して、門徒を京都へ派遣するよう促し、さらに中国・九州にも人員の派遣を求めた。

明如新々門は、八日に山科から年始にあたり参内し、翌日、御真影を奉じて帰山した。十六日の明治天皇の元服に際して参内し、その際参殿していた土佐の山内容堂と対面した。二十四日に政府から北陸鎮撫にあたって地域の門徒を慰諭するように求められ、近江の明性寺空巌・福正寺僧宣《そうせん》、京都の阿褥寺泰応・願成寺礼厳らを派遣した。二月六日、日野沢依は長門に出向し、徳如新門が摂津・河内・和泉に巡教して、維新の朝旨を懇諭した。

天皇の大阪行幸にともない津村別院が行在所となったため、三月二十一日に明如新々門は大阪へ発ち、二十三日、徳如新門らと明治天皇を迎えた。閏四月十日には明如新々門は広如宗主と参内し、その際勅語を承け、鶴沢探真《つるさわたんしん》筆の金壁花鳥御小屏風一双を贈られた（「奥日次抄」）。

このようなめまぐるしい政情のもと徳如新門が没して、六月五日に明如新々門は新門に就任した（「奥日次抄」）。

明如新門は、翌年二月二十三日から、近江・美濃・尾張・伊勢などを草鞋竹杖の姿で巡教し、四月十日に帰山した。三年四月九日には、初めて上京して「天機伺」し、八月二十四日に帰山した。四年八月十二日、新門は上京のために津村別院に滞在していたが、宗主の重体の報が届いて、急いで十七日に帰山した（「奥日次抄」）。

広如宗主の直命　広如宗主は、明治元年九月、龍谷会に参勤した法中に直命を発した（本願寺所蔵・明如上人伝記編纂所編『明如上人伝』明如上人二十五回忌臨時法要事務所 昭和二年）。

この直命で広如宗主は、「王政御一新」に「勤王之志」をもって「皇恩」に報いるよう宗門の「改正」に着手し、「法義の上」から「第一往生浄土之安心決得の上、他力仏恩之称名を嗜み、王法を本とし仁義之道」に背かないという真俗二諦説の「法義相続」を「勿論之事」とした。「異教」であるキリスト教が「蔓延」する状況にあって、僧侶が「正学者申ニ不㆑及、兼学・外学に至まて、涯分致㆓煉磨㆒」て、「護法の忠節を尽し、名分を知、御国体を弁へ、真俗二諦不㆓相妨㆒様、門徒末々迄も厚申諭、諸共ニ法義相続し、天恩を感戴、聊にても国家之御裨益ニ相成候ハ」、「予か勤王之微衷行届可㆑申本懐不㆑可㆑過候」と教示した。この直命によって混迷する政治状況に対応する教団の基本方針・態度を示した。

広如宗主の御遺訓の御書・真俗二諦説　明治四年七月、広如宗主は病状が深刻化したため、明如新門に遺訓を口授して筆記させた（『真宗史料集成』第六巻 同朋舎 昭和五十八年）。

夫、皇国に生をうけしもの、皇恩を蒙らさるハあらす、殊に方今維新の良政をしき給ひ、内億兆を保安し、外万国に対峙せんと、夙夜に叡慮を労し給へハ、道にまれ俗にまれたれか王化をたすけ、皇威を耀し奉らさるへけんや、況や仏法の世に弘通すること、偏に国王大臣の護持により候得ハ、仏法を信する輩いかてか王法の禁令を忽緒セむや、是によりてわか宗におひてハ、王法を本とし、仁義を先とし、神明をうやまひ、人倫を守るへきよし、かねてさためおかる丶所なり、是則触光柔軟の願益によりて、崇徳興仁務修礼譲の身となり候へハ、天下和順日月清明の金言に相かなひ、皇恩の万一を報し奉ることハりなるへし、されハ祖師上人ハ、世の中安穏なれ、仏法ひろまれとおもふへきよし示し給へり、しかるを仏法たに信すれハ、世教ハさもあらハあれなと心得まとへるハ、かなしかるへきことなり、是によりて中興上人も、王法をひたひにあて、仏法を内心にたくハへよ、と教へ給へり、其仏法といふハ、弘願他力の一法にして、兼々聴聞の通、まつわか身ハわろきいたつらものなり、とおもひつめて、もろ〳〵の雑行雑修自力疑心をすてはなれ、一心一向に阿弥陀如来、後生御たすけ候へとたのミ奉る一念に、弥陀ハかならす其行者を摂取してすて給ハす、我等か往生ハはや治定し侍る也、此うれしさをおもひ出てハ、造次にも顚沛にも仏恩をよろこひ、行住坐臥に称名をとなへ、如実に法義相続セらるへく候、希くハ一流の道俗上に示す所の相承の正意を決得し、真俗二諦の法義をあやまらす、現生（ママ）にハ皇国の忠良となり、罔極の朝恩に酬ひ、来世にハ西方の往生をとけ、永劫の苦難をまぬかる丶身となられ候やう、和合を本とし、自行化他セられ候ハ丶、開山上人（ママ）の法流に浴セる、所詮此うへハあるましく候、かへす〳〵も同心の行者繁昌セしめ候こそ、老か年来の本懐に候得ハ、此消息も後のかたみとおもひ、能々心をと丶められ候やう希ふ所に候也この「御遺訓の御書」は、先の直命に述べた真俗二諦説の教学及び「皇国」への対応認識を継承するものであった。新政府の諸政策を「維新の良政」のもと「万国に対峙」しようとする「叡慮」の労であると肯定的に認識した上で、天皇のもとでの政府に向かって、「王化をたすけ、皇威を耀し」奉ることは、「真俗二諦の法義」を相続することであり、それは「老が年来の本懐」であるとともに「後のかたみ」として心に留めるよう遺した。

この御書は教団並びに僧侶・門徒の皇国観・国体観の枠組みを規定し、その後の宗主の消息・直諭・親諭や執行長の訓告などの骨子となり、政府・社会への順応のあり方を決定づけるものであった。したがって、御書は、本願寺教団の近代化の実質を形成するものとなった。

五月に政府が坊官を廃止したため、長きにわたって本願寺教団を支えてきた下間家などの三〇〇人余の家臣は京都府の貫属となり、京都府の許可によって上原三楽をはじめ二〇余名が「拝借人」として残った。

広如宗主の葬儀　広如宗主は、明治四年八月十九日の「夜子ノ刻終」に死没した。臨終に際して明如新門・枝子・朴子・日野沢依らが立ち会った。九月十九日に棺を奥書院から両堂に移して勤行した。「戌之刻前」に出棺して、堀川を七条に出て西に向かい、現在の龍谷大学の北の一角に南向きに龕蓆堂《がんせんどう》を建て、葬儀を執りおこなった。その後、大谷北谷の北辺の火屋で荼毘に付された。二十日に収骨し、帰山して御影堂の中陰壇に安置して勤行した。「尽七日」の十月八日には、遺骨を大谷本廟に納めた（「信法院様御凶事一件」龍谷大学所蔵）。七十四歳、諡は信法院という。

明如宗主の継職　明如宗主は、十月十四日、二十二歳で第二一代を継承した。当日、廃藩置県後の行政府である京都府に継職の挨拶に出向いた。宗主は、十一月一日に大阪から船で東京へ発ち、九日に築地に着いた。翌五年一月二十四日に東京を発ち、相模・甲斐・美濃などを巡教して二月末に帰京した。三月四日には、政府参議である木戸孝允《たかよし》と昵懇であった旧長州藩出身の槇村正直《まきむらまさなお》を京都府に訪ねた。

明如宗主と華族　明治二年六月十七日、版籍奉還が実施され、かつての大名たちは領地と領民を天皇に奉還して藩知事となった。同日に出された「行政官達五四二」（『法令全書』）により、従来の身分制度の公卿（三位以上の公家）・諸侯（大名）の呼称が廃され、これらの家は華族となることが定められた。華族設置によって、公卿と諸侯との一体化、「官武」の別の撤廃が図られた。

明如宗主寿像　本願寺所蔵

　この日、華族として認められたのは、合計四二七家（公家一四二家・諸侯二八五家）であった。明治四年七月、華族は東京在住を命じられた。十月十日、明治天皇より「華族は四民の上に立、衆人の標的と成られる可き儀」と勅旨が出され、皇室の近臣として国民の上層であることが明言された。華族は「皇室の藩屛《はんぺい》」、つまり天皇を守り支える人びととされた。

華族制度は、以後、明治七年華族会館（国民の模範となるべき成人華族の勉学施設）設立、十年第十五国立銀行（華族中心に創設された銀行）開業、学習院（華族子弟の教育機関）開校、十七年五爵制（華族の序列、公侯伯子男の五つの爵位）の制定、などを経て整備された。この制度は昭和二十二年（一九四七）まで存続した。華族らは婚姻関係を通じて皇室との結びつきを図り、後の公爵、侯爵の娘たちから皇族妃となる者が出た。

明如宗主は、明治五年三月七日「太政官達」（史料研保管）によって、華族となることを命じられた。

本願寺光尊（明如）

被レ列二華族一候事

壬申三月七日

太政官

住職之儘、華族ニ被レ列候儀ニ付、寺禄之義者、従前之通被レ下候事

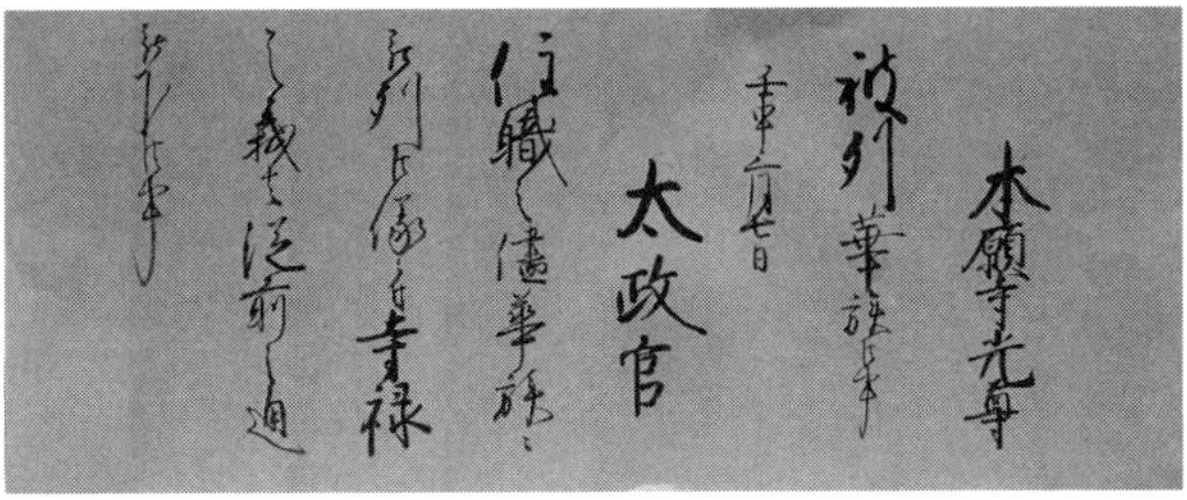

「太政官達」史料研保管

これと同時に興正寺本寂《ほんじゃく》（摂信）も華族となった。同年四月五日、この伝達式がおこなわれた。宗主は京都府に出向き、「本願寺御住職之儘にて

華族に被レ為レ列候」と伝えられた（「奥日次抄」）。

明如宗主の授爵　明治十七年七月七日、政府は華族令を制定した。これにより華族制度は、新たに公卿・諸侯以外の維新に大きな勲功があった者を組み込み、公・侯・伯・子・男の五爵に区分するものとなった。

島地黙雷が叙爵に反対するなど、本願寺内部の対立（島地黙雷「華士族論」『共存雑誌』九　明治八年・「両本願寺法主受爵の内情」『明教新誌』三七七九　明治二十九年）や、高田派常磐井家による両本願寺との同等叙爵要求などにより、遅れて明治二十九年六月九日、明如宗主は伯爵に叙された。同時に東本願寺の大谷光瑩《おおたにこうえい》が伯爵、錦織寺木辺孝慈《きべこうじ》・佛光寺渋谷隆教《しぶたにりゅうきょう》・専修寺常磐井堯熙《ときわいぎょうき》・興正寺華園沢称《はなぞのたくしょう》が各男爵となった。これらは「僧侶華族」と呼ばれた。

『明如上人日記抄』によれば、宗主はこの親授式に列席するため、六月八日汽車に乗り、翌日東京に着き築地別院に入った。翌日午前十時親授式に臨み、次の「爵記」を受けた（本願寺所蔵）。

正三位　大谷光尊

授二伯爵一

睦仁（朱　印）印文「天皇御璽」

明治二十九年六月九日

宮内大臣従二位勲一等伯爵　土方元久（花押）

「爵記」を受けた宗主は、次の「誓書」（「第三上京之記」明治二十九年六月九日及十日条『明如上人日記抄』前編）を政府に提出した。

臣「光尊」（自筆）世爵の栄を賜ひ、併せて聖勅の辱きを拝す、敬て皇祖の神霊に奉対し、仰て盛旨を欽み、益々忠誠を致し、永く皇室の尊厳を扶翼せんことを誓ふ、庶幾くは神明此れを鑑み給はんことを

（自筆）「明治二十九年六月九日　　正三位伯爵　大谷光尊」

伯爵襲爵　叙爵内規によれば、伯爵とは、大納言に任官されてきた旧公家・旧徳川御三卿・旧中藩知事・国家への勲功者に該当する者へ授与されることになっていた。この時期には、神職（出雲大社北島家・千家、英彦山神社高千穂家など）一四家も叙爵（「神職華族」と呼ばれた）され、僧侶と神職を併せて二〇家の叙爵がなされた。特に仏教界からの「僧侶華族」は真宗のみで、さらに二〇家の内、東西本願寺の両大谷家を除き、すべて男爵であった（小倉慈司・山口輝臣『天皇の歴史　天皇と宗教』九巻　講談社　平成二十三年・山口輝臣「天皇家の宗教を考える」『史淵』一四九　九州大学大学院人文科学研究院　平成二十四年）。

苗字「大谷」の成立　明治新政府による名称や名乗りに関する一連の命令（「太政官布告第二三五号」明治五年八月二十四日『法令全書』）により、明如宗主も苗字を用いることになった。

華族ヨリ平民ニ至ル迄、自今苗字・名並屋号共改称不㆓相成㆒候事

明治五年九月、宗主は本願寺が寺院として成立した「大谷」の地を名乗りとして、苗字を「大谷」と決めた（『明如上人伝』）。それは翌月、「本山執事所通達」（史料研保管）により「本山御苗字、大谷与御治定被㆑成候」と発表された。

（前略）

一、此度従㆓教部省㆒其寺住職某姓名乗、苗字名乗候様、御沙汰相成候ニ付而者、定而諸府県ニ於而も、御沙汰可㆓相成㆒候間、無㆓異儀㆒拝承有㆑之、左候而取究差出候、苗字是又前同様、早々本山江可㆓届出㆒候事

一、本山御苗字、大谷与御治定被㆑成候間、其旨相心得、右大谷之文字相除、其余可㆑為㆓勝手㆒事

一、今般講名被㆑廃候ニ付、報恩講之名称、自今祖師忌与可㆑称候事

（中略）

右之趣、僧侶者勿論、門徒末々ニ至迄心得違無㆑之様、兼而可㆓申聞置㆒、尚又前文明細書、苗字等之儀無㆓等閑㆒、早々取調可㆓差出㆒候事

壬申十月　　本山執事所（印）

京都の小学校制度　明治二年（一八六九）九月、寺内町の山川町に植柳小学校が開校し、下京第十九番組小学校と称した（『植柳百年史』植柳育友会　昭和四十五年）。明治七年九月に旧所在地（京都市下京区西洞院通花屋町下ル西洞院町）に移転した（平成二十一年閉校）。そもそも京都には、江戸時代から漢学・国学・洋学、町人の道徳哲学であった心学の私塾や寺子屋の伝統が育成されていた。興学の志気が高い風土は、本願寺も学林を創設したことをみてもよく理解できる。

明治二年一月には町組改正がなされ、町組ごとに小学校建設が急速におこなわれた。これを番組小学校という。当時の京都の小学校は、教育機関であるとともに、町会所や、京都府の出先機関でもあり、警察・交番・防火楼が設置されていた。小学校は、いわば総合庁舎の機能を果たし、その経費は自治組織である町組がすべてを負担していた。本願寺寺内町は下大組十九（後の植柳学区）・二十一・二十三番組に分割された。

明治政府は欧米にならい明治五年に学制を発布した。それに応じて京都も政策を推進し、明治四年に上知されていた寺内町の下京第十九番組を第二十三区と改称、続けて明治十二年第二十三組に、二十五年第二十三学区に改称し、昭和四年（一九二九）に植柳学区とした（『史料京都の歴史』第一二巻　平凡社　昭和五十六

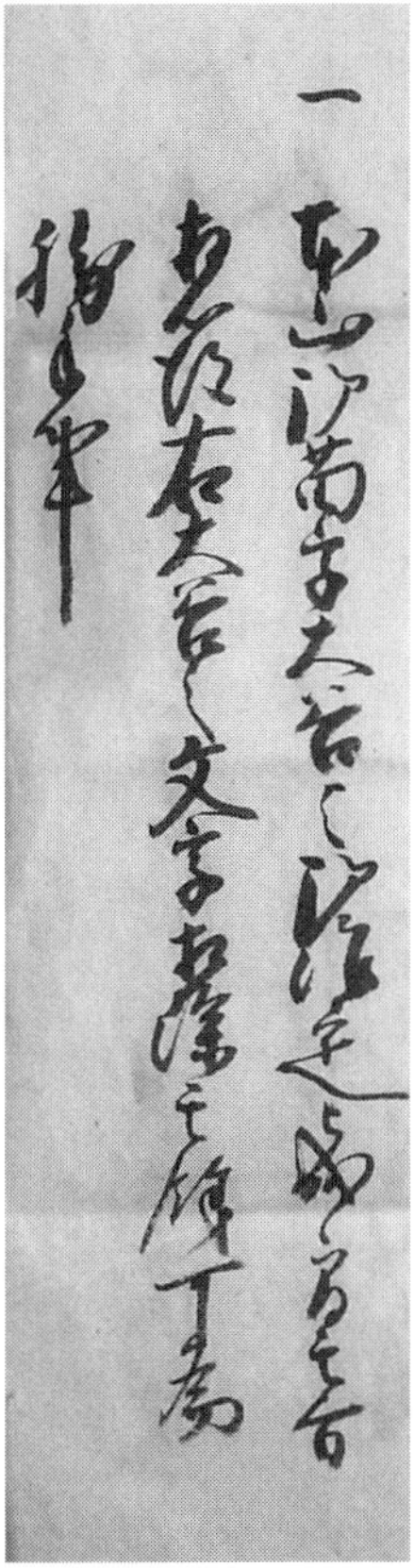

「本山執事所通達」
史料研保管

年)。本願寺は学区としては「下京区廿三組」に属し(明治十七年九月「大谷家願届留」史料研保管)、植柳学区に該当した。

植柳小学校と本願寺　「山川町諸事留帳」(「山川町文書」『史料京都の歴史』第一二巻)によると、本願寺家臣島村矢柄忠増が慶応三年(一八六七)三月に買得した山川町の角屋敷地を、明治二年に山川町・西洞院東側両町人が町組を代表して買い取り、小学校を開校した。やがて明治七年、山川町の校地が手狭となったため、町人たちがあらたに地所を買い取り、小学校を柳町(西洞院町)に移転させた。この地所は、寺内町奉行所跡であり、移転に際しては本願寺から関雎殿の寄贈を受けた(『植柳百年史』)。

文久二年(一八六二)「御寺内地子役根帳」(史料研保管)、及び明治二年「御家中座列帳」(史料研保管)には、「山川町諸事留帳」に見える本願寺家臣島村や町人名が記述されている。植柳小学校は、本願寺と寺内町の町人の協力により開校された学校であった。

本願寺の小学校への献金　本願寺は明治政府の政策を受け、積極的に教育に関与したが、これは明如宗主自身が上述の京都の教育に対する伝統的考えのなかで、教育の重要性をよく理解していたためであった。本願寺に今も保管される「献金賞賜状」を見ると、本願寺が京都府下の学校支援をしていた詳細がわかる。

表1にみるように、本願寺は明如・鏡如両宗主を通して、明治期、なんども京都府小学校事業の経費として数百円単位で献金・寄付をしている。特に⑦と⑨は植柳小学校への献金である。上述し

表1 学校教育への献金

	年	月	日	授与者	賞賜受領者	献金・寄付内容
①	明治12	4	19	太政官	大谷光尊	京都府下学校資として金13円
②	明治15	4	24	太政官	大谷光尊	明治13年4月の京都府下学校資として金521円余
③	明治15	12	27	太政官	大谷光尊	明治11年6月の京都府下小学校へ木材・金300円
④	明治18	10	20	賞勲局	大谷光尊	山城国愛宕郡一乗寺村小学校へ金50円
⑤	明治18	10	29	賞勲局	大谷光尊	下京区第28組学区馬街小学校建築費金5円
⑥	明治21	6	13	賞勲局	大谷光尊	下京区第16組堀上町小学校建築費金30円
⑦	明治21	6	22	賞勲局	大谷光尊	下京区第23組西洞院町小学校（植柳小学校）建築費金21円余
⑧	明治34	2	19	賞勲局	大谷光尊	明治29年8月の下京区安寧尋常小学校改築費金15円
⑨	明治38	6	23	賞勲局	大谷光瑞	明治36年4月・8月の植柳尋常小学校経費252円 建築費金1000円・経費250円

（①～⑧本願寺所蔵「献金賞賜状」、⑨史料研保管「賞賜留」）

たように、当時の小学校は原則町組による経費負担であった点からみて、本願寺による多額の資金援助は、町組にとって大きな助力となった。

大谷家と植柳小学校　「大谷家願届留」（史料研保管）には大谷家の就学について、次のように記述されている。鏡如宗主は、普通小学校（植柳小学校）の就学該当者であったが、「当家（本願寺）儀ハ、元来、教導専務ニ付、随而子弟之事モ、宗門教学可二相修一義ニ御座候」という理由で、明治十四年（一八八一）六歳頃より、素読・講釈・習字・算術・真宗学など、本願寺で教育することを認められていた。

やがて鏡如宗主は明治十九年に十一歳となって、華族就学規則により学習院に就学した。また勝如宗主は同就学規則に則り、六歳で学習院に入学している。太平洋戦争後に華族制が廃止され、同時に学習院入学の就学規則も停止されたため、即如宗主は本願寺の学区の普通小学校である植柳小学校に就学することとなった。

また明治六年に、本願寺は淳風《じゅんぷう》小学校（京都市下京区大宮通花屋町下ル、なお明治十八年に花屋町上ルに移転）に対して、境内の土地を貸与し、徳如新門の居館であった錦華殿《きんかでん》及びほかの建物を売り渡した。さらに明治四十年には一〇〇〇〇円を寄付した（『教海一瀾』第三七二号）。

明如宗主の皇室対応　明治九年十二月二十三日、昭憲皇后《しょうけん》（明治天皇皇后、一条忠香《ただか》の娘美子《はるこ》）が来山して滴翠園を見学し、明如宗主が飛雲閣や御堂を案内した。翌日、宗主は皇后より羽二重二疋、中啓一箱を拝領した。

十年二月十三日、英照皇太后《えいしょう》（孝明天皇皇后、九条尚忠の娘夙子《あさこ》）と昭憲皇后は大谷家の伏見別荘（三夜荘）に立ち寄り、宗主は枝子裏方・朴子らと皇后に対面して饗応をした。十六日に明治天皇は奈良からの帰りに本願寺に立ち寄り、白書院での休憩後に両堂に参拝し、飛雲閣を見学した。五月二日に英照皇太后は来山して両堂に参拝し、白書院で宗主・枝子裏方・朴子らと対面した。宗主・裏方・朴子は白羽二重三疋、銀大御水入一対などを拝領した。この時、宗主の息男で、前年十二月に誕生した峻《たか》（鏡如宗主）も対面して、紫の栞・毛植のうさぎ・がらがらなどを受け取っている（「奥日次抄」）。

十一年十月十五日、天皇の京都入りに際して、宗主は午前九時頃に三条通河原町で出迎え、二十日、御所に「御機嫌伺」し、大津で見送りをした。

十三年七月十四日、宗主は天皇を大津で出迎えた。二十日、京都府内巡幸中の天皇は前年に開校したばかりの西洋風建築の大教校（現、龍谷大学）を見学した。その際、蓮界院（明如生母）・枝子裏方や峻・朴子らが対面した（『明如上人伝』）。

このように宗主及び本願寺は、「天機伺」などさまざまな機会を通して皇室と親しく交流をかさねていた。なお、本願寺では毎年、本願寺創立に関わった亀山天皇、幕末の孝明天皇、歴代天皇などの法要を修していた。

明如宗主の宗務　明如宗主の継職後、明治三十六年に至る三〇有余年の在職期は、明治政府が四年に廃藩置県を断行し、翌年には殖産興業・学制・徴兵令などの文明開化路線をとり、その後、大日本帝国憲法・教育勅語・帝国議会・町村制・民法などの諸制度・法規を確立し、さらに日清戦争を経て「世界の中の日本」へ、帝国日本へと移行する大きな過渡期であった。

明如宗主は、明治初年からの諸改革や政府の神道国教化の宗教政策への対応に奔走しながら、大教院からの離脱を実現した。東京での改正事務所の開設を巡る一時的混乱があったものの、末寺の本山直末化、教区・組、執行所などの諸改革、宗規・寺法の制定や議会開設、布教・教学体制の確立、僧侶養成のみならず広く社会の人材育成のための教育体制の全国的な整備、宗門の財政基盤の整備などをおこなった。また鹿児島や北海道などへの布教・寺院開設、ハワイ・米国やアジアなど海外への開教、刑務教誨、社会事業などの諸施策を通して、新たな時代に対応した近代の教団体制の形成・確立に尽力した。

真俗二諦説の教学を継承する教団の布教・伝道活動の活性化は、身分制に関わる諸制約・規制の社会的緩和にともなって門徒の新たな社会経済活動、多様な職業選択、人口移動などの広がりへの対応と結びついていた。具体的には従来の農山漁村地域や商業都市のみならず、新たな都市・炭坑・干拓・鉄道・軽工業・重工業などの産業分野、商業活動などでの職業選択、それらに対応した「職域伝道」、新たな寺院・説教所の開設などによる教団基盤の拡大、近代化を実現するものとなった。
本願寺教団の近代化は、教団構造の再編という側面も持っていた。宗規綱領は従来の複雑な階層的本末関係を解消して末寺の本山直末化、平等化を実現するものであったが、地域によっては寺院としての自立性を実質化するものではなかった。また宗主指名の特選議員と総代会衆の併存は、議員選出権の所在、すなわち教団を構成する主体の認識を示すものであった。さらに教団内の被差別部落寺院・門徒への差別は、明治四年八月の賤民解放令以降においても度々事件化する構造を内在していた。ことに教団を構成する堂班制は、明治以前の教団内階層・身分の再編であって、教団の近代化を推進する新たな教団像の希薄さを反映していた。

枝子裏方　枝子《しげこ》は安政五年（一八五八）十月九日に大谷家で誕生した。父は徳如新門、母は幹であった。若くして宗義・書道・絵画・和歌などを習った。枝子は、東本願寺の厳如法主（大谷光勝）の養女となり、明治八年六月十八日に結納を交わし、六月二十六日に明如宗主と結婚した。十八歳であった（『明如上人伝』・『明如上人日記抄』前編）。
枝子裏方は京都・大阪・奈良・滋賀などの婦人会を中心に巡化し、二十三年には明如宗主とともに上京して参内し、天皇・皇后に謁した。裏方は、日清・日露戦争の際には女性を集めて慰問などに尽力した。三十年三月九日に義子が誕生した。三十六年一月十六日に明如宗主が死没した後に心光院如専と称し、毎月、旧家臣の集まりである信義会、絵表所、開明社などの女性を対象に法話会を開いた。昭和六年（一九三一）三月十一日に七十四歳で没した（『教海一瀾』第七七二号）。

大谷家関係略系図

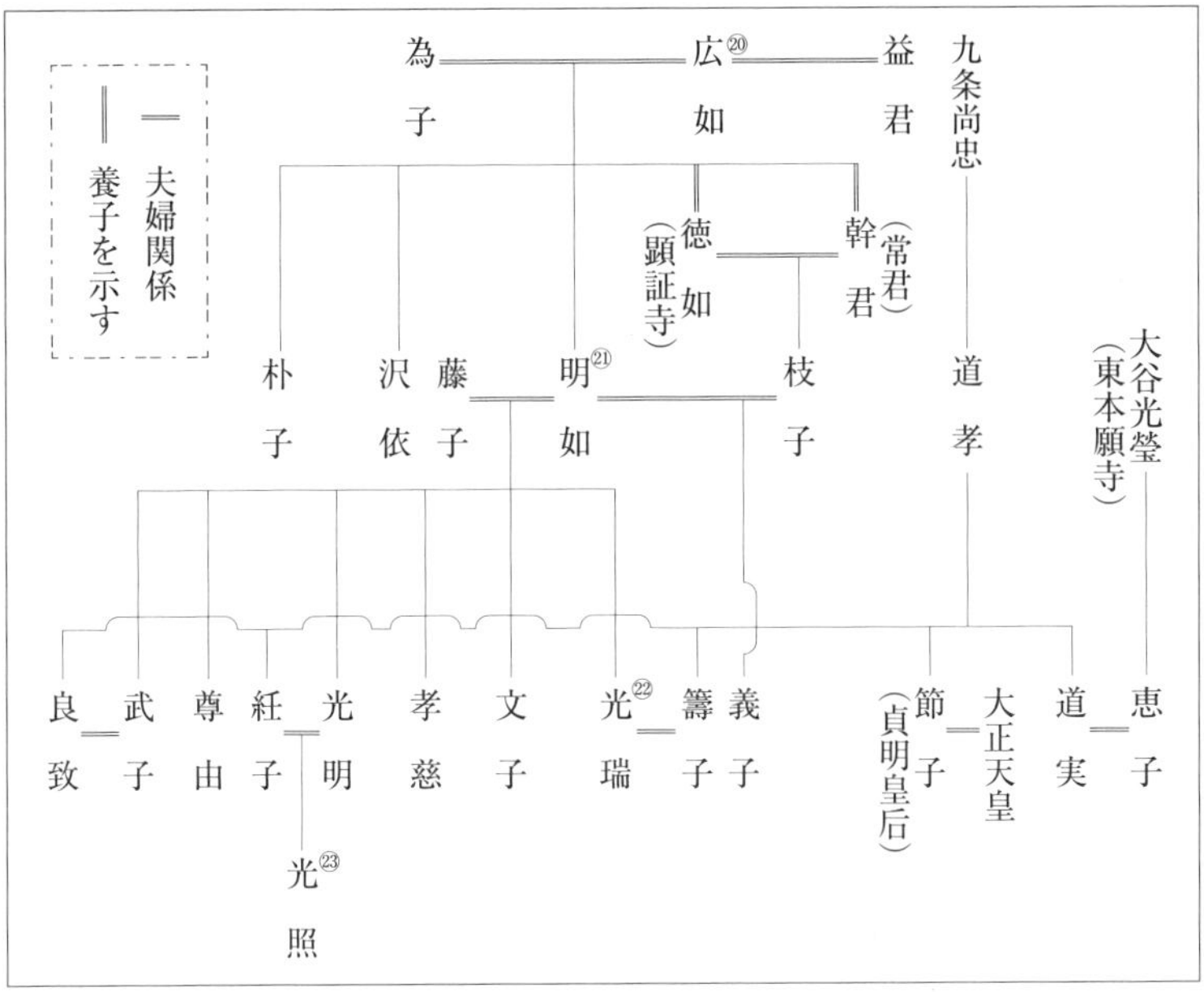

明如宗主の家族　明如宗主には、次のように光瑞など四男三女の息男・息女がある。鏡如宗主（光瑞）らの生母は円明院藤子で、藤子は紀州藩徳川家の士族で御殿医であった松原有積の娘で、昭和十四年（一九三九）十一月三十日に八十五歳で没した。如境尼という。葬儀は十二月三日に大谷本廟で修された（『本願寺新報』昭和十四年十二月五日）。

光瑞　明治九年（一八七六）十二月二十七日誕生。童名峻《たか》。第二二代鏡如宗主。昭和二十三年（一九四八）十月五日、七十三歳で没した。信英院。

文子《あやこ》　明治十年十二月十六日誕生。童名文《あや》。三十三年二月常磐井堯猷《ときわいぎょうゆう》（近衛忠房の三男で、常磐井の養子、大正二年に真宗高田派法主を継職）と結婚。大正元年（一九一二）八月二十二日、三十七歳で没した。実明院光暁堯文大信女。

孝慈　明治十四年四月十一日誕生。童名嶺、諱尊行。二十五年四月に得度、最勝院尊行と称する。二十六年七月函館別院に入る。二十七年十二月真宗木辺派本山錦織寺に入山し、二十八年四月第二〇代真宗木辺派法主を継職し、管長に就任、孝慈と改名。昭和十五年(一九四〇)日本仏教会会長。四十四年一月二十三日、八十八歳で没した。住最勝院。

光明　明治十八年四月二十六日誕生。童名惇、諱尊重。二十二年十二月に得度、淳浄院尊重と称する。三十八年執行長。四十年八月大谷宗家の養嗣、欧州の宗教事業視察。四十三年十一月嗣法となり法名浄如・諱光明と称する。同月九条道孝の娘紝子《きぬこ》と結婚。大正十四年欧州の社会事業を視察。昭和二年保摂会会長。十六年日本教学研究所長。三十六年四月三日、七十七歳で没した。

尊由　明治十九年八月十九日誕生。童名徳、諱尊由《そんゆう》。三十一年一月に得度、積徳院尊由と称する。三十八年本願寺清国開教総監。四十一年八月に神戸善福寺住職となる。四十二年二月本願寺韓国開教総監。四十三年執行長に就任、欧州の宗教事情を視察。四十五年五月に小出英尚の娘泰子《ひろこ》と結婚。大正十年三月本願寺管長事務取扱。昭和三年四月勅選で貴族院議員となり、十二年第一次近衛文麿内閣で拓務大臣、十三年には内閣参議、同年に北支那開発株式会社の初代総裁。十四年八月一日、五十四歳で没した。

武子　明治二十年十月二十日誕生。鏡如宗主の裏方籌子《かずこ》を補佐。四十二年九月に九条道孝の息男、良致《よしむね》と結婚。四十年仏教婦人会連合本部長を務め、京都女子専門学校の開設に尽力。大正十二年の関東大震災に際しては負傷者・孤児など被災者の支援に奔走し、十四年に築地本願寺仮診療所を開設。歌人としても佐佐木信綱に師事し、昭和二年七月『無憂《むゆう》華《げ》』を出版、ベストセラーになる。『金鈴』・『薫染』などの歌集を出版。印税であそか病院を開設。震災復興事業の奔走にともなう疲労が重なって病床に着き、昭和三年二月七日、四十二歳で没した。院号は厳浄院、法名は釈鏡照。

義子　生母は枝子《しげこ》。明治三十年三月九日誕生。大正五年一月に壬生泰弘《みぶゆたひろ》と結婚。八年十二月に泰弘が没す。その後、広瀬千秋《ひろせちあき》と結婚。昭和七年四月に千秋と死別。平成元年（一九八九）八月十日、九十三歳で没した。院号は浄華院、法名は釈妙義。

明如新々門の好学　宗主は、幼少の安政二年（一八五五）八月頃から有栖川宮幟仁親王《ありすがわのみやたかひと》から書道を習い、父広如宗主の感化もあって得度後の文久元年（一八六一）二月に有栖川宮熾仁親王《たるひと》のもとで歌道に入門した。慶応元年（一八六五）四月には、普賢寺（雲叡）や塩屋求馬、広瀬淡窓《ひろせたんそう》の養子となる広瀬範治などから儒学・漢籍を習いはじめた。その後、薩摩藩出身の歌人村山松根《むらやままつね》に師事し、明治十六年頃から同じ薩摩藩出身でのちに初代の宮中御歌所長になった高崎正風《たかさきまさかぜ》にも師事し、和歌の催しを開き、多くの歌を詠んだ。

『六華集』（二巻）は、鏡如宗主が明如宗主の七回忌にあたって、御歌所寄人の大口鯛二《おおぐちたいじ》に委嘱して二万余首の和歌から選んで編んだものである。「六華」は明如宗主の雅号である。

明治四年以降晩年に至る大部の日記があり、『明如上人日記抄』（全二巻 昭和二年）が刊行されている。

安政三年二月から経典を読み始め、戒忍寺観阿・専超寺了厳・慈願寺無涯らが交代で出仕した。

また明治元年十月に初めて藪内紹智（真々斎竹猗《ちくい》）のもとで茶道を喫んだ（上原芳太郎稿「室内史料小註」一　史料研保管）。

明如宗主の死没　明如宗主は、明治三十六年一月に重体におちいり、十六日午後三時三十七分に死没した。「御日記」（史料研保管）の一月十六日条には「午後三時三十七分御遷化成らせられ候、御一統何とも恐入らせられ候、御落涙にうちふし被レ有候」と記されている。土山沢映執行長は「古例」により直ちに喪を発せず「御危篤中」とし（「信知院殿明如上人御葬儀ニ関スル記録」史料研保管）、十八日に「大法主猊下御違例ノ処、遂ニ御療養其効(功)ヲ奏セス、今十八日午前一時三十分御遷化遊ハサレ候」という旨を公式に通知した（「告示第三号」『本山録事』明治三十六年一月二十五日）。直ちに御凶事事務所規程（「甲達第一号」『本山録事』明治三十六年一月二十五日）を制定して、葬儀準備に着手した。また、「今般新御門跡本願寺寺務御継承遊ハサル」（「告示第四号」『本山録事』明治三十六年一月二十五日）、「今般大法主猊下管長御就職之儀内務大臣ヨリ認可相成ル」（「告示第五号」『本山録事』明治三十六年一月二十五日）と、鏡如宗主の本願寺住職・管長継承について文部大臣から認可を得たことを土山沢映執行長、小田尊順・水原《みずもと》慈恩《じおん》・堅田広吼の各執行連名で通知した。宮内省からは正二位を叙せられ、併せて見舞品が贈られた。

本願寺では明如宗主の危篤・死没をインドのコルカタ（カルカッタ）に滞在中であった鏡如宗主へ打電して、早急に帰国するよう伝えた。鏡如宗主は帰国の船便を確保するのにしばらく滞在を余儀なくされ、「大法主猊下御宿痾御再発遂ニ御遷化ノ趣急電ニ接シ、哀悼ノ至リニ堪ヘス、予ハ能フ限リ速ニ帰朝スヘシ、御葬儀ノ挙行ハ、淳浄院（大谷尊重）ヲシテ予ニ代テ之ヲ執ラシム」（「内局達第三十一号」『本山録事』明治三十六年一月二十三日）との「直達」を発した。この「直達」を受けた執行長は一般や御凶事事務所に通知した。さらに宗主は、コルカタから葬儀に関して、「葬儀ハ汝等ノ可ト思量スル所ニ依テ之ヲ行フヘシ、依テ速ニ時日ヲ定メ、更ニ開申セヨ、躊躇スヘカラズ、デルハイ戴冠式後東洋ノ船客満員ノ為メ、来三月上旬ナヲ（ラ）サレハ、予ハ帰朝シ得サルヘシ」（「内局達第三十二号」『本山録事』明治三十六年一月二十五日）と指示した。

宗主の葬儀　明如宗主の葬儀は、大谷尊重（光明）が喪主代理となり二月七日に修行することになった。一月十九日、門末にむけて土山執行長は「前住上人御葬儀、来ル二月七日御修行ノ事ニ御治定相成候条、門末一同御在世御化導ノ御恩徳ヲ追慕シ、各自上京奉送致サルヘシ、此段特ニ相達ス」（「甲達第二号」『本山録事』明治三十六年一月二十五日）と通知した。末寺僧侶へは、「前住上人御葬儀参列被二差許一候ニ就テハ、左ノ通リ衣体携帯上京致スヘシ」と葬儀参列を呼びかけた（「甲達第四号」『本山録事』明治三十六年一月二十五日）。衣体については、堂班に基づいて、「五条袈裟・小五条袈裟・素絹・直綴・念珠・中啓・差貫又ハ切袴」を着用するよう通達した。「御香儀」については、内陣上座一等は金三円五〇銭、内陣本座一等は金二円五〇銭など、堂班に基づいて定めた（「甲達第五号」『本山録事』明治三十六年一月二十五日)。

　一月二十一日、寺法細則第十二章第三十四条に触して懲戒処分を受けた者、あるいは取り調べ中の者に対して赦免した(「教示第一号」『本山録事』明治三十六年一月二十三日)。さらに仏教専門大学・高輪仏教大学などの学生の中で謹慎・停学・退学の処分を受けた者に対しても赦免した(「乙達第九号」『本山録事』明治三十六年一月二十三日)。

　二月四日には、御葬儀事務規程(「甲達第七号」『本山録事』明治三十六年二月五日)を定め、十日付で御凶事事務所を廃止した(「甲達第八号」『本山録事』明治三十六年二月十五日)。二月七日の葬儀当日、主殿寮京都出張所長中川忠純が勅使として来山し、「両陛下には本日大谷光尊の葬儀を聞召され、白絹二巻を御下賜あらせらる」と勅旨を伝達した(『教海一瀾』第一五九号)。

　明如宗主の棺は鴻之間上段の座所に安置され、親族・連枝・執行をはじめ各役員・勧学などの有階者・各教区管事・特選総代会衆・各別院輪番・本山勘定などが弔問した。一月二十二日・二十三日両日に弔問する人は約一〇万人を数えた(『教海一瀾』第一五八号)。

　二月七日の出棺は、午前七時に奥書院を出て、御影堂内陣の白縁畳に棺を置き、大谷尊重代理や木辺孝慈など親族は南余間に着座し、正信偈・短念仏・回向を勤めた。棺は輿にて北東隅の閉軸門から台車に載せ、渡り廊下に出て阿弥陀堂に移った。阿弥陀堂では棺を四脚の輿台に置き、帰三宝偈・短念仏・回向を勤めた。

　この式中に、御影堂前には儀仗兵二個中隊が整列し、喇叭《らっぱ》(哀の曲)で哀悼の意を表した。葬列は、

明如宗主葬儀（史料研保管『明如上人葬儀写真帖』より）

阿弥陀堂から正面を出て、御前通を油小路に折れ、七条通を東行して蓮華王院（三十三間堂）境内の葬儀式場に向かった。

式場は、四方に竹行馬を結び、白幕をめぐらし、龕薦堂《がんせんどう》は西方に東面して建てられ、堂内一面に白砂を撒き、中央に白蓮華形の輿台を設け、四隅に大蠟燭を点じた。正面に香卓を設け、さらに龕薦堂から約七間離れたところに野机を置き、油障子の屋根を張り、白の縵幕をめぐらした。卓上には白地本金金襴の打敷が掛けられ、その上に供物が置かれた。

棺を蓮華王院境内龕薦堂に移し、調声人焼香・諸智讃・喪主焼香・重誓偈・光明唱礼・廻向伽陀を勤め、九条家・木辺孝慈・大谷尊重・大谷尊由など親族、東本願寺現如法主などが順次焼香した。式中、儀仗兵二個中隊が喇叭（悲哀の譜）を奏して敬礼した。

式後、葬列は智積院前を北へ妙法院前を過ぎ、馬町を東へ花山荼毘所に入った。火屋中央に輿を安置し、大谷尊重代理が松明にて火燧《ひうち》の式を終えて、法要を修した。当夜は大谷尊重代理をはじめ木辺孝慈・連枝・執行・顧問などが休憩所で通夜をして、荼毘の終わりを待った。

宗主の遺骨　大谷尊重代理らは翌八日午前八時三十分に火屋式場に入り、拾骨して、遺骨を野机に安置し、讃仏偈・念仏・回向を勤め、蓮華王院の式場に向かった。遺骨を野机に安置して勤行し、収骨の儀が終了した。遺骨は吉野飯貝本善寺と河内大井誓願寺の二か寺に分骨された（『教海一瀾』第一五九号）。

三月十二日には土山執行長が、鏡如宗主の帰山を「大法主猊下、今十二日午前長崎御着ニテ御帰朝相成ル、尋テ明後十四日午後五時五十九分京都御着御帰山ノ予定ナリ」（「告示第十一号」『本山録事』明治三十六年三月十五日）と伝えた。

帰山した鏡如宗主は、三月十六日明如宗主の遺骨を大谷本廟に納め、翌十七日に忌日逮夜法要を修した（『教海一瀾』第一六三号）。二十五日には鴻之間で明如宗主の遺徳を讃えるとともに直諭を披露した。

二　鏡如宗主とその時代

鏡如宗主の誕生　第二二代鏡如宗主は、明治九年（一八七六）十二月二十七日、明如宗主の長子として誕生した。母は円明院藤子である。翌十年一月一日髪垂、三日峻《たか》と命名され、二十五日御堂に初参り、真実閣に参拝した（本願寺室内部編『明如上人日記抄』前編　本願寺室内部　昭和二年）。十八年十二月三日得度習礼、五日に得度式を挙げ、法名を鏡如、諱を光瑞《こうずい》と称した。得度式に当たった唄師は近松沢含、教授は近松沢悟、剃手は水原慈音《みずもとじおん》、介錯は堅田法吼・波佐谷沢随、理髪は水谷了阿・青木達門、水瓶は富樫沢称・尾木原勝祐であった（『鏡如上人年譜』鏡如上人七回忌法要事務所 昭和二十九年・柴田幹夫編『大谷光瑞とアジア――知られざるアジア主義者の軌跡――』勉誠出版 平成二十二年・柴田幹夫『大谷光瑞の研究――アジア広域における諸活動――』勉誠出版 平成二十六年）。

新門の修学　鏡如宗主は、明治十四年二月、六歳で手習いをはじめた。内事局長に就任していた近江高宮円照寺水原慈音の書を手本に駒沢格理が教えていた。翌十五年九月には旧家臣で、長く学友として宗主を支えることになる上原芳太郎が本願寺に奉職し、十二月には教育係に任命された安芸の信楽哲乗《しがらきてつじょう》から『略書』・『孝経』など漢籍の素読を、旧家臣の田室友令から駒沢の後を受けて書を習った。十六年五月二十四日、山科別院に設けられた学問所へ移り、ここで勉学に専念した（「奥日次抄」『明如上人日記抄』前編）。翌年九月からは、宗学・声明などの教育も始まり、宗学は内事部の顧問であった肥前光照寺の勧学原口針水《しんすい》から、『教行信証』・『七祖聖教』の素読、『正信偈和讃』などを学んだ。声明は近江本福寺の三上専精から習った（和田秀寿「大谷光瑞と上原芳太郎」『大谷光瑞とアジア』）。

宗主は、十九年六月、十一歳の時に上京して学習院初等科小学科一年に入学し、築地別院から通学した。このとき、宗主の学事相手には、顕証寺近松尊定があたった。課外の教育として、築地別院の前浪善孝から宗学・仏教学の講義を受け、海軍通訳石井其一から英語、近代書道確立者の一人ともなる書家日下部鳴鶴《くさかべめいかく》から楷書の書法を習った。学習院での学びは四年間に及んだが、二十三年一月に退学して、同月共立学校（現、開成高等学校）へ入学した（開成学園九十年史編纂委員会編『開成学園九十年史』開成学園 昭和三十六年）。共立学校に九か月ばかり在学した後、十月二十七日帰京して、十一月から洛北吉田に居をかまえ、独学で勉学するようになった。

宗主の帰京は、明如宗主の健康が思わしくなく、本願寺の寺務・行事などを補佐して執りおこなうためと考えられる。二十四年五月には吉田での勉学を切り上げて、大谷本廟に移り茶所を学問所とした。この頃、桑名の西福寺前田慧雲《まえだえうん》から一般学事を、備後の勝願寺足利義山・豊後の照雲寺松島善海から宗学の講義を受けていた。七月の安居には新門安居聴講席が設けられ、出席するようになった。

新門の代務及び補佐　明如宗主は明治二十三年十二月、東京に赴いた際に侍医である池田謙斎の診察を受けた結果、内臓に慢性の疾患があることが判明した。そのため翌二十四年一月三十一日から四月十六日まで、兵庫県須磨浦療病院に入院保養していたが、その後も体調がすぐれなかった。したがって鏡如新門による寺務が増加していた。新門は当時十六歳であったが、明如宗主に代わって大谷派への参賀や門徒の帰敬式、さまざまな人との面会、地方での各種法要、対外的な交流、大学林・文学寮への臨席などの代務をおこなった。ことに十一月二十八日に起こった濃尾大震災に際しては、十一月末から十二月にかけて、大洲鉄然・水原慈音らが随行して被災地へ慰問し、犠牲者の追悼法要などに奔走した。

翌二十五年一月四日、新門は教師に補せられ、また得度の際に改名した光瑞の名を宮内大臣に届け出て、七日に認可された。

さらに寺務代行を多忙にさせたのは、日清戦争の勃発であった。二十七年八月一日宣戦が布告されると、本願寺は直ちに臨時部を設けて、軍人帰敬式・軍隊慰問・戦死者追弔法要などを各地でおこなった。明如宗主が健康を十分に回復しないまま九月に熊本へ軍隊慰問に出かけ、病が再発したため、鏡如新門は熊本に赴き代務にあたった。戦争の始まった八月には大津・伏見、九月には熊本・福岡・佐世保・長崎・四国松山、十月には多度津・丸亀などに赴いて、軍人に対して帰敬式・教諭・慰問などをおこなっている。九月六日から八日まで熊本県議事堂でおこなわれた軍隊慰問では、帰敬式を受けた軍人が各日約三五〇〇人に及んだ。翌二十八年以降はとくに戦没者追弔法要が各地の師団で執りおこなわれたが、明如宗主・日野沢依・近松尊定らとともに、鏡如新門が導師として執りおこなったものも多かった。判明しているのは次の通りである。二十八年三月十五日呉鎮守府、六月二十四日大阪西浜町学校、十月十二日金沢公園、十月十九日福井別院、十二月二十一日伏見工兵第四大隊営内、二十九年一月三十一日熊本第一六師団練兵場、三月二十四日松山第二二連隊練兵場、四月三日橿原神宮境外、三十年二月二十二日福岡衛戍歩兵第二連隊建碑式、五月二日津村別院などである。

鏡如新門の結婚・婚儀　九条道孝《みちたか》公爵の第三女籌子《かずこ》は、明治二十五年九月二十九日、有栖川宮熾仁《ありすがわのみやたるひと》親王の仲立ちにより大谷家へ入った。翌三十日に宮内大臣へ縁組みを申請した。そして二十六年一月七日に大谷家と九条家との間で結納を取り交し、その後、籌子は本願寺内に居住して、一般教育・宗教教育などを受けることになった。このとき籌子は十一歳（明治十五年十一月五日生）の若年であったため、本願寺はしばらく延期するよう交渉していた。しかし父道孝は、早くからの宗教教育などの大事さを考え強く希望したため、入山が決定した。十月二日に籌子は大谷本廟に初めて参拝し、三日には本願寺鴻之間で縁組みが披露された。

本願寺と九条家とは古くから交流があった。宗主は九条家の猶子となるという第一〇代証如宗主以降の慣習にもとづき、明如宗主も九条尚忠の猶子となっていたため、道孝とは義兄弟の間柄であった。また、九条家は東本願寺とも親近をはかり、二十五年十二月には明如宗主の媒酌で東本願寺第二二代厳如法主（光瑩）の長女恵子《やすこ》が九条道実《みちざね》と結婚している。

九条家は天皇家とも親交があり、九条尚忠は明治天皇の外祖父であった。尚忠の長男道孝の子のうち、籌子の妹節子《さだこ》が大正天皇の皇后（貞明皇后）となり、紝子《きぬこ》が大谷尊重と結婚、良致《よしむね》が鏡如新門の妹武子と結婚して、天皇家・九条家と大谷家とは親戚関係を交わしていた。

新門と籌子の婚儀は、当初三十年一月三十一日に予定されていた。ところが、この月十一日に英照皇太后（九条尚忠の六女）が没したため、諸家の例に倣って婚儀を延引して、七月二十一日に略儀の挙式を墨竹之間でおこない、翌三十一年一月三十一日に正式な婚儀を鴻之間の上段で挙げた。婚儀は有職の古儀に倣っておこなわれ、鴻之間で献酬の礼と色直しの祝宴が開かれ、奥書院で親子対面がおこなわれた。媒酌は有栖川宮熾仁親王の代理として同家家令の山本邦保が遣わされた。このとき、皇后からの祝意として藤色萌黄有職紋の袿《うちき》が贈られた。時に、新門は二十三歳、籌子は十七歳であった。

江戸時代の家紋　元来、本願寺で使用していた紋は日野家の「鶴丸紋」であったが、証如宗主が享禄元年（一五二八）九月に九条尚経《ひさつね》の猶子となり、この時九条家より「八藤紋」が贈られ、それを使用するようになったという。准如宗主が寛永五年（一六二八）六月に家紋を「鶴丸」から「八藤」に替え、歴代影像の袈裟の紋も八藤に描き改められた（「法流故実条々秘録」『真宗史料集成』第九巻　同朋舎　昭和五十一年）。親鸞聖人六〇〇回大遠忌頃に一時的に下がり藤紋を使用したことがあるという（『楳窓余芳』　護持会財団　昭和二年）。

籌子と下り藤紋　大谷光明『龍谷閑話』（本派本願寺内事部　昭和二十八年）は、「下り藤は光顔院様御入嫁のおり持参されたもので、その後、本山で使用することになつた比較的新しい紋章である」と説明している。明治になり、本願寺では「五七桐」を、大谷家では「鶴丸」を使用するのが通例であったが、籌子が鏡如宗主と結婚した時、実家九条家より持参した下り藤紋が当初奥向で使用され、やがて九条家の許可を得てそれが本願寺全体に及んだという（『楳窓余芳』）。これは後の上原芳太郎『光顔院籌子夫人』（興教書院　昭和十年）・経谷芳隆『増補版本願寺風物誌』（永田文昌堂　昭和五十三年）が指摘するところでもある。

以上のことから、本願寺における下り藤紋の使用開始は、鏡如宗主結婚以降、おそらくは継職のころにあたるとみるのが妥当であろう。

下り藤紋の使用　明治三十六年（一九〇三）四月、鏡如宗主の伝灯奉告法要に際し、「堂班出勤ノ僧侶ニ限リ、紀念トシテ、下リ藤御紋章ノ特殊五条袈裟着用ヲ許可セラル」（『教海一瀾』第一六六号）とみえる。このように下り藤紋の袈裟が、本願寺より特別に許可される対象となっているところから、このころには下り藤紋は本願寺の紋として位置づけられていたと思われる。また明治三十八年三月二十二日、本願寺は、真宗婦人会会員徽章表面文様を「下リ藤浮模様」と決めている（「甲達第六号」『本山録事』明治三十八年三月二十五日）。

翌年九月二十二日、本願寺は職員の輪袈裟規定について、賛事（親授）・教学参議部次長には、「松葉重色撚金下リ藤紋章」、賛事（稟授）・賛事補には「松葉重色平金下リ藤紋章」などと定めた（「甲達第二十八号」『本山録事』明治三十九年九月二十二日）。明治四十年には本願寺役員の輪袈裟にも「下リ藤紋章」が用いられている（「甲達第二十九号」『本山録事』明治四十年八月二十四日）。

『同心帖』（本派本願寺執行所　明治四十二年）には、「団体参詣者七条駅より烏丸通を通過する真景」と題する写真風景に、下り藤の旗が確認できる。さらに、大八木大行『宗祖大師六百五十回大遠忌紀念帖』（大八木大行　明治四十四年）では、「仏教大学門前ニ集合セル帰還団体」と題する風景写真にも、門に掲げた下り藤紋の旗がみられる。

このように職員の輪袈裟あるいは旗への使用の例から、鏡如宗主在職中に下り藤は公式に本願寺の紋となったと考えられる。

宗主の継職と直諭　鏡如新門は明治三十六年一月十五日本願寺住職、十七日真宗本願寺派管長、

十八日大谷家家督相続の手続きを済ませて、宗主に就任した。

鏡如宗主は、三月二十五日法統継承にあたり直諭を発して、教団運営への決意を全国の寺院・僧侶・門徒へ伝えた。その直諭は次の通りである（本願寺所蔵・『真宗聖教全書』第五拾遺部下 興教書院 昭和三十二年）。

去ル明治三十二年冬ヨリ、宇内宗教ノ現状ヲ視察セント、欧洲ノ各国ヲ歴游シ、遂ニ法顕玄奘ノ旧蹤ヲ慕ヒ、許多ノ艱苦ヲ凌キツヽ、陸路印度ニ赴キ、仏祖ノ霊跡ヲ探リ、聊得ル所アリ、昔時ノ隆盛ヲ追想シ、今日ノ荒廃ヲ目撃シ、感慨ノ至ニ堪ヘサリキ、カヽル折シモ、前住上人御遷化ノ訃電ニ接シ、悲歎ノ極殆ト為ス所ヲ知ラス、急キ帰朝ノ途ニ上リシモ、海路思フニ任セス、ヤウ〳〵イヌル日、帰山シタリキ、然ルニ予カ航海ヲ企テシ砌、前住上人アラカシメ後事ヲ慮リ玉ヒ、万一永訣トナラハ、直ニ其アトヲ承ケ、信法院御遺訓ノ旨ニ遵ヒ、当流安心ノ一途、毫末モ誤ナク、報恩ノ経営ヲ尽シ、世間ノ徳義ヲ守リ、国家ノ為社会ノ為、宗教ノ効ヲ顕シ、真俗二諦ノ宗風ヲ発揚スヘ

鏡如宗主（『遠忌大観』より）

キ旨、懇ニ告示シタマヘリ、予ハ、ソノ御言ヲ承リツヽ、カヽルコトハヨモアラシ、霊跡探検ノ事実ヲハ、親ク告ケマイラセントノミ思ヒシニ、今ハソノ甲斐ナク、遂ニ御遺告ヲ伝フヘキ境遇ニ至リ、予カ心中ノヤルカタナキ、一同諒察アリタク候

抑、仏教昔西天ヨリオコリ、経論今東土ニ伝ハル、釈尊出世ノ故国スラ、薄福ノ衆生、出離ノ径路ヲ失ヒヌルニ、ワカ御国ハ、皇図鞏固ニシテ、仏日輝ヲ増シ、弘願真宗ノ教、稟承タカフコトナシ、ワカ大谷ノ流ヲクムトモカラ、遠ク宿縁ヲ慶ハサランヤ、サレハ御相伝一流ノ肝要ハ、タ、コノ信心ヒトツニ限レリ、ソノ信心トイフハ経ニハ聞其名号信心歓喜ト説ケリ、名号六字ノイワレヲ聞キヒラキ、ワカ身ハアサマシキ凡夫ナレトモ、仏ノ願力ニ乗スレハ、タヤスク報土ニ往生セシメ玉フト、疑ナク信シ奉ルハカリナリ、コノ上ニハ広大ノ仏恩ヲヨロコヒ、報謝ノ称名ヲ怠ラス、品行ヲツヽシミ、公徳ヲ重ンシ、国家ノ安寧、社会ノ幸福ヲ助ケラルヘク候、予モ法統ヲ継承シタレハ、重ネテ委ク申示スヘク候ヘトモ、前住上人御遺告ノ趣キ、トリアヘス申伝ヘ候間、一同篤ク心得ラレ候ヤウ、希フ所ニ候ナリ

明治三十六年三月二十五日

この直諭は、明如宗主の真俗二諦の宗風を発揚すべきとの趣旨を継承している。三月二十八日、各教区へ派遣された使僧から住職や門徒が直諭の趣意を「参聴」するよう一般寺院に通達した（「甲達第十四号」『本山録事』明治三十六年四月五日）。

鏡如宗主は二月四日伯爵の襲爵を承け、三月三十日に上京、正五位に叙せられ、四月一日に参内、二日に青山御所に出向いた。

鏡如宗主の時代　鏡如宗主の在職期間は、大正三年五月までの約一一年間であった。このころの日本は日露戦争を経て対外的に帝国日本としての地位を築く一方で、国内では社会主義運動・労働運動、さらに護憲運動・民本主義などの社会問題への関心が高まり、社会問題の原因及び解決に多様な主張および政党や団体などが生まれていた。同時に新たな宗教が台頭して、既存の宗教・教団のあり方が問題視・批判視されはじめた。西欧列強の植民地化によってアジアへの関心が高まり、宗主の関心も西欧視察の経験からインドを含むアジア各地へ向けられていた。

宗主は、第二〇代広如宗主在職の頃に明確にされた真俗二諦説を踏襲した本願寺教団の運営、すなわち「国家ノ為社会ノ為、宗教ノ効ヲ顕シ、真俗二諦ノ宗風ヲ発揚」することを教団の方針として、宗主の主導による教団組織の改革、教育・布教・開教体制の整備をはかり、政府の国家・社会の発展に対応する諸施策の実行をめざしていた。

奉仕局職制の更改　鏡如宗主は法統継職後の明治三十六年三月二十六日に直ちに執行所改革に着手して、次のように奉仕局職制を更改して、奉仕局の下での事務監督の強化を打ち出した（「教示第三号」『本山録事』明治三十六年四月五日）。

第一条で「奉仕局ハ執行所職制ノ規定ニ依ルノ外、此職制ニ依リ両堂本廟並ニ室内ニ関スル一切ノ事務ヲ統理シ、各別院ノ法要ニ関スル事務ヲ監督ス」、第二条で奉仕局に法式部と室内部を置いて事務を分掌して、両堂・本廟、別院の法要などの事務を監督するとした。職員として、局長（特授）・次長（親授）・顧問（特授・親授、若干名）・注記（稟授、若干名）が配置された。法式部の職員として、法式部長（特授・稟授）・主事二名（親授・稟授）・侍真長一名（特授）・侍真若干名（親授）・会行事一名（親授）などが置かれた。

教務所・組長副組長職制　五月三十日には管事職制章程中を更改し、管事事務所を教務所と改称した。七月二十五日には、地方寺院・僧侶への指揮監督を強化するために次のような組長副組長職制を定め、組長・副組長の人員・選任・職務などを規定した（「教示第九号」『本山録事』明治三十六年七月二十五日）。

第一条　寺法細則第二章ニ依リ、各教区ノ毎組ニ左ノ職員ヲ置ク
　組長　一名　稟授三四等ニ准ス
　副組長　一名又ハ二名　稟授相当
第二条　組長副組長ハ其組寺院住職中名望アル者ニ就キ、別ニ定ムル選任規程ニ依リ、之ヲ任ス
　其組寺院住職ニシテ前項ニ違スル者ヲ予選シタルトキハ再予選ヲ命シ、又ハ本山ノ特選ヲ以テ之ヲ任ス
第三条　組長ハ管事ノ指揮監督ヲ承ケ、法度教示及ヒ諸達示ヲ組内ニ施行シ、組内整理ノ事務

ヲ掌ル
第四条　組長ハ法度教示及ヒ諸達示ノ施行ニ付、組内ノ寺院僧侶ヲ指揮監督ス
第五条　組長ハ法度教示及ヒ諸達示ニ依リ、又ハ管事ノ指揮ニ依リ、組内ニ令達ヲ発スルコトヲ得
第六条　組長ハ其職務ニアラサル事件ニ付職名ヲ以テ組内ニ令達シ、及ヒ組内僧侶ヲ指揮スルコトヲ得ス
第七条　副組長ハ組長ノ事務ヲ補佐シ、組長事故アルトキハ代理ス、但シ予メ組長ヨリ管事ニ届出ツヘシ
前項ニ拘ラス管事ノ認可ヲ得テ、組長ハ通常事務ノ幾分ヲ副組長ニ委任スルコトヲ得
第八条　組長事務ノ要款左ノ如シ
一、法度教示及ヒ諸達示ヲ組内ニ周知セシムル件
二、組内僧侶ヨリ本山又ハ管事ニ差出ス諸申牒ヲ調査シ進達スルノ件
三、組内布教ノ隆替ヲ調査シ具申スルノ件
四、組内学事ノ振否ヲ調査シ具申スルノ件
五、本山諸納金ヲ始メ地方協議費ヲ整理スルノ件
六、組内僧侶ノ教学又ハ品行ヲ調査シ賞罰スヘキ者アルトキハ具申スルノ件
七、組内寺院ノ明細簿及ヒ印影簿ヲ調製スルノ件

八、組内ニ於ケル教会ニ関スル件
九、組内ニ於ケル寺院創立移転、堂宇再建修繕等ニ関スル諸願取扱ノ件
十、組内ニ於ケル寺院僧侶ノ得度教師住職堂班ニ関スル諸願取扱ノ件
十一、説教所及ヒ講社ニ関スル諸願取扱ノ件
十二、木仏其他諸影像ニ関スル諸願取扱ノ件
十三、前各号ノ外法度教示及ヒ諸達示ニ依リ規定セラレタル件
前各号ノ内賞罰ニ関スル事項及ヒ重大ト思料スル事項ニ就テハ、正副組長連署上申スヘシ
第九条　組長副組長ノ事務所ハ本人所属ノ寺院ニ設クルモノトス
第十条　組長副組長ハ俸給ナシ、但本山ヨリ毎年報酬ヲ下付ス、又タ組内ヨリ慰労金ヲ受クルコトヲ得
第十一条　組長副組長ハ其職務ニ関スル場合ニ限リ同堂班ノ首席タルコトヲ得、但自己ノ等級以上ノ役員ニシテ職務上臨席シタル場合ハ其次席トス
第十二条　組長副組長ハ教務所役員ニ准シ、役輪袈裟黒半素絹ノ着用ヲ許ス
前項役輪袈裟ハ萌黄色堅地ニシテ下藤半金紋（直径壱寸弐分紋数十五）ヲ付ス

「乙達第五十三号」によれば、組長・副組長は、法度教示を施行して本山の旨趣を貫徹し、布教

伝道の実をあげるのが目的であるにもかかわらず、現状では組長の職務を軽視する傾向があるとした。そのため、組長・副組長による寺院住職への指揮監督を強化し、あわせて組長・副組長の席次・袈裟着用などの処遇を厚くした（『本山録事』明治三十六年七月二十五日）。

本山勘定の任命　七月二十七日には、教団の教学振興を支える財政的環境を整えるために、次の本山勘定任務条規を制定した（「教示第十号」『本山録事』明治三十六年八月五日）。

第一条　本山勘定及ヒ勘定加談ハ法義篤信ニシテ財産名望アル本派信徒中ヨリ撰抜シ、允裁ヲ経テ之ヲ依嘱ス

第二条　本山勘定ハ財務部ニ属シ、左ノ要務ヲ担任ス

一、本山財務ニ関スル執行ノ諮問ニ答ヘ、又ハ自ラ之ニ関スル意見ヲ執行ニ披陳ス

二、執行ノ決定ニ依リ、金穀ヲ出納ス

第三条　前条各号ノ外、特ニ重要ト認メタル事項ノ諮問ヲ受クルコトアルベシ

第四条　本山勘定ノ員数ハ五十名トシ、其待遇ハ従前ノ例ニ依ル

第五条　本山勘定ノ任期ハ十ケ年トス、但補欠員ハ前任者ノ残任期ヲ継クモノトス

（下略）

この本山勘定任務条規は、「法義篤信」・「財産名望」ある門徒を組織化し、勘定が執行の諮問に

応えるとともに、門徒勘定からの「金穀」に期待し、財政環境を充実することによって、教学施策の遂行をめざすものであった。

本山典例の制定　さらに八月五日には本山典例を制定して、従来明文化されていなかった本願寺の諸法要を分類、体系化して次のように規定した（「教示第十一号」『本山録事』明治三十六年八月五日）。

第一章　通則

第一条　本山ニ於ケル左ノ式典ハ、本例ニ依テ之ヲ行フ

一、年忌法要

二、葬儀

三、法統継承式

第二条　式典事務ハ法主ノ親栽《（ママ）》トス、但シ特ニ委任ヲ規定シタル場合ハ此限ニ在ラス

第三条　法主海外巡錫ニ際シ又ハ内地巡錫中ト雖モ、天災地変ニ際シ彼此通信ヲ絶チ直ニ親裁ヲ得ル能ハサルトキハ、急速ヲ要スルモノニ限リ執行長執行決行ノ後允裁ヲ経ヘキモノトス

第四条　式典ハ法主在山ノトキ之ヲ行フ、但シ第一条第一号第二号ノ式典ハ不レ得レ巳《（已）》事故アルトキニ限リ不在中ニ行フコトアルヘシ

（中略）

第二章　年忌法要

第一節　宗祖及ヒ歴世宗主ノ年忌法要

第八条　宗祖大師以下歴世宗主ノ年忌法要ハ親修トス

第九条　年忌法要ハ相当ノ年時ニ於テ之ヲ行フ、但シ相当年時ニ於テ行フ能ハサルトキハ予修又ハ延修ス

第十条　年忌相当ノ年時ハ左ノ如シ

一週忌《(ママ)》　遷化ノ年ヨリ起算シ第二年

三回忌　遷化ノ年ヨリ起算シ第三年

七回忌　遷化ノ年ヨリ起算シ第七年

十三回忌　遷化ノ年ヨリ起算シ第十三年

十七回忌　遷化ノ年ヨリ起算シ第十七年

廿五回忌　遷化ノ年ヨリ起算シ第二十五年

卅三回忌　遷化ノ年ヨリ起算シ第三十三年

五十回忌　遷化ノ年ヨリ起算シ第五十年

以下五十年毎ニ年忌法要ヲ行フ、其年時ハ前項ニ準ス

第十一条　年忌ニ付特ニ名称ヲ区別スル、左ノ如シ

一、宗祖大師ノ年忌ハ何百何十回大遠忌ト称ス

二、中宗大師ノ年忌ハ何百何十回遠忌ト称ス
三、前二号ノ外歴世宗主ノ年忌ハ何百何十回又ハ何回忌ト称ス
第十二条　年忌法要ハ本山真影堂ニ於テ之ヲ行フ
第十三条　前条真影堂ニ於テ行フ外宗祖大師大遠忌ハ更ニ大谷本廟ニ、中宗大師遠忌ハ更ニ山科中宗堂ニ、覚如上人年忌ハ更ニ西山久遠寺ニ於テ予修又ハ延修ス
第十四条　年忌法要ノ日数ハ左ノ如シ
一、宗祖大師大遠忌　　十昼夜
但シ大谷本廟ニ於ケルハ五昼夜
二、中宗大師遠忌法要　　七昼夜
但シ山科中宗堂ニ於ケルハ三昼夜
三、前住上人年忌法要　　七昼夜
但シ顕如上人年忌法要ハ前住上人ニ準ス
四、前各号ノ外歴世宗主ノ年忌法要　　五昼夜又ハ三昼夜
但シ西山久遠寺ニ於ケル覚如上人年忌法要ハ三昼夜
第十五条　門末ハ総テ年忌法要ニ付、報恩ノ誠ヲ表シ出勤スヘキモノトス
第二節　嗣法ノ年忌
第十六条　嗣法ノ年忌法要ハ歴世宗主ノ年忌法要ニ亜ク

第十七条　前節第八条第九条第十条ハ本節ニモ之ヲ準用ス
第十八条　儀式ノ軽重又ハ修行ノ時処ハ別ノ例規ニ依ル
（中略）
第四章　法統継承式
第一節　法主法統継承式
第二十九条　法統継承式ハ法主法統継承アリタル後チ、特ニ時日ヲ定メテ之ヲ行フ
第三十条　法統継承式ヲ分テ、左ノ二トス
一、伝灯奉告会
二、慶賀式
第三十一条　伝灯奉告会ハ親修トス
第三十二条　伝灯奉告会ヲ分テ、左ノ四トス
一、真影堂奉告法要
二、大谷本廟奉告法要
三、西山久遠寺奉告法要
四、諸別院奉告法要
第三十三条　奉告法要ノ日数ハ左ノ如シ
一、真影堂奉告法要　　一日

二、大谷本廟奉告法要　一日
三、西山久遠寺奉告法要　一日
四、諸別院奉告法要　各一日
（下略）

同日の末寺法式例では、末寺の年忌法要・中陰法要・慶讃法要・奉告法要・葬儀などを定めた（「教示第十二号」『本山録事』明治三十六年八月五日）。

採訪使職制の制定　十月二十五日には、教団内の教学や寺院への指揮・監督の強化を図るために採訪使職制を定め、明治三十七年一月より施行した（「教示第十六号」『本山録事』明治三十六年十月二十五日）。

第一条に「派内教学及ヒ門末統轄事務ノ視察又ハ処理ノ為メ、内局ニ採訪使数名ヲ置ク」、第二条に「採訪使ハ親授又ハ稟授トシ、其任免進退ハ執行之ヲ具状ス」、第三条に「採訪使ハ執行ノ指揮監督ヲ受ケ、担任地方ニ於ケル左ノ事項ヲ調査ス、一、興学布教ノ事項、二、地方事務ノ諸項、三、門末賞罰ノ諸項」、第五条に「採訪使ハ執行ノ指揮ニ依リ、担任地方ニ於ケル第三条ノ事項ニ関シ、臨時地方ニ在ル諸役員ノ事務ヲ管掌スルコトアルヘシ」、第八条に「採訪使ハ執行ノ指揮ニ依リ、事務視察及ヒ処理ノ為メ、担任地方ニ出張又ハ駐在スルコトアルヘシ」などと規定した。このように採訪使は本願寺執行の指揮監督のもとに地方の教学・事務や寺院・僧侶への視察などを職務とした。

室内部職制の制定　明治三十八年十一月二十一日には次のような室内部職制が室内部長から大谷尊重執行長に「通牒」された（「所達第二十六号」『本山録事』明治三十八年十一月二十五日）。第一条に「奥向ニ関スル事務ヲ取扱フ為メ室内部ヲ置ク」、第二条に職員として、部長・主事・部員を配置し、第三条に「室内部長ハ部内ノ事務ヲ総監ス」などとした。この室内部は、宗主と大谷家に関わる事務を管掌した。

別格別院の制定　明治三十七年十月二十一日に、顕証寺・本徳寺・本善寺・本照寺・仏護寺（現、広島別院）・光尊寺（現、人吉別院）・明照寺の七か寺を別格別院と定めた（「教示第二十一号」『本山録事』明治三十七年十一月十九日）。十二月十五日には仏護寺・光尊寺を除く五か寺に小田尊順執行長から次のように達せられた（『教海一瀾』第二三八号）。

今般寺法細則第一章第二条ニ基キ其寺ヲ以テ別格別院ト定ラレタルハ、一般末寺ノ首班タルヲ示サレタル者ニシテ、本山へ対シテハ末寺ノ義務ヲ尽スヘキハ、当然ノ義ニ有㆑之候、尤モ、承仕堂掌等ノ名称ハ別院同様差許サレ候ニ付、住職ヨリ人選シテ辞令書交付ヲ本山へ申請致スヘシ、但シ院内取締方法ヲ設クル等必要ノ場合ヲ生スル時ハ、住職ニ於テ取定メ本山ノ認可ヲ願出ヘキ義ト心得ヘシここで別格別院は、「一般末寺ノ首班」として位置づけられた。翌年六月二十二日に富山井波徳応寺を（「教示第十一号」『本山録事』明治三十八年七月一日）、十一月二十二日に福井西光寺・同本覚寺・石川光徳寺・京都明覚寺・愛知興善寺・同本宗寺・新潟瑞泉寺の七か寺を（「甲達第十四号」『本山録事』明治三十八年十一月二十五日）、十二月四日に滋賀長沢福田寺（「教示第二十四号」『本山録事』明治三十八年十二月九日）を別格別院とした。これについて十月二十三日には別格別院職制を定め、本願寺にならって第一条で監事（一名）、親授又ハ稟授・承仕（若干名）・例授・勘定（若干名）を置き、第二条で「監事ハ住職ノ指揮ヲ受ケ法要其他ノ院務ヲ処理ス」などと定めた（「教示第二十号」『本山録事』明治三十八年十月二十八日）。

このような別格別院の指定や職制の制定は、本山を中心とする寺院の旧来の階層及び僧侶の別格性を再編し、制度化するもので、同時に別格寺院の冥加金を規定した。

このように鏡如宗主は、継職後、奉仕局・組長副組長・本山勘定・本山典例・採訪使・室内部・別格別院などの職制を次々と制定した。これらは宗主の主導によって教団運営を組織的に強化するものであった。

明治三十七年事務開始式の宗主所信　明治三十七年一月四日、年頭の事務開始式で鏡如宗主は親示を発した（「御親示」『本山録事』明治三十七年一月五日）。

本年事務ノ開始ニ際シ、親ク前年施設ノ成跡ヲ聴ク宗運ノ漸ヲ以テ進ムハ、予ノ最モ慶フ所ナリ、夫、山務ハ仏祖ノ用務ナリ、要ハ大悲伝化ノ任ヲ全フシ、専修正行ノ繁昌ヲ期スルニ在リ、各念報慈恩ノ裏ニ黽勉務ニ服シ、愈教化ノ普及ヲ図ラザルベカラズ、抑、教学ハ宗教ノ生命ナリ、其振否ハ一山ノ盛衰ニ関ス深ク察セザルベケンヤ、近年内地布教ノ進ムト共ニ、外国伝道ノ緒ヲ睹ルハ、予ノ満足スル所ニシテ、是ヨリ漸次米国並清国ノ教域ヲ拡充センコトヲ望ム、而シテ外教化ノ普及ハ内自行ノ堅固ニ待ツ、是レ興学ノ忽ニスヘカラサル所以ナリ、其興学ニ就テハ、曾テ示セシ如ク専ラ内典ノ研鑽ヲ先トシ、尋テ外学ニ及フベシ、其教学ノ拡充ハ、之ヲ支持スルノ資ヲ要ス、仮令少分ト雖モ債務アルトキハ之ヲ妨ク、財政整理ヲ要スル所以ナリ、是以繁文ヲ省キ、経費ヲ節シ、事務ノ敏捷ヲ期セサルベカラズ、然トモ、其門末ニ接スルヤ常ニ同朋同行ノ祖訓ヲ服膺シ、苟モ倨傲ニ渉ルコトヲ許サス、今ヤ国家或ハ将ニ多事ナラントス此際、本末一致勤倹深ク持シ、一朝事アルトキハ身ト財トヲ挙テ君国ニ報スベシ、上来ノ旨趣ヲ体シ、前住上人、前々住上人ノ年忌法筵ニ値遇セハ、蓋シ冥慮ニ適フニ庶幾シ、執行以下諸員予カ意ヲ領セヨ

宗主は、親示で次のように述べていた。「大悲伝化ノ任」を全うして「専修正行ノ繁昌ヲ期スル」ところに本願寺の使命があり、そのためには「教化ノ普及」を図らなければならない。ことに教団にとって教学は「宗教ノ生命」であり、教団の「盛衰」に関わるものであって、近年、国内外への伝道が進んでいることを評価しながら、なによりも「内典」の研鑽を「先」とし、その後「外学」

を学ぶべきである。教学の拡充にあっては財政的環境を整えるため冗費削減に努め、「国家」が「多事」となろうとする状況に際して、「本末一致」して「一朝事アルトキハ身ト財トヲ挙テ君国ニ報スベシ」とした。

こうした宗主の親示は、政府による軍人勅諭・教育勅語などの教育に培われた「君国」に教団が報ずることを明確にするものであった。その後、明治四十二年十月の「御消息」においても宗主は、「我教義ヲ弘通スルハ即チ忠君愛国ノ誠ヲ致ス所以ナリ」と述べた（『本山録事』明治四十三年二月一日）。

二楽荘の建設　鏡如宗主は、本願寺の宗務以外の分野でも精力的に諸事業を展開した。その本拠となったのは、神戸六甲山麓に設けた別荘二楽荘《にらくそう》である。二楽荘は、明治四十年三月に須磨月見山別邸を宮内省に売却して、その代わりに武庫郡本山村岡本天王山の地を確保して、宗主や本願寺技師鵜飼長三郎が中心となり、東京帝国大学工科大学教授の伊東忠太《いとうちゅうた》が助言者に加わって、建築設計をした。翌年から本格的な工事が始まった。

室内の装飾には神戸沖に沈没した英国商船を引き揚げてその素材を利用したほか、支那室・印度室・英国室など世界各国の風物を備えた部屋を設け、調度品などもこれに合わせて外国のものが多く用いられた。宗主の書斎である含秀舎・二楽荘測候所・二楽荘園芸部・付属印刷所などが漸次設けられた。二楽荘の建設費用は、地所費用一五万円、建築資材費一七万円の合計三二万円であった（『モダニズム再考――二楽荘と大谷探検隊――Ⅱ』芦屋市立美術博物館 平成十一年）。

武庫中学の開設　鏡如宗主は、本願寺での宗務以外の日々を二楽荘で過ごすことが多く、四十四

二楽荘（龍谷ミュージアム『二楽荘と大谷探検隊』図録より）

年五月には、ここに私費をもって武庫中学を設け、末寺子弟の教育を始めた。大正元年（一九一二）三月、武庫中学を派立とし、広島の第四仏教中学を移転して（「告示第八号」『本山録事』明治四十五年三月十五日）、二月に武庫仏教中学と改称した（「告示第四号『本山録事』大正元年三月一日）。

開校した当時の武庫中学の入学者は一三一名で、給費生が九〇名、半給費生が二〇名、自費生が二一名で、全寮制であった。大正元年四月に教師試補資格希望者のために修業年限一か年の付属簡易科を設けたほか、五月十五日に清語研究所も開設し、志願者約一〇〇名のうち二〇名が入学した（『教海一瀾』第五一三号）。これは宗主の意向によって、国際情勢に対応しうる人材育成をめざすものであった。

二楽荘における諸事業　二楽荘内には、園芸試験場が設けられ、栽培した果樹・野菜・草花などの種苗を末寺や門徒の希望者に頒布した（『教海一瀾』第五二四号）。こうした試験場での経験は、その後海外での幾多の農場経営のもととなった。

大正二年一月には付属印刷所を設置して、『二楽荘月報』（毎月二回発行）を創刊した。印刷部では、二楽荘内印刷物だけでなく、一般の書籍・雑誌などの活字印刷も受け入れた。その後、武庫仏教中学機関誌『仏教青年』（大正二年十月刊）や宗主の著述『大無量寿経義疏』（大正三年一月刊）などを出版した。

宗主は私設の六甲山測候所を設置した。神戸測候所長に就任していた中川源三郎が退職後この所長となり、気象観測及び統計資料の作成をおこなった。測候所からの天気予報は電灯で周辺住民に知らされた。また電灯は船舶の目標物となり歓迎された（『モダニズム再考――二楽荘と大谷探検隊――Ⅱ』）。

しかし、宗主の管長辞職を前にして二年三月五日に清語研究所を閉鎖し、卒業生六名は中国東北部（旧満州）の各出張所に駐在して開教の実務にあたることになった（『教海一瀾』第五三四号）。三年四月に武庫仏教中学並びに簡易科を閉鎖した。閉鎖にあたっては、武庫仏教中学第五学年二五名の生徒には仏教大学門前に付属簡易科の教室を設けて授業をおこない、第四学年以下の生徒には平安・北陸・龍谷の三中学に編入した（『教海一瀾』第五六一号）。

三　大谷家の負債と鏡如宗主のその後

大谷家・教団の負債　日露戦争後に負債を抱えて処理にあたっていた財政整理部は、負債償却を終えて大正元年（一九一二）三月三十一日に閉鎖した。しかし鏡如宗主の宗務以外の諸事業の展開に伴う諸経費の増大は、再び大谷家ならびに本願寺の財務を揺るがす事態になった。大谷家の執務をおこなっていた上原芳太郎室内部長は七月三十一日付で更迭された（「告示第二十八号」『本山録事』大正元年八月十五日）。

九月十八日、宗主は大谷家の負債問題について、次の親示を出した（「御親示」『本山録事』大正元年十月一日）。

> 嚮ニ家隷計ヲ誤リ債ヲ起シ、以テ患ヲ家門ニ貽ス、蠹蝕従テ生シ、醜晦ヲ公示シ家名ヲ傷ルコト甚シ、素ヨリ予ノ不明疎虞ニ基キ、剔抉ヲ以テ罪ヲ嫁スルノ要ナシ、宜ク家貲ヲ清シテ債ヲ償ヒ患ヲ後ニ絶ツヘシ（中略）幸ニ累ヲ宗派ニ及ホサヽルヲ以テ、宗政ハ蹉跌スルコト無ク、予ハ弟子等ノ先頭ニ立チ之ヲ引導シ、勇猛精進一層ノ隆盛ヲ期スヘシ、盛明ニハ魔障アリ、覚王ノ願力我等ヲ擁護シ給ヘリ、汝等宜ク奮励以テ予ヲ翼賛セヨ

翌十九日に藤枝沢通が執行長、足利瑞義・今里游玄が執行に就任して、大谷尊由前執行長は財産管理事務所長に、前執行は同事務所員に就任した。九月二十五日、護持会財団事務所で護持会財団評議員会を開催し、大谷家財産の整理を議した。その後、飯田新七・西川幸兵衛門（京都）、小西新右衛門（伊丹）、伊藤忠三・生島嘉蔵・亀岡徳太郎（大阪）、中井長兵衛（東京）、須田大助（滋賀）など、主に経済界で活躍する門徒らが発起人となって十月十日に全国本山勘定会議を開催した。会議では、今里執行が本山財政や大谷家負債について説明し、有価証券・地所を処分した差し引きの負債残額

が一三四万円であると公表した。負債残額に対しては大谷家の什物売払いで弁済する方針であると説明した。会議では僧俗一致して速やかな負債問題の解決に取り組むことになった（『教海一瀾』第五二四号）。

十一月十二日には次の本山勘定規程を発布した（「甲教示第二十三号」『本山録事』大正元年十一月十五日）。

第一条　本山勘定ハ法義篤信ニシテ多年本山ノ為ニ尽力シ、而モ地方ニ於テ名望資産アル本派信徒中ヨリ選抜シ、允裁ヲ経テ嘱託ス

第二条　本山勘定ハ左ノ要務ヲ担任ス

一、本山財務ニ関シ執行ノ協議ニ与リ又ハ意見ヲ披陳シ、財政運用上調節ノ事ニ従フ

二、執行ノ決定ニ依リ金穀ヲ出納ス

三、収支ニ関シ調査ノ必要ヲ認ムル時ハ、何時ニテモ之カ調査ヲ執行ニ求ムルコトヲ得

第三条　前条各項ノ外、特ニ重要ト認ムヘキ事項ノ協議ニ与ルコトアルヘシ

第四条　本山勘定ノ員数ハ七十名トシ、其任期ヲ十ケ年トス

但、補欠員ハ前任者ノ任期ヲ継クモノトス

（下略）

本山勘定は、「法義篤信」で「多年本山ノ為ニ尽力」し、「地方ニ於テ名望資産アル本派信徒中」

から選抜して、本願寺財務への寄与を期待するものであった。

十一月十七日から十八日にかけては採訪使・本末共保財団奨励事務出張所長会議を開催して、負債問題を審議し（『教海一瀾』第五二七号）、十一月三十日に本山勘定任務条規を更改して員数七〇名を一〇〇名以内へと拡大し、勘定には「金穀」の出納も期待していた（「甲教示第二十四号」『本山録事』大正元年十二月十五日）。

寺債条例の制定　大正二年一月二十四日の第四十回定期集会では、教学費の不足の補充や負債整理の財源確保のために寺債（二〇〇万円）の募集を決議し、二月七日に政府から寺債発行の認可を受けて、十日に次の寺債条例・寺債償還法などを発布した（「法度第一号」・「法度第二号」『本山録事』大正二年二月十五日）。

寺債条例

第一条　本山ハ教学費従来ノ不足ヲ補充整理スル為メ、本法ニヨリ寺債ヲ募集ス

第二条　寺債額ヲ弐百万円トス

第三条　寺債額面券ハ、左ノ六種トス

壱万円券　壱千円券　五百円券

壱百円券　五拾円券　弐拾五円券

第四条　寺債振込金ハ、応募額壱百円ニ付九拾円以上トス

（中略）

別紙

（表面記載分）寺債券

金　円　　利子壱ケ年五朱

右寺債条例ヲ了認シ応募セルニヨリ本債券ヲ交附ス、償還ハ同条例第八条ニ依リ抽籤償還スルモノトス

大正二年　月　日

債務者　真宗本願寺派本願寺

右代表者

真宗本願寺派本願寺住職

大　谷　光　瑞

（裏面）

此債券ハ大正二年二月七日内務大臣ノ認可ヲ得テ寺債条例ニヨリ発行スルモノナリ、此債券ハ記名利札附トス

此債券ニ対スル利子ハ一ケ年百分ノ五トス

此債券ハ総額弐百万円ノ内ニシテ、大正二年ヨリ二十五ケ年以内ニ全部償還スルモノトス

此債券元金ハ償還当籤ノ月ヨリ満拾五ケ年、利子ハ支払ノ月ヨリ満五ケ年ヲ経過スルトキハ支

払ハサルモノトス

此債券ノ書換ヲ求ムル時ハ本願寺執行所ニ申出テ、別ニ定ムル規定ニ従フヘシ

　寺債償還法

第一条　寺債条例第八条年度割ノ元利償還法ハ本規定ニ依ル

第二条　寺債償還中下付可ニ相成一毎年度懇志金ヲ以テ償還資金ニ充テ、不足ノ年度ハ歳計剰余金ヲ以テ補塡シ、其後年度ニ於テ下付金ニ過剰ヲ生シタル時ハ右ノ補塡金ヲ返却ス

第三条　本会計ハ特別会計トス

負債の整理　大正二年四月一日、負債整理の一つとして、大谷家所蔵の書画・屏風・茶道具など六七五点（第一回）、二十五日に五一七点（第二回）、五月六日に三八三点（第三回）、十一月七日に七五〇点（第四回）の入札をおこなった。長きにわたって所蔵してきた大谷家と一体であった本願寺の貴重な品々は負債返済のため売却され、放出された（『教海一瀾』第五三八号・『大谷家（本派本願寺）旧御蔵品入札目録』）。売却された所蔵品の大半は所在不明であるが、現在、「応挙青楓瀑布図」がサントリー美術館、「茶入・村上肩衝」などが広島耕三寺《こうさんじ》博物館に所蔵されている（大原実代子「本願寺旧蔵品の「ゆくえ」と大谷尊由」『本願寺史料研究所報』五六、平成三十年）。

負債問題への対応　四月三十日と五月一日の両日、全国勘定会議を開催して、負債問題を審議した（『教海一瀾』第五三八号）。負債問題は教団内に波紋を広げ、教団運営への批判となった。そのため、

六月十七日、梅上尊融執行長は門末に宗政への批判の言動を慎むよう、次のような訓告を発した（「訓告第五号」『本山録事』大正二年七月一日）。

曩ニ訓告第三号ヲ以テ軽躁附和、漫ニ宗政ヲ批議シ、派内ノ安寧ヲ攪乱スルカ如キ言動ヲ戒メシカ、其後尚徒ラニ事ヲ好ミ、或ハ口ヲ廓清ニ籍リ、或ハ言ヲ改革ニ托シ、軽挙妄動ヲ重ヌルノ徒アリ、為メニ本山施政ノ方針ヲ暁メス、宗門内外ノ事情ニ達セサル熱誠真摯ノ門末ニシテ、其危言ニ驚キ、其ノ虚張ニ惑ヒ、風声鶴唳ニ憂憤シテ、彼等ト行動ヲ共ニスル者ナキヲ保セス、此ニ於テ本山ハ宗安維持ノ必要ニ迫ラレ、寺法ノ命スル所ニ遵ヒ、此等ニ対シテ成規ノ処分ヲ加ヘ、以テ一般ノ帰向ヲ謬マラサラシムルノ止ムヲ得サルニ至レリ、本山ハ宗門ノ綱紀ヲ伸張シ安寧ヲ保持シ、益二諦ノ教義ヲ宣揚シテ、昭代ノ恩沢ニ対ヘンコトヲ期スルカ故ニ、門末一般宜シク訛伝誤解ニ基キテ、其言動ヲ過ツナク、各其本分ニ鑑ミ宗運ノ発展ニ努ムベシ、現下諸種ノ流言蜚語尚ホ止マス、万一ノ過誤、公私ノ損害ヲ招クアランコトヲ虞リ、右重テ訓告ス

九月二十四・二十五日の第四十一回臨時集会に先だって、二十二日に臨時勘定会議が開催され、負債整理の経過説明がおこなわれた。翌二十三日には茶話会が開催され、経過とともに負債整理を終結する必要上、什物などの売却についても懇談された。集会では、本願寺所有株式を売却して寺債を減少し、高輪中学校校舎と敷地を処分して大谷家負債整理にあてることなどが承認された（『教

海一瀾』第五四七号)。

三年二月十三日には、後藤環爾・大洲鉄也・朝倉明宣ら元執行、上原芳太郎元室内部長、芳滝智導本末共保財団理事長、赤松連城大日本仏教慈善会財団理事長らが、本末共保財団と大日本仏教慈善会財団の財団資金を大谷家負債と本願寺の不足経費に流用支出した背任容疑で勾留された。

こうした事態の責任を取って、十七日に梅上尊融執行長、香川默識・大洲鉄也の両執行が辞任し、痴山義亮・藤山尊証が執行に就任した。鏡如宗主は三月十四日に二楽荘を退き、本願寺に帰住して、錦華殿に常在することになった。

教団改革の動き　負債問題を契機として教団改革の動きが広がった。大阪憂宗会は「一、寺法調査会を設けて鎮重なる研究の下に寺法の修正をなし、大正二年度の定期集会にその更改案を提出すること、二、室内部の会計を監督すべき法規を設くること」などの建白を準備し、また「一、一派の本山なる本願寺と、一派の事務所たる執行所との区別を明白にすること、二、本願寺の法主と、本願寺派の管長との職務上の区別を明にし、法文の上に二者を区別して使用すること、三、一派は本山と末寺と門徒との三要より成るが故に、寺法は、此三者を支配すべきこと、四、集会を分ちてこと、し一は僧侶を議員とし、他は門徒を議員となすべきこと、五、室内部費を執行所より支出し、其額を一定すること」(『中外日報』大正二年一月二十九日)などの教団の組織改革を主張した。

四月十四日には改革党中央同志会の発会式が京都新京極の金蓮寺で開催され、東京猶興会・東京改革党・安芸国改革党などの代表者が参加して、教団改革の動きが広がった(『中外日報』大正二年四月十五日）。

大谷家・本願寺の負債問題は、広く社会の耳目を集め、川村五峰「本派本願寺改革問題大局観」（『新仏教』一四―五　大正二年五月）、柘植信秀「破壊より建設へ　本願寺改革問題の帰結」（『新仏教』一四―九　大正二年九月）が新仏教徒同志会の機関誌『新仏教』に掲載され、『中外日報』にも教団改革の動きが連載された（栗田英彦「大正初期浄土真宗本願寺派における教団改革と信仰運動」柴田幹夫編『大谷光瑞――「国家の前途」を考える――』アジア遊学一五六　勉誠出版　平成二十四年）。

鏡如宗主の管長辞職　大正三年一月六日、鏡如宗主は白書院での年頭の親示で、管長として負債問題の責任に言及した（「御親示」『本山録事』大正三年一月十五日）。

曩祖大師開宗已来七百余歳ノ法灯ハ予ニ至リテ滅尽セントス、是レ予ノ上列祖ニ対シ報恩ノ大義ヲ失ヒ、下遺弟ニ対シ保護ノ重任ヲ空フス、故ニ憂懼措ク所ヲ知ラス、微力ヲ竭シ大厦ノ覆ルヲ一木ニ支ントシ、家貲ヲ捐テ子弟ノ教養ニ尽サント期セシモ、家隷計ヲ誤リ産ヲ破リ貲ヲ清フシテ債ヲ償フモ未及ハス、力尽キ計窮シ策ノ施ス所ヲ知ラス、是素ヨリ予ノ不明ニ因ルト雖モ一宗ノ命運ハ予ノ不明ヲ以テ葬リ去ルヘカラス（下略）

五月十四日、宗主は、次のような親示を出して、本願寺住職並びに真宗本願寺派管長を辞職することを表明した（「御親示」『本山録事』大正三年五月十七日）。

曩日、憂患内ニ生シ、未タ其局ヲ結フニ至ラス、不徳ノ責固ヨリ免ル、ニ由ナシ、而シテ依然位ニ在リ職ヲ行フハ慚愧恐懼心自ラ安カラス、因テ断然意ヲ決シ責ヲ引キ職ヲ辞ス、一派ノ緇素、予カ苦衷ヲ諒シ公私ニ於テ誤ルコトナカランコトヲ希フ

抑、一派ノ管長ハ一日モ其席ヲ空クスヘカラス、之カ為ニ代理ヲ選定シ其任ニ当ラシムヘシ、若相承ノ法義ニ至リテハ予カ祖述セシ所、即チ歴世宗主ノ伝示シタマフ所ナレハ、毫末モ疑慮ヲ挟ムヘカラス、一念無上ノ仏智ヲ以テ凡夫往生ノ極促トシ、一形憶念ノ名願ヲ以テ仏恩報尽ノ経営トス、真俗相資ケテ奉公ノ志怠ルヘカラス、是須臾モ忘ルヘカラサルノ要ナレハ、特ニ之ヲ提示スル所ナリ

辞職は、十四日付で文部大臣に認められた。宗主の管長辞職は各宗派や僧侶・門徒、広く社会にも驚きをもって受け取られた（『教海一瀾』第五六二号）。

鏡如宗主は退職後七月に二楽荘に移り、十一月二十七日には朝鮮に向かった。随行には橘瑞超《たちばなずいちょう》・柱本瑞俊《はしらもとずいしゅん》、他に広瀬了乗・高津実・山本晃昭・松尾善英ら学生が同行した。その後、中国（上海）・シンガポール・セイロン（コロンボ）・インドなどへ渡航した。

前宗主（大谷光瑞）のその後　前宗主は本願寺住職・管長辞任後、以前から関心を持っていたアジアを中心として各地に出向き、諸事業に取り組んだ。主な活動の基盤・拠点は、中国（上海）・中国東北部（旅順）、そして東南アジアなどであった。

前宗主は、西欧諸国が産業革命を経て工業型社会へ移行し、新たな市場・資源を求めてアジア各地で植民地化をすすめている現状に対して、アジアを中心に各国の独自の農業分野や軽工業の産業分野の振興によって経済的発展、近代化を構想していた。ことに農業分野への関心が高く、振興策につとめた。

アジア諸地域の農業開発　大正五年八月、シンガポールに農園を経営してゴムの栽培をはじめた。翌年二月にはジャワ島で農林の開発に着手した。七年四月にインドネシアのセレベス島に別邸耕雲山荘を設けてコーヒー園をはじめ、十一月には上海に別邸無憂園を設けて農園をはじめた。昭和元年(一九二六)十一月、トルコで絹織物・染織をはじめ、バラ園も経営した。十五年十一月には台湾高雄に別邸を設けて農園をはじめ、アジアの各地で事業を展開した。これらの事業は、前宗主が各地域での経済基盤の育成と人びとの生活の安定、ひいては各国の近代的発展に寄与することをめざし、同時にアジア各地の仏教伝播地域の復興を構想していた。

海外の別邸　前宗主は大正六年旅順に大谷邸、七年青島に大谷邸、同年四月セレベス島に耕雲山荘、十一年一月上海に別邸無憂園、昭和九年大連に浴日荘、十五年十一月台湾高雄に逍遙園を設けた。上海無憂園は、蘇州河畔の一万坪の敷地に三層の洋館が建てられ、庭園には世界各地から取り寄せた花木五〇余種が植えられ、池をめぐらし、塀を築いて安全を確保する環境の整備がされた。建築費は約二〇万円を要したといわれる。

前宗主の帰俗問題　鏡如前宗主は、退任後もアジア各地で幅広く活動していたが、大正六年五月

上海無憂園（『大乗』大正11年1-2より）

頃に帰俗を決意し、近松管長事務取扱にその意向を伝えていた。それが九月末には派内に知られるところとなり、十月に旅順別荘に滞在中の前宗主のもとに足利瑞義・今里遊玄・本多恵隆らが派遣され、帰俗の意思を確かめた。本願寺では顧問会議を十一月七日に開催し、帰俗を思いとどまるよう懇請することを決め、前宗主が滞在していた門司に藤枝沢通を派遣したが、前宗主は応じなかった（『教海一瀾』第六一九号）。十二月一日、再び顧問会議を開催して帰俗問題を議論したが、「猊下には何事か深き思召のあることゝて、御決心非常に堅く、御帰俗に関しては何人が御諫止申上ぐるも御採用ならざるや」として、散会した（『教海一瀾』第六二〇号）。

前宗主の支援者　前宗主は住職および管長職の退職後も、国内外へ出向する際には本願寺派別院などを拠点とし、在職時の僧侶・門徒との関係をたもちつづけ、前宗主としての影響力を発揮するところがあった。

多岐にわたる諸事業には、前宗主がかつて武庫中学で教育した卒業生をはじめ多くの人びとの支援があった。前宗主は、アジア各地からの帰国後も各地で仏教講演会・時局講演会を開催して、多くの聴講者を集めた。また『大谷光瑞全集』全一三巻（昭和十年完結）にみられる著述などがあり、前宗主に師事する人は広範囲に及んだ（柴田幹夫編『大谷光瑞とアジア——知られざるアジア主義者の軌跡

――』勉誠出版　平成二十二年・柴田幹夫『大谷光瑞の研究――アジア広域における諸活動――』勉誠出版　平成二十六年）。

光寿会　光寿会は大正八年七月、事実上前宗主が主宰して結成したもので、事務所を下関市教法寺に設けた。会の趣旨については、会則第三条で「本会ハ国家宗教ニ貢献センカ為メ、大谷光瑞猊下指導ノモトニ各種問題ノ研究・講演・出版ノ事ヲ行フ」としている。会員は賛助員と正会員の二種とし、評議員若干名・幹事五名・会計監督二名の役員を置いた（『教海一瀾』第六三九号）。光寿会は、特に前宗主が執筆した梵本の翻訳の出版や各地での講演会を開催した。

前宗主は、同会本部を上海に置き（大正十四年十二月大連に移転）、十一年一月九日に出版部大乗社を設けて、機関誌『大乗』を創刊した。『大乗』創刊号趣意書に「無量の法光を全世界に普及せしめんと欲するもの」と述べ、仏教精神の普及をめざしていた。昭和二年十二月には大連を引き揚げて、京都伏見江戸町の三夜荘内に本部を移転した。当時約五〇〇〇有余の会員がいた（『教海一瀾』第七三五号）。

光瑞会　昭和五年六月八日、光瑞会の創立発起人会が京都高等女学校講堂で開催され、佐上信一《さがみしんいち》京都府知事・土岐嘉平《ときかへい》京都市長をはじめ約五〇〇名が出席した。前宗主は「国産の愛用」と題して講演した。光瑞会設立趣意書には次のようにある（『教海一瀾』第七六三号）。

大谷光瑞猊下は現に光寿会総裁として深遠なる大乗仏教の教理を原典に依つて研鑽し、之を邦語に翻訳して第一義諦の妙旨を宣説し、嘗て支那に駐まりて東亜の大局を考察し、更に欧州南洋に業を試み、其の徹底せる見地より憂国の至情は迸つて「帝国之前途」の編を成し、次で「国民之自覚」を著して同胞に警告せらるゝ所あり、吾人常に其の高邁なる人格と該博なる識見とに敬慕措く能はざる所なり、茲に吾人同志相謀り、光寿会を組織して猊下に私淑する機会を作り一つは以て親しく指導を仰ぎ、猊下の偉大なる薫陶に浴し吾人の精神上処世上の啓発に資し、他は以て聊か猊下の主張を護立し其達成に努力する所あらんとす、同感の士奮つて御賛同あらん事を冀ふ

光瑞会規則を決議し、幹事一二名、評議員五五名を指名して光瑞会を結成するとともに神戸や大阪を手始めに支部を開設した。この他に京都では、十二年に三夜倶楽部が結成された。同会は、前宗主が滞日中には三夜荘に居をかまえたことから、京都在住者が時事問題や趣味について前宗主を囲んで座談会を開催していた。

政府の要職に就任　前宗主が欧州を視察し、さらにアジア各地を視察して得た広い知識や現地の情報は、政財界からも注目された。大正七年三月、前宗主は中華民国政府の最高顧問となり、広東を訪問した。また、大正元年三月には、清国政変に際しての傷病兵救護などの支援により孫文からの感謝状が贈られた。前宗主は中華民国の建国に関わった孫文と親交をもっていた（『教海一瀾』第五一三号）。

前宗主は、昭和十五年十月に第二次近衛文麿《このえふみまろ》内閣の内閣参議、十七年二月に大東亜建設審議会委員、十九年十二月小磯国昭《こいそくにあき》内閣の顧問にそれぞれ就任するなどして、戦時期の政府がめざした「大東亜共栄圏」に提言することもあった。

前宗主の死没　前宗主は昭和二十年四月五日に内閣顧問を辞任し、十日に東京から北陸を経由し、富山に一泊して、十二日に京都に着いた。次いで山陰線で松江から下関に至り、朝鮮釜山に渡り、京城を経て奉天に着き、その後大連へ行き、大和ホテルに滞在した。八月十五日、関東別院に移った。この頃、前宗主は病に冒されていたため、十一月には満鉄大連病院に入院した。

二十一年一月、前宗主は関東別院で新年を迎えたが、二月再び入院した。同月には関東別院が接収された。その後六月一日、前宗主は中国軍に拘束されたが、七月十七日にソ連軍により釈放された。二十二年二月にも満鉄大連病院に入院し、二十八日に前宗主は引揚船遠州丸で大連を出航し、三月七日佐世保に着き、大谷光明らが出迎えた。前宗主は佐賀嬉野国立病院に入院、その後別府の国立亀川病院、京都大学病院で入院治療、五月に退院した。十一月には大分・福岡・佐賀・熊本・鹿児島を巡回して、知事らに面会して産業復興を助言した。十一月、ときわや別邸を借用し、十二月三十日には鉄輪別邸に療養の居を定めた。

前宗主は二十三年一月二十四日に大谷光明の見舞いを受け、他日、橘瑞超・堀賢雄・北畠教真らも見舞いに訪れた。八月にはいって体調が急変して亀川病院に一週間入院した。十月四日に危篤となり、五日午後五時四十五分、別府鉄輪別邸で死没した。享年七十三歳、諡号を信英院という。臨終には大谷光明・紝子《きぬこ》夫妻が駆けつけ、田丸道忍《たまるどうにん》・藤音得忍《ふじおとくにん》・霊山龍珠《よしやまりゅうじゅ》・甲斐和里子《かいわりこ》なども立ち会った。勝如宗主も通夜に参列し、火葬に立ち会った。遺骨は八日に帰山し、十一月八日大谷本廟で葬儀が修され、大谷本廟内の祖廟に納められた（『鏡如上人年譜』鏡如上人七回忌法要事務所 昭和二十九年）。

なお、籌子裏方は、明治四十四年（一九一一）一月二十七日、三十一歳で没した。一月二十四日に上原芳太郎室内部長は大谷尊由執行長に籌子裏方の容体の報告をし（「告示第四号」『本山録事』明治四十四年二月一日）、二十六日執行長から派内一般に容体が公表された（「告示第五号」『本山録事』明治四十四年二月十五日）。二十七日「御裏方御違例ノ処御療養其効《（功）》ヲ奏セス今二十七日午前二時二十五分遂ニ御往生遊ハサル」（「告示第七号」『本山録事』明治四十四年二月十五日）と告げられ、喪期を二十七日より二月十六日と定めた（「乙達番外」『本山録事』明治四十四年二月十五日）。院号を光顔院《こうげんいん》という。本願寺は御凶事事務所を置き（「甲達第十九号」『本山録事』明治四十四年二月十五日）、各仏教婦人会並びに各仏教婦人団体諸講中に葬儀参列を呼びかけ、二月二日午後一時から大谷本廟で葬儀を修した。

四　六雄・近松・武田管長事務取扱の時代

六雄沢慶管長事務取扱　大正三年（一九一四）五月十四日に鏡如宗主の管長辞職後、同日に六雄沢《むつおたく》慶《けい》連枝の管長事務取扱就任が文部省に認可された（「告示第十四号」『本山録事』大正三年五月十七日）。管長事務取扱は、通称、管長代理といわれた。その設置については、第四十三回臨時集会を五月二十二日に開いて、寺法を改正した。

六雄管長事務取扱は、安政二年（一八五五）九月二十九日に誕生（「御誕生之記」史料研保管）、父は広如宗主の嗣法徳如である。慶応二年（一八六六）二月八日に得度し、奈良県飯貝本善寺六雄沢融の養子となる。連枝の中では鏡如前宗主にも姻戚関係で近く、管長事務取扱に選ばれた。

藤山・痴山・松原の三執行の内局　六雄管長事務取扱の就任とともに、五月十四日に松原深諦が執行に就任した（「告示第十五号」『本山録事』大正三年五月十七日）。前任の藤山尊証・痴山義亮の両執行は継続して宗務を勤めた。二月の梅上尊融執行長の辞任後、執行長は不在であった。ただちに採訪使・会衆の会議を開催し、前宗主退職にともなう教団の事態を協議した。五月二十二日から二十七日まで第四十三回臨時集会を開催して、管長事務取扱規則を制定した（『教海一瀾』第五六三号）。集会には次の建白が提出された（「建議並建白」宗会百年史編集委員会編『本願寺宗会百年史』史料編下　浄土真宗本願寺派宗会　昭和五十六年）。

一、管長御辞職遊バサルモ、法主トシテ御留職アラセラレ度ノ建白

一、法主ハ宗祖血脈相承ノ名門中ヨリ選出シ、管長ハ公選トスベキ等ノ建白

一、猊下御退職遊バサルモ、或時機ヲ竢テ御復職アラセラレ度外五項目建白

建白の中に「一、嗣法猊下御継職」と、嗣法大谷光明を継承者に推す意見もあったが、大谷光明

は鏡如宗主の不在中に管長事務取扱を務め、寺務の委任を承けていたために責任を負って、集会開催中の五月二十二日に嗣法の地位を退き、大谷家から離籍した。そのため照《あきら》（勝如宗主）を「法孫」（後継者）とした。

臨時集会では、管長事務取扱の設置に伴う法的措置として、次のような寺法第三十・三十一・三十二条の追加を決議した（『教海一瀾』第五六三号）。

第三十条　法主遷化又ハ退職ノ際継嗣未丁年ナルトキハ事務取扱ヲ置ク、事務取扱ハ法主ノ職務ヲ行フ、事務取扱ニ於テ継嗣ヲ定ムヘキ必要アルトキハ本願寺連枝会ノ決議ニ依ル

第三十一条　事務取扱示寂又ハ退職ノ際後任ノ選定ハ、本願寺連枝会ノ決議ニ依ル

第三十二条　本願寺連枝会ハ丁年以上ノ連枝及連枝ニ准セラルヽモノヲ以テ組織シ、執行者宿顧問ヲ参列セシム

照の大谷家家督相続　六月二日に照の大谷家家督相続が決定し、同日付で伯爵の襲爵が宮内省から出された（「襲爵状」本願寺所蔵・『本山録事』大正三年六月十五日）。当時、照は四歳であったため、成人になれば宗主の地位を継承することを決定した。六月十日に本願寺内範の第四章第十七条に基づいて親族会議を開催し、大谷尊由・近松尊定・藤枝沢通・六雄瑞慶・梅上尊融らが出席し、照を保育補佐する保傅《ほふ》内規を策定して、利井明朗《かがいみょうろう》を保傅に選定した（『教海一瀾』第五六四号）。

第一条　保傅ハ幼主ヲ保育補佐ノ任ニ当ルモノトス
第二条　保傅ノ任務ヲ遂行セシメン為メ、左ノ職員ヲ置ク
一、教育係　若干名
一、養育係　若干名
第三条　教育係ハ保傅ノ命ヲ承ケ幼主ノ教育ヲ掌ルモノニシテ、左ノ資格アル者ヨリ之ヲ選定ス
一、宗学及ヒ科学ニ通シ、兼テ教育ニ経験アル者
一、道徳堅固ニシテ、性行謹直ナル者
一、身体健全ナル者
一、年齢三十歳以上ノ者
第四条　養育係ハ保傅ノ命ヲ承ケ幼主ノ養育ヲ掌ルモノトシ、左ノ資格アル者ヨリ之ヲ選定ス
一、普通ノ学力ヲ有シ、兼テ児童ノ養育ニ経験アル者
一、操行端正ニシテ、性質温良ナル者
一、血統正シキ者ニシテ、家庭ノ係累ナキ者
一、身体健全ナル者
一、年齢二十五歳以上ノ者

第五条　教育係養育係ハ保傅之ヲ選定シ、摂務之ヲ任免ス

本願寺の諸改革案　本願寺においては、大正初期から布教方法などを含め教団改革の課題が指摘されていた。また負債問題に関連して宗主の権限に制限を加える組織改革が要望されていた。さまざまな改革案が提示され、前田慧雲・高楠順次郎・島地大等・宝閣善教・土屋詮教・泉道雄ら一九名の東京在住学者を中心とする人たちは、二月二十日に次の改革案を公表した（『中外日報』大正三年二月二十五日）。

一、責任内局の実を挙げんが為め、執行は公選とし、連枝は宗政に関与せざること
二、集会をして宗政監督の責を全からしめんが為め、特選の会衆を廃し、山内役員をして会衆を兼ねしめざること
三、財政上厳に責任ある監督機関を設け、且つ財団の整理を行ふこと
四、武庫中学を廃し、教育機関の統一を断行すること
五、宗政の刷新を計らんが為め、執行所を東京に移置すること

鏡如宗主の退任を契機にして、法主・管長の地位、執行所の所在にまで改革議論が広まった。

法制調査会の設置　混迷する教団動向を受けて、新たな審議機関として、大正三年六月十一日に

法制調査会を設置した。委員には足利瑞義など一四名、幹事には朝日保寧教学課長ら七名が任命された（『本山録事』大正三年六月十五日）。調査会では、法主・管長の分離、管長の公選、信徒会議の設置など、多くの改革案について検討を重ね、教団改革の方向を定めようとした（『教海一瀾』第五七〇号）。教団には、教学振興のための護持会財団、慈善救済の社会事業を推進するための大日本仏教慈善会財団、本山末寺の基盤を確保するための本末共保財団の三財団があったが、大谷家負債問題を契機に三財団の目的について、改めて検討することになった。

利井明朗内局の成立　藤山・松原・痴山の三執行による内局は、照の家督相続後の六月二十八日に辞任し、利井明朗が執行長、七里円長・名和淵海・菅了法が執行に就任した（「告示第十六号」『本山録事』大正三年七月三日）。

利井執行長は、就任にあたって「一同も従来の如く只更代したと云ふ丈でなく、真に革正の思ひを以て、この老人と倶に誠心誠意、仏祖の事務として宗門の為め、今後益々尽瘁せられんことを呉々も希ふのである」と述べた（『教海一瀾』第五六六号）。利井執行長は、二月十五日に開会した第四十二回定期集会で負債問題が顕在化して内局が混乱した際に、執行の保正役として事態の収拾にあたっていたが（『教海一瀾』第五五九号）、事態の収拾を果たせずに保正役を四月末に辞任した。執行長就任後の八月に開催された第四十四回臨時集会では、審議が滞る事態となった。そのため利井は十二日に「解惑」と題する覚書を発表し、菅了法執行が集会場で代読して、事態の打開にあたった（『教海一瀾』第五六八号）。

管事制度の設置　九月一日・二日の両日に法制調査会が開催され、改正寺法草案について協議したが、成案を得ることができなかった。しかし、採訪使制度を廃止して、管事制度を設け、今後、地方で三名ないし五名の管事候補者を選定して、そのうちの一名を本山が任命する改革案を決議した（『教海一瀾』第五七〇号）。十一月五日に管事事務規程を発布し、次の二九教区に分け、各教区に管事事務所を置いた（「甲教示第十八号」『本山録事』大正三年十一月五日）。

北海道・奥州・東京・長野・新潟・福井・富山・石川・岐阜・三重・滋賀・京都・奈良・大阪・和歌山・兵庫・四州・備後・安芸・山陰・山口・南豊・北豊・福岡・佐賀・長崎・熊本・鹿児島・台湾

六雄管長事務取扱の巡教　六雄管長事務取扱は、地方布教・伝道を強化・充実するため、全国各地への巡教を計画した。大正五年十二月に滋賀・岐阜両県からはじめ、翌年二月には大阪・和歌山などを巡教した。大正六年は管長事務取扱の父徳如新門の五〇回忌に相当することから、維新当時における事績を偲び、各地への巡教を決意した。

六雄管長事務取扱の辞任　大正六年二月二十八日に開会した第四十七回定期集会で、広島別院負債償却に関わる財政支出をめぐって内局と集会との間に意見の対立が生じた。そのため七里・名和の両執行は辞表を提出し、利井執行長も進退伺を出した。管長事務取扱はいったん、小田尊順を執行長に任命した。ところが、集会の会衆（議員）から利井執行長の留任を求める声があり紛議した。三月二十四日の集会は、利井執行長の辞任を否認し、七里執行の辞任を認め、名和執行の留任を可決した。ここに、寺法第十五条の執行任免に先だち、集会の公認を経なければならないとする規則をめぐって対立が生じた。そのため二十五日に六雄管長事務取扱は、上京して文部大臣と協議した結果、翌二十六日に辞表を提出し、二十九日に辞任するに至った（『教海一瀾』第六一二号）。

近松尊定管長事務取扱の就任　六雄管長事務取扱の辞任に伴い、大正六年三月二十九日に開催された連枝会は、後任に近松尊定《ちかまつそんじょう》連枝を推薦し、同日に文部大臣の認可を経て就任した。

近松管長事務取扱は大阪顕証寺近松沢含を父として、元治元年（一八六四）二月二十日に誕生した。明治十六年（一八八三）四月に得度し、四十年三月に住職となった。その後、執行・侍真長・顧問上首・会行事など、本願寺の要職を歴任していた。

管長事務取扱就任後の四月三日、七里・名和両執行の後任に松原深諦・足利瑞義・弓波瑞明が就任した。近松は垂示を発して、法義相続とともに、本山講の懇志を募り寺債償還の整理を進めた。四月十八日付の垂示の冠頭に「予這回一派已ムナキノ事情ニ依リ龍谷寺務ヲ代摂スルコト丶ナレリ、左レト、菲才薄徳ニシテ剰ヘ宿痾身ニ纏ヒ、起居モ安カラサレハ、其任ヲ全フスルコト容易ナラス、夙夜自ラ省テ恐懼措カサル所ニ候」と述べ、「尚先年来実施セラレタル本山講ノ業ヲ継キ、普ク門末ノ翼賛ニ籍リ、鋭意寺債ヲ整理シ、以テ宗運扶殖ノ資ニ供シ度候ヘハ、各自奮テ報謝ノ懇念ヲ運ヒ、速カニ本講ノ目的ヲ達セシメラレ候様冀フ所ニ候也」と、本山講の目的達成への決意を明らかにした（『本山録事』大正六年四月二十日）。しかし、近松は管長事務取扱としての激務が重なり在職わずか三か月、六月三日に五十四歳で没した（『教海一瀾』第六一四号）。

武田沢心の管長事務取扱就任　六月三日に開催された連枝会は、近松管長事務取扱の後任に大谷尊由を推薦した。しかし、大谷尊由が辞退したため、六月九日に連枝会を再度開催して武田沢心《たけだたくしん》を推薦し、武田は六月十一日に文部大臣の認可を経て就任した。

武田管長事務取扱は、福井市照護寺住職で、安政二年（一八五五）八月二日に顕証寺近松摂真の三男として誕生した。徳如新門の弟で近松前管長事務取扱の伯父にあたる（『教海一瀾』第六一四号）。六月十二日に両堂、十五日に大谷本廟に参拝した。武田は二十二日に垂示を発して、布教・伝道による宗風顕揚への決意を述べた（『本山録事』大正六年六月二十七日）。

連枝講習会　管長事務取扱制度の設置によって管長事務取扱の選定母体となる本願寺連枝会は、教団で大きな役割・地位を占めるようになった。そのため大正六年七月十四日から二十七日まで連枝講習会が開催された。

正准連枝二〇名は、内典（宗乗）を赤松連城・是山恵覚・前田慧雲の三勧学から、普通学を高楠順次郎・内藤虎次郎・新村出など七人の学者から、また時事問題を山口勝陸軍中将ら五人から、二週間にわたって講義を受けた（『教海一瀾』第六一五号）。さらに、北山・角坊・山科・西山の各別院でその沿革について講義を受けた。翌七年九月にも一週間の講習会を開催し、その後、連枝講習会は恒例となった。

また大谷尊由連枝は、六年九月に新潟・長野両教区へ、十月には鹿児島・富山の両別院へ巡教し（『教海一瀾』第六一七号）、七年二月には沖縄へも巡教した（『教海一瀾』第六二三号）。

法規調査委員会　大正六年九月四日、法規調査委員会規程を制定し、法規調査会を設置して、法規並びに制度の制定改廃に関する事項を調査審議することになった。会議は必要に応じて開催することとし、会長には執行が就任して会務をとりまとめることになった（『本山録事』大正六年九月十日）。

利井明朗執行長の辞任　利井明朗執行長は大正三年六月に八十三歳で就任以来、宗務を運営し、仏教大学特別会計の設置、本山講規程の制定、日曜学校規定の発布など諸事業を遂行してきたが、病が再発して大正七年九月十二日に辞任するに至った。その後十一月十九日になって、八十七歳で没した。利井の辞任にともない松原執行も辞任した（「任免辞令」『本山録事』大正七年九月十三日）。

今里游玄内局の成立　利井執行長の辞任により九月十二日、今里游玄《いまざとゆうげん》が執行長に就任した。今里内局は、施策の重点を学事の振興に置き、新大学令による仏教大学の単科大学昇格、女子大学の開設、海外留学生派遣の復活などの施策を掲げ、集会での審議に付した。海外留学生派遣を実現させ、大正九年三月末には京都女子専門学校設立が認可され、同年二月には中央仏教学院を開設した。十一年五月には仏教大学の大学昇格が認められて、龍谷大学と改称するに至った。

大正七年十月三日に北山別院の本堂が落慶した（『教海一瀾』第六三〇号）。八年一月には明如宗主の一七回忌法要に向けて臨時法要事務所を開設して（『本山録事』大正八年一月十八日）、両堂・各書院の畳替え、滴翠園内の澆花亭・胡蝶亭の修繕などをおこない、四月十一日から十八日まで法要を修し

た（『教海一瀾』第六三五号・第六三六号）。
九年四月二十五日から五月二日まで、広如宗主五〇回忌法要を修した（『教海一瀾』第六四八号）。記念出版として、真宗教義と本願寺の歴史を叙述した北畠玄瀛《げんえい》編『教義と歴史』（本派本願寺教学部 大正九年）が刊行された。

民力涵養運動への対応　大正七年十一月に第一次世界大戦が終わり、戦後不況・米騒動・ロシア革命などの状況に直面した政府は、戦後復興に向けて民力涵養を図った。政府は八年三月に五大要綱を定め、仏教各宗管長を内務省に召集して、国民への普及徹底への協力を要請した。その五大要綱とは、「立国の大義を闡明し、国体の精華を発揚して、健全なる国家観念を養成すること」、「立憲の思想を明確にし、自治の観念を陶冶して、公共心を涵養し、犠牲の精神を旺盛ならしむること」などである。
このような状況に向けて、今里執行長は六月二十七日に次の訓告を発した（「訓告第一号」『本山録事』大正八年六月三十日）。

時代思潮ノ傾嚮ハ往々善悪正邪ノ甄別ヲ愆リ、新ニ趨リ異ヲ好ミ軽佻浮華驕慢放侈滔々トシテ俗ヲ成サントスルノ観アリ、殊ニ近年露国ヲ覆滅シタル険悪ノ思想ハ忽チ独墺ニ波及シテ、其国家及社会ノ根礎ヲ震撼シ、流毒将ニ欧米及東亜ニ汎濫汪溢セントスルノ兆アリ、内憂外患交々臻ルコト寔ニ痛歎ニ勝ヘサルナリ、サレハ現時国家最大ノ急務ハ国民一般ノ反省自覚ニ依リ此

内憂ヲ除祛スルニ在リ、内憂除祛スルトキハ則チ外患亦浸染スルノ余地ナカルヘキナリ

ロシア革命のような社会変革の広がりを警戒して、その防止策として「門末一同深ク世態人心ノ幾微ヲ観察シ、予テ訓諭セシ真俗相資ノ化風ニ基キ地方官公吏及其他有志者ト協力シ、檀信徒ハ勿論一般公衆ヲ開諭啓導シテ其反省自覚ヲ促シ、其智徳ヲ養成セシメ勤勉力行以テ王法仏法ノ鴻恩ニ報答セシムルノ実績ヲ挙クヘシ」と述べた。同年十一月、築地別院に開設した大日本仏教慈善会財団の社会事業研究所の開設は、こうした社会問題に対応するものであった（『教海一瀾』第六四三号）。翌年七月には研究所女子部を京都に開設した。

武田沢心管長事務取扱の辞任　大正六年六月以来管長事務取扱を務めてきた武田沢心は、老齢のため大正十年三月上旬になって辞任を決意した。三月九日に連枝会を開催して、後任に再び大谷尊由を推薦、選出した。その後文部大臣から二十二日に就任が認可された（『教海一瀾』第六五八号）。

五　大谷尊由管長事務取扱の時代

大谷尊由の管長事務取扱就任　大正十年三月二十二日に管長事務取扱に就任した大谷尊由《そんゆう》は、翌日、阿弥陀堂・御影堂に引き続き大谷本廟に参拝した。二十四日には、挨拶のために賀陽宮《かやのみや》・久邇宮《くにのみや》・京都府知事などを訪問した（『教海一瀾』第六五八号）。就任後の四月には築地別院・本善寺・鷺森

別院・岐阜別院の法要に出向し、五月には大正二年九月以来中断していた、毎月十五日の鴻之間での垂示を復活した（『教海一瀾』第六六〇号）。六月九日に内国布教規程、七月一日に布教使規程を発して、布教体制の充実をはかった。さらに九月には、長崎・佐賀・熊本・宮崎の四県、十一・十二月には山口・安芸、翌年五・六月には新潟・南豊、九月高岡などの各教区を巡教した。

松島善海内局の成立　今里執行長は大正十年四月十一日に辞職し、松島善海が執行長、前田徳水・花田凌雲が執行に就任した。松島内局のもと、八月に執行所職制を更改し、枢密部・学務部・教学部・庶務部・財務部の五部とした。執行所事務規程も更改し、第一条で「執行ハ法度教示ヲ施行スル為又ハ其範囲内ニ於テ必要アル時派内ニ達示シ門末ヲ指揮スルコトヲ得」と、執行権限を明確化した。また奉仕局規程を策定し、第一条で「奉仕局ハ両堂本廟及一般親修法要ニ関スル事務ヲ掌理シ各別院ノ法要並ニ派内法式ニ関スル事務ヲ監督ス」とした。

讃衆規程を策定し、第一条で「讃衆ハ本山並ニ別院別格別院ノ法要事務ニ従事スル資格ヲ有ス」とした。事務員身分規程では、第一条で事務員の身分を特授、親授、稟授、例授の四種とし、特授を一等二等、親授を一等から三等、稟授を一等から五等、例授を一等から四等と等級を分けた。さらに事務員補佐規程や事務員名簿登録規程などを制定し、組織の機能強化、事務職員の身分・資格を階層的に厳格化するとともに人材登用を図った（「甲教示第八号〜第十四号」『本山録事』大正十年八月十日）。

管長事務取扱の差別撤廃に関する垂示　大正十一年（一九二二）三月三日に全国水平社の創立大会

が京都岡崎公会堂で開催され、近畿、広島、岡山など全国各地の被差別部落から三〇〇〇余人が参加して、宣言・綱領・決議を採択した。

宣言は浄土真宗の僧侶である西光万吉《さいこうまんきち》が起草して、平野小剣《ひらのしょうけん》が添削したといわれる。翌日、全国水平社の中央委員長南梅吉や西光万吉らは東西本願寺を訪れて、水平運動への協力を要請した。西本願寺では執行の花田凌雲が面会した。

大谷尊由管長事務取扱は、三月二十一日に差別撤廃に関する垂示（『本山録事』大正十一年三月二十五日）を発表して、部落問題や全国水平社への対応の方針・態度を明らかにした。そこで明確になったのは、本願寺の伝統的な宗祖像と、差別の現実に向きあい差別からの解放を願って水平運動に参加した人たちの宗祖像の違いであった。翌年の立教開宗七〇〇年記念法要をひかえ、浄土真宗の原点に回帰する思潮が広がりつつあった。


ローマ法王庁への外交代表者駐在問題　政府は、大正十二年度の文部省予算に「羅馬法王庁に外交代表者駐在に関する経費」として一一万四四二二円を計上した。このことについて、東京大学在学時から仏教青年会で活動していた小野清一郎東京大学助教授は「羅馬使節を否認せよ」（『東京朝日新聞』大正十一年十二月二十日）で、ローマ法王庁に日本の外交代表者を駐在させることに反対した。仏教界からも賛成の意見が寄せられた。

十二年一月十八日に東西本願寺は、共同で反対を表明し、同月二十日に松原執行長はこの問題について訓告を発するとともに、管事・輪番・組長・布教使などへ次の旨を照会した（『教海一瀾』第六八〇号)。

一、日本国家の存立は、其基礎を我国固有の国民精神に於けるや論を待たず、而して此精神思想を涵養し来りたるものは、我国千年の歴史を有せる仏教の精神なりとす、然るに我国民思想と全く相反せる耶蘇旧教たる法王庁と使節の交換を為すことは、其結果国民思想に甚大の変動を醸し、為に国家存立上容易ならざる結果を招く憂あり

一、仏教は王法為本・鎮護国家を俗諦の根本とするに、羅馬旧教に在りては国家観念を無視し、法王は世界の指揮者なりという鉄則を頑守するを以て、万世一系の天皇を元首とする日本の国体と根本的に併行するものに非ざれば、法王庁との使節の交換は害ありて益なし

一、東京に羅馬法王使節駐劄するに至らば「治外法権」を有するが故に、之を首長とする宗教団体を帝国内に認むることゝなり、現行の宗教制度殊に管長制度を破壊するものなり

(下略)

一月下旬に大谷尊由管長事務取扱は、二回にわたって上京し、貴衆両院の各政党の有力者を訪ねて、反対意見を伝えた。二月一日に京都市公会堂で東西本願寺主催の仏教徒大会を開催して反対を決議し、七日に管長事務取扱は、三度目の上京をして、反対を表明した。

ローマ法王庁との使節交換は、仏教界全体の問題として仏教連合会や大日本仏教青年会も宣言書

を作成して、反対運動を展開した。こうした仏教界の反対運動もあって、二月十三日の衆議院本会議で使節交換の予算案は否決された。

松島善海執行長の急逝　大正十二年二月二十八日、前田・花田執行に加えて原田了哲・長尾雲龍が執行に就任した。これは立教開宗七〇〇年記念法要を控えた宗務の諸事業への対応策であった。ところが三月二十日に松島執行長が広島宇品での講演中に急逝した。五月の法要終了後に前田・花田執行が辞任し、七月に龍島祐天が執行に就任して、宗務を運営することになった。

九月一日に関東大震災が起こり、甚大な被災に対応するため、四日に臨時救災事務所規程を発布し、臨時救済事務所を設置した（「甲教示第十三号」『本山録事』大正十二年九月十四日）。本部を本願寺内に、出張所を築地別院に設けて、被災者・被災地に対応することとなった。

松原深諦内局の成立　大正十二年九月十一日、松原深諦《じんたい》が執行長に就任した。十月二十六日に宗務審議会規程を発し、宗務審議会を設置した。宗務審議会では、内外の事情を調査し、宗務に関する重要事項を審議して、執行に重要事項を建議するとした（「甲教示第十四号」『本山録事』大正十二年十月三十日）。委員には、梅上尊融・前田慧雲・本多恵隆・後藤環爾・大洲鉄也・弓波瑞明・花田凌雲・島地大等が、嘱託委員には高楠順次郎・望月圭介・成瀬正恭・伊藤長次郎・伊丹弥太郎が十一月一日付で就任した（「任免辞令」『本山録事』大正十二年十月三十日）。

第一回会合は、十一月二十三・二十四日に築地別院仮本堂で開催し、関東大震災の被災寺院の復興と門徒の教化について審議した。その結果、まず築地別院を再興し、各区及び地方の要所に一か所ずつ教会を建設するとした。教会には、儀式・布教・社会施設の三要件に適する設備を整え、それに要する費用を三〇〇万円とし、この復興案を起草して集会に提出することになった（『教海一瀾』第六八九号）。

本多恵隆内局の成立　大正十三年四月二十八日に第六十一回臨時集会を開催し、翌日に本多恵隆《えりゅう》が執行長、藤音晃超・北畠玄瀛《げんえい》が執行に就任した。大谷尊由管長事務取扱は集会で次の垂示を発した（『教海一瀾』第六九四号）。

惟フニ現代思潮浮薄ニ流レ風俗軽佻ヲ極ム、方ニ教家ノ最モ力ヲ致スヘキ秋ナリ、加レ之今ヤ関東地方大震災ノ後ヲ享ケ、之カ復興ト教線ノ拡張トニ専ラ意ヲ須ヒサルヘカラス、此時ニ丁リ善後ノ大策ヲ樹テ教化ノ振興ヲ図ルハ、一ニ本末ノ協心戮力ニ俟ツノ他ナシ、各員宜シク此意ヲ諒シ、和衷審議以テ協賛ノ任ヲ竭サレンコトヲ希フ

管長事務取扱は、思想対策や関東大震災復興、伝道の展開が喫緊の課題と考えていた。思想対策として、十二年十一月の国民精神作興の詔書を踏まえ、管長事務取扱は富山・岐阜・和歌山などの各教区に巡教して趣旨を説いた。

築地別院の復興　関東大震災にともなう築地別院の復興に関しては、四月二十八日から五月四日までの第五十九回臨時集会で築地別院建築並びに帝都教線拡張費として大正十三・十四年度分予算、

一五五万六七〇〇円を計上した。六月三日に臨時復興事務所職制を発して、第一条で「臨時復興事務所ハ帝都教線ノ拡張並ニ築地別院建築補助等ニ関スル懇志奨励事務ヲ管掌スル所トス」と、第二条で事務所は本山内に置くと規定した（「甲教示第四号」『本山録事』大正十三年六月十五日）。六月十六日には帝都教線復興に関する垂示を発し、総会所で本多執行長は次のように趣意を伝達した（「御垂示」『本山録事』大正十三年七月十二日）。

去歳関東ノ大震災ハ、帝国未曾有ノ災変ニシテ、財資人命ノ損傷前古比スヘキナク、国家ノ不幸何事カ之ニ加カン、帝都弘教ノ道場タル築地別院ヲ始メ、幾多末寺ノ堂宇モ亦災害ヲ被リ、一朝ニシテ本宗教線ノ破滅ヲ見ル、悲歎之ニ過キス覚エ候、然リト雖モ、事固ヨリ天災地変ニ属シ、人力ノ得テ防止スヘキニアラス、人天有為ノ境界スヘテ無常遷流ノ常道ヲ免ルヘカラス、奉仏ノ徒、須ラク志勇精進不退弱ノ金言ヲ体シ、苟クモ畏縮退嬰ノ念アルヘカラス、先徳モ専修正行ノ繁昌ハ遺弟ノ念力ヨリ成スト誨ヘ給ヘハ、一日モ急キテ宗運恢興ノ業ヲ成就センコト夙夜念願スル所ニ候

震災前における東京市の本願寺派寺院は一一四か寺、布教所六か所、このうち五七か所は別院を中心とする一区画に集中し、一五区の中、麹町・本所・神田の三区は一か寺もないという状況であった。増加する東京の人口に対して、教化機関の未整備が目立っていた。こうしたことから、教線

の復興計画が推進された。
十四年七月の管事会では復興計画の築地別院第一期事業費として三〇〇万円余を計上し、各教区の協力を求めた。十月七日には帝都復興事務所職制を発し、第二条で職員を理事長一名・理事三名・委員若干名・幹事一名・録事若干名・書記若干名、第三条で理事長には執行長を、理事には執行並びに東京出張所長をあてた（「甲教示第十号」『本山録事』大正十四年十一月二十八日）。十二月四日付で理事長・理事・委員ら二三名を任命、十九日に築地別院で第一回委員会を開催し、本格的な復興に着手した（『教海一瀾』第七一三号・辻岡健志「関東大震災と築地本願寺の復興」『浄土真宗総合研究』一一　平成二十九年）。

管長事務取扱の海外巡教　大谷尊由管長事務取扱は、大正十三年十一月三日に京都を発ち、八日に台北に到着し、台湾教区を巡教して二十五日に帰山した（『教海一瀾』第七〇一号）。十四年六月八日に京都を発ち、十日に京城の朝鮮別院に到着し、朝鮮教区を巡教して七月六日に帰山した（『教海一瀾』第七〇八号）。十月十日には、横浜からハワイ・カナダ・北米への巡化に出発し、翌年二月二十三日に帰山した（『教海一瀾』第七一一号～第七一五号）。

折しも十三年七月にアメリカで排日移民法が施行され、移民の全面的制限がおこなわれ、アジアからの移民の大半を占めていた日本人に大きな衝撃を与え、管長事務取扱は四月に反対の意を表していた。管長事務取扱のアメリカでの巡教は、在外日本人への帰敬式や交流などであった。管長事務取扱留守中の宗務は大谷昭道に委任されていた。

大谷昭道内局の成立　昭和元年（一九二六）七月十一日、本多恵隆執行長が辞任して大谷昭道《しょうどう》が執行長に、足利瑞義・後藤環爾・前田徳水・花田凌雲・龍島祐天が執行に就任した。大谷内局は、十四日に執行所職制を更改し、これまでの五部制を、枢密・法制・学務・教務・庶務・財務の六部制に改め、新たに法制部を設け、従来の教学部を学務部と教学部に分けた。同時に事務規程も更改した（「甲教示第八号」・「甲教示第九号」『本山録事』大正十五年七月三十一日）。

学階制度の改革　九月七日には学階規程を更改して、発布した。学階は、勧学・司教・輔教・助教・得業の五階とし、宗乗・余乗に通じたものに授け、定員については、勧学は定員一〇名以内、司教以下は無定員とした。

審査会は、龍谷大学学長・監正局長・学務部長・派立学校職員五名・勧学二名・司教二名の一二名で構成し、審査会の会長は龍谷大学学長が就任した。龍谷大学学長の推薦で学階を授けられるのは、輔教は龍谷大学研究科卒業の者、助教は龍谷大学学部卒業の者及び同学専門部卒業者で選科卒業の者、得業は龍谷大学専門部卒業の者及び同学選科卒業の者などと定めた（「甲教示第十一号」『本山録事』大正十五年九月三十日）。

大谷尊由管長事務取扱の辞任　大谷尊由管長事務取扱は、昭和二年五月に修行された明如宗主二五回忌法要前から辞意を洩らしていた。連枝会は二年五月二十六日に、大谷尊由管長事務取扱の辞任を認め、管長事務取扱に大谷光明を推薦したが固辞された。十月十四日、三夜荘で大谷光瑞前宗主・大谷光明・大谷尊由による会議が開かれ、大谷尊由管長事務取扱の辞任を認めて、大谷家の戸主大谷照を真宗本願寺派第二三代宗主及び管長とすることを決めた。

保摂会の設置　宗主及び管長となる照が若年のため、成年に至るまでの間は保摂会を設けて、その会長が新宗主を補佐することになった。継職者の方針が決まり、大谷光明は後藤執行と政府への説明のために上京した。

本願寺では十月十九日に一九人の連枝が出席して連枝会を開催し、大谷尊由管長事務取扱の辞任、後任管長に大谷光照の推挙及び保摂会設置を決議した。その決議書を文部省に報告した（『教海一瀾』第七三四号）。

保摂会設置は、寺法第八章補則修正追加案として、第三十条に「法主未成年ノ間、其職務ヲ署理スル為メ保摂会ヲ置ク、保摂会ハ法主ノ近親ニ就キ前法主、前法主在ラサルトキハ連枝会ニ於テ選定シタル保摂五名以内ヲ以テ之ヲ組織ス、保摂会ハ保摂ノ互選ニ依リ会長一名ヲ定ム、会長ハ保摂会ヲ代表ス」と定めた（『本山録事』昭和二年十一月九日）。

十月二十日には一二人の顧問所顧問が出席して顧問会を開催、保摂会設置案を審議し、原案通りに決議した。翌二十一日から二十四日にかけて第六十八回臨時集会を開催、満場一致で大谷光照管長の就任を決議し、あわせて保摂会事務所の開設を承認した。

大谷光照の管長・大谷光明保摂会会長の就任　大谷光照管長と大谷光明保摂会会長の就任は、十月二十一日付で文部大臣から認可され、同日御影堂で照の得度式を午後六時から執りおこない、法名を勝如と称した。法統継承式は午後八時におこなった。なお、事務手続き上、日付を十月十六日に繰り上げ、同日付で本願寺衆徒に加えられ、教師に補された（「告示第十六号」『本山録事』昭和二年十一月九日）。

派内一般

伯爵大谷照殿本日御得度被レ為レ在御法号並法諱、左ノ通リ称セラル

昭和二年十月十六日

執行長　大谷昭道

法号　勝如

法諱　光照

法統継承の直諭　第二三代を継承した勝如宗主は、十月二十日に母紝子《きぬこ》、随行の後藤環爾《かんじ》執行とともに東京を発ち、翌日に帰山して、三夜荘に滞在していた大谷光瑞前宗主を訪ねた。二十二日勝如宗主は、午前六時からの晨朝仏事に初めて出座し、八時から大谷本廟に参拝して、帰途、真宗大谷派・佛光寺派・京都府・京都市などへ継職にともなう挨拶に出向いた。十一時から鴻之間で次の法統継承の直諭を出した（「御直諭」『本山録事』昭和二年十一月九日）。

去ル大正三年、鏡如宗主職ヲ辞シタマヒシヨリ、已ニ十四年ノ星霜ヲ閲ミシ、其間摂務ヲ置キ

法務ヲ代行セシメラレシモ、異例之ヲ久シクスヘキニ非ス、予、亦成童ヲ過クルニ至リシカハ、コノタヒ歴世ノ遺範ニ遵ヒ法統ヲ継キ、以テ宗門統治ノ重任ニ膺ルコト、ナレリ、然ルニ、予齢少クシテ才乏ク、且ツ未タ学窓ニ在リテ修学ニ余暇アラサル身ナレハ、寺法ニ基キ保摂ヲ置キ、以テ寺務ヲ署理セシム、一宗ノ道俗宜シク予カ意ヲ体シ、宗運翼賛ノ誠ヲ致サルヘク候
抑モ仏教、昔西天ヨリオコリテ、三国ノ祖師伝承差フコトナク、吾高祖大師、之ヲ集成シテ浄土真宗ヲ開闢シタマヒシヨリコノカタ次第相承シテ、茲ニ七百余歳代ヲ累ヌルコト、予ニ至リテ正ニ二十有三末世相応ノ要法、弥々彰カニ、弘願他力ノ勝益増々盛ナリ、吾大谷ノ流ヲ汲ムトモカラ、豈ニ遠ク宿縁ヲ慶ハサルヘケンヤ
夫レ御相伝一流ノ肝要ハ、タ、コレ信心一ツニ限レリ、其信心トイフハ、経ニ聞其名号信心歓喜ト説キ玉ヒ、天親論主ハコレヲ一心帰命ト示シ、高祖大師ハマタ無疑ノ一心ト示シタマヘリ、サレハ造悪不善ノ我等ナレトモ、名号六字ノイハレヲ聞キヒラキ、仏ノ願力ニ乗托シテ、一念ノ疑心ナケレハ、タチトコロニ往生ノ真因決得シ、摂取不捨ノ光益ニアツカリ、正定聚不退ノ位ニ住セシメタマフナリ、コノウヘニハ広大ノ仏恩ヲヨロコヒ、報謝ノ称名ヲ怠ラス、品行ヲツ、シミ、職務ヲ勉励シ、公徳ヲ重ンシ、国家ノ安寧、社会ノ幸福ヲ増進セラルヘク候、是レ即チ宗祖聖人ヨリ瀉瓶相承セル真俗二諦ノ遺訓ニシテ、寔ニコレ宗門不易ノ教規ナリ、冀クハ一宗ノ門葉、皆ソノ心ヲ一ニシテ、自行化他ノ道ニ寸毫ノ謬ナク、飽マテ宗風ヲ宣揚シテ、以テ仏祖報恩ノ営ニソナヘラレタク、コレ予カ継職ノ始ニ方リ念願ノ至リニ堪エサル所ニ候也

保摂会は、大谷光明会長のもと二十四日に三夜荘で会議を開き、会員の大谷尊由・大谷昭道・九条武子が出席し、前宗主の大谷光瑞も臨席した。同事務所は本願寺室内部且楽庵に設けられた（『教海一瀾』第七三四号）。

十月二十五日、執行長に就任した足利瑞義《ずいぎ》は、さっそく勝如宗主の伝灯奉告法要の準備に取りかかった。十一月二十五日に「御直諭伝達式」をおこない、十一月三十日から十二月二十五日まで各教区に松原深諦・本多恵隆・北畠玄瀛・長尾雲龍・村上璋真らを派遣して、伝灯奉告法要の趣旨の伝達をおこなった（『教海一瀾』第七三五号）。

第二章　明治政府の宗教政策と教団の近代化

一　幕末維新期の本願寺の動向

広如宗主の直諭　広如宗主は、文久三年（一八六三）二月門末に直諭《じきゆ》（『真宗史料集成』第六巻　同朋舎昭和五十八年）を発した。そこには次のように述べられていた。

近年、異国船来航が増加し、外国からの圧力が高まり、「国体」の問題となり、孝明天皇も深く憂慮している。攘夷は天皇の思いである。皇居（天皇）を守衛し、海防を確かにする仰せを、幕府も遵奉して諸藩に命じた。幕府も諸藩も大きな変動に直面して容易な事態ではない。まさに国家の一大事の時である。

当流は古来より公武によって厚く恩恵を受けてきた。門末もこの泰平の世に生まれることができたのも、寺務が安穏におこなえるのも、すべて朝廷・幕府の仁政のお陰である。それをよく理解し、国のため、寺院相応の「勤王報国」に心力を尽くせ。身命を惜しむことなく、後生安堵の思いから、報国の忠誠を尽くせ、このことを希うものである。

この直諭は、のちに新政府との関係を築く重要な意義を有しているとともに、当時の本願寺の政治的な立場を表明している。

本願寺の「勤王報国」　この直諭は外国からの圧力の危機とそれに対応する朝幕への協力を門末へ訴えている。宗主はそれを「勤王報国」と表現している。この「勤王」とは尊皇の意である。「攘夷」という表現もみられ、天皇を尊崇し夷狄《いてき》を排斥する尊皇攘夷論である。ちなみに幕府も尊皇攘夷の立場であり、文久二年十二月五日には、勅使として攘夷を督促する三条実美《さんじょうさねとみ》・姉小路公知《あねがこうじきんとも》に対して「攘夷奉レ承」と返答している。

また朝廷と幕府の一体を説くことから、同じく、朝廷の伝統的権威と結合して幕藩体制の再編強化を図ろうとした政策の公武合体も主張されている。これらは、当時ひろく支持された思想やそれを実践する運動であった。本願寺もその思想や運動のなかにあった。

家茂初度上洛と八月十八日の政変　文久三年三月四日、将軍の徳川家茂《いえもち》が三代将軍家光以来、二三〇年ぶりに上洛した。それに先駆けて二月二十四日には、一橋慶喜《よしのぶ》が上洛して、本願寺を来訪した。広如宗主は殿中で慶喜に盃を進め、御堂・飛雲閣などを案内し、奥向へ招き入れ百花園で饗応した。本願寺は「従来之御懇家」のため、慶喜を破格の扱いとしたようである。慶喜から広如宗主・徳如新門・明如新々門へ土産として、唐物掛軸・生鯛などが贈られた（「奥日次抄」本願寺室内部編『明如上人日記抄』前編　本願寺室内部　昭和二年）。

三月十一日、家茂は孝明天皇による賀茂社への攘夷祈願行幸に供奉した。四月三日には広如宗主・徳如新門・明如新々門が二条城に家茂の上洛見舞いに出かけている（「奥日次抄」）。二十一日には大坂に赴き摂海（大阪湾）の視察をした。家茂は帰府を希望していたが、朝廷から攘夷実行の要請を求められて京に留まらざるをえず、一種の軟禁状態となった。四月二十日、ついに五月十日に攘夷決行と上奏するに至った。この決行命令は即座に諸藩に伝えられた。そして軟禁状態にあった家茂は、六月十三日にようやく大坂より海路で帰府することができた。その約一か月前の五月十日には、長州藩は下関で外国船砲撃をおこない攘夷を実行した。次いで七月二日には薩英戦争が起こり、外国との衝突となった。

この時期は尊攘運動の最高揚期といってよく、したがって広如宗主が直諭で尊攘論を説いたことも、宗主と『仏法護国論』（「護法意見封事」）の著者である周防妙円寺月性や長州藩の僧侶との接近をみれば理解できることである。しかしこの状況下、公武合体派の京都守護会津藩の松平容保《かたもり》や薩摩藩は孝明天皇を取り込み、尊攘運動の中心的公家や長州藩関係者を京より追放した（八月十八日の政変、七卿都落ち）。

家茂再度上洛　元治元年（一八六四）一月八日、家茂は海路で大坂に到着し、十五日に入京した。前年に続く上洛は、雄藩諸侯を国政に参画させる参予会議に列するためであったが、家茂には京都政局が西南雄藩で動くのを牽制し、幕府に主導権を取り戻す目的があった。家茂から上洛の挨拶として、二十八日に広如宗主と新門・新々門へそれぞれ真綿三〇把ほかが贈られた。

同日は肥後藩主細川慶順《よしゆき》の名代として上洛していた細川澄之助（護久《もりひさ》）が、殿中座敷の拝借を希望し来訪した。その際に広如宗主らは出迎え、関雎殿《かんしょでん》内の二之間へ案内して挨拶をしている（「奥日次抄」)。なお座敷返上は四月二十二日であった。また三月十九日には京都に滞在していた紀伊藩主徳川茂承《もちつぐ》も本願寺へ来山し、広如宗主は滴翠園で饗応した。

　このように将軍再度の上洛で諸大名の動きも活発となり、緊張する京都の政局に本願寺も巻き込まれざるを得なかった。

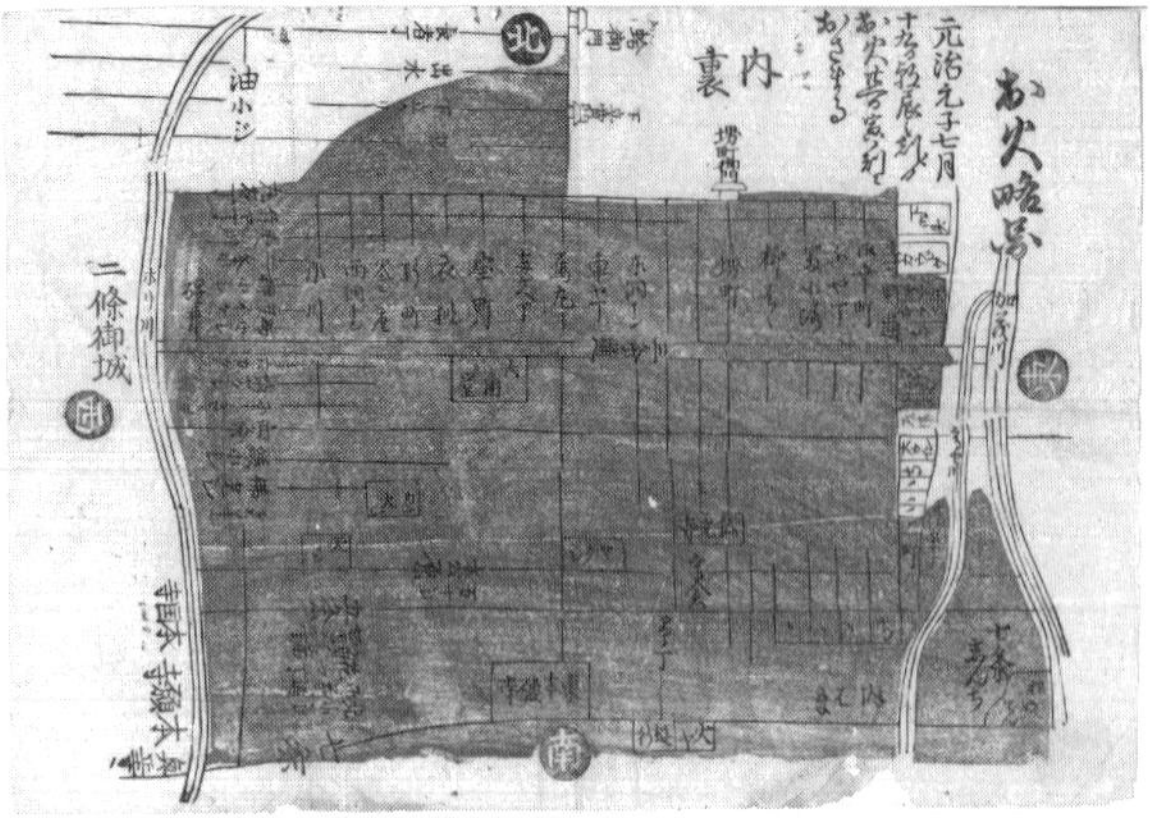

「元治の大火 出火略図」史料研保管

池田屋事件と蛤御門の変　三月二十五日、家茂は慶喜を禁裏守衛総督・摂海防禦指揮に転職させ、五月十六日に帰府してしまった。六月五日、新選組が三条池田屋を襲撃し、長州・土佐藩など尊攘派志士を殺害する事件が起こった。いわゆる池田屋事件である。池田屋事件の報が山口に届くと、京都への出兵を自重していた長州藩は方針を転換し、各部隊に出陣を命じた。

　七月十九日、長州三家老は兵を率いて上洛し御所に迫った。これは前年の八月十八日の政変で地位を失墜した長州藩の勢力回復行動であった。慶喜は戦いの指揮をとり、会津・薩摩両藩が長州藩と御所の蛤御門付近で戦闘となった。長州軍は敗北し、元治元年八月二日の第一次長州征伐のきっかけとなった。

元治の大火　七月十九日、この戦闘で長州藩邸付近などから出火した。火の手は北東の風により延焼し、現在の京都御苑西側から南東方向の広い範囲に広がり、約二万七〇〇〇戸を焼失する大火となった。この火災は、会津藩や新選組などが、長州残党を探索するためにおこなった砲撃や放火が原因とみられている。京都の町の人びとは大火を「どんどん焼け」・「鉄砲焼け」などと称して、会津藩や新選組への反感をつのらせた（宮地正人『歴史のなかの新選組』岩波書店 平成十六年）。

猛火は北より南下して本願寺の「北之総門」に迫った。この門はかつて現在の堀川通と花屋町通の交わる付近にあり、昭和二十四年（一九四九）京都市都市計画により吉崎別院に移築された。門の建立年次の詳細は不明だが、宝暦十年（一七六〇）の版本「本願寺御大絵図」には「北門」とあり、この頃には建立されていた。当時の「瓦版」によると、旧堀川を境に火が止まり、本願寺は延焼を免れている。その後この門が類焼を防いだと噂され、やがて「火消門《ひけしもん》」と呼ばれるようになった。

御真影の避難と本山の消防　猛火が本願寺に迫ったため、七月十九日、広如宗主・徳如新門・明如新々門は本尊・御真影を奉じて大谷本廟に避難し、さらに翌日山科別院へ避難した。この時、本願寺に居残った家臣らは消防に努め、元治元年七月二十一日付「坊官下間大進仲稠《なかしげ》等連署状」（史料研保管）によれば、「夫是消防之儀、御指揮御座候処、役掛之面々ハ勿論、其外御留守之人体、火事場ニ罷出候者、実ニ抛二身命一、消防相働候」と、消防の役掛のみではなく、それ以外の人びとも火事場に出て身を挺して消防にあたったので、両堂や殿舎は難を逃れたという。しかし「御境内不レ残、惣会所・学林、別而御堂前常楽寺殿始、何れも悉皆焼失相成」と門前の寺内町は焼失したことを伝えている。

火災により本願寺に類焼しなかったのは、人びとの尽力によるものであった。これら大火の経験は近代以降の防火対策に活かされた。

消防の褒賞　「大火ニ付御取計方取調伺簿」（史料研保管）には、消火活動に対する褒美審議が記録されている。例えば元治元年七月二十五日付の記事には、岡田多仲が大火の際、危急にもかかわらず、格別に消防に出精、この身命を惜しまない働きに対し、金五〇〇疋を与えると記されている。五〇〇疋とは小判一両一分で、当時の武家奉公人の年間給与が二両二分といわれているので、岡田はその給料の半分を褒美金で得たことになる。伺簿での褒美は金額の差はあれ、約八〇以上の人物・寺院などに与えられており、幕末の本願寺財政は逼迫していたにもかかわらず、本願寺は莫大な褒賞を支払った。それは命をかけた消火活動に対する褒賞といえる。

本願寺への探索　蛤御門の変で敗走してきた長州兵数十名が本願寺に逃れてきて、堂内で切腹を希望した。しかし広如宗主は毛利家との旧交を重んじ、切腹を思いとどまらせ、剃髪し僧侶の体に変装させて逃走させた。元治元年八月二十三日、会津藩は兵を率い、本願寺に強い圧力をかけてきた。これは一橋慶喜の仲裁で難を逃れたが、会津藩は寺内を探索、家臣・僧侶の嫌疑ある者数名を捕縛し投獄したという（教海一瀾社編『広如上人芳績考』教海一瀾社 明治三十五年）。

慶応初年の政治状況　慶応元年（一八六五）二月五日、徳川家茂は、発言力を強めていた朝廷から再三の上洛と攘夷決行を要請された。この時期、京都では孝明天皇の攘夷を維持しようとする一橋慶喜（禁裏守衛総督）と会津松平容保《かたもり》（京都守護職）・桑名松平定敬《さだあき》（京都所司代）による「一会桑《いっかいそう》」と呼ばれる勢力が、政局のゆくえを握っていた。将軍はその中心人物であった一橋慶喜を京都から連れ戻し、「一会桑」を解体することを計画した。

北集会所を移築した本徳寺本堂（写真提供　姫路市亀山本徳寺）

幕府は老中の阿部正外《まさと》と本荘宗秀《むねひで》に兵四〇〇〇名を付けて上洛させた。しかし慶喜に要求を突き付けることができず、本荘は朝廷より摂海の警備を命じられ、阿部は東下して将軍を連れてくるよう命じられる始末であった。

そして阿部は二月二十四日に目的を果たせず京都を発し、江戸に戻り朝廷の意向を家茂に伝えた。その結果、閏五月二十二日、家茂は三度目の上洛をすることになった。この目的は第二次長州征伐のための出陣であったので、家茂は閏五月二十四日に下坂し、大坂城に入った。

新選組と本願寺　新選組は、屯所を壬生から本願寺の北集会所《しゅうえしょ》（現、兵庫県亀山本徳寺本堂）へ移転してきた。「幕府年来ノ嫌疑解ケサルヲ以テ、強テ我本願寺ヲ新撰組ノ屯所ニ充ントス」（『広如上人芳績考』）と、本願寺が新選組を受け入れたのは、従来からの幕府による嫌疑をさけるためであったという。幕府と本願寺の関係は東本願寺に比べて良好とはいえず、また幕末に至って本願寺は、幕府と緊張関係にあった長州藩とつながりをもっていた。

新選組の移転事情　従来、新選組が壬生から本願寺に移転してきたのは、長州藩と本願寺のつながりを警戒しそれを監視するためとされてきた。新選組は、この時、隊士が約二〇〇名で、その約三分の一が病人であったとみられ（小川鼎三・酒井シヅ『松本順自伝・長与専斎自伝』平凡社 昭和五十五年）、屯所の環境悪化で次々と病人が発生していた。移転に際しては病人を多く抱えているため、隊士移動は大がかりになり遠方では労力が大きい。そのため壬生の近くで大所帯を収容できる建物でなければならない。幕府寄りの立場をとる東本願寺は前年の元治の大火で焼失しており、受け入れは難しかった。そこで壬生から近く、大所帯の受け入れが可能という条件から、本願寺の北集会所しかなかったと考えられる。

新選組の入屯　慶応元年三月九日、本願寺は、家中の者に対し新選組へは不作法なく温順に対応すべきことや、広如宗主が移動の際は、従来の御成道《おなりみち》が屯所に接しているため、今後は南側の北小路通を通輿することを通達した（「諸事被二仰出一申渡留」史料研保管）。そして翌十日、新選組は北集会所へ入った（元治二年三月朔日付「土方歳三書簡」菊池明『土方歳三、沖田総司全書簡集』新人物往来社 平成七年）。新選組は本願寺に金銭貸与を要求してきたため、二十一日、本願寺は寺内町の商人鍵屋長兵衛などより金子を借り入れ、五〇〇両を新選組に貸し与えた（「諸日記」史料研保管）。また新選組は、本願寺との関係構築を図るためか、同日に旅宿での相撲見物の案内を本願寺家中に伝えている（「御用向日々取扱当座留帳」史料研保管）。

土方歳三との交渉　六月二十一日、新選組副隊長の土方歳三《ひじかたとしぞう》は本願寺に面会を希望し、願いとその回答を求めてきた。その内容は北集会所が狭く、畳一枚に一人が寝る状態にあり、その上、炎暑で耐えられず、病人も出て、これでは「公用」も勤められない、また局（組）内でも不満の声を制止できないというものであった。

そして土方は北集会所隣の阿弥陀堂のなかで五〇畳ほどを使用させてほしいとの要求を提示した。阿弥陀堂は大切な仏事の場であるため、この要求は本願寺にとって重大な問題であった。土方が強固な要求をしたのは、この時期、新選組が存亡に関わる事態に至っていたからであった（松浦玲『新選組』岩波書店 平成十五年）。

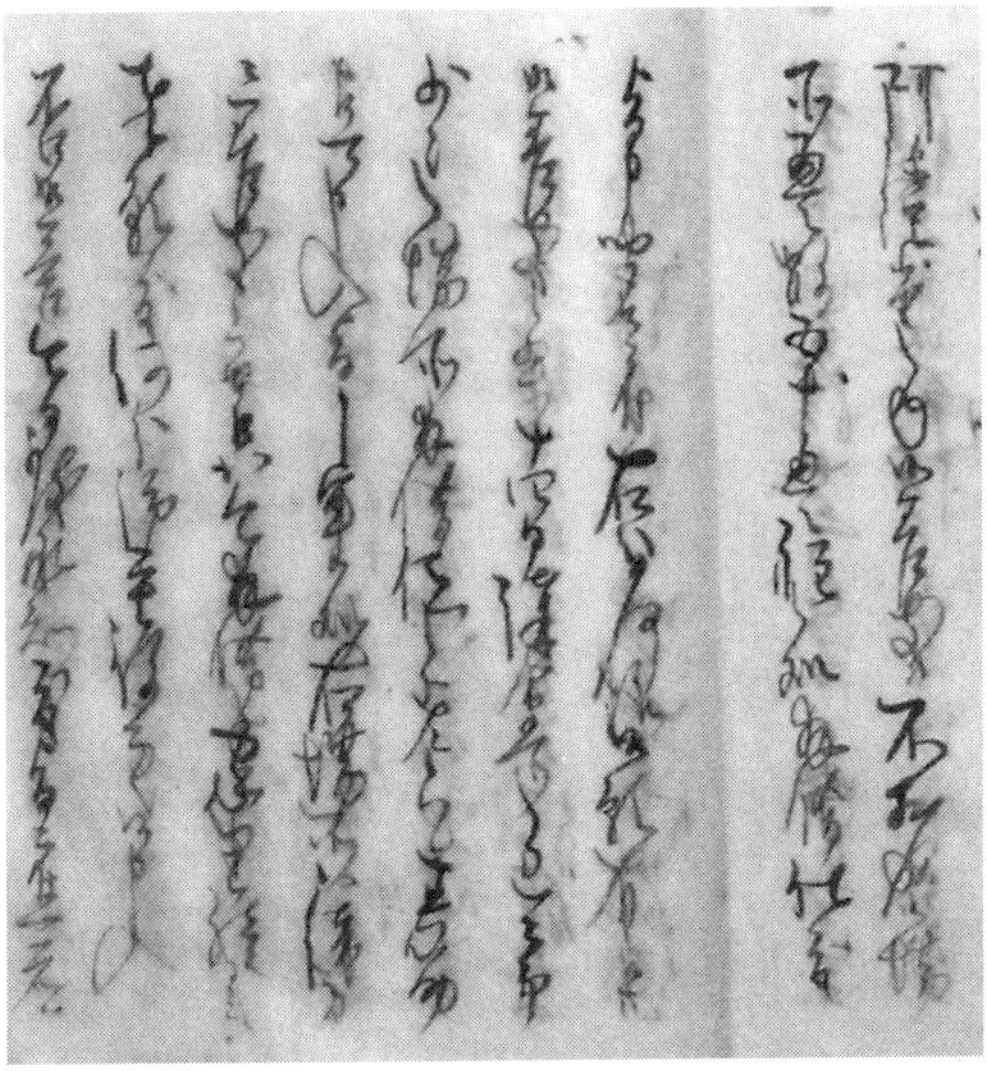
「諸日記」（慶応元年6月22日条）史料研保管

しかし本願寺は阿弥陀堂使用を許可せず、北集会所の後堂などの場所に畳を敷き、南北の壁を取り除き、風通しをよくする提案をした。土方はこの提案を了承し、本願寺は二十六日早朝から工事にとりかかることとなった（「諸日記」慶応元年六月二十二日条）。

境内の光景　新選組は、四月下旬より空砲を発し、日々大砲・小銃を連発して調練をおこない、参拝の老幼婦女を寒胆させた。広如宗主もこの砲声には驚愕したという（「奥日次抄」慶応三年五月朔日条）。以後、屯所のある本願寺境内は、僧俗参詣のあるなか、腹を切る者・処刑される者・捕縛された者など「断獄刑場」の有り様となり、「極楽ニ地獄ヲ合併シタルガゴトシ」と称される光景となった。宗主は「深ク心ヲ煩ハサレ」たという（「新選組始末記」新人物往来社編『新選組史料集』新人物往来社 平成五年）。

さらに慶応元年九月八日・九日、新選組は熊本藩相手に騒動をおこし、数百名の熊本藩士が屯所のある本願寺の表門に大砲七、八門を構え境内を取り囲み、本願寺を焼き払う寸前に至る事件まで起こしていた（宮地正人『歴史のなかの新選組』）。

新選組退去　新選組を境内から追い出すため、本願寺は努力を続けた。「漸場所此頃出来」（「奥日次抄」）というように、移転先を慶応三年四月五日頃には選定していたようで、六月十五日、新選組を不動堂村に転居させることに成功した。移転の功労者は本願寺家臣の富島武裕であった。富島は、莫大な費用と労力を費やし解決に持ち込んだため、宗主より褒美を受けている。ただ移転後も「新選組懸」という役務が存在し、上原三楽がその責任者に任じられている（「諸事被二仰付一申渡留」慶応三年七月十三日・同九月八日条）。なお不動堂村の屯所は明治元年（一八六八）九月に売却が決定されている（明如上人伝記編纂所編『明如上人伝』明如上人二十五回忌臨時法要事務所 昭和二年）。

御幸橋架設　元治元年三月五日、朝廷は荒廃久しい南禅寺法華堂の亀山天皇陵修復を本願寺に命じ、翌年一月十日それが完成した。費用は二五〇〇両であった。続いて蛤御門の変後、朝廷の河東への避難に備えて、京都七口の一つ荒神口の架橋が必要となった。慶応元年五月、賀陽宮《かやのみや》（のち久邇《くに》宮《のみや》）朝彦《あさひこ》親王の勧告によって本願寺は架橋を申請し、九月に許可された。広如宗主は九月二十一日現地の見分に出向き、十二月十六日新橋の釿始となった。翌年九月十五日、宗主は亀山天皇聖忌のため南禅寺に向かう途中、工事中の新橋を視察した。三年十月十五日に渡り初めの儀式がおこなわれ（「奥日次抄」）、広如宗主や明如新々門も参列し、晦日に竣工した。広如宗主は金一〇〇〇両を内庫から拠出し、下間氏以下本願寺家臣も資を献上して、総計約五万両の巨費が投じられた。この橋は御幸橋と命名された。橋の擬宝珠に左の刻銘がある。

加茂三条北無㆓巨梁㆒奉㆑勅本願寺前大僧正光沢新架㆑之者也

慶応三年丁卯十月

下間大蔵卿頼恭

奉行　島田陸奥守正辰

島田右兵衛尉正誼

また広如宗主が画工吉坂鷹峰に橋影を描かせ、それに左の和歌を加えたものがある（本願寺所蔵）。

鴨川にあたらしき橋をかけ渡して

けふそけにわたりはしめて万代を　君にとちきるかもの河橋

光沢

王政復古の大号令　慶応三年十月十四日、倒幕の密勅が下る寸前に、将軍慶喜は大政奉還を表明した。これにより薩摩・長州藩などは倒幕の機会を失った。しかし朝廷では、慶喜の勢力を温存する新体制樹立派と倒幕派とが対立した。結果、十二月九日、岩倉具視らが王政復古令を発布するに至った。これにより幕府の廃止、摂政・関白の廃止、参与設置などを決し、新政府が成立した。新政府は十四日列藩に向かってそれを宣布し、十六日神官僧侶にも布告した。

十二月二十六日、広如宗主の代理として参内した明如新々門は、参与から本願寺の勤王の志、門末の奮励を讃えられ、今後も協力を仰せ付けるとの命を受けた（上原芳太郎編『本願寺秘史』信義会　昭和十年）。

翌二十七日、宗主の命によって出頭した教行寺摂観（中山）・下間頼恭《よりゆき》・島田正誼《まさよし》らに対して、参与西園寺公望《きんもち》・烏丸光徳《みつえ》は、本願寺や門徒の勤王を讃え、王政復古の変革への勤王忠誠を承りたいことを伝えた。これに対し、下間仲稠らの家臣や在京門末総代院家などから、相応の御用を承ること、即位大礼の用途調献を願いたい旨を返答した。二十八日、新政府は、本願寺に今般の御一新に対する誠忠の至り、天皇も満足されており、今後も王事に尽力せよとの沙汰を伝えた（『本願寺秘史』）。

猿ケ辻警備　明治元年（一八六八）一月三日、本願寺は、去月の奉答の実行手段について飛雲閣に家臣を集め会議を開いていた。同日、鳥羽・伏見の戦いが勃発した。明如新々門が御真影を大谷に避難させ、広如宗主は山科に退去した。そして戦況を鑑み、明如新々門も御真影とともに山科へ退去した。事態の安定化をみて、一月九日、御真影とともに宗主らは帰山した。

徳如新門は一月三日「天機伺」に参内し、新政府から天皇も本願寺を頼もしく思っていると伝えられ、「九門内外列装不レ飾内々巡邏、且火用心已下万事取締可レ有レ之」（『本願寺秘史』）と、皇居警備を指示された。その夜より屯所である飛鳥井邸に入った。これは軍兵のほとんどが前線に出て皇居の警備が手薄となったため、警護の命が下ったのである。六日、徳如新門は宗主の退去する山科へ見舞いに赴き、再度屯所に帰った（「奥日次抄」）。

明如新々門も山科より御所に赴き、新門と交替で警備にあたり、十一日教行寺摂観らを御守衛総督とした。この警備は任が解かれる四月八日まで継続し（『明治天皇紀』一　吉川弘文館　昭和四十三年）、総員僧俗約四〇〇名が御所の警備に当たった。警備は家臣役僧また守衛所詰末寺中に箇条書の規定を与えるなど厳格なものであった。これを「猿ケ辻警備（警衛・警守・守衛）」という。猿ケ辻とは御所の東北角、鬼門にあたる築地塀（角が直角ではなく一部をへこませている）の場所をいう。

新政府への協力　一月五日、新政府は「従来精勤、殊ニ旧冬以来、度々言上之趣、叡感御事に候処、方今形勢九重御警衛重大の御事に付、早々門末已下の兵を催し出仕、尚此上丹誠の忠勤を可レ抽被二仰下一候事」（『本願寺秘史』）と達した。これにより本願寺側においては、同日興正寺摂信が東海道鎮撫総督補佐として大津へ赴き、閏四月十二日まで警備した（「摂信上人勤王護法録」『真宗史料集成』第十一巻 同朋舎 昭和五十年・『明治天皇紀』一 明治元年閏四月二日条）。

また本願寺は摂津十二日講・摂津十三日講・加賀・能登・越中・越前等へ、急使をもって警備への協力を求めた。さらに政府から人員の増加を求められたため、本願寺は中国・九州地域にも命を伝え、同時に兵糧も徴収した。二十四日、新政府が諸国に鎮撫使を派遣するに当たり、広如宗主は、新政府から北陸門末鎮撫の命を受け、その先鋒として、近江明性寺空巌・同福正寺僧宣《そうせん》らに命じて沿道の人民を慰諭させた。二月六日、宗主は本照寺沢依《たくえ》を宗主の名代として長州へ遣わし、二十日、草鞋竹杖の装いをした徳如新門主を摂津・河内・和泉に遣わし、維新の朝旨を懇諭させた（『広如上人芳績考』・「奥日次抄」）。

四月十二日には、新政府は本願寺家臣の上原数馬・岡田多仲・村井内蔵助を軍防局会計頭取に任じた。彼らは本願寺在職のまま政府に出勤し、総督の彰仁親王の次室で執務し、その検印によって出納をおこなったという。新政府は本願寺による経済的支援を期待したと考えられる。

諸藩の献上　西南雄藩は文久年間以降、公然と朝廷への献上攻勢に転じていった。文久二年（一八六二）九月、薩摩藩の国父といわれた島津久光が米一万石を献上した。それに対抗して長州藩も翌三年六月、金一万両を献上した。幕府も同年六月、一橋慶喜の主導により以後毎年一五万俵（約六万石）ずつ、御所向き賄料及び摂関家より無禄の官人までに献上すると宣言した。さらに元治元年（一八六四）四月、幕府はさらに一五万俵の「御増貢米」を申し出た（飛鳥井雅道『明治大帝』講談社 平成十四年)。他の寺院では奈良興福寺が、慶応三年十二月二十九日、皇国報謝のため米一〇〇〇石を献上した。

十二月三十日には京都の豪商三井三郎助が金一〇〇〇両を献上したほか、島田八郎左衛門や小野善助らもそれぞれ献金している(『明治天皇紀』一)。このように諸勢力は献金することで朝廷を取り込んでいく攻勢をかけていた。

この年二月、政府は京阪の富豪に親征経費と称して一〇万両の提出を要求した。その内訳は三井三郎助・島田八郎右衛門・小野善助三名で三万両、下村正太郎一万両、鴻池善右衛門五五〇〇両、以下一五〇〇両までのもので、合計二五名である(『明治天皇紀』一)。

本願寺もこれら幕府・諸藩と同様に次のような献上をおこなった(『広如上人芳績考』)。なお、献上先は朝廷および新政府である。

文久三年(一八六三)春、金一万両

慶応三年(一八六七)十二月二十八日金三〇〇〇両

明治元年(一八六八)一月四日金三〇〇〇両(鳥羽・伏見の戦いの資金)、同月五日金五〇〇〇両(鳥羽・伏見の戦いの資金)、三月一日金三〇〇〇両(奥羽鎮撫資金)、四月二〇〇〇両(門末よりの施物)、五月二十七日金一〇〇〇両(軍務官への献金)、七月金五〇〇〇両(越後鎮撫資金)、十二月金三〇〇〇両

このように慶応三年十二月の王政復古の大号令以後、本願寺は新政府に合計二万五〇〇〇両を献金した。さらに同月二十九日、本願寺は「王政維新の更革に際し、奉上の忠誠を尽くさんために僧徒の分に応じて力を致し、且御即位の資を室町時代の先例に従ひて献ぜんことを奏請」した。そして翌年、広如宗主は即位料四六五〇両を献上した（明治元年閏四月十二日付「太政官会計裁判所即位料請取状」史料研保管）。

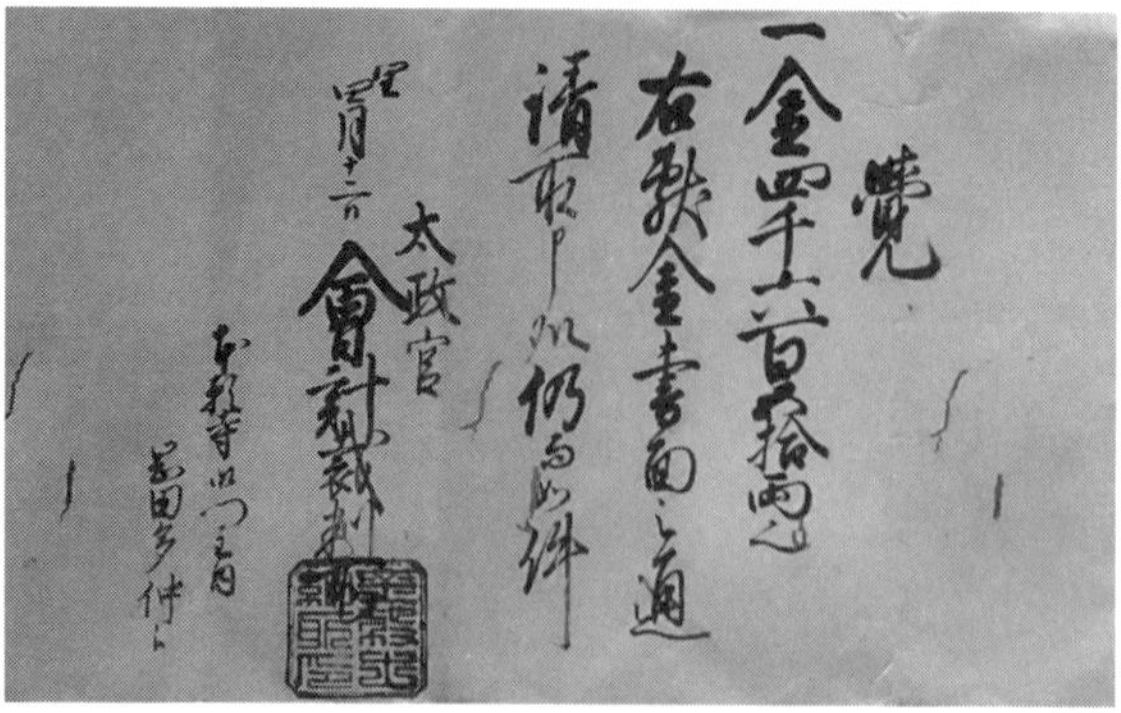
「太政官会計裁判所即位料請取状」史料研保管

なお東本願寺の慶応三年・明治元年の献金は金四万一〇〇〇両にも及び、本願寺より多額となっていた。これは東本願寺が旧来江戸幕府と密接な関係にあったため、多額の献金によりその疑念を晴らす意図があったと思われる。

砦営関門築造の辞退　広如宗主は先に新政府へ軍艦調献を奏上した。これは外交上沿海の警備が必要と考えたからであった。しかしそれに代わって、慶応四年三月二日、大津・伏見・八幡・山崎・嵯峨の五か所の砦営関門築造が命じられた（『広如上人芳績考』）。

そこで本願寺は、明治元年四月二十五日、本照寺沢依を砦営関門御手伝総督、教行寺摂観らを副総督として砦門造営に着手した。

しかし本願寺は、猿ケ辻警備や大阪の行在所《あんざいしょ》（仮皇居）等の出費により財政が悪化していたため、九月に至って政府に願い出て砦営関門築造を辞退した。これは島地黙雷らの画策であった。

大阪親征　鳥羽・伏見の戦いに勝利した新政府は、明治元年一月七日、慶喜追討令を発した。そして一月十七日、大久保利通は大阪遷都を建白した。遷都の目的は混沌とする内外の情勢を打開することにあった。この建白は遷都あるいは行幸を機に、天皇親政を実現しようとしたものと考えられる。

しかし、遷都論に対しては公卿の中山忠能《ただやす》や大名の松平慶永《よしなが》らが猛烈に反対した。これは遷都の実施が千年の都京都を放棄することになるとして抵抗したと思われる。結果、同月二十六日に廃案となった。続いて大久保は、岩倉具視副総裁を通して、保守派にも受け入れられやすい親征のための一時的な大阪行幸を提案し、これが同年一月二十九日に決定した。二月三日、明治天皇は二条城に置かれていた太政官代に行幸して親征の令を発布した。しかしつぎつぎと延期されて、五箇条の誓文発布の翌日三月十五日になって親征は、三月二十一日と決した（田中彰『明治維新』講談社　平成十五年・佐々木克「東京『遷都』の政治過程」『人文学報』六六　京都大学人文科学研究所　平成二年）。

津村別院と行在所　親征の日程が決すると、政府は本願寺に対して、津村別院を行在所とする旨を達してきた（前田徳水編『津村別院誌』本願寺津村別院　大正十五年）。

今度御親征に付、其方大坂掛所、皇居太政官代等被二借召一候旨御沙汰之事

慶応四年二月十四日

十六日、本願寺は別院に対して右の達の内容を伝え、適切な取りはからいをするように指示した。同月二十九日には、裁判所から津村別院に対して達があった。その後三月十五日には、二十一日に発途、石清水一泊、守口一泊を経て二十三日に着阪する旨、また太政官代を移す儀の中止が達せられた。

行幸への対応　この時の行幸の様子は以下の通りである（「御行幸記抄出」史料研保管）。

三月廿一日辰ノ刻皇都御発輦被ㇾ為ㇾ遊、御小休所東本願寺ヨリ葱華輦ヲ御板輿ニ召替ヘサセ給ヒ、戌刻八幡ニ着御、亥ノ半刻石清水八幡宮へ御参詣被ㇾ為ㇾ在、辱クモ天下億兆蒼生ノ為ニ、早ク逆賊平治四海静謐ヲ御祈念被ㇾ為ㇾ遊、同所男山豊蔵坊御一泊、同廿二日卯ノ半刻御発輦、戌ノ半刻守口へ着御、西本願寺掛所へ御一泊、同廿三日辰ノ刻御発輦、午刻御着坂、八軒屋ヨリ再ビ葱華輦ニ召替サセラレ、未ノ刻西本願寺行在所へ万事御都合能御着輦被ㇾ為ㇾ在、衆庶万歳ヲ唱フ（下略）

明如新々門も二十一日に京都を出発して、守口の御駐泊所である難宗寺（守口市）を見分した後に大阪へ向かい、二十三日には徳如新門とともに津村別院で天皇を奉迎した。この滞在中、天皇は天保山台場の軍艦や大坂城での繰練など軍事関係設備の叡覧や、坐摩神社、住吉神社といった神社への参詣などをおこなっていた。別院が行在所となっている間、本尊は浄照坊に遷仏された。新々門はこの期間、毎日浄照坊から「御機嫌奉レ伺」として別院へ通い守護にあたった。
天皇還幸は閏四月七日に決定したが、新々門が五日に参内した際には小屏風一双を拝受している。この小屏風は新々門の帰洛後、書院において女官たちが拝見した。天皇の滞在は四〇余日に及び、本願寺がこのために費やした金は二万両に達した。

再度の行在所　津村別院が二度目に行在所となったのは、明治五年（一八七二）五月のことである。天皇から大阪および中国西国筋への巡幸の旨が発せられたことを受け、五月七日付で太政官から布達された。二十八日、別院に到着して三十日には京都御所に向けて出発した。明治元年の行幸に比べて非常に短い期間の滞在である。この時は四月より東上する宗主の名代として本照寺沢依らが「天機伺」を務め、本尊は前回と同様に浄照坊に遷された。

二　明治初年の政府の宗教政策

神仏分離　明治元年（一八六八）三月十三日、新政府は「王政復古神武創業ノ始ニ被レ為レ基、諸事御一新祭政一致之御制度ニ御回復被レ遊候ニ付テハ、先第一神祇官御再興御造立ノ上、追々諸祭奠モ可レ被レ為レ興儀被二仰出一候」（「第一五三」『法令全書』）と、祭政一致と神祇官再興を宣言した。政府はさらに、三月十七日に神社における僧位僧官を返上させ、三月二十八日には神仏分離令を発した。そして四月二十四日には石清水以下八幡大菩薩の号を廃して、十月十八日には法華宗の曼荼羅に天照大神の神号を加えることを禁止した。

こうした神仏分離の背景には、神道を国家統治の中心に据えようとする政府の方針があった。そうした政府の方針は、明治二年九月二十九日に宣教使を置き、翌三年一月三日に「今也天運循環百度維新、宜明㆓治教㆒以宣㆓揚惟神之大道㆒也」（「第四」『法令全書』）とする大教宣布の詔を出したことからも明白であった。さらに政府は、明治四年五月十四日の太政官布告で、「神社ノ儀ハ国家ノ宗祀ニテ一人一家ノ私有ニスヘキニ非サルハ勿論ノ事ニ候」（「太政官布告第二三四」『法令全書』）とした。

政府は、明治四年八月八日に神祇官を神祇省に改め、祭祀・諸社・諸陵・宣教などに関することを管掌させた。同年一月には諸国における寺領を没収し、六月十七日に御所・門跡・院家・院室などの号を全廃したほか、八月には勅願所と勅修法会を廃止して、内裏の御黒戸に奉安していた仏像・位牌を泉涌寺《せんにゅうじ》に移遷した。また、同年六月二十七日の布告で、寺格にかかわらず地方官が住職任免権を掌握することとなった。五年二月には、従来宣下によって授けられていた僧位僧官を全廃し、また近世以来の人別統制についても、戸籍法の施行により寺院から政府へと管轄が移行した。

寺院寮　こうした動向のなか、本願寺は明治三年八月に島地黙雷《しまじもくらい》・大洲鉄然《おおずてつねん》を東上させた。大洲は、新たに寺院寮を設けて諸国の寺院を管理させるよう、政府に建議した。当時、民部省内の社寺掛が寺院を管掌していたが、神社は神祇官の管轄だったために、神社と寺院との位置づけについては大きな差があった。寺院寮設置は、直接には政府の内部に寺院を専門にする官庁を設けることであったが、それは同時に、廃仏毀釈が進むなかで仏教の失地回復をめざすものでもあった。

三年閏十月二十日、これが許可され、民部省のなかに寺院寮が設置された。島地や大洲は、旧長州藩の人脈を積極的に活用することで、事態を優位に進めたようである。しかし、この矢先、寺院寮が設置されたにもかかわらず、富山藩で廃合寺が一方的に強行された。寺院寮の設置後も廃仏毀釈は続いていた。

四年七月、民部省が廃止されて大蔵省に合併することとなったのを機に、寺院寮も廃止された。社寺に関する庶務は、戸籍寮のなかに設けられた社寺課で管理することになった。

教部省　島地黙雷らは、キリスト教対策という課題のもと、神祇省による対策に仏教と儒教の勢力を加えることが必要だと論じ、江藤新平らの協力を得ることで、寺院寮に続く仏教の勢力回復を具体的に進めた。明治四年九月、島地黙雷は教部省開設を求めて「宣教ノ官ニ換ルニ総シテ教義ヲ督スルノ官ヲ以テシ僧侶ヲ督正シテ布教ノ任ニ充テ以テ外教ヲ防カシメ玉ハンコトヲ請建言」（二葉憲香・福嶋寛隆編『島地黙雷全集』第一巻　本願寺出版協会　昭和四十八年）を提出した。

島地黙雷（写真提供　国立歴史民俗博物館）

左院では江藤新平が関与して翌十月に寺院省の設置を建議し、十二月にはこの名称を教部省と改めて再び建議した。島地らの取り組みが功を奏し、翌五年三月二十三日には神祇省が廃止されて教部省が創設されるに至った（山口輝臣『島地黙雷――「政教分離」をもたらした僧侶――』山川出版社　平成二十五年）。この時期、真宗をめぐる諸問題が一挙に新たな展開を見せている。三月八日には大谷光尊（本願寺）のほか、大谷光勝（東本願寺）、華園摂信（興正寺）、常磐井堯熙《ときわいぎょうき》（専修寺）、渋谷家教《しぶたにかきょう》（佛光寺）、木辺賢慈（錦織寺）ら真宗各派法主が華族に列せられ、また同月十四日には真宗の公称が許可された。

明如宗主はこれを喜び、三月二十六日に大洲に書簡を出した（明如上人伝記編纂所編『明如上人伝』明如上人二十五回忌臨時法要事務所　昭和二年）。

日夜為国為法之尽力、別而其許配慮之事と察候、就而者多年之懇願、教部一省断然御開に相成、宗名御達相成、一は吾身を顧、人才に非ざることをはぢ、一は一同尽力を歓、不肖の宿意を晴し無㆓此上㆒事に候、毎度書翰不㆑及㆓返報㆒候得共令㆓承知㆒候、教部一省創建一件に付、小子東上、玄雄・仏乗東上一件可㆑被㆓治定㆒に相成候、巨細妙順寺ゟ聞取賜度候、（中略）従㆑素教部省に就而者、天朝に対し僕上京不㆑致候而者不㆑済義同意に候（下略）

三条教則　政府は、祭祀関係を式部寮に移し、宣教関係は教部省の管掌とした。教部省では、明治五年四月二十八日に三条教則を定め、同月二十五日に設置した教導職による国民教化の基本方針とした。同年七月、三条教則が本願寺に達せられた（「三条教則」本願寺所蔵）。

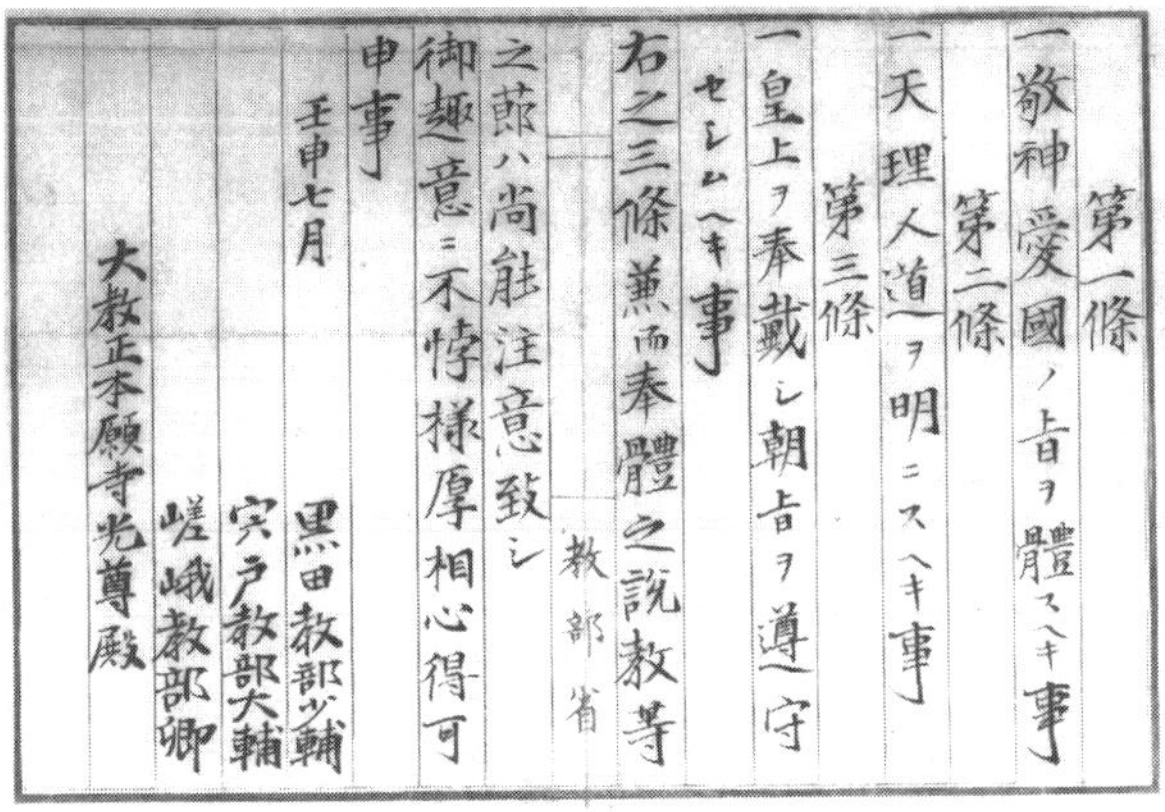
第一條
一敬神愛國ノ旨ヲ體スヘキ事
第二條
一天理人道ヲ明ニスヘキ事
第三條
一皇上ヲ奉戴シ朝旨ヲ遵守セシムヘキ事
右之三條兼而奉體之説教等之節ハ尚能注意致シ御趣意ニ不悖様厚相心得可申事
壬申七月
教部省
黒田教部少輔
宍戸教部大輔
嵯峨教部卿
大教正本願寺光尊殿

「三条教則」本願寺所蔵

　第一条
一、敬神愛国ノ旨ヲ体スヘキ事
　第二条
一、天理人道ヲ明ニスヘキ事
　第三条
一、皇上ヲ奉戴シ朝旨ヲ遵守セシムヘキ事
右之三条兼而奉レ体之説教等之節ハ尚能注意致シ御趣意ニ不レ悖様厚相心得可レ申事
　壬申七月
　　黒田教部少輔
　　宍戸教部大輔
　　嵯峨教部卿
　大教正本願寺光尊殿

教導職には一四の等級が設けられ、明如宗主は当初権少教正に任命されたが、六月十二日に大教正となった。

教導職管長　また、明治五年六月九日、教部省は府県に対して次のように達した（「教部省達第四号」『法令全書』）。

自今各宗教導職管長一名ヲ置一宗末派之取締向等別紙之通相達候条、此旨相心得各管轄内諸寺院へ不レ洩様可二相達一候事

（別紙）

今般各宗教導職中管長差置候ニ付テハ、銘々自レ反奮ツテ文明維新之上旨ヲ体認シ宗規僧風之釐正ハ勿論、布教伝道ノ任ニ可レ耐人材養育之方法等黽勉周旋可レ致候、就テハ末派所化之衆徒ニ至リ其師命ニ背反シ積学勧懲ノ念慮ナク徒ニ糊口安逸ヲ貪ルノ徒有レ之ニ於テハ、速ニ管長本寺等ヨリ取糺シ、其者本管地方庁へ申立教門一派ヲ黜斥シ帰俗可二申付一、此旨相達候事

すなわち、政府は教導職管長を通して仏教を統制することとした。真宗の場合、教導職管長には各派の宗主が就任した。この教部省達は、教導職管長に教団を運営するうえで大きな権限を認めるものであったため、本山の権限を大きく回復するものとなった。というのも、先に見たように、四年六月二十七日以降、寺格にかかわらず地方官が住職任免権を掌握していたからである。そして、明如宗主は、六年二月に真宗四派管長となった。

三条教則の徹底　明治五年十一月、教部省は各宗管長に対し、次のような訓諭を出した（「教部省番外」『法令全書』）。

僧侶ノ内説教ニハ公席ニテ三条ヲ略シ解キ、私席ニ於テ説法談義法談ト唱ヘテ専ラ宗意ノミヲ

弁シ、三条ニ悖戻スル不レ少哉ノ趣キ以テノ外ノ事ニ候、方今三条ニ悖戻スルノ宗意ハ絶テ不レ可レ用儀ニ付、如レ此表裏有レ之テハ庶民疑惑ヲ生シ候、向後表裏無レ之様可レ有レ之事

この訓諭は、国民教化に動員された仏教が、実質的には、必ずしも三条教則に沿った教化をおこなっていたわけでないことを示唆している。と同時に、仏教側は政府の宗教政策に即した教化を再度求められた。六年一月七日、教部省は「法談説法ノ名目ヲ廃シ総テ説教ト唱ヘシム」と各宗管長に達し、「従前法談説法等之名目、自今廃停シ総テ説教ト可二相唱一候事」（「教部省番外達」『法令全書』）としたほか、七年七月十五日には、府県宛に「自今教導職試補以上ニ無レ之向ハ寺院住職不二相成一候条此旨相達候事」（「教部省達書第三二号」『法令全書』）と達して、寺院住職を教導職制度のなかに位置づけた。

十一兼題と十七兼題　明治六年二月、教部省は神仏各宗の教導職に、学習題目として十一兼題を設けた。その内容は、「神徳皇恩之説、人魂不死之説、天神造化之説、顕幽分界之説、愛国之説、神祭之説、鎮魂之説、君臣之説、父子之説、夫婦之説、大祓之説」で、神道や儒教を軸にした知識を求めるものであった。また、各宗僧侶のうち、教導職を志願する者は、省内の大教院に出願させ、神官より試験としてこの十一兼題を課し、それに加えて仏法通論八題、真宗ではさらに宗義別論八題をも課すこととなった。

さらに政府は、政治の綱要を一般民衆に諭示するためのものとして、新たに十七兼題を設けた。

その内容は、「皇国国体説、道不可変説、制可随時説、皇政一新説、人異禽獣説、不可不学説、不可不教説、万国交際説、国法民法説、律法沿革説、租税賦役説、富国強兵説、産物製物説、文明開化説、政体各種説、役心役形説、権利義務説」というように、国家観や法律、税、権利義務といった啓蒙的内容を、近代政治の基礎的知識として求めるものであった。

三　大教院分離運動

大教院設置　国民教化政策を進めるための教導職養成機関として、大教院の設置が、仏教界から政府に建議された。教導職設置後、その養成機関もなく布教の成果もあげられないというのが大きな理由であった。すなわち、仏教各宗（天台・古義真言・新義真言・浄土・禅・真宗・日蓮・時宗）は、南禅寺金地院に集まり建議文を作成し、明治五年五月、その本山代表が教部省に大教院設置を建議した。政府はこれを許可し、六年一月十日に東京紀尾井坂紀州邸にて大教院の開院式をおこなった。また同月には大教院の移転が決まり、翌二月に大教院は芝の増上寺に移された。

大教院では、山門前に白木の鳥居が建てられ、天之御中主神《あめのみなかぬしのかみ》、高皇産霊神《たかみむすびのかみ》、神皇産霊神《かみむすびのかみ》、天照大神《あまてらすおおみかみ》の四柱の神が本尊として安置された。明如宗主も含め、仏教各宗の人々も、神道の装束で祝詞を唱え、拍手の礼をなして神前に奉仕し、三条教則を説いた。大教院では、すでに教導職養成機関としての性格が大きく後退し、神道優位のもとで仏教が従属する様相を呈していた。

大教院分離運動　梅上沢融に随い、海外教状視察をしていた島地黙雷《しまじもくらい》は、神道優位に進められる政府の宗教政策に対し、護法意識と政教分離の立場から批判を加えた。明治五年十二月に島地がパリで執筆した「三条教則批判建白書」では、政府の政策を強烈に論難し、また各宗僧侶に対しても厳しく批判している。たとえば、この建白書に「教条三章第一ニ曰ク、敬神愛国云々、所謂敬神トハ教也、愛国トハ政也、豈政教ヲ混淆スルニ非スヤ」（二葉憲香・福嶋寛隆編『島地黙雷全集』第一巻 本願寺出版協会 昭和四十八年）というのは、「政教分離」の主張といえるであろう。

島地は六年七月に帰国して以降も、教部省に繰り返し建言し、布教の自由の獲得をめざした。島地の「大教院分離建白」では、「宛然タル一大滑稽場ニシテ毫モ布教ノ場ニ似サルコト」（『島地黙雷全集』第一巻）と大教院を批判している。

こうした島地の主張に導かれながら、本願寺・東本願寺・専修寺・錦織寺の真宗四派は、一致して大教院の問題にあたった。六年十月八日、真宗の有志僧侶は、東京溜池の澄泉寺に集まり、大教院に神道局を設けること、中教院は神仏各立するも妨げなきことを決議し、十九日に仏教六宗（天台・真言・禅・浄土・日蓮・時宗）の教正に提言した。二十七日付の仏教六宗からの返書では論旨が徹底しなかったという。また二十八日、藤枝（のち日野と改姓）沢依真宗管長代理の名で神官に「神仏判然、教法自由」の意見書を発したところ、鴻雪爪《おおとりせっそう》神官教正らによる答弁は、教義の分離はもっともであり異論ない、というものだった。その日、澄泉寺で会合を持ち、教部省への伺書提出などを決議して、十一月二日に有志は教部省に出頭して宍戸璣《ししどたまき》教部大輔に折衝を重ねたところ、十一月七日に他の六宗管長から分離不可、建議撤回の促しがあった（明如上人伝記編纂所編『明如上人伝』明如上人二十五回忌臨時法要事務所 昭和二年）。

真宗四派は十二月初旬、真宗教院事務取扱所の設置を教部省に求めた。このとき、伺書に五名の代印を用いていたことを教部省から質問されたところ、それをきっかけに興正寺の華園摂信、さらに佛光寺の渋谷達性《しぶたにたっしょう》が分離反対の立場に転じた。

他にも分離に反対する者が真宗の内部にも生じたが、島地黙雷の反駁により、事態は大教院分離の方向へと定まっていった。明治七年三月に真宗局では明如宗主と大谷派大通寺の渓勝縁の名前で本件の顚末を門末に諭告した（『明如上人伝』）。

分離をめぐる攻防　明治七年四月二十四日、明如宗主は真宗局を代表して教部省に分離の願書を提出した。これに対し、教部省からは五月九日付で分離不可の趣意書があったので、十七日に答弁書を作り、明如宗主が教部省にこれを提出した。九月二十七日に、真宗管長で高田派の常磐井堯煕《ときわいぎょうき》が教部省に呼ばれ、宍戸璣と対談した。これ以降、長谷川楚教や渥美契縁《あつみかいえん》らもしばしば教部省と交渉し、また大教院で神仏各教正と幾度も折衝した。十月に至り、真宗四派代表九名の連署をもって最後の伺書を宍戸大輔に提出し、翌八年一月二十九日についに分離聞き届けの内示があった。しかし数か月を経過してもそれが公表されなかった。この間、島地黙雷は三条実美太政大臣宛に建議し、大教院分離を訴えた。そして、ようやく四月三十日、教部省から大教院解散の達書が交付された（「教部省達書乙第四号」『法令全書』）。

信教の自由保障の口達　明治八年十一月二十七日の教部省口達書では、次のように「信教ノ自由」が示された（「教部省口達書」『法令全書』）。

抑政府ヨリ神仏各宗共信教ノ自由ヲ保護シテ之ヲシテ暢達セシムル以上ハ、乃又之ヲシテ行政上ノ裨益ナルモ妨害タラシメス以テ保護ノ終始ヲ完全スル、是レ政府ノ教法家ニ対スル所以ニシテ、而シテ其教法家ハ信教ノ自由ヲ得テ行政上ノ保護ヲ受クル以上ハ、能ク朝旨ノ所在ヲ認メ、啻ニ政治ノ妨害トナラサルニ注意スルノミナラス、務テ此人民ヲ善誘シ治化ヲ翼賛スルニ至ルヘキ、是レ教法家ノ政府ニ報スル所以ノ義務ト謂フヘシ

この「自由」こそ、島地の牽引した大教院分離運動によってもたらされた成果であった。ただし、口達書が述べるように、この「信教ノ自由」の歴史的内実は、宗教者が国家の宗教性を受容したうえで「人民ヲ善誘シ治化ヲ翼賛スル」役割を担うことが認められたにすぎなかった。つまりこの「自由」とは、真宗が国家の宗教性と一体化することで、布教可能となった事態を意味していた。

大教院分離運動の性格　明治初年からの政府による神道国教化政策は、神仏分離と廃仏毀釈を惹き起こした。それは普遍宗教としての仏教を弾圧するという性格を帯びていた（二葉憲香「島地黙雷――日本仏教思想史における地位――」『島地黙雷全集』第一巻）。島地黙雷を中心とした大教院分離運動は、護法運動としての性格を帯びつつ、政府の宗教政策に方針転換を迫るものであった。島地黙雷は、

西洋近代の政教関係を踏まえ、「政教分離」の視点も有してはいた。しかし、この運動は、人権としての信教の自由を希求するだけの信仰を欠いていたために、布教の自由を得て終息し、天皇制国家の宗教的基盤に真宗教団を再編成する結果となった（福嶋寛隆「近代天皇制国家の成立と信教自由論の展開」二葉憲香・福嶋寛隆編『島地黙雷全集』第二巻 本願寺出版協会 昭和四十八年）。

教導職廃止と管長制　明治十七年八月十一日、政府は「太政官布達第一九号」（『法令全書』）を発して、教導職を廃止し、教団統制を管長に委任することとした。「自今神仏教導職ヲ廃シ寺院ノ住職ヲ任免シ及教師ノ等級ヲ進退スルコトハ総テ各管長ニ委任」するとしたこの布達では、条件五条を定めた。その第一条に「各宗派妄リニ分合ヲ唱ヘ或ハ宗派ノ間ニ争論ヲ為ス可ラス」といい、第四条では「管長ハ各其立教開宗ノ主義ニ由テ左項ノ条規ヲ定メ内務卿ノ認可ヲ得可シ」とし、あわせて仏道管長が定めるべきことを次のように規定した。

一、宗制
一、寺法
一、僧侶並ニ教師タルノ分限及称号ヲ定ムル事
一、寺院ノ住職任免及教師ノ等級進退ノ事
一、寺院ニ属スル古文書宝物什器ノ類ヲ保存スル事

これ以降、本願寺派では、明治十九年の宗制制定など、教団制度の整備を本格的に進めることになる。

大日本帝国憲法の信教自由条項　明治二十二年二月十一日、大日本帝国憲法が公布された。同憲法には、「大日本帝国ハ、万世一系ノ天皇之ヲ統治ス」（第一条）、「天皇ハ、神聖ニシテ侵スベカラズ」（第三条）と、帝国日本の統治者が「万世一系」で神聖不可侵の天皇であることが明文化された（『法令全書』）。

また、信教自由条項については、「日本臣民ハ、安寧秩序ヲ妨ゲズ、及臣民タルノ義務ニ背カザル限ニ於テ、信教ノ自由ヲ有ス」（第二十八条）と規定された。これは明治八年の教部省口達書を法的に追認するものであり、人権としての信教の自由保障とは異なる内容であった。

教育勅語の「臣民」像　明治二十三年十月三十日には、教育勅語（教育ニ関スル勅語）が発布された。この勅語は、「皇祖皇宗ノ遺訓」の伝達者たる天皇が、「臣民」に対し、「父母ニ孝ニ兄弟ニ友ニ夫婦相和シ朋友相信シ恭倹己レヲ持シ博愛衆ニ及ホシ学ヲ修メ業ヲ習ヒ以テ智能ヲ啓発シ徳器ヲ成就シ進テ公益ヲ広メ世務ヲ開キ常ニ国憲ヲ重シ国法ニ遵ヒ」と、国民道徳と教育の基本方針を示したものであった。また、「一旦緩急アレハ義勇公ニ奉シ以テ天壌無窮ノ皇運ヲ扶翼スヘシ」と、国家の危機に際しては、天皇とその国家に尽くすべきであるとも説いた（『官報』第二二〇三号）。

教育勅語は国務大臣の副署がなかったことから、明治天皇から「臣民」に直接的に発した言葉だと受け取られた。そして、この勅語が定式化した「臣民」像は、学校教育などを回路にして日常生活に浸透し、国民を規律するものとなった。

大日本帝国憲法・教育勅語は、昭和二十年（一九四五）の敗戦を迎えるまで、近代日本の人々の生活を大枠で規定した。そのため、本願寺教団における教育や布教にも大きな影響を及ぼすこととなった。

四　門跡号・宗名・宗祖諡号

門跡号の廃止　明治四年（一八七一）五月、新政府は苗字・名乗りなどの改正の一環として、「諸門跡・比丘尼御所号等、都テ被レ廃」と命じた。ここに第一一代顕如宗主以来名乗っていた門跡号は、広如宗主の代で使用できなくなった。同時に明如も「新門」「新門跡」の呼称を使用できなくなった。そのため、本願寺では門主・門跡に替えて「法主」の称号を用いることにした。その経緯は明治四年六月二十七日「御印所役中伺旁言上状」（史料研保管）で判明する。

乍レ恐伺旁言上仕候

風説伝承仕候処、御門跡号愈以被レ廃候趣、無二是非一存候、私共役前御称号認来候ニ付、愚案之程奉二申上一候、定而御門跡之御称号御異称ニ相成候ハヽ、懇志上納之者共、御印書ニ付不審を存候者可不（ママ）レ少存候、然ハ其間御勝手向ニ差障り候義も可レ有二御座一被二相心得一候ニ付、弥風説通相違無レ之候上ハ、速に御称号御治定被レ為レ在、急速不レ洩御門下江、御触に被レ為レ在候而、愚昧之者共、末々迄篤与会得仕候様諭方肝要と奉レ存候、就而ハ御称号之義ハ、御法主様、御教主様之二様之内、可レ然哉ニ奉レ存候、右ハ拠も有レ之候故、奉二申上一候、懇志向ニ抱候義ハ、御大教之御本意ニハ有間敷筋ニ御座候へ共、名義ニ寄候而、惑ひを取候者も可レ有レ之案労仕候ニ付、此段伺旁言上候、以上

六月廿七日

御印所

役中

この御印所の役中の言上では、次のように述べている。門跡・門主号が使用できなくなり、従来の懇志請け取りの御印書（領収書）を発給する際、門跡と異なる称号になると、上納者が不審に思う。それゆえ速やかに称号を治定して、門下に触れてもらいたい。ついては称号は「御法主」あるいは「御教主」の二様がよいとしている。

「法主」号の読み方　「法主」の読み方は、「内事日記」（史料研保管）明治九年十一月二十八日条に記される電報写には「ツキジキンヘン（築地近辺）、タイクア（大火）、ゴホウシユ（御法主）、ヲタチノキ（御立退）」とある。このカタカナ表記から「ホウシユ」と呼ばれていたとみられる。

また『大阪毎日新聞』明治三十六年正月十八日の記事では「法主」を「ほうしゅ」と、『京都新聞』

明治三十六年正月十九日の記事では「ほっす」と読みがなが付されている。つまり、新聞には「主」を漢音の「しゅ」と呉音の「す」の二通りで記されていた。

「法主」号使用時期と「嗣法主」　明治四年に門跡号が廃止され、六月二十七日の段階では法主か教主かが未だ決していない。「晟章殿御次日記《せいしょうでんおつぎにっき》」（史料研保管）明治四年七月二日条には「両法主様」との表現がみられるので、「法主」の決定は六月二十八日から七月一日の間になされたと考えられる。この「両法主」とは、広如宗主と明如新門のことを指している。また、同日条には「嗣法主様」という称号もみられる。「嗣法主」は「法主」を「嗣」ぐの意であるので、明如新門を指している。この称号も新門跡号の廃止とともに、新たに創出されたものである。

しかし、広如宗主が明治四年八月十九日に没して、十月十四日に明如宗主が本願寺を継職すると、嗣法主号使用の必要がなくなった。その後、門跡号が復旧され新門跡号も復されると、嗣法主号自体が不必要となり以後使用されなくなった。

ただ公式には「法主」と称していたが、大谷家内では「大御所」や「新御所」と、江戸時代の呼び方をすることもあった（「奥日次抄」明治四年二月一日条ほか・本願寺室内部編『明如上人日記抄』前編　本願寺室内部　昭和二年）。

門跡号の復旧　明治十七年（一八八四）八月十一日、政府による管長制の導入により、「古来宗派ニ長タル者ノ名称」復旧を認可する政府の布達があった（「太政官布達第一九号」『法令全書』）。本願寺は「門跡号」を復旧すべく、同年十一月、東本願寺と協議をして政府へ提出する「門跡号復旧願案」

（史料研保管）を認めた。

管長名称取定ニ付、門跡号復旧願案

本年八月第十九号御布達第五条第五項之御趣意ニ依リ、古来宗派ニ長タル者ノ名称取調候処、当山之儀ハ、第九世光兼（実如）初メテ門跡ニ補セラレ、爾来門跡ノ称号ヲ世襲致来候得者、門跡ハ即チ本派ニ長タル者ノ名称ニ有レ之、依而今般御布達之旨ニ基キ、管長ヲ門跡ト称シ、或ハ時宜ニ依リ、某派管長某寺門跡ト称シ候様取定申度候条、右門跡号復旧之儀、御許可被二成下一度、此段願上候也

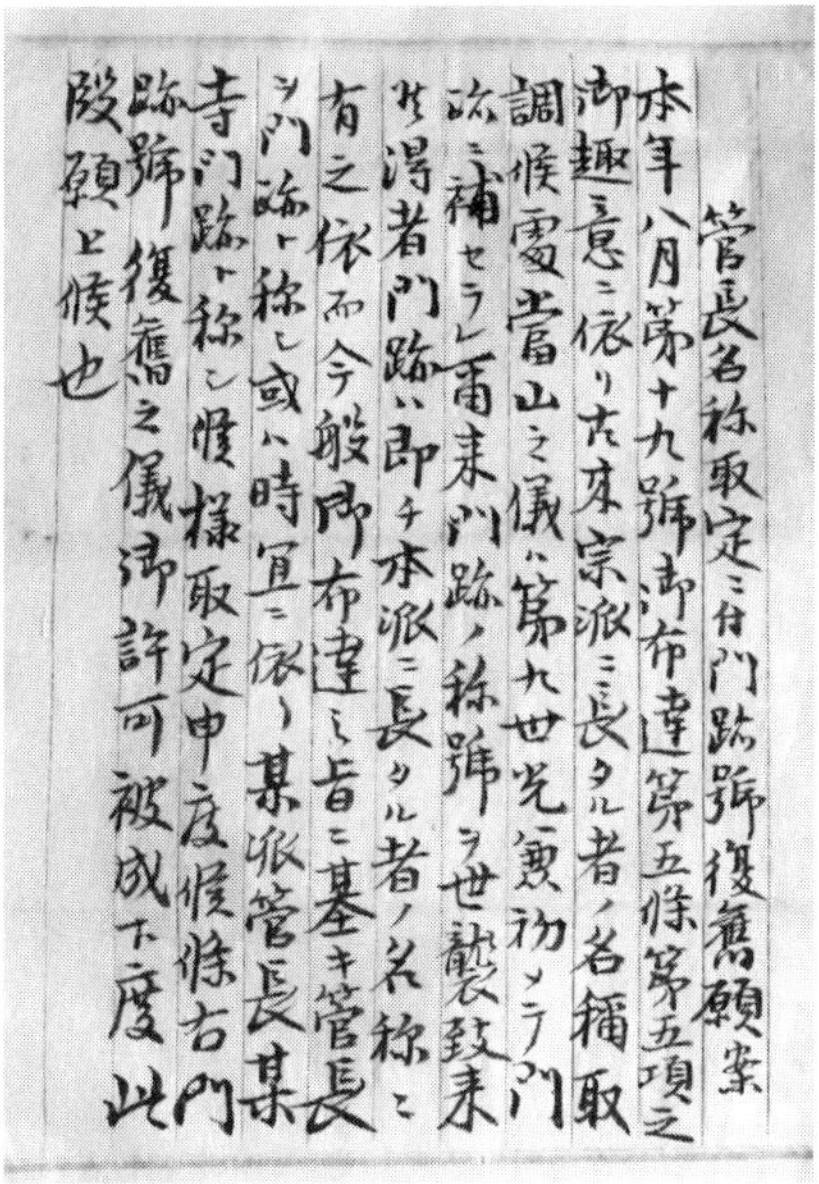
管長名称取定ニ付門跡號復舊願案
本年八月第十九號御布達第五條第五項之御趣意ニ依リ古来宗派ニ長タル者ノ名稱取調候處當山之儀ハ第九世光兼初メテ門跡ニ補セラレ爾来門跡ノ稱號ヲ世襲致来候得者門跡ハ即チ本派ニ長タル者ノ名称ニ有之依而今般御布達之旨ニ基キ管長ヲ門跡ト称シ或ハ時宜ニ依リ某派管長某寺門跡ト称シ候様取定申度候條右門跡號復舊之儀御許可被成下度此段願上候也

「門跡号復旧願案」史料研保管

この願いは政府に認可され、明治十八年五月十一日、門跡号は復旧した（「甲第九号」『本山日報』）。

なお明治十九年一月、真宗本願寺派宗制寺法第二章に「法主」項目が設定され、本願寺は公式には「法主」を用いたが、門跡号も使用した。第二次大戦後、昭和二十二年（一九四七）四月施行の浄土真宗本願寺派宗法により、

「法主」は現行の「門主」に変更された。

宗名についての京都府の通告　真宗の宗名については近世から浄土宗との間に論争があったが、結局根本的な解決をみることなく、明治維新を迎えた。そこで廃寺合院等の件に関して政府に交渉した際、あわせて宗名の問題も解決しようとしたが、明治四年（一八七一）十二月三日京都府を通じて、次のように宗号を「一向宗」とするとの通達があった（本願寺所蔵）。

本願寺

其寺宗号之義ハ、一向宗ト為二相認一候様御達有レ之候条、此旨可二相心得一候事

辛未

十一月

京　都　府

当時明如宗主は東上中であったが、当夜錦花殿で会議を開き、四日には東本願寺・興正寺・佛光寺ならびに専修寺等の代表者も集まり協議し、暫時の猶予を京都府に求めたが許されず、やむなく請書を提出した。十日、再び代表者が集まり、飛雲閣において協議した（明如上人伝記編纂所編『明如上人伝』明如上人二十五回忌臨時法要事務所　昭和二年）。

「真宗」の公称　翌五年三月十二日、次の太政官通達を受けた京都府達書（史料研保管）により「真

宗」と公称することが認められた。なお『法令全書』では同様の内容を三月十四日付で記録している。

一向宗名之儀、自今真宗与可レ称旨、両本願寺・佛光寺・興正寺等へ可二相達一事

壬申三月十二日

太政官

右之通被二仰出一候条、此段相達事

壬申三月

京都府

そして本願寺からは門末に対し、左の達書（史料研保管）を発した。

達書

大和国

末寺中

門徒中

昨年宗号以来、一向宗与可レ称旨被二仰付一候処、今般別紙写之通、従二太政官一御達之旨を以、当月廿日当地従二御政府一御達ニ相成候、右者一同苦心之処、改而真宗与可レ称御達有レ之、実ニ一

「本願寺執事所達書」史料研保管

宗之光栄、祖師開宗之旨趣ニ協ひ、於二御法主様一も天恩深御感戴被レ為レ在候段、各ニも重々難レ有被レ奉レ存、弥真俗二諦之宗教を以、世出世ニ付深尽力可レ有レ之候、仍而此段申達候也

壬申三月

本山

執事所（印）

「真宗本願寺派」の公称　明治十年二月に真宗各派の管長設置を受け、四月四日「達書第二十五号」（『本山日報』明治十年第七号）には、真宗五派は各派の名称を左記のように届け出たことが記され、本願寺は「真宗本願寺派」と公称するに至った。

末寺僧侶中

今般本宗五派管長分立ニ付、各派名ノ儀、左之通御届出相成候条、此段為二心得一相達候事

三級出仕　水原慈音

真宗　本願寺派

同　東派

同　専修寺派
同　木辺派
同　興正派

この各派管長設置は、次の同年四月十七日「内務省達乙第四十一号」で、府県宛に各派名が通達された（「宗制釈義」「戦時教学」研究会編『戦時教学と真宗』第二巻 永田文昌堂 平成三年）。

なお、昭和二十一年（一九四六）十二月二十八日の宗教法人令により、名称の届けが必要となった。その時、本願寺は宗派名を「浄土真宗本願寺派」と届け出て認可された。翌年四月一日宗法で「浄土真宗本願寺派」を公式に使用した。

東西本願寺の呼称　明治十五年三月二十二日、蓮如宗主の大師号宣下に際して、東西本願寺の呼称についても混乱を起こすことがあり、大谷派本願寺の呼称に「東」の一字を付すよう、次の内務省通達があった（「甲第十三号」『本山日報』）。

真宗大谷派管長
大教正　大谷光勝

両本願寺ハ従来同寺号ヲ相用、称呼之際、自然混濫シ、不都合之次第有レ之候条、自今其寺ニ於テ、寺号ヲ単称候節ハ、記号トシテ肩書ニ東ノ一字ヲ附記可レ致、此旨相達候事

明治十五年三月廿二日　内務卿　山田顕義

東
本願寺住職
大谷光勝

別紙之通、本願寺住職大谷光尊へ相達候条、此段為二心得一相達候事

明治十五年三月廿二日　内務省

大師号の宣下　宗祖に対する大師号の宣下は、近世においても申請されたことがあるが、実現しなかった。明治九年十一月二十八日、明如宗主は、東本願寺厳如法主とともに太政官に召され、大師号の宣旨の通達を受け、「見真」大師の諡号が宣下された。なお京都へは翌日電報で伝えられた（「奥日次抄」）。太政官達書ならびに宣旨は次の通りである（本願寺所蔵）。

東本願寺住職　大谷光勝
本願寺住職　大谷光尊
専修寺住職　常磐井堯熙
興正寺住職　華園摂信
佛光寺住職　渋谷家教

錦織寺住職　木辺賢慈

今般特旨ヲ以テ、其教祖親鸞へ大師号宣下被二仰出一候事

明治九年十一月廿八日

太政官

故親鸞

諡見真大師

太政大臣従一位三条実美奉

（印文「天皇御璽」）（印）明治九年十一月廿八日

当時、宗主は北陸巡教中であったので、日《ひ》野《の》沢《たく》依《え》が宣旨を受け取った。十二月二十一日宗主が帰山し、宣旨の奉迎式ならびに奉告式がおこなわれた。奉迎式は衆僧が午前七時に集会して、唐門を開門して宣旨を通し、明如宗主が先導して書院の鴻之間に迎えた。その後、奉告式が御影堂で修された（「奥日次抄」・「付録」『本山日報』明治九年第二十二号）。

大師号宣旨の管守　宣旨の保管については、東西両本願寺が「交番」（交替）でおこなうようにと橋本式部権助を通じて口達された。当年（明治九年）十二月三十一日までは東本願寺、翌十年一月一日から六月三十日までは本願寺で保管し、以後、半年交替と定められた（「達書第八十号」『本山日報』

明治九年第二十一号)。

十二月三十一日午前九時、大師号宣旨が東本願寺より本願寺へ移され(「達書第一号」『本山日報』明治十年第一号)、翌十年五月十日から十六日まで、諡号宣下の法会(諡号会)が修行された(「奥日次抄」)。

勅額下賜　諡号宣下の後、明如宗主は、明治十二年四月一日、政府中枢にあった三条実美・岩倉具視に勅額下賜の内願を伝えた。宗主は五月二十一日にも内願書を提出し、本願寺が亀山天皇・伏見天皇の時代に勅願寺になるなど、これまでの朝廷との関わりを述べ、ぜひ大師号の宸翰を賜わり、永く堂宇に掲げたいと願った。

斡旋をした岩倉具視は、九月二十七日付書簡で、天皇より勅額が授与されるので名代を東上させるようにと宗主に連絡した。その通り九月二十九日に勅額が授与された(『明如上人伝』)。ここでの勅額とは具体的には額そのものではなく、「見真」という宸翰墨書であった。この時の宮内省からの達書は次の通りである(本願寺所蔵)。

本願寺

勅額　見真

右思召ヲ以、下賜候事

明治十二年九月廿九日　宮内省

十月二十一日、宗主は勅額を迎えるため滋賀県高宮まで赴き、二十三日帰山した。翌日改めて三条蹴上まで出迎え、勅額とともに帰山した。十二月五日には、槇村正直京都府知事や書記官らが勅額拝観に来た（「奥日次抄」）。翌十三年四月十五日から三十日の間、鴻之間において宸翰墨書の「見真」を門末一般に披露した（「達書第三号」『本山日報』）。

なお勅額の文字は、明治天皇の宸筆と伝えられていたが、有栖川宮熾仁《ありすがわのみやたるひと》親王の代筆であったことが、同親王の日記から明らかになっている。日記には明治十二年九月二十五日に代筆を仰せ付けられ、二十九日に代筆し天皇へ献呈されたと書かれている。日記には「額面二枚」とも記され、二枚作成されたようである（真宗大谷派教学研究所編『「見真額」に関する学習資料集「大師号」と「勅額」』真宗大谷派宗務所 平成二十三年）。

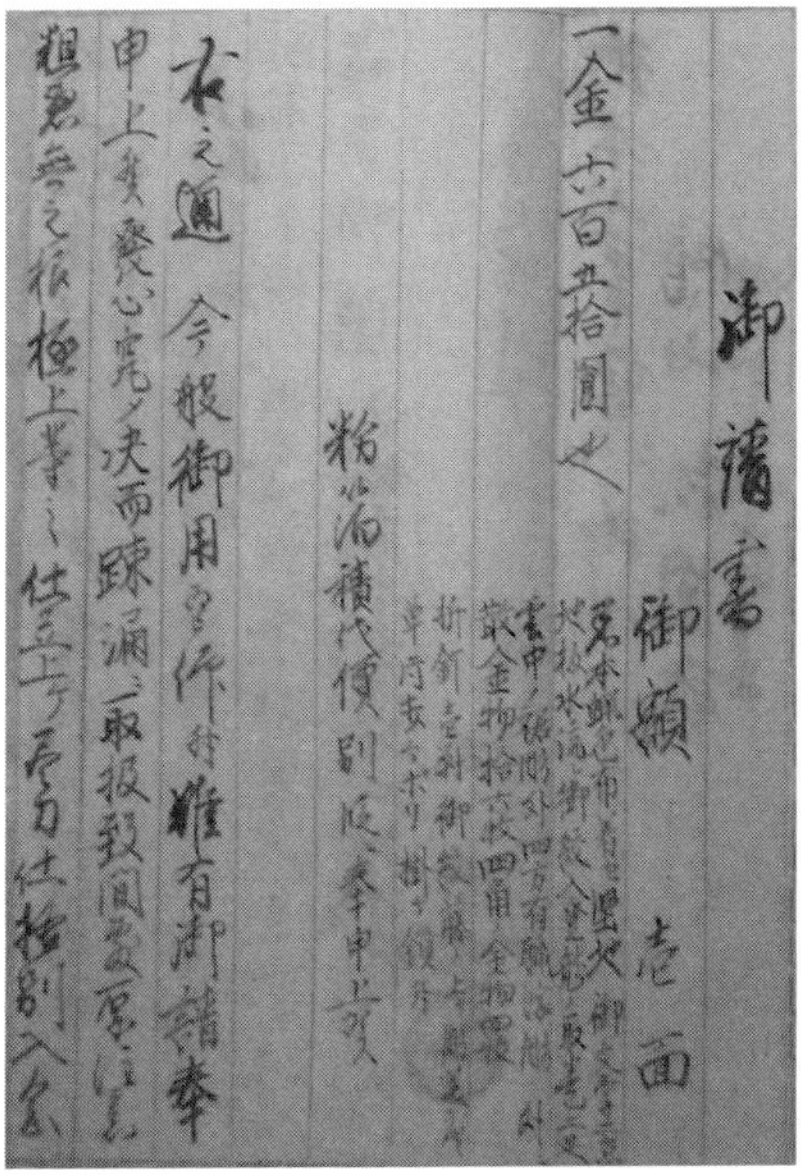
「勅額製作請書」（部分）　史料研保管

勅額の作製　勅額下賜とは額字の下賜であり、扁額は本願寺側で費用負担をして作製したものである。本願寺は額師の牧敬造に依頼をした。明治十三年一月八日「見積書」（史料研保管）には次のように記されている。

一、金弐百八拾円　　御額檜木　木地
　　　　　　　　　　本堅地塗師

（中略）

一、金百五拾五円　御紋ノ彫

龍弐疋彫

（中略）

一、金拾弐円　御文学《（字）》彫

一、金百廿五円　鈖

箔

同押　手間

（下略）

同年一月三十日、牧は金六五〇円で「御額壱面」の作製を請け負う旨の「御請書」（史料研保管）を、本願寺寺務所の幡山教円に提出した。牧は九月二十二日に未払い分金四八八円（「御額代御勘定証」史料研保管）を本願寺に請求していることから、九月段階で額は完成していたものと思われる。

なお完成した勅額は、翌十四年一月の報恩講に際し御影堂に懸けられ、門徒に披露する旨が十一月十七日に達せられた（「達書第五十号」『本山日報』）。

蓮如宗主に対する諡号宣下　宗祖に対する諡号宣下とともに、明治十五年三月蓮如宗主への諡号宣下がなされた。太政官の達示ならびに宣旨は左の通りである（本願寺所蔵）。

東本願寺住職

大谷光勝

本願寺住職

大谷光尊

今般特旨ヲ以テ、故蓮如へ大師号宣下候事

明治十五年三月廿二日

太政官

故蓮如

諡慧燈大師

太政大臣従一位勲一等三条実美奉

（印文「天皇御璽」）
（印）

明治十五年三月廿二日

同月二十四日、本願寺は末寺に対し、前記の旨を伝える達書を発した。同三十日、本山安置の自刻と伝える蓮如木像を山科別院に移座し、同別院の蓮如堂、ならびに廟墓において宣旨奉告をおこなった。翌三十一日には御影堂において諡号宣下一座法要を修し、四月十三日には明如宗主が直諭を発した。そして、明治十五年五月八日「慧燈」諡号の宣旨を東西本願寺により、半年の交番とすることを門末に達した（「甲第十九号」『本山日報』）。

「慧燈大師」号宣下にともない、本願寺内に中宗堂（蓮如堂）建設の議論もあったが中止となり、前記蓮如宗主木像は明治十七年四月一日、山科の蓮如堂に遷座安置された。そして慧燈諡号法会は同年四月十八日から二十二日までの五日間、本願寺において修された（『明如上人伝』・「奥日次抄」）。

蓮如宗主墳墓地の処置　蓮如宗主の墳墓地については、近世以来、東西本願寺の間で帰属をめぐり紛争があった。その解決のため諡号宣下を機に、内務省が本願寺からこれを買い上げ、即日これを両寺に付して、両者の共有とした。明治十五年三月二十二日明如宗主宛に内務省から、「其寺所有山城国宇治郡西野村蓮如墳墓有レ之地所百五拾六坪、今般詮議之次第有レ之、買上被二仰付一候条、此旨可二相心得一候事」と通達があり、同日東西本願寺へ下賜の旨、次の達示（本願寺所蔵）があった。翌年三月十日付で京都府宇治郡長より地券が授与された（『明如上人伝』）。

東本願寺住職
　大谷光勝
本願寺住職
　大谷光尊

其両寺第八世蓮如之高徳ヲ追賞セラレ、諡号宣下被二仰出一候ニ付テハ、山城国宇治郡西野村ニ

有レ之右蓮如墳墓之地所百五拾六坪、今般其両寺へ下賜候条、永世両寺之共有ト相定、自今墓所関係之事件ハ総テ両寺熟議之上可二執行一候事

明治十五年三月廿二日　　内　務　省

五　明治初年の諸制改革

本山改革の建議　江戸時代における本願寺の行政組織は、坊官・家司を中心として形成されてきたが、維新の革新に際して、時勢に応じる体制をとらなければならなかった。近世の組織は改革を余儀なくされたが、幕末には周防・長門代表の上山による改革運動が始まることとなった。

慶応二年（一八六六）、周防大島（山口県大島町）覚法寺の大洲《おおず》鉄然《てつねん》は、周防・長門の真宗僧侶風儀改正を主張し、島地黙雷らとともに長門萩准円寺に学校を設けた。やがて防長末寺総代として島地らが本山改革のために上京することとなった。

明治元年（一八六八）七月十五日、島地黙雷・三国貫嶺・荘厳寺唯唱らは上京して、近畿の本山改革論者明性寺空巌・常見寺明朗・円照寺慈音・福正寺僧宣らと会談した。ところが実行の協力を得ることができなかったので、防長総代は単独に改正の建議をすることとなった。七月三十日、本願寺へ提出した建議は左の通りである（「建言本山改革」二葉憲香・福嶋寛隆編『島地黙雷全集』第一巻　本願寺出版協会　昭和四十八年）。

乍レ恐不レ顧二忌諱一奉二建言一候口上覚

今般、拙僧共、長防二州御門末総代トシテ罷登候儀ハ、一昨丙寅年、国主ヨリ真宗一派中、弊風多端ニ付、夫々改正、国家之裨益共相成候様、尽力可レ致旨発令有レ之、一同奮励仕、追々実効相立、御宗威赫然相輝候場ニ立至候間、諸国御門末ニ於テモ、同様弊風改正被レ為レ在度奉レ存候、然処其基本タル御本廟ニ於而、積年之弊風日々増長仕、乍レ恐要路之御方、扶宗護法之儀ニ於而者、一点モ御係念無レ之、徒ニ権威ヲ衒耀シ、言路ヲ閉塞シ、務而勧財聚斂ヲ事トシ、天朝諸藩之見聞、御門末一統之離心ヲモ不レ顧、別而近年排仏毀釈之徒類、都鄙ニ蔓延仕候ニ付、遠近有志之輩、数度建言仕候由ニ御座候得共、曾而御懲湧無レ之而已ナラス、却而下情ヲ抑ヘ、上意ヲ矯メ、中路壅塞仕候ヨリ、遂ニ恐多モ野狐之巣窟、奸盗之藪林ト迄、人評有レ之、有志之輩、不レ忍二見聞一、切歯扼腕仕候、先年以来、天下紛擾ニ付而者、諸藩何レモ軍国之急務、制度一新、士風興起之処置有レ之、殊更方今朝廷御一新ニ付、万事簡易質略ヲ為レ主、不レ論二門閥一、人材登庸可レ致旨、御布告ニ相成、列藩一同遵奉有レ之候処、御当門ニ被レ為レ置候而者、大法之危急旦夕ニ相逼候得共、従来之弊習ニ而御拘泥ニ而、宗風振起、人材教育之御建策モ無レ之、量入為出之目的不二相立一、会計之不当眼前ニ候ヘ共、猶姑息苟且、事ニ托シ名ニ寄セ、公ヲ仮テ私ヲ営、遂于御本廟頽敗(廃)、御一宗絶滅ニ至候ヲモ、曾而醒悟無レ之、所謂偸二一日之安一、忘二百年之憂一之責、難レ免儀ト慨歎仕候、尤此節朝廷ニ於而、邪徒教諭之儀、御一宗江御依頼之趣ニモ相聞、御宗門泰山之安ニ等敷様存候族モ可レ有レ之候得共、只今迄之御処置ニ而者、有志之輩悉厭心ヲ生シ、御門末一統怨情ヲ挾ミ、御本廟御立行モ無二覚束一、人材耗乏ニモ相成候ハヽ、何ヲ以テ邪徒教諭之成功相顕可レ申哉、千万杞憂之至ニ御座候、何分、方今朝廷御一新之機会、決而因循偸安之時勢ニ無レ之ト奉レ存候間、断然御改革被二仰出一、内宗法赫然揚光、外勤王報国之丹精相顕候様、御処置被レ為レ在度、不レ堪至レ願奉レ存候、拙僧共辺境頑固之性質ニ而、不レ顧二忌諱一建言仕候段、僭越之罪万死モ難レ免、重々奉二恐懼一候へ共、偏ニ御本廟之安危、大法之存亡不レ堪二座視一、二州之御門末一同決評昧死建言仕候、尚追々国元同志、引続登京可レ仕候間、区々之微衷御憐鑑被二成下一、急速御改正之御処分奉レ仰候、誠惶々々、死罪々々

慶応四年戊辰七月　　長防二州法中総代

妙誓寺　黙雷
荘厳寺　唯唱
妙善寺　功成
光妙寺　有蔵
徳応寺　連城

建議提出の前後の事情を、島地黙雷の回顧録「雨田旧夢談」（二葉憲香・福嶋寛隆編『島地黙雷全集』第五巻 本願寺出版協会 昭和五十三年）より追ってみると、それは次のような経過であった。

島地らはこの本山改革の建議を提出することによって、実際には本願寺家臣として力を持ってい

た下間仲稠《なかしげ》を排斥することを望んでいた。そこで七月中に建議を進達し、仲稠に引責をさせて退けようと計画した。建議の提出に先立って、島地らはその真意を「裏門の方」から通じさせておいたほうがよいと「某氏」から助言されたという。

そこで明治元年春、島地は日野沢依《たくえ》の居館を訪ね、建議の副本（写し）を見せた。島地は沢依に対し、自分たちはこれから激烈に本山のやり方を批判することになるが、宗主に対して他意があるわけではなく、「道化熾昌・法威赫灼たらん事」を心から願うためであると述べ、この真意について前もって内々に宗主の耳に入れておいてくれるようにと仲介を頼んだ。沢依はこれを快諾したという。

三十日に本山に建議を提出すると、すみやかな回答を求めて激しいやりとりとなった。状況は切迫し、一時は「長髪帯剣、宛然たる藩士の風」の状態の者たちの姿もみられ、血をみるほどの衝突に及ぶかとも思われたが、「内鑑冷然、自ら表裏呼応の感有て」思いのほか早くに当初の目的が達せられた。建議提出から数日を経ないうちに、意見の詳細を宗主に直接言上することになり、南殿においてこれを言上した。

宗主への改革案　島地らが宗主に言上したおよその内容は手控で確認できる。それは次のようなものであった（「雨田旧夢談」）。

奉㆓言上㆒条目覚

○（ママ）要路弊習

一、為法心無之事

○○○○○等之事

一、聚斂私慾之事

勤王橋・新宮・呰営関門・○○○○等之事

一、賄賂偏頗之事

蓄財驕奢幷門末不平之事

○改正基本

一、真俗混和、内外一致之事

従来之不都合ハ此一件ヲ欠キ候事

一、執政・参政、黜陟・登庸之事

人名之儀ハ別紙ヲ以テ申上候事

一、量入為出、会計予算之事

御家中惣人数、御末寺惣高之事

此外真俗ニ付、細目多端御座候間、追々言上可ㇾ仕候

八月六日　　長防各中

「執政参政黜陟《ちゅっちょく》（官位を上下すること）・登庸之事」についての別紙「上申覚書略抄」には、島田陸奥守正辰《まさとき》・下間大進仲稠・富島頼母武元《たけはる》・本行寺広悟父子を退け、島田右兵衛尉正誼《まさよし》・下間大蔵卿頼恭《よりゆき》・上原数馬可篤《よしあつ》・下橋主馬和幸・伊藤弥三右衛門・中谷源吾敏幸《としゆき》らを参政に推し、門閥を論ぜず人材登用をすすめ、教行寺摂観・法盛寺広讃を執政加談に推し、近国末寺の有用人材を探索して参政加談として、真俗混和・内外一致するようになどと記されていた。

執政総督の任命・参政会議所・御用談所　明治元年八月八日、本願寺は明如宗主の弟日野沢依を執政総督、教行寺摂観を執政副総督に任じた（明如上人伝記編纂所編『明如上人伝』明如上人二十五回忌臨時法要事務所 昭和二年）。八月十九日には、下間少進法印仲潔《なかきよ》・下間頼恭・島田正誼を執政に任じ、今後言上のことは一切参政役所へ申し出るべきこととし、参政会議所を設けて、上原可篤・下橋和幸・村井主計・中谷敏幸・伊藤惣左衛門泰継・大阪浄照坊・京都光岸寺・同発願寺・同祐心寺の出席を定めた。黙雷らの献策は大方採用され、そして彼らはさらに次のように言上し（「雨田旧夢談」）、それに従い御用談所が設置された。

覚

一、参政役所之儀、長御殿と同局に被㆓仰付㆒度候事
一、参政之人数、僧俗共御直言上被㆑許度候事
一、参政法中之儀、京摂に不㆑限遠近之人材御精選、追々交代被㆓仰付㆒度候事

右御採用の上、執政・参政同局会合、御用談所と申一局御開設成度候事

以上

長防各中

「侍講御開筵之事」「林門御一新之事」「法談御規則之事」三箇条　島地らは八月二十二日には、「侍講御開筵之事」「林門御一新之事」「法談御規則之事」の三か条を建言した（「雨田旧夢談」）。「侍講御開筵之事」では、新門についてこのような社会の状況においては、学問が大変重要であるので、内典・外典など、早く侍講の開筵を命じてもらいたいとした。

「林門御一新之事」、つまり林門（学林）改正については、来たる九月十日から十五日までのうちに、近国の勧学・司教・助教を上京させて、島地などと示談して学林を御一新にふさわしい、実効力のある護法の人材を教育したいとした。

「法談御規則之事」には次のように記されていた。従来法談に規則もあったが、近年乱れている。浅はかで根拠がない、でたらめな譬喩や因縁を説き、根拠のない浮言をする。あるいは音声を綺麗にみせ、振る舞いで不都合などを隠そうとしてうわべを飾る。まるで俳優同前の様子である。大方の侮りを受けるような法談の有り様に対し、総会所をはじめとして、諸国一同の法談が、決して乱れる事態のないよう、厳重に取り締まりを命じてもらいたいとした。

改正諸件　明治元年九月十日、本願寺の諸改正について参政から伺い出があった条々は、採用さ

れた（「雨田旧夢談」）。

一、御改正御取締之次第、近国御末寺、当年龍谷会旁被㆓召登㆒御直命之事
一、御道具御取調之上、御不用之分御売払之事
一、錦花殿御取払、追而大谷御再建之節、彼方へ御移之事
一、新撰組屋敷、御売払之事
一、法中会議所、下間敬次郎屋敷に御定メ之事
一、松之間、非役嫡子之分、被㆑下物御扶持計リ之事
一、修学勉励専務に付、両御目付御因之所、御亭西之蔵示談所廃止之事
一、諸願物・冥加金等、其外総テ銀目ヲ廃シ、金銭ニテ取扱之事
一、参殿之御末寺へ飯資被㆑下、但、役料等ハ追テ御治定之事
一、休日之儀、日勤役所ハ朔望休業之事
　但、御用番・御奏者・御納戸一人ハ出勤之事
一、御家中三拾歳以下之者ハ可㆓相成㆒丈、無役ニ被㆓仰付㆒候テ修学御引立之事
一、御法義之上ヨリ真実御取持可㆓申上㆒、尤講中世話人御撰ニテ、金銭日々出入検証、御勝手向御取締方心配御頼之事
一、御扶持米玄米ニ引直シ之事
　右者聊之相違ニテ下之人気ヲ動シ候哉ニ御止之事

一、非役松之間、嫡子之分御扶持計リニテ、其余当主付届分銀三箇一献上之事（此分未決）
一、両御目付御廃止被二仰付一候処、御再考御取消之事
一、御因ミ会所御廃止御再考、且講中より無レ拠申立有レ之候ニ付、役員精々減方被二仰出一御廃止ニ不二相成一候事

已上

この改正の条々は採用され、同月龍谷会へ上洛していた門末法中に「御直命」とともに「御改正条目覚書」として伝えられた。

その「覚書」で注意されるのは、諸国法中会議所設立の件である。また九月十日には下間大進・富島頼母は役儀を召し上げられ永蟄居を命じられた。十一月には大洲鉄然・香川葆晃が参政となっている。さらに二年五月四日には、昨十月の「直命御趣意」を遵奉し精勤すべきとの仰せ出があった（『明如上人伝』）。

明治三年の改正　明治三年十一月十六日、本願寺は戒忍寺・円光寺・尊超寺・広泉寺に改正懸を命じ、二十六日、執政を執事、参政を参輔、大御目付・御目付を監察、御用留役を典簿に改めるなどの改正を実施した。続いて四年四月二十四日、本願寺は長御殿を執事所と改称し、五月には御寺法懸を廃止し、さらに御執次役所・御日次所を廃止した。

家臣団の解体　明治四年一月五日、政府は社寺に対し領地の上知を命じる次の布告を発し、本願

寺も境内地以外の領地に上知の命が下った（「太政官布告第四号」『法令全書』）。

そして政府は五月、家臣召し上げの前提として三代相恩書上の提出を命じた（上原芳太郎編『本願寺秘史』信義会　昭和十年）。三代相恩書上とは、祖父以来三代にわたって主人に仕えて恩を受けたことを上申した文書をいう。

さらに五月二十八日、京都府庁から本願寺に対し、次の通達があった（『本願寺秘史』）。

本願寺

家士三代以上之輩、地方官属無禄士族・卒へ御差加相成、二代已下之者ハ総而復籍可レ為レ致事

但従前之通召遣候儀者、不レ苦候条、地方官へ拝借可ニ願出一事

辛未五月　　太政官

明治四年、政府は士族などの戸籍制度の一環として、その居住する土地をもって貫属とした。先の書上に基づき、京都府に居住の本願寺家臣は士族などに決定され、京都府の貫属となった。書上に現れた本願寺家臣三〇〇余名近くは召し上げられ、通達にあるように願い出によって、京都府からの拝借人として二〇余名が本願寺に残った（明治四年七月「旧家来拝借書面」本願寺所蔵・上原芳太郎編『本願寺秘史続編』信義会　昭和十六年）。六月十七日、政府は次のように坊官の廃止を発表した（「太政官布告第二八七」『法令全書』）。

坊官・候人等ノ名称ヲ廃シ、蓄髪ノ上、都テ地方官貫属・士族卒へ被二差加一候事

ここに江戸時代に形成された本願寺の家臣団は解体し、組織改変を余儀なくされ、行政組織に僧侶が参画することとなった。

明如宗主継職後の職制更改　明治四年十月、明如宗主が継職すると、執事参輔等の旧職制を廃し、都監（権大僧都摂真）・監事（権大僧都摂観・権律師観阿・徳応寺連城）・書記（権律師隆愍・円照寺慈音）・監収・厨役・維那《いな》・知堂等の職制を設けた（『明如上人伝』）。また六年四月事務の内容を刷新するとともに職制を更改し、執事所に布教課・法令課・用度課の三課を置いた（「諸事被二申付一達留帳」史料研保管）。

さらに八年一月職制を更改し、執事所を廃して寺務所を設け、議事・行事の二局を置き（「諸事被二申付一達留帳」）、教務・法務・度支・監正の四課を分ち、都監等を廃して、執綱・執事・課長・大録事・録事・議事・准議事等を置き、また役員の等級を一三級に分けた。同年五月、大洲鉄然・島地黙雷らを執事に、十二月、日野沢依を執綱に任命した。

執綱・執事の称は、明治十三年の寺法編纂にあたり執行と改め、また同法によって執行に関する諸規程を定めた。なかでも選定は法臈一五年以上の派内僧侶中から集会の公認を得て宗主が任免すること、職務は宗主を補佐し興学布教及び派内百般の事務を担任すること等と規定した。つづいて同十七年四月には寺務所を執行所と改称した（「甲第一号」『本山日報』）。

堂達中　明治四年六月改「御家中列座」（史料研保管）の「堂達中」（御堂衆）項には、次のように

記されている。

堂達中

「役僧」（朱書、以下同）　大利庵

（中略）

「役僧」　法雲寺

「休」「役僧」　蓮光寺

（中略）

専修寺

「教宗寺」権律師法橋

（下略）

堂達中は法務を勤める組織であるが、この記録には、四一の寺院名がみえ、そのうち隠居三か寺、「休」（法務を休む意味）が一五か寺あり、残り二七か寺が現役である。三分の一が休職状態である。明治四年六月段階で本願寺は組織改革を断行していた。この休職がのち解職となるのであろう。事実、この中から京都を離れる寺院も出ている。例えば、教宗寺は明治三十年に長崎へ移転する。そして減少した分は、本照寺や本徳寺などの一家衆があてられた。このとき法務について、宗主関係寺院が主要な役職を占める体制が形成された。

御真影に常に奉仕する維那については、明治十一年には「維那申付」として教行寺中山摂観（『本山日報』明治十一年第十号）、また光徳寺富樫沢称が任じられた（『本山日報』明治十二年第一号）。これらも宗主の親族、それに準ずる人びとである。なお「維那」は明治十二年四月四日に「司鑰《しやく》」と改称（「達書第十八号」『本山日報』明治十二年第三号）され、さらに明治十九年に「侍真」と変更された（武田英昭『本願寺派勤式の源流』本願寺出版部　昭和五十七年）。

内陣上座人名・寺院名　明治十一年の『本山日報』（第五号）には、①内陣上座一等人名、②内陣上座二等寺格、③其身一代内陣上座二等人名を、それぞれ次のように記している（地名は『本山日報』掲載分のみ記載）。

内陣上座一等人名

近松摂真・日野沢依・大谷昭然・六雄沢慶・近松沢含・近松沢心・藤枝沢通・福井沢揚

内陣上座二等寺格

東京府下善福寺・京都府下常楽寺・同順興寺・大阪府下本照寺・同毫摂寺・同広教寺・兵庫県下本徳寺・同教行寺・堺県下顕証寺（大阪）・同本善寺（奈良）・同願行寺（奈良）・三重県下法盛寺・滋賀県下慈敬寺・同本行寺・同福田寺・石川県下超勝寺（福井）・同松岡寺（福井）・同勝興寺（富山）

其身一代内陣上座二等人名
准円寺明月広朗・明覚寺柱本沢智・瑞泉寺井上沢順・光徳寺富樫沢称・本宗寺都路広智・西光寺石田沢薫

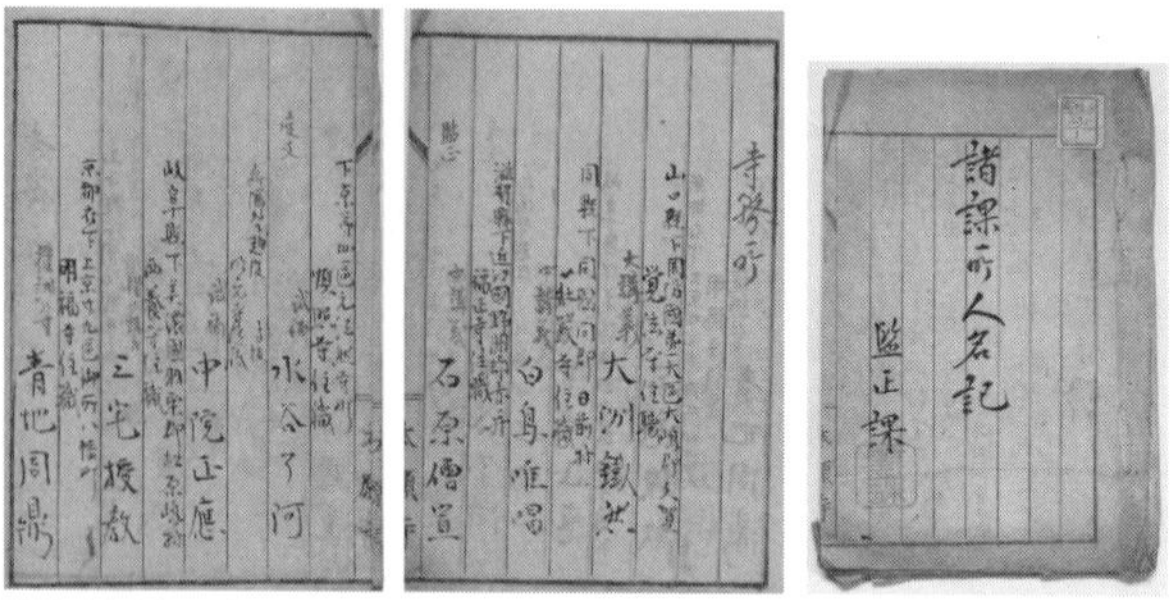

「諸課所人名記」史料研保管

これらは、本願寺の歴史的過程で形成された宗主と各寺院の関係を反映した法務体制であったといえる。

組織の僧俗割合　明治八年四月編成「諸課所人名記」(史料研保管)は、職員の構成を、事務方・法務方の「寺務所」「御堂」「昵近《じっきん》」と雑務方の「雇入女」「雇入男」ほかに区分して記している。事務方・法務方を整理すると、次のようになる。

部署名	総計	僧俗人数	
寺務所	四六	僧侶	三四
		俗人	一二
御堂	三九	僧侶	三九
		俗人	○

昵近	五	僧侶	三
		俗人	二

寺務所は六割以上が僧侶で占められ、御堂は全員僧侶である。江戸時代の寺務は俗人（寺侍）がおこなっていたが、ここからみると、僧侶中心となって事務方を差配する体制となっていることがわかる。

六　興正派の別立

興正寺独立の動き　明治八年（一八七五）の大教院分離運動の成功によって、本願寺は布教権を回復し、教団の神道組織への転換を阻止することができたが、政府は信教の自由保障の口達に示すように、布教の自由を与えることの代償として俗権統制の枠を確立し、政権に対する従属を確保しようとした。信教の自由保障の口達の後も、政府の教導職制度は仏教教団統制方式としての機能を存続していた。政府の俗権による教団統制方式確立過程のなかで、本願寺教団は自身の教団統制方式を形成していった。

防長興正寺末寺の動向　興正寺が独立の行動を起こしたのは近世からである。承応二年（一六五三）の承応の鬩牆《げきしょう》の後、明暦段階において興正寺の立場に同ぜず、終始本願寺に同調する興正寺末寺があった。興正寺が本願寺から別派独立しようとするのとは逆に、興正寺の支配から離れて本願寺直末となろうとする動きが現れる。興正寺末寺の多い防長寺院は、残らず本願寺直末となる希望をもったといわれ、元禄年間以降岩国領七二か寺が事実上興正寺支配に服さなくなった。

文化六年（一八〇九）頃の興正寺末寺数は安芸二八七寺、長門二三七寺で、長門は第二位であり、周防の九八寺を加えると、防長における興正寺末寺は三三五寺となる。しかし実際には、興正寺末寺の多くが本願寺の直末になろうとする動きは進行しており、興正寺が別派独立に至る明治九年には、防長寺院の中で興正寺下にとどまるものは皆無となる。幕末には、興正寺が独立行動を起こすことによって、末寺を担保しようとする事情があったと考えられる。

明治元年（一八六八）四年七月、妙誓寺黙雷・徳応寺連城らは「長防御末寺惣代」として入京し、本願寺の改革をおこない、覚法寺鉄然・黙雷は参政となって宗門行政の中枢に進出した。

摂信の独立通告　興正寺は大教院分離運動を展開した本願寺に対して、反対の態度をとり別派独立を目指した。明治七年九月十八日、次のように華園摂信は独立願書を教部省へ提出した（明如上人伝記編纂所編『明如上人伝』明如上人二十五回忌臨時法要事務所 昭和二年）。

　三条の教憲を体認し、教導職一般協議之上、共に大教院設立の処、去冬来宗内管長より教院分離の儀主張有ㇾ之、因て摂信へも頻に同意可ㇾ致旨誘引に付、分離不可の者数度管長へ申入候へ共、強て主張に付、不ㇾ得ㇾ止摂信に於ては従前神道各宗協議の本旨を守り、大教院へ出頭致届候、抑分不の見込二途に相分る上は、布教の事務進退も固より、同一には難二相成一之為、各府県下に於ても支吾筋不レ尠、因以て布教の障礙をなし、終に教職の本分をも失ふに至り候儀と慨歎の至に不レ堪候、依レ之今般別紙末寺共申立の趣も有レ之、摂信と同心戮力布教に粉骨可レ致の決志の僧侶を引連、断然別派独立して布教の実功を奏し、教導職の本分をつくさんとす、此旨本願寺は従前の間柄も有レ之につき断申送候、何卒宜御聞届之程奉レ願候也

明治七年九月十八日　興正寺権大教正　華園摂信　印

教部大輔　宍戸璣殿

同時に明如宗主にも、次のような独立届書を提出した（『明如上人伝』）。

昨冬已来、大教院分離之儀、屢々御誘引被レ降候得共、不肖に於ては従前通教院に協同之決志、兼て申進置候処、自今分不二途に相分れ、布教障礙不レ少、固より分不見込異り候上は、事務進退も判然無レ之而は支吾有レ之候に付、布教上不レ得レ止摂信同志末寺引連別派仕候旨、本省へも上申候間、此段御断申進置候也

明治七年九月十八日　権大教正　華園摂信　印

大教正　大谷光尊殿

翌日、宗主はその独立の再考を求めた。

興正寺独立による動揺　興正寺独立の意図が明白になると、興正寺を支持する末寺らの動きと、興正寺末寺を本願寺直末とする動きがはげしく対立することになった。明治七年十月、興正寺末寺総代光西寺華学史らは、本願寺使僧阿満得聞が津村別院に集めた興正寺末寺に対して、彼らの独立行動を批判し、所属への対応などを即答するように問い詰めたことに反発し、大阪中教院へ申請書を提出した。その申請書には、御主意を蔑如し、惑乱を誘い、布教の方向を失わせて、当惑させる行動であるため、迅速に管轄役所へ申し立ててもらいたい、と訴えられていた。

この願い出を受理した大阪中教院詰の戸田玄権小教正らは、大阪府知事に願書の旨につき何分の沙汰を求め、また右願書写をそえて教部省にも願い出た。興正寺末寺総代の願いを至当のものとした大教院神道諸宗管長一六名は連署をもって、「各地に於て大阪府に類似の煽動致し候旨、往々報告も有」之候へ共、公然届出候に非ざるより、本院敢て採聴せず候へ共、亦以従前具陳の虚ならずして、亦教導職の疑惑中教院の潰裂を招き、地方官の厭薄保護に甘心せざるの景況御洞観あるに足らんと存候」といい、興正寺の別派独立の承認と、本願寺の動きに対する教部省の態度の決定とを要請した。

別派独立の摂信の論理　興正寺独立願は、政府の承認も本願寺の同意も容易に得ることができず、明治八年一月には興正寺が大教院分離を反対しているにもかかわらず、政府は分離の聞き届けを内示した。

これを受けて摂信は、政府から本願寺の大教院分離が許可された以上、それに反対する興正寺は本願寺から独立するのみという論理を前面に出し、同年二月二十日に明如宗主に対して、「大教院分離儀は到底御同意難レ致候に付、不レ得レ已別派の儀、客歳九月来再三御断申進候処、熟議之上御回答可二相成一趣にて、爾後今以何等御報無レ之、（中略）然る処、今般教部省に於て分離御許可之御処分可二相成一趣に付、右御許可御達有レ之候、即日より別派候儀と相心得可レ申候間、此段預め及二御断一置候也」（本山興正寺編『華園家乗』興正寺 昭和二年）と申し入れるとともに、教部省へもこの旨を届け出た。

本願寺はこれに対し、同日付で「昨年来、本宗大教院分離之儀に付、数回及二御懇儀一候処、何等確然之趣意も無レ之、強而不服御申立相成居候末、昨年九月以来別派云々之儀、再三御申越に候得共、右は教部省江上申致置候次第も有レ之候に付、分離御許可相成候迄は、何分之御回答に難レ及候条、此旨申進置候也」（『華園家乗』）と答えた。五月二十四日、宗主は摂信破門退職願書を京都府に提出した。さらに大洲鉄然は、摂信・沢称（本常）父子について、宗義宗則違反の非難書を作り、破門願書を京都府に提出した（中島慈応『真宗法脈史』法文館 明治四十四年）。

興正寺からの離末　興正寺は末寺に対し独立に対する協力を要請したが、興正寺末を離れ本願寺直末となろうとする者の願い出が続いた。六月頃には堺県万福寺ほか一井恵界ら五〇余名が興正寺末を離れ本願寺直末となったが、興正寺は諸府県宛に、各県下で末寺による本末に関する出願を採用しないよう、次の依頼状を発した（『華園家乗』明治八年七月六日条）。

去る六年、真宗内分協二途に分岐候已降、彼是御庁へ御手数相備候条相聞、甚以痛入候事に候、然る処、前月二日、教部省より神仏各宗合併、教院被二差止一云々、御達有レ之候に付ては、更に朝旨之所在に基き、宗内専ら一途に復し布教仕度旨、本願寺へ応接は勿論本省へも可二相伺一廉も有レ之、右伺相済候迄は、御県下拙寺末寺共より教義の上、或は本末之義に付何等願出候共、御採用取下問敷候、尚又万一本願寺より同様申出候共、拙寺江一応御打合に預り度、無レ左ては自然御手数相懸候様立至候も難レ計候間、此段予て及二御依頼一置候也

明治八年六月

興正寺住職

権大教正　華園摂信

令参事宛

明治八年七月三日、奈良県令参事からは、本願寺の許可を得たとして末寺側から離末の件の届出があり、「依て教部省へ相伺候儀も有レ之候条、御指令の上は否可二申進一候」（『華園家乗』）と回答してきた。また山口県参事木梨信一も七月十日にほぼ同様に「尤事件に依り臨時掛引いたし候儀可レ有レ之候間、左様承知有レ之度」（『華園家乗』）と回答した。七月には三重県下の興正寺末八〇余か寺が動揺し、興正寺はその鎮静化をはかった。八月には奈良県下五〇か寺が背き「順ふ者は賞し強情申立候者は吟味之上、県庁へ差出」すこととした（『華園家乗』明治八年八月三十日条）。

三重県下の末寺は、「一切興末にて無レ之、興正寺は只本山へ願物の取次のみ之事等申出云々、本寺の実義聊も無レ之、依て興門、或は興殿、或は上寺と称し来候へ共、本寺と申事は、苟も名称実義無レ之」（『華園家乗』明治八年九月四日条）と称した。これらのほか、興正寺独立運動に対して、興正寺末を離脱しようとする末寺は増加の一途をたどったようで、そのことはさらに興正寺にとって独立の必要を痛感させたようである。

京都府の協同和合勧告　八月十八日、京都府権知事槇村正直は摂信と興正寺で対面し、同寺に本願寺と協同和合することを勧告した。しかし摂信は、本願寺が興正寺と同心でない立場をとっているため、政府の方より本願寺を説諭してもらいたいと依頼した（『華園家乗』）。本願寺は九月二十七日、槇村宛に末寺の中立を軽卒に取り上げるばかりでなく「布教上見込相違之義も有レ之、到底協同難二相成一」と書簡を発した。十月十五日、興正寺は「別派之儀再願」を教部省宛に提出したが、教部省は「地方官の手を経て可二差出一旨」を通達してきたので、十一月十四日、摂信は槇村を通じて、別派独立の決裁を教部省へ催促した（『華園家乗』）。

明治九年一月三十一日、京都府は興正寺側に連絡があり、教部省へ願書を送ったところ、教部省から「宗義上判然差違無レ之限りは、別派独立等申立候は心得違之筋に付、其旨屹度可二相達一旨申来」と伝えてきた（『華園家乗』）。

二月三日、興正寺は槇村に「更に本願寺と合議仕度候、就ては昨年応接之末合議之道相塞居候間、乍二御手数一御府命を以て、双方へ合議可レ致様、御達被二成下一度、此段相願候也」（『華園家乗』）と依頼した。この願書は八日「先本末の名分を立て、本願寺へ直に被二合議一可レ然事、更に政府より又和合の指令には不レ及事」（『華園家乗』）と返却された。

別派承認　明治九年四月成立の宗規綱領により、本願寺教団における興正寺とその末寺との、上寺下寺関係が消滅することになった。したがって興正寺はその存続のためにも、独立よりほかに道は残されていなかった。六月二十九日、摂信は改めて次の「派別願」（『華園家乗』）を教部省へ提出して独立を願い出た。

派別願

去る明治六年本宗大教院分離之際、摂信儀本寺本願寺住職大谷光尊と見込径庭致し候に付、不レ得レ止別派独立之儀上願仕候処、本年一月三十一日御省之御指令を仰候以来、協和之儀本寺へ合議仕居候折柄、摂信従属之輩意見不一準より兎角熟議に至兼候に付、今般更に従属僧侶中別派情願之輩を引率し、別派致度奉レ願候、尤宗義上異論相唱不レ申は勿論、別派致候共協和相破候儀は無レ之、畢竟前件不レ得レ已之情実より相願候儀に候条、本寺江及二請願一候処、本寺に於て差支無レ之旨に付、此段御許可被二成下一候様、偏に奉二懇願一候也

明治九年六月二十九日

京都府下興正寺住職　大教正　華園摂信　印

教部大輔　宍戸璣殿

本願寺側は、興正寺独立による影響を想定した上で、その承認に踏み切り、次の「添願」（『華園家乗』明治九年六月三十日条）を教部省へ提出した。

興正寺別派之儀に付添願

当山末寺興正寺住職華園摂信義、本宗大教院分離請願之際見込逕庭致候以来、紛紜差起不レ得レ已別派黜斥之儀をも及二上申一候処、本年一月三十一日御指令之趣に付、更に協和之儀合議致居候折柄、今般別紙之通彼寺従属僧侶中別派情願の輩を引率し、別派致度段申出候、右興正寺儀は従前末寺中に於ても特別之取扱致候次第も有レ之、旁情願に任せ候て支吾無レ之候間、別紙願之通御許可相成度此段添て相願候也

明治九年六月二十九日

本願寺住職　大教正　大谷光尊　印

教部大輔　宍戸璣殿

興正寺の独立　七月十四日、明如宗主は京都府権知事槇村正直宛に「到底苦情難レ止廉多端有レ之、不レ得レ止情願為二相遂一候方可レ然相考候間、出格之御詮議を以、願の通御許可相成候様、教部省へ御申達相成度、此段添て再願仕候也」（『華園家乗』）と申し出た。教部省は「今般本寺本願寺と協議之上、別立之儀願出聞届候」（『華園家乗』明治九年九月十四日条）と、九月十三日付をもって興正寺の

別派独立を許可した。

本願寺と興正寺は別派条約を結び、九月、興正寺末寺は山城国を始め合計一〇か国、寺院数一八二か所と定めたが、所属末寺の員数取り調べに不行き届きがあることが判明し（『明如上人伝』）、翌十年十月三十一日、飛雲閣において両山会盟の上、条約を交換して興正寺末寺数二三二か所と確定した（「号外達書」『本山日報』明治十年第二十二号付録）。近世後期および明治九年・一〇年の興正寺末寺数の変遷は表2の通りである。

表2　興正寺末寺数の変遷

	文化3年頃	明治9年	明治10年
山城	44	14	20
大和	133	36	68
和泉	33	4	3
河内	57	14	13
摂津	112	13	14
伊賀	1	0	0
伊勢	91	0	0
武蔵	4	0	0
近江	28	5	8
美濃	2	0	0
越前	30	0	6
越中	21	0	0
丹波	18	0	0
但馬	38	0	0
因幡	4	0	0
伯耆	5	0	0
出雲	5	0	0
石見	52	0	0
播磨	6	6	6
備後	2	0	0
安芸	287	0	0
周防	98	0	0
長門	237	0	0
紀伊	117	3	3
阿波	44	10	10
讃岐	116	77	81
伊予	3	0	0
土佐	2	0	0
筑前	13	0	0
豊前	119	0	0
豊後	152	0	0
肥後	114	0	0
計	1,988	182	232

出典：『本願寺史』第3巻 昭和44・「達書第65号」『本山日報』明治9第12号・「号外達書」・「別紙」『本山日報』明治10第22号付録

興正寺の独立はこのような経緯を経て承認された。独立運動以後、摂信は本願寺に出仕せずにいたが、二月十四日に、「興正寺様御事（中略）絶て御堂へも出仕も無レ之所、先此度御離末に相成、今日初て御参りに付、御小書院へ御通し申置、御法主（明如）様・日野（沢依）様御会被レ遊候」（『奥日次抄』明治九年二月十四日条　本願寺室内部編『明如上人日記抄』前編　本願寺室内部　昭和二年）と、久しぶりに本願寺を訪れて明如宗主らと対面した。このことは摂信の日記にも「今日は久々にて参上」（『華園家乗』）と記されている。

前者の日記に摂信が参上した理由を「離末に相成」と独立が成ったためとしている。この記述から、独立が決したのは、明治九年二月の段階であったのであろう。

七　宗規綱領と寺法・宗制の制定

宗規綱領の提出　明治八年（一八七五）八月二十九日、教部省は各宗管長に宛て各宗の従来の宗規を取り調べて届け出るようにと達した（「教部省達書乙第一三号」『法令全書』）。これを受け、翌九年四月五日、真宗四派管長代理の木辺賢慈《きべけんじ》は、宍戸璣《ししどたまき》教部大輔に宛て宗規綱領を提出した（「宗規綱領」『真宗史料集成』第十一巻　同朋舎　昭和五十年）。これに対し、教部省は四月二十四日付で「書面之趣聞置候事」と達した。

宗規綱領の緒言には次のようにある。

今般令ヲ下シテ、各宗ノ宗規、現今所行及後来改定ノ目途ヲ録呈セシム、然ルニ本宗各派所行ノ者、大同小異ニシテ自ラ例格ヲ成スト雖モ、率ムネ幕府ノ治体ト世俗ノ習慣ニ出入セルヲ以テ、今日維新ノ政化ニ於テ牴牾スル尠カラス、今ニシテ改メスンハ、何ヲ以テカ宗門保護ノ朝旨ニ対答スルコトヲ得ン、故ニ今各派協議シテ、一定ノ規則ヲ立テ以テ之ヲ録呈ス、而シテ旧規ノ細目各派ノ異同、之ヲ詳録スレハ、徒ニ紛冗ヲ増ス耳、故ニ繁ヲ芟リ異ヲ存シ、綱領ヲ挙ルコト左ノ如シ

真宗各派の協議により、明治維新後の新たな時代に応じた規則を立てその綱領をまとめた。

本末関係・統制制度の再編　宗規綱領では、「第一編　立宗分派之原由」「第二編　宗祖履歴並びに各派本寺伝灯」「第三編　仏祖影像幷所依経論」「第四編　法式」「第五編　学生」「第六編　本山末寺権義区別幷諸規約」「第七編　堂班服制」が明示された。このうち、「第六編　本山末寺権義区別幷諸規約」は、教団組織、特に本末関係・統制制度の近代的再編をもたらした点で重要である。

本宗ノ寺院、其始他宗ノ僧侶本宗ニ帰依シ、其所住ノ寺ヲ挙ケ本宗ニ帰属スルアリ、或ハ門徒僧トナリ、其自宅ヲ捨テテ直ニ道場トスルアリ、或ハ本山ノ出張、末寺ノ枝分等、其体一ナラス、其間、甲寺ノ住職乙寺ノ住職ト学問ノ授受アリ、俗縁ノ親疎アリ、荏苒俗ヲ成シ、寺格ノ高下ヲ生シ、上寺下寺ノ名称ヲ施ス、旦《(ママ)》旧諸侯分封大小不同ナルヲ以テ、各藩内触頭ヲ置クアリ置

カサルアリ、其之ヲ置クヤ一寺世襲トスルアリ、数寺輪任トスルアリ、事故ニヨリ上寺ノ紹介ヲ経ルアリ経サアリ、(ママ)地方ニヨリ上寺ノ覊絆ヲ受ルアリ受ケサルアリ、紛々冗々殆ト規律ナキ者ノ如シ、往々上寺ハ甲県ニ在リ下寺ハ乙県ニ在リ、其地隔絶ニシテ毫モ相関渉セサルアリ、而テ其関渉スル者ハ或ハ本末ノ権義ニ於テ相牴触シ、統轄ノ順序ヲ立ルニ至テ害タル少カラス、故ニ今般本末権義区別及統轄方法ヲ議定シ、全国内一般ノ法則ヲ立テ、向後宗規ヲシテ粛整ナラシメントス

第一款　寺院区別

第一条

一宗ノ寺院分テ二類トス、曰ク本山、曰ク末寺

第二条

末寺ノ中、分テ四類トス、曰ク本山ノ別院、曰ク一般ノ末寺、曰ク諸道場、曰ク末寺支坊

第三条

本山別院中又二種アリ、一ハ本山ノ寺号ヲ以テ称スル者、二ハ各別ノ寺号アル者、此二類アリト雖モ皆別ニ住職ヲ置カス、法主兼住スルヲ法トス

第四条

従前連枝或ハ一門地ト称スル者ヨリ、寺中・塔頭ト称スル者ニ至ルマテ、各寺号アリテ住職ヲ置クヘキ者ハ、総テ一般ノ末寺トス

第五条

諸道場ノ中三種アリ、直ニ本山ニ属スル者ヲ第一種トス、末寺中ニ於テ一箇寺ニ属スル者ヲ第二種トス、数箇寺（一派内／又数派）ノ所属ニ係ル者ヲ第三種トス、総道場立会道場ト称スル者是ナリ

（中略）

第二款　統轄順序

第一条

全国ヲ分テ七大区トシ、毎区ニ各派寺務出張所ヲ置キ区内ノ末徒ヲ統轄ス

但、各派寺務出張所ヲ設クルハ即チ教務院出張所ヲ置クノ地ニ於テシ、其役員ハ両所ヲ兼務スル者トス

第二条

一区内各県下ニ各派末寺取締所ヲ設ケ、県内一派ノ事務ヲ弁理ス

但、末寺取締所ハ教務所ヲ設クルノ地ニ之ヲ置キ、教導取締之ヲ兼掌スル者トス

第三条

各県下其地方末寺ノ多少ニ随ヒ凡二十五ケ寺以下ヲ以テ一組トシ、毎組ニ長・副長各一名ヲ置キ、組内末派ノ事務ヲ取扱ハシム

但、組長・副組長ハ教導取締助勤ヲ以テ兼務セシム

第三款　本末権義

第一条

本宗僧侶得度ノ師ハ、独リ本山法主ニ限レルヲ以テ、本寺本山ト称スル者ハ必ス一派中ニテ一寺タルヘシ

第二条

本尊祖像并伝灯ノ影像及ヒ仏号ヲ書シ之ヲ附与スルハ、本山法主ノ特権ニシテ、末寺分中ニ於テ之ヲナスヲ得ス

第三条

寺院ノ創立ハ官許ヲ請フヘシト雖モ、末寺ノ寺号ヲ附スルハ本山ノ特権ニシテ、亦末寺分中之ヲ為スヲ得ス

第四条

派内一般ノ規則ヲ改定シ、宗義安心ノ正否ヲ決判スルハ本山ノ特権トス

第五条

寺務ノ高下門徒ノ多少一般ナラスト雖モ、苟モ末寺ノ名称ヲ蒙ルモノハ、総テ本山定ムル所ノ制規ヲ遵守セサルヘカラス

第六条

末派ノ統轄ハ今般定ムル所ノ制規ヲ以テス、故ニ末寺ノ内従前上寺下寺ノ称アリト誰モ、向後本山ニ於テ之ヲ用ヒス

但、故旧ノ縁故ヲ以テ相互ニ扶助スルハ随意タルヘシ

第七条

末寺タル者ハ其階級ニ応シ必ス相当ノ課金ヲ出タシ、以テ本山教学ノ経費ヲ助クルノ義務アリ

第八条

末寺ノ僧侶、該派本山ニ不服ノ事故アリテ他派ニ改転セント欲スル者ハ、各派本山ニ於テ私ニ之ヲ受理セサルハ各派ノ交誼ヲ全フスル条約ニアリ、決シテ該派ヨリ之ヲ止ムルノ権ナシ、故ニ若他宗ニ改転シ、或ハ別ニ一派ヲ開クカ如キハ、唯本宗ヲ擯斥スルニ止ル而已

（下略）

この宗規綱領第六編の本山末寺権義区別幷諸規約によって、複雑な本末関係が整理され、数段階にわたる上寺と下寺の関係が形式上は解消に向かうこととなった。第一款では寺院の区別を定め、第二款では教区と組を規定し、第三款では法主・本山の権限を明記した。上寺・下寺の名称を用いないとはいえ、「故旧ノ縁故ヲ以テ相互ニ扶助スルハ随意タルヘシ」と第三款第六条にあるように、組織およびそれを支えてきた階層意識が一挙に刷新されたわけではなかった。

元上下寺取扱条例　宗規綱領により、数百か寺の下寺を有した有力寺院も一般末寺となった。また、なかには廃寺に至るものもあった。そこで、本願寺は、明治十五年一月十三日に元上下寺取扱条例を発して、有力寺院に対する経済的保障を講じた（「甲第二号」『本山日報』）。それは、下寺数に応

じて一二の等級に分け、それぞれの等級ごとに金額を定め支給するものであった。

末寺僧侶中

今般元上下寺取扱条例別紙ノ通被ㇾ定候条、此段相達候事

明治十五年一月十三日　二等執行赤松連城

（別紙）

元上下寺取扱条例

第一条

宗規施行ニヨリ上寺下寺ノ名義廃止ニ付、元上寺エ其下寺ノ数ニ応シ制限ヲ立テ、本山ヨリ旧公債証書ヲ以テ一時左ノ金額ヲ下付スヘシ

但十一等以下ハ正貨ヲ以テ下付ス

第二条

前条ノ金額ハ明治十五年十二月ニ下付スル者トス

第三条

看坊道場等総テ明治十一年四月以前寺号住職トモ公貫シ居ラサルモノハ、元下寺ノ数ニ算入スルヲ得ス

第四条

元下寺ノ木仏御札及ヒ法宝物裏書等ノ消印ヲナサス、又直末証書ヲ下付セサルモノトス

第五条

従前達書中本例ニ抵触スルモノハ総テ廃止トス

なお、明治十九年二月二十七日、第二条の公債下付期限は、財務上の都合により、当分延期することとした（「甲番外」『本山日報』）。

出張所の設置　前掲の宗規綱領第六編の本山末寺権義区別幷諸規約の「第二款　統轄順序」で示されたように、本願寺は、全国を七大区に分け、区ごとに出張所を置き、区内県下に末寺取締所を設け、教導取締の兼務とした。さらに明治九年七月七日、愛知県・石川県・広島県・福岡県・宮城県に寺務出張所を設けることを定め（「達書第四十四号」『本山日報』明治九年第八号）、八月二十九日に、本所とそれぞれの出張所の統轄地域について、次のように示した（「達書第五十九号」『本山日報』明治九年第十号）。

本所直管　京都　大阪　兵庫　堺　和歌山　滋賀　高知　愛媛

東京寺務出張所々管　東京　神奈川　埼玉　群馬　茨城　千葉　栃木　長野　静岡　山梨

愛知寺務出張所々管　愛知　岐阜　三重

広島寺務出張所々管　広島　山口　島根　岡山

福岡寺務出張所々管　福岡　大分　長崎　熊本　鹿児島
石川寺務出張所々管　石川　新潟
宮城寺務出張所々管　宮城　青森　山形　岩手　福島　秋田　開拓使

録所・触頭制度の廃止　近世の本願寺教団では、録所・触頭がおおむね国単位で置かれており、それらは幕藩体制下の行政組織に合致する性格をもっていた。しかし、明治四年の廃藩置県をはじめとして、その後、明治政府による行政区画として府県制が定められたことで、本願寺の統轄地域・統制組織の改編は不可避となった。それまで末寺統轄を担っていた録所・触頭制度は、十一年三月十三日に廃止された（「達書第四十五号」『本山日報』明治十一年第六号）。

総組長・正副組長の設置　本願寺の末寺統轄のため、新たに重要な役割を担うことになったのが総組長・組長である。明治九年七月二十八日、本願寺は、出張所管下各県に総組長・組長（正副）を置き、各役職の役割を次のように示した（「達書第四十八号」『本山日報』明治九年第九号）。

総組長心得

第一条

総組長ハ各組長ヲ統率シテ末徒ヲ保護シ、寺務所及出張所ノ布達告報ヲ分配シ、各組長ニ於テ誤認或ハ憶測ヲ以区々ノ取扱等致サヽル様注意スヘシ

第二条

部内各組正副長ノ能否勤惰ヲ鑑別シ、進退ヲ具状スヘシ

第三条

組長ヨリ差出ス末徒ノ願伺届及役儀上ノ申牒ハ、鈐印ノ上進達ノ手続ヲナシ、一組内一般ニ関渉スル以上ノ事件ハ其事実ヲ調査シ、明瞭ナル者ハ奥印シ、不明瞭ナル者ハ本人ニ還付スヘシ

第四条

各組正副長ヨリ組内各寺住職等ヲ僧侶ノ教導職任免等或ハ死亡ヲ届出ルトキハ、書面ニ鈐印ノ上其都度地方出張所へ進達スヘシ

組長心得

第一条

組長ハ総組長ノ指揮ヲ受本末ノ気脈ヲ通暢シ、本山及出張所ノ順達告報等ヲ迅速ニ回達シ、誤解等ノ者之ナキ様注意スヘシ

第二条

組内末徒ノ諸願伺届等定規ニ照シテ奥印シ、総組長ノ鈐印ヲ受ヘシ

（下略）

十二年十月五日、本願寺は、当初一定しなかった組長選出を改めて組長の選挙方法を定め、選挙

人は一寺正副住職満二十歳以上の者に限り、被選人は一寺住職満二十五歳以上の者に限るなどと規定した（「番外ワ」『本山日報』）。

さらに、翌十三年十二月八日にも組長の選挙方法を改定して、選挙人の年齢制限を除き、被選人に前住職七十歳以下、副住職法臘五年以上の者を加えた（「達書第五十五号」『本山日報』）。このように、組長を寺格と無関係に選挙させることは、末寺住職の教団行政への関与の仕方を大きく変化させた。十三年、総組長の名称が管事に変更された。組長は長く末寺統轄の職掌として存続した。

教区と教務所　明治十三年、本願寺は、宗規綱領の第六編第二款の統轄順序を、本願寺派に限って改正しようとして六月四日に内務省に申請し、同月二十一日に認可された。改正後の内容は次の通りである（「達書第二十二号」『本山日報』）。

第一条

全国ヲ分テ十八教区トシ、毎区ニ一教務所ヲ置キ、区内ノ門末興学布教及百般ノ事務ヲ管理ス

第二条

教務所ノ事務ハ正副管事ヲ置テ之ヲ弁理セシム

第三条

教区内ノ末寺ハ其多少ニ随ヒ適宜ニ組ヲ分チ、毎組正副組長ヲ置テ其事務ヲ取扱ハシム

教務所統轄区分

京都教務所　京都府下ノ末寺ヲ統轄ス
東京教務所　東京　神奈川　静岡　山梨　埼玉　群馬　栃木　千葉　茨城　一府八県下ノ末
　　　　　　寺ヲ統轄ス
大阪教務所　大阪府及堺県下ノ末寺ヲ統轄ス
大津教務所　滋賀県下ノ末寺ヲ統轄ス
金沢教務所　石川県下ノ末寺ヲ統轄ス
高田教務所　新潟　長野　両県下ノ末寺ヲ統轄ス
仙台教務所　宮城　福島　岩手　青森　秋田　山形　六県下ノ末寺ヲ統轄ス
桑名教務所　三重　岐阜　愛知　三県下ノ末寺ヲ統轄ス
和歌山教務所　和歌山県下ノ末寺ヲ統轄ス
姫路教務所　兵庫　岡山　両県下ノ末寺ヲ統轄ス
塩屋教務所　愛媛　徳島　高知　三県下ノ末寺ヲ統轄ス
広島教務所　広島県下ノ末寺ヲ統轄ス
松江教務所　島根県下ノ末寺ヲ統轄ス
山口教務所　山口県下ノ末寺ヲ統轄ス
福岡教務所　福岡県下ノ末寺ヲ統轄ス
長崎教務所　長崎県下ノ末寺ヲ統轄ス

熊本教務所　熊本県下ノ末寺ヲ統轄ス
大分教務所　大分　鹿児島　両県下ノ末寺ヲ統轄ス

本願寺の教区制は、これ以降も修正を加えられるが、本山・教区・組・末寺の統轄制度の基本構造はここに定まった。

五派共同管長から各派管長設置へ　明治九年十二月、真宗五派での共同管長一名設置の現状を改め、各派で管長を設置できるよう、教部省に願い出た（「達書第十三号」『本山日報』明治十年第三号）。

本宗五派之儀各派正権大教正交番ヲ以壱名宛管長相勤候処、先般宗規綱領改定致追々実際施行末派取締方相立度候ニ付而ハ、教務上不都合之次第モ有レ之、自今各派ニ管長相設度候間御聞届被二成下一度、且教務取扱之儀ハ追テ方法規約相定候迄、当分従前之教務院ニ於テ各派協同教務取扱候様致度候条、此段御聞置被二成下一度相願候也

錦織寺住職
中教正　木辺賢慈
興正寺住職
大教正　華園摂信
専修寺住職

大教正　常盤《（ママ）》井堯熙
本願寺住職
大教正　大谷光尊
真宗五派管長
東本願寺住職
大教正　大谷光勝

教部大輔　宍戸璣殿

これに対し、翌十年二月十三日、大久保利通内務卿から許可を得た。そして、新たに置くこととなった本願寺派管長については、明如宗主が就任した（「達書第二十四号」『本山日報』明治十年第七号）。

住職進退　明治九年十二月八日、本願寺は、住職の進退を地方庁に出願する際には本山の添書が必要である旨を通達した（「達書第八十一号」『本山日報』明治九年第二十二号）。さらに、翌十年三月二十八日には、内務省に次の「一寺住職之者試補申付方延期願」（「達書第三十二号」『本山日報』明治十年第八号）を提出し、四月二十日にそれが認められた。

現今一寺住職之者、御一新後従前之本末規約ヲ踰越シ、本山ヘ住職不㆓願出㆒地方庁而已住職相成居候者有㆑之、右等之向ハ教導取締之者ヨリ試補薦挙ニ付、地方庁ヘ協議シ、差支無㆑之旨指令ヲ得テ試補薦挙申出候得共、該派本山ニ於テ住職之次第不二相立一候テハ宗内本末之制規モ紊乱シ取締方支吾不レ少候間、試補申付方無レ拠遷延致候、尤住職之任ニ不レ堪者、或ハ不行跡之者ニテ試補難二申付一向ハ、該派本山ヨリ住職放免之義管轄庁ヘ及協議候心得ニ有レ之候、旁以一寺住職之者試補申付方来ル六月中迄更ニ延期之義御聞届被二成下一度此段相願候也

この願いに見られるように、住職として活動するためには、本山から試補資格を得たうえで地方庁に届け出て教導職に任命されなければならなかった。

宗制寺法の制定　明治十年に五派共同管長から各派管長設置になり、本願寺派における寺法制定の必要が生じた。そこで十三年一月六日、本願寺は、寺法編製事務局を置いて寺法の制定に着手した（「達書第一号」『本山日報』）。委員には、日《ひ》野《の》沢依《たくえ》・大洲《おおず》鉄然《てつねん》・香川葆晃（幹事長）・遠藤玄雄・今小路沢悟・梅上沢融・利井明朗らが任命され、二月十七日から三月九日まで寺法編製会を開催し、寺法草案を審議・議決した（「寺法編製会議事録」宗会百年史編集委員会編『本願寺宗会百年史』史料編中　浄土真宗本願寺派宗会　昭和五十六年）。

『真宗本願寺派寺法』
（明治13）本願寺所蔵

さらに、政府の規定に従って、明治十九年一月に宗制寺法を制定した。この宗制寺法は、前述の宗規綱領を骨格として作成され、近代の本願寺教団の性格を法的に基礎づけるものとなった。

明治十三年の寺法　明治十三年に編纂した寺法は次の通りである（『真宗本願寺派寺法』本願寺所蔵）。

第一章　本山

第一条　真宗本願寺派ノ本山ハ一派中一寺ニ限ル

第二条　京都本願寺ハ一派共有ノ本山ニシテ、派内ノ寺院僧侶及門徒ヲ管轄スル権力ヲ有ス

第二章　法主

第三条　一派ノ法主ハ見真大師以来系統相承ノ善知識ニシテ、本山本願寺ノ住職之ニ当ル

第四条　一派教導職ノ管長ハ法主ニ非レハ之ニ当ルヲ得ス

第五条　法主ハ左ノ諸件ニ於テ特権ヲ有ス

派内ノ僧侶タランコトヲ願フ人ヲ度スル事

門徒ノ男女ニ帰敬式ヲ授クル事

宗義安心ノ正否ヲ決判スル事

第六条　法主ハ法度ヲ允可シ、式ニ依テ之ヲ公告シ、執行ヲ使用スルノ権アリ

第七条　法主ハ式ニ依リ集会ヲ終始シ、及会衆ヲ解散シ、呼集スルノ権アリ

但、解散ノ節ハ三ケ月間ニ呼集スルノ旨ヲ示スヲ要ス

第八条　法主ヨリ派内ニ公告スル文書ハ執行ノ署名セル副書ヲ要スル者トス

第三章　執行

第九条　執行ハ法主ヲ匡輔シ、興学布教及ヒ派内ヲ管理スル百般ノ事務ヲ担任ス

第十条　前条ノ事務ニ於テ署名スル所ノ執行ハ総テ其責ニ任シ、法主之ニ当ラサルヘシ

第十一条　執行ハ派内ノ僧侶ヲ褒貶スル事ヲ掌ル、其派内ヲ擯黜スルカ如キハ集会ノ決ヲ取ル

第十二条　執行ハ派内ノ僧侶法臈十五年以上ニシテ其任ニ適スル者数名ヲ以テ之ニ任ス

第十三条　執行ハ法主之ヲ任免ス、但、其任免ニ先チテ集会ノ公認ヲ経ヘキ者トス

第四章　集会

第十四条　集会ハ執行ノ処置ヲ規督スルノ権ヲ有ス、故ニ執行ノ処置若シ成規ニ違フコトアレハ法主ヲシテ之ヲ黜罰セシム

第十五条　集会ハ一派ノ盛衰若クハ利害ニ関スル事件ニ就テ意見ヲ陳述シ施行ヲ求ルヲ得

但、執行ノ処置ヲ沮格スルノ権ナシ

第十六条　集会ノ諸規則ハ別ニ之ヲ定ム

第十七条　集会ハ法度ニ関スル諸件ニ付キ派内僧侶ノ建言ヲ受クル所トス

第五章　法度

第十八条　派内ノ法度ハ其成規ニ依リテ施行スルノ外、之ヲ創定若クハ変更スルカ如キハ必集会ノ可決ヲ経ヘキ者トス

第十九条　集会ノ決スル所ト雖モ、法主之ヲ允可シ、執行署名シ、公告スルニ非サレハ派内ノ法度トスルヲ得ス
第二十条　集会ノ決スル所、法主之ヲ不可行トスル時ハ其理由ヲ示シ、再ヒ之ヲ論セシム、再論ノ決亦前ニ同クシテ法主仍ホ之ヲ不可行トスル時ハ、法主ノ権ヲ以テ会衆ヲ解散シ、更ニ改撰呼集シテ之ヲ論セシム、但、改撰ノ会衆亦前論ノ決ニ同キ時ハ之ヲ行ハサルヲ得ス

第六章　財務

第二十一条　本山維持及興学布教ノ費用ハ派内僧俗ノ寄贈スル浄財ヲ以テ之ニ充ツ
第二十二条　前条財務ノ予算及支出ノ順序方法ハ集会ノ可決ヲ要ス

第七章　末寺

第二十三条　末寺ハ惣代会衆ヲ撰挙シ、集会ニ参与セシムルノ権アリ
第二十四条　末寺ハ一派ノ法度ニ服従スヘキ者トス
第二十五条　末寺ハ集会ノ可決ニ依リテ本山ノ経費ヲ助クルノ義務アリ
第二十六条　末寺ハ学業ヲ勉励シ教導ニ拮据シ、以テ宗教ヲ護持スルノ義務アリ

寺法については、明治十四年六月三日に内務省から許可を得たことが門末に通知された（「達書第二十号」『本山日報』）。

明治十九年の宗制　明治十九年に制定された宗制は、次の一一章より構成されている（『真宗本願寺派宗制寺法』史料研保管）。特に重要なのは、第二章で真宗を二諦相資の妙旨として規定したことである。

第一章

宗祖見真大師、大無量寿経ニ依テ一宗ヲ開キ、之ヲ浄土真宗ト名ク、其要義載セテ教行信証文類ニアリ

第二章

一宗ノ教旨ハ仏号ヲ聞信シ大悲ヲ念報スル、之ヲ真諦ト云ヒ、人道ヲ履行シ王法ヲ遵守スル、之ヲ俗諦ト云、是即チ他力ノ安心ニ住シ報恩ノ経営ヲナスモノナレハ、之ヲ二諦相資ノ妙旨トス

第三章

一宗ノ本尊ハ阿弥陀如来一仏トス、コレ一向専念ノ宗義ニ拠ル、故ニ自余ノ諸仏菩薩及ヒ神明ヲ奉安セス、然レト

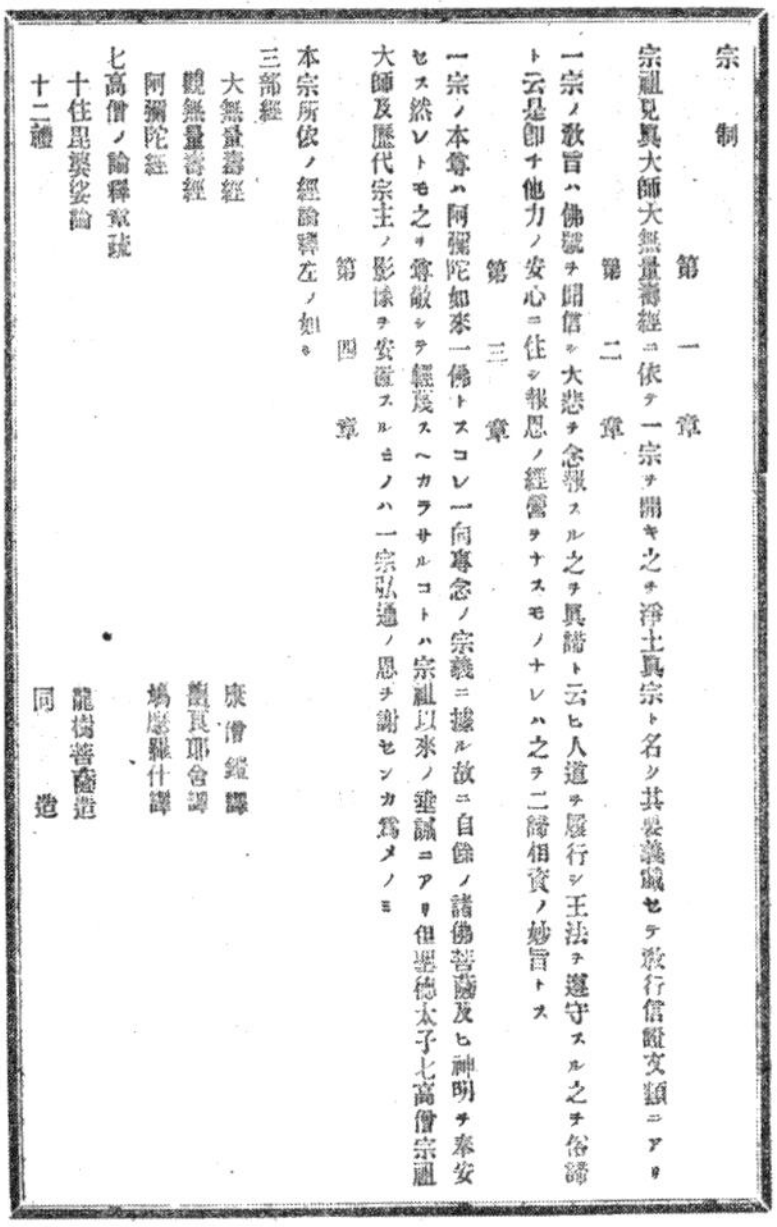
宗制

第一章

宗祖見眞大師大無量壽經ニ依テ一宗ヲ開キ之ヲ淨土眞宗ト名ク其要義載セテ敎行信證文類ニアリ

第二章

一宗ノ敎旨ハ佛號ヲ聞信シ大悲ヲ念報スル之ヲ眞諦ト云ヒ人道ヲ履行シ王法ヲ遵守スル之ヲ俗諦ト云是卽チ他力ノ安心ニ住シ報恩ノ經營ヲナスモノナレハ之ヲ二諦相資ノ妙旨トス

第三章

一宗ノ本尊ハ阿彌陀如來一佛トスコレ一向專念ノ宗義ニ據ル故ニ自餘ノ諸佛菩薩及ヒ神明ヲ奉安セス然レトモ之ヲ尊敬シテ輕蔑スヘカラサルコトハ宗祖以來ノ垂誡ニアリ但聖德太子七高僧宗祖大師及歷代宗主ノ影像ヲ安置スルモノハ一宗弘通ノ恩ヲ謝センカ爲メノミ

第四章

本宗所依ノ經論釋左ノ如シ

三部經

大無量壽經　康僧鎧譯

觀無量壽經　畺良耶舍譯

阿彌陀經　鳩摩羅什譯

七高僧ノ論釋章疏

十住毘婆娑論　龍樹菩薩造

十二禮　同　造

『真宗本願寺派宗制寺法』（部分）
（明治 19）史料研保管

モ之ヲ尊敬シテ軽蔑スヘカラサルコトハ宗祖以来ノ垂誡ニアリ
但、聖徳太子、七高僧、宗祖大師及歴代宗主ノ影像ヲ安置スルモノハ一宗弘通ノ恩ヲ謝センカ為メノミ

第四章

本宗所依ノ経論釈左ノ如シ
三部経
大無量寿経　康僧鎧訳、観無量寿経　畺良耶舎訳、阿弥陀経　鳩摩羅什訳
七高僧の論釈章疏
十住毘婆娑論　龍樹菩薩造、十二礼　同造、往生浄土論　天親菩薩造、同註　曇鸞作、讃阿弥陀仏偈　同作、安楽集　道綽作、観経疏　善導作、往生礼讃　同作、法事讃　同作、般舟讃　同作、観念法門　同作、往生要集　源信作、選択集　源空作
宗祖選述
教行信証　浄土文類聚鈔　愚禿鈔　入出二門偈　三経往生文類　尊号真像銘文　一念多念証文　唯信鈔文意　浄土和讃　高僧和讃　正像末和讃
此他、歴代宗主著述教書勧章数十部有リ書目略レ之

第五章

本宗平素ノ勤行例年ノ法要年忌及葬送ノ儀式等具略軽重アリト雖モ、要ニ皆報恩ノ誠ヲ尽スニ

アリ

第六章

得度ハ仏門ノ通規ニシテ出俗入真ノ法式ナリ、本宗ニ於テハ要師弟ノ約ヲ定ムルニアリ

第七章

帰敬式ハ本宗帰向男女ノ請ニ応シテ之ヲ行フ者トス

第八章

本宗ノ学科タル専門普通ノ二アリテ、正依ノ経疏論章ヲ研究スルヲ専門正科トシ、諸余ノ経論釈ヲ兼修スルヲ専門兼科トシ、世間諸科ノ学ヲ講習スルヲ普通科トス、コレ皆報恩ノ経営布教ノ作用ニ供スルニアリ

第九章

本宗ノ僧侶ハ持戒ノ威儀ヲ標セス、其相在家ニ似同スト雖トモ、已ニ名ヲ仏子ニカケ職ヲ化他ニ任スルトキハ、殊ニ品行整粛他ノ模範トナランコトヲ要セシム

第十章

本宗ノ行者ハ報恩ノ心ヲ以テ職務ヲ勉励シ躬行実践自他ヲ双益ス、故ニ福利ヲ禁厭祈呪ノ法規ニ求ムルカ如キハ本宗ノ禁シテ許サヽル所ナリ

第十一章

宗意安心ノ正不ヲ判決スルハ伝灯法主ノ職任ナリ、故ニ末徒ニシテ毫モ師教ニ違反スルコトヲ

得ス

なお、この宗制の制定とともに、明治十三年の寺法が二六条から二九条に増条され、さらに同細則三〇条、同付則として得度規約一〇条・教会条例八条・集会規則二四条・托鉢規則一六条が追加された。

教団組織に関わるものとして、寺法細則の第一章寺院区別においては、「一派ノ寺院分テ二類トス、曰ク本山曰ク末寺」（第一条）と規定し、第二章統轄順序で「各府県下ニ正副総組長ヲ置キ所轄内末寺ノ事務ヲ弁理セシム」（第六条）、「各地方末寺ノ多少ニ随テ組画ヲ定メ、毎組ニ正副組長ヲ置キ、組内ノ事務ヲ取扱ハシム」（第七条）とした。さらに、第四章教師分限において「教師ニ非レハ説教スルコトヲ許サス」（第十一条）としたほか、第六章　住職任免で「末寺ノ正副住職ハ教師ニシテ年齢満二十一年以上ノ者ニ限ル」（第十五条）と定めた。

八　教会結社の設立

真宗教会結社規約　宗規綱領が出され、末寺の直末化と組単位での組織化といった教団の近代的再編が進められていくなか、真宗では、従来の寺檀関係とは別の形態で僧侶・門徒を組織する必要が生じてきた。明治九年（一八七六）、真宗四派管長代理の木辺賢慈は、教部省に真宗教会結社規約を提出し、四月五日にその承認を得た。本願寺派では、五月七日にこの規約を末寺僧侶に達した（「達書第二十五号」『本山日報』明治九年第三号）。

第一条

一、全国一般ノ社名総テ真宗教社ト称スヘキ事

第二条

一、設社ノ位地ハ寺院ノ有無、門徒ノ多少ニ従ヒ、地方ノ適宜ニ区分スヘキ事

但シ、凡ソ各派ニ於テ定ムル一組ヲ以テ一社トスヘシ、若組内一社ニテ不便ナルトキハ幾社ヲ設クルモ妨ケナシ

第三条

一、社員ハ一派ノ僧侶並ニ門徒ニ限ル事

但シ、地ノ適宜ニヨリ他派混組スルモ妨ケナシト雖トモ、法式等紛乱ノ弊ナカラシムヘキ事

第四条

一、府県ノ地形ヲ量リ何社ハ何組幾番社ト定メ、何府県下真宗何派何番教社ト称スヘキ事

第五条

一、各社ニ長一員ヲ置キ、副長二員ヲ置キ、社内信徒ノ取締ヲ担当セシムヘキ事

但シ、社長副社長ハ組長副組長ニテ兼務スルヲ定規トスレトモ若一組内ニテ数社ヲ分設スルトキハ更ニ各社ニ長副長ヲ置クモ妨ケナシ

第六条

一、本宗門徒ノ者ニハ社長ヨリ左ノ表牌ヲ授与スヘキ事（表牌略）

第七条

一、社中信仰篤実ノ門徒ヲ撰ミ世話掛三五員ヲ置クヘキ事

但シ、門徒ニ限ラス人望アル者ハ住職ヲ除ク外、子弟等ヲ用ユツモ不レ苦事

第八条

一、教会ノ日数多少或ハ会場ノ設置ハ各地ノ便宜ニ従フ

但シ、説教ハ社区内ノ教職ニ限ルトイヘトモ、社中ノ帰向ニヨリ他区社ノ教職ヲ招クモ妨ケナシ

第九条

一、改宗転派等ニ付入社退社スル者アルトキハ其事由取調、社長奥印シテ其手次寺へ願出スヘシ

第十条

一、社中法則ハ総テ教会規約ニ準スヘキ事

右此十条ハ結社方法ノ大綱トス、其細目ニ至テハ地方ノ便利ヲ考覈シ適宜ニ処分スヘキ事

このように規定された会・結社運動は、全国の僧侶・門徒を新たな組織に編成しようとする試みであったが、真宗四派による会・結社運動が実際にどのように進められたのかは不明である。

真宗本願寺派教会結社条例　明治十一年二月二十一日、真宗本願寺派教会結社条例が出された。先の真宗教会結社規約は真宗四派の共同のものであったが、この条例は、十年二月の真宗各派における管長設置を受け、本願寺派だけの結社規則として成立した。とはいえ、この条例も「僧侶及ヒ門徒ヲ以テ一社」とする構想において、先の規約と同様の性格であった（「達書第二十二号」『本山日報』明治十一年第四号）。

そして、十五年十二月二十日には、教会条例の改定について、「十六年五月一日ヨリ実施候条、従前許可相成居候教会ハ該条例ニ照拠シ、更ニ規則相定メ往復日子《ママ》ヲ除キ六十日ヲ限可二届出一」と達せられ、真宗本願寺派教会結社条例が示された。条例の第一条では、「凡教会ハ人心ヲ固結シ宗教ヲ拡張シ無教地ヲ拓クヲ以テ主義トスヘシ」と趣旨をあきらかにしていた。第三条で「教社ノ種類ヲ三トス、一ニハ僧侶社、二ニハ僧俗共同社、三ニハ信徒社」としたように、結社を三種類として信徒社を置いたところに特徴を持っていた。ただし、第九条で「第三種教社ノ如キハ単ニ信徒ヲ以テ成立トイヘトモ、幹事ハ必ス教導本職僧侶タルヘシ」と定め、信徒社の幹事は僧侶でなければならないとした（「甲第三十九号」『本山日報』）。

教会条例の更改　明治十七年の教導職制度の廃止にともない、近代の仏教教団の諸制度が整備されていくなか、宗制寺法の制定に際して真宗本願寺派教会結社条例が更改されて八か条となり、三種の教社がなくなった。そして、二十二年四月二十日に、教会条例はさらなる更改をみた（「法度第一号」『本山達書』）。

第一条　凡教会ハ本宗ノ教義ヲ拡張スルヲ以テ目的トス
第二条　教会ハ派内ノ緇素及帰向ノ信徒ヲ以テ組成ス
第三条　教会ハ左ノ二類ニ分ツ
　本山教会　門末教会
第四条　本山教会ハ真宗教会ト称ス
第五条　門末教会ハ真宗某教会ト称ス
　但シ区域ハ一府県若クハ一国内ニ限ル
第六条　本山教会ノ規則ハ別ニ之ヲ定メ集会ノ議ヲ経ルモノトス
第七条　門末教会ノ規則及ヒ幹事ハ本山ノ認可ヲ受ルモノトス
第八条　門末教会ニ於テ若シ宗意ニ違シ成規ニ悖ルトキ及ヒ本山崇敬ノ義務ヲ欠クコトアルトキハ、本山ヨリ之ヲ中止又ハ解会ノ手続ヲナスヘシ

この教会条例においては、教会が本山教会と門末教会の二種に分けられた。また、幹事については「本山ノ認可ヲ受ルモノノ」と定めたが、明治二十九・三十年の更改により、「幹事ハ教師ニ限ル」

と規定された。

白蓮教会　宗派全般の教団再編運動としての教会結社に対して、僧侶・信徒の自発的な会・結社の運動があった。明治八年八月、島地黙雷《しまじもくらい》が山県有朋や鳥尾小弥太《とりおこやた》と協力して東京で創設した白蓮教会は、林董《はやしただす》・品川弥二郎・福地源一郎・桂太郎らが会員として名を連ねた。白蓮教会は、宗派内の門徒を主たる対象とはしておらず、島地の幅広い活動で培われた各界人士との関係を組織的基礎とするものであった。

弘教講その他　弘教講《ぐきょうこう》は、同じく明治八年に三丹地方（丹後・丹波・但馬）で創設され、十四年以後は因幡・伯耆にもおよび、二万人余りの社員を有した。また、酬恩社は、明治九年三月に熊谷県（群馬・埼玉県の一部）で創立した後、各地に社員ができ、十三年頃には現存社員十万人と称した。真宗興隆教社は、明治八年に結成され、十四年末には社員六〇四九人、随喜社友二二六人を数えたが、十二年九月に酬恩社と協定を結んで本願寺派の伝道会社としても活動した。明治十二年十一月に下関で創立した真宗両全教社は、大洲鉄然《おおずてつねん》が社長を務め、山口県下に多くの支社を設置した（二葉憲香「明治初期仏教の会・結社」『仏教史学研究』一九―二　仏教史学会　昭和五十二年）。

教会・結社に関する条例はこのように整備されていったが、各教会・結社は、在来の地域性との関係から様々な形態をとったので、規約や条例に基づいた画一的なものとはならなかった。

小寄講　以上の教会・結社のほかに、近世以来の伝統として、信徒を結合・組織する小寄講の結成がある。明治十三年十二月九日、本願寺は「自今新ニ講名長御印章願出候トモ詮議之次第有ㇾ之、当分授与不ㇾ致候条為㆓心得㆒此段相達候事、但シ一寺檀家或ハ一村数町同行限法義相続之為メ長御印章願出候向ハ寺号町村名同行宛ニテ授与候事」（「達書第五十六号」『本山日報』）と達した。さらに明治二十年十月十五日には、次のように小寄講設置について達した（「乙第十四号」『本山達書』二十年ノ十八）。

正副総組長
正副組長

小寄講名之儀ハ明治十三年達書第五十六号ヲ以テ授与被㆓差止㆒候処、右ハ自今一町村若クハ数町村一郡区限リ法義相続之為メ結合之向ヘハ授与可ㇾ致候ニ付、小寄講設置手続別紙之通相定候条、此段相達候事

明治二十年十月十五日　　執行長　日野沢依

（別紙）

小寄講設置手続

第一条　小寄講ハ法義相続ノ為メニ設クルモノトス

第二条　小寄講ハ一町村若クハ数町村一郡区内ノ信徒ヲ結合スルモノトス

但、従前許可ノ講名ハ此限ニアラス

第三条　小寄講ハ本山崇敬ノ念ヨリ応分ノ懇志ヲ上納スルノ義務アリ
第四条　小寄講ノ信徒ハ家業ヲ勉励シ法義相続ノ上ヨリ別ニ集合ノ徳義ヲ全フスヘシ
第五条　小寄講ハ教会結社ト其性質ヲ異ニスルモノナレハ、教会条例若クハ教会ニ関スル諸達ニ準シテ結合ス可カラス
第六条　小寄講ハ僧俗之分限ヲ明ニシ、苟モ信徒ニシテ家業ヲ抛擲シ法話ヲ為スカ如キノ挙動アルヘカラス
第七条　小寄講ヲ結合スルトキハ其結合信徒ノ名簿ヲ備ヘ置クヲ要ス
第八条　小寄講名授与願ハ、願人三名已上ト其地方ノ一寺住職連署シ、組長奥印之上差出スヘシ
但、総組長設置ノ地方ハ該事務所ヲ経由スヘシ

九　寺務所の東京移転計画

東京移転計画の前史　明治維新後、本願寺は新時代に対応するために、教団の組織改革をおこなった。改革を推進したのは、新政府の木戸孝允らと親交をもつ防長二国出身の僧侶たちで、中心は大洲《おおず》鉄然《てつねん》・島地《しまじ》黙雷《もくらい》・香川《かがわ》葆晃《ほうこう》・赤松《あかまつ》連城《れんじょう》らであった。明治八年（一八七五）に職制が更改され、島地と大洲が執事に任じられた。

宗政を掌握した防長僧侶と明如宗主との間には対立が生じた。島地黙雷の異安心問題が取り上げられ、寺務所の東京移転計画へとつながった。東京移転計画は、防長僧侶が宗政の主導権を掌握したことに対する反発であった（福間光超「真宗教団近代化の一考察――西本願寺「集会」設立の前譜――」『真宗研究』一九 昭和四十九年・福間光超「西本願寺教団における公選議会の成立について」二葉博士還暦記念会編『仏教史学論集』永田文昌堂　昭和五十二年）。

宗政の主導権問題　島地黙雷が異安心とされたのは、「能称立信」を根本義としていたからであった。称名に主体を置く「能称立信」は、真宗教義の「唯信正因」に反し、「信心正因、称名報恩」の教義を混乱に陥れるものだという批判が生じた。明治九年頃から、島地の教説を異安心とする批判があり、十一年五月に至って、島地は飛雲閣において赤松などから取り調べを受けた。その結果、利井《かがい》明朗《みょうろう》・香川・赤松・大洲らは連名で、島地の教説が安心に違反するものではないとの保証書を明如宗主へ提出し、著作の意図についての島地自身の上申書もこれに添えられた（七月二十八日付「連署状」本願寺所蔵）。

八月、明如宗主は島地に対し、改心実功がみえるまでは議事局主議を罷免するとともに東京布教も差し留めるという処分をおこなった（「黙雷処分書」・「本山指令」本願寺所蔵）。処分決定後も、利井・赤松・大洲は連名で、「島地黙雷処分之儀ニ付伺」（本願寺所蔵）を宗主に提出し、島地の異安心、島地の処分、島地の問題への北畠道龍《きたばたけどうりゅう》の介入について尋ねた。これに対して宗主は、島地の教説は宗義を衒惑しており、処分は宗主の判断によること、北畠に意見を求めたのは、北畠が島地の主催する白蓮教会と関係をもち、島地の挙止を知り得たからだと回答した（「島地処分伺に関する回答書」本願寺所蔵）。

北畠道龍の宗政参画　北畠は、文政三年（一八二〇）に紀伊（和歌山県）和歌浦の本願寺派法福寺に生まれた。明治九年に上京して、講法学社という法律学校を設立した。同年、石原僧宣《いしはらそうせん》の紹介により、初めて明如宗主に会ったといわれる。十年十二月、北畠は、教法改革などの建言書を宗主に提出した。島地への処分決定後の十一年八月二十三日、北畠は行事局用係に採用された（「辞令」本願寺所蔵）。これに対し、防長僧侶は長州出身の槇村正直《まきむらまさなお》京都府知事に働きかけて、北畠任命の取り消しをはかった。その結果、西南戦争のときに生じた陸奥宗光の政府転覆計画に絡んで北畠が嫌疑をかけられたことを理由として、槇村は北畠の採用不可の知事命令を出した。任命から五日後の八月二十八日に、北畠の採用任命は取り消された（明治十一年八月二十八日付「槇村面談報告書」・同日付「指令書」本願寺所蔵）。

北畠道龍肖像（和歌山県法福寺所蔵）

寺務所の東京移転　明治十二年五月十一日、明如宗主は、築地別院本堂上棟式のために東京へ向かい、十九日に到着した。不在中の宗務を六雄沢慶《むつおたくけい》に委任していた。

柳原前光《やなぎはらさきみつ》宛の書状で、宗主は東上の目的を「今回逞意奮発シ、断然改革ノ令ヲ布キ、宗祖大師ノ遺意ヲ紹述シ、邪義ヲ払ヒ、不良ヲ芟リ、宗風ヲ興揚センコトヲ確決セリ」（六月付「柳原前光宛明如宗主書状」本願寺所蔵・宗会百年史編集委員会編『本願寺宗会百年史』史料編下 浄土真宗本願寺派宗会 昭和五十六年）と述べている。宗主の東上は、宗政の主導権を防長僧侶から取り戻すためであった。宗主は、三条実美太政大臣・岩倉具視右大臣・伊藤博文内務卿・桜井能監《さくらいよしかた》社寺局長などと面談し、東上の目的を伝えた。三島了忠著『光尊上人血涙記』（昭和出版社 昭和四年）によると、宗主は、政府要人のほか、皇族・公家・軍部・警察関係者などとも接触をした。

六月十四日、宗主は築地別院内に改正事務所を設置した。同月二十九日、北畠が改正事務所総轄に任命された。改正事務所は教政部・弘教部・宗学部の三部門からなり、次のように職員を配置した（本願寺史料研究所編『本願寺史』第三巻 浄土真宗本願寺派宗務所 昭和四十四年）。

改正事務局総理　北畠道龍
出仕　井上宗寛
出仕　多田賢住
出仕　築地重誓
出仕　武田篤初
出仕　河野善綱
以上教政部

出仕　遠藤玄雄
出仕　船橋了要
出仕　小松了照
出仕　脇屋伯英
以上弘教部
出仕　勧学　原口針水
出仕　東陽円月
出仕　鬼木沃洲
以上宗学部

さらに宗主は、本願寺の議事・行事の両局を廃止して、京都における宗政を継続できないよう処置したため、本願寺役員は宗主に次の伺書を出し、両局の廃止が困難であると主張した（明如上人伝記編纂所編『明如上人伝』明如上人二十五回忌臨時法要事務所　昭和二年）。

今般突然議事・行事両局並に諸役員被㆓廃止㆒候趣御達相成、右に付各自一身上進退の義に候へば、速に御請可㆑仕候へ共、両局被㆑廃候儀は一山の大事件に候へば、容易に御請難㆓相成㆒候改正事務所は、次の達書を出し、教義上の都合により事務所が設置されたと説明した（「達書第一号」本願寺所蔵・『明如上人伝』）。

大阪府下
副総組長中

今般法主殿御東上被レ遊、兼テ御宿志被レ為レ在候教義上之都合ニ付、断然議事・行事両局諸役共被レ廃、更ニ東京築地別院中ニ於テ当分改正事務所被二設置一候条、此段不レ洩様可レ及二通達一候也

但、御真影ヲ東京へ遷移候抔ト無根ノ流言ヲ以人心ヲ蠱惑致候者有レ之旨、屹度取調可二申出一候事

東京築地
明治十二年六月二十九日　改正事務所（印）

七月十日、築地別院の上棟式がおこなわれた。これは宗主方の勢力を示す絶好の機会となった（狐塚裕子「明治十二年西本願寺寺務所移転事件と新聞報道」『日本歴史』四四九　昭和六十年）。有栖川宮をはじめとして、三条実美・岩倉具視などの政府高官や実業家、新聞関係者など各界の招待客で式場内は充満し、「長州臭味の連中は殆ど姿を見せなかった」（『光尊上人血涙記』）。

一方、京都側は、「本山寺務所」として各府県下末寺僧侶中に対し、改正事務所からの布達には従わないこと、宗主は近く京都に帰山するので、それまでは従来通りと心得て軽率な行動をとらないようにと通達した（本願寺所蔵・『明如上人伝』）。

各府県下
正副総組長中
正副組長中

別紙之通相達候条、組内無レ漏至急巡達可レ有レ之候事

本山
寺務所

十二年七月

（別紙）

各府県下
末寺僧侶中

今般法主殿御東上ニ際シ、予テ本山寺務所ヲ顚覆セント謀リ朋党致居候輩、法主殿ヲ擁シ教義改正ヲ口実トシ門末ヲ鼓動致候段、本山ノ安危此一挙ニ有レ之不容易ノ事件ニ候条、東京改正事務局ノ名義ヲ以テ何等ノ布達候共、漫ニ請引致ス間敷、不レ遠法主殿御帰山之上、何分之儀相達候迄ハ従前之通相心得、軽率ノ挙動有レ之間敷、此段相達候也

十二年七月四日

本山
寺務所　印

以上のように、宗政をおこなう機関が東京と京都の二か所に存在することになった。こうしたなか、宗主の弟日野沢依《ひのたくえ》は、六月二十一日、改正事務所から東上を求められた。日野は、これより先に約一〇〇日にわたる九州巡回に向かい、ちょうどそれを終えたばかりであった。日野は、直ちに東上の予定であったが、途中、神戸に上陸したところ、本願寺の旧役員らに伴われ、強いて帰山させられた。さらに、日野の東上を阻止しようとして、数千人の僧侶や門徒が本願寺に殺到したため警察官が出動する騒ぎとなり、日野の東上は中止となった（『明如上人伝』）。

宗主は中警視であった安藤則命に、本願寺を「免職身分ヲ以テ、寺務所ノ印形ヲ使用シ、不容易ナル義ヲ布達候ニ付」として、内々に探究を依頼した（七月十八日付「明如宗主書状」本願寺所蔵・『本願寺宗会百年史』史料編下）。御真影を東京に移すという風聞もおこり、これにより産業の盛衰が生じるのではないかと、本願寺近辺の住民が生計を心配する動きもあった（伊藤博文関係文書研究会編『伊藤博文関係文書』七　塙書房　昭和五十四年）。

八月に、本願寺改正掛有志らは「改正趣意書」（本願寺所蔵・『本願寺宗会百年史』史料編下）を発し、「維新以来香川葆晃・大洲鉄然事務ノ権ヲ執リ威ヲ振フ（中略）大法主早クコノ顛末ヲ知リ玉ヒ、改正ノ思食雖レ有レ之、内大法主ノ左右ニ人ヲ附ケ置クモ、鉄然党ニアラサルナシ、（中略）大法主孤立シ玉ヒ、寸モ改正ノ手ヲ伸ベ玉フコト能ス（中略）客地ニ在テ改正ノ命ヲ下シ玉フ」と、防長僧侶たちが宗政を牛耳っているので、宗主は改正をおこなうために東京へ移ったと主張した。彼らはまた、改正すべき事項として「八条件」を示した。それは、「一ツニハ勧善懲悪ノ教法ヲ破棄スルノ事件」、「二ツニハ宗意安心ヲ誤ル事件」、「三ツニ己レカ拝命ヲ薦挙スルニ私アル事件」、「四ツニ他ノ拝命ヲ薦挙スルニ於テ私アル事件」、「五ツニ事務ノ長ヲ薦挙スル、是レ亦公平ナラサル事件」、「六ツニ末派一同ノ人心ニ背キ、人望ヲ失ヘル事件」、「七ニ維新已来香川葆晃・大洲鉄然、東西奔走ノ間タニ、妄リニ大金ヲ遣ヒ捨テ、空ク費ヘシトコロノ金貨数万円ニ越エ、今日ヨリ顧レハ一モ実効トスヘキモノナシ」、「八ツニ新聞記者ヲ抱ヘ置キ、己レカ便利トナリ、己レカ都合トナルヘキハ之ヲ載セ、己レカ不便利トナリ、己レカ不都合トナルヘキケ条ハ、悉ク之ヲ省カセルモノ、不公平ヲ究メ、私ヲ逞フスルノ至リナラスヤ」の八条件であった。これらは、防長僧侶たちの安心（趣意書八条件の内一、二）、宗務の独占（同三、四、五、六）、本山財源の私的流用（同七）、報道機関の不公平な運用（同八）の改正を求め、宗主の権限の回復を目指すものであった。

帰山への流れ　明治十二年七月、明如宗主と親交のあった籠手田安定《こてだやすさだ》滋賀県令は宗主に書状を出し、三条実美に宗主の京都帰山を勧める動きがあると伝えた（七月二十一日付「明如宗主宛籠手田安定書状」『本願寺宗会百年史』史料編下）。翌月、三条は、帰山後に職権で防長僧侶を処分するよう宗主に勧めた（八月三日付「明如宗主宛三条実美書状」『本願寺宗会百年史』史料編下）。改正の継続と貫徹、防長僧侶の処分、北畠の処分、改正施行者を不偏不党の者にすることが、岩倉具視との間で合意され（八月七日付「岩倉具視宛明如宗主書状」『本願寺宗会百年史』史料編下)、三条もこの内容を承知していた(八月付「明如宗主宛岩倉具視書状」『本願寺宗会百年史』史料編下)。京都側との交渉は、長州藩出身の伊藤博文がおこなった。

各地の僧侶からは宗主の帰山を願う建言書・上申書が多数出された。宗主は八月十日に築地を出発し(八月九日付「岩倉具視宛明如宗主書状」『本願寺宗会百年史』史料編下)、同月二十四日に京都に到着した(「番外イ」『本山日報』)。宗主の東京滞在は、わずか三か月余りであった。

帰山後の体制　明如宗主の帰山後、六雄の代理職が解かれ(「日記 大谷家内事局」史料研保管)、人事を刷新して新たな宗務体制がとられた。明治十二年八月八日に北畠が改正事務所の総轄を辞任し、同月二十九日に築地別院内の改正事務所が廃止された(「番外ホ」『本山日報』)。九月九日には、中立的立場であった連枝の近松摂真《ちかまつせっしん》を執事とした新しい宗務体制が発表された(「番外ト」『本山日報』)。改正事務所の副総理の井上宗桓、宗学部出仕の東陽円月《とうようえんげつ》は寺務所出仕となり、大洲・香川・利井は辞職し、赤松は、五月に設立されていた大教校の校長となった(『本山日報』明治十二年第四号・龍谷大学三百五十年史編集委員会編『龍谷大学三百五十年史』通史編上 龍谷大学 平成十二年)。三条と岩倉は連名で、新体制を了承する書状を九月十四日付で宗主に出した(「明如宗主宛三条実美・岩倉具視書状」『本願寺宗会百年史』史料編下)。

一〇　集会制度

議会制度の上申　寺務所の東京移転により表面化した明如宗主と防長僧侶の対立とともに、教団内では公選制、さらに議会開設の要求が生じた。その先頭に立ったのは真宗学庠《がくしょう》の者たちであった。寺務所東京移転最中の明治十二年（一八七九）七月二十三日に、真宗学庠総代五人は「改正事務施設方案上申書」（宗会百年史編集委員会編『本願寺宗会百年史』史料編下　浄土真宗本願寺派宗会　昭和五十六年）を宗主に提出した。上申書は三か条からなり、宗主の「特命」による執綱《しっこう》に宗務を総理させること、「特選」と「公選」からなる議員が諸々の事務を評決の手続きによっておこなうこと、事務役員は議員のなかから選ぶが、対立する二派からは議員を選出しないことを申し入れた。この「特選議員」は、上座二等寺格および勧司から、宗主の「特命」により任じられるとした。「公選議員」は、各府県に二名ずつとし、正副総組長・正副組長が選挙権・被選挙権を有するとした。「改正事務施設方案上申書」は、公選議員による議会制を提案した点で注目されるが、それは一般僧侶の参加ができない制度であった。

法中惣代・学庠惣代の建言　明治十二年八月二十二日、門末有志法中惣代・学庠惣代は、明如宗主に次の建言をおこなった（明如上人伝記編纂所編『明如上人伝』明如上人二十五回忌臨時法要事務所　昭和二年）。

本刹事務の針路を指示するに、先づ第一着に新に上座中より其の人を抜擢して執綱とし、更に末徒の人材凡そ百名許りを公選せしめて、諸員中より猊下の特命を以て行事の役員を挙げ、其残る処を以て議員となし、諸般の方法を評議せしめて、決を猊下に仰ぎ、之を行事に移して施行せしむるときは、議・行両局権衡相持して擅断の弊を免れ、和合海中また風波を生ずるの患ひなかるべし

九月四日、これに対して宗主は、「公選論の如きは採用難二相成一候条、左様可二心得一」(『明如上人伝』)と伝えた。

九月五日、法中惣代・学庠惣代は、宗主へ再度伺を出した(『明如上人伝』)。

御一新以来大政府に於ても、広く会議を起し、万機を公論に決するの御趣意、爾来文化駸々として方今に至り(中略)、本山寺務の義は時勢を不レ顧、猊下の御独断にて門末の建言は可否に関せず、決して御採用難二相成一義に御座候哉

九月六日、宗主は、「寺務施行方法之義は、予が特権と可二相心得一事」と宗政の専権を主張した(『明如上人伝』)。

三か条の伺　宗主の回答を受け、九月七日、法中惣代は次の三か条の伺を出した(『明如上人伝』)。

第一条　寺務の語は広く宗意安心に渉り候処、安心の正否は猊下の特権にして、毫も弟子等の挿嘴する処に非るは無論に候得共、諸般施設の事務も悉く猊下の特権にして、弟子等の建議は可否に関せず、御採用不㆓相成㆒義に御座候哉

第二条　施行すると否とは猊下の特権にして、事務施設の方法を議定するの権は、弟子等に於て一分も無㆑之旨に候哉、将来事務を議するも一己の意見を具申するに止り、広く会議を興し、公論に決するの義は、本山に於て決して行はざるものに候哉、果して然らば宗門の教会たる一派の管理は、全く君主擅制の政治と同一の者とするの御趣意に御座候哉

第三条　施行の義は法主の特選に候へば、興廃に関する一大事と雖も、門末人心の方向云何を問はず、擅制束縛被㆑為㆑成候の御趣意に候哉、果して然らば施行の事務忽ち門末の人心と乖離し、不㆑可㆑言の禍害を引起可㆑申と存候

右三条、今度弟子等本山に対し、各自権義の所在をも心得置度候に付、判然御指令被㆑下度、此段更に奉㆑伺候也

岩倉の意向　宗主の役員公選の採用についての問いに対し、岩倉具視は桜井能監《さくらいよしかた》内務省社寺局長を通して、「公選ト云フコトハ、其名ハ美ナリト雖モ、其実ハ主権之衰微ヨリ生スルコトナリ（中略）殊ニ真宗ノ如キ、一度此公選ヲ以テ役員ヲ定ムル時ハ、遂ニ法主ヲモ公選スヘキノ論底ヲ為シ、他日之災害実ニ謂フヘカラサルニ至ラン歟」（九月五日付「明如宗主宛桜井能監書状」本願寺所蔵・『本願寺宗

会百年史』史料編下）と、公選には同意しない旨を伝えた。しかし、岩倉は宗主宛の書状で、公選の採用は無用としながらも、教導職に関係のない職での公選は別であるという見解も示した（九月十四日付「明如宗主宛岩倉具視書状」本願寺所蔵・『本願寺宗会百年史』史料編下）。

明治政府が本願寺の公選を問題にしたのは、自由民権運動がその存立基盤を豪農層まで拡大しようとしていた社会状況が背景にあり、本願寺に公選制議会が成立したことで生じる自由民権運動への影響を憂慮したからであった。

組長議会開設への指令　九月十七日、議会開設にむけての通達が出された（『明如上人伝』）。

　全国門末人心の意向監察の上、議会開設候義と可二相心得一事

　明治十二年九月十七日　　執事　近松摂真

明治十二年十月五日に、組長選挙方法が発表され、選挙権は満二十歳以上の正副住職、被選挙権は満二十五歳以上の住職と定められ、地方ごとに組長議会議員を選出するとされた（「番外ワ」『本山日報』）。十月十日、正副組長による組長議会の開設が達せられた（「番外カ」『本山日報』）。翌十三年三月一日に、各府県の組長議会議員定数が示された（「達書第八号」『本山日報』）。四月二十日に組長議会が開会され（「達書第七号」『本山日報』）、全国の教区割り、小集会について審議された。

集会規則の審議　十三年二月十八日、寺法編製会議に集会規則の草案が提出された。翌十九日に

質問会がおこなわれ、小集会の役割、国法・寺法に反しての解散時における会衆の更選、総代会衆の選挙区と都道府県の区割りとの関係、特選会衆の等差などについて質問があった。質問会終了の動議により、当日で質問会を終了した（「寺法編成会議事録」宗会百年史編集委員会編『本願寺宗会百年史』史料編中　浄土真宗本願寺派宗会　昭和五十六年）。

集会の権限　寺法において、集会は立法機関として法度の制定・変更を可決する権限を有していた。しかし、法度の允可・公告権は宗主にあった。財務の予算・支出は集会の可決を要した。集会は決議により執行を任命し、執行の規則からの逸脱を監督できたが、執行の処置を妨げる権限はなかった。集会は立法機関としての権限を有していたが、集会の解散権は宗主にあり、宗主権が集会に優先されていた。

集会開設の消息　三月二十七日、明如宗主は「集会開設の消息」を発した（宗会百年史編集委員会編『本願寺宗会百年史』史料編上　浄土真宗本願寺派宗会　昭和五十六年）。

倩おもんみるに、光陰のうつりやすきこと、白駒の隙を過るが如く、予継職以来、昨日けふと過せしに、はや十とせの近きに侍りぬ、殊に内外多難の折から、不徳の身を以て重担を荷負し、それが為め身心を労し悲歎の涙衣をうるほせし事も屢なりき、しかるに、上天朝の恩恵と下門末の懇念に依て、今は何の障りもなく思ふまにまに布教すべき時となりしかば、予も鎖末の事務を後にして、専ら化導の一途に身心を委ね、伝承の法灯をかゝげばやと、念願を運ぶ所なり、是に依てこたび寺法をかたくし、集会を設け、いよいよ本末協和の基を定め、派内の僧侶をして、もろともに興法利生の大任を負担すべき理をしらしめんとす、此時に当りて、一同予が本意を体認し、為法の志をはげまし、各本分を尽し、有縁の門徒を教導せらるべく候、（中略）此上は端心制意の仏誡を守り、罔極の皇恩を感戴し、愛国の誠意を尽し、人間の要務を怠らず、現世にありては同行相親み、来世は倶会一所の快楽を期せられ候事肝要に候なり、あなかしこあなかしこ

明治十三年三月二十七日　総国

龍谷二十一世釈光尊　法中

門徒中

宗主はこの中で、集会を設けて、僧侶とともに宗派の発展に尽くすことを述べた。

集会規則　六月十日、内務卿の松方正義に集会規則の認可を申請し、七月二日に許可の通達を受けた（「達書第二十五号」『本山日報』）。

集会規則御聞置願

今般派内為㆓取締㆒各地末寺僧侶ノ内若干名ヲ召集シ、毎年定期会又者臨時会ヲ開キ、一般取締方評定為㆑致候ニ付、別紙之通集会規則取設度候条、御聞置被㆓成下㆒度此段相願候也

明治十三年六月十日　真宗本願寺派管長 本願寺住職　大教正大谷光尊

内務卿松方正義殿

朱書指令

書面之趣聞置候事

明治十三年七月二日

内務卿松方正義（印）

集会規則の許可にともない、七月二十三日、以下の集会規則を明治十四年より施行することが末寺僧侶中へ通達された（「達書第二十五号」『本山日報』）。

第一章　総則

第一条　集会ハ派内ノ法度ヲ創定シ、若シクハ改正スル事、及本山維持興学布教ノ経費予算並

支出ノ方法ヲ評定ス

第二条　集会ハ定期会ト臨時会トノ二類ニ別ツ、定期会ハ毎年一度某月ヲ以テ必コレヲ開ク、臨時会ハ集会ノ評決ヲ要スル事件アルトキ、法主ノ意見ヲ以テ之ヲ開ク

第三条　集会ハ毎年定期会ノ初ニ於テ、前年度ノ出納決算ノ報告書ヲ受ク

第四条　集会ノ終始ハ法主臨席シテ之ヲ行フ

第二章　選挙

第五条　会衆ノ総数ハ三十名以上五十名以下ト定ム

第六条　会衆ニ二類ヲ分ツ、其一類ハ法主コレヲ特選シ、其一類ハ派内僧侶ノ総代トシテ、各地方ヨリ投票選挙セシム

第七条　特選ノ会衆ハ任期ナシ、且法臘十ケ年以上ノ僧侶ニ限ル

但、寺務所在勤ノ者ハ兼任スルヲ得ス

第八条　総代会衆ハ各選区ヨリ若干名ヲ選挙セシム

但、選区ハ地方寺院ノ多寡ヲ量リ、コレヲ定ム

第九条　各地方ニ於テ小集会ヲ開キ、総代会衆ヲ選挙セシム

第十条　総代会衆ハ一寺住職ニシテ、法臘五ケ年以上ノ者ニ限ル

但、本山ノ事務ニ任シ、若シクハ各地方ノ組長以上ニ任スル者ハコレヲ除ク

第十一条　総代会衆ハ任期四年トシ、二年毎ニ其半数ヲ更選セシム

但、解散ノ時ハ其全員ヲ更選ス
第十二条　更選ノ時、前任ノ者再任スルモ妨ナシ
第十三条　集会ノ上首及副上首ハ毎会々衆ノ中ニ於テ公選シ、法主ノ允可ヲ経ヘシ

第三章　議則

第十四条　議案ハ総テ法主ヨリ交付ス
但、会衆ノ意見ニ出ルモノハ執行ヲ経、法主之ヲ允可スルニ非サレハ、議案トシテ評論ニ付スルヲ得ス
第十五条　法主ヨリ交付スル議案ハ法主委員ヲ命シ、集会ニ出頭シ其旨意ヲ弁明セシム、会衆ノ意見ニ出ルモノハ発論者コレヲ弁明ス
但、弁明者総テ決議ノ数ニ入ラス
第十六条　執行ハ集会ニ出頭シ、意見ヲ陳スルコトヲ得
但、決議ノ数ニ入ラス
第十七条　評決ハ比較多数ニ依ルコトヲ得ス、必ス全数ノ過半ニ依テコレヲ決ス、可否同数ナレハ、上首コレヲ決ス
第十八条　集会ノ説、国法若シクハ寺法ニ乖クコトアリト認ルトキ、又ハ寺法第二十条ノ場合ニ於テハ、法主ノ権ヲ以テコレヲ解散スルコトヲ得

第四章　常在衆

第十九条　常在衆ハ平時会衆十分ノ一ヲ留メ、法主ノ諮詢、若シクハ執行ノ協議ニ答ルモノトス
第二十条　常在衆ハ会衆ノ総代タリ、故ニ半数ハ特選中ヨリ留メ、半数ハ総代中ヨリ留ム
第二十一条　常在衆ハ任期二年トシ、一年毎ニ其半数ヲ更選セシム
但、開会中ハ幹事ノ事務ヲ行フ
第二十二条　常在衆、法主ノ諮詢若クハ執行ノ協議ヲ受ルトキハ、過半数ノ同意ヲ以テ決答スヘシ
但、集会ニ付スヘキ事件ナリト考定スルトキハ其理由ヲ明記シ、コレカ為ニ臨時会ヲ開クカ、又ハ定期会マテ猶予アリタキ旨ヲ請ヘシ
第二十三条　常在衆ハ法主ノ諮詢、若シクハ執行ノ協議ヲ受ケタル事件ハ、毎回コレヲ散在ノ会衆ニ報スヘシ
第五章　会衆俸給
第二十四条　特選ノ会衆ハ適宜ニ等差ヲ立テ、年俸ヲ給ス、総代ノ会衆ハ俸給ナシ
第二十五条　会衆ハ総代ト特選トヲ論セス集会中又ハ常在衆タルトキノ滞在日当及ヒ往返ノ路費ヲ給ス

集会規則の制定により、正副住職は宗政に参加することになった。

建言書　近松摂真の執事任命とともに、明治十二年九月十日、宗派の大事に関係する建言書以外は、宗主宛ではなく、すべて執事宛に差し出すようにと達せられ（「番外リ」『本山日報』）、宗政への意見書を差し出すことができるようになった。翌十三年七月二十三日、末寺からの建言書の提出方式が定められ、法度に関係する建言書は常在衆宛に、その他の事柄についての建言書は執行宛に、それぞれ差し出すこととなった（「達書第二十六号」『本山日報』）。

小集会制度　十三年十一月二日に、小集会規則が制定された（「達書第四十八号」『本山日報』）。小集会は各教区に設けられ、区内の予算およびそれの賦課・徴収方法、地方における学事教義振起の方法などについて審議するとともに、集会規則第九条に定める総代会衆の選出母体とされた。小集会の会衆人数は組内の寺院数に比例して定められ、会衆の選挙権は正副住職、被選挙権は法臈五年以上の住職とされた。

総代会衆　十一月二十九日、各教区の寺院数に応じて総代会衆人員が定められた（「達書第五十三号」『本山日報』）。

各府県下末寺僧侶中

本年第二十五号ヲ以テ達置候集会規則ニ本キ、今般各教区総代会衆人員、左表之通被レ定候条

此段相達候事

明治十三年十一月二十九日　　一等執行近松摂真

会衆人員表

一、五百ケ寺以下　一人
一、五百以上千ケ寺未満　二人
一、千ケ寺以上　三人

京都　仙台　和歌山　塩屋　長崎　大分
右六教区一人宛　計六人
東京　大津　高田　桑名　姫路　広島　松江　山口　福岡　熊本
右十教区二人宛　計二十人
大阪　石川
右二教区三人宛　計六人
総計三十二人

第一回集会　明治十四年十月三日から十一月六日まで、第一回集会が開会された。開場式は、明如宗主が臨席して、飛雲閣でおこなわれた。会衆の服装は素絹輪袈裟差袴であった（『明如上人伝』）。特選および総代会衆の氏名は次の通りである（『明如上人伝』順序は席次番号による。選出区のないものは特選）。

日野　沢依
石上　北天（東京）
竜川　慈雲
田北　法慶（大分）
津村　智竜（和歌山）
山名　澄道（松江）
梅上　沢融
藤枝　恵晃（大阪）
藤岡　法真（熊本）
多田　賢住
林　　是心（京都）
友山　唯然（石川）
日野　天恵（桑名）
山口　履善（仙台）

安国　清
日木　無染（高田）
幡多　乗円（塩屋）
沙々貴遵悔（海）（大津）
永井　教譲（大阪）
佐々木宰正（京都）
秦　　法励（福岡）
大洲　鉄然
大神　瑞章（神岡）
正木　宝樹（石川）
板敷　円性（東京）
里見　了念（石川）
渡辺　聞信（広島）
田子　隆範（高田）

菅原　宝舟
香川　葆晃
利井　明朗
脇田　林応（大阪）
加藤　恵証（熊本）
滕　　祐乗（桑名）
旭　　確方（姫路）
武田　竜鳳（山口）
前原　道晃
中山　摂観
大洲　順道（広島）
伊藤　曇映（松江）
望月　　寧（姫路）

上首（議長）に日野沢依、副上首（副議長）に香川葆晃が任命されたが、日野は病気のために辞職したので、香川が上首に、大洲順道が副上首に任命された。議案は集会規則修正・追加、小集会規

表3　集会規則の更改

	明治十三年	明治十九年
第七条	特選ノ会衆ハ任期ナシ、且法臈十ケ年以上ノ僧侶ニ限ル	特選ノ会衆ハ法臈十五ケ年以上ノ僧侶ニ限ル、任期ナシ
第九条	各地方ニ於テ小集会ヲ開キ、総代会衆ヲ選挙セシム	総代会衆ノ選挙人ハ、一寺正副住職ノ者ニ限ル
第十条	総代会衆ハ一寺住職ニシテ、法臈五ケ年以上ノ者ニ限ル 但、本山ノ事務ニ任シ、若シクハ各地方ノ組長以上ニ任スル者ハコレヲ除ク	総代会衆ハ一寺住職ニシテ、法臈十ケ年以上ノ者ニ限ル
第十四条	議案ハ総テ法主ヨリ交付ス 但、会衆ノ意見ニ出ルモノハ執行ヲ経、法主之ヲ允可スルニ非サレハ、議案トシテ評論ニ付スルヲ得ス	議案ハ総テ執行之ヲ起草シ、法主ノ允可ヲ得テ交付ス 但、会衆ノ意見ニ出ルモノ及派内門末ノ建議案ハ、上首之ヲ集会ニ問ヒ、法主ノ允可ヲ得テ議案トスルヲ得
第十八条	集会ノ説、国法若シクハ寺法ニ乖クコトアリト認ルトキ、又ハ寺法第二十条ノ場合ニ於テハ、法主ノ権ヲ以テコレヲ解散スルコトヲ得	集会ノ説、宗制寺法ニ乖クコトアリト認ルトキ、又ハ寺法第二十三条ノ場合ニ於テハ、法主コレヲ解散スルコトアルヘシ
第十九条	常在衆ハ平時会衆十分ノ一ヲ留メ、法主ノ諮詢若シクハ執行ノ協議ニ答ルモノトス	常在衆ハ平時会衆ノ内ヨリ若干名ヲ留メ、法主ノ諮詢若クハ執行ノ協議ニ答フルモノトス
第二十条	常在衆ハ会衆ノ総代タリ、故ニ半数ハ特選中ヨリ留メ、半数ハ総代中ヨリ留ム	常在衆ハ毎定期会ニ於テ公選セシメ、前会ヨリ次回ニ至ルマテヲ任期トス
第二十一条	常在衆ハ任期二年トシ、一年毎ニ其半数ヲ更選セシム 但、開会中ハ幹事ノ事務ヲ行フ	常在衆ハ更選ノトキ、前任ノ者ヲ再選スルモ妨ナシ

則更改・追加、教区分合奨学条例、元上下寺取扱条例、末寺懲戒例、共保会規則で、十一月六日に閉会された。

明治十九年の更改　明治十九年一月三十一日、内務省の許可を得た宗制・寺法が布告され、それに伴い集会規則の更改・追加がおこなわれた（「甲第壱号」『本山達書』）。

寺法第四章集会の変更は、「一派ノ盛衰利害ニ就テ意見ヲ陳述シ施行ヲ求ルコトヲ得」（第十六条）と「執行ノ処置若シ成規ニ違フト認ムルコトアレハ其処分ヲ法主ニ請フコトヲ得」（第十七条）の順番が、前後逆になった。

集会規則は、表3に示した箇所が

更改された。会衆の俸給については同十四年十二月に特選会衆・総代会衆の集会中の滞在日当と交通費を支給すると更改されていたが（「達書第三十五号」『本山日報』）、同十九年の更改では削除された。

明治二十一年およびそれ以降の更改　総代会衆については、明治二十一年に、停堂班・停説教処分者が会衆となることを禁止するなど、会衆の失格条件が定められ、任期中に総代会衆の欠員が生じた場合には、補欠選挙をおこなうとした（「教示第七号」『本山達書』二十一年ノ十六）。同二十四年には、総代会衆が総組長・組長を兼任することが禁止され、総代会衆の任期を、就任後五年目の定期集会開会前日までとした（「法度第七号」『本山月報』明治二十四年十二月二十三日）。その後、同三十年、被選人を満二十五歳以上とする年齢の規定も加えられ、小集会衆との兼任が禁止された（「法度第六号」『本山録事』明治三十年十月二十一日）。

集会の運営方法については、同二十一年に、定期集会開催月を毎年五、六月、会期の日数を三週間以内とし、開催場所を一定にし、集会の成立は過半数の会衆の出席を必要とするとした。また、議事の細則は集会で制定施行するとされた（「教示第七号」『本山達書』二十一年ノ十六）。同二十四年に、定期集会開催月は毎年九、十月の間と改められ、会期の日数も三〇日以内とされた（「法度第七号」『本山月報』明治二十四年十二月二十三日）。なお同年門末に会議の傍聴が認められたが、執行の請求や上首の意見によって傍聴を禁じることができるとされた（「教示第七号」『本山達書』二十一年ノ十六）。

集会規則以外にも規則・規程が設けられた。明治二十一年に総代会衆選挙規程（「教示第四号」『本山達書』二十一年ノ十二）、同二十六年に集会上首副上首会衆歳費及旅費支給規則（「教示第二号」『本願寺宗会百年史』史料編上）、同三十六年に総代会衆選挙規程施行規則（「教示第二十三号」『本山録事』明治三十六年十一月二十五日）、明治四十一年に総代会衆選挙取締規程（「教示第三十号」『本山録事』明治四十一年五月二十三日）があり、これらも必要に応じて更改された。

解散権の行使　集会は寺法・集会規則で解散が認められていた。解散権が初めて行使されたのは、明治二十一年六月十八日開会の第九回定期集会であった。そこでは届け出をすることなく三日以上欠席した会衆を退職者とし、補欠選挙をおこなうことが議案として提出された。この時特選会衆、総代会衆ともに退職の対象とされたことについて、宗主の特選会衆の任免権を侵害するものとして、集会を解散した（「甲第十二号」『本山達書』二十一年ノ九・本願寺室内部編『明如上人日記抄』後編　本願寺室内部　昭和二年）。解散後、総代会衆の改選がおこなわれ、十月二十九日に第十回臨時集会が開かれた。第二十八回定期集会（明治三十六年十月三十日開会）も解散された（「教示」『本山録事』明治三十六年十一月十五日）。集会は明如宗主の葬儀費の処置を不当として上啓書を出したが、鏡如宗主は内局の処置を適法とした。これにより、寺法第十条および第二十三条に基づいて解散された。

集会の事例　明治二十五年十月二十六日開会の第十五回定期集会の経過は次の通りである。

五月十三日　各選区部内に選挙係が任命される（「甲達第九号」『本山月報』明治二十五年五月十八日）

五月十四日　総代会衆選挙の当選人を本山へ報告する期限が達せられる（「局達第二十六号」

七月十五日　『本山月報』明治二十五年五月十八日）

九月二十日　当選の総代会衆が末寺に達せられる（「甲達第十三号」『本山月報』明治二十五年九月二十一日）

十月二十五日　定期集会の開会日と会衆の召集が示される（「教示番外」『本山月報』明治二十五年十月二十五日）

十月二十六日　会衆が召集され、教会本部・奉事局・財務科・庶務科・教学科それぞれの事務説明委員と集会係二名が任命される（集会・「任免辞令」『本山月報』明治二十五年十一月二十五日）

飛雲閣において、抽選により会衆の席次番号を定める（「宗会議事録」〈明治二十五年度定期〉史料研保管、以下注記のないものはこれに拠る）

上首・副上首を選出する

十月二十七日　午前十一時より明如宗主が臨席して開場式がおこなわれる

午後、宗主が黒書院で会衆を延見して教諭をおこなう

大洲鉄然執行長が明治二十四年度決算報告・議案を上首に交付し、上首より会衆に頒布する

会議の傍聴を認めた後、上首より説明委員・集会係・書記および筆生の担当者を報告する

総小会議長選挙、予算委員選挙、建白委員の選出をおこなう
明治二十四年度決算報告を受了する
議案の審議を開始する
十一月四日　明治二十六年度の予算が執行所より回移される（「集会」『本山月報』明治二十五年十二月二十二日）
十一月十九日　会期延長の上申を可決する
集会会期を十一月二十七日まで延長するよう命じられる（「教示号外」『本山月報』明治二十五年十一月二十五日）
十一月二十一日　宗主より、上京中で帰山が難しいため、会期の延長が命じられる
十一月二十六日　明治二十六年度予算を確定する
十一月二十七日　鏡如新門が臨席し、黒書院において閉場式がおこなわれる

集会議場　集会議場として、飛雲閣招賢殿が使用されていた。明治二十一年十月二十五日、集会規則第十七条で、「集会ハ一定ノ場所外ニ於テ会議ヲ開クコトヲ得ス」と定められた（「教示第七号」『本山達書』二十一年ノ十六）。同二十五年十一月八日に、「集会議場ヲ台所門七条北へ入西八百屋町一番戸ト定メ、明九日ヨリ移転ヲ命ス」と達せられた（「教示号外」『本山月報』明治二十五年十一月二十五日）。この場所は旧家臣下間少進の屋敷地で、後に普通教校が置かれた場所であった。

宿老所　明治二十一年九月三日、宿老所職制が定められた。職制では、宿老所を「重要ノ事件ニ付内局ノ諮問ニ答フル所」とし、「法度ヲ創定シ若クハ之ヲ廃止改正スヘキノ意見書ヲ内局ニ呈出スル」部局と位置づけた。また宿老所には議長一名と議員一五名以下を置くものとし、その任用条件を法臘十五年以上で、第一に正・准連枝、第二に親授に昇った者、第三に功労あった者、第四に学識・徳望ある者、第五に事理に通達する者と規定した（「教示第五号」『本山達書』二十一年ノ十二）。宿老所議長には日野沢依、議員には島地黙雷・赤松連城・小田仏乗らが就任した。

顧問所　明治二十八年九月四日、宿老所が廃止され、代わって顧問所が設置された。宿老所と顧問所はいずれも派内の功績のある人を構成員とした諮問機関であったが、宿老所が内局の諮問機関であったのに対し、顧問所は宗主の諮問機関としての性格が強かった。

顧問所職制は、「顧問所ハ法主臨席シテ重要ナル本派事務ヲ諮詢スル所」とし、「直命ニヨリ会議ニ下附セラレタル事項ニ対シ意見ヲ開申スル」役割を担うとした。顧問所は、顧問上首一名、顧問一〇名以内、注記一名によって構成され、承事二名が付属した。注記は記録の管理を、承事は庶務をそれぞれ担当した。顧問の任用条件は、法臘二十年以上で年齢四十歳以上、酬労年金二等以上を受ける者としたほか、執行長と執行も顧問に加わるものとした。また、同職制第六条には「左ノ事項ハ必ス先ツ顧問所ノ会議ニ付スルモノトス」として、以下の九項目が列記された（「教示第九号」『本山録事』明治二十八年九月五日）。

第一、宗制寺法ノ改定及ヒ法度ノ創定変更廃止等ニ関スル草案
第二、宗制寺法及ヒ法度ノ解釈ニ関シ及ヒ予算ノ組立費途分担ノ疑義ニ関スル争議
第三、内範ニヨリテ開ク所ノ親族会議ニ提出スル議案草文
第四、学制ノ変更
第五、別院創立廃合ノ件
第六、海外ニ向テ新タニ開教シ又ハ之ヲ中止スル件
第七、新タニ資本ノ募集ヲ要スル事業
第八、各種資本ノ既定外ノ支出
第九、本山ノ両堂其他重大ナル建物ノ皆修築

こうした諸規程により、顧問所は教団全体の重要案件に大きな影響を及ぼすことができた。顧問所設置を受け、九月六日には、利井明朗・島地黙雷・香川葆晃・安国淡雲・赤松連城・水原《みずもと》慈音《じおん》が顧問に任命された（『本山録事』明治二十八年九月九日）。

明治三十二年十月二十八日には、顧問所職制が更改された（「教示第六号」『本山録事』明治三十二年十一月十一日）。この更改により、顧問一五名の任用には執行経験者もしくは連枝という条件が追加された。また、「顧問所ハ左ノ事項ニ付直命ヲ待テ会議ヲ開キ意見ヲ開陳ス」と、会議での諮詢事項にも変更が加えられた。

一、宗制寺法ノ改定並ニ法度ノ創定改廃及ヒ其解釈ニ関スル事項
二、法度ニ代ルヘキ教示ニ関スル事項
三、奉仕費予算ニ関スル事項
四、別院創立廃合ニ関スル事項
五、他派ト契約ヲ為スノ事項
六、一万円以上ノ土木建築ニ関スル事項
七、新ニ資本ノ募集ヲ要スル事項
八、前各号ニ掲ルモノ、外、臨時諮詢ノ事項

大正二年（一九一三）六月三十日、顧問所職制に代わって顧問所規程が発布された。この規程により、新たに特授職員経験者も顧問に任用できるようになった。執行は会議に出席して説明することはできたが、表決の際の数には入らないものと変更された。また、会議での諮詢事項は、明治三十二年の顧問所職制における第三、第四、第六項目が削除された。なお、注記が録事に変更となった。（「甲教示第九号」『本山録事』大正二年七月一日）。

集会回数の記入　大正七年一月二十八日開会の定期集会から、開催回数を記入することとされた。明治十四年十月三日の第一回から本集会まで、定期集会を三十七回、臨時集会を十一回とし、この集会を第四十八回とした（『教海一瀾』第六二二号）。

集会の権限強化　大正時代は大正デモクラシーと総称される政治・社会・文化面での民主主義的傾向が生じた。集会では、集会の権限強化を求める建議案・建白が出された。大正三年二月十五日開会の第四十二回定期集会では、執行の選出方法についての「執行候補者ヲ集会ヨリ選定スベキ建議」、「執行公選外二項建白」が出された（『本願寺宗会百年史』史料編下、以下の建議案・建白とも同）。建議案は不議、建白は不採択とされた。大正三年五月二十二日開会の第四十三回臨時集会では、「法主ハ宗祖血脈相承ノ名門中ヨリ選出シ、管長ハ公選トスベキ等ノ建白」が出され、管長の公選と特選会衆の廃止を含んでいたが、特選会衆の廃止のみが採択された。大正五年二月二十八日開会の第四十六回定期集会では「執行候補者若干名ヲ予選スル補足ヲ設ケラレタキ建議」で集会の権限強化が求められた。

大正十年一月二十七日開会の第五十四回定期集会では、会衆選挙権の拡大を求める建議案が可決され、会衆選挙を無記名とすることの建白も採択された。大正十四年二月七日開会の第六十三回定期集会では、「俗人」すなわち門徒からの会衆選出を求める建白も出されたが、不議となっている。

大正十二年二月三日開会の第五十七回定期集会では、集会の議事を門末に知らせるために、議事筆記を『本山録事』の号外として配布するように求める建議案が出され、可決された。

一一　護持会財団

護持会の趣意　明治十九年（一八八六）三月十五日、利井明朗《かがいみょうろう》執行長は、明如宗主の意向を受けて護持会を設立し、教学資金の充実を図ろうとし、一般寺院に達示するとともに同会の趣意書と規則を発表した。（内局枢密部編『本派法規類纂』内局枢密部 明治三十三年）

趣意書には、「護持会ト名ケ、別途ニ浄財ノ喜捨ヲ勧誘シ、本刹通常ノ財務ト其会計ヲ区分シ、正副主管特ニ其人ヲ選ヒ、従前ノ負債ハ漸ヲ以テ之ヲ償ヒ、今後興学布教ノ経費ハ本会之ヲ負担センコトヲ謀ル、而シテ本刹通常ノ財務ハ已ニ非常ノ節減ヲ行ヒ、再ヒ負債ヲ生セサラシメンコトヲ期セリ」と、興学布教に要する経費を充てることにした。

護持会規則の第二条で「本会ノ目的ハ永遠ノ間、学事布教ヲ盛隆ナラシムルニ在リ、故ニ会金ハ公債証書トナシ確実ノ保存ヲ為スヘシ」と述べ、護持会総裁に日野沢依《たくえ》、会長に赤松連城が就任した。同年十月、護持会会法の第一条で「本会ハ一派ノ公会ニシテ、教学ノ経費ヲ永遠ニ負担センカ為ニ設立スルモノトス」と規定した。二十年二月十九日には、募金の総取締に滋賀の阿部市郎兵衛、副総取締に滋賀の須田彦次郎、監督に伊丹の小西新右衛門、副監督に大阪の田中市兵衛を任命した。地方取締には各地の篤信者で資産と徳望のある者を選び、事業の推進に努めた。布教員や護持会用係を各地に派遣して募金にあたった。

明如宗主は、二十年七月に東北から北海道を巡教して、護持会の趣旨を伝えた。二十一年三月七日には、総法中・総門徒中へ次の護持会奨励消息を発した（『明如上人御消息集』本願寺派本願寺　昭和二年）。

護持の一会は護国扶宗の功績を期すること今さら申すまでもこれなく候、その護持と申すは王法為本の宗則に従ひ、教育衛生といひ殖産興業といひ、すべて文明の気運に応じわが皇国の光を宇内にかゞやかし、天壌無窮の皇恩に報ひ奉るにあり、（中略）かへすぐ〵も同心の行者此会の隆盛をはかり浄財の喜投をつのり、教学の資糧にかくところなからしめんやう希ふところに候也

宗主は二十二年三月に熊本、五月に兵庫・香川を、二十三年四月に三重県下を巡教して護持会の趣旨の徹底につとめた。

募金状況　護持会の趣旨の全国的な浸透によって募金が収められ始め、明治十九年三月から十二月までの十か月で、一万六四六三円八五銭三厘三毛の収納があり、翌二十年中には一三万二三八三円二六銭四厘と多額な収納となった（明如上人伝記編纂所編『明如上人伝』明如上人二十五回忌臨時法要事務所　昭和二年）。

二十一年の第九回定期集会で護持会理事章程が制定され、地方ごとに理事を置き、それぞれ口数を定めて募集に関する一般の事務を管理するとともに、翌二十二年五月を期に各地の募集を整理す

る旨を決定した。十二月二十四日に大洲鉄然執行長から一般寺院に布告した（「甲達番外」『本山達書』二十二年ノ二）。

このように護持会の資金は順調に収納されたため、二十八年一月十八日に護持会完結法細則を発して、新たな事業展開をめざすことになった（「甲達第四号」『本山録事』明治二十八年一月二十九日）。翌二十九年一月十七日に護持会は、御影堂の戸帳及び本堂前卓打敷・法要用御忌前打敷を寄進し、宗主へ一万円を贈呈した。宗主からは総取締役阿部・副取締役須田に金盃・銀銚子などが授与され、その他役員にもそれぞれ賞与が渡された。

護持会に収納された総額は明治三十三年六月の報告によれば、一四七万一九四一円六八銭七厘であった。

護持会財団の設立　明治三十三年九月二十九日、本願寺は「民法第四十四条」により財団設立許可の申請書を内務省に送り、十二月七日「内務省指令第九十五号」により許可され（「告示第三十二号」明治三十三年十二月十一日）、同月二十一日京都区裁判所に登記して、財団の設立を完了した。したがって、従前の護持会会法・護持会規則及び事務所は十二月十一日付で閉鎖した。

新たに成立した護持会財団は、寄付行為の第一条で「本財団ハ真宗本願寺派ノ布教（宗教）及興学（学術）ノ発達ヲ企図スル為メ、之カ必要ノ費用ヲ支弁スルヲ以テ目的ト為ス」と規定して、布教・興学のための財団であることを明記した（「真宗本願寺派護持財団寄付行為」『本山録事』明治三十三年十二月二十九日）。設立当初の資産総額は一三〇万八〇〇〇円で、同額を国債証券で運用した。財団はその資産によって生じる剰余金を教学資金として本願寺の経常費に回金して、布教及び興学の有力な財源として活用することになった。

表4　採訪使駐在事務所の分布

管区	所轄県名	事務所所在地
第一管区	北海道・樺太・青森	札幌別院
第二管区	岩手・山形・秋田・宮城・福島	仙台別院
第三管区	東京・神奈川・静岡・千葉・栃木・群馬・埼玉・山梨・茨城	築地別院
第四管区	新潟	与板別院
	長野	普願寺（須坂）
第五管区	福井	福井別院
第六管区	富山	富山別院
	石川	金沢別院
第七管区	三重・愛知	法盛寺（桑名）
	岐阜	岐阜別院
第八管区	京都・滋賀・奈良	本山
第九管区	大阪	津村別院
	和歌山	鷺森別院
第十管区	兵庫・岡山	山本説教所（神戸）
	鳥取	光行寺（豊岡）
第十一管区	徳島・愛媛・高知・香川	塩屋別院
第十二管区	広島・島根	広島別院
第十三管区	山口	明覚寺（防府）
第十四管区	福岡	門司説教所
	熊本	順正寺（熊本）
	大分	四日市別院
第十五管区	佐賀・長崎	願正寺（佐賀）
第十六管区	鹿児島・宮崎	鹿児島別院
第十七管区	台湾	台北別院

二　宗務組織の変遷

大谷尊重内局　明治三十八年（一九〇五）十月十日、小田尊順内局解散後、執行長に大谷尊重《そんじゅう》が就任し、執行に大谷尊宝、梅上沢融が任命された（「告示第十六号」『本山録事』明治三十八年十月十四日）。ただし、当時、大谷尊重はまだ従軍布教使総監として赴任先の満州にとどまっており、帰山したのは同年十一月二十三日であった（「臨達第八号」『本山録事』明治三十八年十一月二十五日）。

この内局では、鏡如宗主の意向を

表５　内国布教管轄区域

管区	所轄県名	事務所所在地
第一区	札幌	北海道、樺太、青森県
第二区	東京	岩手県、山形県、秋田県、宮城県、福島県、東京府、神奈川県、静岡県、千葉県、栃木県、群馬県、埼玉県、山梨県、茨城県、新潟県、長野県
第三区	京都	福井県、富山県、石川県、三重県、愛知県、岐阜県、京都府、滋賀県、奈良県
第四区	大阪	大阪府、和歌山県、兵庫県、岡山県、鳥取県、徳島県、愛媛県、高知県、香川県、広島県、島根県
第五区	門司	山口県、福岡県、熊本県、大分県、佐賀県、長崎県、鹿児島県、宮崎県、沖縄県
第六区	台北	台湾

宗務に反映させるため、近親者が執行に任命された。執行の指揮監督のもと、宗主の意志を各地方に徹底すべく、採訪使制度の導入が考えられた。本願寺は、三十八年十月段階で八三万円にも及ぶ負債を抱えており、かつ宗祖六五〇回大遠忌法要も控えたなかで、教団組織の改革が必要な時期を迎えていた（『教海一瀾』第三二〇号）。

駐在採訪使制度の制定　本願寺では、明治三十九年四月一日、採訪使駐在事務所規程に基づく採訪使制度が発足し、それまでの教務所制度を廃止して、教務所を採訪使駐在事務所と改称した（「教示第八号」『本山録事』明治三十九年三月二十四日）。

そして、翌四十年六月十日に採訪使採訪副使規程を発布し、採訪使と採訪副使の役割の詳細を定め、一七に分けられた管区（表４）ごとに採訪（副）使駐在事務所を置き、一人または二人の採訪使・採訪副使を駐在させた（「教示第二十三号」『本山録事』明治四十年六月十五日）。

採訪使・採訪副使は、所管内の各組長を指揮監督する権限を有していた。また、「所管内別院・学校・監獄教誨・軍隊布教・本山説教所ノ事ニ関シ当該担任者ノ協議ニ応スヘキモノトス」などとも定められた。また、採訪使・採訪副使の俸給と諸費は本山から支給され、その職務は執行直属とされた（「教示第二十三号」『本山録事』明治四十年六月十五日）。

ただし、採訪使の補任については、四十一年一月十三日に執行所役員補任規程を発布し、「採訪使ハ賛事名簿ニ登録セラレタル者ニシテ曾テ満一ケ年以上地方勤務セルモノ、中ヨリ執行詮考シ允可ヲ乞フ」（「教示第七号」『本山録事』明治四十一年一月十八日）ものとしており、地方勤務の経験を踏まえた選任をおこなった。

内国布教管轄区域規程　四十一年一月十三日には内国布教管轄区域規程が出された（「教示第六号」『本山録事』明治四十一年一月十八日）。この内国布教管轄区域（表5）は、行政区画を前提としながらも、地域的結合を考慮して、各区域を設定したものであった。

定年制の制定　四十一年二月十四日、本山役員服務規程を発布して定年制を定めた（「教示第二十号」『本山録事』明治四十一年二月十五日）。賛事長が五十五歳、侍真長が六十五歳、別院輪番が五十五歳などと定められ、他は概ね四十代から五十代とされた。また、同規程の第五条で執行長・執行・顧問上首・顧問・教学参議部長・各総監・仏教大学長の服務年限は設けないものとした。

事務教範の発布　四十一年七月一日、事務教範が発布された（「教示」『本山録事』明治四十一年七月四日）。事務教範ではこれまで繰り返し改善されてきた事務組織の規程を集大成した。

安居講習会　四十四年一月二十一日、安居講習会規程が制定され、末寺僧侶の教学養成に関しても教団の組織的強化に伴う変更が加えられた（「甲教示第十二号」『本山録事』明治四十四年二月一日）。同規程によると、四十四年の安居講習会から、従来の仏教大学（現、龍谷大学）のみの開催に限らず内国布教区域に対応した形態に変更するものであった。具体的には、学務総監が選定した本講師（勧学一名）・副講師（司教または准司教若干名）を派遣して三〇日間ずつ開講した。開講場所は、第一教団は築地別院、第二教団は名古屋別院、第三教団は仏教大学、第四教団は広島別院、第五教団は小倉永照寺であった。

なおこの制度は、大正三年（一九一四）三月十三日に安居講習会規程が更改されるまで継続され、それ以降は開催地を京都とし、期間を六月十五日から八月十五日までとした。また、学階の有無にかかわらず派内の僧侶および教士には聴講を許可することとした（「甲教示第九号」『本山録事』大正三年三月十五日）。

一三　僧階制度

堂班制の制定　僧階は、広如宗主時代には、連枝・院家（筋目院家・准院家の別あり）・内陣・余間・三之間（二十四輩ともいう）・飛檐《ひえん》・初中後《しょちゅうご》・国絹袈裟《くにきぬげさ》・平僧の序列であった。

明如宗主は明治五年（一八七二）の広如宗主の一周忌にあたり、院家の名称を廃止し、筋目院家を一家衆、准院家を一家衆列座と改称した。つづいて九年の諸制度改革と共に、連枝制を廃し、僧階を堂班とした（表6）。九年四月二十七日には、寺格の呼称の改定について次のように達した（「達書第十号」『本山日報』明治九年第一号）。

従前寺格名称各派区々ニ相成居候処、今般四派協議之上一般堂班ト改称シ左之通改定候条、此段相達候事

法主殿親戚及ヒ前法主殿猶子ノ席
右　内陣上座
元一家衆・元一家衆列座
右　内陣本座
元内陣列座
右　内陣列座
元余間列座・元二十四輩席元三ノ間
右　余リノ間
元飛檐列座・元初中後
右　脇ノ間
元国絹袈裟
右　外陣列座

表6　僧階（堂班）の変遷

（法如宗主）五〇〇回大遠忌	（明如宗主）明治九年	（鏡如宗主）六五〇回大遠忌
		連枝
		侍真
連枝	内陣上座	上座一等 上座二等
筋目院家 准院家	内陣本座	本座一等 本座二等
内陣	内陣列座	内陣列座
余間 三之間	余間	余間
飛檐 初中後	脇之間	脇之間
国絹袈裟	外陣列座	外陣列座
平僧	平僧	平僧地 平僧

以上

同日、右のうち、内陣本座と余間（「余リノ間」）には一等・二等の別が設けられたが（「達書第十一号」・「達書第十二号」『本山日報』明治九年第一号）、同年七月二十六日、余間についてはその別が廃止された（「達書第四十五号」『本山日報』明治九年第九号）。このように、宗主との親戚関係を基準として、本願寺を中心とした寺院階層が再編された。また、冥加金の負担額が堂班ごとに規定されていたことから、堂班制は本願寺の財政的基盤とも密接に関わっていた。

その後、明治十一年三月六日には、内陣上座に一等・二等の別を置き（「達書第三十号」『本山日報』明治十一年第五号）、十五年四月十三日には、連枝制を復活して、一等連枝・二等連枝・准連枝の制を定めて内陣上座一等の上位に序列した（「甲第十六号」『本山日報』）。また、同日には別格寺制が設けられた。別格寺とは、「従前本山所生ノ方住職而モ司鑰相勤候寺跡」のこととした。そして、その別格寺住職で連枝でない者を内陣上座一等と定めた（「甲第十七号」『本山日報』）。

永代・一代・終身の類別　右の各堂班は、永代を廃して一代のみとしていたが、その後永代・一代・終身の別を設けた。

明治二十四年には本座以下の各堂班に永代と一代の別を設け、堂班昇進の衣体冥加金を制定した（「甲達第三号」『本山月報』明治二十四年一月十五日）。また、三十七年十一月二十一日には終身の制を加えて三種とし（「甲達第十六号」『本山録事』明治三十七年十一月二十六日）、四十年四月二十六日には上座二等にもこの三種の別を生じ（「甲達第九号」『本山録事』明治四十年四月二十七日）、大正十年（一九二一）三月三十一日には上座一等にも同じく三種の別を設けた（「甲達第一号」『本山録事』大正十年三月三十一日）。

永代・一代・終身の類別は、永代とはその寺の永代に及ぶもの、一代とは所属寺におけるその身一代だけに許可されたもの、終身は所属寺を変更してもその身一代だけは許可されたものをそれぞれ意味した。一代堂班は永代堂班に引き継げたが、終身堂班は永代堂班に引き継げない制度であったので、同堂班内において永代・一代・終身という序列となった。

通常・特別等の類別　明治九年十月九日に堂班制を改定した際に、内陣本座から外陣列座までの各堂班に特別免許の衣体を制定したので、同堂班内に通常・特別の類別が設けられた（「達書第七十一号」『本山日報』明治九年第十五号）。そして、三十四年二月二十二日には上座一等に（「甲達第二号」『本山録事』明治三十四年三月五日）、同年九月二十六日には上座二等にそれぞれ通常・特別の制を設けた（「甲達第十三号」『本山録事』明治三十四年十月五日）。こうして、その類別は全堂班に及んだ。

さらに大正七年五月二十七日には、特別の上位に甲種特別（上座より本座までに置く）の制を置き（「甲達第十号」・「甲達第十一号」『本山録事』大正七年五月三十一日）、昭和八年二月二十四日には上座一等の甲種特別の上位に、さらに別格特別の制を定め、上座一等には四種類（別格特別・甲種特別・特別・通常）、上座二等以下には三種類（甲種特別・特別・通常）が生じた（「法度第一号」・「甲達第四号」『本山録事』昭和八年三月八日）。

また明治三十七年十月二十一日には別格別院（「教示第二十一号」『本山録事』明治三十七年十一月十九日）

の制度を、翌三十八年十一月二十二日には別格寺・准別格寺（「甲達第十四号」『本山録事』明治三十八年十一月二十五日）の制度をそれぞれ設け、それらを一般寺院の寺格とは区別した。

法要席次の規程　法要席次は堂班制度によって規定されていたが、僧侶の身分等級・褒賞等級・学階などが堂班に対配されたために、単に堂班の多様化のみならず、法要席次の序列の複雑化をもたらした。

本願寺は、昭和八年十月十三日、派内法要席次規程を発布した（「甲教示第十四号」『本山録事』昭和八年十一月十五日）。席次順位は次の通りである。

一、連枝
二、准連枝
三、特別賞与壱等
四、執行長
五、執行
六、特別賞与弐等
七、侍真
八、侍真補
九、特別賞与参等

一〇、別格寺衣体
一一、内陣上座一等
一二、内陣上座二等
一三、内陣本座一等
一四、内陣本座二等
一五、内陣列座
一六、余之間
一七、脇之間
一八、外陣列座

一九、平僧

右の席次のうち、第一〇項以下については、さらに詳細な序列次第の規程を設けているが、「別格寺衣体」以下の序列については「別表」（「甲教示第十四号」『本山録事』昭和八年十一月十五日）をもって、左の通り規定している。

（別表）

○別格寺衣体席
一、教師
二、準教師
三、未教師

○内陣上座一等別格衣体席
四、特授一等
五、勧学（十年以上ニテ本講経歴済）
六、堂班　教　師　各　永　代
七、堂班　準教師　各　一　代
八、堂班　未教師　各　終　身

○内陣上座一等甲種別格衣体席
九、特授二等
一〇、褒賞第一種一等一級
一一、同　第二種　同
一二、同　第三種　同
一三、堂班　教　師　各　永　代
一四、堂班　準教師　各　一　代
一五、堂班　未教師　各　終　身

○内陣上座一等特別衣体席
一六、勧学（本講経歴済）
一七、褒賞第一種一等二級

一八、同　第二種　同
一九、同　第三種　同　戦賞第一種
二〇、　　（教　師）　（永　代）
二一、堂班｛準教師｝各｛一　代｝
二二、　　（未教師）　（終　身）

○内陣上座一等通常衣体席
二三、特授待遇
二四、勧学
二五、　　（教　師）　（永　代）
二六、堂班｛準教師｝各｛一　代｝
二七、　　（未教師）　（終　身）

○内陣上座二等甲種特別衣体席
二八、親授一等
二九、司教（五年経由ニシテ副講経歴済）
三〇、褒賞第一種二等一級
三一、同　第二種　同
三二、同　第三種　同

三三、　　（教　師）　（永　代）
三四、堂班｛準教師｝各｛一　代｝
三五、　　（未教師）　（終　身）

○内陣上座二等特別衣体席
三六、親授二等
三七、司教
三八、褒賞第一種二等二級
三九、同　第二種　同
四〇、同　第三種　同　戦賞第二種
四一、　　（教　師）　（永　代）
四二、堂班｛準教師｝各｛一　代｝
四三、　　（未教師）　（終　身）

○内陣上座二等通常衣体席
四四、親授三等
四五、親授待遇
四六、准司教
四七、　　（教　師）　（永　代

四八、堂班｛準教師｝各｛一　代

四九、　　　｛未教師｝　｛終　身

○内陣本座一等甲種特別衣体席

五〇、稟授一等

五一、輔教（五年経由又ハ（ママ）都録済）

五二、褒賞第一種三等一級

五三、同　第二種　同

五四、同　第三種　同

五五、　　　｛教　師｝　｛永　代

五六、堂班｛準教師｝各｛一　代

五七、　　　｛未教師｝　｛終　身

○内陣本座一等特別衣体席

五八、稟授二等

五九、輔教

六〇、褒賞第一種三等二級

六一、同　第二種　同

六二、同　第三種　同　戦賞第三種

六三、　　　｛教　師｝　｛永　代

六四、堂班｛準教師｝各｛一　代

六五、　　　｛未教師｝　｛終　身

○内陣本座一等通常衣体席

六六、稟授三等

六七、准輔教

六八、褒賞第一種四等一級

六九、同　第二種　同

七〇、同　第三種　同

七一、同　第一種四等二級

七二、同　第二種　同

七三、同　第三種　同　戦賞第四種

○内陣本座二等特別衣体席

七四、稟授四等

七五、助教

七六、准助教

七七、褒賞第一種五等一級

七八、同　第二種　同
七九、同　第三種　同　戦賞第五種
八〇、　　教師　　永代
八一、堂班　準教師　各　一代
八二、　　未教師　　終身

○内陣本座二等通常衣体席
八三、稟授五等
八四、稟授待遇
八五、得業
八六、准得業
八七、褒賞第一種五等二級
八八、同　第二種　同
八九、同　第三種　同

○内陣列座衣体席
九〇、　　教師　　永代
九一、堂班　準教師　各　一代
九二、　　未教師　　終身

○余之間衣体席
九三、　　教師　　永代
九四、堂班　準教師　各　一代
九五、　　未教師　　終身

○脇之間衣体席
九六、　　教師　　永代
九七、堂班　準教師　各　一代
九八、　　未教師　　終身

○外陣列座衣体席
九九、　　教師　　永代
一〇〇、堂班　準教師　各　一代
一〇一、　　未教師　　終身

○平僧地衣体席
一〇二、教師
一〇三、準教師

○平僧
一〇四、教師

一〇五、末教師　　　一

一四　派勢調査と財政整理

教団の諸統計　明治三十三年（一九〇〇）における末寺数の状況は、末寺九三七六（外に支坊一一・庵一・通寺一）であった。末寺の教区別の統計数は京都一三三五（庵一）・東京三三三・大阪七七三・滋賀六七五・奈良四三一・三重二五五（支坊一）・岐阜二七一・長野一三〇・奥羽一四九・福井三一〇・石川一〇四・越中六〇五・新潟三一五・山陰一六四・島根四一八（支坊三・通寺一）・兵庫五九〇・備後二二五・安芸四四一（支坊一）・山口六四六・和歌山一九二・四州二五三・北豊二一三・南豊一九三（支坊六）・福岡三六三・佐賀二四五・長崎八五・熊本五〇一・鹿児島一三七・北海道二四である。

明治三十四年の門信徒数は、門徒六八八万六四三五、信徒七万一四〇六であった。また門信徒の府県別数は表7「府県別門信徒数（明治三十四年）」の通りである（石倉重継『本派本願寺名所図会』博文館　明治三十五年）。

その後、大正二年（一九一三）・五年・八年の教勢は表8「大正期本願寺派の諸統計」の通りである。そのうち大正五年の海外門信徒一一万三七九八人の内容は、台湾二〇九一人・樺太三七二五人・朝鮮三万二五〇人・支那三万三七五二人である（本願寺史料研究所編『本願寺史』第三巻　浄土真宗本願寺派　昭和四十四年）。『宗教要覧』の「仏道各派寺院、教会、僧侶、檀信徒（大正二年調査）」によると、僧

表７　府県別門信徒数（明治 34 年）

	檀徒			信徒		
地方名	男	女	小計	男	女	小計
北海道庁	20,435	19,598	40,033	467	275	742
東京府	47,485	46,368	93,853	159	156	315
京都府	49,017	47,224	96,241	682	607	1,289
大阪府	248,398	239,376	487,774	1,309	1,346	2,655
神奈川県	7,645	7,337	14,982	102	74	176
兵庫県	170,359	162,740	333,099	520	476	996
長崎県	119,793	115,395	235,188	1,013	769	1,782
新潟県	74,497	71,564	146,061	804	790	1,594
埼玉県	1,771	1,716	3,487	75	68	143
群馬県	2,243	2,207	4,450	136	114	250
千葉県	2,974	2,542	5,516	83	79	162
茨城県	10,607	10,279	20,886	178	130	308
栃木県	4,556	4,378	8,934	92	75	167
奈良県	69,652	66,748	136,400	387	341	728
三重県	54,790	55,716	110,506	1,104	983	2,087
愛知県	22,754	21,795	44,549	526	510	1,036
静岡県	3,172	3,056	6,228	58	63	121
山梨県	8,605	8,367	16,972	116	106	222
滋賀県	97,054	93,361	190,415	2,107	2,094	4,201
岐阜県	80,484	77,549	158,033	993	986	1,979
長野県	32,878	31,547	64,425	145	137	282
宮城県	4,482	4,306	8,788	57	49	106
福島県	14,123	13,568	27,691	96	87	183
岩手県	3,309	3,194	6,503	49	43	92
青森県	471	426	897	31	25	56
山形県	6,374	6,209	12,583	140	137	277
秋田県	6,018	5,887	11,905	54	49	103
福井県	94,286	90,814	185,100	189	173	362
石川県	39,715	38,173	77,888	193	175	368
富山県	162,759	156,496	319,255	608	584	1,192
鳥取県	14,378	13,854	28,232	143	127	270
島根県	135,236	130,205	265,441	290	258	548
岡山県	23,349	22,469	45,818	215	194	409
広島県	486,792	468,305	955,097	84	36	120
山口県	292,741	282,990	575,731	129	71	200
和歌山県	80,103	77,129	157,232	476	443	919
徳島県	28,257	26,708	54,965	258	237	495
香川県	63,145	60,773	123,918	879	860	1,739
愛媛県	43,540	41,867	85,407	402	396	798
高知県	25,742	24,690	50,432	76	59	135
福岡県	190,795	183,497	374,292	825	760	1,585
大分県	133,571	128,417	261,988	369	328	697
佐賀県	93,996	90,510	184,506	1,303	1,290	2,593
熊本県	306,579	294,658	601,237	164	127	291
宮崎県	51,607	49,627	101,234	1,507	1,406	2,913
鹿児島県	77,683	74,579	152,262	2,184	1,913	4,097
台北県				13,378	7,917	21,295
台中県				1,351	932	2,283
台南県				2,835	1,698	4,533
宜蘭庁				973	539	1,512
合計	3,508,220	3,378,214	6,886,434	40,314	31,092	71,406

侶の男女別は、男子二万一三七四、女子〇とあり、檀信徒の内訳は、檀徒七一三万七七九五、信徒二六万五七九四とある（文部省宗教局編『宗教要覧』文部省宗教局　大正五年）。

　また大正八年の統計には、門徒の男女別数字が掲げられ、男子三六六万五八五五人、女子三五四万三八九九人、信徒は男子八万四六三人、女子六万二九六四人とある。また、婦人会四〇七・会員三五万人、仏教青年会六〇・会員一〇万人、監獄布教使一五九人、巡回

布教会所二六七所、支那布教所二三・信徒三万五〇〇人、朝鮮布教所五二・信徒二万五四八〇人、米国布教所三八・信徒二万五五〇〇人、布哇布教所三四・信徒六万五一五〇人、西比利亜布教所四・信徒九〇〇〇人、樺太布教所二二・信徒六九九人、日曜学校九五一・児童一九万二〇〇〇人とある（『本願寺史』第三巻）。

以上のように、末寺・門信徒等、統計数字については、本願寺でも把握できていた。しかしこれ以上の寺院の機能等についての調査はおこなわれていなかった。

派勢調査の実施　大正九年十月一日、政府が第一回国勢調査を実施したのを契機として、本願寺でも派勢調査をおこなうことになった。翌十年二月十日、派勢調査申告書用紙が全国各組長に発送され、四月一日に全国末寺が一斉に調査を実施した。こうした派勢調査は、「一宗開闢以来其の第一回の試み」（『教海一瀾』第六五九号）であった。その調査方法は、申告書第一号に、寺院に居住するすべての人員の動態等末寺の人事に関することを詳細に記入し、同第二号には、布教開設・教育施設・社会事業・経済状態・檀信徒数・付近の宗教状態等の項目、さらに法義篤信者・慈善事業家・有力実業家・学者・政治家・軍人等を記入する欄も設けられていた。

十年八月、派勢調査結果が発表された（『教海一瀾』第六六二号）。発表された内容は、次の寺院・寺族の集計であった。

表８　大正期本願寺派の諸統計

年度	末寺数	教会説教所数	門徒数	信徒数	海外門信徒数
大正２	9,717	1,187	7,137,795		
大正５	9,687		7,140,499	94,947	113,798
大正８	9,719	2,957	7,209,754	143,427	156,329

寺院総数　九七三七か寺
未認可支坊・仏堂・庵等　九一
説教所　本山立二五・私立認可一九三・私立未認可一七五
無住寺院　一八七〇か寺（内、寺族のなき寺院　四二五）
寺族数　男二万六二四二人（内、僧侶一万二七〇四人）　女二万五八一六人
未公称寺院並説教所等の家族数　一〇五〇人
寺族でなくして僧侶となった者の数　二四五五人（海外植民地は含まない）

その後、順次調査の集計結果が発表されたが、それは表9「本願寺派寺院に関する調査（大正十年）」・表10「本願寺派寺院住職並びに有僧籍者に関する調査（大正十年）」の通りである。これらについては、翌十一年に『派勢調査要覧』と題する冊子に統計要綱が摘録された。

寺院の教化活動の統計については、布教法要の開座日数は一年のうち平均三九日、そのうち布教使を招請するのは一七日、住職自らおこなうのは二二日となっている。文書伝道は、施本冊子三九七か寺・一枚刷配布一五〇か寺・掲示伝道一八六か寺である。

次に寺院経営の各種の教化・社会事業は左記の通りである。

社会事業研究並連絡機関五・防貧事業五三・救済団二九・地方改善事業三〇・軍事後援三・児

童保護七四・感化救済事業二五四・保健衛生三・人事相談四・特種教育（盲人子守）八・養老八・その他（簡易食堂・公設浴場等）一九・日曜学校一五一四・青年夜学二四七・女子補習教育一五〇・簡易図書館巡回文庫七六・青年会並処女会五五〇・戸主並に母の会四

教団の財源　教団の主たる財源は、末寺の賦課金たる三季冥加、門末の免物冥加金および懇志、護持会・慈善会・本末共保の三財団からの回金等であった。三財団は独立した組織であったとはいえ、教団にとっては有力な財源であった。それら各財源からの収入状況に関して、大正三年度の歳計決算報告には次のようにある（「宗会議事録」〈大正四年度定期〉史料研保管）。

第一類　定例山費	
三季冥加	三万四四六四円七一銭
小計	三万四四六四円七一銭
第二類　教学費	
護持会財団回金	五万八七八〇円
慈善会財団指定回金	一万三五〇〇円
共保財団回金	二万四六七〇円一八銭

学籍料	二二三一円
授業料	七五〇〇円
小計	一〇万六六八一円一八銭
第三類　予備費	
冥加	三万五一二一円六二銭五厘
免物	九六六一円七九銭七厘
雑収	二万二二五〇円六銭七厘
小計	六万七〇三三円四八銭九厘
款外	
怠納義務金	四三九七円八四銭
永代経臨時繰入	五〇〇〇円
小計	九三九七円八四銭

この総計は二一万七五七七円二一銭九厘であるが、支出の方は二三万八〇一五円八六銭一厘で、差引不足が二万四三八円六四銭二厘となっている。

寺債の発行　大正元年、大谷家負債問題が起こって、財政的基盤について再検討がなされた。その負債総額は四七六万円、そのうち三四二万円余りは家財を売って償却したが、一三四万円の負債

大阪	和歌山	兵庫	四州	山陰	安芸	備後	山口	北豊	南豊	福岡	熊本	長崎	佐賀	鹿児島	計
780	282	589	263	472	450	222	640	222	208	379	522	89	246	175	9,662
55	18	25	34	35	4	7	6	10	8	14	36	3	3	16	568
48	15	24	15	32	2	13	10	11	26	16	45	2	3	5	481
39	15	5	5	13	1	3	8	4	6	20	19	3	4	3	286
56	29	39	27	62	8	14	31	17	12	46	83	4	17	8	905
113	76	65	33	74	26	26	79	24	35	94	81	5	27	6	1,387
85	45	70	36	74	44	48	117	32	22	47	74	8	36	17	1,207
180	64	165	63	116	153	58	243	52	56	83	130	25	76	31	2,367
158	20	172	45	30	184	49	134	59	39	51	52	35	71	70	2,017
22		21	5	6	28	4	11	14	4	8	2	4	9	18	272
2		2													26
2		2													8
48,799	19,186	52,754	52,095	50,330	150,541	41,932	85,773	29,790	32,955	51,340	98,486	36,288	34,307	78,487	1,187,444
8,134	521	5,057	796	1,417	139	23,890	2,439	345	431	8,049	6,361	851	2,084	5,335	152,311
10	1	18	13	31	18	17	13	7	12	16	15	2	5		529
261	75	115	13	135	43	21	33	47	25	26	42		10	2	1,935
224	91	118	20	58	46	26	106	49	45	68	57	4	33		1,858
168	86	180	44	86	80	42	177	44	41	121	93	7	76	13	2,105
68	14	83	39	49	47	21	132	18	17	57	99	8	51	16	1,164
22	4	30	34	27	46	20	72	17	19	23	64	10	24	20	579
14	10	25	52	48	49	33	59	16	17	34	65	17	27	37	679
2		11	18	17	29	18	18	7	12	11	37	14	13	25	300
4	1	7	12	11	26	6	10	4	8	11	14	11	3	17	187
3		2	8	2	17	5	5	3	5	3	17	3	1	9	101
3			4	1	8	4	7	3	2	4	5	2	2	10	64
				3	9	4	1	1		1	3	4	1	3	34
			4	3	10	2	5	5	1	2	3	3		14	59
1			2	1	22	3	1	1	4	2	8	4		9	67
64	57	90	198	110	332	189	134	130	158	135	155	408	139	451	138

表9　本願寺派寺院に関する調査（大正 10 年）

教区別		北海道	奥羽	東京	新潟	長野	福井	石川	高岡	富山	東海	岐阜	滋賀	京都	奈良
寺院総数		167	152	340	298	131	322	100	304	308	263	272	667	362	437
堂班別	平僧	6	30	37	28	10	12	1	14	17	9	3	26	35	66
	外陣列座		9	19	44	6	4		21	30	9	9	16	21	26
	脇之間		9	13	30	9	3	1	16	4		1	8	17	27
	余之間	52	31	66	41	26	17	6	15	28	16	20	58	27	49
	内陣列座	14	30	76	47	24	32	9	48	42	25	35	103	62	76
	内陣本座二等	5	16	35	24	11	40	9	27	22	27	32	112	51	41
	内陣本座一等	48	17	54	41	25	103	22	63	47	61	65	217	8	101
	内陣上座二等	41	9	34	39	19	78	41	78	88	104	100	120	54	43
	内陣上座一等	1	1	4	1	1	28	9	20	30	9	6	3	2	1
別格寺				2	3		5	2	1		3		2	3	1
別格別院									1				2		1
檀徒総数		29,135	11,478	31,771	23,520	12,178	39,216	12,402	24,855	29,167	26,464	25,949	25,389	20,167	12,690
信徒総数		6,680	254	8,025	3,345	2,379	36,019	10,480	5,700	5,918	3,293	945	894	1,137	1,393
檀家数による寺別	0		8	14	71	52	16		88	61	11	16	1	8	5
	1 − 25		28	36	77	19	68	12	54	70	34	55	278	103	253
	26 − 50	7	40	72	27	9	85	22	31	24	43	58	244	127	124
	51 − 100	41	40	122	45	12	73	27	50	54	88	47	112	89	47
	101 − 150	102	21	45	22	18	24	14	26	32	40	43	24	27	7
	151 − 200	15	10	19	13	1	9	10	15	14	16	22	2	1	
	201 − 300		2	19	26	7	23	9	16	31	19	14	4	6	
	301 − 400		1	5	9	4	7		9	15	6	10		1	1
	401 − 500	2	2	3	6	1	3	2	12	4	3	3	1		
	501 − 600			1	1	4	6		1		2	3			
	601 − 700			2		2		2		2		1			
	701 − 800						2	2							
	801 − 1000			1	1	1			1	1			1	1	
	1000 −	1		1			6				1				
一か寺平均檀徒数		174	75	93	79	95	122	124	82	95	100	96	43	55	29

参照：「本派寺院ニ関スル調査」『教海一瀾』第 665 号

	大阪	和歌山	兵庫	四州	山陰	安芸	備後	山口	北豊	南豊	福岡	熊本	長崎	佐賀	鹿児島	計
	780	282	589	263	472	450	222	640	222	208	379	522	89	246	175	9,862
	407	158	367	130	273	361	145	450	173	113	260	305	66	161	122	5,949
	147	42	107	66	113	52	56	118	27	45	66	122	14	34	24	1,763
	33	11	36	12	25	57	24	53	24	21	26	22	5	16	17	655
	154	54	80	56	74	31	21	63	19	31	48	88	8	22	24	1,435
	72	26	33	8	12	2		3	3	14	2	4	1	5	4	422
	52	56	62	50	57	81	65	71	78	54	69	58	74	65	70	62
	19	15	18	25	24	12	25	18	12	21	17	23	16	13	14	18
		1						1		2	1	1		1		1
	20	19	14	22	16	7	10	10	9	15	13	17	9	8	14	15
	9	9	6	3	2				1	8		1	1	2	2	4
	996	342	907	530	719	1,084	455	1,032	476	359	555	764	217	348	256	15,040
	542	200	483	189	392	542	227	655	240	173	375	442	93	217	173	8,252
	150	44	109	71	121	58	58	122	29	46	66	123	14	34	26	1,813
	221	85	182	100	112	147	61	188	45	56	88	80	15	69	18	2,651
	24		22	11	10	42	9	16	20	14		6	12	7	3	273
	2		2	2	4	1		2								20
	57	13	109	157	80	294	100	9	142	80	26	113	83	21	36	2,002
	54	59	53	36	55	50	50	63	51	47	68	58	42	62	69	1,578
	16	13	12	13	17	5	13	12	6	13	12	16	7	10	10	359
	22	24	20	19	16	14	13	13	10	15	16	10	7	20	7	506
	2		3	2	1	4	2	2	2	3		1	6	2	1	48
																1
	6	4	12	30	11	27	22	1	30	22	4	15	38	6	13	14

表 10　本願寺派寺院住職並びに有僧籍者に関する調査（大正 10 年）

教区別		北海道	奥羽	東京	新潟	長野	福井	石川	高岡	富山	東海	岐阜	滋賀	京都	奈良
寺院総数		167	152	340	298	131	322	100	304	508	263	272	667	362	437
有住寺院	教師住職	82	79	205	138	59	221	78	198	193	194	190	431	194	196
	試補住職	53	34	63	64	33	40	14	55	51	28	42	108	65	80
	副住職	11	8	18	22	7	17	13	26	32	18	36	32	9	24
無住寺院	無住有寺族寺	24	32	56	71	27	53	8	48	53	29	35	84	59	83
	無住無寺族寺	8	7	16	9	7	5		3	11	12	2	38	44	71
寺院（%）	教師住職	49	52	60	47	45	66	78	65	63	74	69	65	54	43
	試補住職	32	22	19	21	25	12	14	18	16	10	15	15	18	19
	副住職				5	5	1					2	2		2
	無住有寺族寺	14	21	16	24	20	16	8	16	17	11	13	12	16	19
	無住無寺族寺	5	5	5	3	5	2		1	4	5	1	6	12	17
有僧籍者総数		241	196	448	405	167	593	204	509	492	427	460	885	468	505
有僧籍者 寺族	教師	116	103	254	198	85	296	112	271	257	271	279	565	249	253
	教師試補	55	34	63	66	35	40	14	55	53	29	44	104	68	82
	未教師衆徒	25	50	90	115	46	96	41	118	128	44	67	173	73	118
有僧籍者 寺族外	教師	2	5	14	2		15			3	2	7	7	8	12
	教師試補	2								1		1		2	1
	未教師衆徒	41	4	27	24	1	146	37	65	50	81	63	36	68	39
有僧籍者（%）	教師	48	53	57	49	52	49	55	53	52	64	61	64	54	50
	教師試補	23	17	14	16	20	7	7	11	10	7	10	12	14	16
	未教師衆徒	10	26	20	28	28	16	20	23	26	10	14	19	16	24
	寺族外教師	1	2	3	1		3			1		1	1	2	2
	寺族外教師試補	1													
	寺族外未教師衆徒	17	2	6	6		25	18	13	11	19	14	4	14	8

参照：『教海一瀾』第 666 号

が残った（『教海一瀾』第五二三号・『読売新聞』大正元年十一月二日）。翌二年一月の第四十回定期集会では、開会初日の第一号議案上程直後に大谷家の負債問題についての緊急動議が提出された。大正元年七月に上原芳太郎室内部長が更迭されたことについての答弁の後、審議に入った。審議の結果、教学費補充ならびに負債整理の財源として寺債の発行を決議し、政府の認可を得て、寺債二〇〇万円を募集することとなり、二月十日に寺債条例を発布した（「法度第一号」『本山録事』大正二年二月十五日）。その二〇〇万円の支途の内訳は左記の通りである（『教海一瀾』第五三二号）。

一、保険会社株式買入による元利金償還　四〇万九二六一円
二、特設臨時部費借入金償還　三万三五〇〇円
三、朝鮮京城別院土地買入費借入金償還　四万三八四〇円
四、教学費不足補充　八七万八九二二円四〇銭二厘
五、負債整理金回金　四〇万円
六、諸費　四四七六円五九銭八厘

このように、寺債の四割以上が教学費の補助、約二割が保険の株式買入れ金、また約二割が負債整理に充てられた。

また、大正二年九月の第四十一回臨時集会では、本山所有の真宗信徒生命保険会社の株券を本末

共保財団に売却し、その代金を寺債の一部に充当することで、寺債発行額を軽減することとした。

この寺債の発行は大正二年で、その後の五年間は利子七万一〇〇円を支払った。しかし大正七年から二〇年間に、年々元利を合わせた返還は事実上不可能であった。そのため、特別措置として、大正四年二月の集会で、本山助成講という募財のための講を設置した。

本山講の設置　大正五年一月二十八日、本山助成講の名称を本山講と改め、本山講規程を発布して募財に着手した（「法度第一号」『本山録事』大正五年二月一日）。本山講規程では、第三条に「本講ハ本願寺ノ寺債ヲ償還スルヲ以テ目的トス」とあり、続けて第四条で以下のように定めた。

前条ノ目的ヲ達スル為メ左ノ方法ニ依リ末寺門徒及信徒ノ懇志ヲ受ク

一、一時又ハ数時ノ懇志

一、金五拾銭ヲ一口トシ毎年一口ヅ、五年間継続ノ懇志

但、一人ニテ数千口又ハ数人ニテ一口ヲ納ムルハ懇志進納者ノ意思ニ任ス

さらに講を運営するために、同日に本山講事務規程を設け、総務・参務・監事・参事・主事・録事・書記を置き、また多額寄付者の中から商議員を選任して、年一回商議員会を開いて収支等を審議することにした（「甲教示第一号」『本山録事』大正五年二月一日）。なお、本山講の実施によって、それまで本末共保財団に寄付した基金部未納額は、これ以後、本山講で引き継ぎ、本末共保財団で取り扱っ

ていた寺院及び在家に対する賞与恩典も本山講で取り扱った。

負債償還　本願寺の財政危機の実情とその打開策を宗派全体で共有し、本山講の勧励に努力したところ、その募財状況は、大正五年の募財目標三五万円に対して同年末までに三二万円の寄付申込みがあった。とはいえ、現金収納は一〇万円ほどで、年度末には二〇万円余りに達したものの、当初の目標額には及ばなかった。以後、六年には寄付申込額一五〇万円・現金収納五〇万円、七年は申込額二一六万円余・現金収納一二〇万円となった。寺債は六年五月に第一回抽選をおこなって二万円を償還し、十一月には第二回として二万五〇〇〇円を償還した。

こうして本願寺派では八年には財政危機をおおよそ克服することができた。九年には募財の総額は三五〇万円にのぼり、負債償還を達成した。当初、寺債償還を二五年間と計画し、それで政府からの許可を得ていたことからすれば、予想を大きく超える募財が進められたといえる。十年一月四日、続けて十七日には武田沢心管長事務取扱により垂示が発せられ、本山講での負債償却の目的達成が述べられた（「御垂示」『本山録事』大正十年一月十四日・「御垂示」『本山録事』大正十年二月二十三日）。

第三章　教育制度の変遷

一　学林の改革

学林の類焼　元治元年（一八六四）七月十九日、蛤御門の変にともなう大火は京都市中に広がり、約三万八〇〇〇戸の民家や東本願寺・佛光寺などの寺社が焼失した。

当日、本願寺では、広如宗主をはじめ徳如新門・明如新々門らによって本尊・御真影などが大谷本廟に移され、翌二十日には山科御坊に移された。学林所化らも蔵書や什器などを大谷本廟に搬出したが、二十日の夜には東中筋の学林の講堂をはじめ寮舎や経蔵なども焼失した。宗主・新々門らは、火災がおさまった二十五日に、本尊・御真影を奉じて本願寺に戻り、直ちに復興にあたった（教海一瀾社編『広如上人芳績考』教海一瀾社　明治三十五年）。

七月二十八日に阿弥陀堂北側にあった北集会所を学林講堂とし、興正寺境内の南地にあった巽屋敷を寮舎とすることに定めた。ところが翌慶応元年二月に会津藩から新選組の屯所を本願寺内に置くことを強く求められて、北集会所を屯所にあてたため、二月二十四日には南集会所（新虎之間）を学林の講堂代とし、四月十五日から夏安居が開講された。同日には諸国の末寺・所化に次の学林再建の達書が出された（明如上人伝記編纂所編『明如上人伝』明如上人二十五回忌臨時法要事務所 昭和二年）。

（前略）元来僧分之義は如法に勤学、御宗乗御掟之様に堅固に相守、自分後生之一大事安堵之儀は勿論、厚門徒及㆓教導㆒、上は政教を致㆓補助㆒、自ら天下安民之道理にも相叶、是則報国勤王之営に可㆓相備㆒次第に候所、近年時勢に従ひ、国家之遊民抔と頻に他之毀呰を招候事は、全釈門之本意を取失候より相起り候義にて、必竟不学無才無㆓如法㆒之族有㆑之故にて、甚被㆑労㆓尊慮㆒候御事に候、依㆑之早々林門御造建不㆓相成㆒候はば、学業衰微之基に候条、深返（ママ）恐有㆑之、弥以修学策進、厳護法城、興隆仏法之本意に相叶候様被㆓心得㆒、抽㆓丹誠㆒御取持可㆑被㆓成上㆒旨被㆓仰出㆒候、依此段申達候也

この達書は、四月二十三日に全国の門末へ伝達され、四月二十七日には勧学の豊前善譲《ぜんじょう》と加賀百《ひやく》叡《えい》及び司教の美濃大安ら一四人が「造営懸」に、助教の摂津力精ら三人が「造営懸加談」に任命された。

学林再建の計画　学林の敷地には東中筋魚棚通南側の旧地をあてたが、隣接の蓮光寺・仏照寺の敷地を購入して拡張し、従来の約六〇〇坪と合わせて一〇〇〇余坪となった。再建資金は、学林内では勧学一五両、司教一〇両、助教三両、得業一両ずつが割り当てられ、総額一五〇〇両となった。さらに八月十四日に池田屋新左衛門が造営金銀出入計算方に任命されると、諸国の所化や一般末寺

門徒にも寄進を募り、同月二十二日には所化より敷地拝領冥加金二〇〇両の目録が本願寺に届けられた。他には大和吉野より再建用材として杉丸太五〇〇本の寄進の申し入れがあった。五月には信濃松本の材木問屋野口庄三郎に請け負わせ、用材の内金は十二月には総計八五〇〇両に達していた。

仮講堂の落成　再建工事は、五月から工匠丸谷仁右衛門・雑賀長右衛門らによって始められ、さらに水口伊豆も加わった。講堂はとりあえず仮講堂として建造することになった。閏五月六日から九日まで所化及び寺内有志らが敷地を整え、翌慶応二年四月に仮講堂と寮舎がほぼ完成した。仮講堂の遷仏式は同年四月十二日におこなわれ、勧学百叡は司教泰巌らとともに御影堂門から御前通を経て油小路通を北進して仮講堂へ行列した。十五日には広如宗主も臨席して、勧学百叡によって仮講堂で夏安居が開講された。学林は、その後慶応三年四月までに経蔵・長屋門・棚門などが完成し、それらの経費は約五八六五両余であった（「学林造営に付収出惣計簿」『明如上人伝』）。

広如宗主の学林への消息　広如宗主は慶応三年八月十五日、「四海一同学業いよ〳〵増進せしめ、面々の才不才を論せす、日夜に聖教を拝見し、勉めて仏祖の正意を顕し、予か化導を扶け、厳護法城せられ候は丶、老後の本懐是に過へからす候」との消息を学林に発した（『真宗史料集成』第六巻　同朋舎　昭和五十八年）。この消息と同時に坊官らの連署状を出し、「邪教破仏之徒」が少なくない状況の下、「学階当器之人才」を育成するとともに所化の倍増をめざすことになった（「厳護録」巻五『史料編』第三巻　龍谷大学　平成元年）。九月六日には、安芸泰巌・美濃大安・肥後針水《しんすい》・近江恵穏《えおん》らに消息の諸国伝達が言い渡された（「学林万検」巻二三『史料編』第二巻）。

講堂本建設の計画　講堂の本建築は、粟生光明寺や智積院の講堂・南禅寺の客殿の絵図などを取り寄せて準備を進めたが、明治元年三月の達書によって講堂の再建が延期となった（「厳護録」巻五）。明治二年八月二十日になって、従来の計画を改め、「御殿ゟ北集会所須弥壇・宮殿共学林之講堂ニ被レ下候と之御沙汰之事、尤火急ニ御取払ニ相成候趣ニ候間、御解ニ相成候得者、早々林門江運送可レ致旨被二仰付一候」と、再建への動きがはじまった（「学林万検」巻二四『史料編』第二巻 龍谷大学 平成元年）。

北集会所は、阿弥陀堂の北にあり、桁行一九間・梁行一五間の入母屋造で東面していた。その運搬には金三六七両三歩を要したが、さらに講堂として改築する経費は多額を要するため、十月七日から解体工事に着手し、木材・礎石・金物などを学林に運んだ。しかし翌三年九月に至っても多額の工事費を調達できず（「学林万検」巻二四）、資材がそのまま放置されていた。

本山財政の窮迫　このような工事の延滞原因は、幕末期以来本願寺の財政が逼迫していたことにあった。そこで広如宗主は、閏十月十五日にその対策を講じるように指示し、本山負債などの整理の全権を法中・講中に委任した（「学林万検」巻二四）。

於二御小書院一大門様始新門様御両所御直命、本誓院様御演達、御趣意ハ御改正実ニ一同恐入、一切法中・講中へ御委任ニ相成、重役下間覚忍房演説ニ而五十万両之御借財披露、是ゟ日々会議有レ之候得共、当ニ外ニハ法難、内ニハ大借、進退共ニ必至之御場合、於二波之間一日夜会議ニ及フ事ここでは負債額を五〇万両と記しているが、記録によれば負債額は七六万両に達しており（「達書第七十四号」『本山日報』明治十一年第九号）、八年後の明治十一年に完済された。このような財政事情のため学林講堂の建設は困難となり、先に購入した蓮光寺地も十二月には返却した。そのため北集会所の木材は、明治四年六月十七日に播磨亀山本徳寺への譲渡が決まった（「学林万検」巻二四）。

寺地の上知　政府は明治四年四月に上知を命じ、学林の敷地も上知の対象となった。「学林万検」巻二四、「五月朔日条」には次のように記している。

一、学林之地面時勢ニツキ税地ニ相成、真宗之大学黌税地ニ相成候而ハ歎ケ敷次第ニ付、御廓内へ転地之上意ニ候処、大衆承服致候哉否之御下問ニ依、別講師ゟ布告ニ相成候、移転ハ一統随喜ニツキ上達

附、講堂建立ハ道遠ゟ河仁へ頼談之筈、寮舎ハ各国建立之衆評也

六月三日には、本願寺から学林の移転が言い渡され、元治元年の焼失以降の講堂再建を断念し、寂如宗主の頃に復興した学林町での学林夏安居は最後となった。

八月に学林の敷地は、阿弥陀堂北の白洲に決定した（「監事記録」五『史料編』第三巻）。しかし十月二十日に再び政府から上知の命があり、学林は当分本願寺境内の大仲居に移転することになった。「監事記録」六には、十月「廿日　林門移転於大仲居諸道具運送、所化過半転居、（中略）廿一日、

林門悉皆移転、今日ゟ御仏事」とある（『史料編』第四巻）。明治五年二月に角坊の本堂（六間四面）を北集会所跡に移建して、学林講堂とした。

学林の本願寺内移転後の職制　十月二十九日に林門改正規則を発して、「今般置二三寮一、内学為二中寮一、皇学為二左寮一、漢学為二右寮一、中寮之内宗部為二正学寮一、他部為二兼学寮一候事」と、三寮を設置した。各寮に講師一人・寮頭一人を配置し、同日に寮内の席次を定めた。この時の職制を挙げると、本講師・大都録・副講師・諸科講師・都録・検事・録事・改正懸・承襲・知蔵・簡寮・宗学寮頭・諸科寮頭・助教中・得業中・惣所化中の順序とされた。十一月一日には、中寮寮頭に肥後の普天、左寮寮頭に肥前の柳観、右寮寮頭に紀伊の徹意が任命された（「学林江被二仰出一申渡帳」『史料編』第四巻）。

夏間三講の制　広如宗主の学林改革の消息を受け、慶応三年八月に長御殿から夏間《げま》三講の制を定める次の達書を出した（「厳護録」巻五）。

春秋冬之三講者、宝永二乙酉年演慈院知空能化以来、例年開講有レ之候処、其後及二廃筵一候、明和三丙戌年秋信慧院様被レ命二実明院功存一、御再興被二仰出一候、以後連々講演在レ之候得共、近年者短席且聴衆少人数に付、此儘ニ而者追々廃止ニ可レ及と、深御懸念被レ為レ在候事ニ候、今般学業為二御引立一、御消息を以御化導被レ為レ在候に付、則左之通御意被二仰出一候条一同奉二敬承一、別而役掛之面々者猶更無二懈怠一厚相心得、在京之所化不闕ニ出席聴講可レ在レ之出候、尤林門限

之事ニ者候得共、当度御改正被二仰出一候間、向後講本二三部、開講日限等伺出候様可レ致、尤満講日限可二届出一候事

秋講　八月中旬開演、三十席以上に而満講、三十席以下者不二相成一候事

右講者　看護

但、当秋者来九月朔日開講可レ致、自然九月中三十席不足ニ候ハヽ、十月ニ相懸、三十席以上に而満講、尤可レ為二通講一事

冬講　十月中旬開演、如レ上七昼夜御法会ニ差懸り候節者、廿日満講、復十二月朔日後

可レ有二続講一事

右講者　参事

春講　二月朔日開演

右講者　年預　勧学

右之通被二仰出一候条、永違失有レ之間敷候事

丁卯八月　　　長御殿

この夏間三講は、これまで文政七年五月の達書によっておこなわれてきたが、政情の激変を背景に学事奨励をすることとなった。

明治元年正月三日に宗主は、「近来林門法則之儀、等閑ニ成行候趣相聞候に付、以来相改可レ申、

就而者当分時勢及二切迫一不レ被二捨置一、猶御門跡様ニも日夜御勤王之御志願御苦慮被レ為レ在候処、今般以二御書取一自二朝廷一被二仰出一候儀も有レ之候に付、弥以学業策進之上より、不惜身命之思に住し致二勤王一可レ申候」と述べて、学業奨励の上から勤王への姿勢を明確にした（「厳護録」巻五）。

学林改革の八か条　学林では、明治元年九月に近国の勧学・司教・助教を選んで、学林改革を協議して、そこに本照寺も参加し、次のような「林門一新仕度ニ付箇条」（「学林万検」巻二三）を広如宗主に提出した。

一、学科分方之事
右従来正学・兼学之次第有レ之候へ共、別し而当分排仏邪教之徒類蔓延仕候ニ付候而ハ、防禦之人材養育不レ仕候事者不二相叶一候間、御宗乗之外、左之学科御分ケ相成候事
　一乗　三乗　暦学　国学　儒学　破邪学
一、講者人撰之事
勧司を以師範と定、所労且上京難レ得向ハ、助教得業古臈へ被二仰付一候、精選之上可二伺出一事
　但し、一年宛相詰可レ申事
一、改正役員之事
本照寺殿当分真宗学庠総督被二仰付一候、附属両人京玉鉉寺・摂州源光寺力精江被二仰付一候、

尚又林門取扱方士分両人、且綱所両人林門見廻筆記役被レ仰二付之一候事、将又諸願事御年寄衆中名当可二願出一候事被二仰出一候、御用掛廃止之事

一、所化常員之事

今度相改諸国ゟ人材精選致し、凡ソ百人常員被二相定一三年宛在京致し、近々交代可レ致、尤も、右百人いづれも御宗乗相学候儀ハ勿論ニ候へ共、別して専門を分ち左之通

御宗乗 弐拾人　一乗 拾人　三乗 拾人　暦学 拾人　国学 拾人　儒学 弐拾人

破邪学 弐拾人

一、学階規則之事

勧司之儀ハ思食有レ之、助教已下ハ三ケ年目ニ精選之上、被二仰付一候事

但し、古稀已上之老年ハ書取試問被二仰付一候間、林門ニおゐて精々取締儀可レ有レ之候事

一、本副両講夏間三講之事

在来通被二仰出一候講本之儀ハ、別紙之如し

一、監事・承襲

在来通被レ仰二出之一

一、兼主議・看護・参事

在来通被レ仰二出之一

この八か条は、十月に本願寺で審議され、さらに明治二年二月に学林に差し戻されるが、第一に職制の改革、第二に講者の人選、第三に役員や所化の分野別人数など、以後の学林改革の骨子を明確にしたものであった。

職制の改革　明治元年八月の八か条には、職制として総督・付属・林門取扱方・綱所・林門見廻筆記役を設け、総督には本照寺沢依（日野）を任じ、二年三月には副総督に毫摂寺摂朗（出雲路）を任じた。この時の達書は、「学科分方之事」以下の十二箇条からなり（「厳護録」巻五）。その後、明治三年八月に知事を録事に、参事を祐事に改称した。翌四年五月二十二日には、職制を次のように大きく改革した（「学林万検」巻二四）。

本講師　勧学五員内一員選挙
他部講師、皇学講師、漢学講師
右司教・助教及得業ゟ選挙、但古臈ニ而も応器之人材ハ選挙之事
副講師　壬申夏　司教一員但他部
（中略）
〇真宗学庠役員
都録　助教兼主議一員
　掌二林門一切議事及育英一、同居二於役所一監二察諸役曲直・懸続正否一

検事　助教一員　得業一員
掌二講義得失、法談正否及諸国出講之事件一、兼二夏間知蔵証検、夏中知蔵役体一、預二経蔵鑰一
録事　得業古臈之内一員
掌二懸続金銀出入及諸応接一、監二察簡寮役体一、預二雑倉鑰一
承襲　得業古臈之内一員
掌二輔助録事一
簡寮　得業夏間一員　二員
掌二寮衆進退・門限・常什物及関係客舎・所化行状一
安居知蔵　臈満得業　一員
掌二蔵経入出一
大都録　勧司之内　一員
総掌二断判林門大小之事件一、監二察諸役曲直且育英一

このように学林役員の選出方法を規定し、二十三日には、沃州・僧宣・道遠・興忍らが林門改正御用掛に任命され、二十四日には大都録に筑前の玄雄、都録に肥後の沃州、美濃の林現、検事に越前の霊瑞、録事に京の興忍、承襲に備後の浄範、簡寮に大和の一道が任じられた。また各役職の交代規則が同時に決められ、大都録は夏末に、都録は夏前に、検事のうち助教一人は夏前に、録事は

夏末に、簡寮は夏末に毎年一人ずつ、それぞれ交代することになった。また林門の総督本照寺沢依、副総督亳摂寺摂朗も六月七日に廃止・辞任した（「学林万検」巻二四）。

学科・講事の改革・外学の振興　幕末維新以来、儒学者・国学者の排仏論がおこり、開国によってキリスト教の流入が本格化したため、学林は宗学以外のいわゆる外学《げがく》の振興をはかり、対応策をとることが喫緊の課題となった。学林では、すでに天保七年（一八三六）二月に、国書・外典・和書などを購入し（「厳護録」巻三『史料編』第三巻）、また同年六月の学階登科規制のなかでも黌試《こうし》に正学試とともに兼学試を設けている。前者は宗学の試験であるが、後者は他学（一乗・三乗・小乗）・国学（和歌を含む）・儒学（詩文を含む）・暦学・書学の五学科の試験で、外学の必要性を認識していた（「厳護録」巻三）。

文久二年（一八六二）六月、学林は清国上海墨海書院発行の『旧約全書・新約全書』、『英国志』『武備志』などの書物を購入して（「学林万検」巻二一『史料編』第二巻）、キリスト教や西欧文化・歴史の研究を始めていた。

こうした国学・儒学・キリスト教への学問的対応として、宗学者である豊後の南渓は国学に対して『神仏水波弁《しんぶつすいはべん》』、儒学者中井積善の『草茅危言《そうぼうきげん》』に反論した『角毛偶語《かくもうぐうご》』五巻、キリスト教に対しても『闢邪弁《へきじゃべん》』・『闢邪小言《へきじゃしょうごん》』・『釈教正謬噱斥《しゃっきょうしょうびゅうきやく》』・『杞憂小言《きゆうしょうごん》』・『准水遺訣《じゅんすいいけつ》』などを著して護法論を展開した。また近江の超然も『斥邪漫筆《せきじゃまんぴつ》』・『斥邪二筆《せきじゃにひつ》』・『寒更霰語《かんこうさんご》』などを著し、外学の知識を修得してキリスト教批判を展開していた。

兼学六科の開講　学林では元治元年の安居以来、繰り返し外学科の開設建白を出していた。その結果、明治元年の達書で学林に外学科を設け、破邪顕正に取り組むこととなった。一乗以下の六科は兼学六科といわれ、このうちの破邪学はまだ禁教とされていたキリスト教を研究し、それへの対応をする学科であった。学林の所化には、十二箇条達書の第五条目の「助資募縁之事」において、学資を支給することを定めた（「厳護録」巻五）。

これで明治二年の安居で本講宗部・副講他部とともに兼学六科の開講となった。開講の六科は次の通りである（「八松館日新録」巻三『史料編』第四巻）。

（夏中）同六科

破　邪	出埃及記二十章	司教肥後針水
国　学	神代巻	筑前法蓮
暦　学	日月行品	肥後安恵
国　学	古語拾遺	得業因州北天
儒　学	左伝	山城雲叡
一乗家	八教大意	助教摂州常観

このような兼学六科の設置は、広く外学の振興となり、明治四年十月二十九日の林門改正規則に

よって開始された三寮制度へと展開し、一層の推進をうながすことになった。

翌五年四月の夏安居には、学林最初の西洋言語となる伊勢の円山による「独逸語学篇」の講義がおこなわれた（「監事記録」六）。明治七年の安居で、豊後の儒者秋月得生が漢学の大学・中庸・論語を講じたが、学林での僧籍をもたない人物の講義として、最初の例である（「本黌講書目録」『史料編』第三巻）。

講師の人選　学林講師の人選について、明治二年三月の十二箇条達書の二条目では、次のように述べている（「厳護録」巻五）。

一、師範人撰之事

御宗乗者先ツ年預代講師を以師範ニ相定、乍レ然其他之勧学司教ニ而も上京之節者、同様引立当然之事ニ候、兼学外学等も不レ拘二学階一候而者、往々異論之基候、何分外学兼学ニ而も其当任之勧学司教を以師範ニ相定、助教已下者不レ被レ仰二付之一、師範之人体者以二思召一被二仰付一、

一ケ年宛相詰候事

但、講釈之義も、学階是迄以二其任一心得候人体ニ被二仰付一候事

宗乗は年預代講師を師範とし、兼学・外学は勧学・司教が担当することになった。なお、夏間三講については、慶応三年の制度を継承しており、その後、十二箇条達書で若干改正されたが、大綱

は明治八年の学校制度の採用に至るまで受け継がれた。

学階制度の改革　学階登科の制度は、地方私塾の開設により宗学の興隆をもたらしたが、登科の濫発や他派批判による軋轢などの弊風をもたらしていた。そのための対策として、十二箇条達書の六条目の「昇階軌則之事」で次のように述べている（「厳護録」巻五）。

> 勧学・司教員外有レ之候節、急度当任之者、思召を以被二仰付一、助教・得業昇階之儀、以来三ケ年ニ一度試問被二仰出一、出願之内ゟ相秀候人体ニ助教三人得業拾五人御免相成候事
> 但、書取試問之義ハ、已来古稀以上之者、上京難レ得向者被二仰付一、其余者成丈於二林門一取締可レ致事

登科のための試問は三年に一回実施され、助教は三人、得業は一五人の昇階を認めるように厳格化した。四月には、力精の提案で三年に一回の登科の制は修正され、相応の学力のある者は毎年試問の上、昇階することができるようになった。明治二年頃の有階者定員は、勧学六人、司教一〇名、兼主議四五名、助教五〇名、得業無定員であった（「八松館日新録」巻一『史料編』第四巻）。

なお明治四年の改革では、従来の黌試を廃し、本願寺において殿試《でんし》をおこなうようになるが、それは従来の問答試問にかわり開巻試問とし、かつ得業は宗部のみ、助教は宗部・他部にわたるものであった。しかし、勧学・司教については改められなかった。また、各階の定員は明治六年に全廃

され、明治十五年まで無定数であったが、同年三月二十九日に司教の次に輔教を新設し（「甲第十号」『本山日報』）、七月に、勧学は八名、司教は二〇名、輔教は五〇名、助教・得業は無定員と定めた。八月四日には学庠《がくしょう》職制を更改して、安居本講は勧学一名、副講は司教で無定員、副講者補は輔教・助教で無定員とした（「甲第二十七号」『本山日報』）。

懸続籍の厳格化　学林所化の懸続籍の取り締りについては、明治二年六月七日に次のような達書が学林役掛中宛に出された（「学林万検」巻二三）。

従来懸続籍取締之儀被二仰出一も有レ之、別而昨年来御改正ニ付、厳重被二仰出一も有レ之候処、従前之悪弊兎角不レ致二一洗一、転住或者移住と称、病死等致候者之階籍相襲、焼失又ハ流失等申出、再請袈裟願出候人体も有レ之、就而者右様曖昧之儀臈上之内取扱致遣候者も有レ之哉之趣、如何之事ニ候、右等之人体屹度御所置振も可レ有レ之筈ニ候得共、当度者寛大之御慈計を以御沙汰ハ無レ之候得共、向来如二従前一不都合之儀無レ之様厳重取締可レ有レ之候、万一已来同様之事共有レ之候節ハ、役掛之面々屹度可レ為二越度一旨被レ仰二出之一

懸続籍の厳格化にもかかわらず悪弊が改められずに推移していることに対し、厳重に取り締まりをおこなって学林改革を進めた。

二　学校制度の発足

新知識の摂取　政府の国際社会との交流は、明治四年（一八七一）の岩倉具視らの欧州視察で本格化した。この使節団は、政府関係者のみならず留学生を含め一〇七名に及んだ。彼らは、西欧社会から文明・文化などを修得して、日本社会の近代化に向けた諸施策の推進に取り組んだ。

本願寺も明治五年に明如宗主の代理として梅上沢融、随行として島地黙雷《しまじもくらい》を欧州に派遣して各国を視察させ、留学生として赤松連城《あかまつれんじょう》・堀川教阿《ほりかわきょうあ》・光田為然《みつだいねん》らをイギリス・ドイツなどに学ばせ、新制度の導入や知識の修得にあたった。

明治初年以来、学林をめぐる矢継ぎ早の改革は、それまでの学林の構造を大きく変化させるものではなかった。しかし、政府の教育改革もあり、またイギリスから帰国した赤松らによって学校制度が導入され、学林改革が本格化していった。

普通学の導入　明如宗主は、明治八年四月三日「林門改正之儀、防州徳応寺住職赤松連城へ御委任ニ付、四月三日午前八時講堂ニ於テ本人演達」（「監事記録」六『史料編』第四巻 龍谷大学 平成四年）と、赤松に学林改革を委任した。五日には、林門改正について次のような「林門改正規則書及達書」を出した（「監事記録」七『史料編』四巻）。

一、林門ノ振ハサル教育其宜ヲ失スルニ由ル乎、蓋本宗ノ大叢林タル宗乗ヲ専門トシ、傍ラ諸宗ノ教義ヲ兼学セシム、固ヨリ間然スル所ナシ、但我門中未曾テ中小学校ノ設アラサルヲ以テ、教徒或ハ世間普通ノ学ニ渉ラサル者有リ、故ヲ以テ専門ノ学其蘊奥ヲ極ムト雖、時ニ偏固凝滞ノ誚ヲ来タシ大ニ弘通ノ妙用ヲ欠ク、何ヲ以テカ伝化ノ職ニ堪ヘ護法ノ任ニ当ル事ヲ得ン、故ニ今林門ニ於テ従（来脱）所授ノ専門学ノ外、更ニ普通学科ヲ設ル事（下略）

同時に布達された課業表には地理・史学・博物・物理・算法などの外学の科目が設けられた。外学は普通学という名称で広がり、宗乗の補助学、つまり宗乗を支える教養を広く修得することは、伝道にとって有益であると意義づけていた。

四月八日に布達が一般所化に出され、十二日より普通学科が開講された。内田了譲が宗乗を、赤松が余乗・地理・物理を、藤島了穏が史学・作文を、安芸の善照が算法を担当した。さらに藤島は課外の英学も担当した（「学林江被二仰出一申渡帳」『史料編』第四巻）。

教員の養成・西山教授校　学林改革とは別に、八年十一月に教師校の開設を発表し、「教師校創設規則」を制定した。これは、先の「林門改正規則書及達書」にふれている中小学校の設立のための準備ともいうべきもので、中小学校の教員養成を目的として、翌九年三月、西山別院内に学庠分局《がくしょう》を設置した。この学庠分局は学林の普通科を移転したもので、この時学林は内典専門の本校となった（「学林江被二仰出一申渡帳」）。五月十七日には教師校は教授校と改称し（「達書第二十九号」『本山日報』

明治九年第三号)、七月には西山分局を教授校と称するようになった。なお七月には下京区油小路若松町に家屋を借用して普通学科予備校を開設し、八月に教授校規則を更改した。

教授校規則の第一条では「教授校中貸費生・自費生ノ二類ヲ分チ、左ノ条規ニ随テ入校ヲ許ス」、第二条「生徒ハ性質温厚品行端正卒業ノ後、生徒ヲ教育スルノ器ニ堪ユヘキ者ヲ選フ、但現今温厚端正ナルモ曾テ破廉恥甚及禁獄懲役一年已上ノ刑ニ処セラル、者ハ之ヲ許サス、仮令獄役百日已下ト雖、品行ニ関スルノ罪犯者ハ之ヲ許サス」、第三条「生徒ハ年齢満十八年以上満三十五年以下試験程式ニ中ル者ニ限ル、但自費生ハ年齢ヲ論セス」などと定めた(「番外」『本山日報』明治九年第十一号)。そこでは中小学校の設立を前提として、必要となる教員の養成を目的とした。五月十七日の「学庠制条」には(『本山日報』明治九年第五号)、「本山ニ於テ学庠ヲ被㆑設候者、全国末派ノ僧侶ヲ教育シ厳護法城ノ基礎ヲ被㆑定候旨趣ニ付、入黌ノ生徒篤ク此旨ヲ弁ヘ夙夜学務勉励可㆑致候事」と、設置の基本方針を述べている。

大・中・小教校の学制　明治九年(一八七六)十月二十三日、学制を全面的に更改した。教団内の全学校を次のように規定して、大・中・小教校として組織した。さらに全国各地に奨学係を設けて教校の設立や宗門子弟の就学を支援した(「達書第七十四号」『本山日報』明治九年第十七号)。

教校所在及区別之事

第一章　派内所設ノ教校分テ、大中小ノ三等トス

第二章　大教校ハ本山ニ於テ之ヲ設ク
第三章　中教校ハ全国七大教区中各一所ヲ設クヘシ
第四章　小教校ハ各府県下ニ各一所ヲ設ルヲ法トスト雖、地ノ広狭ト末寺ノ疎密トヲ視テ適宜ニ小教区ヲ分チ毎区一所ヲ設クルコトアルヘシ
第五章　毎区一所ノ共立教校ノ外ニ派内ノ僧侶一己ノ私ヲ以テ教校ヲ設クルコトアル者ハ、私立教校ト称スヘシ
奨学係ノ事
第六章　各府県下ニ奨学係数ヲ置キ、左ノ事務ヲ取扱ハシムヘシ
一、該地方寺院ノ衆徒僧侶ノ子弟ヲ勧奨シ教校ニ入学セシムル事
一、住職副住職ト雖三十以下ノ者ハ亦勧奨シテ入校セシムル事
一、教校ヲ設立シ之ヲ保護シ費用課出永続ノ方法等ヲ定ル事
第七章　奨学係ハ各地方寺院住職ノ者其任ニ適スルヲ撰ヒ、本山ヨリ之ヲ命スヘシ
但シ総組長組長等ヲ以テ之ヲ兼シムルモ妨ナシ（下略）

この学制の発布によって、全国各地に小教校が開設され、また派内僧侶が中心となって開設した私立教校も次第に増加して、宗門の教育機関は全国的な展開を見るにいたった。

明治十二年までに設立された小教校は、北は仙台の宮城教校から、南は鹿児島県の隆法教校まで、

二九校を数えた。本願寺は、この年六月、小教校規則を制定して統一基準を示し、設備資金のほか、規定を設けて扶助金を交付し、奨学係による支援と相まって、小教校は増加した。

小教校規則の第一条で「小教校ハ各地方ニ於テ、本ハ僧侶及僧侶ノ子弟等僧侶トナランコトヲ期スル者ノ為ニ、内典初歩ノ学科ヲ授ル所トス」と、地方での僧侶育成を本格化した（「達書第三十一号」『本山日報』明治十二年第四号）。その後、明治十四年七月に小教校規則第十六条・第十七条を更改し、第十六条で「凡ソ尋常定期ノ試験ハ其校内限リ之ヲ行ヒ、大試験ニハ其教務所管事之ニ臨ムモノトス」、第十七条「進級証書及ヒ全科卒業証書ハ其校名ヲ以テ授与スヘシ」と定めた（「達書第二十四号」『本山日報』明治十四年）。

明治十五年一月二十五日、教校設置については内務省において教院同様の扱いとなったため、明治七年教部省達での出願を改め、共立教校と私立学校の設置願などが定められた（「甲第三号」『本山日報』）。

三　大教校・普通教校

大教校の落成　明治八年四月、学林改革で普通学の導入にともなう学校教育制度への転換は、安居による宗学中心の教育を大きく改革するものであった。翌年十月の学制更改によって最高学府は大教校と定められた。大教校の開校地は本願寺台所門の南、旧家臣下間兵部卿屋敷地に定め、明治十年一月に起工し、十二年二月十五日に明如宗主は落成の直諭を発した（明如上人伝記編纂所編『明如上人伝』明如上人二十五回忌臨時法要事務所 昭和二年）。

五月三日の慶讃会として、四箇法要・舞楽があった。四日の開場式では無量寿会作法が修された。五日には教興会があった。無量寿会作法は、宗主が古来の法会のなかから比叡山の法華八講や南都の維摩会などを参考にして真宗の勤式作法として制定したもので、この時初めて勤めた。六日からは一般に大教校を公開して、多くの人が見学に集まった。

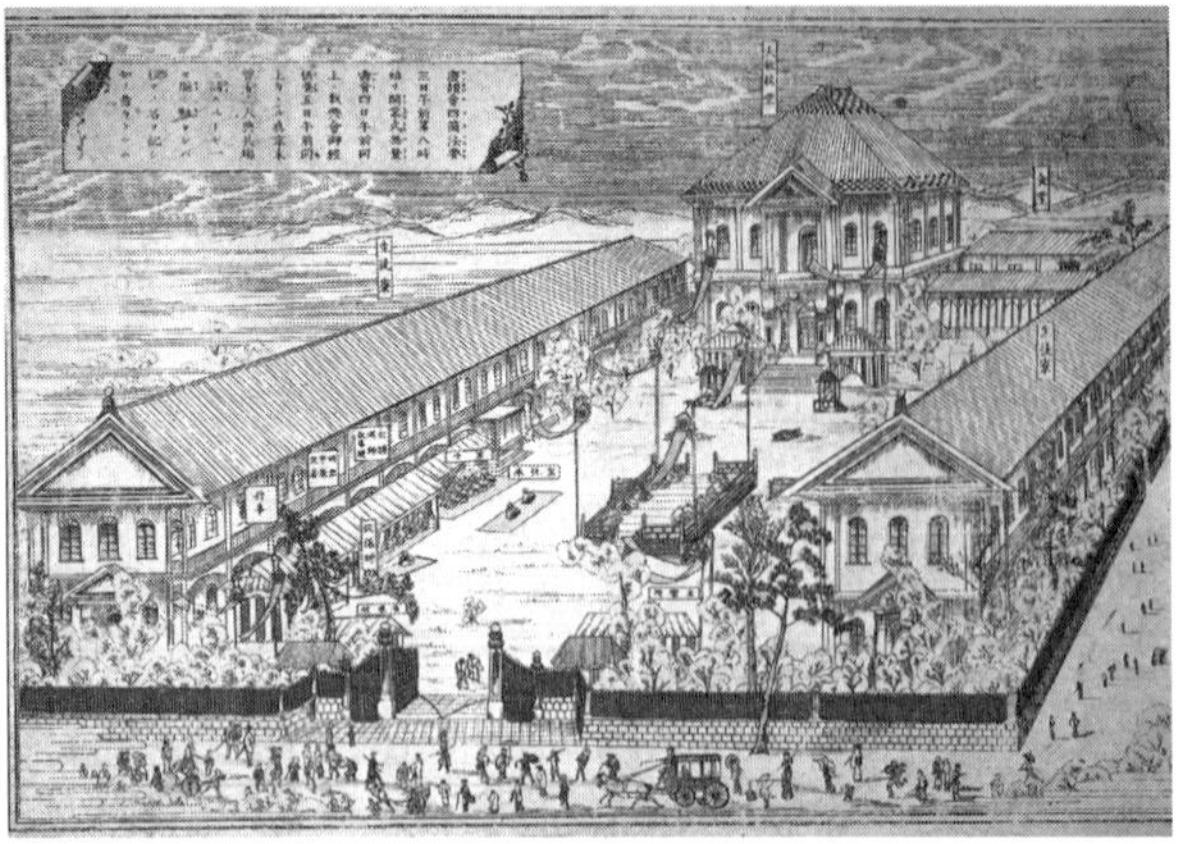
「本願寺大教校慶讃会四箇法要之図」龍谷大学図書館所蔵

落成した大教校は、講堂・寮舎（南北二棟）・守衛所・表門・石垣などを配した。講堂は石造建築に擬した木骨石貼りの構造、寄棟造瓦葺の二階建て、細部の意匠は柱・窓・アーチ・扉・手すり・天井などに洋風の表現がなされ、窓の鋳鉄飾はゴシック風で、当時有数の擬洋風建築として注目された。この大教校新築工事の費用は、総額四万四七一八円五四銭九厘六毛、請負業者は岡野伝三郎ら九名であった（「大教校建築書類」『史料編』五）。

本館・旧守衛所・講堂・門扉は昭和十二年（一九三七）七月二十日、史蹟名勝天然記念物保存法にもとづき、文部大臣指定の史蹟となり、昭和三十九年五月には国の重要文化財に指定された。平成十年（一九九八）には北黌・南黌が重要文化財（外観指定）となった。

大教校の職制　五月十一日に大教校職制を発布し、校長・教授・監事・監事補・訓・書記・寮長の職員を置き、その事務章程も定めた。初代校長には赤松連城《あかまつれんじょう》が就任した。また大教校規則や学課表などを出した（「達書第二十六号」『本山日報』明治十二年第四号）。

大教校規則の第一条に「本校ハ本派僧侶ノ為ニ内典専門学科ヲ授ル所トス、然レトモ傍テ外学ニ通シ時勢ヲ弁セサレハ、他日布教ノ功ニ於テ闕クトコロアランコトヲ恐ル故ニ兼テ諸科ヲ授ヘシ」とある。大教校は、上下二等に分かれ、上等は内典専門、下等は内典専学科と内外兼学科とがあり、それまでの学林に在籍していた学生の多くは内典専学科に移り、教授校の学生はおおむね内外兼学科に入学した。

こうした教学体制は、内典重視の方針のもと外学に通じ時勢を認識するだけの知識の修得をはかるものであった。大教校の開設にあたり、西山の教授校や油小路若松町におかれていた同予備門は廃止され、新たに大教校付属小教校が設置された。しかし、それは地方小教校の発展の妨げになるとして、翌年六月に廃された。

明治天皇の大教校訪問　明治十三年（一八八〇）七月二十日、明治天皇が大教校を訪問した。十四日に京都に入った天皇は、二十日午後二時に大教校に着いて講堂の二階で休憩をとった。明如宗主は枝子《しげこ》裏方・蓮界院（明如宗主の母）・峻・朴子《なおこ》とともに天皇に面会した。天皇は講堂の二階から景色を観覧して、午後四時に大教校を後にした。天皇は翌朝に京都を発って神戸に向ったが、その際宗主は神戸まで見送った（『明如上人伝』）。

大教校で天皇を迎えた大教校の遠藤玄雄勧学が着用していた「学林正衣」（黄袈裟・大五条）は、以後の安居夏講で本講師が着用することとなった。

大教校の伝統的傾向　大教校の開設は、国際社会に開かれた時代に直面して、教団を担う僧侶育成と教育環境を整える意欲的な姿勢を示すものであった。しかしその教育内容は、伝統的な宗乗重視を堅持しつつ、新たな社会で求められる知識分野を兼学科と称し、学校制度を導入しながらも普通学を軽視する傾向があった。

明治十二年七月二十三日、大教校を開設して初めての夏期休暇中に大教校関係者が「真宗学庠総代」の名をもって公選議会開設の「上申書」を提出した。大教校ではこの出来事以後、普通学を抑えて、内典（宗学）を重視する傾向が顕著になった。

真宗学庠と改名　大教校が開校して一年半後に更改された規則は「真宗学庠規則」と題し、印刷して帰郷中の学生のもとに送付され、学生は改めて入学願の提出を求められた（「達書第三十六号」『本山日報』明治十三年）。

校名変更に伴う設立目的を「本庠ハ派内ノ僧侶ヲ教育シ、他日布教伝道ノ棟梁タラシメンカ為ニ設立スルトコロナリ、故ニ本庠ノ学生タル者ハ篤ク此意ヲ体シ学業ヲ勉励シ品行ヲ整斉シ、務テ重任ヲ負担スルニ堪ユヘキノ材幹ヲ養成スルヲ要ス」とした。

これまでの上下二等の制を改めて、上中下の三等として、上等学科は内典専門に、中下の二等に内典専学と内外兼学の二部をおいた。職制では校長を看護と称し、以下監事を参事、監事補を承襲、寮長を簡寮とし、学林時代の名称が復活した。

奨学条例　明治十四年十一月二十九日に次の奨学条例を出して、宗乗（内典）重視の更改方針を明確にした（「達書第三十一号」『本山日報』明治十四年）。

第一条　派内奨学ノ事務ハ本山学務局ニ於テ之ヲ統理ス、故ニ教校ハ本山ノ所立ト共立私立ノ別ナク総テ該局ノ監督ニ属スヘシ

第二条　本山ノ学庠ハ一派ノ大教校ニシテ、宗乗ヲ専門ニ修学セシムルトコロトス
　但、其材ヲ選ヒ余乗ヲ兼学シ、若クハ専修セシムルコトアルヘシ

第三条　学庠ノ中予備ノ学科ヲ設ケ、其器直ニ本科ニ従事スルニ堪エサル者ノ為ニ之ヲ授ク

第四条　予備ノ学科ヲ分テ、内学兼学ノ両部トス

第五条　内学部ハ宗乗ヲ主トシ、兼テ各宗ノ大綱ヲ授ル者トス

第六条　兼学部ハ内典ヲ主トシ、兼テ外典ヲ授ル者トス

（下略）

学庠《がくしょう》では本科のほか予備の学科として内学部・兼学部を設け、内学部は宗乗を主とし、兼ねて各

宗の大綱を授け、兼学部は内典を主として、兼ねて外典を授けるようになった。奨学条例は翌十五年一月から実施された。

翌十五年十月八日、宗主は真宗学庠に出した諭達のなかで、社会の風潮に流され、世俗の学に関心を寄せて、僧侶の威儀を失っていることを指摘した。そして学生の本分である学を修め、奢侈を戒め、品行を謹んで、「自信教人信」の本意を忘れないよう諭した（『明如上人伝』）。

普通学に対する要望　真宗学庠の宗学を重視する方針に対して、学生のなかには普通学の修得を希望する者もいた。利井明朗《かがいみょうろう》は、僧侶の子弟のみならず一般門徒の子弟をも対象として、普通学と宗学とをともに学べる教育機関の設立を本願寺に建言した。利井は丹波・因幡・伯耆の講社である弘教講《ぐきょうこう》の支援を得て、教団内での一部の反対を受けながらも計画を推進した。

明治十七年九月二十二日、奨学条例の改正で、学庠への普通学の採用と普通教校の設立が認められた（「甲第七号」『本山日報』明治十七年）。さらに十九年の宗制・寺法の制定にあたって二月に学庠規則を更改した（「甲第三号」『本山月報』明治十九年）。十九日に発布された真宗学庠規則摘要には、従来の通り本科・予備科に分けるが、本科に宗乗・余乗の二科をおき、その選択は各学生に任せることになった。修業年限は四年とし、予備科は宗乗・余乗と普通学を三年間兼修させるなど、普通学を尊重する教育課程となった。校則の更改にともない三月十七日に職制の一部を改めて、厨司の下に監生をおいた。教員の名称は、講者・教授・教授補と改め、教員・職員の俸給表も定め、学庠寄宿の定員は三〇〇名とした。

普通教校の設立　九月二十二日、奨学条例の改正で普通教校が開校した。奨学条例第五条に普通教校はひろく宗乗・余乗及び諸学科を授けるところ、第六条に普通教校は僧侶・一般を問わずに入学を許すと規定し、十二月中旬には教員の任命を開始した。校舎は、大教校の東に位置した旧家臣下間少進家の邸宅を改築して、別に教場一棟、寄宿舎三棟を建てた。

授業は十八年一月二十五日からはじめられ、一〇〇人の入学を許した（『奇日新報』第三三四号　明治十八年一月二十三日）。

四月十八日、明如宗主が臨席して開校式をおこない、入学者が五〇名増加して、二十五日から授業を開始した（『奇日新報』第三六七号　明治十八年四月五日）。上等科と下等科に分け、各六級三年を修業年限とした。八月には学科を改め、上下両科のもとに予備門をおいた。二十年七月にはさらに学科を改めて、本科を四年とし、内典、漢文、英語、理科、歴史、地理、数学、図書、体操の諸科を授けて、外に予備科一年をおいた。

普通教校の諸科　普通教校の学科は、内学科・漢学科・英学科・数学科の四科を課した。このうち英学科は、下等科において読方・書取・習字・文法・作文などを課すほか、歴史・地理・博物などを含めており、上等科においては物理学・化学・論理学・心理学・道義学・世態学・経済学などを包括していた。当時、十分な辞書もなかったが、教科書は英語の原書を多く使用して、十九年にはアメリカ人ボルドウィンを招き、東京から和田義軌・手島春治ら英学教員を迎えるなど、英語教育に力を注いだ。同年には歩兵繰練科を設置したが、普通教校の影響で大教校でも兵式体操・普通体操を課すようになった。当時の仏教界は僧服改良も話題にあがっており、普通教校では十九年十月頃には和洋どちらかも定まっていなかったが、二十年二月改定の規則では、夏・冬とも洋服とし、洋服採用の先鞭をつけた。

普通教校の生徒数は、二十年一月に大教校の一二五名に対し、二九八名を数えた。しかし、校地は狭く、弘教講設立の顕道学校やキリスト教系の同志社との比較でも移転増築の必要性が高まり、二十年十月の本願寺集会が移転に関する議案を可決し、二十一年五月に松原通大宮西入の土地を購入した。十月の大学林条例の発布で、普通教校は文学寮と改称し、大学林に包括されることになった。普通教校は、進取な学風をもち、欧化主義の影響もあって仏教改革・仏教の国際化への取り組みが関心を高めた。教職員・学生のあいだでも各種の集会が催され、学生の自主的な団体も結成された。ことに反省会・海外宣教会の活動や内学院に関係する真宗青年伝道会の活動にも目を見張るものがある。

大教校の名称復活　明治二十年二月、真宗大教校規則の発布によって大教校の名称を復活させた。真宗大教校規則（「甲第七号」『本山月報』二十年ノ五）の第一章綱領に、「本校は一派の大学にして派内高等の学生を教育し、他日弘教の棟梁たらしめんが為に設立」するもので、「勤めて内典奥妙の真理を発揮すべきは勿論、博く宇内の諸学科を精究し、苟も化他度生の応用に於て障碍なからんことを期すべし」と、内典とともに普通学を尊重した。

学科は上下二等に分けられ、さらに上等学科に宗乗・余乗・外学の三科を分け、各修業年限を二年、下等学科も同じように三科に分け、修業年限を三年とした。さらに入学準備のための付属予備門が設置され、宗乗・余乗、外学を兼修させた。予備門には入学試験が課せられ、その科目は、宗乗（三帖和讃）・余乗（歩船鈔）・漢籍（十八史略）・英学（ニューナショナル第一・第二読本）・算術（比例）・文章（時様文）で、ここでも普通学の修学を求めた。

反省会の結成　明治十九年（一八八六）三月十五日に沢井洵《さわいじゅん》（のちの高楠順次郎《たかくすじゅんじろう》）・常光得然《つねみつとくねん》・梅原賢融《うめはらけんゆう》ら普通教校生一四名によって反省有志会が創立された。彼らは、「反省有志会趣意書」で「宗教学生にして淫風乱俗の地を踏みて靦然愧つるなく」、「楼上に酒を呼ひ、酒顔酔脚街頭を徘徊するに至りては転々浩歎に堪へさるものあり」という状態を批判し、「我輩深く茲に感する所あり、自ら奮て謹慎注意し、相互に斡旋尽力し、本校全面の道義を持ち廉恥を維ぐの目的を以て、此に反省有志会を設け」たという（「反省会沿革史（一）」『反省会々報』一二六　明治三十一年六月一日・『奇日新報』明治十九年四月二十一日）。「注意事項」として、「凡て宗教学生不応為の行為は決して為さゝること」「一切禁酒のこと」「風俗を乱り名誉を損するの時処は謹て之を避くること」「信義を重し礼譲を尊び相愛し相助くるの道を全ふすへきこと」などを定めた。四月六日には、次のような「反省有志会大趣意書」を普通教校大講堂に掲示した（「反省会沿革史（一）」）。

嗚呼我親愛なる二百の同窓諸士よ、活眼を開きて西洋各宗教徒の情態を観は、彼等夙に此弊害を知り堅く之を制し、以て道義を持続せるの美事は、自他共に欣羨する所に非すや、顧みて我仏教に見よ、仏五戒を規定して中に飲酒を禁するに非すや、（中略）酒已に禁すへし、古人これを禁し西人これを禁す、吾人豈禁する能はさるの理あらんや、酒已に禁す、飲酒に附帯する悪徳醜行は之を未発の前に防き、前途の目的未た成らさるに已に成るを見る、諸士それ之を良能に訴へて考察をめくらせ、禁酒の事決して容易の業に非す、頽廃の道義を恢復し、懐乱の風儀を矯正するは一人の能くする所に非す、これ反省有志会の起る所以にして、大に同志を求めて一致協力本会の主義・目的を貫通せんと欲するなり、二百の同志諸士、反省一番、吾人の意を納れて大に賛嘆する所あれ

普通教校に来学した『奇日新報』主筆の干河岸《ひがし》貫一《かんいち》は、反省有志会趣意書に賛同して、四月二十一日発行の『奇日新報』第五四四号にこれを紹介した。このことによって入会者が増加し、普通教校監事の里見了念・同教員の日野義淵・梅田諦成・長沼清忠・神代洞通らの支援を得た（「反省会沿革史（二）」『反省会々報』一一七）。八月に会名を反省会と改めたが、十月十日の総会時では、会員総数が九六名で、普通教校生三分の一の参加者を数えていた。

反省会雑誌　明治十九年十月の総会で「禁酒に関する小冊子」の編集が決定され、編集長に日野義淵が選出され、島地黙雷・フェノロサらから寄稿の承諾も得ていた。しかし、雑誌の刊行は遅れ、翌二十年八月五日に不定期刊行として『反省会雑誌』第一号が創刊された。

創刊号は、発行所を普通教校内反省会本部とし、持主兼印刷人を沢井（小林）洵、編集人を小原

松千代とした。大型菊判四六頁、定価三銭、表紙には「THE TEMPERANCE」と印刷、その扉には、「発刊主意」とともに、英文でも趣旨を表明した。「発刊主意」には次のように述べている（「反省会雑誌発刊主意」福嶋寛隆・藤原正信・中川洋子編『反省（會）雑誌』Ⅰ 龍谷大学仏教文化研究所 平成十七年）。

今ヤ我宗命令ノ信仰去ツテ自発ノ信仰起リ、尊大ノ主義自ラ倒レテ社会主義勢ヲ得ルノ時ナリ、世人我ニ属スルニ智識ノ均配ヲ以テシ、我ニ托スルニ信仰ノ開発ヲ以テス、実ニ我々ハ法輪運転ノ中心ニ位シ、世間眼光ノ注射点タリ、大任殆ト負荷ニ耐ヘザルヲ恐ル、幸ニシテ仏祖ノ冥助ニヨリ容易ニ酒杯ヲ絶チ進徳ノ門戸ヲ開クヲ得タリ、感謝何ソ堪ヘン（下略）

創刊号に掲載された論説として古河勇「朝鮮ノ文明ヲ誘導スルハ日本仏教者ノ責任ナリ」、梅原融「仏教者夫レ多忙ナリ」や蒐録・演説筆記・寄贈詩文などで誌面をかざった。

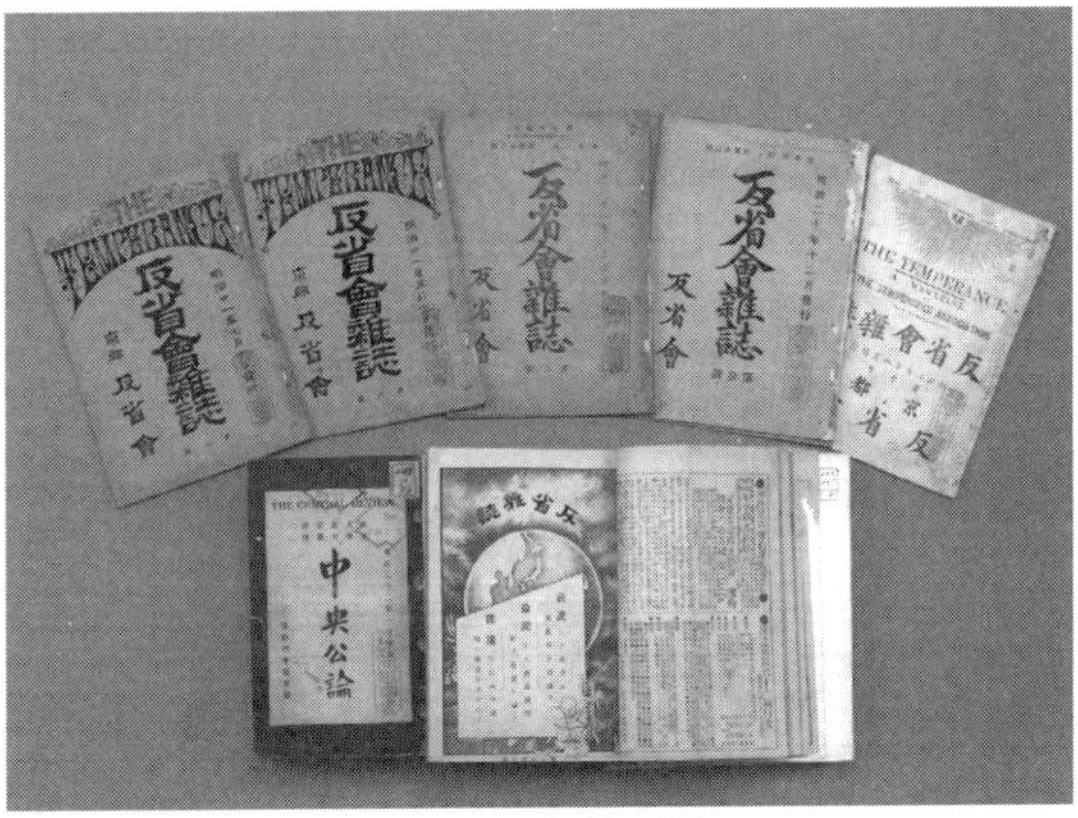

『反省会雑誌』龍谷大学図書館所蔵

明治二十五年には誌名を『反省雑誌』と改題し、当初の禁酒を中心とする修養雑誌から仏教精神を基調とする論説・評論雑誌へと発展した。二十六年十月の調査では、会員数一万五二八二名で、翌年十一月には一万八五七〇名を数えるに至った。一月には教育部を設けて、三月から学校入学に困難な者への学習支援をはじめた。二十七年三月には宣教部を設けて、禁酒・進徳の定着のために講演・講義・法話などをおこない、二十九年四月から婦人を対象として月刊雑誌『反省之鏡』を発行して、家庭の婦人に働きかけた。

明治二十九年には出版本部を東京市本郷区西片町に移し、本願寺旧家臣の麻田駒之助が社長となり、文芸欄を拡充して総合雑誌へと発展をはかり、三十二年一月に誌名を『中央公論』と改めて刊行した。また京都でも、『反省』・『反省之鏡』を反省会本部から刊行し、教育部を拡充して慈善夜学会を開設した。さらに海外宣教会が刊行していた英文誌『亜細亜之宝珠（THE BIJOU OF ASIA）』の編集事務を継承して欧文雑誌『東亜』を刊行し、英・独・仏文記事を掲載し、海外にも支部を置き、四〇〇〇部を出版した。しかし、三十三年の文学寮の廃止の影響を受けて、反省会の活動も新しい団体への転換を余儀なくされていった。

海外宣教会　松山松太郎・日野義淵ら普通教校教職員有志は、アメリカ神智学会による仏教伝播を知り、同会発行の雑誌『パッス』の送付を受けて、欧米通信会（のち欧米仏教通信会）を結成することになった。明治二十年八月『反省会雑誌』創刊号に趣意書を掲載し、海外各地との通信と刊行物の交換を開始した。欧米仏教通信会では、南条文雄《なんじょうぶんゆう》の英文『十二宗綱要』数十部を神智学会に寄贈したが、英文仏典も求められたため、松山松太郎は『日本仏教大意』の英訳に着手した。翌二十一年一月の『反省会雑誌』には「欧米（仏教）通信会報」を載せ、数百部を各地の有志に送付した。

こうした海外での仏教伝播への関心の高まりを背景として、欧米（仏教）通信会を充実、拡大するため海外宣教会が結成された。この間の活動を全面的に支援したのは普通教校監事の里見了念であった。宣教会の創立委員には里見以外に、通信会から日野・神代・松山、そして前大教校監事の服部範嶺、普通教校英語教師の手島春治らが参加した。『反省会雑誌』の「会報」にかわる英文誌『亜細亜之宝珠（THE BIJOU OF ASIA）』を創刊したのは、同年七月二十二日であった。編集を担当したのは主に松山であった。彼らは、翌月には『反省会雑誌』に欧米通信会を海外宣教会に改組することを告げ、海外宣教会趣意書や規則を附録として掲載した。

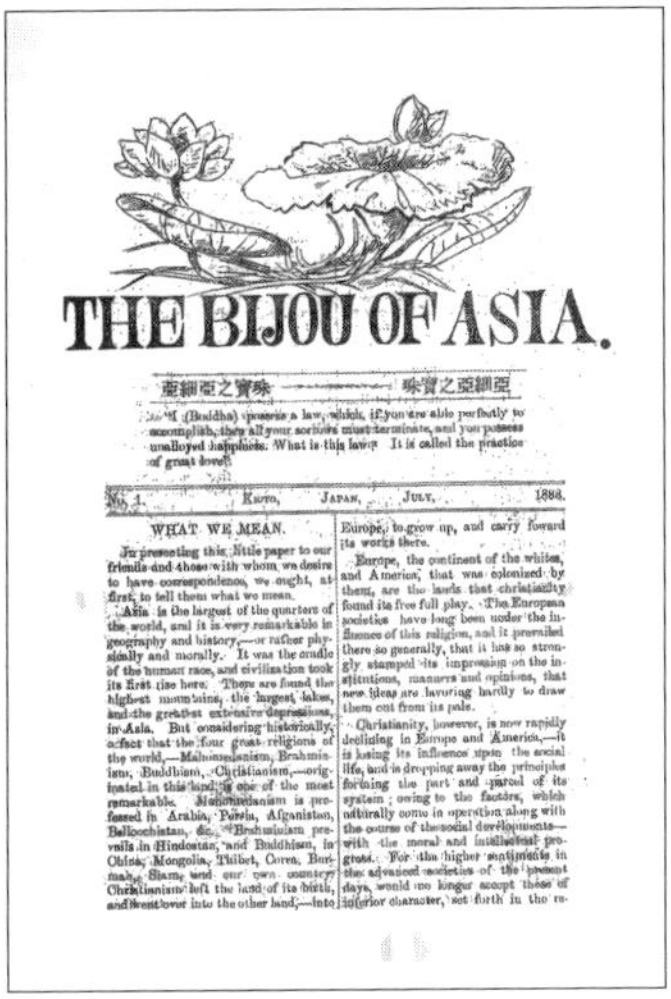
THE BIJOU OF ASIA.

亞細亞之寶珠 ―――― 亞細亞之寶珠

"I (Buddha) possess a law, which, if you are able perfectly to accomplish, then all your sorrows must terminate, and you possess unalloyed happiness. What is this law? It is called the practice of great love."

No. 1. KIOTO, JAPAN, JULY, 1888.

WHAT WE MEAN.

In presenting this little paper to our friends and those with whom we desire to have correspondence, we ought, at first, to tell them what we mean.

Asia is the largest of the quarters of the world, and it is very remarkable in geography and history,—or rather physically and morally. It was the cradle of the human race, and civilization took its first rise here. There are found the highest mountains, the largest lakes, and the greatest extensive depressions, in Asia. But considering historically, a fact that the four great religions of the world,—Mahommedanism, Brahminism, Buddhism, Christianism,—originated in this land, is one of the most remarkable. Mahommedanism is professed in Arabia, Persia, Afganistan, Belloochistan, &c. Brahminism prevails in Hindostan, and Buddhism, in China, Mongolia, Thibet, Corea, Burmah, Siam, and our own country. Christianism left the land of its birth, and went over into the other land,—into Europe, to grow up, and carry foward its works there.

Europe, the continent of the whites, and America, that was colonized by them, are the lands that christianity found its free full play. The European societies have long been under the influence of this religion, and it prevailed there so generally, that it has so strongly stamped its impression on the institutions, manners and opinions, that new ideas are lavoring hardly to draw them out from its pale.

Christianity, however, is now rapidly declining in Europe and America,—it is losing its influence upon the social life, and is dropping away the principles forming the part and parcel of its system; owing to the factors, which naturally come in operation along with the course of the social developments—with the moral and intellectual progress. For the higher sentiments in the advanced societies of the present days, would no longer accept those of inferior character, set forth in the re-

『亜細亜之宝珠』
龍谷大学図書館所蔵

八月十一日、海外宣教会本部を油小路御前通（正面通）下ルに開設し、国内有志に趣意書を送り、地方に出張して趣旨を説明し賛同を求めた。海外各地には発会を報じ、初代会長に赤松連城、幹事長に里見了見ら普通教校の教員が就任した。『亜細亜之宝珠（THE BIJOU OF ASIA）』の発送先として、アメリカ・イギリス・インド・フランス・イタリア・ロシアなどを含む総計二七〇か所、部数は一三九〇に及び、国内では五六九部が販売や寄贈された。趣意書は一万五〇〇〇葉が印刷され、ひと月で一万葉が頒布され、この時点で会員数は二〇〇余名であった。

英文誌『亜細亜之宝珠（THE BIJOU OF ASIA）』は、第二号を二十一年二月に、第三号を翌二十二年二月に発行し、さらに宣教会から二十一年十二月に国外での仏教関係の論説・批判、あるいは情報を翻訳収録した『海外仏教事情』を創刊した。創刊号は初刷五〇〇〇部、十二月には第二刷四〇〇〇部を印刷し、さらに翌年三月にも三刷を刊行した。当初は年四回の発行計画であったが、二十四年八月から月刊となった。

明治二十二年二月、アメリカ万国神智学会総長ヘンリー・S・オルコットがダルマパーラ・アナガーリカと来日したが、神智学会と交流していた宣教会の活動によるものであった。二人は二月十日に京都に着き、反省会・真宗青年伝道会などの会員と交流し、講演会や講話などをおこなった。ハワイでは曜日《かがい》蒼龍《そうりゅう》が宣教会活動の一環として、布教を開始し、ロンドンではチャールズ・フォンデスの希望で宣教会イギリス支部が設けられた。フォンデスは地方幹事となって講演・著述などによる仏教伝道をおこなった。本部は『亜細亜之宝珠』数百部を送った。

明治二十四年にはドイツのスプハドラ比丘著『仏教要論』（薗田宗恵訳）を出版、明治二十六年五月のアメリカ・シカゴでの万国宗教会議では、赤松連城『真宗大意略説』、加藤正廓『真宗問答』、本会委員編『真宗綱要』の英文冊子を参加者に頒布するなどして、海外宣教活動を展開した。

明治二十四年八月、本部を下京区油小路花屋町上ルに移した。さらに二十七年四月には、本部を東中筋北小路下ルに移し、『海外仏教事情』を廃刊するに至り、海外宣教会も事実上消滅した。海外宣教会の報告記事は、『反省雑誌』（『反省会雑誌』改題）に掲載することになり、三十二年の反省会の改革に際して『亜細亜之宝珠』を継承して欧文雑誌『東亜』を発刊した。その後、東京市高輪に移って、会と機関誌の発刊を継続しながらも、廃刊を余儀なくされた。

真宗青年伝道会　真宗青年伝道会は、普通教校の学生たちが広く知識を求め、また反省会や海外宣教会などを結成したのに対し、明治二十一年五月十日に大教校・内学院内で設立準備の第一回総会を開催した。同会の目的に「真宗奉信の青年（緇素と男女とを論ぜず）協同団結して、本宗の教義を拡張する」を掲げて、五月二十一日の降誕会の日に設立された。条規を作成し、職員を選任したが、会長は未定のままで副会長に金谷尽奥・大島照順が就任した。

会の目的を達成するために布教・教育・出版の事業を掲げた。布教事業として、京都下京の三か所での法話会と、京都上京と下京、そして滋賀大津の二か所、計四か所での演説会とを開いた。大教校の休暇中には地方への出張布教・講演もおこなわれた。教育事業として、京都下京、滋賀大津、京都西山など六か所に英学会を設けて、本部から教師を派遣した。出版事業として、六月二十三日に『伝道会雑誌』を創刊した。月刊で、誌面は主に教団内を対象として論説・講義・雑報・雑録からなり、本願寺集会などの記事も掲載した。

雑誌『伝道会雑誌』は、一時休刊したが、明治二十三年十月に佐々木狂介《きょうかい》が会長、一二三《ひふみ》尽演《じんえん》が編輯長に就任して再刊した。二十五年六月、真宗青年伝道会は雑誌事業を分離し、伝道新誌社から『伝道新誌』と改題して刊行した。その後、三十二年十月に伝道会は改革をおこない、主義・綱領・規則などを更改し、出版部を伝道新誌社に統合して、伝道会と新誌社とに分離した。三十五年四月に本願寺内に布教会を結成すると、『伝道新誌』はその機関誌として本願寺の管轄に入り、翌年一月には『布教叢誌』と改題し、刊行された。

四　大学林・文学寮・仏教高等中学

大学林例の制定　明治二十一年（一八八八）十月二十五日、大学林例を発布して、考究院、内学院、文学寮の二院一寮体制で大学林を開校し（「教示第六号」『本山達書』明治二十一年ノ十六）、さらに大学林予備門を付設して、教育体制の一元化をはかった。この改革の背景には、大教校と普通教校における教育が生徒の気風を二分化している現状や欧米では神学が確固たる地位を占め、日本では仏教大学の発足を見ない状況に対する危機感があった（「訓告第二号」『本山達書』明治二十一年ノ十六）。

大学林例は、二十二年一月に施行され、第一条で「大学林ハ本宗教義ノ蘊奥ヲ攻究シ、及内外ノ学業ヲ教授スルヲ目的トス」、第二条で「大学林ハ考究院・内学院及文学寮ヲ以テ組織ス、考究院ハ宗学ノ蘊奥ヲ攻究シ、内学院ハ義理及応用ヲ教授シ、文学寮ハ内外諸科ニ亘リ学術技芸ヲ教授スル所トス」と規定した（「教示第六号」『本山達書』明治二十一年ノ十五）。

第三条で、大学林職員では統理（親授）・副総理（同）・評議員（同）・録事（稟授）を、第四条で考究院職員・内学院職員・文学寮職員を配置した（「教示第六号」『本山達書』明治二十一年ノ十六）。第七条で、大学林の執行責任者として統理は、本願寺執行長の旨を受けて大学林を「総管」して、大学林の秩序保持や評議会の議長などを職掌とした。

大学林例の発布に伴う人事として、二十一年十二月十九日に日野沢依《ひのたくえ》が大学林総理に、二十一日には考究院長に就任して兼務となった。同日に名和宗瀛《なわそうえい》が内学院長に、里見了念が文学寮長に就任した。

二院一寮制　明治二十二年三月六日、大学林規則を発して、職制、教育目的や責任の所在、事務組織などを規定した（「甲達第一号」『本山達書』二十二年ノ三）。学年は九月二日に始まり、七月十五日に終了し、学年を分けて四学期とした。考究院の修業年限は三年、内学院・文学寮の修業年限は四年であった。

考究院は、二部七科を設け、修業期限を三か年とし、内学院及び文学寮高等科卒業生のうち、特に願い出た者を入学させた。宗乗部では、三経七釈および高祖、ほかの諸祖の釈義について研究し、余乗部では、倶舎・唯識・三論・華厳・天台・真言などを研究することとした。考究院は、伝統的な宗学をさらに深く研究するものであった。

内学院は、内典専修学科課程を四学年に分け、一学年をもって一学級（履修科目）を終えるものとし、一科目以上を専修とし、正科生に欠員がある場合には入学を許可した。学資については正科生で毎級三人以内の優秀な者を特待生とし、必要な書籍物品を授与した。

本願寺の教育機関の変遷

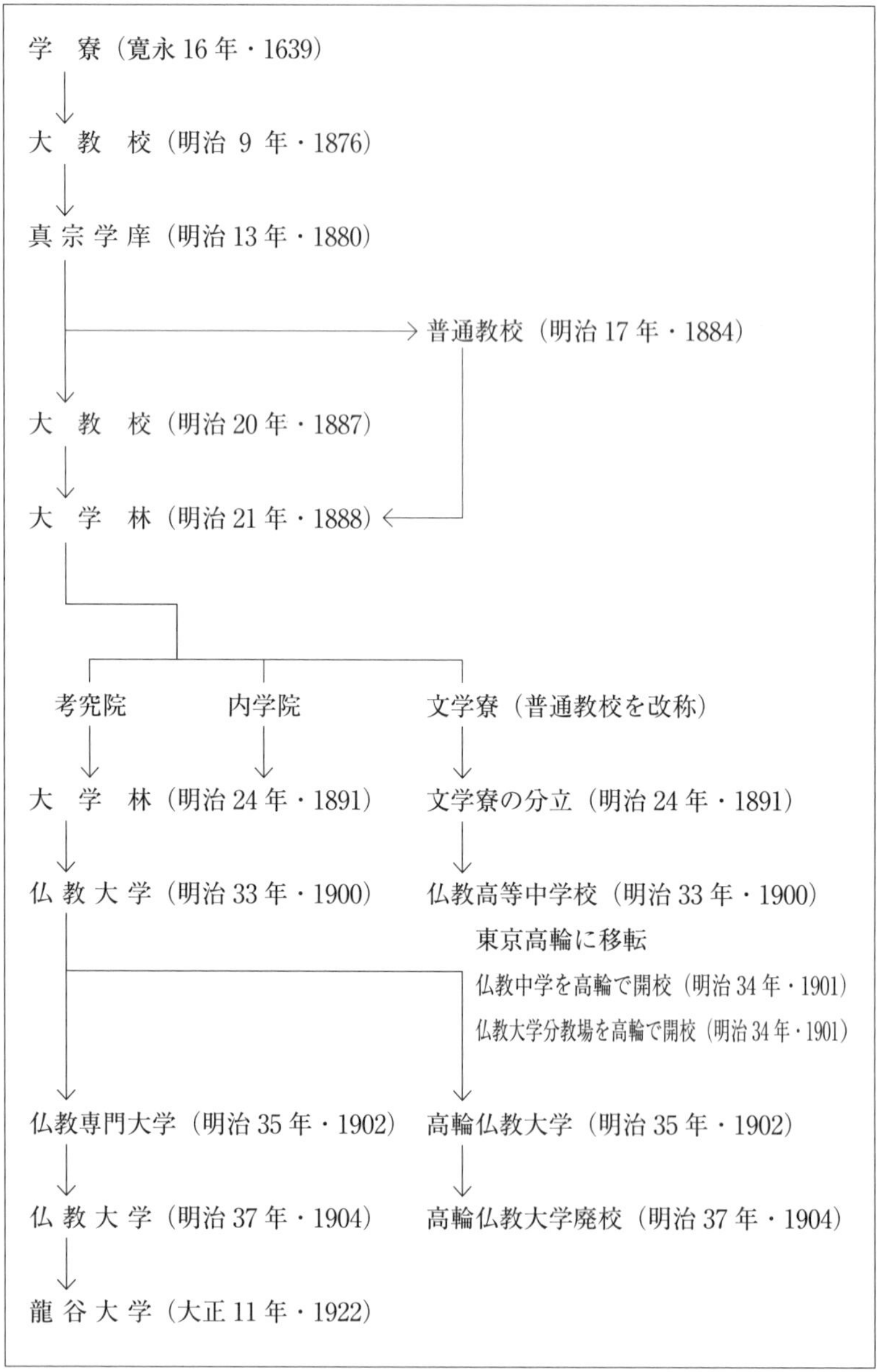

文学寮は、学科課程を本科・高等の二科とし、本科の課程を四学級に、高等科の課程を二学級に分け、一学年をもって一学級を終えるものとした。学資について、内学院生と同様の助成制度があった。

二十二年七月に大学林第一・第二支校の宿舎は改築され、当時の学生数は五〇〇名であった。二院一寮のもとで大学林は発足したが、内学院と文学寮の開設目的の相違による学生間の対立を克服できず、学生の志願傾向としては、多くの学生は文学寮を志望し、内学院への入学者の停滞をもたらすことになった。

文学寮の分立　教団は、大学林内での内学院と文学寮の対立を緩和するため、明治二十四年（一八九一）三月十八日に「寺法細則」第七章第十九・二十条を更改して、「大学林ハ本山ノ学庠ニシテ内典ヲ専門ニ授クル所トス」、「文学寮ハ内典及高等ナル普通学科ヲ授クル所トス」と規定し、文学寮と大学林とを分立した。七月四日に大学林例を廃止し、大学林規則と文学寮規則を定めて、九月一日から施行した（『本山月報』明治二十四年七月十五日）。

大学林は、考究院と内学院をもって構成し、別に安居を開講して、内典を専修とするように位置づけ、原口針水《はらぐちしんすい》が総理に、香川葆晃《かがわほうこう》が副総理に就任した。文学寮では、二十四年五月に名和宗瀛文学寮長が辞任し、藤島了穏が就任した。

文学寮の落成　明治二十五年四月二十六日、文学寮の落成式がおこなわれ、明如宗主は祝文で次のように述べた（『本山行事』『明如上人日記抄』後編 本願寺室内部 昭和二年）。

本寮は他の内学専修の校舎とは事異り、広く緇素の子弟を入学せしめ、普く内外諸科を兼修せしむる処なれば、向後本寮の奨励宜きに適ひ、教育方を得るに於ては、他日内守外護両種の人材を造出して啻に扶宗の実効を揚げ得るのみならず、護国の実績をも奏することを得べし（下略）

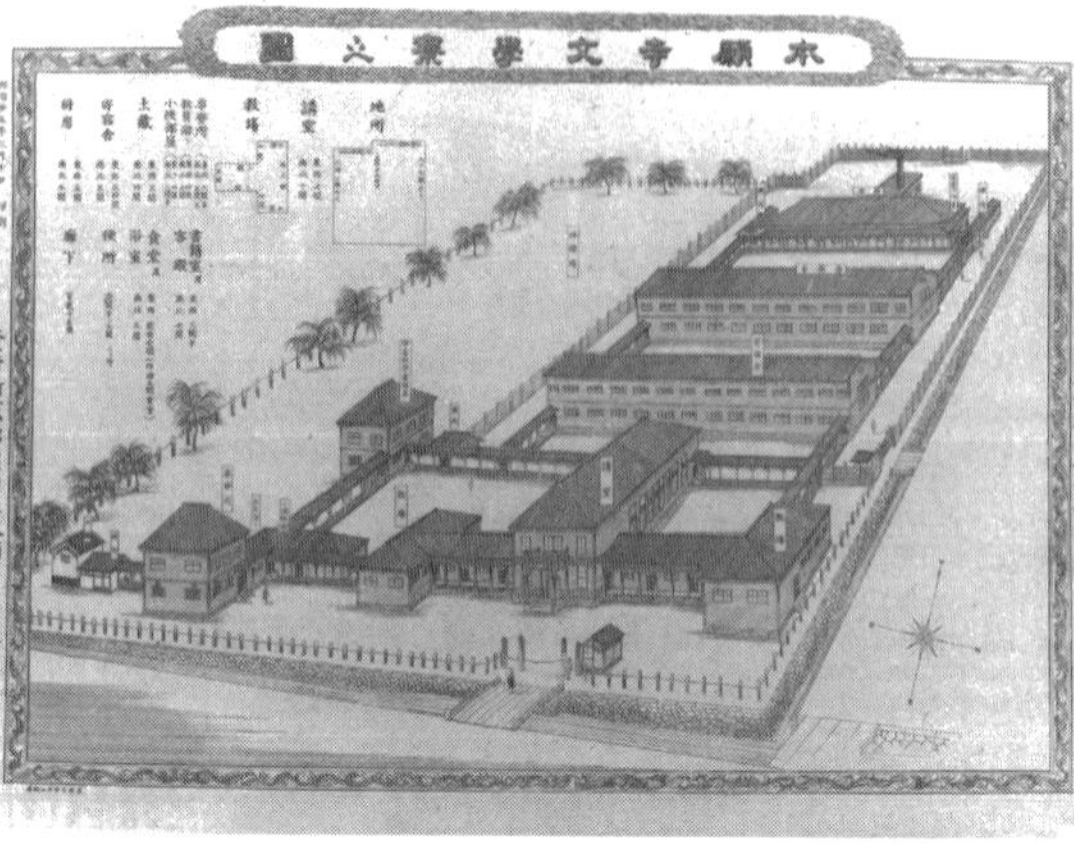

本願寺文学寮之図（版画）龍谷大学図書館所蔵

京都府や地方裁判所所長・検事長・大阪師団長、そして華族の三室戸《みむろと》雄光《たけみつ》、各区長、京都新聞社など多くの来賓者の立食による祝宴が開かれた。能楽が催され、夜には花火もあげられた。二十七日には入仏慶讃会を修行、二十八日に開講式がおこなわれ（『本山月報』明治二十五年二月二十四日）、赤松連城が宗学を講じ、藤島了穏が普通学を講じた。

三十二年一月八日には、安藤仲太郎が制作した明如宗主の「寿像」が大学林へ（龍谷大学所蔵）、二十九日には文学寮に（本願寺所蔵）それぞれ寄贈された（「本山達書（明治三十二年）」『史料編』第四巻・『教海一瀾』第三八号）。

文学寮の図書館　明治三十年七月に文学寮長に就任した薗田《そのだ》宗恵《しゅうえ》は、文学寮図書館を拡張して、仏教図書館の設立をかねてから構想していた。それに賛同した護持会会長の水原慈音《みずもとじおん》は天台山三大部科本を、大《お》洲鉄然《ずてつねん》執行長は漢魏叢書一二〇冊などを寄贈した（『教海一瀾』第一号）。九月には一般に書籍寄贈を求める趣意書を配布し、図書の収集が進み始めた。三十二年四月には、一八〇部八一八〇冊と報告されている。三十三年に文学寮は仏教高等中学に改められ、さらに東京高輪に移転となった。そのため高輪の新校舎に図書館を移し、閲覧室を設けるとともに図書の充実を図った。その後、高輪の廃止によって所蔵の図書は仏教大学に移管することになった。

内地留学生規則　明治二十四年七月四日には内地留学生規則を制定して（「教示第二号」『本山月報』明治二十四年七月十五日）、二十五年一月より施行した。この規則は、教団内の僧侶の中で「学識ヲ有スル人材ヲ育成」するため、「高等中学予科第二級以上若ハ帝国大学文科又ハ理科ニ入学スル者ニ限リ」認めるもので、当分は一五名を定員とした。学資は、高等中学入学者は毎月六円より八円、帝国大学への入学者は一〇円より一二円を支給するとした。留学生は、卒業に至るまでの転学や退学を許さないなどと厳格に明記した。その後二十九年四月に規則改正を経て、三十一年八月にも更改された。（「教示第二十号」『本山録事』明治三十一年八月二十六日）。

第一条　本山ハ宗門上須要アルトキ、大学林本科卒業又ハ文学寮本科卒業以上若クハ之ト相当セル学力アル者ヲ選抜シ、所修ノ学科ヲ指定シ留学ヲ命スルモノトス

第二条　留学生ハ品行方正身体強健ニシテ家事ノ繫累ナク、本山ヨリ指定セラレタル年限中修

学得ヘキモノニ限ル

第三条　留学生ニハ其留学地ノ実況ヲ商量シ、相当ノ学資ヲ給与ス

第四条　留学生ハ書式第一号ノ誓約及第二号ノ保証状ヲ差出スヘシ

第五条　留学生ハ本山ノ許可ヲ得スシテ、指定セラレタル学科又ハ土地ヲ変更スルコトヲ得ズ

第六条　留学生ハ所修学科卒業後、本山ノ許可ヲ得スシテ他ノ職ニ就クコトヲ得ス

第七条　留学生ノ品行不良若クハ学業怠惰又ハ留学生規則ニ違犯スル行為アリト認ムルトキハ、留学ヲ差解ク

但、本条ノ場合ニハ従来給与セシ学資ヲ一時ニ返納セシムルコトアルベシ

第八条　留学生ハ病気等避クベカラザル事故アルトキハ、廃学ヲ許可スルコトアルベシ

国内の留学生には、東京帝国大学大学院への堀謙徳・佐竹観海・菊池俊諦・中尾教厳・高原操、東京帝国大学の文学科への源良澄・藤井義秀・河野清海・森川智徳・亀山正賢、哲学科への小笠原実成・芝田徹心、法科への蜷川行道・名尾玄乗、歴史科への吉田哲雄、理科への今村恵梁、第三高等学校への小林照朗・野村礼譲・朝倉暁瑞・北山心寂らがいた（石倉重継『本派本願寺名所図会』博文館明治三十五年）。

学校条例　政府は明治三十二年八月に私立学校令、同時に「訓令第十二号」を公布して、教育への統制を強めた。これを受けて本願寺は三十三年一月十五日に寺法細則中の学制を更改した。また

同日学校条例を発布して、大学林は仏教大学、文学寮は仏教高等中学・仏教中学とすることを決定し（「法度第一号」・「法度第二号」『本山録事』明治三十三年一月十八日）、四月一日から開校した。そして各学校の諸規則を定めた。

九月に仏教高等中学は東京芝区高輪台町へ移転した。中央仏教中学は模範仏教中学と改称して九月五日に本願寺境内猪熊通北小路下ル西八百屋町に移転した（「教示第十八号」『本山録事』明治三十三年九月十一日）。さらに三十四年四月に模範仏教中学は高輪仏教高等中学内に移転し、同月に仏教大学の分教場も高輪に開設することになった（「教示第六号」・「教示第七号」『本山録事』明治三十四年三月十五日）。

仏教大学を分立　明治三十五年一月に学校条例を更改して仏教大学、仏教中学の二種として、仏教大学は考究院五年、本科三年、予科二年とし、仏教中学は全国に五校を設けた（「法度第二号」『本山録事』明治三十五年一月二十五日）。三月四日に学校条例をさらに更改し、仏教大学は仏教専門大学と高輪仏教大学とに分立し（「教示第三号」『本山録事』明治三十五年三月五日）、十一日仏教専門大学を猪熊通七条上ル大工町に置き、東京高輪の仏教大学分教場を三月に廃止して、高輪仏教大学を設け、両者ともに四月から開校することになった。二十五日には両大学の職制を定め、両大学の規則を制定した（「教示第八号」・「教示第九号」・「甲達第七号」・「甲達第八号」『本山録事』明治三十五年三月二十五日）。四月一日に小山憲栄《こやまけんえい》が仏教専門大学学長に、岩橋興隆が監事に、酒生慧眼《さこうえげん》が高輪仏教大学長に、同月十三日には光山慈敬が監事に就任した。

仏教中学の設立と統合　明治二十八年五月に内務省は訓令を出して、「人民に布教伝道する教師は、教義宗旨に精通する外、尚尋常中学科相当以上の学識を具備するにあらずば到底其任に適せず」と、教師検定条規を定め、各宗が規を定めて本省の許可を受けるべきことを通達した。各宗は中学校卒業生またはそれ以上の学力を有する僧侶の養成に努め、学校経営に尽力することになったが、三十二年八月の私立学校令の公布により、制度上さらに充実・整備することが課せられるようになっていた。

当時、仏教中学として設立されていたのは次の一七校である。

模範仏教中学　大和仏教中学　西肥仏教中学　広島仏教中学　姫路仏教中学
金亀仏教中学　楓川仏教中学　越中仏教中学　四州仏教中学　北豊仏教中学
三重仏教中学　福井仏教中学　山口仏教中学　福岡仏教中学　和歌山仏教中学
備後仏教中学　熊本仏教中学　（このうち、熊本・備後の二校は明治三十四年四月に廃止）

模範仏教中学は東京高輪模範仏教中学、金亀《こんき》仏教中学は彦根仏教中学、西肥仏教中学は龍谷中学に改称した。楓川仏教中学は、島根県浜田に設立された中学である。

三十五年三月には私立仏教中学規則を制定して、第一章総則の第一条で「本学ハ教師タラントスル者又ハ仏教大学ニ入ラントスル者ニ須要ナル学科ヲ教授スル所トス」とした。学科及修業年限、学年学期及休業、入学在学及退学などを規定化した（「甲達第九号」『本山録事』明治三十五年三月二十五日）。そして先述の全国一七の仏教中学を整理統合して、これまで各学区の経営であった学校を本願寺の直営とし、改めて次の五校の仏教中学を開校することになった（「教示第四号」『本山録事』明治三十五年三月五日）。

第一仏教中学　　　　　　　第二仏教中学（現、北陸高校）
第三仏教中学（現、龍谷大学付属平安高校）　　第四仏教中学
第五仏教中学（現、佐賀龍谷高校）

五　高輪仏教大学・仏教大学

高輪仏教大学の開設　明治三十四年（一九〇一）四月、仏教大学分教場が東京高輪に開設された。翌年四月、これが廃止され、新たに高輪仏教大学が開校した（「教示第六号」『本山録事』明治三十五年二月十五日）。校地は、東京高輪泉岳寺に隣接し、面積三六〇〇坪、講堂（二階建）・教場・事務所・寄宿舎など建坪一万五〇七〇坪であった。高輪仏教大学は、大学部三年、高等中学部二年、中学部五年からなり、学生数は、大学部四六名、高等中学部一〇一名、中学部一六六名であった。学生組織は、学友会があり、部長一名、理事二名、各級より委員一名などを選出していた。

同校は文学寮の伝統を継承するものとして普通学を重視する教育課程に基づいて、文明開化の新たな時代社会に応える幅広い知識・教養を修得する学生の育成をめざしていた。

これは仏教専門大学の内典・宗乗を重視する教育方針と異なった独自性をもっていた。高輪仏教大学は、東京での新たな世代の台頭、新たな学術を背景に旧来の学問方法などを刷新しようとする進取の精神をもって、開校とともに学校行政権の自主性を主張する次の五か条の要請書を本願寺に提出していた（『教海一瀾』第一八九号）。

第一、東京に於ける本派諸学校の教育の方針を変更し、又は校則を改正する場合には前以て生等に御協議之上御決行相成度事

第二、東京に於ける本派諸学校の学長任免に関しては、前以て生等に御協議之上御決行相成度事

第三、教職員の推薦は、当該学長に御一任相成度事

第四、予算内に於ける会計出納は、一に当該学長の意見に任せられ度事

高輪仏教大学（『高輪学報』第一号口絵より）

第五、右四ケ条は、今後十年間継続履行相成度事

このような高輪仏教大学の主張は、人事を含め本願寺及び仏教専門大学からの自立を求めるもので、教団内から厳しい批判を招くことになった。

鏡如宗主の教学に関する親示　明治三十六年六月十五日に鏡如宗主は、安居開繙式に出席して、教学の方針を次のように親示した（『真宗聖教全書』第五 拾遺部下 興教書院 昭和三十二年）。

夫れ寺務の大本は、興法利生に在り、其人を養成する最急務とす、而して僧侶の学を修るや、自ら本宗の教義を信ずるに基き、深く祖承の淵源を究め、広く弘通の綱要を考へ、以て仏恩を念報するに在り、故に余乗に亘り、外典に及ぶも、要たゞ宗義を発揚するに外ならず、其教を施すや、出離解脱の径路を示し、世間倫理の常道を諭し、世道人心を正くし、以て皇化を翼賛するに在り、方今圭運の日に盛なる、人民普通の学を治る、固より其宜しき所なりと雖、僧侶の本分は自行化他に存すれば、専門の考究実に必要とす、若夫本を忽にし末に奔り、浮華の文を衒ひ博渉の名を求るは、最戒むべき所なり、予今継職の始に方り、歴世の遺訓を紹述し、教学の方針謬なからんことを欲す、門末の僧侶よく此意を体せんことを希ふ

この親示は、教団の使命が「興法利生」にあって、僧侶が「本宗の教義」を信ずることに基づい

て「弘通」を考え、「仏恩を念報」することを明確にした。そのためには宗義を発揚し、「浮華の文を衒ひ博渉の名を求むるは、最戒むべき所」であるとした。このことは、普通学の教育課程を展開する高輪仏教大学に深刻な影響を与えた。この親示を受けて、教団内で高輪仏教大学への批判、閉校を主張する意見が高まった。

学制更改方針の成立　十月八日から十三日まで島地黙雷《しまじもくらい》・利井明朗《かがいみようろう》・酒生慧眼《さこうえげん》・岡道亮ら二〇名からなる教学参議部議事会が開会した。議長に赤松連城が就任して、「徳育を盛んにして大悲伝普化の重任を托すべき教家を養成する事」「世間学校制度の羈絆を脱して、我学制の之が為めに動揺せしめらるゝを避る事」「模型的の教育を廃止して実際的の教養を為し以て人材を得んとする事」「教育の大方針を改め以て百世の基礎を作るに在て僅々たる財政に拘るに非ず」「学階教師に関する規定及び現在学生の処分に関する事」など学制更改案を審議した（『教海一瀾』第一八三号）。議事会は学制更改案を二十二日に執行へ送付して、更改案は成立した（『教海一瀾』第一八四号）。

本願寺での高輪仏教大学批判　明治三十六年の本願寺予算では、京都の仏教専門大学への年間予算が八六六八円であるのに対して、高輪仏教大学へは一万八三四〇円となって、著しい格差があり、本末転倒という声があがった。俸給総額の比較でも仏教専門大学の五八〇〇円に対して、高輪仏教大学は一万五八〇〇円と、その格差への批判も生じた。高輪仏教大学は東京中央商業高校の建築に予算を支出しており、本願寺もこれに多額の援助をしていた。小田尊順執行長が七月に中央商業高校への補助金を廃止したことに対して高輪仏教大学側から批判がおこり、高輪仏教大学の評議会が、教職員の任免・予算内の会計出納を評議会や学長に一任すべきであると主張した。本願寺は高輪仏教大学の評議会を「専横」であると、厳しく批判した（『教海一瀾』号外 明治三十六年十二月二十一日）。

こうした本願寺と高輪仏教大学との対立が高じて、九月九日に酒生慧眼学長は学長職を辞職し、前田慧雲《えうん》が新たに学長に就任した。教授陣には内田晄融・日下大痴・妻木直良・高楠順次郎・服部範嶺・波多野精一らがいた。

高輪仏教大学教職員の主張　十月初旬に高輪仏教大学の学長以下教員一七名は連署で、「教学私見」を公表した（『龍谷大学三百五十年史 通史編』上巻 龍谷大学 平成十二年）。そこでは、

興学布教は宗教の生命なり、興学布教最も盛を極むるの宗教は起り、興学布教萎微として振はざる宗教は衰ふ、（中略）道路風説する所を聞くに、派内一部の人士、口を事務の整理に托して、大に現今の教学を縮小せんと欲すと、之をして果して若し真なりとせば、生等甚だ惑なき能はざるなり、蓋し事務の散漫として徒らに信施を浪費し、不測の借財を重ぬるが如きは最も慎しまざる可らざるは勿論、事務の緊縮は生等も双手を挙げて賛成する所なりと雖も、緊縮自ら法あり、一宗の命脈たる教学を縮小するが如きは、生等断じて其不可を主唱せざる可らず

と、本願寺の姿勢を批判した。学生は本願寺に「嘆願書」を、総代会に「陳情書」を提出した。

このような高輪仏教大学の教職員や学生の主張に対して、小田尊順執行長は、十月十七日に高輪

大学及び第一仏教中学教職員二〇名を譴責処分とした。この処分に対して、高輪仏教大学教職員は真宗本派青年同志会を結成して、『教界時事』を発行して、本願寺への批判を広め、地方にも遊説した。同志会の「宣言」は、次のように述べている（『本派学制更改方針に対する意見書』真宗本派青年同志会　明治三十六年）。

従来の学制更改とは全く其趣きを異にし、根本的に其方針を改めんとするものなれば、苟も本宗教学の前途を憂ふるものは、大に其得失利害を考究せざる可らず、生等不肖と雖ども身既に育英の重職を帯び平素宗門教育の改良上進で図るを以て、各自の責務なりと信ずるものなれば、這般の問題を以て単に当局者の意見に一任するが如きは、宗門に対して甚だ不忠不実なるものと確信し、先きに当局執行幷に参議議事に対して忌憚なく生等の意見を開陳するところありしが、不幸にしてその容るゝところとならず、剰さへ監正部長の出張審問となり、其結果として一同譴責の処分を蒙るに至れり、然れども生等が宗門教育に対する意見は、此によりて消滅に帰するものにあらず、益々自信を主張し愈々主義の貫徹を計らんとするものなり

小田執行長は、十一月七日に派内の大学・中学などの校長に、学生生徒が高輪仏教大学系の運動に関与することなく、心得違いのものがあれば厳重に処分すると通達した。

教育大会の開催と高輪仏教大学の閉校　高輪仏教大学及び第一仏教中学教職員への処分は、教団

仏教大学（本派本願寺執行所『追憶記』より）

に混乱を拡大することになった。明治三十七年二月に前田慧雲は高輪仏教大学学長を辞職し、仏教専門大学学長の武田篤初《たけだとくしょ》が兼務することになった。

二月六日に武田篤初らは教団の有識者を集めて教育大会を開催し、仏教中学や仏教大学の教育内容に関する審議がおこなわれた。仏教中学については、文部省の中学校令を踏まえて、五学年のうち最後の二学年に応用科を設け、普通学の授業をすることとした。仏教大学については、宗乗・余乗・宗教学・外国語の四科を設け、講座制を導入し、卒業年次を固定せず学生の志望に応じて卒業試問をおこない、学生の自主的な学び、研究の尊重を決議した。

本願寺は四月二十日付で、高輪仏教大学関係者として、学長前田慧雲・酒生慧眼・芳村格道・護城慧猛・梅原賢融・菅瀬芳英・泉道雄・北村教厳の八名に対して、「其方儀近来各地ヲ巡回シテ公開演説ヲ為シ全然無根ノ事実ヲ捏造シ宗務施行ヲ妨害シ剰へ往々師命背反ノ言動ヲ為シ以テ檀信徒ヲ誑惑セシ段末徒本分ヲ失却シタル不屈ノ行為ナルニ付」、奪度牒（僧籍剥奪）の処分をおこなった（『本山録事』明治三十七年四月二十三日）。地方の住職の中には高輪仏教大学教職員の巡回を支援したとの理由で譴責処分を受けた者もいた（『本山録事』明治三十七年四月三十日）。

仏教大学の開校　明治三十七年（一九〇四）四月、高輪仏教大学と仏教専門大学との統合によって仏教大学が成立した（「教示第六号」『本山録事』明治三十七年四月二日）。四月八日に武田篤初が仏教専門大学の学長職を辞任して本願寺執行に就任し、十六日には伊井《いい》智量《ちりょう》が学長に就任した。同日に仏教大学職制・同規則・同補則・同考究院規則・同聴講生規程などを発布した（「教示第九号」～「教示第十二号」・「甲達第九号」『本山録事』明治三十七年四月十六日）。

仏教大学規則の更改は、先の教育大会での審議決議を継承して、「仏教大学をして其目的と体面とを保たしめ教義宣揚の趣意をして一層貫徹せしめん為め」であった。すなわち第一に、仏教大学は、仏教専門の大学としての特色を明らかにして、仏典の研究が重要であるとした。第二に、従来の教義重視に加えて、今後、諸宗についても研鑽することとし、訓詁註釈的な教授法を組織的開発的に改めて、各界の人材を育成することとした。第三に、内典に限らず哲学・史学・科学・語学などの広い知識を得て、研鑽することとした。第四に、これまでの試験制度を全廃し、新たに講座制を導入して教育制度の展開をはかるなどとした（「学制更改の理由」『本山録事』明治三十七年四月二十三日）。

四月二十五日に授業が始まり、約一五〇名の学生が入学した。鏡如宗主は五月十九日に講堂でおこなわれた開講式に出席して、次の親示を出した（『本山録事』明治三十七年五月二十一日）。

予曩ニ一派教学ノ方針ヲ指示シ、尋テ学制ノ更改ヲ為サシム、今ハ進テ新学制ニ依リ、学座講座ノ開筵ヲ視ルニ至ル、抑モ講座制ノ要ハ講師講義ヲ組織シテ智識ノ啓発ニ任シ、学生自己ヲ策進シテ学科ノ研討ニ勉メ、以テ道念識力ニ富メル材器ヲ養成スルニ在リ、故ニ居常精進ノ外相ヲ衒ハス汚濁ノ俗界ニ染マス、世間ニ類同シテ而モ出世ニ超脱シ、学ヲ脩ルト共ニ生ヲ衛リ奮テ其目的ヲ期スヘシ、冀クハ予ノ意ヲ領シ、一派育英ノ実績ヲ挙ンコトヲ

続いて伊井智量学長が奉答文を朗読し、主席講師の足利義山が『三経』の概要を講じた。三十八年四月一日に伊井智量が学長を辞職し、薗田宗恵が就任した。七月二十四日に規則を更改し、本科の修業年限を最短三年以上・最長四年以内とし、本科入学者は予備科卒業生に限定し、試問を経たものを卒業とした。

三科制度の制定　明治四十一年四月一日、仏教大学規則を更改して、本科に三科の制度を施行し、専門領域の充実をはかった。規則の第八条で、「第一科ハ学者、第二科ハ布教者、第三科ハ執務者ヲ養成スルヲ以テ目的トス」、第九条で、「各科ニ属スル講座ヲ定ムルコト」とした（『本山録事』明治四十一年六月十三日）。なお、修業年限は三年とし、三学年に分けて履修させた。このような講座以外に国文・漢文・英語・梵語又は巴利語・西蔵語・蒙古語・清韓語も科目に加わり、特別講習・演習なども設けられた。毎学年末には履修の各学科毎に演習論文を提出させて審査をおこない、不合格の演習論文が過半数に及ぶ時には原級に留めるものであった。

しかし、大正元年三月には大学規則を更改して三科制度を廃止し、学年制を復活した。三科のもとでは、学生の三科選択に偏りを生じていたためである。大正四年の卒業生は第一科一一名、第二科三三名、第三科では在籍者がいないという状態であった（「本山達書（大正三年）」『史料編』第四巻　龍谷大学　平成四年・『通史編』上巻）。

写字台文庫の寄贈　明治二十五年一月、明如宗主は整理した写字台文庫の一部、一九函を大学林へ寄贈した。その後鏡如宗主は三十七年十月に仏教大学での内典の振興をはかるにあたり、写字台文庫の全蔵書を寄贈し、そのための倉庫二棟も譲渡した（「本山達書（明治三十七年）」『史料編』第四巻）。写字台鏡如宗主のもとで整理された『写字台蔵書御下附目録』によれば、三七三九部一万一六四九冊にのぼった（『通史編』上巻）。

写字台文庫は、証如宗主のころから長年にわたって歴代宗主が書籍などの収集に努めた文庫を広如宗主が天保年中（一八三〇〜四四）に名付けたものであった。

仏教大学の図書館　仏教大学の設立を受けて、本格的な図書館建築が愁眉の課題となっていた。図書館の建築は、明治三十九年に薗田宗恵仏教大学学長が大阪の超願寺森祐順を訪ね、図書館建築について懇談したことが転機となった。森は大阪の徳浄寺門徒の竹田由松を訪ねて、図書館建築の支援を依頼した。竹田は仏教大学の敷地を確認して、私財で建設への寄付を申し出た。その建物は、十八年建築の大阪南警察署庁舎の払い下げを受けたもので、解体して京都へ運ぶことになった。図書館は、大学の西北の隅を敷地とし、竹田が総監督となり、青木文吉が棟梁となって四十一年三月一日に着工し、四月七日に上棟式がおこなわれた。工事費の約三万円は竹田由松の寄付であった。さらに図書を保管する土蔵書庫も建設され、その費用は竹田の妻キクと妹の玉島キクエからの二〇〇〇円の寄付であった（「本山達書（明治四十一年）」『史料編』第四巻）。

九月に建坪八〇坪、二階建の図書館が竣工して、開館式は十月十八日に恒例の報恩講のあと午後二時から開かれた。宗主が出席、施主の竹田由松一族や多くの来賓を迎えた。式では、宗主の祝辞、薗田学長の挨拶、大谷昭道執行長の訓示、講師総代の赤松連城名誉講師、菊池大麓京都大学総長などの祝辞があった。宗主は、*The Imperial Gazetteer of India* 全二五冊を大学に寄贈した。式後に薩摩琵琶・ヴァイオリンの演奏等があり盛会のうちに終了した。当日の参会者には『仏教大学並附属図書館概要』を配布した。

明治41年ごろの仏教大学図書館（写真提供　龍谷大学図書館）

　図書館内部の改築費用は、大学が負担し、本願寺に八〇〇円の支出を願い出ていた。館内は、左手に閲覧室、右手に館長室・事務室が配置され、中央は吹き抜けで、二階に閲覧室と特別閲覧室、回廊式の書架が設けられていた。外側に二つの書庫があった。一つは二階建て土蔵が書庫に改築されたもので、もう一つは、大正五年にさらに一〇〇五円を支出して図書館書庫を建築したものであった（「本山達書（大正五年）」『史料編』第四巻）。

六　龍谷大学

龍谷大学の設立　大正七年（一九一八）十二月六日、大学令（「勅令」第三八八号）が発布されると、在来の専門学校令による私立大学は、新たな大学令による大学教育への転換をめざした。こうした動向に仏教大学も対応することになった。

八年二月の第五十回定期集会では、仏教大学の単科大学昇格や女子大学創立案などが審議された。六月十六日、臨時教育調査会規程を発布し（「甲教示第十号」『本山録事』大正八年六月三十日）、第一条で「一派教育機関ノ改善発展ヲ謀ル為メ臨時教育調査会ヲ設ク」と述べ、梅上尊融《そんゆう》・鈴木法琛《ほうちん》・森川智徳ら二〇名が調査委員に任命された。調査会では、単科大学昇格の場合における学科の編成、校舎その他の設備、資金の積立、そして女子大学名称変更に関することなどを協議した。

九年二月の第五十三回定期集会では、仏教大学の学制を更改し、大学昇格をめざすことを確認して（『教海一瀾』第六四六号）、九月二十一日に大学令による大学の設立、及び六〇万円を基金とする仏教大学財団設立の認可を文部省に申請した。

文部省からの龍谷大学の設立認可は、十一年五月二十日付であった（『教海一瀾』第六七一号）。五月二十一日は、親鸞聖人の降誕会《ごうたんえ》であったが、大学認可を受けて、午前八時から降誕祝賀式をおこない、講堂では午前九時から昇格祝賀式を開催した。来賓には、管長事務取扱の大谷尊由、中橋徳五郎文部大臣代理、若林賚蔵《らいぞう》京都府知事・馬淵鋭太郎《まぶちえいたろう》京都市長らが出席、卒業生約四〇〇人、学生約七〇〇人などの参加があり、鈴木法琛学長の昇格経過報告、松島善海執行長をはじめ文部大臣・知事・市長などからの祝辞があり、式を閉じた。

式後には、一般人の入校を認め、午後五時まで校庭で相撲大会、各種の模擬店があり、教室では書画などの展覧会を開催し、この日に参会した人は五万人をかぞえたという（『教海一瀾』第六七二号）。

六月二十日に第五十六回臨時集会を開会し、龍谷大学昇格に関する報告がおこなわれた。なお、校名の変更は、「宗教宗派の名称を大学に附する事はいけないとの事で、急に校名を改める必要を生じ、何分火急の場合であったから学校当局とも相談の上、本派の別名ともいふべき『龍谷』を校名とする事に決し」たのである（『教海一瀾』第六七三号）。

なお、『教海一瀾』第六七二号の社説には、龍谷大学に対する次の期待が述べられている（大正十一年六月二十二

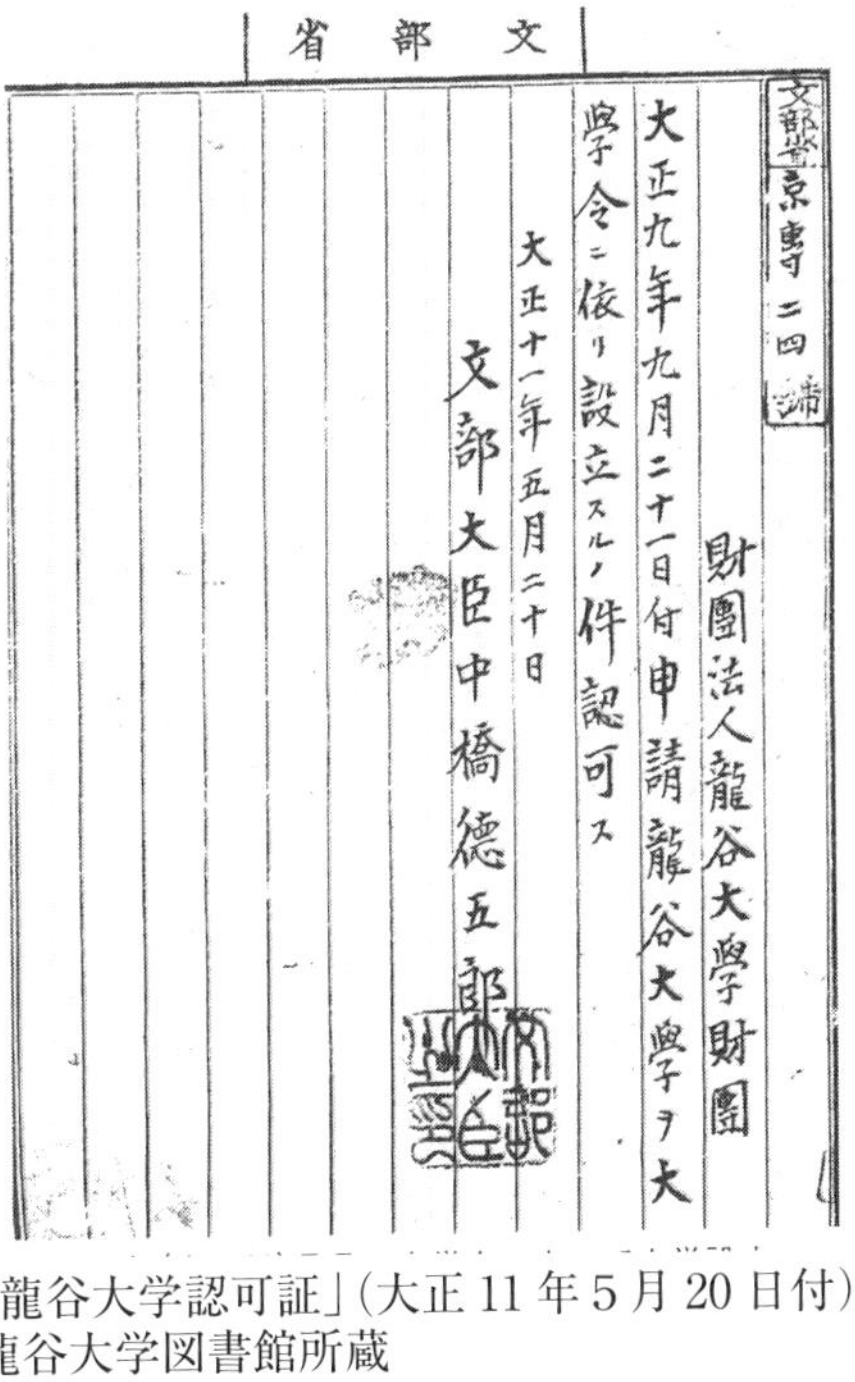
文部省

文部省京専二四號

財團法人龍谷大學財團

大正九年九月二十一日付申請龍谷大學ヲ大學令ニ依リ設立スルノ件認可ス

大正十一年五月二十日

文部大臣中橋德五郎

「龍谷大学認可証」（大正 11 年 5 月 20 日付）
龍谷大学図書館所蔵

日)。

宗門の最高教育機関として宗門有用の人材を育成する是れ一、世界的仏教々学の淵叢としての実質を備ふること是れ二、思想界の権威として一世を指導するに足るべき人格者を輩出せしむること是れ三、其他数へ来れば世間普通の大学と異なれる幾多緊要なる貴ふとき使命が宗門大学の上には負荷せられ、期待されるのである

龍谷大学財団設立　龍谷大学財団設立については、六月二十一日午前一〇時から本願寺鴻之間で第一回龍谷大学財団評議員会を開催し、この間の申請経緯を湯次了栄財団主事が説明し、龍谷大学財団設立条例を審議、可決し、発布した(「法度第七号」『本山録事』大正十一年七月二十日)。

第一条　龍谷大学ノ経営及維持ヲ図ル為メ、龍谷大学財団ヲ設立ス
第二条　本財団事務所ハ本山ニ置ク
第三条　本財団ノ資産ハ本山下附金並ニ一般有志者ノ寄附金総額壱百万円以上ヲ以テ、之ニ充ツ
第四条　本財団ノ資産ヨリ生スル果実ハ、財団ノ経常費及龍谷大学ノ経費ニ使用ス
第五条　本財団ノ基金ハ如何ナル場合ト雖モ、費消スルコトヲ得ス

第六条　基金ハ国庫債権券若クハ其他ノ公債ニ替ヘ、又ハ主務官庁ノ認ム確実ナル方法ニ依リ、保管スルモノトス（下略）

同時に「法度第八号」で龍谷大学特別会計規程を発布したが（『本山録事』大正十一年七月二十日）、これは旧仏教大学特別会計規程の廃止にともなって制定した。このように大学昇格に伴う一連の諸規程を発布して、龍谷大学財団としての法規上の整備を終了した。

七　派立学校・関係学校

派立学校と宗門教育制度　戦前において、宗門が関係した学校は大きく二つに分けることができる。一つは、本願寺が直接的に設立・経営に関わった派立（本山立）学校であり、もう一つは、教区・僧侶・寺族らによって設立・経営された関係学校である。

派立学校のなかでも中核をなすのが、大教校―仏教大学―龍谷大学と、小教校―仏教中学―旧制中学校―新制高等学校の系統に属する学校群である。これらの学校は、明治九年（一八七六）の学制の発布以来、たび重なる名称変更や分立、統廃合を経て、明治三十五年の学校条例更改によって仏教大学と仏教中学（五校）の二種に分かれた。

さらに四十四年の学校条例の更改では、専修学院と女学校とが本願寺直営の学校に加えられた。

女学校が追加された背景には、前年に仏教婦人会連合本部が京都高等女学校の経営に着手したことがあった。また専修学院については、仏教中学が文部省の中学校令に則った一般の中学校として改組していくにあたって、僧侶養成のための教育機関を別途併置する必要が生じたからであった。

その後、昭和八年（一九三三）に派立学校の連絡、統一を図るため龍谷学園規程が発布された。この規程により、派立の学校が龍谷学園に包括されることとなり、その第二条に龍谷学園に所属する具体的な教育機関名が明示された。このとき、派立学校として明示されたのが、龍谷大学と平安・北陸・龍谷の三中学校、京都・相愛・千代田の各女子教育機関、平安・北陸・龍谷の三専修学院及び中央仏教学院であった。以後、派立学校長会議が定期的に開催されるようになり、派立学校という考え方が宗門内に定着した（『本派本願寺学校一覧』本派本願寺教務局教育部　昭和八年・中西直樹『日本近代の仏教女子教育』法蔵館　平成十二年）。

派立中学校・専修学院　明治十年代に四〇校を数えた小教校は、その後に統廃合され、三十五年の段階で、仏教中学五校に整理された。それまでの各教区が経営主体となり本願寺が財政的に支援する制度を改め、五校に統廃合して本願寺の直轄経営とする方針を打ち出した。この五校のうち、第一仏教中学（東京）は、三十九年に高輪中学校に組織変更された際に本願寺の経営を離れていった。経営を引き継いだのは、元本願寺派僧侶で衆議院議員の龍口了信《たつぐちりょうしん》であったが、文部省所轄の普通の中学校になったことで仏教主義的教育がおこなわれなくなり、本願寺との関係も断絶していった（『高輪学園百年史』高輪学園　昭和六十年）。

また、第四仏教中学（広島）は、明治八年に設立された学仏場に起源を発し、十年に市内の円龍寺に移転して進徳《しんとく》教校と称し、翌年、仏護寺（現、広島別院）に移転した。三十三年、本願寺学制変更にともない、広島仏教中学を経て存続してきた学校であった。しかし、大正元年に至って本願寺側は、第四仏教中学を武庫中学へ併合・廃止する方針を示した。武庫中学は、明治四十三年に鏡如宗主が、兵庫県武庫郡本山村（神戸市東灘区）にある別荘の二楽荘近くに私塾として開校したものであった。この方針に対して、地元広島では崇徳《そうとく》教社が中心となり学校存続の方途を摸索した。崇徳教社は、布教・教学や慈善の振興を図るため広島の僧俗により組織された結社であった。この崇徳教社は第四仏教中学の存続を決議して資金を募り、大正二年に崇徳中学校として再出発した。武庫中学は同年に武庫仏教中学と改称し、本願寺公認の学校となったが、翌年に廃校となった（『崇徳学園百二十年史』崇徳学園 平成七年）。

以上のように、五校のうち、第一仏教中学は本願寺との関係が断絶し、第四仏教中学は本願寺が直接経営に関与しない関係学校として存続することになった。派立学校として存続した残る三校の沿革の概要は以下のとおりである。

第二仏教中学は、明治十三年に羽水教校として福井別院内に設置された。十六年にいったん閉鎖されたが、二十一年に顕白教校として再興され、三十三年に福井仏教中学と改称した。三十五年に第二仏教中学となり、さらに四十三年に中学校令による北陸中学校への組織変更が認可され、同時に北陸専修学院を併設した（『北陸学園百二十周年記念史』福井県北陸学園 平成十三年）。

第三仏教中学は、明治九年に金亀《こんき》教校として滋賀県彦根町（彦根市）に設置された。三十三年に金亀仏教中学と改称し、三十五年に第三仏教中学となった。四十二年に現在の校地（京都市下京区）に校舎を新築・移転し、翌年に中学校令による平安中学校に組織変更した。大正元年には校内に平安専修学院を併設した（『平安学園百年のあゆみ』平安学園　昭和五十一年）。

第五仏教中学は、明治十一年に振風教校として佐賀市高木町願正寺に設置された。三十三年に校名を西肥仏教中学と改め、三十五年に佐賀市水ヶ江町に校舎を新築・移転し第五仏教中学と称した。四十一年、中学校令による龍谷中学校に組織変更し、同時に龍谷専修学院を併設した（『ああ龍谷の流れは清く　創立百周年記念誌』佐賀龍谷学園　昭和五十三年）。

このように仏教中学は、明治末年に相次いで中学校令による一般の中学校に組織変更された。その理由としては、文部省所轄の中学校となることによって、徴兵猶予や上級学校への進学資格の指定の獲得などを円滑に進め、広く寺族以外にも門戸を解放して学校経営の安定を図るためであった。しかし、文部省所轄の学校になると、明治三十二年の文部省訓令第十二号（いわゆる宗教教育禁止令）が適用され、公然と宗教教育をおこなえなくなるため、仏教・真宗を専門に教授する専修学院を併設したのであった。

このほか、派立の仏教真宗の専門教育機関として、大正九年に中央仏教学院が京都府下葛野郡西院村（京都市右京区）に開校した。なお、派立以外の仏教真宗の専門教育機関としては、昭和七年段階で、行信教校（高槻市）、真宗学寮（広島市）、広島仏教学院、大阪仏教学院、東京仏教学院、神戸

仏教学院、高岡仏教学院、福岡仏教学院、西南仏教学院（久留米市）、九州仏教学院（宇城市）、高松仏教学院、南豊仏教学院（別府市）、東京女子仏教学院があった（『本派本願寺学校一覧』）。

派立女子教育機関　仏教主義の女子教育機関は、キリスト教の影響を受けて明治二十年頃から始まった。本願寺の門前にも二十年に本願寺派門徒の講社・同盟社により順承女学校という女子教育機関が設置された。この学校は、翌年に関西女学会と改称し、さらに二十二年には文学寮の付属となり、文学寮附属女学会と称した。文学寮附属女学会は、欧化主義への反動の風潮のなかで翌年には閉鎖となった。

京都高等女学校は、三十二年本山門前に開校した顕道《けんどう》女学院（後に顕道女学校）を前身とする。学校の経営者は、本山門前で顕道書院という出版業を営む松田甚左衛門であった。松田は、兵庫県浜坂出身の篤信者で、幕末より本山直門徒として活躍し、明治以降も弘教講を結成し、大教校校舎の建築・顕道学校の設立などを通じて宗門発展のために尽力してきた。

校長には、足利義山の娘甲斐和里子《かいわりこ》が就任した。翌年に甲斐和里子は顕道女学校を退職し、夫で南画家の駒蔵と文中園（後に文中女学校）を開設した。同校は次第に発展し、四十三年に至り、甲斐夫妻はこの文中女学校の経営を本願寺派の仏教婦人会連合本部に譲渡した。連合本部は、経営難に陥っていた京都高等女学校を買収して両校を合併し、ここに本願寺立の女子教育機関としての京都高等女学校が発足した。翌年、女学校付設の京都商業女学校を京都裁縫女学校に改組した。さらに四十五年には、大谷籌子《かずこ》仏教婦人会総裁（鏡如宗主の妻）の遺志を継いだ九条武子本部長が女子大学設立趣意書を発した。大正二年に大谷家の所有地であった東山区今熊野に校地を確保し、八年に女子大学の設立を申請したが、当時の文部省はこれを認可せず、翌年に京都女子高等専門学校として開校した。また昭和五年には、本願寺社会部が高等女学校に本派本願寺保姆養成所を付設した（『京都女子学園八十年史』京都女子学園 平成二年）。

相愛女学校は、明治二十一年に大阪の僧侶・門徒の発起により津村別院に開校した。当時の別院知堂（現、輪番）松原深諦が校主となり、明如宗主の妹大谷朴子《なおこ》が校長に就任した。三十九年に高等女学校に昇格して相愛高等女学校と称し、相愛女子音楽学校も併設した。四十四年に本願寺の直営となり、昭和三年には財団法人相愛女学園を設立し、相愛女子専門学校を開校した（『相愛学園七十年の歩み』相愛学園 昭和三十三年）。

女子文芸学舎は、明治二十一年に島地《しまじ》黙雷《もくらい》・八千代夫妻により、東京に開校した。三十九年、盛岡の地に隠棲することになった島地は、学校を本願寺に譲渡し、本願寺の直営校となった。四十年に女子文芸学校と改称し、四十三年には高等女学校に昇格し千代田高等女学校と称した。昭和二年には、財団法人千代田女学園を設立し、千代田女子専門学校を開校した（『千代田女学園の歴史』史料編第二巻 千代田女学園中学校・高等学校 平成七年）。

関係学校の女子教育機能　関係学校のほとんどは高等女学校であった。仏教系高等女学校が数多く設置されたのは、中学校に比べて、公立の女子教育機関の整備が遅れる傾向にあったためで、地方の仏教者有志や教区が中心となって各地で仏教系高等女学校が設立された。戦前期に設立され現在まで存続している関係学校の高等女学校・実科高等女学校の沿革は、以下の通りである（『本派本願寺学校一覧』・中西直樹『日本近代の仏教女子教育』）。

扇城《せんじょう》高等女学校は、梅高秀山が提唱し、大分県中津仏教各宗連合会により、明治三十二年に扇城女学校として設立された。本願寺の大日本仏教慈善会財団の支援を受けて施設・設備を充実して、大正十二年に高等女学校に昇格した（『本派本願寺学校一覧』）。

筑紫《ちくし》高等女学校は、明治十年設立の崇信教校を前身とする。その後、福岡仏教中学と改称したが、仏教中学が五校に統廃合された後に、その校地・校舎に女学校を設置した。四十年、仏教中学の教頭であった水月哲英の提唱により、福岡教区寺院が協力して、筑紫女学校として開校した。開校直後に高等女学校として認可され、筑紫高等女学校と称した（『筑紫女学園百年史』筑紫女学園 平成二十一年）。

小樽双葉《おたるふたば》高等女学校は、明治四十年に小樽仏教婦人会の附設事業として小樽別院内に設立され、当初は小樽実践女学校と称した。前年八月、小樽仏教婦人会の発会式に際して、臨席した大谷籌子《かずこ》裏方（仏教婦人会総裁）が、仏教精神に基づく女学校の設立を求める訓話をおこなったことが設立の機縁となった。当初本願寺も補助金を交付したが、四十二年に打ち切られたため経営難に陥り、一時有力信徒に経営が委譲された。大正十年に小樽実科高等女学校となり、大正十五年に再び小樽別院に経営移管され、翌年、高等女学校として認可された。

進徳《しんとく》高等女学校は、明治四十一年、本願寺派僧侶の永井龍潤により、進徳女学校として広島市材木町誓願寺内に開校した。翌年、市内千田町に校舎を新築移転し、四十四年に実科高等女学校として の認可を得た。さらに大正十年に高等女学校となり、昭和十三年に南竹屋町に移転した（『進徳学園九十年史』進徳学園 平成十年）。

神戸成徳《せいとく》高等女学校は、大正十年、篤信の教育家である榎村稔らにより、成徳実践女学校として神戸市に設置された。十三年に高等女学校として認可され、昭和元年に現在の神戸市中央区に移転し、その後、大谷尊由・高楠順次郎らを顧問に迎え、仏教精神に基づく女学校の充実を期した。（『六十周年記念誌』成徳学園 昭和五十六年）

淳和《じゅんな》実科高等女学校は、大正十二年に津田明導により、立教開宗七〇〇年を記念して、淳和女学校として岡山県小田郡笠岡町（笠岡市）に開設された。津田は、本願寺派僧侶であり、甘露育児院を経営するなど社会事業家としても活躍し、南画家としても知られた人物であった。十四年に学校は実科高等女学校に改組し、昭和三年に淳和女子職業学校を附設した。十八年に至り高等女学校として認可され、翌年に女子職業学校を女子商業学校に改めた。

須磨《す》睦《まむつみ》高等実践女学校は、大正十二年、聖徳太子一三〇〇年祭を記念して設立された須磨太子館の付属事業の高等裁縫部を前身とする。十四年に須磨睦高等技芸塾となり、昭和十二年に須磨睦高等実践女学校と改称した。戦後、二十一年に至り、高等女学校としての認可を受けて須磨ノ浦高等女学校となった（河野厳想『睦学園のあゆみとその教育』学校法人睦学園 昭和五十三年）。

武蔵野女子学院高等女学校は、大正十三年に大谷家の支援を受けて、高楠順次郎により東京築地別院内に開設された。昭和二年に高等女学校としての認可を受け、昭和四年に北多摩郡保谷村（西東京市）の現在地に移転した。設立より約一〇年間にわたって、大谷家が補助金を交付して経営を支援し、大谷尊由と高楠との間で女子大学を設置する計画も練られたが、戦前は実現するに至らなかった（『武蔵野女学院五十年史』武蔵野女学院 昭和四十九年）。

金沢女学院藤花《とうか》高等女学校は、金沢別院の石原堅正輪番が勤労青年のために設立した金沢高等予備校（後の金沢夜間中学校）を前身とする。大正十四年に至り、金沢女子学院が設立され、昭和元年には高等女学校として認可され、藤花高等女学校と改称した。

鎮西《ちんぜい》高等女学校は、大正十三年、鎮西別院の藤井玄瀛輪番ら関係者により、北豊教区や地元有志の協賛を得て、門司市（北九州市）の鎮西別院に設立された。

国府台《こうのだい》高等女学校は、昭和元年、山口徳證寺の出身で、千葉県女子師範学校の校長であった平田華蔵により、千葉県東葛飾郡八幡町（市川市）に設立された。昭和二年地元の要請もあって家政女学校を併設し、五年には国府台学院高等女学校と改称した。

藤園《とうえん》高等女学校は、昭和元年に、富山別院が富山女子技芸学校の経営を引き受け、徳風女学校を設置したのを前身とする。昭和十一年に勝如宗主を校主とする富山実科女学校が設立されると、徳風女学校は本校に吸収合併された。その後、富山実科女学校は、十四年に認可を受けて高等女学校となった。

このほか、廃止となった学校として、沖縄積徳高等女学校、敬愛高等女学校（丸亀市）、崇徳実科

高等女学校（松山市）、柳井修徳高等女学校（柳井市）、婦徳高等女学校（広島熊野町）、安芸高等女学校（広島市）、亀山高等女学校（姫路市）、函館実践高等女学校、龍谷高等女学校（韓国ソウル市）などがあった（『本派本願寺学校一覧』・中西直樹『日本近代の仏教女子教育』）。

関係学校への支援　教区・僧侶・寺族ら宗門関係者・団体による学校の設立は、明治二十年前後から始まり、次第に活発となっていった。短期間で廃止された学校や小規模のもの、宗門との関係が途絶えていった学校を含めると、戦前だけでも数多くにのぼり、地域の教育振興に本願寺派が果たしてきた役割は大きいものがあった。

これらの学校に対し、設立時に本願寺が支援した学校も少なからずあったが、明治・大正期に恒常的に補助金交付をおこない、その活動を支援してきたのが大日本仏教慈善会財団であった。明治三十七年度に学校関係に交付した補助金は表11の通りであった（『教海一瀾』第二四六号）。

大正期になると、補助金の交付額範囲がさらに拡充され、大正七年度の学校関係補助金の予算は表12の通りとなった（『中外日報』大正六年四月二十八日）。

昭和期に入り龍谷学園が発足すると、本願寺は特別会計教育補充費を計上し、学校機関への補助制度を拡

表11　明治37年度学校関係補助金

学校名	金額
文中女学校	240円
相愛女学校	1,200円
扇城女学校	500円
徳山女学校	500円
楓川仏教中学	300円

表12　大正7年度学校関係補助金

学校名	金額
京都高等女学校	2,500円
敬愛実科女学校	1,200円
千代田高等女学校	750円
函館高等女学校	600円
札幌高等女学校	600円
崇徳女学校	200円
京都幼稚園	200円
萩婦人会修善女学校	200円

充した。昭和九年度の予算では、「山立中学校並ニ専修学院へ支出金」として四万二五〇円を、「関係学校へ助成金」として五二二〇円を計上したが、「関係学校へ助成金」の内訳は表13の通りであった（「昭和六年度より昭和八年度まで本山往復綴」学校法人京都女子学園所蔵）。

表13　昭和9年度関係学校への助成金

学　校　名（所在地）	金額
崇徳中学校（広島市）	1,000円
同　臨時設備費	500円
新庄学園（広島県北広島町）	100円
小樽双葉高等女学校（小樽市）	200円
龍谷高等女学校（韓国ソウル市）	200円
鎮西高等女学校（北九州市）	200円
同　臨時設備費	700円
函館実践高等女学校（函館市）	50円
藤花高等女学校（金沢市）	200円
安芸高等女学校（広島市）	200円
敬愛高等女学校（丸亀市）	100円
筑紫高等女学校（福岡市）	80円
進徳高等女学校（広島市）	50円
亀山高等女学校（姫路市）	80円
淳和高等女学校（笠岡市）	80円
婦徳高等女学校（広島県熊野町）	50円
扇城高等女学校（中津市）	70円
扇城高等家政女学校（中津市）	30円
沖縄家政高等女学校（那覇市）	100円
同　臨時設備費	100円
武蔵野女子学院高等女学校 臨時設備費（東京都千代田区）	500円
札幌威徳女学校（札幌市）	50円
徳風女学校（富山市）	50円
海西裁縫女学校（宇佐市）	50円
由仁実践女学校（北海道由仁町）	50円
精華裁縫女学校（北海道本別町）	50円
台南家政女学校（台湾台南市）	80円
東京仏教学院（東京都中央区）	200円
金沢夜間中学校（金沢市）	50円
北海夜学校（札幌市）	50円

第四章　近代布教制度の展開

一　布教制度の創成・整備

法談試験から教導検査へ　明治維新という新たな状況に直面して、本願寺は僧侶の布教能力を高めるため、明治二年（一八六九）十月に法談試験の制を設けた（「学林万検」巻二四『史料編』第二巻　龍谷大学　平成元年）。試験は、学林三年の夏安居に際して内学・外学の各々五か条の諮問をもっておこなわれ、鑑札を付与された者のみが他寺での布教を許された。その他は自坊での法談のみに限られた。同年十二月に試験がおこなわれ、翌三年五月には法談試験規則が制定された。いわゆる布教は、かつて唱導・讃嘆・勧化・法談・説教など種々の名称で呼ばれていた。

政府は明治初年から神道を中心とした教化政策を推進していたが、五年三月に神祇省を廃止して教部省を設置した。広く国民教化を展開していくため、仏教界の教化力を利用する方針に転換したのである。四月に創設された教導職には、神官だけでなく僧侶・講談師なども任命された。八月二十七日に教導職の養成・研究機関として大教院が開設された。これに先立つ八月十一日、本願寺は法談試験を教導検査と改称する旨を達した。

大教院分離運動と説教規則　教導職の説教は三条教則を基本とし、これに背反しない限り各宗派の教義を説くことが許された。しかし、その宗義・談義の方法・程度に関して、政府と真宗僧侶の間で見解の相違からしばしば問題が生じた。このため、明治六年一月七日に教部省は「従前法談説法等之名目自今廃停ニ総テ説教ト可二相唱一候事、但、其管長ヨリ許可無レ之者等自儘ニ説教候儀ハ禁止可レ致候事」（「教部省達番外」『法令全書』）と達した。この達には仏教僧侶の従来の宗義にもとづく法談を、三条教則中心の説教活動へと規制する意図があった。

これに対して、六年七月に島地黙雷がフランスから帰国すると、真宗各派による大教院離脱運動が本格化した。十月には真宗五派（東西本願寺・専修寺・佛光寺・錦織寺）が大教院からの分離を教部省に求めた。その一方で翌七年五月には、輪番制により当時の真宗四派管長（七年三月の各派個別管長設置を認めた教部省通達により佛光寺は単独管長を設置）であった大谷光尊（明如宗主）名で、真宗教導職に対して説法に関する通達が出された。その通達は、教導職が寺院や説教所で真宗教義のみを講説するのは不都合であり、教部省官員の巡回もあるため、必ず三条教則の主旨に悖らず、かつ政治に裨益する説教をおこなうようにというものであった。

さらに同月には、真宗四派教導職に対して説教規則を定め、説教は三条教則と宗意とを交互におこなうことなどを指示した。教部省からの規制を受けて、布教対応に苦慮していたことがうかがえる。

改正説教規則　明治八年一月に大教院からの真宗四派分離許可の内示があり、五月に大教院が解散した。八月には改正説教規則が真宗四派管長大谷光尊より四派教導職に通達された（明如上人伝記編纂所編『明如上人伝』明如上人二十五回忌臨時法要事務所 昭和二年）。その第一条では、「教則三条は教法に非ずして政府の普く教職に注意せんことを要する綱領なるのみ」と記されている。政府が三条教則で示した敬神思想を宗教でないとしつつ、続けて「本宗真俗二諦相扶の教旨固より此に契合する者なれば、宗徒宜く之を領会して以て風化翼賛政治裨補の効用を発揚せしむべし」としている。

大教院からの分離は果たしたものの、真宗僧侶は引き続き教導職の立場にあった。三条教則は教化の中心ではなくなったが、綱領としての拘束力を持続していた。第四条では「本宗の教義を讃揚光宣するは宗門教職の本分なり」と規定し、あくまで真宗教義による教化が中心であることが強調されていた。

布教係の設置・任命　明治八年十一月、政府は信教の自由保障の口達を発した。教導職廃止の運動もしだいに激しくなり、各宗派の教化の独自性を重んじる気運はさらに強まった。これを受けて翌九年三月二十二日に明如宗主は直諭を発し、布教振興に向けて次のように指示した（『真宗史料集成』第六巻 同朋舎 昭和五十八年）。

顧ルニ信教ノ自由ナル毫モ他ノ抑圧ヲウケストイヘルハミツカラ移ラサル由、若金剛ノ深信ニ根基スル外ナシ、サレハ縦令官ヨリ各自布教ノ恩典ヲ辱フスルモミツカラ信スルトコロ堅固ナラス、自行化他ノ実効ヲ虚フスルトキハ、数年奔走ノ労モ徒ニ流レテ何ノ所詮モアルヘカラス

ト、更ニ一層ノ苦慮ヲ懐クトコロナリ

六月二十八日、本願寺は、寺務所教育課に対して、適任の者を選考して布教掛を配置するよう申し付けた。九月二十九日に各地方の教導職取締に対し、「今般於二本刹一、布教係会合所相設、説教ニ長シ候僧侶招集候条、適任ノ人材精撰ノ上、上京可二申付一」と達し、布教の振興を図った（「番外」『本山日報』明治九年第十四号）。この前後に布教係条例が制定された。

九年三月、真宗四派共通の寺法である宗規綱領が作成・施行された。九月には興正派が本願寺派から別立し、宗規綱領は真宗五派共通の寺法となり、管長も五派宗主の輪番制となったが、十年二月には真宗五派共同管長制が廃止され、各派に管長を置いた。

こうして十年七月十九日には、本願寺派単独の布教係改定条例が発布された（「達書第六十九号」『本山日報』明治十年第十三号）。この条例では、布教係見習を廃して布教係と称し、一等から五等まで等級を置いて検査の甲乙をもって及第させること、布教係は一〇名とすること等が定められた。

仮講究所の設置　明治十三年八月二十一日に布教者養成の機関として仮講究所を設立した（「達書第三十九号」『本山日報』明治十三年）。

仮講究所概則によれば、第一条で仮講究所を「本場ハ派内一般教導ノ風格ヲ釐正セン為布教ノ人材ヲ培育スル所」と規定し、講究生の定員は五〇名以内で、本願寺より招集する者と各教区より公選する者の二種類があった。講究生の学費・生活費等は本願寺から支給され、宗学兼学の要点を研究することと実地説教について学ぶという二種の方法によって講究することとなった。講究は二年間で修了し、説教学術の程度により巡教使の等級を得ることができた。巡教使の等級を得た者は各地への派遣のために本願寺勤務を命ぜられることがあった。

巡教使制度への転換　明治十三年八月十一日、巡教使規定を発布し、布教係を廃して巡教使を置いた。巡教使を一等から四等に分け、その下に巡教使補を置いた（「達書第三十五号」『本山日報』明治十三年）。

十五年六月十五日には巡教使取扱規則を発布し、巡教使に関わる規定を整備した（「甲第二十三号」『本山日報』明治十五年）。この規則では第一条に「布教ノ事務ハ本山教務局ニ於テ之ヲ統理シ巡教使ヲ派遣シテ布教セシム」と規定し、巡教使を特遣（のち特選）と常例の二種とした。特遣巡教使は宗主の命を受けて臨時に各地に派遣され、常例巡教使は任期三年で、近畿及び各教区に出向いて布教を担当した。定員は若干名で、その三割を教務局が選任し、七割は各教区から選出することになった。同年九月三十日、巡教使准級を制定し、一等から五等に至る等級を設けた（「甲第三十五号」『本山日報』明治十五年）。

巡教使取扱規則のなかで、特に特選巡教使に関しては、未開教地の開拓を任務とするものであった。しかし、その実施のためには莫大な資金を必要とした。そこで十四年の第一回集会に号外議案として共保会規則が提案され、教学資金の充実を図ることとなった。ところが、資金の調達が不調に終わり、十五年度予算が共保会への資金算入のため大幅な赤字を生ずることになった。巡教使の養成機関として設置された仮講究所は十五年十月七日に閉場となり、十七年二月九日に巡教使取扱規則の実施については、常例・特選巡教使に限り実施することが告示された（「甲第二号」『本山日報』明治十七年）。

巡教使制度の再編　明治十年以降の積極的な布教拡充策は財政窮乏により一時停滞したが、十九年に護持会財団設立を契機に巡教使再編の機運が高まった。二十年十二月六日に巡教使条例を制定し、翌二十一年一月から実施した（「甲第十九号」『本山達書』二十年ノ二十）。十五年制定の巡教使取扱規則と異なる点は、常例布教使の半数が本山選任、半数が地方公選となったこと、巡教使任命の前提資格が明記されたこと、巡教使の受持地方の布教に関する監督権限が付与されたことなどであった。

巡教使の職務は、布教活動に止まらず、監獄布教や救貧院・感化院の設立及び犯罪予防の説諭など社会的事業分野にまで及んでいた。この条例は二十四年十二月二日に更改し、巡教使任命の前提資格を年齢三十歳以上から二十五歳以上とするなど多少緩和した（「法度第九号」『本山月報』明治二十四年十二月二十三日）。

布教員制度の設立　明治三十四年二月二十六日、本山派出布教取締総則を発布した（「教示第三号」『本山録事』明治三十四年三月五日）。この取締総則により、巡教使は本山派出布教員と改称された。第一条で主任執行が布教員を監督すると規定した。また、布教活動の多様化に対応して布教員を七種に区分して、その職務を次のように定めた。

第六条　巡回布教員ハ別ニ定ムル区劃ニ依リ、其要地ヲ巡回布教シ法義ヲ引立テ徳義ヲ養成シ、区内ノ布教ヲ保護監督スルヲ以テ其担任トス
第七条　常備布教員ハ総会所・各別院又ハ京都附近本山出張常例布教ヲ担任ス
第八条　予備布教員ハ各地方ノ臨時允請布教ヲ担任ス
第九条　軍隊布教員ハ陸海軍隊ニ関スル允請布教ヲ担任ス
第十条　監獄布教員ハ各府県監獄署囚人ニ関スル允請布教ヲ担任ス
第十一条　開教地布教員ハ国ノ内外ヲ問ハス、専ラ其開教地ノ布教ヲ担任ス
第十二条　慈善会布教員ハ本山慈善財団ノ布教及ヒ各地方慈善会ノ允請布教ヲ担任ス

同日、派出布教員選定規則を制定して各布教員の資格を定め、内国開教地布教取締規則を発布して北海道・台湾・沖縄その他本願寺派寺院の少ない地の開教に当たる者の資格や、その監督に関する規定を示した（「教示第四号」・「教示第五号」『本山録事』明治三十四年三月五日）。

布教員による布教体制の強化・再編のため、さらに諸規定が整備された。三十五年三月二十五日には、派内布教の方針を討究し布教の振興を図るため本山布教会規則を発布した（「教示第七号」『本山録事』明治三十五年三月二十五日）。布教会は本山布教員・教師以上から選抜された会員で構成され、総会及び地方会の開催・特別布教の実施・布教方法の調査の三項目を業務とした。

四月十五日、布教者取締規則を制定した（「教示第十二号」『本山録事』明治三十五年四月五日）。この規

則は、布教員だけでなく任意の布教従事者も対象として取り締まり事項を定めている。具体的には、他人の誹謗、政談、勧財、不適切な譬喩音節等に及ぶ説教・興行、不適切な法宝物の開帳展覧、不相応な行為の禁止、他教区での任意の布教の際には自教区管事の証明書を携帯することなどであった。

布教担当部局の変遷　明治三十年代までの本願寺派の布教制度は、説教規則による布教体制から布教係制度、さらに巡教使制度を経て本山派出布教員制度へと変遷した。これに連動して本願寺の担当部局もめまぐるしく変化した。

明治四年に長御殿が執事所と改称され、六年四月に執事所に布教課を設置した。八年一月に執事所を寺務所に改め、その下に式務課・教育課・庶務課・監正課・度支課を置き、教育課が教学・布教に関する寺務を所掌した。十七年四月二十六日に寺務所を執行所とし、興学局・布教局・奉事局・考究局を設置した（「甲第一号」『本山達書』）。その後、興学局を学務局と改称し、二十年一月に廃して教学科を置き（「甲第一号」『本山達書』二十年ノ二）、二十七年十一月に再び教学科を教務科と学務科に分割した（「教示第十一号」『本山録事』明治二十七年十一月十七日）。

二十八年九月には、国内外にわたる開教一切の事務、軍隊・従軍布教等を所管事務とする開教事務局を新設した（「教示第十二号」『本山録事』明治二十八年十月一日）。

担当部局の一元化　こうして内外布教の事務を一元的に統率する必要が生じた。明治二十九年十二月に開教事務局及び真宗教会本部を廃して布教局職制を発布し、布教局に開教部・教会部・軍隊布教部を置いた（「教示第十号」『本山録事』明治二十九年十二月八日）。さらに三十一年五月二十七日執行所組織の変更によって布教局・興学局の職制を発布した。布教局は、尋常布教・消息や直諭披露のための派遣・真宗教会・軍隊布教・監獄教誨・内国開教・海外開教・説教所・門末教会・講名・巡教使・布教講習等あらゆる布教に関する事項を統轄することとなった（「教示第十一号」・「教示第十二号」『本山録事』明治三十一年七月十四日）。十二月一日執行所職制の更改で、布教・興学の二局を合して教学局とし、その下に布教部と興学部を置いた（「教示第二十八号」『本山録事』明治三十一年十二月十一日）。翌三十二年十二月二十八日に布教部を教務科と改称した（「教示第十号」『本山録事』明治三十三年一月十八日）。

三十一年七月十六日、布教興学の計画を立案・審議し推進する最高機関として教学参議部を設けた（「教示第十八号」『本山録事』明治三十一年七月三十日）。この参議部は総裁・副総裁・議事・録事・書記等で構成された。特に参議部を統轄する総裁は、宗主に直属して布教・興学の両部門の計画に関する命令や規定等を立案し、宗主の直裁を経てこれを担当の執行に通達し、また布教・興学に関する諸種の報告を執行に求めることができるなど、執行監督から独立した強い権限が付与された。

その後、三十五年十二月二十八日の執行所職制更改に際しては、内局の下に教学第一部と教学第二部を置いて、多様化した教学業務を担当することになった（「教示第十八号」『本山録事』明治三十六年一月五日）。その所掌業務は、教学第一部が、①御消息並に御直諭披露、②尋常布教、③教会講社、④説教所、⑤仏教専門大学、⑥安居、⑦学階、⑧教師検定、⑨教令講に関する事項を所掌し、教学

第二部が、①陸海軍隊布教、②監獄教誨、③内外開教、④高輪仏教大学並に各仏教中学、⑤内外留学生、⑥看護婦養成所に関する事項を所掌した。また、それ以外については、教務に関する事項を教学第一部が、学務に関する事項を教学第二部が担当することとなった。

二　布教制度の強化・再編

内国布教総監体制　日露戦争後に海外布教が活発化し、そのための一連の組織・規程の整備がおこなわれた後、明治四十年（一九〇七）五月八日に開教総監規程・内国布教総監規程を制定し（「教示第十五号」・「教示第十六号」『本山録事』明治四十年五月十一日）、国内・海外の組織を整備した。

内国布教総監規程によれば、内国布教総監は国内における布教の事務を統括するもので、開教総監と同じく宗主に直属し、事務に関しては執行の指揮を受けた。内国布教総監は、本廟及び別院の輪番等を指揮監督する権限を有した。総監の駐在地は京都に定められ、内国布教総監には梅上尊融が就任した。

また同日付で本山派出布教規程を発布し、総監の指揮監督のもとで多様化した各種布教を統合するとともに、それぞれの布教使の分掌業務を明確に示した。この規程で布教員を布教使と改称した。布教使は常備・予備・軍隊・監獄・駐在の各布教使及び開教使の六種とされ、総監の指揮監督を受けることとなった（「教示第十七号」『本山録事』明治四十年五月十一日）。

布教関係法規・機構の整備　明治三十九年二月、布教練習生規則を発布した（「教示第三号」『本山録事』明治三十九年二月十日）。開教・軍隊布教・監獄布教・尋常布教の実務教習のため布教練習生を置き、練習生には実費が支給された。十三年の仮講究所以来の本格的な布教使養成制度の復活であった。

三十九年五月、布教練習生規則にもとづいて開教練習所を設置し（「告示第二十五号」『本山録事』明治三十九年五月十二日）、清国開教と監獄布教の練習生教習を始めた。一年遅れて尋常布教練習生の教習もはじまり、一五名の尋常布教練習生を募集した。同時に北米開教練習生六名、軍隊布教練習生一〇名も募集された。

四十二年には清国布教の縮小により、開教練習所は布教練習所と改称し、軍隊布教・監獄布教・尋常布教の実務教習を中心としたが、翌四十三年に閉鎖となった。布教練習所閉鎖の後、四十四年に布教練習規則を再び制定し、布教実務の練習を各内国布教教団が、開教事務の練習を各開教総監部がおこなうことになった。

四十年十二月に布教使補任規程を発布し、布教使の選定資格や方法などを定めた（「教示第三十八号」『本山録事』明治四十一年一月一日）。四十四年七月に布教使補の選任に関する条項も加えた布教使補々任規程を発布し、布教使補任規程を廃止した（「甲教示第二十五号」『本山録事』明治四十四年八月一日）。

四十二年八月には布教研究会を開設した。当時、軍隊・監獄・巡回等の布教を担当する者は約七〇〇人を数え、これに予備布教使・通常布教員を加えると総計二〇〇〇人以上に達していた。これら布教の一層の発展と統一を図るために布教研究会を開設し、同年九月から富山・福井・大阪・

神戸・広島・下関・博多・熊本の各地を仏教大学講師の鈴木法琛と弓波瑞明が巡回し、講習会と会合を開いた。講習会はその後も毎年開催されて、昭和二年の布教研究所の設立に結実した。

布教区域・布教組織の編成　明治四十一年一月、内国布教管轄区域規程を制定して全国を六区の地域に分け、国内布教の徹底を図った（「教示第六号」『本山録事』明治四十一年一月十八日）。各布教区に監督を置き、監督は布教総監に付属する賛事をもって任命した。監督の職務は、布教総監の委任事項とし、監督区域内における布教の成否に対しその責任を負うもので、また婦人会・青年会の事務に関与するほか、総監の委任を受け監督区域内の別院輪番及び各種布教使を指揮する権限を有していた。

なお、内国布教区域及び監督駐在地は表14の通りであった。内国布教区域は、従来の組・教区といった末寺を地域編成するための組織とは異なり、宗主直属の総監が指揮する布教の実動組織を期するものであった。

四十三年十月五日、一年あまりの印度視察から帰国した鏡如宗主は、翌年の宗祖六五〇回大遠忌に向けて大規模な布教準備に着手した。四十三年十月には教団規定を発布して布教組織の編成を指示した（「甲教示第十二号」『本山録事』明治四十三年十一月一日）。そ

表14　内国布教区域及び監督駐在地

布教区	所轄地域	駐在地
第一区	北海道　樺太　青森県	札幌
第二区	岩手　山形　秋田　宮城　福島　東京　神奈川　静岡　千葉　栃木　群馬　埼玉　山梨　茨城　新潟　長野各府県	東京
第三区	福井　富山　石川　三重　愛知　岐阜　京都　滋賀　奈良各府県	京都
第四区	大阪　和歌山　兵庫　岡山　鳥取　徳島　愛媛　高知　香川　広島　島根各府県	大阪
第五区	山口　福岡　熊本　大分　佐賀　長崎　鹿児島　宮崎　沖縄各県	門司
第六区	台湾	台北

の第一条に「教団トハ布教ニ従事スル人員ノ集団ヲ云フ」と規定したように、常備・予備布教使、布教使補、教師、教士、学生といった派内の布教従事者すべてを網羅した組織化であった。最下部に三名以上八名以下の布教使からなる班を組織し、二班以上八班以下を結合して総班を設け、さらに五個以上一二個以下の総班をもって一教団として五つの教団を編成した。第一団長に大谷尊由、第二団長に大谷尊祐、第三団長に藤枝沢通、第四団長に足利瑞義、第五団長に梅上尊融が就任した。

内国布教総監体制のもとで四十一年から臨時布教が始められ、やがて布教団の活動を通じて、多様な布教形態を有する特殊布教への発展を促していった。また四十二年夏には各地の布教使の間で布教研究会が組織され、以後毎年講習会を開くようになった。さらに同年に夏季の閑期を利用して全国的に繰り広げる夏季伝道が始まり、翌年夏には仏教大学学生が協力して学生班が韓国に赴いた。このように組織化された布教体制は、派内布教に活性化を促し、大遠忌法要での僧侶・門徒の参拝をもたらすこととなった。

教士・女教士の設置　明治四十二年九月十二日から十八日にかけて開催された第三十六回定期集会で僧侶以外に教士・女教士の設置をめぐる審議がおこなわれた。審議は、社会の進展に対応した多様な布教にともない、布教伝道を僧侶の専有にすることなく、女性の社会進出を背景に人材を広く信徒のなかに求めて布教伝道の担い手を育成し、教線拡張の必要を認識するものであった（『教海一瀾』第四六三号）。

九月二十五日に寺法細則追加に教士分限を設け、第九条「本山ハ帰敬式ヲ受ケタル行者ニシテ性行謹直能ク講演ノ任ニ堪ユル者ヲ調査シ教士検定規則ノ規程ニ依リ之ヲ教士又ハ女教士ニ任ス」、第十条「教士ニハ講演ヲ為スコトヲ許ス」と定めた（「法度第一号」『本山録事』）。同日に発布した教士検定規則の第一条では、志願者資格を、「一、帰敬式済　二、年齢満二十一歳以上　三、品行端正・性質温良・志操堅実・身体強健」とした。第三条では、甲種検定は男子で中学校、女子で高等女学校卒業以上の程度の者で、乙種の試験では仏教科の学力があると認定されるものに限るとした（「法度第二号」『本山録事』）。この規程は、翌年一月一日から施行された。

布教体制の見直しと再編　大正三年（一九一四）二月二十八日、内国布教総監規程・教団規程などの一連関係法規を廃止した（「甲教示第二号」『本山録事』大正三年三月五日）。同日、執行所職制を更改し、布教・教学の担当部局を教学課に改めた（「甲教示第七号」『本山録事』大正三年三月五日）。負債問題が次第に明らかになるなかで、布教総監を中心とする布教組織の見直しが迫られた。同日の教学課職制では、「教学課ハ布教学事ニ関スル事務ヲ掌ル」と規定した。

鏡如宗主引退後、三年六月に利井明朗が執行長に就任した。十一月五日に執行所事務規程を新たに制定し、新事務体制を示した（「甲教示第十六号」『本山録事』大正三年十一月五日）。その第八条に教学課の担当業務が示された。業務は大きく教務と学務に分けられ、担当業務もほぼ明治三十五年更改の執行所職制に近い内容にもどされた。布教事業も中央主導より地方活動の振興へと移っていくことになった。

同日に教学参議部が廃止され、教学諮詢会規則が発布された（「甲教示第二十四号」『本山録事』大正三年十一月十八日)。教学諮詢会は、学事に関する事項を審議する第一部と、布教に関する事項を審議する第二部に分かれた。第一部は、仏教大学長・執行所課長又は賛事・中学並専修学院長・仏教大学講師・学事上経歴ある者から、第二部は、執行所課長又は賛事・巡回布教使・駐在布教使・軍隊布教使・監獄布教使・布教に関して経験ある者から、それぞれ一〇名の議員を執行所会議で選定することとなった。その役割は、第五条で「議員ハ諮詢ニ応スル外別ニ意見ヲ具申シ予メ執行ノ許可ヲ経テ之ヲ議題トナスコトヲ得」と規定されたように、執行のもとでの有識者による諮問機関という性格をもつものであった。

地方布教活動の振興策　地方の主体的布教活動を活性化させ、現場の声を布教に反映させようとする振興策も始まった。大正四年四月の明如宗主の十三回忌法要には全国から二〇四組、四一七四人の団体参拝があり、この法要の際、布教使懇話会が開かれた(『教海一瀾』第五八四号)。布教会は、会員に左記の箇条についての意見書答申を求めた(『教海一瀾』第五八六号)。

一、布教刷新ニ関スル意見
一、教会経営トシテ最モ適切ナル事業
一、布教使養成ノ方法並布教使取締法
一、宗義上新問題ノ研究方法
一、青年会・婦人会及各種布教発展ノ方法

四年十一月、大正天皇「御大典慶讃法要」への僧侶の参拝に際して第二回布教使懇談会が開かれ、布教法をめぐる議論が交わされた。

地方教学司察規則　大正五年八月十六日、地方教学司察規則を発布した（「甲教示第十五号」『本山録事』大正五年九月八日）。教学司察は、教学・布教に見識を有する者のなかから選ばれ、教学課に属して各教区に数名が配置され、「地方教学ヲ振起シ特ニ異解者ノ取締」（第二条）を任務とした。管長・組長と協力して「異解者」を取り締まる役割を果たす一方、本山の許可を得て所轄管内を巡回して地方講習会、布教の振否、坊守教会、日曜学校、地方教学の実情を視察し、地方と本山との連絡・調整を図る役割を担った。

中央布教体制の再整備　大正七年八月二十六日、執行所職制の更改で、布教・教学に関する担当部局を、教学課に代えて学務部と教学部の二部とした（「甲教示第十二号」『本山録事』大正七年八月三十一日）。八年七月には布教調査会規程を発布し、その目的を第一条に「布教ノ統一改善ヲ謀ル為メ布教調査会ヲ設ク」と規定した（「甲教示第十一号」『本山録事』大正八年七月三十一日）。調査会の委員二〇名は特命により選任された。

十年六月、内国布教規程を発布した（「甲教示第三号」『本山録事』大正十年六月十日）。この規程では布教種類を次の三種に分類した。

第二条　特殊布教トハ、一定ノ地域ニ駐在シ、軍隊・監獄・工場等特殊団体ニ対スル布教ヲ総

称ス
第三条　常例布教トハ、本山又ハ地方ニ於ケル常例ノ布教機関ニ対シ、随時巡回施行スル布教ヲ総称ス
第四条　臨時布教トハ、特定ノ期間特定ノ地域ニ於テ臨時ニ開設スル特殊ノ布教ヲ総称ス

この規程では、教区単位での管事を中心とする布教体制の強化を図り、教区内布教の計画を立案する教務参事一名を配置した。教務部に本山直属布教使を置き、教務の実施機関として本山又は地方に適宜、布教調査会、教務諮詢会、布教研究会を開設することにした。

同年七月には布教使規程が発布され、その第一条に「本山ノ命ニ依リ布教ニ従事スルモノヲ総シテ本願寺布教使ト称ス」と規定された（「甲教示第五号」『本山録事』大正十年七月十日）。これらは十二年の立教開宗七〇〇年記念法要に向けた取り組みでもあった。

布教研究所の設置　昭和二年四月の執行所職制の更改で社会部が新設され、教学部から社会事業関係の業務が移行された（「甲達第八号」『本山録事』昭和二年五月二十五日）。五月には布教研究所が設立され、布教研究所規程が発布された（「甲教示第十四号」『本山録事』昭和二年六月三十日）。

布教研究所は調査部と研究部の二部からなり、調査部は内外布教に関する情勢及び布教資料等の調査にあたり、研究部は各種布教に関する研究・指導・練習を任務とした。所長以下、主事・副主事・評議員・補事・書記などの職員が配置された。

布教研究所は、宗門の直面する諸課題を調査・研究するだけでなく、布教従事者の養成にもあたった。調査研究の成果は機関誌『響流』を通じて教団内に周知した。開教使養成を目的に同年十月に米国開教使養成科を併置した。入所資格は、龍谷大学部各期及び専門部二、三年生で、五か月間週三回、伝道学及び開教事情、米国史・市民学及び日本開教史、英語仏典の解説、日用英語会話練習が講義された（『教海一瀾』第七三三号）。

説教所規程と説教所の増加　昭和二年六月には説教所規程を発布し、都市部や新開地での説教所の設置を奨励した（「甲教示第十八号」『本山録事』昭和二年六月三十日）。この結果、表15に見るように、七年七月現在で七〇〇近い説教所が全国に設立された。安芸教区は別として、東京教区・大阪教区・兵庫教区などの都市部、北海道教区・東海教区など本願寺派寺院が少ない地域などに説教所が設置され、布教活動が広がった。

表15　本願寺派説教所種別・教区別設置状況

	布教区	駐在地
本山立説教所		36
私立説教所	北海道教区	138
	奥羽教区	8
	東京教区	61
	長野教区	4
	新潟教区	1
	福井教区	5
	富山教区	4
	高岡教区	4
	石川教区	2
	岐阜教区	5
	東海教区	24
	滋賀教区	3
	京都教区	13
	奈良教区	1
	大阪教区	62
	和歌山教区	1
	兵庫教区	63
	四州教区	18
	備後教区	13
	安芸教区	104
	山陰教区	17
	山口教区	29
	南豊教区	14
	北豊教区	17
	福岡教区	18
	長崎教区	15
	佐賀教区	1
	熊本教区	6
	鹿児島教区	22
合　計		699

『本派本願寺寺院名簿』（昭和７）より作成

教務局布教部へ変更　昭和五年六月には教学審議会規程を発布した（「甲教示第十三号」『本山録事』昭和五年六月二十七日）。教学審議会は執行に直属し、執行の招集により開催され、一派教学に関する重要事項を審議した。

六年二月に執行所職制を更改し、執行所を教務局・庶務局・財務局の三局構成とした（「甲教示第二号」・「甲教示第三号」『本山録事』昭和六年三月一日）。教務局のなかに布教部・教育部・社会部を置き、社会事業・社会教化も含めた業務を一括して教務局でおこなうこととした。布教部は、①内国布教及び開教、②布教研究所、③文書伝道及び布教資料編纂、④末寺、説教所、会館の設立奨励及び布教の監督、⑤青年会、婦人会等の各種教会及び講社、⑥開教地に於ける別院、出張所及び説教所、⑦布教調査会並びに布教研究会、⑧教学司察、⑨映画布教、⑩主務に関する統計及び文書の編纂保管に関する事項の一〇項目を担当した。

女性僧侶の誕生　昭和六年七月二十七日、次のような「女子ノ教師準教師ニ関スル規定」を発布した（「甲教示第九号」『本山録事』昭和六年八月一日）。

第一条　女子ニシテ教師準教師タルモノ、説教ハ、規定ノ服装ヲ着ケ別ニ講壇ヲ用フヘシ

第二条　女子ノ教師準教師ハ寺院住職ニ任セラル、コトナシ、但シ説教所担任教師タルヲ妨ケス

第三条　女子ノ教師準教師ハ、集会及ヒ教区会ニ於ケル会衆ノ選被選挙権ヲ有セス

第四条　前三条ノ規程ノ外、女子ノ教師準教師ノ職能ハ男子ノ教師準教師ニ異ルコトナシ

併せて「女子僧侶服装並ニ法式ニ関スル規定」も発布した（「甲教示第十号」『本山録事』昭和六年八月一日）。第一条で服装を定め、第二条で「女子僧侶ニハ堂班ヲ許サス、本堂法式ニアリテハ外陣ニ着座スヘシ、席次ハ法臈順ニ依ル」とした（「甲教示第十号」『本山録事』昭和六年八月一日）。女性の第一回得度式は、九月十六日に御影堂で戒師の大谷昭道、執行の斯波随性らが参勤して執りおこなわれて、二三名の女性僧侶が誕生した。その後、鴻之間で斯波執行の教諭に続き、御裁断御書や消息の披露があった。女性僧侶の誕生は、教団内に女性門徒が過半を有する現状から伝道活動を担う一員として期待されるものであった。しかし、規定から明らかなように、女性は堂班が許されず外陣での着座とされ、男性優位の序列が維持された。

七月二十七日に「中央仏教学院女子部規程」を発布し、中央仏教学院でも女子部を特設して、女性僧侶の養成を図ることとなった（「甲教示第十一号」『本山録事』昭和六年八月一日）。

第二条　女子入学志願者ハ満十七歳以上ニシテ相当ノ学歴アルヲ要ス

第三条　女子部ノ学科目左ノ如シ

宗乗　正信偈・和讃・宝章通釈・安心要義・真宗史・勤式作法・布教実習

余乗　仏教大意・仏教史

第四条　副科トシテ仏教ト女性・社会事業一般・音楽遊戯・手工・幼児談話法・児童衛生其他
　　須要ナル学科ヲ授ク
（下略）

中央仏教学院は、さっそく女子部第一回の学生募集をおこない、始業式を十月十一日とし、出願期限を九月三十日とした。入学者は、三三名と傍聴者一名の三四名であった（中央仏教学院編『中央仏教学院のあゆみ』同朋舎 昭和五十六年）。

三　仏教婦人会・仏教青年会の成立

婦人教会の成立　本願寺教団における女性組織には、天保年間（一八三〇〜四四）に組織された最勝講がある。

明治維新後、本願寺では新たな時代認識に基づく女性の組織化と結社設立が課題となっていた。そこで、明治十一年（一八七八）二月に出された真宗本願寺派教会結社条例（「達書第二十二号」『本山日報』明治十一年第四号）に基づき、女性信徒を主体とする婦人教会を創設することになった。その早い例として、明治十三年九月、東京善永寺内に有志女人教会（のち善永寺婦人教会と改称）が開設された（「善永寺記録」東京都善永寺所蔵）。ただし、その当時の具体的な活動内容は不明である。

明治二十年代に入ると、女性による慈善会や教育会などの結成が相次ぎ、婦人教会開設の機運がいっそう高まった。二十一年四月、東京築地海岸寺婦人教会の発足をはじめとして、下谷《したや》永称寺婦人教会・築地令女教会・麻布婦人教会など、東京を中心に婦人教会が創設され、のち富山・福井・長野などに広がっていった。なかでも長野婦人教会は、二十一年十月の発足当初から三〇か条におよぶ規約を設けていた（『婦人教会雑誌』二〇　婦人教会　明治二十二年九月）。この規約は、婦人教会における規約の最も早い例である。

東京婦人教会の設立と『婦人教会雑誌』　婦人教会の結成運動を全国的に展開するため、明治二十一年二月、東京婦人教会が結成・創設され、東京日本橋区の真宗説教所内に本部が置かれた。『婦人雑誌』第六三号（明治二十六年四月）に掲載された東京婦人教会規則によると、会員は婦人に限られ、男子は賛成員と位置づけられた。また、その運営資金は、会員および有志による寄付を基に公債を購入し、その利子を活用するというものであった。結成時の会員には橘町女人講員のほか、前川けい・松本ちせといった新規会員が、賛成員には島地黙雷《しまじもくらい》・多田賢住・干河岸貫一《ひがしかんいち》らがいた。

二月二十四日、東京婦人教会の機関誌として、水渓智応が発行人兼編集人となって『婦人教会雑誌』（のち『婦人雑誌』と改題）を創刊した。その後、毎月一回二十四日（のち三日に変更）の発行で、定価は一冊三銭であった（『婦人教会雑誌』一　明治二十一年二月）。真宗における婦人向け雑誌が他になかったこともあり、第一号は、創刊一〇日後の三月五日に再版、さらに四月一日三版、六月三十日四版、翌年二月十日五版と増刷され、総数一万数千冊が発行された（『婦人雑誌』三二一一　婦人教会　大正八年十二月)。

雑誌刊行の趣意は、「令徳は実に婦人の生命なり」と、女性の「令徳」を最重要視し、婦人の要務を教え、仏教の主意をもって婦人の「令徳」を修養しようとするものであった(『婦人教会雑誌』一)。雑誌としては、ひろく真宗各派に働きかけて女性の地位向上のための運動を推進しようとしたが、首唱者に長岡乗薫、助成員に橘町説教所世話方の前川太郎兵衛などといった本願寺派関係者が多くいたため、実際は本願寺派が運動の主体となっていた。

雑誌の内容は、真宗僧侶による講演録や伝記(親鸞聖人伝など)といった宗教に関するものと、家事一般・礼儀作法などを説いたものであったが、毎月の月報欄では、各地に開校された仏教系女学校や婦人教会の動向が中心に伝えられ、本部と各地の婦人教会との連携が図られた。

『婦人教会雑誌』は、その後も順調に発行部数を増やし、明治二十八年にはロシア浦潮《ウラジオ》本願寺・台湾台北別院へ毎月約一〇〇冊、三十七年より布哇《ハワイ》美港《ホノルル》本願寺へ毎月約三〇〇冊、四十三年より羅府《ロサンゼルス》へ毎月五〇〇部以上が発送される(『婦人雑誌』三四—一二)など、広く海外でも読まれた。

刊行以来三二年間にわたって女性教化に重要な役目を果たしてきた『婦人教会雑誌』であったが、大正八年(一九一九)十二月の通巻第三八二号をもって廃刊となった。

令徳会の結成　京都においては、明治二十二年十月に、仏教的婦人感化の本拠として、地方の模範となるよう、宗教的精神をもって女子の淑徳を養い、必要な学芸を学ぶことを目的として、令徳会が結成された(入江寿賀子「明治の仏教系婦人雑誌——二つの系譜——」近代女性文化史研究会編『婦人雑誌の夜明け』大空社 平成元年)。十月、その機関誌として雑誌『婦人世界』が刊行された(実業之日本社発行同名誌とは別雑誌)。同誌は、宗派にこだわらず、仏教的精神による女子教育を目的とするものであった。発行所の令徳会雑誌部は、本願寺門前の玉本町におかれ(『婦人教会雑誌』二二 明治二十二年十月)、主要論客・寄稿者は、赤松連城・島地黙雷・大洲《おおず》鉄然《てつねん》・渥美《あつみ》契縁《かいえん》らの本願寺派や大谷派の僧侶が中心であった。

婦人教会結成運動は、島地黙雷・渥美契縁らの東西本願寺関係者の意向によるものであったが、これらの婦人雑誌刊行により、婦人教会結成運動が全国的に展開し、また、広く女性職務の重要性への自覚を促していくことになった。

令女教会の設立　明治二十一年(一八八八)十月六日、築地別院内に令女教会が組織・開設され、明如宗主出席のもと発会式がおこなわれた。島地黙雷による会の開設趣旨説明、大洲鉄然の演説講話などがあった。その開設趣旨は、令嬢令夫人が一堂に会し、道義徳行の講演を開いて、現当二世の幸福を全うする(『婦人教会雑誌』九 明治二十一年十月)というものであった。この会は、島地黙雷・木造等観らが発起賛成員となり、東京在住の真宗に関係した華族女性を中心とした会で、会長には毛利安子(元長州藩主毛利元徳の妻)、副会長には三条治子(三条実美の妻)が就任した。

二十二年二月の例会は、築地別院内でおこなわれた。会では、法話や講話に加え、仏教唱歌が取り入れられるなど、従来の女人講集会行事と比べ斬新なものであった(本願寺室内部編『明如上人日記抄』前編 本願寺室内部 昭和二年)。翌年六月の例会には、明如宗主と枝子《しげこ》裏方が出席し、裏方より会員一同へ念珠と『蓮如上人御一代記聞書』が配られた（『明如上人日記抄』前編）。

また、二十八年二月には、令女教会規約が制定された（『明如上人日記抄』前編）。

その後、令女教会は昭和にいたるまで、聞法・法要のほか、慈善活動や恤兵《じゅっぺい》運動に活躍したが、活動は次第に低調になり、二十五年十一月には五二〇名であった会員数（『明如上人日記抄』前編）も徐々に減少していった。

坊守教会の開設　本願寺では、従来の全国末寺寺院の坊守講を改組・拡張して坊守教会と称し、その近代化を図るため、まず東京坊守教会を開設した。明治二十二年二月二十五日、明如宗主出席のもと、築地別院の書院において開会式がおこなわれた（『婦人教会雑誌』一四　明治二十二年三月）。同日宗主は、善永寺女人講・麻布婦人教会・海岸寺婦人教会などの会員と面会し、教諭した（『明如上人日記抄』前編）。

また、三月十二日の第二回坊守教会では、明如宗主の直諭、赤松連城の法話があり、東京府内一二七か寺の坊守のほとんどが参集したといい、開設記念として『婦人教会雑誌』第一四号が、東京府内全坊守に贈呈された。また四月以降には、十七日を定日として例会を開催し、十六日開催の令女教会とともに、京都から講師が派遣されることになった（『婦人教会雑誌』一五　明治二十二年四月）。

真宗婦人教会の開設　令女教会と坊守教会が組織されたが、いまだ一般女性門徒を対象とした教会は、結成されていなかった。そこで、明治二十六年四月十七日、築地別院内に真宗婦人教会（のち東京真宗婦人会と改称）を開設し、広く女性門徒への参加を呼び掛けた。四十四年に更改された会則目的には、真宗の教義のもと、婦人の淑徳を養い、社会の福祉を増進することが掲げられている（『新修築地別院史』本願寺築地別院 昭和六十年）。二十八年六月の設立二周年にあたっては、明如宗主の妹で、姫路亀山本徳寺大谷昭然妻の朴子《なおこ》が新たに会長に就任した（『婦人雑誌』八九 明治二十八年六月）。

また真宗婦人教会本部は、二十七年六月に足利義山勧学の『真宗婦人教会演説筆記』を刊行し、会員に配布するなど、より一層の女性教化に努めた。

築地別院では、各種の教会創設にともない、その例会を催す場所としての教会堂を新しく建立することになり、明治二十三年十二月、教会堂上棟式がおこなわれた。名称は、旧対面所の称をとって「蓮華殿」と命名され、開場式は翌年六月二日におこなわれた（『明如上人日記抄』前編）。

日露戦争と仏教婦人会結成の奨励

日露戦争における挙国一致体制に、本願寺教団も組織的に奉公運動を展開していくこととなった。籌子《かずこ》裏方は、明治三十七年二月、「門末の婦人達に告ぐ」として、全国寺族女性に対して、戦争にあたっての女性としての役割を示す直示《じきじ》を発した（『教海一瀾』第一九七号・『中外日報』明治三十七年二月二十五日）。裏方は、日露戦争にあたり、女性の役割は、つましく家内をおさめ、勉

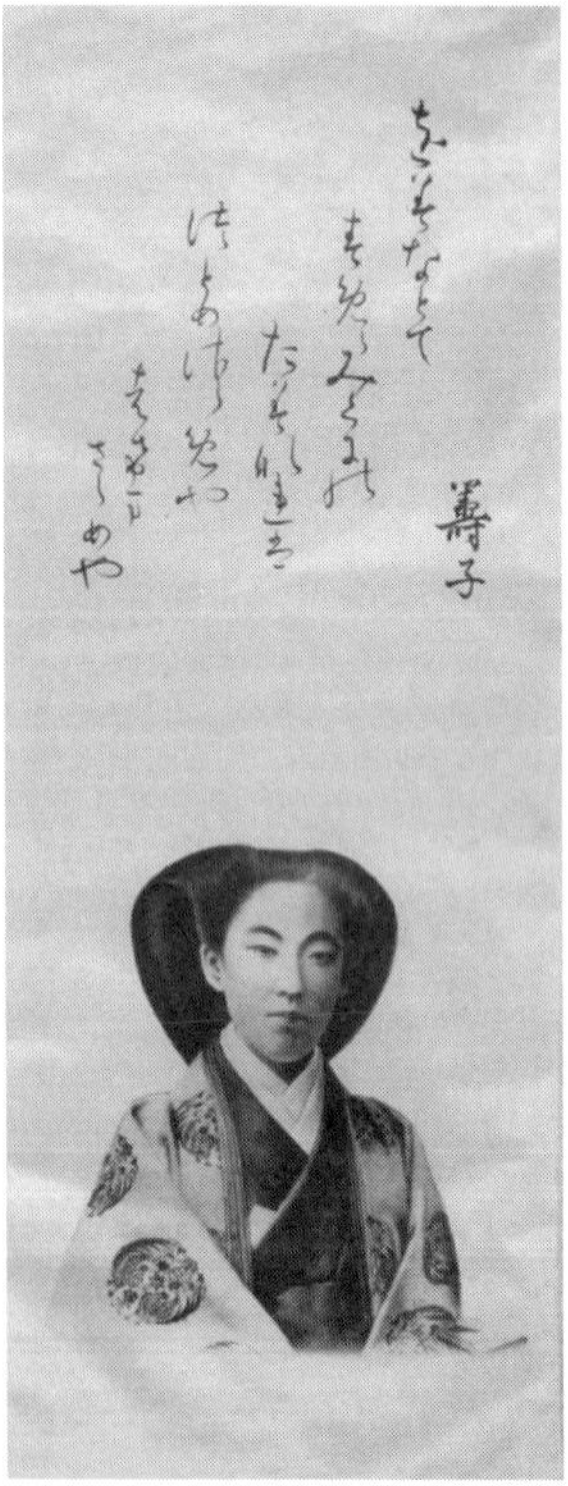

大谷籌子裏方ならびに和歌
本願寺所蔵

め励み、出征軍人・傷病兵士を慰問し、軍人留守の家族や戦死者の遺族などを慰め救うことであると説いた。本願寺はこの直示を印刷し、二十六日付で各臨時部出張所長に宛てて「臨達番外」として、全国寺院に配布した（上原芳太郎『光顔院《こうげんいん》籌子夫人』興教書院　昭和十年）。また、三月には女性門徒に対して、門末婦人奉公心得八か条を「臨達第五号」として達示し（『中外日報』明治三十七年三月七日）、全国の坊守や寺族女性、門信徒女性に対して、奉公の任務に服すべきことを要望した。

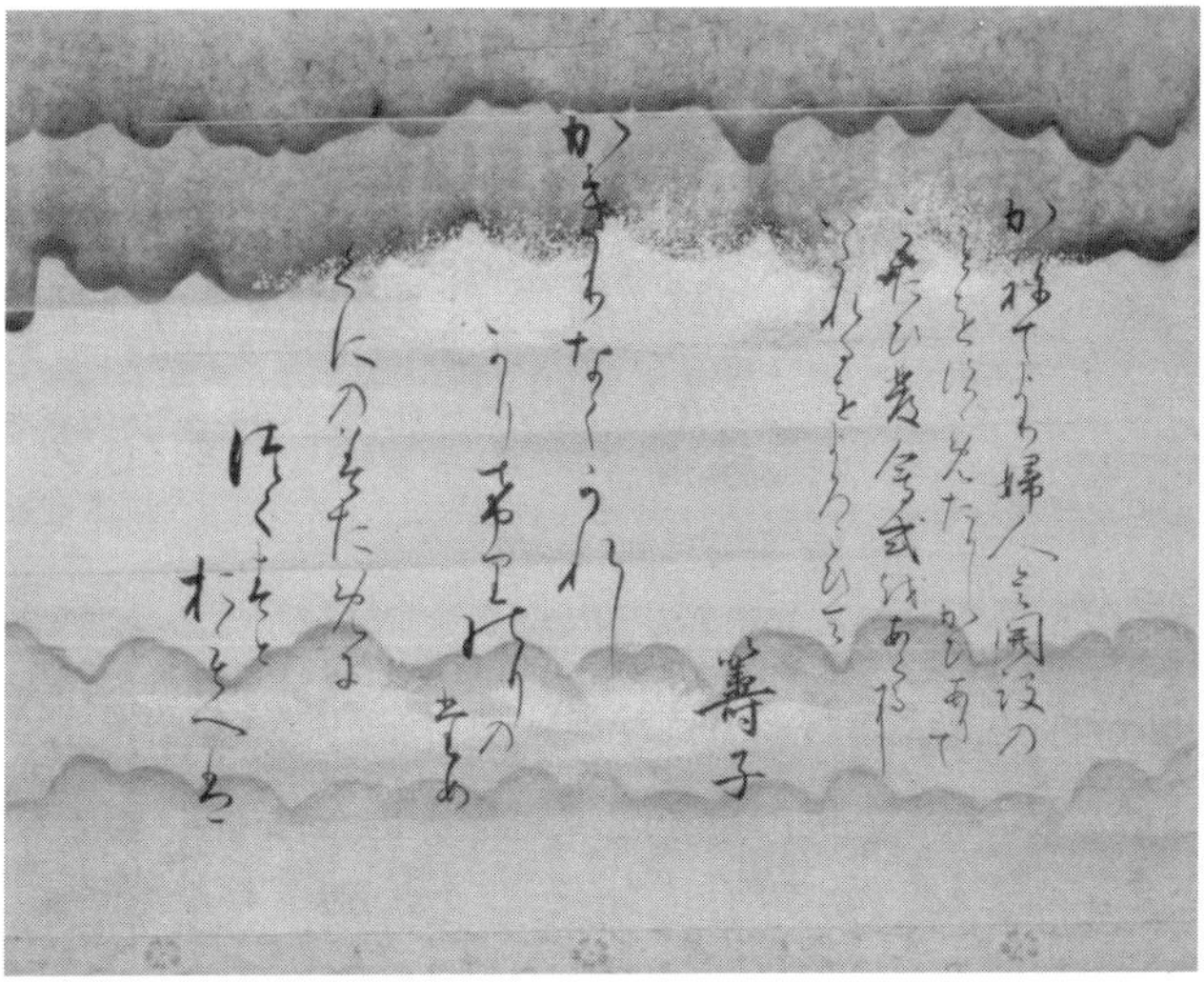
大谷籌子和歌懐紙（婦人会開設にあたり）本願寺所蔵

　さらに三月、裏方は門末女性に対して、日露戦争を背景に人びとと共に女性としての役目を果たすため、仏のみ名を称えつつ国のために尽くすようにとの直示（『本山録事』明治三十七年四月九日）を発した。そしてこの直示の趣意を広く伝えるために、三月三日から十七日まで九州、二十八日から四月七日まで北陸、四月十四日から二十四日まで東京、五月七日から十五日まで東海の各方面に巡回して、慰問・諭示し、婦人会結成の奨励に努めた（『教海一瀾』第二〇〇号〜第二〇四号・第二〇七号〜第二〇九号・『中外日報』

明治三十七年三月二・三・十四・十五・二十四日、四月二・三・五・七・二十日、五月九・十・十二日・『光顔院籌子夫人』）。

小田尊順執行長は、全国に婦人会を創立することが急務であるとして、三月二十四日「甲達第六号」をもって、婦人会取結趣意および九か条からなる婦人会概則を発し（『光顔院籌子夫人』）、時局に対する裏方直示の実践を図るための仏教婦人会発足を促した。この婦人会概則は、のちに各地で展開する婦人会会則作成の手本となるものであった。

さらに本願寺は、明治三十七年五月二十三日、「其組織ヲ終リタル地方ハ、届出ト同時ニ規則書ノ認可申請致スヘク、未タ組織ヲ終ラサル地方ハ準備ニ属スル状況至急上申致スヘシ」（「乙達第二十号」『本山録事』明治三十七年五月二十八日）と、速やかに婦人会を結成するよう求めた。

各地での婦人会結成　明治三十七年五月には、福井教区全域からなる真宗南越婦人会が本願寺から結成の認可を得た。真宗南越婦人会では、籌子裏方が総裁に、藤枝蔦子・藤井貞子が副会長に就任し（会長は欠員、『教海一瀾』第二〇八号）、教区内各地には支部が設けられ、連携が図られた。

安芸教区においては、明治三十八年四月一日、別格別院仏護寺（現、広島別院）において真宗安芸婦人会発会式がおこなわれた。結成時には、特別会員一〇一一人、正会員三〇四五人、賛助会員四〇一人の合計四四五八人の会員を得、総裁には籌子裏方、会長に武子総裁代理が就任した（『教海一瀾』第二五三号）。

その後、全国各地の婦人会開設にあたり、発会式や総会・大会への籌子裏方の参列を求める声が多く、それに応じて、裏方あるいは大谷武子が総裁代理として各地へ出向、出席した。こうして、それまで各地で展開していた婦人教会は、日露戦争を機として教団組織の仏教婦人会として再編されることとなった。

また、明治三十七年十一月には、婦人会結成の運動をひろく宣伝し、かつ女性の自覚を促すため、東京駒込にある婦人社から月刊雑誌『婦人』が刊行された。創刊号には、国家安危の時局に対し、各自のおこないを正しくし、弥陀の慈悲の心をもって、勤勉・倹約を主として家を治め、国のために励むように、という裏方の諭示が掲載された（『教海一瀾』第二三三号・第二三九号）。また、第三号には、裏方染筆の色紙を付録とする（『教海一瀾』第二三六号）など、購買意欲を高める工夫もみられた。

海外の婦人会　明治三十年、ハワイのホノルル・ヒロ・コナに布教場が設置され、明治三十三年十一月には、美港《ホノルル》出張所内に婦人教会が開設された。その後、各布教場には、仏教青年会・仏教婦人会・日曜学校・日本語学校などがつぎつぎと付設された。

明治四十二年十二月末には、布哇美港仏教婦人会一三〇名、浦潮本願寺婦人会八五九名、浦潮本願寺支会九七六名、大連別院関東婦人会二四七名など、海外にも多くの会員がいた（「明治四十二年度清・米開教表」史料研保管）。

仏教婦人会連合本部の設置　日露戦争後の婦人会は、その活動目標に、仏教の教えを習得するとともに、戦後の国家に貢献することを掲げた。この新事態に対応するためには、より強力な組織化を進める必要があった。

明治四十年六月十九日、本願寺は、新たに仏教婦人会概則および仏教婦人会連合本部規則を発布

仏教婦人会正会員徽章・
同裏面線刻（左）

し、本願寺内に仏教婦人会連合本部を設置して、各地の仏教婦人会の統轄・連絡・監督・奨励に当たった（「甲達第二十号」・「甲達第二十一号」『本山録事』明治四十年五月二十二日・『光顔院籌子夫人』）。また同日付で、総裁に籌子裏方が就任し、連合本部長に大谷武子（後、九条良致と結婚）、次長に梅上嶺子、幹事に今小路富美子ほか五名、加談に大洲鉄也ほか四名が任命された（「婦人会記事」『本山録事』明治四十年五月二十二日・『光顔院籌子夫人』）。

さらに同時期に発足した仏教青年会連合本部と連携して、青年男女の求道に応じ得るよう（『教海一瀾』第三九五号）、組織強化につとめた。

連合本部設置の目的を達成するため、明治四十一年四月十七日、大谷本廟での親鸞聖人六五〇回大遠忌厳修にあわせ、仏教婦人全国連合大会が、本願寺阿弥陀堂北の式場で開催された。大谷綾子大谷派婦人会総裁代理・大森齢子京都府知事夫人らの来賓を迎え、花火・楽隊吹奏・狂言などの催しもあり、参加会員は一万五〇〇〇人にものぼった（『教海一瀾』第四二二号・『光顔院籌子夫人』）。

連合本部規則の更改　明治四十四年八月二十六日、本願寺は仏教婦人会連合本部規則を大幅に更改した（「甲教示第三十三号」『本山録事』明治四十四年九月一日）。本願寺は、それまで全国に展開していた婦人会を単に奨励する立場にとどまっていたが、この更改によって、宗務機関の一つとして、宗主裏方総裁の統轄する機関となった。それまでの幹事を本部員に、加談を評議員に、書記を録事にそれぞれ改め、主事制を新設して実務を担うこととした（初代主事は弓波瑞明）。

また全国を八つに区分し、各区域に婦人会奨励・監督・連絡等の事務に当たる職制を新たに設け、執行長以下、本願寺の役員・地元寺院住職などをその任に当て、それにより組織力・事務力の充実を図った。

明治四十四年一月二十七日、大谷籌子総裁が没した。籌子総裁のあとをうけ、大谷光明妻紝子《きぬこ》が総裁に、本部長に九条武子、次長に梅上嶺子が就任した。また、評議員には、松原深諦・飯田新七・負野小左衛門ら三三名がその任にあたった（『本願寺職員録』大正六年）。

同年九月には、婦人会数は全国に約三〇〇、会員数約三五万人（『教海一瀾』第四九八号）、大正十三年十一月には、婦人会数一五五〇、会員数四二万二二四人（海外開教地を含まず、『日本仏教要覧』仏教連合会 大正十四年）にまで増加した。

関東大震災の救援活動　大正十二年（一九二三）九月一日に起った関東大震災に対応して、仏教婦人会連合本部では、震災の翌日、救援金五〇〇〇円および慰問袋一〇〇〇個を罹災地に送った（千葉乗隆編『仏教婦人会百五十年史』浄土真宗本願寺派仏教婦人会総連盟 昭和五十七年）。

紝子総裁・武子本部長両人の発起により、罹災女性救済目的のために、上野公園清水観音堂脇に六〇坪ほどの一棟を設け、婦人職業輔導館として、毛糸の編み物・ミシン・裁縫の無料講習を始めた。講習では工賃を支払い、また講習の不要な人には、仕上げ高に対する賃金を即日支払う、という仕組みを作り上げた。さらに、東京本派本願寺婦人連合会の名称で趣意書を各地へ送り、少しでも罹災女性に仕事が与えられるように、仕事の依頼・協力を募った（『教海一瀾』第六八八号）。

十一月二十五日までの間に、全国各婦人会より地方庁および新聞社などを経て罹災地へ寄贈された義捐金品は、累計で三万一四九〇円余、衣類・雑品五万二三一六点、慰問袋二万六五八個、米穀三一石余、梅干三六樽などにのぼった（「臨時救済事務所記事」『本山録事』大正十二年十一月三十日）。

また、救護事業の一つとして、紝子総裁・武子本部長が中心となって東京日比谷に診療所が設けられた。

仏教女子青年会の設立　従来の仏教婦人会の中心構成員が、四、五〇代の女性であったことから、本願寺は、若い女性の参加と信仰の確立が必要であると考え、十五歳から三十歳までの女性を対象とした仏教女子青年会を組織することにした（後に制定された準則では、会員の年齢は三十五歳未満とする、とある）。

大正十三年（一九二四）五月十七日、仏教女子青年会創設に関する協議をおこない、六条仏教女子青年会（十月に京都仏教女子青年会と改称）の設立を決定し、六月十四日、六条仏教女子青年会の開会式を顕道会館で開催した。その設立目的を、真宗の教義に基づき、女子の徳操を養い、人生の幸福に期することであるとし、目的達成のために、学習的事業（講演・講習会の開催）・教化的事業（思想善導、感化矯風事業など）・社会的奉仕事業・体育的事業（共同競技、遠足旅行など）の四事業を挙げた（『教海一瀾』第六九六号）。

六月二十五日、仏教婦人会連合本部規則に、女子青年会に関する事項を追加し（「甲教示第六号」『本山録事』大正十三年七月十二日）、八月六日、仏教女子青年会準則を制定した（「甲達第十三号」『本山録事』大正十三年八月十三日）。

昭和六年（一九三一）には、全国（海外を含む）の仏教女子青年会数は四六であった（『仏教婦人会年鑑』仏教婦人会連合本部　昭和七年）。

その後の連合本部による活動

仏教婦人会連合本部は、女子青年会の奨励と婦人の自覚に目標を置き、各地婦人会の催しとして、女教士による講演会を開催した（『教海一瀾』第六九六号）。

また、かねて東京駒込の婦人社より発行されていた雑誌『婦人』は、仏教婦人会連合本部発行の機関誌として刊行されることとなった。大正十三年十月号よりその内容を信仰鼓吹の機関雑誌として大刷新し、各地婦人会の相互連絡を図った（『教海一瀾』第六九八号）。

十四年四月の三宗主法要（実如宗主四〇〇回忌・寂如宗主二〇〇回忌・本如宗主一〇〇回忌）にあわせ、四月十六日に全国仏教婦人会幹部大会が顕道会館で開催され、また全国仏教婦人会会員死亡者追弔法要が御影堂において修された。幹部大会では約

仏教婦人会連合本部の機関誌『婦人』

四五〇人が参加し、籌子初代総裁の婦人会設立趣旨を体し、本会の隆盛を図ることが宣言された。仏教婦人会創立二〇周年記念事業として、全国一斉に仏教女子青年会を組織することが決議された（『教海一瀾』第七〇四号〜第七〇六号）。

その後も九条武子本部長は、各教区婦人会への出張を続け、婦人会ならびに女子青年会設立を奨励した。

昭和二年五月の籌子総裁一七回忌に先だって、三月二十日、紝子総裁は、会員に対して弥陀の他力本願を信じて報恩謝徳に励み、女性として守るべき徳を養い、社会に貢献し、故籌子総裁の遺業を失墜させないように、との訓示を出した（『教海一瀾』第七二八号）。

六華園の開設　昭和元年十月、東京真宗婦人会は、明如宗主二五回忌記念事業として、少女の保護施設六華園を東京荻窪近くに開設することとした。六華園には、講堂・医務室・作業室・寝室と農園などが設けられ、建設費は、本山からの補助金のほか、一般篤志家よりの寄付金、慈善興行などによる寄付金が充てられた（『教海一瀾』第七三〇号）。大正天皇葬場殿用材の提供を受け、昭和五年に講堂を建設し、四月九日、本尊入仏落成式をおこなった（『教海一瀾』第七六一号）。

京都六華園の開設　京都仏教女子青年会においても、昭和天皇御大典記念事業として、北山別院に隣接する本願寺所有地に、少女保護施設京都六華園の開設が計画された。昭和三年十二月八、九の両日、歳末供養少女保護デーを催し、市内六か所において六華園設立のための街頭募金運動を展開した（『教海一瀾』第七四七号）。

昭和四年、宮内省から昭和天皇御大典に使用された建物の一部が提供され、これを講堂とし、さらに五室を新築した。九月二十日、上棟式がおこなわれた（『教海一瀾』第七五三号）。また同日には、その建設資金募集のため、京都仏教女子青年会主催、京都音楽協会後援による音楽会が、京都市公会堂において開催された（『教海一瀾』第七五五号）。

翌年一月二十日、内務省の認可を得て、大谷尊由の妻泰子《ひろこ》京都女子青年会総裁を園長に、藤居神通を主任として、二月三日、開園式がおこなわれた。当時、京都府下には、少年保護施設は四か所にあったが、少女を対象とする施設は、六華園が初めてであった。日課としての園内掃除・勤行・講話・作業に加え、礼儀作法訓練のための抹茶会も毎月一回開催された（『教海一瀾』第七五九号・第七六四号）。

昭和六年には、少女収容数の増加に伴い、建物造築の必要が出てきたため、室内部事務所の一部且楽庵の建物を移築し、病室や主任室などに充てた（『教海一瀾』第七七九号）。

九条武子本部長の死没　昭和三年二月七日、九条武子本部長が没した。婦人会連合本部は、すぐに全国一五〇〇余の支部に訃報を伝えた。そして、真宗女性として、武子本部長の精神を継承していかなければならないとした（『教海一瀾』第七三八号）。四月十一日、連合本部主催により御影堂で追弔法会が修され、『遺芳録』を編集出版し、参拝者に配布した（『教海一瀾』第七三九号）。

翌十二日の全国仏教婦人会幹部総会では、仏教連合婦人会と仏教女子青年会がともに、武子本部長の念願であった社会事業の達成に努力することを宣言した（『教海一瀾』第七四〇号）。

あそか病院の建設　関東大震災の救護事業として設けられた東京日比谷の診療所は、昭和元年、本所緑町に移転し、築地本願寺診療所が開設された。本格的な仏教系慈善病院設立を念願していた武子本部長の遺志を継いで、あそか財団が設立された。武子の遺著『無憂華《むゆうげ》』の印税を基礎として、資金二〇万円をあてて病院設立を計画した。仏教婦人会連合本部は、その計画に対し全面的に支援する方針を決定し、財団基金一〇万円分を関西方面において募集することとした。第一回を彼岸まで、第二回を年末までの二回に分けて募集を求めた。また、昭和三年から四年にかけて寄付金募集を呼びかけ、一日も早く病院が完成するよう協力を求めた（『教海一瀾』第七四三号・第七四九号）。

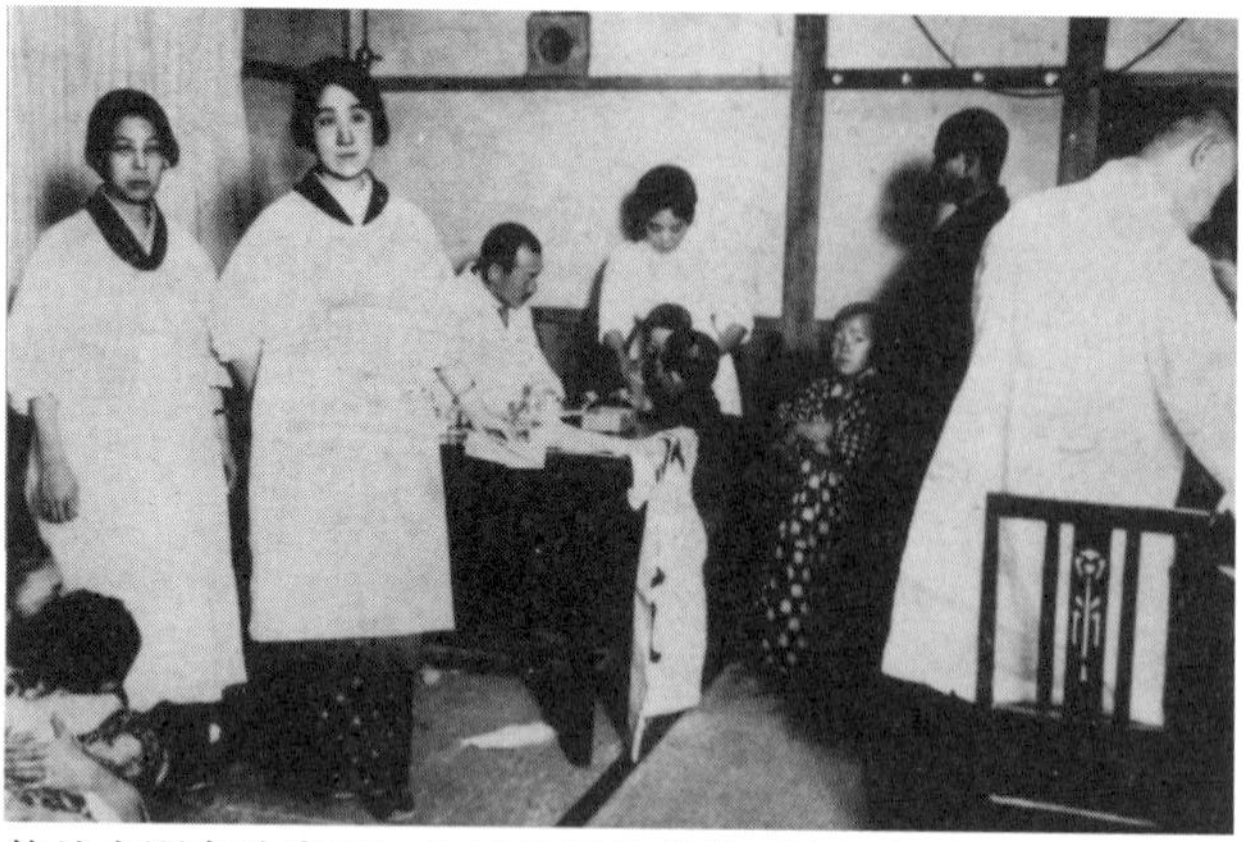
築地本願寺診療所における紝子総裁（左）と武子本部長
（写真提供　仏教婦人会総連盟）

　また、東亜キネマ会社による、九条武子の生涯を映画化した「無憂華」の撮影がすすめられており、その封切上映にあわせ、あそか会へ一万円の寄付の申し出があるなど、関係者からの寄付によって、昭和五年八月、東京猿江（江東区深川）に、入院患者二〇〇名の収容力を有したあそか病院が竣工し、十一月より診察が開始された（『教海一瀾』第七六五号）。

婦人公民権獲得運動　昭和五年十月十八日、本願寺派本願寺仏教婦人会連合本部第二十二回幹部大会が大谷泰子総裁代理出席のもと、東京青山の日本青年館で開催された。大会では、女子大学の設立、婦人公民権の獲得、伝灯奉告会記念婦人会館の建設、国産品の愛用、矯風運動における家庭の浄化が決議された（『教海一瀾』第七六七号）。

六年一月、仏教婦人会連合本部は、婦人公民権獲得請願書を作成し、貴族院・衆議院に提出するため、全国三〇万人の会員に対して署名を求めた（『教海一瀾』第七七〇号）。このように婦人会の活動は、教育・社会から政治へと広がりつつあった。

仏教青年会の結成　明治十年代末頃、東京の学生を中心に、宗教的活動および仏教主義に基づく政治的、社会的、思想的、文化的諸問題に対して、発言・行動するという運動が発生した。

二十年代に入ると、キリスト教系青年会に刺激・触発され、仏教青年会が東京と関西に設立された。この時期の仏教青年会は、通仏教的な性格のものであった。

関西では、明治二十四年（一八九二）に、文学寮・本願寺大学林（現、龍谷大学）・高倉学寮・第三高等中学校（現、京都大学）などの学生が中心となって仏教青年会（関西仏教青年会の前身）が結成された。翌二十五年一月には、第一高等中学校（現、東京大学）・東京専門学校（現、早稲田大学）などの学生が中心となって、東都諸学校仏教青年連合会（大日本仏教青年会の前身）が創立された。

青年会の主たる活動は、夏期講習会（第一回講習会は明治二十五年七月開催）と五月上旬の日曜日に日曜学校の児童らを招いて、讃仏偈の合唱・公開講演などをおこなうという釈尊降誕会の開催であっ

た（薗田香融「初期の仏教青年会」『顕真学苑論集』五一　顕真法輪文書伝道部　昭和三十五年）。

しかし、この頃の青年会は、個別の仏教青年会として各地に展開したものであり、いまだ教団として積極的に関わるものではなかった。

大阪仏教青年会の発足　本願寺教団における仏教青年会は、明治三十一年七月の桑港《サンフランシスコ》仏教青年会や、明治三十三年七月の布哇《ハワイ》仏教青年会のように海外開教をすすめるなかで、これらに先駆けて結成されていった。これは北米などキリスト教を中心とした地域の宗教事情が背景にあったものと思われる。

国内における教団による仏教青年会の発足は、明治三十年代後半になってからのことで、明治三十八年の日露戦争を契機に活況をみた仏教婦人会運動にともなって、仏教青年会振興を考慮し、ようやくその発足の気運が高まっていった。

明治三十八年十月八日、津村別院内に発会した大阪仏教青年会が、教団における国内最初の青年会であった（『中外日報』明治三十八年十月十日・『教海一瀾』第二八〇号）。翌十一月十八日には、大谷尊重（光明）出席のもと、創立記念式がおこなわれた。同会は、明治四十年には、約六〇〇名の会員を有し、毎月第二日曜の例会では、約二〇〇名の参加を得るなど、活発に活動した（『教海一瀾』第三七七号）。

四十年十月、津村別院内に大阪仏教青年会館が建設され（『中外日報』明治四十年十月四日）、四日に開館式がおこなわれた。開館式では、永岡薫界津村別院輪番の開会式辞、大谷尊由による鏡如宗主親示の代読などがあり、出席者は三〇〇名を超えた（『中外日報』明治四十年十月七日・『教海一瀾』第三八三号・第三八四号）。

青年会連合本部の設立　本願寺は、明治四十年六月、仏教青年会概則および仏教青年会連合本部規則を発布した（「甲達第二十二号」・「甲達第二十三号」『本山録事』明治四十年六月二十二日）。青年会は、真宗二諦の教義を聞信し、国家と宗教に対して信徒の本分を尽くし、現当二世の幸福を全うすることを目指し、その目的達成のため、宗教道徳・教育・衛生・経済などの講話・演説・説教をおこなうものとした。また二十四日付で、仏教青年会連合本部長に梅上尊融、同本部次長に大谷尊祐、同本部幹事に吉村成覚・高木俊一が選任された（「青年会記事」『本山録事』明治四十年六月二十九日）。また、八月一日には、本願寺内に仏教青年会連合本部が置かれ、総裁統轄のもと、各仏教青年会の連絡・監督・奨励などの事務を担った（『教海一瀾』第三七四号）。

築地別院における青年会の発足　本願寺での仏教青年会連合本部の設置を受けて、築地別院内に築地本願寺仏教青年会が発足した。会則では、宗教活動に興味を示さない青年層に対し、仏教青年会を組織して仏教精神を宣伝弘布し、各自の信仰を増進し、人格の向上をめざすことを目的に掲げ、講演会・講習会・文書伝道などの事業をおこなった。しかし、仏教青年会の活動はあまり振るわなかったようで、その活動が活発化するのは、大正期に入ってからのことであった。

大正三年（一九一四）一月、築地別院では青年会を再組織し、会員の募集を開始した。十一月一日、築地別院対面所において、築地本願寺青年会の発会式がおこなわれた（『新修築地別院史』本願寺築地別院　昭和六十年）。名誉顧問には前田慧雲・高楠順次郎が就任した（『教海一瀾』第五七四号）。

京都仏教青年会の発足　京都では、明治四十一年十一月、本願寺が京都市内の青年を対象として、青年会組織を立ち上げた。七日には村上太郎兵衛らが発起人会を開き、会員の募集を始めたが、間もなく、会員数六〇〇名を超えるにいたった。二十一日、鏡如宗主の出席のもと、本願寺鴻之間において発会式がおこなわれた。この日の入会者は正会員三七四人、特別会員一一人であった。また、同時に会則が制定され、事務所は、本願寺の第八管区採訪使事務所内に置かれた（『教海一瀾』第四四〇号・第四四二号・第四四三号）。

その他、四十一年十月に伏木仏教青年会（富山県）、同年十二月に福博青年会（福岡県）、東肥青年会（熊本県）が設立されるなど、各地に仏教青年会が結成された（『教海一瀾』第四三九号・第四四六号・第四四七号）。

大正期仏教青年会の現勢　大正年間には、仏教青年会連合本部総裁に大谷尊由管長事務取扱、本部長には梅上尊融が就任した（鷺谷譲城編『本願寺職員録』大正六年）。

十三年十一月現在の本願寺派仏教青年会の現勢は、国内では青年会数一五二、会員数一万四二五六八人、開教地においては青年会数三二一、会員数二四三〇人であった（『日本仏教要覧』仏教連合会 大正十四年）。

四　日曜学校の成立

日曜学校の黎明期　少年児童を対象とした教化・伝道の組織化は、明治中期以降のことになる。本願寺においては、明治十八年（一八八五）四月に明如宗主の発意のもと、島地黙雷《しまじもくらい》ら本願寺築地別院の有志によって「築地少年教会」が創立された（『新修築地別院史』本願寺築地別院　昭和六十年）。三十一年には、築地少年教会要旨略則が定められ、日曜学校の原型が提示された（『教海一瀾』第二六号・『日曜学校沿革史――本願寺派少年教化の歩み――』浄土真宗本願寺派少年連盟　平成十八年）。

明治三十八年には、仏教大学（現、龍谷大学）の学生であった無漏田謙恭《むろたけんきょう》らが、求道日曜学校（明治四十年に道光日曜学校と改称、本願寺中央日曜学校の前身）を創設した。これは、仏教界で初めて「日曜学校」の名を冠した少年教会であった。無漏田はそこでの活動経験をもとに、『日曜学校のすゝめ』（興教書院　明治四十四年）を出版するなど、日曜学校の普及に努めた（高島幸次「仏教日曜学校史序説――龍谷大学生の活動を中心に――」千葉乗隆編『日本の社会と真宗』思文閣出版　平成十一年）。

この頃日曜学校活動は、本願寺の海外開教にともない、国内よりもキリスト教日曜学校の浸透している北米地域などにおいて盛んにおこなわれていた。

明治四十年代に入ると、西山別院内にも久遠日曜学校が開設され（『教海一瀾』第四六一号）、児童・青年の宗教的情操を養成する組織として機能した。その活動は、主に仏教大学生が担った。京都では、淳風会館内で開校・活動していた道光日曜学校が中心となって、施本伝道・讃仏歌伝道・大講演会などの伝道活動を実施していた。

大遠忌における日曜学校の活動　明治四十四年の宗祖六五〇回大遠忌では、本願寺境内の天幕において御伽会・讃仏歌合唱をおこなった。京都市内にある日曜学校四校の少年約五〇〇名が参加して、仏教日曜学校連合大会の大旗を押し立て、周辺町内を練り歩いた（中外日報社編輯局編『遠忌大観』中外日報社編輯局 明治四十四年）。

また、大遠忌を契機に、本願寺も日曜学校の設立・普及に乗り出すようになり、大正二年（一九一三）四月二十日、大谷本廟に龍谷日曜学校を設立した（『教海一瀾』第五三七号）。

日曜学校の奨励　大正四年の御大典記念事業の一環として、七月十五日に日曜学校奨励法、および仏教日曜学校規程が、真宗二諦の教義に基づき児童の徳性を育成することを目的として制定された（「甲教示第十五号」『法規類纂抜萃』中央仏教学院 昭和十二年・『中外日報』大正四年七月十七日）、教学課が事務を担当した。

これにより、それまで各地で開設されていた日曜学校は、本願寺の認可を受けた日曜学校となった。本願寺では、日曜学校奨励のため、校旗の制定、日曜学校使用のカード（出席カード・奨励カード）などの教材編纂をおこない、実費頒布した。また、『日曜学校教材』や仏教日曜学校児童用の『讃仏歌』を教学課より刊行した（『教海一瀾』第五九三号）。

七月から九月にかけて認可を受けた日曜学校・日曜教会・少年会の数は、一五一校（『教海一瀾』第五九二号～第五九四号）となり、翌五年七月には、七七三校、児童数一一万四九五〇人を数えるにいたった（『第一回日曜学校講習会講義録』本願寺教学課 大正五年）。

日曜学校講習会の実施　全国的に日曜学校が増加するなかで、本願寺は日曜学校指導者養成のための講習会を開催した。第一回日曜学校講習会は、五年七月十八日から二十四日までの一週間にわたり、平安中学校講堂においておこなわれた。講習には、聴講者約一五〇名が参加した。また、二十二日には、六角会館において日曜学校実演大会も開催され、讃仏歌合唱、法話、御伽噺《おとぎばなし》などがおこなわれた（『教海一瀾』第六〇四号・『第一回日曜学校講習会講義録』）。

この講習会は、以後、年に一度、京都を中心に開催された。受講者には、本願寺派に限らず、大谷派や他宗派の人もいた（『第四回日曜学校講習会講義録』本願寺学務部 大正八年）。

日曜学校教師養成所の設置　大正十年三月二十日、「真宗二諦ノ教義ニ依リ日曜学校ニ関スル理論及実際ヲ教授指導シ斯業ヲ従事スル教師ヲ養成スル」ことを目的に、本願寺日曜学校講師養成所規則を発布した（「甲教示第一号」『本山録事』大正十年三月三十一日）。

養成所での養成期間は、当初は約一〇週間、年一回開催されていたが、大正十二年三月には、約五週間に改められた（「甲教示第七号」『本山録事』大正十二年四月三十日）。

昭和初期の日曜学校　昭和八年（一九三三）には、本願寺認可の日曜学校数は、約一九〇〇、児童数は約三〇万人となり（『日曜学校便覧』本願寺教務局社会部日曜学校課 昭和八年）、日曜学校設立当初より約二〇年間で、その数をおよそ二・五倍に増やした。

本願寺での事務担当は、当初の教学課より大正七年に学事部、昭和六年に社会部に属した。また、日曜学校指導者養成機関として、昭和四年八月には日曜学校幹部訓練所が、さらに七年八月には少年団指導者教習所が新たに開設された（「日曜学校事務及沿革」『日曜学校便覧』）。

五　多様な布教活動

布教教範の制定・頒布　本願寺は、明治四十一年（一九〇八）四月に全国的な組織的布教の推進を期して、『布教教範』を制定・頒布し、全布教使にも配付した。その冒頭の綱領には「布教ノ方法ハ千差万別ナリト雖モ、統一機関ノ下ニ活動セシムルニ非レハ、学識ト弁才トヲ有スル布教使ニシテ猶未十分ノ成功ヲ多方面ニ見ルヘカラス」とあり、宗派を挙げた布教活動の規範となるものであった。『布教教範』の内容は、第一部平時布教・第二部戦時布教の二部構成からなっている。つまり布教を平時と戦時に二分し、さらに平時布教を経常布教と臨時布教とに分類し、それぞれの布教体制について詳細に指示している。

臨時布教の実施　臨時布教は甲種・乙種・特別の三種に分類された。甲種臨時布教は一総監部区域内の一局部地域、乙種臨時布教は一総監部の全区域において同時におこなうもの、特別臨時布教は二か所以上の総監部の全区域において互に連合して同時におこなうものである。このなかで実際に施行されたのは甲種臨時布教であった。臨時布教の目的は教団内の門徒ではなく、未信の人に対する布教であり、とくに都市布教に重点がおかれていた。

臨時布教は、明治四十一年四月の大谷本廟での宗祖六五〇回大遠忌予修法要に際し、京都市全域での組織的伝道が最初であった（『教海一瀾』第四一一号～第四一三号）。続いて同年九月二十日から二十七日まで内国布教第二監督区（関東・東北地方の諸県、但し青森県を除き長野県を加える）において、十一月二十一日から二十八日まで内国布教第三・四・五監督区（東海・北陸・近畿・山陰・山陽・四国・九州・沖縄地方の諸県）において甲種臨時布教がおこなわれた（『教海一瀾』第四三四号～第四三六号・第四四二号）。

四十一年度の臨時布教に従事した人員は七六三人、演説・説法の開座数四二九九回、聴衆人員延べ九八万二〇〇〇人に達した（『教海一瀾』第四六四号）。その後も臨時布教は規模を拡大しながら大正二年まで継続実施された。

文書伝道　臨時布教では文書伝道にも力が注がれた。明治四十一年度には、甲種臨時布教の施本として『二諦の花』・『御国の礎』と題する小冊子を印刷して配布し、その数は合計六〇万部にのぼった（『教海一瀾』第四六四号）。翌四十二年度には、『仏教と自治改善』・『仏教と農事改良』・『仏教と国運発展』・『富国の栞』・『産業と仏教』・『みのりの光』・『報恩の栞』・『常業の開発』・『仏教と進農偉績』・『仏教と風化問題』・『青年と忍耐』の一一種七四万部を印刷して配布した（『教海一瀾』第四六五号）。

四十三年度にも、『国民と宗教』・『国富増進の要義』・『国運発展の好機』・『真宗の根本教条』・『他力信心』・『朝鮮に対する我仏教徒の責任』・『国民教化の変遷』・『国民教養の大本』・『二諦相資』・『真

表16　多様な布教

種別	会名・布教場所等	開会日	備　考
婦人会	東京令女教会	16日	
	東京真宗婦人会	17日	各支部を合して16回聴者708名
	鴻台将校婦人会	15日	
	陸海軍将校婦人会	20日	階行社・水交社隔月交代で会場とす
	東京善友会	10日	築地同気倶楽部にて開会
	大森善友会	25日	加納子爵夫人の主催
	青山婦人会	12日	菊亭侯爵婦人らの主催
	小田原光円寺婦人会	11日	野村子爵夫人を会長とす
青年会	日本橋青年会	12、26日	前川・天野らの豪商主人の主催
	麻布弘徳会	20日	地方青年学生
	神田真宗崇信会	8日	求道の青年学生
	蠣殻町青年会	28日	大学及び高等学校学生の一団
	小田原法話会	15日	石川郡長、安部中学校長の主催
少年教会	京橋少年会	第2土曜	会員約150名
	築地少年会	第1土曜	会員約300名
	麻布少年会	毎日曜（月4回）	会員約200名
	高輪少年会	第2日曜	
	深川少年会	第2土曜	
	赤坂少年会	第2日曜	
	本郷少年会	第2、4日曜	
	日本橋少年会（橘町）	第1、3日曜	
	日本橋少年会（亀井町）	1日夕	
	日本橋少年会（大伝馬町）	11日夕	
	コドモ研究会（実修部）	第1日曜	
工場布教その他	本所ショール会社	5日	
	深川金子鉄工場	23日	
	深川三好木型場	5日	
	芝東京病院	第2、3土曜	
	芝慈恵病院	第2、3、4水曜	
	深川養生病院	第1日曜	
	京橋看護婦人会	5、15、25日の3回	毎会150名余の出席者あり
	岡田治衛武邸	2日	家庭布教
	高木男爵邸	4日	家庭布教
	清浦子爵邸	20日	家庭布教
	若宮正音邸	24日	家庭布教
	随時家庭訪問		19回
	吉原亀甲楼	10日	遊郭布教
	新橋金辰中	25日	遊郭布教
	新橋玉中村	25日	遊郭布教
	新橋河合	25日	遊郭布教
	新橋縁日	2、16日の2回	縁日伝道
	京橋区和学園	6、13、22、27日	学生布教
	日本橋銀行集会所	18日	行員布教
	千住倶楽部	15日	東武鉄道各課
	足利駅	1日	縁日伝道

『龍谷週報』第22号より作成

俗ニ諦』などを発行した（『教海一瀾』第四七九号）。これらの冊子は真宗教義に関するものだけでなく、内務省が主導した地方改良運動に連動したものも多く、冊子の冒頭には「戊申詔書」が掲げられていた。

多様な布教の展開　臨時布教の活況にともなって、「特殊布教」と呼ばれた布教も展開した。例えば明治四十二年六月中の東京市における布教は表16の通りであった。婦人会・青年会・少年教会などの教化団体が組織され、工場布教・家庭布教・遊郭布教・鉄道布教・縁日布教など、人の集まるところに出張して布教活動に従事していた。

職域布教のひろがり　近代社会の進展とともに、職域別での教化団体も組織されていったが、その代表が鉄道道友会であった。

鉄道従業員を対象とする布教は、明治四十一年の臨時布教の際にはじまったが、大正四年六月に鉄道道友会を結成し、広く仏教各宗にも呼びかけ、布教の充実を図った。道友会の本部は東京の築地別院に置かれ、精神講話・慰労娯楽・葬祭法要・障がい者授産・孤児収容・機関誌『道友』の発行などの事業を展開した。

内国布教規程の制定　大正二年（一九一三）に臨時布教は一時中止されたが、大正六年九月、「時局ニ鑑ミ国民道徳ノ振興ニ諦教義ノ真髄ヲ発揮セン為メ」に臨時布教事務所職制を発布した。事務所を本山内に置き、総務・庶務・通報・会計の各科を配置し、築地別院に支部を設けた（「甲教示第二十九号」『本山録事』大正六年九月十日）。また、期間を九月二十日から十月十九日とした。大正十年六月、

表17　大正13年度布教行動表（布教回数）

種　目	軍隊	警察	鉄道	郵便	電話	電車	専売局	学校	合計
布教回数	1,440	845	723	1,165	466	102	139	890	16,943
種　目	病院	会社	工場	組合	店員	男子会	婦人会	少年会	
布教回数	356	355	1,681	823	630	2,764	3,215	1,372	

『大正十四年三月調　真宗本願寺派現勢一覧』（本願寺内臨時法要事務所）により作成

内国布教規程を発布して、特殊布教を再開した（「甲教示第三号」『本山録事』大正十年六月十日）。大正期は社会問題が顕在化するなか、職域伝道をはじめとする特殊布教は広がりを見せた。大正十三年度の特殊布教は、表17の通りであった。特殊布教は、労働運動が広まりはじめると思想善導の側面を持つことになった。

六　刑務教誨

刑務教誨　近代布教のなかでも刑務教誨は、本願寺派を含む仏教各宗派が早期から着手した事業であった。すでに江戸時代には、石川島人足寄場において心学講談などがおこなわれており、明治に入ると、明治五年（一八七二）七月に大谷派僧侶の鵜飼啓潭《うかいけいたん》が名古屋監獄で、同年八月に同派箕輪対岳《みのわたいがく》が巣鴨監獄で、翌六年四月に本願寺派僧侶の舟橋了要《ふなはしりょうよう》が岐阜監獄で、それぞれ教誨の許可を得て教誨活動に取り組んだ。

監獄則の制定　明治五年十一月、政府は監獄則並図式を頒布し、行刑制度がようやく整備された。監獄則の緒言に、「獄ハ人ヲ仁愛スル所以ニシテ、人ヲ残虐スル者ニ非ス、人ヲ懲戒スル所以ニシテ人ヲ痛苦スル者ニアラス、刑ヲ用ルハ已ヲ得サルニ出ス、国ノ為メニ害ヲ除ク所以ナリ」というように、新しい行刑制度は懲罰を目的とせず、あくまで受刑者の矯正改善を旨としていた（「太政官布告第三七八号」『法令全書』）。本則中には、休日の八時から十二時まで「教師ノ講義アリ、総囚ヲシテ聴聞セシム」と規定されており、受刑者の善導と感化に関して、教導職に任命された宗教家への期待は大きかった。

初期教誨の状況　当時、教誨という用語はまだ用いられず、教部省の三条教則を基本とする教化は説教と言われていた。諸宗の僧侶が共同で説教する場合には、各宗教義に重点がおかれるため、聞く者を混乱させることがあった。このため僧侶の教誨は、一般的な仏教の教義や道徳的訓誡を与える程度にとどまっていた。また当時の教誨は、宗教家から官庁に請願して受刑者を教化するものであったので、俸給などの支給はなく、必要経費はすべて教誨に従事する者の自己負担であった。

本願寺派が明治十四年までに単独で教誨を創始した監獄は、岐阜・福島・前橋・盛岡・浜田・高知・小倉・長野・仙台・神戸・白河・宮城・高田・中津の一四か所であり、また他宗派と共同で教誨を開始した監獄は、小菅・豊多摩・青森・広島・金沢・秋田の六か所であった。当時の神道及び仏教諸宗派の教誨開始の概況は次のとおりである。ここに示されているように、本願寺派は教誨に積極的な態勢をとっていた（教誨百年編纂委員会編『教誨百年』上巻　浄土真宗本願寺派本願寺・真宗大谷派本願寺昭和四十八年）。

浄土真宗本願寺派	一四	真宗大谷派・本願寺派合同	三
真宗大谷派	二	浄土真宗本願寺派・神道合同	一

真宗高田派	二	仏教・神道・心学合同	一
華厳宗	一	神道	四
仏教各宗合同	八	心学	二
仏教各宗・神道合同	八		

監獄則の第一次改正　明治十四年三月、司獄官の名称統一がおこなわれ、同時に司獄官吏及び傭人設置程度並びに傭人分課例が制定された。傭人設置程度に「教誨師、人員俸給適宜」と、傭人分課例に教誨師については、「改過遷善ノ道ヲ講説シテ囚徒ヲ教誨ス」とそれぞれ記された（「内務省達乙第十五号」・「乙第十六号」『法令全書』）。これ以降、法文上で教誨師の名称が使用された。

同年九月には改正監獄則が発布された。この改正監獄則では、第九十二条に「已決囚及ヒ懲治人教誨ノ為メ教誨師ヲシテ悔過遷善ノ道ヲ講ゼシム」とあり、第九十三条でも「教誨ハ免役日又ハ日曜日ノ午後ニ於テ其講席ヲ開クモノトス」と規定された（「太政官達第八十一号」明治十四年九月十九日『法令全書』）。しかし、この制度によって教誨師を任用した監獄は数か所にとどまった。監獄費は地方庁支弁とされていたため、教誨師を任用する財政上の余裕がある地方庁は少なく、多くの府県は各宗派本山に常駐教誨師の派遣を要請していた。この結果、各宗派が派遣する場合と、府県が給与を支給して受刑者の教育担当者を配置する場合の教誨師とが生まれた。府県は各宗派派遣の教誨師に対して、少額の手当を支給する程度で、無給の者もあった。常駐教誨師には、各宗派から毎月幾分の手当が支給された。

本願寺派は大谷派とともに監獄教誨を推進し、本山派遣の教誨師には旅費・手当を支給し、教誨師の配置監獄を増加して、一監獄に複数名の教誨師を配置した。教誨事業は本願寺派と大谷派とがその大半を占めるようになり、各宗混同の教誨は減少していった。明治十九年頃には、全国の監獄・支所・出張所で教誨がおこなわれた。この時期、本願寺派と大谷派の寄付金により各地の監獄に教誨堂が設けられ、仏像も安置された（『教誨百年』上巻）。

監獄則の第二次改正　明治二十二年七月、監獄則が改正され、監獄則施行細則・分掌例も定められた。この改正は施行細則において、従来「免役日又ハ日曜日ノ午後」におこなわれてきた教誨を、「平日罷役後又ハ休役間」にもおこなうことが可能となった。また「免役日及日曜日ノ教誨ハ教誨堂ニ於テシ、休役間又ハ罷役後ノ教誨ハ、被教誨者ノ居所ニ就キ之ヲ為スモノトス」ることが規定された（「内務省令第八号」『官報』第一八一三号）。教誨の回数を増加し、実施の場所・範囲を拡大し、特に教誨師の常勤化が実現した。

しかし教誨師が常勤となっても、教誨師の給与は各宗派の負担であり、宗派からの派遣という形態も変わらなかった。このため財政上の負担などから教誨師派遣を中止する宗派もあり、本願寺派・大谷派だけが教誨師の派遣を継続し、全国のほとんどの監獄教誨を担当することになった。

教誨師会議の開催　教誨事業が全国的に拡充されると、教誨方法や教誨師の待遇の充実などに向けて教誨師間の連絡調整と協議の場を設けるようになった。また、キリスト教の監獄教誨事業への対応の必要性も生じていた。

明治二十四年十月、第一回九州各県監獄教誨連合会が熊本市本願寺説教場で開かれ、一三名の教誨師が参加した。そこでは教誨方法、教誨師の勤務に関する問題について協議した。これを機に各地で教誨連合会が開催されるようになり、翌二十五年四月には築地別院で、一府一九県の教誨師三六名が参加して東部教誨師会議が開催され、教誨に関わる幅広い事項が協議された。さらに同年十月には、本願寺宣布院で中央部教誨師会議が開催され、二府一六県、四二名が参加し、各府県の教誨の標準として「監獄教誨概則」を審議した。

教誨師養成機関の設置　本願寺派は、明治二十年十二月に大阪府監獄署で罫采教順《はなつきようじゆん》を教誨実務練習生の指導にあたらせるなど、教誨師の養成に着手した。しかし、二十六年六月、内務省は獄務概則一〇五条を制定して、各囚人の個性に適応した個人教誨を重視し、教誨にも多様な方法が求められるようになった。

三十一年七月、本願寺派は常設の教誨師養成のため布教講習所を京都に設け、その規則を定めた（「教示第十七号」『本山録事』明治三十一年七月十四日）。同所は布教局の管轄に属し、陸海軍隊布教・監獄教誨・台湾布教の講習及び海外布教の志望者を訓練するものであった。監獄教誨の講習期限は一か年で、講習生は文学寮高等科卒業生、大学林本科卒業生またはこれらと同等の学力ある者とした。また三十二年九月、内務省が東京に警察監獄学校を開設した際に、本願寺派と大谷派からは、各三名を監獄科に派遣入学させた。両派は、三十三年二月に同校が廃止されるまで、派遣を継続した。

表18　本願寺派教誨師の派遣状況（明治34年現在）

監獄名	派遣人数	監獄名	派遣人数
警視庁市ヶ谷監獄	4	岩手県監獄	2
京都府監獄	3	青森県監獄	2
宮津支署	1	八ノ戸支署	1
大阪府監獄	7	秋田県監獄	2
堺支署	1	富山県監獄	2
兵庫県監獄	5	福井県監獄	2
豊岡支署	1	鳥取県監獄	2
姫路支署	2	島根県監獄	2
篠山支署	1	浜田支署	1
洲本支署	1	岡山県監獄	2
長崎県監獄	3	津山支署	1
諫早出張所	1	広島県監獄	3
平戸支署	1	尾道支署	1
島原支署	1	三次支署	1
厳原支署	1	山口県監獄	3
新潟県監獄	2	岩国支署	1
高田支署	1	赤間関支署	1
長岡支署	1	和歌山県監獄	2
埼玉県監獄	2	田辺支署	1
川越支署	1	徳島県監獄	3
熊谷支署	1	香川県監獄	2
群馬県監獄	3	丸亀支署	1
茨城県監獄	3	愛媛県監獄	3
下妻支署	1	宇和島支署	1
土浦支署	1	高知県監獄	3
栃木県監獄	2	福岡県監獄	3
奈良県監獄	2	小倉支署	2
五条支署	1	大分県監獄	2
静岡県監獄	2	中津支署	1
浜松支署	1	佐賀県監獄	1
山梨県監獄	2	唐津支署	1
岐阜県監獄	3	宮崎県監獄	1
高山支署	1	延岡支署	1
長野県監獄	3	鹿児島県監獄	2
松本支署	1	種子島支署	1
上田支署	1	大島支署	1
飯田支署	1	東京集治監獄	2
宮城県監獄	3	三池集治監獄	4
福島県監獄	2	宮城集治監獄	1
白河支署	1	合　　計	143

『本派本願寺名所図会』（博文館、明治35）をもとに作成。
但し、上記に台湾監獄の派遣教誨師は含まれていない。

三十三年四月、監獄の所管が内務省から司法省に移されたのを機会に、教誨師養成の充実に対応するため、布教講習所を廃止して新たに教務講究所を東京に開設した（「教示第九号」・「教示第十号」『本山録事』明治三十三年四月十一日）。同所では、教誨師その他を対象に、仏教学・法律学・監獄学・感化法・保護法・心理学・教育学・社会学などが教授され、教誨実務の研修もおこなわれた。期間は三か月から六か月間で臨時に開設され、講究後五か年以上、関係の役務に従事する義務があり、講究員には手当が支給された。第一回は同年四月、東京市日本橋区橋町に、前田慧雲を所長として五〇名の講究員を集めて開かれ、諸学科の教授と実務研修をおこなった（『教海一瀾』第六六号）。

この間、三十三年十月には全国各府県監獄の経費が従来の地方負担から国庫支出に改められた。一方、三十四年九月に設立された大日本仏教慈善会財団は、慈善の振興と社会福祉の増進を目的とし、教誨事業に対して指定寄付金を支給し、免囚保護・感化事業の推進にも補助金を交付した。

教誨師の派遣状況　明治三十四年五月の教誨師派遣調査によれば、監獄教誨実施施設総数一二〇か所のうち、本願寺派は七九か所、全体の六五・八パーセントに教誨師を派遣していた（『教海一瀾』第一〇二号）。また派遣教誨師総数二一一名のうち、本願寺派は一四一名で、全体の六六・八パーセントを占めている。本願寺派が諸宗派に比べて、監獄教誨に積極的であったことを知ることができる。

また三十四年末現在での監獄教誨師の本願寺派の派遣状況は、表18の通りであった。

教誨事業の発展　明治三十六年三月には監獄官制の改正がおこなわれ、従来嘱託であった教誨師も官制上、奏任待遇・判任待遇となり、司法省令で教誨師の定員は一八一人と定められた。俸給も増額されたが、これによって宗派からの支給を廃するには至らなかった。

同時に、教誨師の職務規程が定められ、教誨の目標・方法・囚人の査察・図書の審査・釈放保護の方法など、在監者の精神的感化について教誨師の担う職務が規定された。これによって行刑制度の上に教誨の占める教誨師の役割は重要性を帯びるようになり、その地位も確立された。

三十三年以降東京在住教誨師が築地別院において定期的に開催していた教務講究所は、三十七年より全国的組織に拡大し、全教誨師の中心講習機関になった。また四十一年六月本願寺は女囚教化のために、派内末寺並びに信徒中から女性の教誨師志望者を募り、同九月女教誨師講習所を開所し、仏教大学講堂で講習会を開催した（『教海一瀾』第四三一号）。第一回の卒業生のなかで監獄女教誨師又は監獄女教師に就任したのは八人であった。

表19　本願寺派教誨師の派遣状況（大正7年現在）

監獄名	派遣人数	監獄名	派遣人数
小菅監獄	2	広島監獄	3
東京監獄	2	三次分監	2
八王子分監	2	尾道分監	1
豊多摩監獄	4	山口監獄	3
浦和監獄	2	岩国分監	3
川越分監	1	下関分監	1
熊谷分監	1	松江監獄	2
水戸監獄	2	鳥取分監	1
土浦分監	1	浜田分監	1
宇都宮監獄	2	高松監獄	2
栃木分監	1	松山監獄	3
前橋監獄	2	宇和島分監	1
長野監獄	2	西条分監	1
松本分監	1	徳島監獄	2
上田分監	1	高知監獄	3
飯田分監	1	三池監獄	3
甲府監獄	2	長崎監獄	2
静岡監獄	2	片淵分監	2
浜松分監	1	厳原分監	1
岐阜監獄	2	福岡監獄	3
高山分監	1	小倉分監	2
福井分監	1	大分監獄	3
新潟監獄	2	佐賀監獄	2
高田分監	1	宮崎監獄	2
宮城監獄	2	延岡分監	1
仙台出張所	兼任	鹿児島監獄	2
盛岡監獄	2	大島出張所	1
青森監獄	2	台北監獄	3
弘前分監	1	台中監獄	2
京都監獄	5	台南監獄	2
宮津分監	1	京城監獄	2
大阪監獄	5	永登浦分監	1
若松町分監	1	平壌監獄	2
堺分監	1	鎮南浦分監	1
奈良監獄	6	大邱監獄	3
和歌山監獄	2	光州監獄	1
田辺分監	1	木浦分監	1
神戸監獄	3	全州分監	1
姫路分監	4	釜山監獄	2
豊岡出張所	1	馬山分監	1
橘通出張所	兼任	普州分監	1
岡山監獄	3	清津分監	1
津山分監	1	関東都督府監獄署	1
		合　計	143

『本願寺』（本派本願寺教務部 大正８）より作成

台湾・朝鮮などの監獄でも本願寺派の教誨はおこなわれ、大正七年末の段階で本願寺派の教誨師の派遣数は、表19の通りであった。

七　鹿児島・北海道布教

鹿児島開教着手　明治四年（一八七一）の廃藩置県により薩摩藩は鹿児島県となったが、真宗禁制は継続された。明如宗主は、六年十二月に南州有志同行中宛の消息において解禁を予測して次のように述べた（本願寺派本願寺編『明如上人御消息集』本願寺蔵版 大正八年）。

其地は久しく弘教の道をたち聞法の門を閉ぢたれば、いかゞ心得居られ候やと旦暮心をいため候ひしに、幸に天運循環し四海一般の皇政に属し候へば、追々おほやけに弘教のはしも開け心置なく聞法の良縁もきたるべき事なれば、心得まどひなく後生を楽しみ今を慎みて天恩の辱きを感戴し開明の政を遵奉し、真につけ俗につけ他の嘲り他のにくみをまねかざるやう、上に示す所を領納せらるべく候（下略）

七年、本願寺は布教準備のため長崎の立花超玄、西法寺、秀山柢量の三名を派遣し、八年には野崎流天が赴き、同年夏には龍川慈雲が本願寺の命を受けて鹿児島を視察した。

九月五日、鹿児島県参事より、「各宗旨ノ儀、自今人民各自ノ信仰ニ任セ候」と布達され、真宗布教が解禁となった。これより先の五月五日、太政官より鹿児島県庁へ真宗解禁の布達がある旨を知った明如宗主は、菅了雲を派遣して布教に着手した。菅了雲は七月に長崎を経て海路で鹿児島に入った。また八年十一月の信教の自由布達の直後に、鹿児島県下の信者代表の津曲十助らが直ちに本願寺を訪れて布教の請願をしたため、本願寺は小田仏乗・紀州宗学・細川寂雲・暉峻普瑞・伊川通玄・正親大宜らを鹿児島出張所員・開教使に任命して、現地に派遣した。一行は民家を借りて仮懸所を設け、十月十二日より三日間、鹿児島仮懸所の「開業式」をおこなった。九年に種子島・屋久島・甑島で、十一年に奄美大島で、十五年に獅子島でも布教が開始された(開教百年史編纂委員会編『本願寺鹿児島開教百年史』鹿児島教区教務所・鹿児島別院 昭和六十二年)。

西南戦争の布教への影響　明治九年十月、明如宗主は大洲鉄然に現地視察を命じた。十一月末に大洲は瀧川賢流・桑門無着・小池行運・滝沢謙致・香川黙識・野崎流天・山崎照天・石丸白英・三栗心浄・佐々木英愷らを率いて現地に着いた。呉服町春口善四郎に二階建家屋を借用して仮事務所とし、市内に限らず各地に布教使を派遣して教勢の伸張を図った。

薩摩布教がようやく軌道に乗りはじめた矢先、十年一月に西南戦争が起こった。このため本願寺懸所は灰燼に帰し、その後、懸所を転々と移した。

布教再開と鹿児島別院の設立　明治十年十月に西南戦争が終結し、翌月に市内東千石町の地を借り受け仮説教所が設置され、布教が再開された。仮説教所は翌十一年八月に紀州和歌浦性応寺の本

鹿児島別院本堂（『本派本願寺写真宝典』より）

堂を移築し、書院・台所等は新築し、十月には地方庁から別院の認可を受けた。その後十八年十月には借地であった境内地を買収して二十三年二月総会所を建築し、二十九年には新本堂が落成するなど、次第に別院は整っていった。

布教再開とともに本願寺は、伊勢田雲嶺（後に佐々木鴻凞と改名）を寺務所長に命じ、十一年一月には布教員・事務員が四三名にもなっていた。十二年三月に宗主代理として日野沢依《ひのたくえ》が各地を巡教し、新たな信徒には門徒証と名号を与えて本願寺門徒として認定した。こうして十三年までに開設された説教所は八四か所、檀家一二万余戸、門徒五〇万人余に達した。

本願寺は戦役後の復興支援にも積極的に協力し、十年十二月に罹災民救助費一万円、十一年三月に学校建築費二〇〇〇円、十三年に勧業奨励費一万五〇〇〇円を鹿児島県に寄付した。

沖縄開教　薩摩藩の統治下の琉球でも、厳しい真宗禁制が布かれていた。文化九年（一八一二）十月下旬に本願寺の末寺である正光寺から薩摩久志浦の中村家に本尊・六字名号・四幅絵伝・経典などが贈られ、その子孫の仲尾次政隆（了覚）に伝えられて沖縄で開教が始まった（伊波普猷『浄土真宗

沖縄開教前史』明治聖徳記念学会 大正十五年）。

明治七年に本願寺は、藤井界雄に島内視察を命じ、十一年にも重ねて渡島を命じた。十二年三月、視察員として派遣された広橋覚譲と和泉憲亮は、那覇に五か月間滞在したが、その後、引き上げた。この間、九年に真宗大谷派の田原流水の布教活動が藩主の知るところとなり、信徒三六〇余名が検挙され、流刑や罰金の過料に処せられた。

本願寺は三十年二月、大河内彰然を沖縄県開教使に任命した（『本山録事』明治三十年二月十八日）。三十一年、亀井慈雲が沖縄に渡って四十三年まで民家を借りて布教活動を続け、同年十一月に鏡如宗主の命を受けた菅深明が徳之島より転任し、四十四年八月那覇松山町に説教所を移転した。大正四年六月に本堂が竣工し、七年二月に聖徳山大典寺と公称して、菅深明が初代住職に就任した。八年西表島に西表説教所が、十年石垣島に八重山布教所が、十一年嘉手納布教所が開設された（『浄土真宗本願寺派沖縄開教地沖縄開教の歩み』本願寺沖縄開教事務所 平成六年）。

北海道布教の進展　本願寺の北海道布教は、安政四年（一八五七）閏五月に幕府より蝦夷地での出張所建立と新田開発を公許されて始まった。九月、箱館奉行所に出願していた箱館と濁川村（現在の北斗市）に休泊所（のち函館別院）の設置が認められ、あわせてサッポロ山麓に一万坪の地所を拝領し休泊所設置も認められた。十一月に箱館休泊所の仮建物が完成し、世話役の門徒も三軒でき、参拝者も増加した。この頃、道内の数か所に休泊所が開設されたようである。休泊所とは、江戸時代末期に用いられた言葉で、文字通り休息または宿泊する所を意味し、正式に寺院として認められたものではなかった。箱館休泊所は、万延元年（一八六〇）に至って、ようやく本願寺掛所に改めることが寺社奉行所に認められた。

本願寺は、安政年中より移民の招致、荒地の開墾、新川の掘削等諸事業の振興を図り、但馬・加賀・越前・能登及び南部・津軽地方の門徒に移民を勧め、総勢三七〇余名の移民をみるに至った。これには、箱館在住の門徒商人国領平七・辰巳屋和平・井筒屋久右衛門等の協力によるところが大きかった。移住者は初め上磯郡濁川村の五五万坪の土地開墾に従事したが、土地・気候等の諸条件が悪かったため、その大半は帰国して明治二年秋には戸数一三軒七〇余名に減じた。本願寺はこの移民策の不振を挽回するために亀田川を利用する掘削築工の工事を起こし、六年の歳月をかけて文久三年（一八六三）十一月に竣工した。この開発事業はかねてから北海道布教に尽力していた堀川乗経が中心になり、本願寺の援助を得て実行したが、掘削の総工費は七〇〇〇〇余両にのぼったという。濁川村へは文久二年に願乗寺出張所を設置したが、これが後の江差別院である。

明治初年から北海道は北境防備の上から屯田兵の制度がおこなわれ、また政府は全道にわたる開発を再三にわたって奨励した。このため東北・北陸地方の農民が多数移住したが、これにともなって本願寺の教線も次第に伸展するに至った。

明治十年には函館掛所と小樽掛所が別院に昇格し、十二年江差掛所が同じく別院となった。新開発地である札幌では、明治十年五月に西原円照が本願寺からの指示によって布教に赴き、翌十一年四月に仮布教場を設けた。十二年には、門徒から土地を寄進されて仮堂を建立し、本願寺から札幌別院の認可を受けた。また二十年八月六日に明如宗主が北海道への巡教のため函館に着き、その後札幌別院、小樽別院、さらに布教所での帰敬式、親教などをおこない、布教活動が活発化した。二十三年八月に札幌別院本堂の新築が成った（北海道開教史編纂委員会編『北海道の西本願寺』本願寺札幌別院 平成二十二年）。

明如宗主の巡教 北海道諸寺院は函館・小樽・江差・札幌の四別院を中心として発展し、明治二十年七月の明如宗主の北海道巡教を機にさらに教勢が伸張した。宗主は巡教の結果、北海道開教の一層の発展のために、二十二年四月北海道得度教師取扱条例を発布した。同条例は北海道布教に従事する僧侶を優遇するもので、北海道で三年以上布教事務を助けたものは、派内学校在学の有無にかかわりなく得度を許すこと、また三年以上布教に従事した僧侶は学力試験を免除して教師資格を授与することなどを規定した。翌二十三年一月に北海道出張所職制を制定し、四月には札幌別院内に北海道出張所を設け（ただし当分の間は函館に仮設）た。初代所長には安藤龍暁を任じ、北海道出張所を通じて全道の関係機関を統轄し、北海道の布教を強化するねらいがあった。当時の開教状況は、寺院八・説教所四三で、その分布は函館を中心に西海岸方面に進展し、鬼鹿・増毛・留萌から天塩方面に至っていたが、未だ全道に及ぶものではなかった。

北海道教区設置と教勢拡大 明治二十六年四月、同出張所に代えて真宗教会本部出張所を札幌に置き、本願寺から毎月五〇〇円の開教費を受けて、寺院・説教所の設立を奨励し、また北海道配属の月寒連隊・旭川第七師団に対する軍隊布教を開始した。なお寺院・説教所の設立に際しては一定の補助金が交付されたため、道内の寺院が急激に増加しはじめた。本願寺は二十七年に至って北海道教区を設置し、この頃から内陸原野の開拓が飛躍的に進展し、これにともない教勢も拡大した。

二十九年には、寺院・説教所九八、駐在僧侶八六名、信徒七一二五戸となり、寺院の分布は渡島一・後志三・石狩二・天塩二・日高二・根室二・北見二・胆振一に、説教所の分布は波島六・後志七・石狩三九・天塩五・北見一三・胆振一五・日高四・十勝二・釧路四・根室二に及んだ。三十年には布教統制を図るため北海道開教取締規程・北海道説教所布教取締条例を制定した。

布教活動が遅れていた十勝地方でも、二十八年から金目府玄が開教に着手し、三十二年十月には山本恵以が十勝開教担任布教使として赴任し、帯広東一条に仮説教所を設けた。三十六年八月には脇谷了諦が赴いて布教を進め、四十年十一月に帯広説教所は本堂・庫裡・書院等を建築し本願寺から帯広別院として認可を受け、脇谷了諦が輪番に就任した。これによって北海道には五別院が存立することになり、発展の基礎が築かれたのである。

なお、北海道へは三十二年七月大谷尊重、三十九年七月鏡如宗主・籌子裏方、大正元年七月に九条武子がそれぞれ巡教に赴いた。

樺太布教　樺太布教は日露戦争に際して臨時部支部が設置され、軍隊布教を開始したことに由来する。この時支部長として大谷尊祐が赴き、また従軍布教使数名が派遣された。戦後、樺太守備隊司令官楠瀬幸彦中将の懇請によって、新田開発のために移住した人びとへの布教を進めた。明治三十九年五月、陸軍墓地のあるコルサコフに布教場を設置し、同十一月にはマウカ本願寺出張所が落成し、北海道開教総監事務代理の藤枝沢通を招いて開所式を挙げた。

樺太布教の中心地になったのは移住民のもっとも多かった大泊であり、当地にも駐屯軍隊の要請によって戦後布教場が設置され、四十年八月に同布教場は別院に昇格した。輪番には当地開教の中心者であった芳滝智導開教使が就任した。大泊別院は翌四十一年十二月に、外部洋館式・内部日本式寝殿造の本堂を新築し、堂の頂上には、ロシア正教会の鐘を吊るし、建物として衆目を集めた。

大泊別院本堂（『本派本願寺写真宝典』より）

四十一年八月、同別院に樺太仏教婦人会が組織され、同十月に孤児院を開設する等の慈善活動もおこなった。大正三年五月同別院は樺太別院と改称し、翌四年八月には豊原にあった出張所が乗願寺の寺号を公称している。なお、三十九年七月には鏡如宗主・籌子裏方・大谷尊重らが巡教した（浄土真宗本願寺派国際部・浄土真宗本願寺派アジア開教史編纂委員会編『浄土真宗本願寺派アジア開教史』本願寺出版社 平成二十年・海外開教要覧刊行委員会『海外開教要覧（海外寺院開教使名簿）』海外開教要覧刊行委員会 昭和四十九年）。

千島布教　千島における布教は、明治二十三年四月に本願寺北海道出張所を設置した際に出張布教をおこなったのが嚆矢とされるが、詳しいことはわかっていない。その後も、千島は寒僻地であるため開発が進まず、布教もあまり発展しなかった。わずかに比較的定住者の多かった南千島（択捉《えとろふ》島・国後《くなしり》島・色丹《しこたん》島・歯舞《はぼまい》群島）に数か所の布教拠点が築かれたに過ぎなかった。

本願寺から千島への布教使派遣は、明治二十六年に里見法爾が報効義会への随行を命じられたのが最初であろう。報効義会は元海軍大尉・郡司成忠が千島列島北東端の占守《しゅむとう》島などの北千島への移住・開発を提唱して設立された。郡司は本願寺に布教使の派遣を要請し、里見は約二年間にわたって千島に滞在したが、報効義

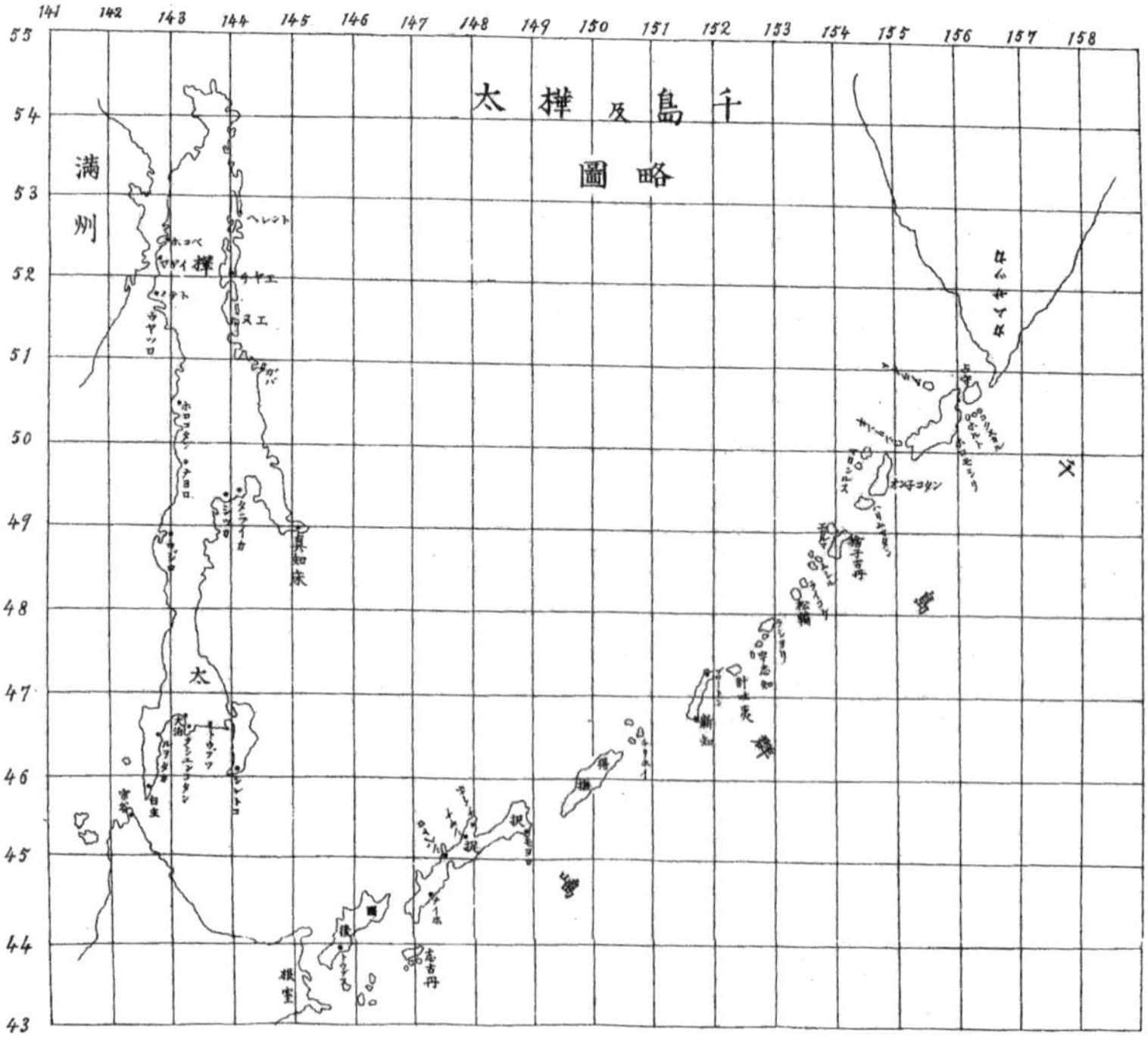

「千島及樺太略図」（藤井直喜『千島拓殖事業』より）

会の北千島開発は不調に終わった。里見も占守島に渡ることができず、択捉島紗那村《しゃなむら》に滞在し当地での布教基盤を築いた（里見法爾「千島土産」『三宝叢誌』一三五 令知会 明治二十八年六月）。里見の帰国後、明治二十八年十一月に新田霊湛が択捉島紗那村に派遣された。新田は現地で布教に従事し、三十年に堂舎を建立した。堂舎は三十六年に霊原寺という寺号を得て、翌年に乗元速満が赴任し、坊守とともに仏教信徳会・仏教婦人会などを組織して布教に尽力した。明治三十五年七月には、清原得順が国後島泊村《とまりむら》に赴いて布教に着手し、翌年四月に説教所を設立した。その後、四十二年八月に寒河江教宗が着任し、大正八年に泊説教所は西向寺と公称された。このほか大正初年までに、国後島留《る》夜別村《よべつむら》、歯舞群島の志発島《しぼつとう》にも説教所が設立された（北海道開教史編纂委員会『北海道の西本願寺』北海道開教史編纂委員会 平成二十二年）。

第五章　国際化と海外開教

一　海外派遣僧と留学生

仏教徒の海外渡航　明治政府による明治初年の諸改革は、新時代に即応する仏教界の革新を要請するものであった。そのためには、優秀な人材を欧米諸国に派遣して仏教徒の視野を拡大し、新たな知識によって仏教の近代化をはかる必要があった。仏教徒の海外渡航は、明治期仏教界の近代化の嚆矢ともいうべき歴史的意義を持ち、その先鞭をつけたのが本願寺派であった。

当初、明如宗主には木戸孝允《きどたかよし》の勧奨と島地黙雷《しまじもくらい》・大洲鉄然《おおずてつねん》らの進言によって、自ら欧米諸国に渡航し、宗教事情を調査する意図があった。しかし、広如宗主の死没による寺務の多忙と財政上の問題から、宗主の外遊に反対する声が強く起こった。そのため、連枝梅上沢融《うめがみたくゆう》に代理としての海外の視察を命じ、それに島地を随行させることとした。また、赤松連城《あかまつれんじょう》・堀川教阿《ほりかわきょうあ》・光田為然《みつだいねん》の三名をイギリス・ドイツ両国に留学させることにした。

赤松が知友に示した次の文は、外遊を前にして心中に抱いた熱意をうかがうに足るものがある（原漢文、明如上人伝記編纂所編『明如上人伝』明如上人二十五回忌臨時法要事務所 昭和二年）。

若し夫れ海外游学の士、上は皇族自り下は庶民に及ぶまで百を以って数ふ、何ぞ其れ盛んなるや、然して僧中に未だ一人として航海する者有らず、而して徒らに祆教を拒みて我が法を護持せんと欲するは、亦た難からざるか、是くの如きは進みては古昔の高僧を追蹤する能はず、退きては祆教の徒に比肩する能はず、豈に能く当今の学士と並び馳することを得んや、豈に愧じ且つ歎く可からざるや、不肖賦才疎拙にして其の器に非らざるを知る、然れども窃かに自量せず、上書を以て航海を請ふ、朝廷は其の不肖たるを以ってせず、近く允可の命有りて、帆を揚ぐる日有らん、窃かに思へらく、吾徒斯の挙を聞くこと有らば、其れ柔情なる者は則ち目するに狂躁を以ってし、其れ剛毅なる者も亦た彼の祆教に陥らんことを恐る、此の二者は皆な過ちなり、嗚呼、不肖豈事を好まんか、護法の志、万に已む能はざるなり、同志諸兄、幸はくは鄙衷を諒とせよ

明治五年の留学生　明治四年（一八七一）十一月、明治政府は岩倉具視を特命全権大使とし、木戸孝允・大久保利通・伊藤博文・山口尚芳《やまぐちなおよし》等を副使として欧米諸国に派遣した。初め、本願寺派遣の一行はこれと同行の予定であったが機を逸したため、同年十二月二十三日に渡航願書を提出し、翌五年一月に出帆することとなった。明如宗主は渡航の五人それぞれに和歌を贈り、壮行の餞別とした（『明如上人伝』）。

こうして一行は、明治五年一月二十七日にフランス汽船で横浜を出発し、ヨーロッパに向かった。

さきに岩倉具視大使一行とはアメリカで合流するとの約束があったが適当な便船がなく果たせず、インド洋経由にて三月十三日フランスのマルセイユに到着した。そこからパリ・リヨンを経て七月中旬に至り、ロンドンで岩倉使節団と合流した。

一行のうち、梅上沢融と島地黙雷はイギリスからフランス・ドイツ・スイス・イタリアの諸国を巡歴し、各国の宗教事情を視察調査した。その後梅上は島地と別れ、アメリカ合衆国を経由して、六年春に帰国した。梅上と別れた島地は、岩倉使節団一等書記官福地源一郎《ふくちげんいちろう》と同行して、明治六年二月下旬にパリを発し、ローマ・ギリシア・トルコを経由して、エルサレムにキリスト誕生の旧跡を訪ね、エジプトを巡回したのち、帰路カルカッタ（コルカタ）からインド内地に入ってエレファント石窟群などを視察し、七月十五日に帰国した。

留学生のうち、赤松連城・堀川教阿の両名はイギリスで、光田為然はドイツで修学することとなった。その後光田が病を得たため、赤松がその看護にあたり、両名とも七年八月二十日に帰国し、光田は翌八年四月六日に二十七歳で死去した。単身イギリスに残っていた堀川もまもなく帰国した。

彼らの外遊は、仏教僧侶の欧米視察ならびにインド仏跡探査の初例であり、彼らがもたらした新知見は、その後の仏教界にとって重要な意味をもつものであった。

赤松連城の報告　彼らの新知見を代表するものとして、赤松がイギリスにあって報告した宗教事情の一端は、次の五点に要約することができる。すなわち、一には、ヨーロッパではキリスト教精神に基づいた諸般の教育がおこなわれていて、聖職者の影響力が強く、日常のあらゆる面に及んでいること。二には、信教の自由が確保されていて、未曾有ではあるが仏寺を建設することも可能であること。三には、イギリスではユダヤ教をはじめ、新教の分派に至る一〇数種の教派があること。四には、伝道教会が数百種に及ぶ言語に訳された聖書を出版していること。五には、宣教師が中国で暗躍して殺害され、これによって中国に軍隊が派兵されており、最も憂うべき事態となっていることである。

このように、赤松はヨーロッパにおけるキリスト教の社会的地位や教勢を的確に展望するとともに、最後に日本の仏教界の前途を見据え、将来の発展を期すためには仏教徒自身が一大決意をもって事にあたるべきであると説いている（「赤松連城」研究会編『赤松連城資料』上 本願寺出版部 昭和五十七年、但し『明如上人伝』により一部補う）。

故に今日我が邦に於て防禦の策を講ずる、徒に政府の処置に依頼するのみに非ずして、自ら其の本に返り、僧徒の懶惰を督責し、内典は勿論、人倫日用の務を講じ、国家治乱の際を弁へしめ、寺院の制度を粛整し、民の耳目をして「属するところあらしめ、務て教化を布て」民心を維持し、「以て」彼に対塁するの備をなすべし、事此に至らずして唯口舌に任し、膂力を恃み、万一軽挙することあらば、却て大法の命脈を縮め、遂に国家の大難を醸さん、是れ最も憂ふべきの甚しき者なり、僕英に在る日浅し、未だ情実を委うするを得ず、聊か聞見する所を記して以て高評を乞ふ、今日如何なる時ぞ、正法の傾頽せんとする、実に累卵の危よりも甚し、故に「他宗他派に論なし、神儒諸流の人と雖」同心戮力、以て之を防禦せんことを要す、豈鬩牆の瑣事にかゝはりて禦侮の公務を誤るべけんや、海外孤独の一書生、悲憤に堪えず、慷慨の至、遂に日出処を拝し、謹んで詹言を陳ずと云爾

島地黙雷の書簡　また、島地が明治六年二月二十三日にイギリスから大洲鉄然・安国淡雲《やすくにたんうん》・長谷川《はせがわ》楚教《そきょう》に寄せた書簡では、ヨーロッパにおける彼の所感を詳しく報告した。

これによると、帰国に際してはインドの仏跡を巡拝する計画であることを述べた後、中段では暗に明治政府の宗教政策の不明を批判するとともに、終末期医療がおこなわれている事実を伝えている。また、わが国においてただ護法というばかりでは消極的であって、それはかえって縮小を意味すると誡め、弘教の念をもって、国内ばかりでなく広く海外に開教するという積極的方策を立てるべきであると促している。さらにイギリス教育界の現状を報じて、同国の大学一七校のうち一五校がキリスト教聖職者の監督下にあり、学生は必ずキリスト教教育をうけていること、また聖書は一六〇種余の言語に翻訳され、日々刊行される聖書が五〇〇〇部を下らない盛況を紹介し、わが国では一〇〇〇年前の漢訳仏典が依用され続けていることを慨嘆し、文書伝道が喫緊の課題であることと等に言及している。末尾では、当時わが国内に大教院が設置され、僧侶と神職が同席して布教に従事することとなった事実に対して、「神仏混淆は極めてよろしからず」と言及しており（二葉憲香・福嶋寛隆編『島地黙雷全集』第五巻　本願寺出版部　昭和五十三年）、帰国後の彼の活動と考え合わせ注目され

るところである。

これら第一次海外派遣の一行が欧州諸国を視察調査した期間はそれぞれ異なっており、梅上と島地は約一年、残る三名は二年余りにすぎなかったが、帰国後に彼らが立案した建策は、当時の本願寺の諸施策に大きな影響を与えることとなった。本願寺派が文明開化の時勢に敏感に対応し、諸般の新制を整えることとなったのは、主としてその建策の結果ということができよう。

今立吐酔　今立吐酔《いまだてとすい》は満願寺（福井県鯖江市）出身で、初め福井藩主松平春嶽が創設した明新館に学んだ。当時明新館には、アメリカ人教師ウィリアム・エリオット・グリフィスが招聘されており、今立は彼から英語・フランス語等の手ほどきを受けた（山下栄一『グリフィスと日本』近代文芸社 平成七年）。

今立吐酔

グリフィスはその後東京へ移り大学南校（東京大学の前身の一つ）で教鞭を執ったが、明治七年（一八七四）に帰国することとなる。このとき今立はグリフィスとともに渡米し、ペンシルバニア州フィラデルフィアのペンシルバニア大学に入学した。

滞米中、今立は主に理化学を学びながら、グリフィスの日本に関する著書（W. E. Griffis, *The Mikado's Empire*, New York, 1876）の執筆を手伝った。その後一時グリフィスとの関係がこじれ、学資に困窮することとなった。このとき本願寺派では彼の意図を価値あるものとして学資を支給した。これによって今立は留学を続けることとなり、明治十二年八月に帰国した。

帰国後、今立は同年十月に京都府中学校（現、洛北高校）の理化学教授となり、明治十五年にはその初代校長となる等活躍した。また、明治十九年には、ヘンリー・スティール・オルコット著『仏教問答』（H. S. Olcott, *A Buddhist Catechism*, according to the Cannon of the Southern Church, Colombo, 1881）を翻訳している。その後今立は明治二十年七月に京都府中学校を辞し、外務省翻訳官・北京公使館書記官・神戸商業学校長（『官報』第一二〇九号・第一五二二号・第三四四七号）などを歴任した。晩年には『歎異抄』の英訳（Tosui Imadate, *The Tannisho*, Eastern Buddhist Society, 1928）を出版している。


北畠道龍　法福寺（和歌山市）出身の北畠道龍《きたばたけどうりゅう》は、明治十三年夏、石原僧宣《いしはらそうせん》の斡旋によって欧米の宗教ならびに思想動向調査の旅行費支出を許され、翌十四年十二月二十三日フランス郵船タナイス号で横浜を発してヨーロッパに向かった。この時北畠は六十二歳であったが、翌十五年二月七日マルセイユに上陸の後、主としてベルリンに居留してデンマーク・スウェーデン・ロシア・オーストリア・ハンガリー・オランダ・イギリスなどヨーロッパ各地を巡遊した。

十五年九月の書簡によると、明治三年からドイツに留学していた北尾次郎（明治十六年に帰国。後東京帝国大学教授）の通訳を得て諸名士を歴訪し、原書の助読を得て各国の宗教事情等を調査した（『明如上人伝』）。

その後アメリカ合衆国に渡航して諸所を調査の後イギリスに帰りマックス・ミューラーを訪ねた（「北畠道龍氏マ博士を訪ふ」『空文』一　明治二十五年六月）後、再度オーストリアを訪れ、スタインと各国宗教の状況を論談した。スタインから釈尊旧跡の情報を得た北畠は、イタリアを経由してカルカッタに渡り、同年十二月四日ボードガヤーに至って、成道地を入滅地と思い違い「日本開闢来余始詣于釈尊墓前　道龍　明治十六年十二月四日」の記念碑を建てた（西村七兵衛編輯『北畠道龍師印度紀行』西村七兵衛 明治十七年・『北畠道龍師天竺行路次所見』荒浪平治郎 明治十九年）。

同年十二月二十日にカルカッタを出航、シンガポール・香港を経由して、明治十七年一月二十四日横浜に帰着した。この二年一か月間の動静については、帰国後各地でおこなった談話が『明教新誌』・『教学論集』・『読売新聞』などに掲載され、『北畠道龍師天竺行路次所見』に収載されている。北畠の渡航には経費約四万八〇〇〇円が費やされたという。

藤枝沢通　明治十五年には、陽願寺（福井県越前市）の藤枝沢通《ふじえだたくつう》ら三名が欧州に派遣された。八月、藤枝は藤島了穏《ふじしまりょうおん》と共にフランスに、また菅了法《すがりょうほう》はイギリスに留学を命ぜられた。三名は同年十月十四日横浜からフランス郵船タナイス号にて出航し、藤枝は主としてパリに滞在してフランス語及びサンスクリット語を学び、仏教学者として著名なシルヴァン・レヴィに師事した。また各地の宗教事情を視察して明治二十四年五月三日に帰国、滞留は八年六か月余りに及んだ。

藤島了穏　金法寺（滋賀県長浜市）出身の藤島了穏は、同じくフランスにあって研究修学を怠らず、明治十六年四月にはロシア公使柳原前光《やなぎはらさきみつ》とともにフランスに来遊した北畠道龍と面会した。同十八年には義浄の『南海寄帰内法伝』の一部をフランス語訳し、'Deux Chapitres des Mémoires d'I-tsing' と題して *Journal Asiatique* 1988 Nov-Dec. pp.411-439 誌上に掲載された。また、町元呑空編

『十二宗綱要』二巻のフランス語訳である *Le Bouddhisme Japonais: doctorines et histoire des douze grandes sectes bouddhiques du japon* を同二十二年（一八八九）にパリで出版している。これらの学績により、後にフランス政府は彼に Officier d'Académie を叙勲して表彰した（『官報』第二九四五号）。

藤島は明治二十二年九月二十二日にアメリカ合衆国を経由して帰国した。その後三十三年五月には仏骨奉迎使としてタイに派遣されたが、本願寺の指示により六月十九日に転じてフランスに向かい、九月三・四日両日開催の万国宗教歴史会に参加する（『教海一瀾』第六九号・第七二号・第七九号・第八二号）など、宗政と教学の両面にわたって活動した。

菅了法　光永寺（島根県川本町）出身の菅了法は、これより先慶応義塾に学んでいた。この頃出版された書物として『大道一新内篇』（明治十五年一月刊）がある。渡英の後はオックスフォードで修学した。このときすでに大谷派から派遣された南条文雄《なんじょうぶんゆう》と笠原研寿《かさはらけんじゅ》（罹病して明治十五年十一月に帰国。翌年七月十六日没）が、オックスフォード大学でマックス・ミューラーに師事してサンスクリット語を研究していた。南条によると、菅の着英は十二月のことで、「菅了法君（桐南《とうなん》と号す）来英して牛津《オックスフォード》に来らる、余は笠原君と別れて独居中なりしを以て、同居せり、藤島了穏君（膽岳《たんがく》と号す）は、仏国《フランス》迄菅君と同行して巴里《パリ》に留まられき」と言及している（『南条文雄自叙伝』大空社　平成五年）。こうして南条と同居してともにその学を修めるとともに、別に哲学・倫理学の研究に従事し、明治十八年七月に帰国した。滞英中は、末松謙澄《すえまつけんちょう》や陸奥宗光とも交流をもった（『空文』一号）。

帰国後、留学の報告とともに、海外事情視察の結果として、一、本山の財政の強化をはかるため、諸経費を門徒から末寺経由で徴収すること、二、海外への開教をはかるため、海外宣教部を設置して、朝鮮・支那及び南洋諸島・インド等への布教をめざし、そのため海外布教基金を蓄積することの二案を本願寺に提出した。

明治十九年大学林教授となったが、まもなくこれを辞し、文部省の倫理調査会委員を命ぜられ、また二十年には『哲学論綱』（集成社刊）及び桐南居士訳『西洋古事　神仙叢話』（集成社刊）を、二十一年には『倫理要論』（金港堂刊）を著した。二十三年には還俗して衆議院議員となったが、二十六年には僧職に戻り、鹿児島別院出張所長を務めるなどした。

金尾稜巌　正伝寺（広島市）出身の金尾稜巌《かなおりょうごん》は、明治十五年にヨーロッパに留学し政教事情を視察研究した。これより先、金尾は明治十四年の集会設立時に、第一回議員として選出されていたが、明治十五年に広島の門信徒によって結成された進徳教社が資金を捻出して金尾を渡航させることとなった。渡欧の後イギリス、オーストリア、アメリカ等を歴遊し、同十八年に帰国した。帰国の後は、本願寺庶務局長・護持会副会長・特選会衆などを歴任したが、二十三年僧籍を離れて衆議院議員となり、政界で活躍した（辻岡健志「僧侶から政治家へ――金尾稜巌の洋行・政界進出・議会活動――」『本願寺史料研究所報』三九　平成二十二年）。

東温譲　東温譲《ひがしおんじょう》は円光寺（熊本県宇城市）の出身で、普通教校の第一期生となった。その後インド留学を志し、大洲鉄然の賛助を得て明治二十一年十一月中旬長崎を発し、セイロン（スリランカ）に渡った。当地ではコロンボのマリガカンダにあった仏教学院ヴィドヨーダナ・ピリウェナでスマンガラ僧正に学んだ。東はサンスクリット語に関心が深く、のちマドラス（チェンナイ）を経てボンベイ（ムンバイ）に移動したが、これはサンスクリット語を学ぶためであった。二十六年三月には、サンスクリット経典を求めてチベット入りを模索したが、同年八月初旬に病を得、九月十一日ボンベイにて病没した（清水精一郎編『紫州東温譲悼逝集』清水精一郎 明治二十七年・奥山直司「明治印度留学生東温譲の生活と意見、そしてその死」大沢広嗣編『仏教をめぐる日本と東南アジア地域』勉誠出版 平成二十八年）。

徳沢智恵蔵　徳沢《とくざわ》智恵蔵《ちえぞう》は蓮教寺（広島県廿日市）の出身で、大教校を卒業の後、大教校の選抜と進徳教社の推挙を得て、明治二十二年五月十四日、オルコットとともに来日していたダルマパーラに従ってセイロンに渡った。セイロンでは、前述のヴィドヨーダナ・ピリウェナでスマンガラ僧正に学んだ。二十四年一月下旬にダルマパーラ・釈興然《しゃくこうねん》とともにボードガヤーを参拝し、その現状を伝えた（『伝道会雑誌』四―九 真宗青年伝道会 明治二十四年九月）。その後ベナレスを経てアラハバード大学に学び、二十九年三月に帰国した（白須浄真「大谷探検隊に先行する真宗青年僧の英領下セイロンへの留学」荒川正晴他編『シルクロードと近代日本の邂逅』勉誠出版 平成二十八年）。

川上貞信　川上貞信《かわかみじょうしん》は西法寺（熊本県天草市）の出身で、明治二十二年五月二十八日に神戸を出発してセイロンに渡り、徳沢同様スマンガラ僧正の元で学んだ。のちサンスクリット語を学ぶ目的でカルカッタへ移動し、そこで東危篤の報を受けた。ボンベイにて東を看取った後、ダージリンでサラット・チャンドラ・ダースの庇護を受け、チベット入りを模索したが失敗に終わった。二十九年七月下旬には、ギリシアのアテネを訪れた（『松籟』一 乙未会編輯部 明治三十一年）。

三十年日本に帰国し、普通教校の教授となったが、その後辞して清国へ渡り、義和団の乱に際しては、義勇隊の一員となり籠城奮戦した（『教海一瀾』第七七号〜第七九号）。

上記の三名は、いずれもセイロンをめざし留学したが、その背景には、当時の仏教界における原典研究への関心と、それに伴うインド・セイロン・東南アジア・チベットに対する関心の高まりがあった。また、明治二十年代初頭のオルコットとダルマパーラの訪日もその機運を促した。当時セイロンでは、上記三名の他に誠照寺派の小泉了諦《こいずみりょうたい》、佛光寺派の善連法彦《よしつらほうげん》、真宗大谷派の朝倉了昌《あさくらりょうしょう》、真言宗の釈興然、臨済宗の釈宗演《しゃくそうえん》もスマンガラの元で勉学に励んでいた。

高楠順次郎　高楠順次郎《たかくすじゅんじろう》（沢井洵・小林洵）は普通教校に学んだ後、養子となった高楠家から援助を受け、明治二十三年二月イギリスに渡り、オックスフォード大学でマックス・ミューラーに師事した。二十七年にはドイツに移り、ヘルマン・オルデンブルグに学び、フランスではシルヴァン・レヴィと交流した。三十年一月に帰国し、東京帝国大学で教鞭を執り、インド学に大きな足跡を残し、また多くの逸材を育成した。滞欧中の一八九四年には、『仏説観無量寿経』の英訳がマックス・ミューラー監修の東方聖書シリーズ "The Sacred Books of the East" の四十九巻に *The Amitāyur-dhyānasūtra* として、一八九六年には義浄撰『南海寄帰内法伝』の英訳が、*A Record of the*

高楠順次郎
（写真提供　武蔵野女子学院）

Buddhist Religion としてオックスフォードで出版された。

ロシア留学　また明治二十九年には、足利義蔵《あしかがぎぞう》（瑞義）・伊藤洞月《いとうどうげつ》・渡辺哲信がロシアに留学している。彼らは明治二十九年三月二十二日に神戸を出発し、香港・セイロン・カルカッタ・アデン・ポートサイド・ベイルート・エルサレム等を経由、コンスタンティノープル（イスタンブール）からオデッサに入り、ペテルブルク（セントペテルスブルク）に至った。この時の紀行文として、渡辺哲信が渡辺柞原の名で発表した「ゼルサレム巡礼」（清水金右衛門編『内外大家世界探険』文明堂 明治三十四年）や伊藤の「ゼルサレム紀行」（『反省雑誌』明治三十年十二月）がある。その後伊藤のみがヨーロッパ（ドイツ・フランス・イギリス）・サンフランシスコ経由で三十年二月中旬に帰国したが、残る両名は一年の留学の後、三十年の六・七月頃に帰国した（白須浄真「『新西域記』未収録史料の出現について――伊藤洞月・足利瑞義・渡辺哲信の上原芳太郎への返信――」『本願寺史料研究所報』七・八 本願寺史料研究所 平成六年）。

南洋調査　さらにこの時期には、海外情勢調査として、高善寺（福井県越前市）出身の佐々木千《ささきせん》重《じゅう》・上原芳太郎・慶恵寺（福井県勝山市）出身の龍江義信《たつえぎしん》・専福寺（富山県高岡市）出身の土岐寂静《ときじゃくじょう》・照恩寺（福井市）出身の朝倉明宣が、東南アジア・セイロンを訪れている。

　このうち上原と龍江は明治三十年十二月九日から翌年四月にかけて、木曜島《もくようとう》・ニューギニアの調査をおこなっている。また、上原は三十一年九月九日から同年末にかけてジャワ調査をおこない、プランバナン遺跡群やボロブドゥール遺跡を実見した。その後アンボイナ・スラバヤ等を経て二月九日にシンガポールに到着し、香港・上海を経由して、三月一日清国巡遊中の鏡如新門と合流した（和田秀寿「大谷探検隊の一側面――南洋諸島を調査した龍江義信の事績を中心として――」『仏教学研究』七〇　平成二十六年）。

セイロン調査　土岐寂静、朝倉明宣は、明治三十一年六月十五日に神戸を出発し、シンガポールを経由して七月七日にコロンボに到着した。土岐はもとより体調に不安を抱えていたが、病を押して調査を強行したため重篤化し、七月十日にはコロンボの公立病院に入院し、十三日に病没した。当初両名はセイロンから南洋に向かい調査を展開する予定であったが、朝倉は土岐の葬儀・火葬をおこなった後、七月十日にセイロンを発ち、四月十三日に帰国した（『教海一瀾』第二七号）。

佐々木千重

龍江義信

　このような南洋・セイロンへの関心の高まりにより、中央アジアへの関心も高まっており、『令知会雑誌』九五号（明治二十五年二月）の雑報欄に、「中央亜細亜に仏教徒を派遣せんとす」という記事（ほぼ同じ内容が『法之雨』〈五一　明治二十五年三月〉にも掲載）が掲載されている。

薗田宗恵　明治三十三年十二月、当時米国開教使であった薗田宗恵《そのだしゅうえ》は三年間のドイツ留学を命じられ、薗田の後任として水月哲英《みづきてつえい》が米国駐在を命じられた。薗田は翌三十四年一月

藤井宣正

二日にロンドンに到着、数日後ベルリンに向かい同地巡遊中の鏡如新門に随行した。その後ベルリン大学において哲学・サンスクリット語・宗教制度等を研究したが、その間イギリス・フランス・ロシア・トルコ・オーストリア・スウェーデン・ノルウェー・デンマーク・オランダ・ベルギーの諸国を巡遊して宗教視察をおこなった。また、新門の第一次インド調査に参加し、三十六年末に帰国した（薗田香勲編『薗田宗恵 米国開教日誌』法蔵館 昭和五十年）。

藤井宣正　藤井宣正《ふじいせんしょう》は薗田とともに留学を命じられ、明治三十三年十二月三日横浜を出発、翌年一月末にイギリスに到着した。着英の後はロンドン・ボットレー等に居住し、ボットレーの神学校・ケンシントン博物館等で教会制度や印度美術の研究に従事し、東洋美術品の鑑査整理を嘱託された。鏡如新門の第一次インド調査の際にはカーネリー石窟、アジャンター石窟など西インド石窟寺院の調査やラージャガハの仏跡調査に参加した。その後セイロンの古跡を調査し、ヨーロッパに回航しようとしたが、病のためマルセイユで下船、三十六年六月六日、四十五才で客死した。彼の滞英中の調査は、後にその一部が「英国教会制度概観」として『愛楳全集』（森江書店 明治三十九年）に収録された。また仏跡調査の記録として『印度霊穴探見日記』（飯山市藤村文学研究会 昭和五十二年）がある。

二　鏡如宗主の外遊とアジア探検

第一次清国視察　明治三十二年（一八九九）一月、鏡如新門は自身初の外遊となる清国視察をおこなった。一行は、武田篤初《たけだとくしょ》を随行長、朝倉明宣《あさくらみょうせん》・本多恵隆《ほんだえりゅう》・中島裁之《なかじまさいし》らを随行員として、一月十九日神戸発のフランス郵船ラオス号に搭乗し、上海を経由して同月二十六日に香港に上陸した。以後、上海を基点として広東《かんとん》・広州《こうしゅう》等を巡視し、三月八日に漢口《かんこう》に到った。同月十五日には漢口を出発、陸路北京を目指し、大陸縦断を試みている。この大陸縦断は、距離約一〇〇〇キロメートルに及び、馬車六両・馬一八頭・馬丁八名を費やし、二二日間に及んで完遂された。

四月七日、北京に到った新門は、宗教的にも政治外交的にも活動した。半月余りの間に、北京のチベット仏典印刷所でチベット経典を閲覧したのをはじめとし、清国光緒帝に『浄土三部経』・『三帖和讃』・『御文章』等を献上し、総理衙門《そうりがもん》に慶親王《けいしんのう》・王文韶《おうぶんしょう》らを訪問、雍和宮《ようわきゅう》にチベット僧正を訪問する等の活動がみられる。その後再び上海を経由し、五月三日に帰山した。これら視察の事績については、翌三十三年六月に刊行された『清国巡遊誌』に詳述されている。

視察の目的　新門の視察目的は、『清国巡遊誌』の親諭や序論によると、国家の前途と宗教の将来について深く考えるところがあったためとされる。しかしこの視察により、新門は清国の治政・仏教が荒廃し、ヨーロッパ列強に浸食されつつある現実を目の当たりにすることとなった。そこで新門は、同じ仏教国として両国が互いに扶助すべきであるとし、清国の仏教を復興させるためには、日本の仏教徒の尽力が必要であると考えるにいたった。

第一次インド・ヨーロッパ視察　明治三十二年末、新門は随行の人びととともにインド・ヨーロッパを視察している。視察の主な目的は、インド仏跡の巡拝とヨーロッパ各地の宗教伝道の実情と宗教制度の視察・研究であった。計画は十月に発表され、外遊中の職務は、十一月に弟の大谷尊重《おおたにそんじゅう》に委任された。

十二月三日、新門は武田篤初随行長・日野尊宝《ひのそんぽう》・渡辺哲信・桜井義肇《さくらいぎちょう》とともに京都を出発した。新門一行を乗せたケーニッヒ・アルベルト号は翌四日に神戸を出発し、長崎・上海・香港・シンガポールを経由して、同二十三日にはセイロン（スリランカ）に到着した。

ヨーロッパ留学中の鏡如新門

翌三十三年一月中旬、病を得た日野を除く一行はセイロンからインド亜大陸に渡り、ボンベイ（ムンバイ）近郊のエレファンタ石窟群やベナレス・サールナート（鹿野苑《ろくやおん》）・ボードガヤー・ラージャガハ（王舎城《おうしゃじょう》）・竹林精舎《ちくりんしょうじゃ》・霊鷲山《りょうじゅせん》等の仏跡調査をおこない、またダージリンにエヴェレストを遠望し、カルカッタ（コルカタ）ではアジア協会やマハーボディソサイエティ（大菩提会）・インド博物館を訪問した。武田の後日談（「歓迎会に於ける武田執行の談話」『伝道新誌』一三―八　伝道新誌社　明治三十三年八月）によると、インド博物館では、ボードガヤーの大塔付近で得られた遺物の断片を入手している。

二月初旬、一行はインドを出発、同月中旬にはエジプトのカイロに到着した。エジプトではギザのピラミッドを見学し、同月下旬にはカイロを発って、三月初めまでにはイタリアのナポリに到った。明治三十二年十月下旬に先発していた本多恵隆は、南洋経由で同年末にはロンドンに到着しており、新門一行をナポリで待ち受けた。

この間、シンガポール以降体調を崩した日野は、一月中旬以降一行と離れてセイロンで療養していたが、二月八日に桜井と合流、同月十九日にヨーロッパに向かい、三月上旬ナポリに到着した。ナポリを発った一行はローマを経由し、ヴァチカンやコロセウム等を見学し、一週間の滞在の後同月中旬ミラノに向かった。ミラノからスイスのチューリヒを経由し、ドーバー海峡を渡って同月十九日にイギリスのロンドンに到着した。武田と桜井は、その後新門と別れ、オランダのアムステルダムやドイツのベルリン等を巡り、民族博物館等を見学の後、ロシアのペテルブルク（サンクトペテルブルク）、パリの万国博覧会等を巡った後ロンドンに戻った。その後、五月九日に新門一行と別れ、北米ニューヨークからサンフランシスコを経て、六月六日にアメリカを離れ、ハワイを経由して六月二十五日に帰国した。

明治三十三年（一九〇〇）五月二十三日、堀賢雄（当時九条姓）と上原芳太郎がカナダ郵船のエム・ジャパン号にて神戸を出発、六月五日にカナダのビクトリアに到った。その後バンクーバーからニユーヨークを経由して七月二日にイギリスのリバプールに到着し、渡辺の出迎えを受け同日中に新門と合流した。その他、欧州で新門一行と合流した諸氏の動きのみを押さえておくと以下の通りである。

明治三十四年一月二日、前年十二月十七日にサンフランシスコを発した薗田宗恵《そのだしゅうえ》がロンドンに到着し、渡辺と合流した。サンフランシスコからの出発となったのは、明治三十二年六月五日付で海外開教のためサンフランシスコ駐在を命じられていたためである。一方、日本からは藤井宣正《ふじいせんしょう》がヨーロッパへと向かった。藤井は三十三年十二月三日に横浜を出港、翌年一月末にロンドンに到着した。さらに三十四年七月には、日本から井上弘円《いのうえこうえん》が渡欧して八月中旬までに一行に合流した（市川良文「大谷探検隊と本派本願寺」『龍谷史壇』一二六 平成十九年）。

ヨーロッパでの研鑽　これら随員としてともにヨーロッパで学んだ日野尊宝や本多恵隆・渡辺哲信・堀賢雄・藤井宣正・薗田宗恵・井上弘円は、当時教団にあって気鋭の学僧たちであった。滞欧中、日野尊宝はケンブリッジに学び、渡辺哲信はイギリスの宗教制度及びヨーロッパ各地の歴史地理の研究、本多恵隆はハーグでオランダ領ジャワ・スマトラの宗教研究、堀賢雄はヨーロッパ各地の歴史地理等の研究をそれぞれ命じられ、薗田宗恵はベルリン大学で各国宗教制度とサンスクリット語の研究、藤井宣正はイギリスの宗教制度を研究した。これらの留学研究は人材の養成を目的とするほか、新門の宗教研究を補助するものであった。

新門自身はフランス・オランダ・スイス・ドイツ・ロシア等の諸国を巡り、当時ヨーロッパに留学していた地理学者小川琢治《おがわたくじ》・東洋史学者白鳥庫吉《しらとりくらきち》・国文学者芳賀矢一《はがやいち》らとも交流を持った。また、シルヴァン・レヴィやエドワール・シャヴァンヌといった当代を代表する東洋学者や地理学者アルブレヒト・ペンクとも面談し、当時最先端の仏教やアジア・インドに関わる学問吸収に努めるとともに、ヨーロッパ各地の宗教事情を調査した。

新門はまた地理学的関心から、三十三年七月初旬、ノルウェーからスピッツベルゲン島を経て約一か月の間、北極探遊もおこなった。この北極行に随行したのは、本多・堀・上原の三名であり、上原芳太郎『行雲流水』（有光社 昭和十五年）にその記録がある。

中央アジアの探検　一九世紀後半から二〇世紀にかけて、欧米先進国は競って海外進出をめざし、これに伴って地球上の未踏地や秘境の探検が盛んにおこなわれるようになった。とくにヨーロッパ諸国の中国進出やロシアの南下政策、イギリスのインド植民地化は、各国の東洋研究者の目を中央アジアに向けさせることとなった。一八五〇年代以降、ロシアのピョートル・セミョーノフやニコライ・プルジェワルスキー、イギリスのジョージ・ヘイウォードやアーサー・ケアリーらにより地理学的調査がおこなわれ、バウワー文書の発見（一八九〇年）を契機として、古文書蒐集も盛んにおこなわれるようになった。その後、ロシアのドミトリー・クレメンツやピョートル・コズロフらがモンゴル高原や東トルキスタンで調査をおこない、スウェーデンのスウェン・ヘディン、イギリスのオーレル・スタイン、ドイツのアルベルト・グリュンウェーデルらの調査・探検もおこなわれつつあった。こうしたなか、新門の探検に大きな影響を与えたと考えられる人物は、一八九六年から九九年まで新疆とチベットの探検をおこない、一九〇〇年三月頃に帰英したキャプテン・デージーであった（片山章雄「一九〇二年八月、大谷探検隊のロンドン出発」『東海大学紀要・文学部』七五 東海大学 平成十三年）。

新門のアジア調査　明治三十五年（一九〇二）八月十六日、ヨーロッパ留学を終えるにあたり、新門はその帰途を利用してアジアの仏跡調査に向かった。同道した井上弘円・本多恵隆・渡辺哲信・堀賢雄と途中離合しながら、ベルリン・ペテルブルグ・モスクワ・バクー・アンディシャンを経由し、オシュにてキャラバンを編成し、サマルカンドを経て九月下旬には新疆省カシュガルに到着して、十月中旬にはタシュクルガンに着いた。その後一行は二手に分かれ、新門と井上・本多はカラコルム山脈を越えインドに向かった。

第一次調査（堀・渡辺）
（写真提供 龍谷大学図書館）

第一次中央アジア調査　タシュクルガンに残った渡辺・堀の二人は、以後コータンに四〇日余り滞在し、近郊の遺跡を調査して古銭・仏像・陶器・装飾品等を蒐集した。翌三十六年一月にはタクラマカン砂漠を北上、アクスに出た後カシュガル、マラルバシを経由しクチャに到った。クチャでは四か月に渡って滞在し、クチャ周辺のキジル・

クムトラ・スバシ等の諸遺跡を調査し、仏像・仏画・古文書・古銭・古器物類等多数の遺物を蒐集し大きな成果を残した。第一次中央アジア調査の成果としては、現在東京国立博物館に収蔵されるコータン出土金銅製仏頭やスバシ出土彩画舎利容器等を挙げることができる。

中央アジア調査隊（写真提供 龍谷大学図書館）

インド仏跡の調査　一方、インドに向かった新門一行は、フンザからギルギットを経由して明治三十五年十一月九日にはカシュミールに到着し、さらにペシャワール・マルダーン近郊を調査した後、十二月中旬ベナレスに到達した。

この間、新門一行とは別ルートでヨーロッパからインドに向かった日野尊宝や藤井宣正・薗田宗恵、さらに日本から呼び寄せられた上原芳太郎・島地大等・秋山祐穎《あきやまゆうえい》・升巴陸龍《ますともりくりょう》が同年十月から十一月にかけてインドに入り合流、西インド等各地で調査を展開した。彼らのうち上原と升巴は、十一月二十六日に離脱、ペシャワールに向かい新門一行と合流した。

この後一行は、別途インドに留学していた清水黙爾《しみずもくじ》と離合しながら、ベナレスからボードガヤー・ラージャガハ等のインド各地の仏跡調査をおこなった。特に彼らが重点的に調査をおこなったのは、ボードガヤーやラージャガハ等の釈尊ゆかりの旧跡と、アショーカ王の残した碑文や王柱であり、ウダヤギリ・カンダギリ・ラウリヤーアララージ・ルンビニー等の碑文を調査し、拓本を採った。

また、これらインド調査隊以外に、雲南《うんなん》・ビルマ（ミャンマー）調査要員として、日本から吉見円蔵《よしみえんぞう》・渡辺哲乗《わたなべてつじょう》・野村礼譲《のむられいじょう》・茂野純一《しげのじゅんいち》・前田徳水《まえだとくすい》が三十五年十二月末に神戸を発し、翌三十六年一月下旬にビルマへと到着した。

鏡如宗主の帰国　明治三十六年一月十八日、明如宗主死没の電報をカルカッタで受信し、本願寺を継職した鏡如宗主は、便船の確保がままならないなかで帰国を急ぐこととなった。二月になって漸くインドを発した鏡如宗主と随行員の日野・上原・升巴は、途中ラングーンで渡辺哲乗・吉見円蔵に迎えられ、六日には前田、野村、茂野と合流した。その後宗主と日野・上原・升巴は十三日にラングーンから乗船し、ペナン・シンガポール・香港・上海を経由し、三月十四日に帰国した。

これ以降、宗務で多忙となった宗主は、公式には自ら探検隊を率いて調査をおこなうことはなかったが、教団内の有為の人材によって調査は継続された。なお、第一次調査に参加した諸氏の内、藤井は三十六年六月六日にフランスのマルセイユで客死、清水黙爾も同年八月二十日にボンベイで客死した。また、第一次調査に参加した随員は明治三十六年五月から翌三十七年五月にかけて概ね帰国した。

第二次清国視察　帰国後の鏡如宗主は、宗主としての宗務に尽力し、各地巡教、日露戦争への従軍布教、宗祖六五〇回大遠忌の準備等にあたっていたが、明治三十九年年九月二十七日に神戸を出港し、篝子《かずこ》裏方・甲斐和里子《かいわりこ》を同道して上海に到った。この中国滞在は翌四十年五月にまで及んだが、この間宗主は随行長の大谷尊由《おおたにそんゆう》・随行の福井瑞華《ふくいずいけ》・渡辺哲信・渡辺哲乗・堀賢雄・前田徳水らとともに銭塘江《せんとうこう》・漢口・鄭州《ていしゅう》を経て西安《せいあん》に到り、善導《ぜんどう》の遺跡や西安の陵墓等を調査している。

また、同年五月二十五日には、大谷尊重執行長と梅上尊融執行が随行の渡辺哲信とともに宗教視察のためシベリア鉄道経由で渡欧、六月中旬にはロンドンに到着した。梅上は九月から十二月にかけてインドに渡り仏跡を巡拝、同年末頃から南米・中米を巡視し、北米を経由して翌四十一年三月中旬に帰国した。

一方大谷尊重と渡辺哲信は同年十月末頃にイギリスを出発し、十一月から翌四十二年一月にかけてアフリカを踏査、インドを経由してイギリスに戻り、北米を視察した後ハワイを経由して十月下旬に帰国した。これら尊重と梅上の海外視察は、第一次調査の補完的意味合いを含んでいた（片山章雄「大谷探検隊の活動と大谷尊重（光明）・渡辺哲信」『東海大学紀要・文学部』七七 東海大学 平成十四年）。

また、明治四十一年八月には、清国開教総監大谷尊由が、顧問香川黙識《かがわもくしき》・教学参議部員堀賢雄・清国開教使甲斐寛仲《かいかんちゅう》と大谷派の清国駐在員寺本婉雅《てらもとえんが》・浄土宗海外布教使峰旗良充《みねはたりょうじゅう》とともに、山西《さんせい》省《しょう》五台山菩薩頂真容院に滞在していたダライ・ラマ一三世を訪問し、意見交換をおこなった。さらに柱本瑞俊《はしらもとずいしゅん》（安《あ》満星《まあきら》）は明治四十年（一九〇七）十二月頃から同四十二年五月までインドに滞在し、カシミール・ダージリン・カルカッタ・マドラス等を踏査しており、前述した大谷尊重・渡辺のインド訪問時に両者と一時合流した。

第二次中央アジア調査　第二次中央アジア調査は、明治四十一年から明治四十二年にかけて派遣された。このとき調査に従事したのは、橘瑞超《たちばなずいちょう》と野村栄三郎である。第二次調査の目的は、内モンゴル・外モンゴルに残存するチベット仏教の調査とイスラム教の調査、イスラム教の発展によっ

橘瑞超

野村栄三郎

て壊滅した仏教遺跡の探査であった。

明治四十一年四月中旬、別々に日本を出発した彼らは五月十八日に北京で合流、六月十六日に北京を出発して六月十九日に張家口《ちょうかこう》に到着した。二十五日に張家口を出発し、クーロン・エルデニゾー・ホブド等外モンゴルを経由して、十月七日に古城子《こじょうし》に到った。途中エルデニゾーでは碑文の調査がおこなわれており、碑文そのものが失われた現在では、その成果は大変貴重なものとなっている。古城子では、数日を費やして唐の北庭都護府《ほくていとごふ》址を調査し、十月二十六日にウルムチに到着した。

十一月十五日にはトルファンに到ったが、その数日後周辺を調査中に日本からの電報に接した。宗主の招聘を受けて同年十一月に日本を訪れていたスウェン・ヘディンが、十二月二日に本願寺を来訪しており、ヘディンから得られた情報が伝えられたのである。これ

を承けて、橘は翌四十二年二月二十一日に野村と別れてコルラから南下して三月末頃に楼蘭《ろうらん》に到着し、「李柏尺牘稿《りはくせきとくこう》（李柏文書）」の発見に至った。野村はクチャ・トムシュクを経てカシュガルに到り、七月七日に橘と合流してインドへと向かった。

ヘディン来山時の記念写真（前列左から武子、ヘディン、籌子裏方、鏡如宗主、紝子）写真提供　富山市蓮照寺

第二次インド・ヨーロッパ視察　明治四十二年九月二十四日、宗主は海外静養のため、籌子裏方、随行の足利瑞義《あしかがずいぎ》らと日本を発し、上海、コロンボ経由で十月十八日ボンベイに到った。その後先発していた和気善巧《わけぜんぎょう》・青木文教《あおきぶんきょう》、柱本瑞俊らと十月末にはスリナガルに到着し、十一月上旬には橘・野村と合流した。その後両名はしばらく宗主と行動をともにし、随行の諸氏らはインド各地の調査を展開していた。（龍谷ミュージアム編『二楽荘と大谷探検隊』龍谷大学　平成二十六年）。

　インドでは、彼らはボードガヤー・ラージャガハ・ナーランダ等を歴訪し、ラージャガハの調査では、インド考古調査局の許可も得ていた。これらの調査がおこなわれていた頃、籌子裏方は足利・柱本とともに別動していたが、十二月末にカルカッタで合流した。カルカッタでは、宗主は橘とともにデニソン・ロスからウイグル語を学んだ。

翌四十三年一月末、宗主は裏方を同道し、橘と柱本とともに渡欧した。残った青木と和気は遅れて渡欧し、野村は再度新疆の調査に赴く予定であったが果たせず、宗主の命により一月末帰国の途につき、二月中旬に帰国した。

橘は在英中、調査を終えてロンドンに戻ったスタインと面会して情報を入手し、ヘディンを訪ねて激励を受けている。ヨーロッパでは九条良致《くじょうよしむね》・武子《たけこ》夫妻や大谷尊由、藤山尊証《ふじやまそんしょう》と一時合流し、滞欧は約半年に及んだ。宗主は第三次中央アジア調査の橘を見送った後、八月二十日にロンドンを出発し、足利・和気・藤山とともに十月六日に帰山した。

第三次中央アジア調査　第三次中央アジア調査は、明治四十三年から大正三年（一九一四）にかけておこなわれた。明治四十三年八月十四日、助手のイギリス人青年ホップズを先

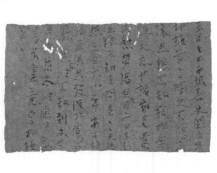

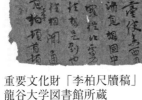

重要文化財「李柏尺牘稿」
龍谷大学図書館所蔵

発させた橘は、十六日にロンドンを出発し、ロシア領を経由して新疆へ向かった。シベリア鉄道でオムスクに向かい、セミパラチンスクまでは蒸気船を利用し、そこからは陸路馬車と駱駝で十月中旬ウルムチに到った。その後トルファンを調査し、三〇〇〇枚の古銭や『大般若経』、開元・天宝・儀鳳等の年号を含む文書などを蒐集した。

その後橘は、十二月上旬から翌年三月上旬にかけて、楼蘭を経てチェルチェンから天山南麓クチャへと向かってタクラマカン砂漠を縦断し、三月四日にクチャに出た。このとき橘が辿ったルートは、イギリス王立地理学協会で現在でも「タチバナルート」と呼ばれている。

クチャに出た橘は、ここでホッブズ死去の報に接する。橘はカシュガルに急行し、イギリス総領事のジョージ・マカートニー立ち会いのもと、ホッブズの葬儀をおこなった。その後橘はヤルカンドを経由してコータンへ進み、約二か月滞在の後ケリヤへと移動し、そこからチベット高原に入ろうとして再三試みたが失敗した。

吉川小一郎の後発　明治四十四年五月二十八日、後発隊として助手の李毓慶《リユチン》とともに神戸を出発した吉川小一郎は、下関から上海に渡った。漢口、鄭州、西安を経由して、八月二日蘭州《らんしゅう》に到った。ここで吉川は橘と連携を試みたが連絡が取れず、各地を探訪しつつ安西《あんせい》を経由して十月五日に敦煌《とんこう》に到着した。十月十日、辛亥革命の幕開けとなる武昌蜂起が勃発するが、吉川自身がこの革命を知ったのは、同年十二月二日のことである。

敦煌では、吉川は橘の所在を各方面に探りつつ千仏洞の調査等をして越年した。翌年一月二十六日に至って邂逅を果たした二人は、連携してハミ・トルファン等の調査を継続した。四月二十六日、橘はウルムチから帰国の途につき、シベリア鉄道経由で六月五日に帰国した。

宗主からの吉川宛書簡　残った吉川は、その後も調査を継続した。現在龍谷大学に保管される「寄託品　大谷光瑞師書簡」は、大正元年六月末ごろに現地調査中の吉川に送付された調査指示書である。書簡では、帰国後の橘の活躍に言及され、トルコ語（ウイグル語）の研究が急務であり、トルコ語を母語とする現地知識人の日本招聘の道を模索するよう指示されている。また、調査に関する具体的指示も含まれており、当時の宗主の学的関心がどのような点にあったかが知れる貴重な資料である。

この書簡を受け、トルファンを中心にクチャ・カシュガル・コータン等新疆各地を約二年にわたって調査した吉川は、大正二年（一九一三）十一月二十日ウルムチに至った。翌年一月四日、梱包八六個を数えた行李を携え、吉川はウルムチを出発、二月十二日に敦煌再訪の後十九日に敦煌を離れ、包頭《パオトウ》・張家口・北京を経由して七月七日に帰国した。

吉川小一郎

第三次の調査成果の中で、特筆すべきはトルファンでの古墓群調査である。墳墓からは九体のミイラが発掘されたほか、多数の副葬品や葬送儀礼に使用された紙片が蒐集された。これらの紙片には反故紙となった行政文書が二次利用されており、当時の政治・社会・経済・文化に関する格好の研究資料となったため、その後の敦煌・トルファン学の進展に大きく寄与することとなった。

チベットの調査　鏡如宗主の第二次インド・ヨーロッパ視察に際して、宗主とともに仏跡調査にあたっていた青木文教は、宗主の渡欧後もカルカッタにとどまり、宗主の命を受けて折からチベットを出国してインド・ダージリンにあったダライ・ラマ一三世に謁見した。この会見を契機として、本願寺はチベットとの間に交換留学生を派遣することとなった。その後一旦渡欧した青木は、翌明治四十四年（一九一一）に再度インドに渡って龍樹の遺跡等を調査した後、ダージリンを訪れてダライ・ラマ一三世と折衝し、ツァワ・ティトゥルら三名のチベット人留学生を伴い同年五月に帰国した。これらチベット人留学生の世話係となった多田《ただ》等観《とうかん》は、彼らからチベット語を学んだ。

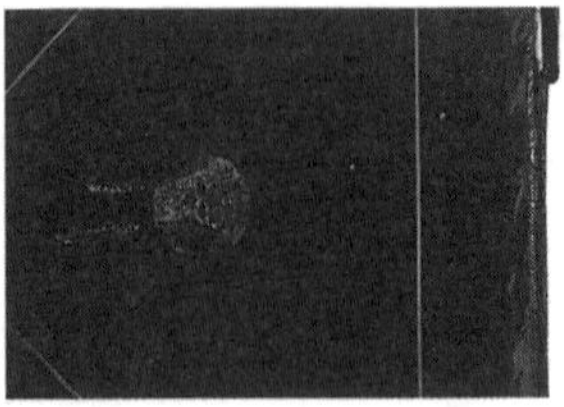

慟哭同舟已一
年昔遊如夢轉
茫然罽賓皎月
千峯雪王舍淒
風萬木煙揮錫
曾探龍象跡著
書肯擬晋唐賢
填膺百感當誰
告獨守靈床耿
不眠
明治卅七年一月題印度撮影帖
光瑞

『印度撮影帖』龍谷大学図書館所蔵

　青木と多田・藤谷晃道は、大正元年（一九一二）一月下旬、ダライ・ラマ一三世から召還されたチベット人留学生とともに神戸港を発ち、二月十八日にカルカッタに到着し、藤谷はカルカッタとダージリンを拠点に各地の仏跡を調査した。カリンポンでチベット入りの機会をうかがっていた青木は、九月九日にダージリン近郊グームを発し、ネパールを経由して同年十月初旬にシガツェに至り、翌年一月二十二日ラサに到着した。ラサでは貴族のヤプシプンカン家に寄寓し、チベット仏教の修学のみならず町の風俗や生活習慣などにも関心を払っている。約三年間の滞在の後、大正五年一月二十二日にラサを出発、ギャンツェを経由してカルカッタに至り、六年四月二十九日に帰国した（青木文教『秘密之国 西蔵遊記』内外出版 大正九年）。

一方多田は、ブータン経由で大正二年九月二十三日にラサに入り、サラ寺で僧侶として研鑽を積み、約一〇年滞在した後、十二年三月に帰国した（多田等観『多田等観全文集』白水社 平成十九年）。

「伏義・女媧図」龍谷大学図書館所蔵

大正三年五月、宗主が真宗本願寺派管長・本願寺住職を辞任するとともに、一連のアジア調査は終了することとなった。

将来品の整理と研究　大谷探検隊将来品の整理と研究は、明治三十六年五月に神戸須磨月見山にあった本願寺別邸において、仏蹟巡拝記の編纂事業として開始された。仏蹟巡拝記編纂係は、日野尊宝や上原芳太郎をはじめとする第一次調査に参加した面々でほぼ占められており、やや遅れて禿氏《とくし》祐祥《ゆうしょう》が参加した。その成果の一端として『印度撮影帖』（本願寺室内部 明治三十七年）が発行された。

明治三十六年五月初めには、鏡如宗主の伝灯奉告法要に際して、五日と七日の両日にわたって、鏡如宗主の帰国とともに将来された蒐集品が本願寺白書院で展観に供された。この時出陳されたのは、ガヤー・前正覚山（プラグボーディ・現ドゥンゲシュワリ）・鶏足山（クックダパーダギリ・現グルパギリ）・王舎城・霊鷲山（グリドラクータ・現チャタギリ）や、ガンダーラ等で蒐集された仏像や石刻・拓本・写真等であり、「何れも居なからにして奇石又は未た曾て見ざるの風景を一望するを得たり」（『教海一瀾』第一六八号）と評された。

また、明治三十七年一月から八月には、大谷光瑞「パミール紀行梗概」が『地学雑誌』十六巻一号から十六巻八号に六編にわたって分載された。さらに同年五月には第一次隊の渡辺が帰国し、同月下旬にはその将来品の一部が京都帝国博物館（現、京都国立博物館）に出陳された。明治三十九年には第一次隊の資料に含まれていたコータン出土青銅製仏頭を利用した浜田耕作「希臘《ギリシア》印度《インド》式仏教美術に就きて」が『国華』一八八号から一九六号に六編にわたって分載された。

大正四年（一九一五）六月に刊行された『西域考古図譜《さいいきこうこずふ》』の序によると、将来資料の研究は松本文《まつもとぶん》三郎《さぶろう》・小川琢治《おがわたくじ》・桑原隲蔵《くわばらじつぞう》・榊亮三郎《さかきりょうざぶろう》・狩野直喜《かのなおき》・内藤虎次郎（湖南《こなん》）・浜田耕作・羽田亨《はねだとおる》・富岡謙《とみおかけん》蔵《ぞう》・滝精一《たきせいいち》といった歴史学・地理学・仏教学・東洋学・考古学・美学美術史の各分野にわたる研究者に依頼されている。その成果として、前述の浜田の論考以外では、小川による明治四十三年五月八日の地学協会総会中の「新疆省発掘物写真の陳列」（『地学雑誌』二二―六　明治四十三年）があり、その中で紹介される「李柏文書」に対する羽田亨の解釈（同）、更には同年八月三日から六日の『大阪朝日新聞』一面に連載された内藤湖南「西本願寺の発掘物」、翌四十四年に発表された松本文三郎「中央亜細亜発掘の古写経について」(『芸文』二―一　明治四十四年一月)、滝精一「新疆発掘の古画に就て」(『史学雑誌』二二―九　明治四十四年)等があった。

二楽荘での活動　月見山の別邸は、明治四十年三月末に宮内省に売却されることとなったが、将来品の整理と研究は、その後四十二年九月二十日に新たに六甲岡本の地に竣工した二楽荘《にらくそう》において、伊藤義賢を中心に継続された。「発掘書画表具控」(史料研保管)は、明治四十四年一月二十八日から大正元年十月二十三日までの発掘品整理の舞台裏を伝える貴重な資料であり、前述した滝や羽田、小川、内藤らが二楽荘まで将来品を見学に来ている様子を知ることができる。

大正元年六月五日に第三次調査隊の橘が帰国すると、同月中に『国民新聞』や『大阪毎日新聞』に橘の記事が連載され、同月十七・十八両日に東京でおこなわれた講演は、「来聴者満堂立錐の余地なく大盛況を極めたり」と紹介された(『教海一瀾』第五一七号)。

橘はその後も精力的に活動し、二楽荘で将来品の整理研究をおこないながら、八月末には『新疆探検記』の刊行、九月中旬の『二楽叢書』の刊行、十一月初めの二楽荘一般公開と将来品の展観、同月中旬の『二楽叢書』二巻の刊行、十二月末の『中亜探検』の刊行と多忙を極めた。二楽荘の一般公開は翌二年二月初めにもおこなわれたが、橘は武庫中学の校長を兼務しながら、三月と七月に『二楽叢書』の続刊を刊行した。将来品のうち、六九〇余種については、前述の通り大正四年六月に『西域考古図譜』上下巻として国華社から刊行された。

二楽荘は大谷家負債問題に伴って処分の対象となり、大正五年一月、実業家の久原房之助に売却されることとなった。売却決定後もしばらくの間は二楽荘で将来品の整理がおこなわれたが、その後資料は分散流転した。

後年、上原芳太郎は調査時の日記や報告記録その他を収録した『新西域記』上下巻（有光社　昭和十二年）を刊行した。

将来品の分散　二楽荘に集められた資料の一部は、京城《ソウル》の朝鮮総督府博物館（現、韓国国立中央博物館）に移された。また、鏡如前宗主が上海や旅順に活動の拠点を移したため、一部の資料整理は旅順で継続された。これら旅順にあったものの多くは、後に関東庁博物館（現、中国旅順博物館）に収蔵されることとなった。京都国立博物館に寄託されていたものは、戦中戦後の混乱期に流出し、その一部は現在東京国立博物館に収蔵されている。

龍谷大学図書館に収蔵される大谷探検隊将来品の大部分を占めるのは、鏡如前宗主の死没に伴い、勝如宗主により龍谷大学図書館に移管されたものである。龍谷大学では昭和二十八年（一九五三）に西域文化研究会を発足し、将来品の整理・研究をおこない、その成果は『西域文化研究』六巻七冊（法蔵館　昭和三十三年〜三十七年）として結実した。その後も龍谷大学では将来品の研究が継続され、『大谷文書集成』（法蔵館　昭和五十九年〜平成二十二年）・『イラン語断片集成』（法蔵館　平成九年）等が刊行された。

三　海外開教制度の展開

開教事務局の創設　本願寺派の海外開教は、明治十九年（一八八六）に多門速明をウラジオストックに派遣し、在留邦人の教化にあたったのが最初とされる。海外布教に向けて制度的な整備に取り組んだのは、二十八年の日清戦争後に台湾を領有してからのことであった。

二十八年九月、開教事務局が設立され、開教事務局職制を公布して、その第一条で開教事務局の所掌事務を次のように定めた（「教示第十二号」『本山録事』明治二十八年十月一日）。

一、内外国ニ渉リ開教一切ノ事務

二、各師団及各鎮守府ノ布教

三、戦時ノ従軍布教及戦死者追悼会ノ布教

二十八年四月に日清講和条約を締結後、本願寺派を含む仏教各宗派は従軍布教の延長線上に台湾での開教を計画した。

二十九年二月には、次のような開教条例が発布された（「法度第五号」『本山録事』明治二十九年二月一日）。

第一条　開教ノ事務ハ開教事務局ノ所轄トス

第二条　開教地ト称スルハ従前本宗無縁ノ土地、又ハ本宗寺院信徒僅少ニシテ教義ノ普及セサル地ヲ指ス

第三条　陸海軍ノ布教ハ総テ本局ノ所管トス

この条例によって開教地が定義され、開教事務局が軍隊布教を所管することになった。十一月には、開教地の区域が、陸海軍所在、北海道、沖縄県、台湾、ウラジオストク（浦潮斯徳）、ハワイ（布哇）と定められた（「教示第九号」『本山録事』明治二十九年十一月十五日）。なお、日清戦争後に反日義兵運動が激化した朝鮮は除外されていた。

布教局新設と布教監督職制　明治二十九年十二月、布教局職制が発布された（「教示第十号」『本山録事』明治二十九年十二月九日）。布教局は、開教事務局と真宗教会本部の所掌事務を一元化して、事務の効率化を図ることになった。布教局には、開教部・教会部・軍隊布教部の三部が置かれ、国内外にわたる開教や教会設置の事務、各師団及び鎮守府の布教、戦時の従軍布教及び戦死者追弔会の布教を所掌した。

三十一年八月、台湾布教監督職制章程が発布された（「教示第二十一号」『本山録事』明治三十一年八月二十六日）。これにより担当執行のもと駐在開教使を指揮・監督する布教監督の職責が明文化され、二十四日、佐々木鴻熙が台湾布教監督に任命された。明治三十四年四月には台北別院が設立され、

台北別院職制と別院事務章程とが改めて制定され（「教示第十一号」・「教示第十二号」『本山録事』明治三十四年六月二十五日）。十二月に龍口了信が布教監督に任命された。

ハワイでは、三十一年二月に里見法爾が初代の布哇国布教監督に就任していたが、規程の制定は一年遅れ、翌年一月末に台湾とほぼ同文の布哇布教監督職制章程が制定された（「教示第二号」『本山録事』明治三十二年二月十二日）。

開教地総監規程の制定　日露戦争後の明治三十八年十二月、清国・韓国・樺太に開教総監を置くことを定めた開教地総監規程が発布された。清国開教総監は清国全土（福建省、広東省を除く）、韓国開教総監は韓国全土、樺太開教総監は樺太全土及び沿海州を監督区域とした（「教示第二十五号」『本山録事』明治三十八年十二月六日）。

このとき、清国開教総監に大谷尊由（教学参議部長と兼務）が、韓国開教総監に大谷尊宝（執行と兼務）が、樺太開教総監に大谷尊祐が任命された（「教学記事」『本山録事』明治三十八年十二月十六日）。

その後、三十九年二月に開教地総監規程が更改され（「教示第七号」『本山録事』明治三十九年二月十七日）、台湾と北亜米利加にも開教総監制が導入されることになった。同年七月に開教地総監規程は再度更改され、北海道開教総監も追加されて各開教総監の区域は次のように定められた（「教示第十七号」『本山録事』明治三十九年七月十四日）。

北海道開教総監　　　北海道、樺太及露領沿海州

台湾開教総監　台湾及台湾諸島、清国ノ内福建省・広東省・広西省、英領香港、蘭領印度、仏領印度、海峡殖民地、フィリピン諸島
清国開教総監　清国（福建省、広東省ヲ除ク）
韓国開教総監　韓国
北亜米利加開教総監　亜米利加及英領加奈陀

外国開教と内国布教の分化　明治四十年五月に開教地総監規程は更改され、本山派出布教規程が発布された（「教示第十五号」・「教示第十七号」『本山録事』明治四十年五月十一日）。この規程では、布教使を常備布教使・予備布教使・軍隊布教使・監獄布教使・駐在布教使・開教使の六種とし、その内の開教使を第八条で「開教使ハ外国ノ布教ヲ担任ス」と規定した。開教使の使命が外国布教に限定されると、北海道はもちろん、日本が領有していた樺太や台湾を開教地総監規程から外す必要が生じた。開教総監の区域は次のように定められた。

（一）清国開教総監　清帝国全部、露領プリモルスカヤー、アムールスカヤー、ザバイカルスカヤー、英領香港、蘭領東印度、仏領印度支那、海峡殖民地、馬来連合諸邦
（二）韓国開教総監　韓国全部

（三）亜米利加開教総監　南北両亜米利加州及太平洋州ノ中サンドウイツチ群島

総監の駐在地は、清国が上海、韓国が京城、亜米利加が本願寺内と定められ、明治四十一年一月に亜米利加の総監駐在地がハワイホノルルに変更された（「教示第八号」『本山録事』明治四十一年一月二十五日）。北海道開教総監と台湾開教総監とは、同時に制定された内国布教総監規程の適用を受けることになった。同月には、開教分区規程も発布された。この規程では、清国・韓国・亜米利加の布教区域が拡大したことを受けて、各監督区内をさらに四区から五区に分けて、それぞれに開教に従事する事務員を駐在させた（「教示第十三号」『本山録事』明治四十一年二月一日）。

開教区・総長制の導入　明治末から大正期にかけて、海外布教は飛躍的に拡大した。表20に見るように、派遣開教使の数も増加し、拡大を続ける海外布教地での事務組織の強化が課題となっていった。

大正三年三月、新たな開教監督規程が制定された（「甲達第五号」『本山録事』大正三年三月十五日）。その第一条で次のように規定した。

表20　海外開教使派遣者数の推移

明治34年		明治40年		大正7年		大正14年	
清　国	3	清　国	17	支　那	42	支　那	38
露　国	3	露　領	1	西利亜	10	西利亜	4
韓　国	2	韓　国	5	朝　鮮	61	朝　鮮	58
米　国	4	米　国	9	北　米	28	米　国	44
		英　領 加奈陀	1				
布　哇	9	布　哇	19	布　哇	42	布　哇	40
台　湾	21	台　湾	12	台　湾	24	台　湾	34
新嘉坡	1					南　洋	6
合　計	43	合　計	64	合　計	205	合　計	241

＊『教海一瀾』第109号・『本山録事』明治40.6.22・『台湾総督府第十一統計書』・『本願寺』（大正８）・『聖の跡』（大正14）により作成。
＊国・地域の表記は、原史料の通りとした。
＊樺太は除外した。

第一条　開教監督区域ヲ支那・朝鮮・北米・布哇ニ区分、監督区域ニ各一名ノ開教監督ヲ置ク
但、露領西比利亜・英領香港ハ支那ニ、英領加奈陀ハ北米ニ配属セシメ、南米ハ教学課直属トス

ハワイ・北米の日系移民の増加に対応して、それまでの亜米利加監督区をハワイと北米に分割した。明治四十一年にブラジル移民が始まり、南米を教学課直轄とし布教に向けた調査に着手した。しかし、南米では反日運動の高まりを危惧した政府が日本仏教の布教を規制したため、正式な布教は戦後を待たねばならなかった。なお、大正三年一月には清国を支那と改めることが達示され（「甲教示」『本山録事』大正三年一月十五日）、十一月に樺太が開教監督区として追加された。

大正三年十一月には開教教務所規程が制定され（「甲教示第二十六号」『本山録事』大正三年十二月一日）、朝鮮京城と台湾台北に教務所が設置された。朝鮮と台湾の布教地域は開教区とされ、教務所事務を統括する開教総長が任命されることとなった。これにより、現地の統括責任者は、大規模な開教区を統括する開教総長と、小規模な監督区を統括する開教監督の二本立てとなった。また台湾は、明治四十年の内国布教総監規程の制定の際に国内地と同様の措置がとられたが、再び海外布教地に準ずる扱いを受けることとなった。

教務所機能の強化・拡大　大正七年二月、開教監督規程と開教教務所規程とが更改され（「甲教示第一号」・「甲教示第二号」『本山録事』大正七年二月十九日）、新たに支那・北米・布哇にも教務所が設置され、

その事務を統括する開教総長が任命された。このとき、開教区域は「朝鮮　朝鮮一円・支那　支那一円及ヒ英領香港・北米　北米合衆国一円英領加奈陀・布哇　布哇一円」と規定された。

開教監督区域も開教監督規程により、次のように定められた。

第一条　開教監督区域ヲ樺太・露領西比利亜・南米・南洋ニ区分シ、監督区域ニ各一名ノ開教監督ヲ置ク

但シ、南米、南洋ハ当分之ヲ置カス教学課直属トス

ロシア領シベリアが「支那開教区」から独立し、監督開教区域に追記され、初代シベリア開教監督に太田《おおた》覚眠《かくみん》が就任した。また、第一次世界大戦後に日本が赤道以北のドイツ領ニューギニアの各諸島を占領したことを受けて、新たに南洋開教監督区も加えられた。その後南洋開教監督は昭和十一年（一九三六）に宇野《うの》本空《ほんくう》が任命されるまで空席であった。

昭和八年六月に開教監督規程と開教教務所規程が更改され、北米開教区の所轄となっていたイギリス領カナダが独立し、開教監督区域に追加された。

開教使養成制度の変遷　日清戦争後の明治二十八年九月、最初の海外開教使の養成機関として清韓語学研究所が開設されたが、一年足らずで廃止となった。三十一年八月、軍隊布教、監獄教誨、台湾布教に従事する布教者の養成を目的とした本願寺布教講習所が開設されたが、三十三年三月に

閉鎖された。

三十九年二月には布教練習生規則が発布され（「教示第三号」『本山録事』明治三十九年二月十日）、その第一条に「開教、軍隊布教、監獄布教、尋常布教の実務ノ教習セシムル為メ布教練習生ヲ置ク」と規定された。練習生は、教師または仏教中学卒業以上で満三十歳以下の条件を満たす志願者のなかから、開教総監と各布教総監が選抜した。五月、京都市西若松町の淳風会館内に開教練習所が開設された。主に清国への布教使の養成をめざし、仏教学・英語・清語・清国地理・清国歴史・清国事情が講義され、一時帰国した開教使らの臨時講話もおこなわれた。四十二年四月、清国布教の縮小にともない布教練習所と改称し、軍隊布教・監獄布教・尋常布教の実務教習が中心となり、翌四十三年に閉鎖となった。

布教練習所の閉鎖の後、四十四年一月に布教練習規則が再び制定された（「甲教示第九号」『本山録事』明治四十四年一月一日）。その第一条では、練習生を各国布教教団の布教実務と各開教総監部の開教事務の二種とし、第二条では、練習生養成は一か所に集合せず、数か所に散在し、一か所に集合する時には、総監もしくは教団の所在地とした。

四　ハワイ開教

ハワイへの移民　ハワイへの移民は、明治十八年（一八八五）に日本政府が移民手続きをおこなう官約移民として始まり、二十年末にその数は四三〇四人に達していた。二十一年二月二十三日発行の『官報』(第一三九二号)は、出稼人員の出身府県別統計を掲載しており、その上位は広島(一七二八人)・山口(一五四六人)・熊本(三三〇人)・福岡(一五一人)の四県で、この四県で全体の八七パーセントを占めていた。

上位の四県は、本願寺派門徒が多い地域であった。門徒たちが異国に移住して過酷な環境のもとで労働に従事するなか、その生活・人生の拠り所を与えるために僧侶を派遣すべきであるという意見も提起されつつあった。

明治二十七年には官約移民から、民間の移民取扱人による私約移民へと移行し、これにより移民数は一段と増加した。二十三年に一万二三六〇人であった在留邦人は、二十九年に二万二三二九人となり、ハワイ全人口の二〇パーセントを超えるまでになった(『官報』第四二九一号)。

ハワイ開教のはじまり　明治二十年代初頭から欧米布教への関心は高まりつつあった。二十二年三月に海外宣教会の会員である曜日蒼龍《かがひそうりゅう》がハワイへ渡り、在留邦人への布教活動に従事した。曜日のハワイ渡航は、本格的な布教に向けた視察と在留邦人の慰問を兼ねたもので、その出発を前に島地黙雷《しまじもくらい》ら在京の宗門関係者が壮行会を開催し、明如宗主も曜日に直接面談して激励した。

曜日が二十二年十月に帰国して本格的布教に向けた準備に着手すると、大洲鉄然《おおずてつねん》執行長は門末に訓告を発して曜日の布教資金の募集への協力を指示した。しかし、二十三年五月に本願寺は訓告の取り消しを通達したため、曜日の布教計画も挫折した。

本願寺の海外開教は、二十八年九月の開教事務局の設置により本格的に着手された。三十年三月、本願寺はハワイ開教の実施に向けて現地の宗教調査のため宮本恵順を派遣した。宮本は、五月から九月上旬までハワイに滞在し、すでに信徒らが開設していたホノルルとヒロの布教場を本山付属に編入した。また信徒と布教方針について協議し、本願寺が開教使を派遣し、布教経費を信徒が負担することなどを申し合わせて帰国した。十月に開教使の第一号として山田将為が派遣され、翌年一月に初代ハワイ監督として里見法爾が、三十二年二月に今村慧猛《いまむらえみょう》がハワイに渡った（中西直樹『仏教海外開教史の研究』不二出版 平成二十四年）。

ハワイ・オーラ布教所（『婦人雑誌』第241号より）

日系コミュニティーの中核として　開教使たちは、ハワイ到着直後から日本人移民の劣悪な生活環境など現地の状況を本願寺に報告した。これに対して開教使たちは、明治三十三年三月にハワイ監督に就任した今村慧猛の指導のもと、移民たちの苦境に対応した。表21に見るように、明治末年までに布教場がハワイ全島に設立された。

各布教場には、仏教青年会・仏教婦人会・日曜学校・日本語学校が付設され、日系人コミュニティーの中核としての機能を果たすようになっていった。日本語学校は、本願寺付属日本人小学校と称したが、大正四年に本願寺学園と改称した。また、初等教育機関の拡充にともない、中等教育機関も必要となり、明治四十年に布哇中学校を、四十三年に布哇高等女学校をホノルルに設置し、大正二年にヒロ高等女学校が、四年にはヒロ中学校も開校した。

この間、明治三十一年にはペスト発生によるホノルル日本人街の焼き打ち事件、三十七年にオアフ島ワイパフ耕地日本人労働者のストライキ問題、さらに大正五年から六年にかけて日本人の市民啓発問題などに直面したが、今村慧猛らは日本人移民の先頭に立って問題解決に奔走した。

明治三十九年八月、ホノルル布教場はホノルル別院に昇格し、同時に今村は、ハワイ準州政府に布哇本願寺教団として法人設立を申請した。しかし、この申請はいったん却下された。日本への忠誠心を移民子弟に教授している布哇本願寺教団は米国の国益にそぐわないとの判断からであった。

表21　ハワイにおける布教場の設置状況

	名　称	設置年
オアフ島	ホノルル布教場	明治30年
	ワイパフ布教場	明治34年
	カフク布教場	明治34年
	アイエア布教場	明治35年
	エワ布教場	明治35年
	ワイアルア布教場	明治36年
	ワイアナエ布教場	明治36年
	ワイマナロ布教場	明治37年
	ポールシチー布教場	明治39年
	ワヒアワ布教場	明治41年
マウイ島	ワイルク布教場	明治31年
	ラハイナ布教場	明治37年
	パイア布教場	明治42年
	プウネネ布教場	明治43年
	ハナ布教場	明治43年
	パウエラ布教場	大正3年
ハワイ島	ヒロ布教場	明治30年
	コナ布教場	明治30年
	ホノム布教場	明治32年
	ホノヒナ布教場	明治32年
	ナアレフ布教場	明治33年
	パパラ布教場	明治33年
	オーラア布教場	明治35年
	パパアロア布教場	明治35年
	ホノカア布教場	明治37年
	コロア布教場	明治40年
	パパイコウ布教場	明治41年
カワイ島	マキー布教場	明治32年
	リフエ布教場	明治34年
	キラウエア布教場	明治40年
	コロア布教場	明治41年
	ワイナメ布教場	明治42年
	エレエレ布教場	明治42年

『本派本願寺布哇開教史』（大正７）をもとに作成

再申請で認可されたものの、日系コミュニティーを代表する団体として発展を遂げてきた布哇本願寺教団にとって、いかに現地社会に定着させていくのかという課題が浮上してきた。

大正元年六月、ホノルル別院を布哇別院に改め、宗祖六五〇回大遠忌を記念して別院を新築することとなり、別院新築期成会が組織された。四年に別院の建築に着手し、七年に完成した。この年、ハワイに開教区制が導入されて開教教務所が設置され、今村慧猛が開教総長に就任した。記念事業として、本願寺派ハワイ開教の歩みをまとめた『布哇開教史』（布哇開教教務所）が刊行された。

アメリカ社会との協調と英語伝道　日系人とアメリカ社会との軋轢を生む事件が次々と起こり、現地社会との協調が求められて、大正九年に米布連合仏教伝道会が組織された。同会は米国生まれの日系人への英語伝道に備え、聖典の英訳や英文図書の刊行、宗教教育方法の研究などを主たる目的として発足した。十年十一月にトーマス・カービー博士が英語伝道師の主任となり、毎日曜日の夜に別院で英語による説教がおこなわれ、十一年からカービー博士が編集した英文『仏教綱要』を米国人参拝者に頒布して、文書伝道にも着手した。ヒロでもハント夫妻が布教に従事し、夫妻は十三年に米国人として初めて別院で入門式を受けた。昭和三年には、米国人有力者一一名の入門式を挙行し、白人伝道普及部と英文仏教文庫が新設された。こうして今村慧猛がアメリカ人対象の布教を積極的に推進したことにより、アメリカ社会への仏教伝播という課題を実現していく道が開かれていった。

今村は、「米国の仏教宣伝者は米国生れ米国育ちの市民を米国に於て教育養成するといふことを根本義としなければならない」(「吾人の理想　吾人の事業」『米国の精神を論す』金尾文淵堂 大正十年)と述べて、日系二世の開教使の養成にも力を注いだ。昭和六年、竹田恵達・吉上恵眼・三浦恵昭の三名がハワイ出身者として初めて、本願寺で得度式を受け、その後は日系二世開教使によってハワイ布教が継続されていった(与世盛智郎・山里慈海編『布哇仏教読本(本派本願寺特別叢書)』慈光園 昭和十四年)。

五　北米開教

北米への移民　明治二十七年(一八九四)に移民保護規則が制定され、移民会社による移民募集・送出事業が始まり、アメリカへの定期航路も開設されて、在米邦人の数は急速に増加した。日清戦争後の就業難が、アメリカへの出稼ぎ希望者を生み出していた。現地では排日気運が高まりつつあったが、鉄道敷設等の労働力の必要性から、四十一年の日米紳士協約成立まで日本人出稼ぎ者は増加し続けた。二十五年に四五〇〇人であった在留邦人は、三十年には八倍近い三万五〇〇〇人となり、四十一年には一〇万人を突破した(児玉正昭『日本移民史研究序説』渓水社 平成四年)。

出稼ぎ者たちは、言語や生活環境の違いからさまざまな困難に直面したが、その相談窓口になっていたのがキリスト教会であり、これを契機にキリスト教に入信する者もいた。しかし、仏教信仰に篤い者のなかには教会に行くことを躊躇する者が多くいて、日本からの開教使派遣を望む者も少なくなかった。

宮本恵順の北米視察　明治三十年十月開催の第二十回定期集会は、宮本が建議した「海外開教視察案」を審議可決した。建議案は、米国移民が急増し、その多くが真宗門徒であり、移民の保護・教化事業の実施を通じて国家の発展に貢献するとともに、北米開教の端緒とするものであった。三十一年七月から宮本恵順と本多恵隆によって北米の視察がおこなわれた。

宮本は米国での「白人伝道」も強く認識しており、現地視察を通じて、開教の拠点として着目したのがサンフランシスコとシアトルであった。この二都市は単に在留邦人が多いだけでなく、学術研究のために渡米した「スクールボーイ」と呼ばれる人びとが居住していた。彼らは英語力もあり、彼らを通じて米国人への仏教伝道が可能になると考えていた。宮本は、こうした開教計画を実施に移すために、サンフランシスコだけでも相当の資金を投入する必要があると報告していた。前年のハワイの視察の際に宮本は、本願寺からの財政的支援を受けずに現地日本人で開教事業をおこなうべきだと考えていた。しかし、都市部に布教所を設置して「白人伝道」をめざす以上、北米開教では一定の資金を投入する必要があると考えるようになった。

宮本と本多の帰国後、北米開教の計画が教学参議部で審議され、サンフランシスコ布教に限定した予算を計上することになった。

北米開教の着手　明治三十一年七月、桑港真宗信徒仏教青年会（のちのサンフランシスコ仏教会）が設立され、九月に有志七八名が集まって、サンフランシスコ伝道の請願書を起草して本願寺に提出した。そこでは「殊に吾人移住の此桑港は、吾人の仏教をして西洋諸国に知得せしむるの好関、此地を措て他あらんや、一は移住同胞に法を聞かしめ他は西洋各国に知らしむ」(『教海一瀾』第三一号)と記され、欧米に向けて仏教思想を発信していくことが目的の一つに掲げられていた。請願に名前を連ねた七八名は、学術研究に関する志を抱いて渡米していた「スクールボーイ」たちであった。

三十二年に薗田宗恵《そのだしゅうえ》と西島覚了とが開教使として渡米することが決定し、両名は九月にサンフランシスコに到着した。赴任直後に開かれた歓迎会で、薗田は在留邦人に次のように演説した(『教海一瀾』第五六号)。

吾人の来るは単に我か同胞のみに布教するを主眼とせず、仏の本願なる十方衆生の済度を実行せざるべからず、諸君か信仰の自由を有するが如く、米国人亦た之を有せり、米国人なるが故に、耶蘇教を信ぜねばならぬ様に生れては居らぬ、(中略)併し仏教に因縁ある諸君にして其品格行為の上に於て、仏教の顕はれざる限りは、進て白人を感化することは覚束なきことなり、即ち大に諸君の身業説法の助力を要す

薗田宗恵

このように薗田も宮本と同じく、サンフランシスコの「スクールボーイ」たちを教化し、彼らを通して米人社会に仏

教を伝道・普及していこうと考えていた。その方針が当初、着実に成果を挙げていったことは、三十三年一月の「外国人仏教研究会」の開始、四月の白人中心による三宝興隆会の組織、さらには三十四年四月の英文雑誌 *The Light of Dharma*（法の光）の創刊などからうかがえる。

米国開教方針の変容　開教着手の当初は、「白人伝道」に成果を収めつつあったが、数年が経過すると活動は縮小を余儀なくされていった。その直接的な原因は、開教使たちが各地の日系人への布教に忙殺されていたことにあった。

当初の計画ではサンフランシスコに布教地を限定していた。ところが、日系人の多くが農業労働に従事するサクラメントとフレスノでは仏教青年会が発足し、常駐の開教使を要請してきた。明治三十三年十二月薗田がドイツへ留学し水月哲英と交代することとなり、その際に薗田の進言で、この二地域に原田了哲と朝枝不朽が開教使として赴任した。

当時、アメリカ太平洋沿岸諸州の開発が進展し、果樹園や鉄道工事での労働力需要が拡大して、ハワイより賃金が高額であった。日本政府は米国本土への渡航に厳しい自主規制を採っていたため、旅券交付の比較的容易なハワイに渡航し、後に米国本土に転航する者が増大していた。三十年に一〇〇〇人に満たなかったハワイからの転航者は、三十五年頃から増加し、三十九年には年間一万人をはるかに超過した（広島県編『広島県移住史』通史編　広島県　平成五年）。

彼ら転航者によってカリフォルニア州を中心に次々と仏教会が設立され、開教使の派遣を要請した。この結果、表22に見るように、明治三十年代後半以降、北米各地で仏教会が急速に設立された。

堀謙徳の東部伝道計画　第三代北米布教監督の堀謙徳は、すでに日系人中心の仏教会が多く設立されているカリフォルニア州ではなく、東部ニューヨークに新たな拠点を築くことで「白人伝道」の活路を見出そうと考えていた。明治三十八年九月、堀は後任の内田晄融《うちだこうゆう》がサンフランシスコに到着すると、翌年四月に臨済宗の釈宗演《しゃくそうえん》と鈴木大拙を同行してニューヨークをはじめ東部各地を巡った。

堀はこの目的を「白人の同志を結ばんと志願あり」と述べ、釈らと行動をともにした理由を「余

表22　北米における仏教会の設置状況

名　称	設置年	別院設置年
桑港仏教会（サンフランシスコ）	明治31年	
桜府仏教会（サクラメント）	明治31年	昭和41年
布市仏教会（フレスノ）	明治33年	昭和11年
シアトル仏教会	明治34年	昭和29年
佐市仏教会（サンノゼ）	明治35年	昭和34年
ポートランド仏教会	明治36年	
王府仏教会（オークランド）	明治37年	
喜郡仏教会（ハンホード）	明治38年	
羅府本願寺仏教会（ロスアンゼルス）	明治38年	昭和6年
本派加奈陀仏教会（カナダ）	明治38年	
華村仏教会（ワッソンビル）	明治39年	
スタンクトン本願寺仏教会	明治40年	
ガタルーピ仏教会	明治41年	
ベカースフヰルド仏教会	明治42年	
バカビル仏教会	明治42年	
麦嶺仏教会（バークレー）	明治44年	
サンタバーバラ仏教会	明治45年	
白河仏教会（ホワイトリバー）	大正元年	
山中部仏教会	大正2年	
パロアルト仏教会	大正3年	
アラメダ仏教会	大正5年	
伝馬仏教会（デンバー）	大正5年	
プラザ仏教会	大正6年	
不老林仏教会（フロリン）	大正7年	
タコマ仏教会	大正8年	
プローレー本願寺仏教会	大正11年	
サリナス仏教会	大正13年	
エルセントロ仏教会	大正14年	
サンデーゴ仏教会	大正15年	
サンルイスオビスポ郡仏教会	昭和2年	
オークスナード仏教会	昭和4年	
ヤマキ仏教会	昭和4年	
楼亜仏教会（ローダイ）	昭和4年	

『北米仏教団教勢一覧』（昭和６）をもとに作成

の如き未熟の一僧寒が単独に巡教するよりも、禅師と共に巡教するを以て双方の利益とし」と述べている（『教海一瀾』第三一三号）。四月八日には釈尊降誕会を開催し、米国人ばかり四〇〇名が参加したが、仏教徒への改宗をともなう東部伝道は容易でなく、継続することはできなかった。

内田晄融と排日状況への対応　明治三十九年四月にサフランシスコ大地震があり、十月に日本人学童の隔離措置が実施され、四十一年に日米紳士協約が成立し、大正二年には外国人土地所有禁止法案が可決された。さらに十年に絶対的排日土地法が成立、翌年には合衆国大審院での日本人帰化請求の敗訴が確定した。

このような状況のなかでサンフランシスコでは、堀謙徳の後任となった内田晄融が一九年間にわたって北米に留まり、仏教会は内田の指導のもと、日系人結束の精神的拠り所として発展を遂げていった。この間、内田は大正三年に北米開教監督、七年に北米開教総長に就任した。一方で内田は、米国での仏教理解を浸透させることにも力を注ぎ、大正四年に万国博覧会を開いて「白人伝道」の活発化を目指した（「米国開教の過去現在及び将来」『米国仏教』一六―九　米国仏教誌社　大正四年）。

増山顕珠と米国人伝道　大正十三年五月、米国連邦議会で新移民法（いわゆる「排日移民法」）が可決された。日米間の軋轢が増し、日系人への排除と批判が強まるなかで、米国社会への同化と米国人伝道は重要な課題となっていった。

米国人伝道の成果は、昭和五年に北米開教総長に就任した増山顕珠《ますやまけんじゅ》によって進展を見た。増山は八年二月に米国人二名の、十二月に一三名の入門式をおこない、二世開教使の養成にも尽力し、十一年にはニューヨーク仏教会を設立した。

六　朝鮮（韓国）開教

日清戦争下の開教計画　日本仏教のなかで真宗大谷派と日蓮宗とは、早くから朝鮮への進出を果たしていた。本願寺派が朝鮮布教に着手したのは日清戦争時からであった。明治二十七年（一八九四）六月、日清両国が一触即発の事態に立ち至ると、翌月本願寺派は在留邦人と日本軍の慰問のため、加藤恵証を慰問使として派遣した。八月の宣戦布告を経て、十一月には他宗派に先駆けて木山定生を従軍布教使として派遣した。

開戦直後に明如宗主の命を受けた藤島了穏は、八月二十二日に渡航し、韓廷への働きかけをおこなった。藤島の渡航は西園寺公望の勧誘によって実施され、京城《ソウル》の日本公使館の協力を得ていたが、大院君が失脚したため韓廷との交流は途絶えることになった。

朝鮮開教に動き出した本願寺派は、大洲《おおず》鉄然《てつねん》を朝鮮に派遣した。大洲は、旭恢恩、大洲鉄也、高田栖岸、上原芳太郎らとともに、明治二十七年十一月一日に京都を出発した。大洲らは日本軍の慰問を目的としていたが、本格的な布教実施に向けての現地視察もおこなった。一行は、京城で井上馨全権大使と将来の布教方針を相談し、説教所敷地の視察をおこない、井上大使の諒解を得て大円覚寺の境内跡地（現、タプコル公園）一帯を朝鮮人名義で買収した。その後、旭恢恩と上原芳太郎とは第一軍の慰問のため戦地へと向かい、大洲鉄然・大洲鉄也・高田栖岸は現地を視察して、十二月三日に京都に帰った。

大洲鉄然は帰国後、明如宗主に「朝鮮国開教方法趣意書」（本願寺室内部編『明如上人日記抄』後編　本願寺室内部　昭和二年）を提出した。それには、青年僧侶を対象とする朝鮮語の習得を含む布教使養成機関の設置、京城に朝鮮人子弟を対象とする普通教育機関の設置を想定して多額の経費を計上していた。しかし、戦後、親露派に転じた朝鮮政府の圧力によって取得した土地を売却せざるを得なくなり、さらに反日義兵運動の活発化もあって開教計画は断念を余儀なくされた（中西直樹『植民地朝鮮と日本仏教』三人社 平成二十五年）。

釜山布教場の設置　日清戦争後、京城での開教計画は断念したが、釜山《プサン》には一〇〇〇人を超える本願寺派の門徒が在住していたとされ、明治三十一年九月に中山唯然が釜山に渡り布教場を設けた。その後、中山は一時帰国し本山に釜山布教場設置についての許可を求めた。在留邦人中心の布教で、毎月十五日には七〇名程が参拝していた。

同年十二月に開催された第二十三回定期集会では、明治三十二年度から韓国開教予算を復活させ、開教使手当などが予算化された。三十二年十二月に参議部長の藤枝沢通が視察に赴き、三十五年八月には、現地門徒の協力を得て、釜山旧公園地を買収して仮布教所を設けた。建築費三万円は本山と門徒とが半分ずつ分担する予定であったが、同年十一月に日本人居留地からの出火によって仮布教所が焼失したため、建築計画が頓挫した。

三十六年二月、猿橋力精が釜山の主任開教使として赴任した。釜山は対馬海峡に面し朝鮮半島と日本を結ぶ交通の要衝であり、三十七年に日露戦争が起こると、釜山西町に臨時部出張所が設けられた。釜山港駐在布教使であった幡多乗之が出張所長を兼務し軍隊布教に着手した。日露戦争後、釜山布教場は整備され、三十九年六月に和洋折衷の新布教場が新築、翌月に入仏式が挙行された。大正四年十月には、釜山布教場は釜山別院に昇格した。

日露戦争後の布教進展　日露戦争後、日本の関東総督府（のち関東都督府）が設置され、日本による朝鮮統治が決定的となると、各宗派の朝鮮進出も活発化し、本願寺派も本格的な布教活動に乗り出した。明治三十七年六月十八日、鏡如宗主の命を受けた武田篤初執行は、上原芳太郎と木村省吾をともない朝鮮に出発し、釜山に上陸した後、大邱《テグ》・木浦《モッポ》・郡山《グンサン》・仁川《インチョン》を経て京城へと向かい、さらに各地を視察した。武田は、視察を通じて、京城を中心とする朝鮮人対象布教に重点を置き、教育・社会事業なども付設する構想を抱いて九月二十二日に帰国した。

三十八年十二月、開教地総監規程が制定され、清国・朝鮮（韓国）・樺太に開教総監を置くことが規定された（「教示第二十五号」『本山録事』明治三十八年十二月九日）。二十九年十一月にいったん開教区域から外された朝鮮も開教総監の設置区域に指定され、韓国開教総監に大谷尊宝執行長（兼務）が任命された。三十九年十一月には京城に龍山本願寺出張所が落成して、その開所式がおこなわれた。来賓を代表して韓国統監府統監伊藤博文は祝辞を述べた。その後数年で本願寺派の布教地域が伸展した状況が表23からわかる。

表23　本願寺派の朝鮮布教の概況

	名　称	位　置	設立年月 明治	信徒数 日本人	 朝鮮人	 合計
京畿	仁川出張所	仁川寺町	41年4月	200	—	200
	永登浦出張所	始興郡永登浦	40年5月	58	—	58
	大聖教会分教所	驪州郡川四洞	42年12月	—	132	132
	大聖教会分教会	利川郡邑内	42年12月	—	253	253
	大聖教会分教会	竹山郡白岩里	43年11月	—	35	35
	大聖教会分教会	楊州郡独川里見聖庵	43年11月	—	4	4
	大聖教会分教会	同郡月礼面月谷里	43年11月	—	4	4
	大聖教会分教会	高陽郡旧把撥里	41年6月	—	192	192
	大聖教会分教会	同郡紙停里	41年9月	—	120	120
	大聖教会	果州郡外飛山	41年7月	—	36	36
全南	羅州出張所	羅州郡邑内	43年9月	40	—	40
	光州出張所	光州北門内	43年2月	60	—	60
慶南	大邱別院	大邱	37年5月	450	—	450
	金泉布教所	金山郡金泉	42年2月	400	—	400
	釜山布教所	釜山西町	30年7月	550	—	550
	馬山布教所	馬山濱町	37年5月	600	—	600
	統営布教所	統営	41年11月	256	—	256
	長和浦布教所	巨済郡長和浦	42年4月	20	—	20
黄海	兼二浦出張所	黄州郡兼二浦	43年3月	75	—	75
平南	平壌布教所	平壌南門通	40年2月	1,160	120	1,280
	安州布教所	安州	43年3月	35	—	35
平北	定州出張所	定州	42年8月	100	—	100
合　計		22か所		4,004	896	4,900

朝鮮総督府編『第二版朝鮮事情要覧』（明治 45.3）

大聖教会と巌常円　明治四十年には、韓人教会が組織されて現地人を対象とする布教にも着手し、その布教責任者に巌常円が招聘された。巌は三十七年に単身渡航して朝鮮人を対象とした布教活動に従事してきた経験をもっており、朝鮮語に堪能であった。翌年、巌は韓人教会を大聖教会と改め、活発な布教活動を展開した。各地に設置された出張所や布教所が在留邦人中心であるのに対し、大聖教会は朝鮮人の信徒主体の独立組織であった。宗教活動も僧侶主導ではなく、現地の実情を考慮して信徒が参加しやすいように工夫されていた。表23では、本願寺派の朝鮮人信徒数を九〇〇人弱としているが、実際にはさらに多くの信徒が集まったようである。

明治四十三年十月、大聖教会に仏教高等学院・啓成学校が併設され、巌常円が学校運営を統括する学監に就任した。仏教高等学院は普通学校卒業者程度を対象とし、日本国内の仏教中学に準じた教育が施され、開校当初から三〇名から六〇名程度の朝鮮人学生が在学していた。また啓成学校では、公立の普通学校と同一の学科を教授し、男子部と女子部があった。教員は、巌常円以下日本人教師が五名、女性教師三名、朝鮮人教師三名のほか、日本国内の仏教大学からの留学生数名も加わっていた。この年に大聖教会本部は新橋通に移転しており、四十五年頃には支部が四一か所、会員数は二万人に達していた。また大聖教会で真宗の教義を学び、伝道補助をなす朝鮮人も三〇数名いた（福崎毅一編『京仁通覧』中村三二郎 明治四十五年）。

韓国併合後の状況 日露戦争後の仏教各宗派は、日本政府を背景に現地寺院を組織化することに奔走した。統監府もこれを容認し、明治三十九年十一月に制定された宗教ノ宣布ニ関スル規則では、日本仏教が現地の寺院を支配下に置くことを追認した。それまで地方官憲等から抑圧や寺領財産の没収を受けてきた朝鮮仏教の寺院側には、日本仏教の保護下に入ることを望む動きもあった。こうした事情から、日本仏教各宗派が現地寺院を末寺化する動きが本格化した。本願寺派では、四十年四月に統営龍華寺からの保護出願を契機に、四十四年の段階で末寺台帳に登録された寺院は一〇〇か寺に達し、その中には奉先寺・麻谷寺・威鳳寺・普賢寺・龍珠寺・松広寺等の有力寺院も含まれていた。

しかし、明治四十三年八月の韓国併合後、布教を取り巻く状況は大きく変化した。九月に朝鮮総督府官制が公布され、十月には初代総督府に寺内正毅《てらうちまさたけ》が就任した。この間、日本仏教各宗派は朝鮮仏教の末寺化を争い、その対立は朝鮮仏教側に内部対立をもたらしつつあった。総督府にとって朝鮮仏教の分裂対立は統治上に好ましいものではなく、この事態を重く見た総督府は、四十四年六月に寺刹令を、翌月に寺刹令施行規則を発布し、日本仏教各宗派による朝鮮仏教への干渉を規制した。同時に朝鮮半島の一三〇〇余の寺院を三〇の本山（後に三一の本山）の下に集約して、朝鮮仏教を一元的・直接的に総督府が統治できる組織の構築を目指した。こうした方針が示されると、一端帰属した多くの朝鮮人信徒は日本仏教から離脱していった。

このように朝鮮総督府が朝鮮仏教への介入を規制する方針に転じると、日本仏教の朝鮮人布教は急速に衰退し、在留邦人中心へと転換された。朝鮮人の自主性を重んじてきた大聖教会のあり方も変化し、朝鮮総監部の統制のもとに置かれ、三〇余名の朝鮮人伝道員は韓国併合の意図を伝えるため各地に派遣された。巖常円も大聖教会の指導者の立場を退き、仏教高等学院・啓成学校も廃止された。最盛期に二万を数えた会員も、大正六年には四〇〇〇名まで減少した（『中外日報』大正六年六月二十三日）。

邦人中心布教への転換　明治四十五年一月、開教総本部は京城永楽町に買収した約二〇〇〇坪の土地に移転して諸堂が整備され、十月に朝鮮別院が設置された。大正三年には開教教務所規程によ

表24　朝鮮での本願寺派寺院

地　名	寺　号	建　坪（坪）		敷　地	檀信徒数
		本　堂	庫　裏	（坪）	
京　城	本願寺別院	128.25	55.00 43.75	1,614.00	882
釜　山	本昭寺	47.57	55.95	135.00	650
仁　川	本瑞寺	106.20	12.80	554.00	450
平　壌	本光寺	31.50	26.50	285.00	500
龍　山	本誓寺	88.60	38.80	760.00	494
馬　山	勝願寺	52.50	30.75	944.00	350
大　邱	西願寺	47.60	24.50	321.00	304
木　浦	真光寺	35.50	22.65	635.00	340
鎮南浦	正念寺	59.00	37.00	1,118.00	328
全　州	双念寺	14.25	10.28	329.00	251
鎮　海	大光寺	24.69	42.40	160.00	732
群　山	真宗寺	42.00	27.00	500.00	268
統　営	明証寺	48.00		172.37	300

『教海一瀾』第610号より作成

り別院に教務所が併設され、京城を中心とする布教体制が整備された。

総督府も日本仏教に対する諸規程の整備を進め、大正四年八月に布教規則と神社寺院規則とを制定した。神社寺院規則には寺院として公称するための許認可条件が規定されており、各宗派は、在留邦人の信徒を組織化し、寺院境内・建物を整備する必要に迫られた。五年に六九件の仏教寺院の設置申請があり、認可されたのは四九件であった。本願寺派で認可された寺院は表24の通りであり、その他の宗派では、曹洞宗一三か寺、浄土宗一一か寺、日蓮宗四か寺、真言宗高野山派三か寺、真宗大谷派二か寺、新義真言宗智山派二か寺、法華宗一か寺であった。この時期、別に布教所も四〇ほどあり、在留邦人に強い地盤を有する本願寺派の教勢は朝鮮半島で大きく伸張した。

教育事業の展開　大正七年の三・一独立運動に衝撃を受けた日本政府は、同年八月に長谷川好道総督を更迭し、代わって斎藤実《さいとうまこと》が総督に就任して、統治方針の転換が進められた。朝鮮民族主義運動を懐柔するために日本仏教も動員された。朝鮮仏教団が結成され、朝鮮仏教の日本化が図られた。真宗大谷派は向上会館を設け、総督府の要請を受けて社会事業に取り組んだ。

本願寺派は教育活動を重視し、大正十五年、朝鮮開教総長兼別院輪番の斯波瑞性の提案で女学校経営に着手し、朝鮮人経営の実践女学校を買収して龍谷女学校を開校した。昭和二年度に二一〇名の入学志願者があり、その内の一〇〇名を入学させた。入学生は朝鮮人四割、日本人六割であった。四年九月には高等女学校令による龍谷高等女学校として認可された（『本派本願寺学校一覧』本派本願寺教務局教育部 昭和八年）。

大正期以降、日曜学校活動も活発化し、仁川仏教日曜学校（明治四十四年設立・本瑞寺経営）、金堤仏教日曜学校（大正三年設立・金堤仏教婦人会経営）、京城仏教日曜学校（四年設立・朝鮮別院経営）、清津仏教日曜学校（五年設立・清津仏教婦人会経営）など、昭和初年までに設立された日曜学校は三四校を数えた（『日曜学校便覧』本派本願寺教務局社会部 昭和八年）。

七　台湾開教

従軍布教使の台湾派遣　明治二十八年（一八九五）五月、戦争後の講和条約で清国から割譲された台湾を平定するため日本は近衛師団を派遣した。本願寺は、この近衛師団に大江俊泰を従軍布教使として同行させたことから台湾開教が始まった。

八月、日本は台湾北部を平定すると、各宗派は従軍布教使・慰問使の追加派遣をした。本願寺は、八月に武内外量を南征従軍布教使として、翌月には明如宗主名代の軍隊慰問使として小野島行薫、従軍布教使として豊田巍秀・長尾雲龍を派遣し、布教に向けた現地調査もおこなわせた（中西直樹『植民地台湾と日本仏教』三人社 平成二十八年）。

初期の台湾開教　明治二十八年十月に日本が台湾平定を宣言すると、従軍布教使は相次いで帰国し、かわって翌二十九年三月に清韓語学研究所で学んだ紫《し》雲玄範《うんげんぱん》、井上清明、荻野英龍（後に宮本と改姓）、平田博慈の四名が渡航して布教活動を始めた。五月に台北布教所が旧至道宮に設立され、翌月には台北教会という信徒団体も設立された。しかし、その後も現地住民の武装抵抗は続き、本願寺派の活動は軍隊布教に重きが置かれた。表25に見るように、三十年末までに台湾全島の各軍隊駐留地に軍隊布教使が配置された。

表25　台湾における本願寺派の軍隊布教一覧

軍隊所在地	兵種隊号	開設年月（明治）	開設者
台　北	衛戍監獄、兵器修理所	29年2月	紫雲玄範
		29年7月	田中行善
台　南	歩兵第五連隊、砲兵中隊、衛戍監獄、経営所	29年2月	宮本英龍
			平田博慈
台　中	歩兵第三連隊、砲兵中隊工兵中隊	29年6月	井上清明
鹿　港	歩兵第四連隊	20年10月	佐々木一道
嘉　義	歩兵第四連隊	30年7月	田中良雄
鳳　山	歩兵第六連隊	30年7月	池田慧琳
雲　林	歩兵第四連隊	30年9月	藤本周憲
新　竹	歩兵第二連隊	30年9月	故選義貫
苗　栗	歩兵第廿四連隊	30年9月	桜井桃英
宜　蘭	歩兵第六中隊	30年9月	楠　祐護
卑　南	歩兵第六連隊	30年9月	橘　摩騰
澎湖島	水雷布設隊	30年12月	足立格致

『教海一瀾』第17号より作成

彼ら軍隊布教使は、同時に開教使でもあり、布教活動を通じて占領統治の安定を図ることも要請されていた。本願寺派は、現地人の協力を得る必要があり、王岱修（法名修道）という協力者を見いだした。

王は清国福州孝義里に生まれ、医業を研鑽していたが、十九歳にして鼓山に入って僧侶となり、二十四歳で還俗して種痘業を修めた。王は二十七歳で台湾に渡って医業と僧務を兼務していたが、日本軍の上陸後は、憲兵隊の通訳となって近衛師団に従軍していた。従軍布教使の大江俊泰、小野島行薫らに出会った王は、本願寺派の僧侶になることを願い、明治二十九年三月より布教活動に従事した。十二月には得度し、翌三十年一月布教通訳兼監獄教誨師に任命された。この王岱修の勧誘もあって、台北県で王ら一一名、台南県で石以能、曾慧義ら六名が得度し、本願寺派に帰属した（『教海一瀾』第一号）。

台湾各地の門徒戸数は、台南二九四戸、鳳山六〇戸、恒春六〇戸、嘉義二一二戸、雲林二八二戸、台中五二戸、鹿港一三五戸、新竹二六〇戸、苗栗三〇九戸、台北一三五一戸、基隆七二戸、宜蘭八一戸の合計三二六八戸を数えた（『教海一瀾』第一七号）。帰属した寺廟は、水仙宮・弥陀寺・三官廟・温陵祖廟・大士殿・銀同祖廟（以上台南）、媽祖宮・慈恵宮（以上台北）、諸福寺・平和廟・広福宮・媽祖廟・文昌廟・福興宮西廟（以上嘉義）、釈迦院（以上宜蘭）であった。このほか、台北で北門外元至道宮に布教拠点を置くなど、各地で廟堂や元廟堂、家廟などを布教所にあてた（明如上人伝記編纂所編『明如上人伝』明如上人二十五回忌臨時法要事務所　昭和二年）。布教所には台湾人対象の学校が併設されることが多く、本願寺派では台南開導学校・台中敬愛学校・台北龍谷学校などを開設して、日本語のほか、漢学・作文・算術などを教授した。特に開導学校には分教場も開設され、通訳として採用される卒業生が多くいた。

本願寺派では布教体制の整備に向けて、二十八年九月に開教事務局を設置し、翌年には里見法爾を現地視察に派遣した。三十一年八月十五日に台湾布教監督職制章程を発布し、担当執行のもと駐在開教使を指揮・監督する布教監督の職責などを規定した。同月二十四日佐々木鴻熙が台湾布教監督に任命されたが、一年足らずで辞任し、その後空席が続いた。

明治三十一年五月に台湾総督府は、「本島在来ノ廟宇等ヲ内地寺院ノ末寺ト為スヲ禁スル件」を県知事庁長宛に通達した。仏教各宗派に対し寺廟末寺化を禁止して、植民地経営に対応した布教への移行を促した。各宗派は新たに布教所や寺院を新設する必要に迫られ、在留邦人への布教方針に転換した。

台北別院設置と布教の展開　明治三十年一月に台北で布教所に使用していた元至道宮の立ち退きを陸軍経営部から命じられ、布教所新築の問題に直面した。九月新起町に土地を取得して布教所建築資金の募集に着手し、三十三年五月に新築工事に着工し、翌年九月に竣工した。布教所新築と前後して、三十四年四月に台北布教所は台北別院に改組された。六月には台北別院職制・別院事務章程を制定し（「教示第十一号」『本山録事』明治三十四年六月二十五日）、十二月に龍口了信を台湾布教監督兼輪番に任命した。女性信者の組織化も進み、二十八年頃に最勝講を設立した。最勝講は三十四年に梵鐘を布教所に寄付し、日露戦争の際に台北婦人会へと改組された。

四十一年には紫雲玄範が別院輪番に就任し、台湾布教の基礎が築かれていった。在留邦人の経済的活動を背景に布教地域を拡大した本願寺派では、三十一年末の段階で一八〇〇人弱であった在留邦人信徒は、大正四年末段階で一万七〇〇〇人と一〇倍に急増した。その一方で現地人信徒は八〇〇〇人余りから約四〇〇〇人へと半減した（台湾総督府編『台湾総督府統計書』台湾総督府）。寺院は大正十四年末までに一〇か寺が建立された。

本願寺派布教使は、台湾総督府より監獄教誨師に嘱託されることが多く、明治三十八年以降に台南の累功舎、台北の一新舎、台中の再生舎などの保護施設が設立され、矯正保護事業での活動もめざましかった。四十一年には、紫雲玄範により台北に青少年の感化施設として成徳学院が設置され、大正十一年に台湾総督府へ経営が移管されるまで感化事業で主導的役割を果たした。

また、四十三年に総督府が山岳地域に居住する先住民の教化（「蕃界布教」）に僧侶の登用を決めると、本願寺派は一〇名の布教使を派遣した。彼らは、総督府が統治強化への方針に転じたため大正二年六月に全員が罷免されたが、本願寺派は総督府と協調しつつ、台湾植民地経営を補完・支援する役割を担った（台湾開教教務所臨時編集部編『真宗本派本願寺台湾開教史』台湾別院　昭和十年）。

文書伝道は、明治三十年に漢訳『真宗教旨大要』を印刷して現地人に配布したことから始まった。大正二年には別院駐在の調龍叡が主筆となり月刊誌『慈光』が創刊された。その後、調の帰国で一時中断したが、十年四月に『一味』と改題して再び刊行された。

台湾での日曜学校　大正初期には布教責任者が頻繁に交代したため、布教活動が停滞したが、日曜学校の経営や文書伝道など活発なものがあった。明治三十六年十一月に台北教会附属少年教会が設立され、この少年教会は大正四年に、本願寺派の日曜学校令の発布と同時に台北日曜学校と改称された。この年に、了覚寺日曜学校、台中仏教日曜学校、南投日曜学校、鹿港日曜学校、新生日曜学校、内徇日曜学校、花蓮港日曜学校などが設立され、昭和初年の段階で全島に設立された日曜学校は三七校に及んだ。

台湾での教育・社会事業　大正期から昭和初年にかけて、教育・社会事業は活発化した。本願寺派では若手僧侶に現地語を修得させる事業を断続的におこなってきたが、大正八年に輪番に就任した片山賢乗は、現地人布教者の養成の必要性を認識し、現地人を国内の中央仏教学院などに留学させた。

幼稚園も、羅東第一幼稚園（大正九年設立・台北州）、羅東第二幼稚園（十二年設立・台北州）、樹心幼稚園（十四年設立・台北市）、光玄寺保育園（昭和五年設立・澎湖）、蘇澳幼稚園（七年設立・台北州）などが各地で設立された。その他にも、苗栗中学園（大正十三年設立・夜間教育機関・新竹州）、高雄女子裁縫講習所（昭和四年設立）、台南家政女学院（四年設立）などの教育機関が設立された。

社会事業では、簡易宿泊施設の光園寮（基隆市）、授産施設の中尊寺附属授産部（台中市）などが設立された。釈放者保護施設は全島各地に設立され、昭和初年には、高雄洗心会（高雄市）、屏東愛護舎（高雄州）、員林郡開新会（台北州）、彰化遷善会（台中州）、馬公保護会（澎湖庁）、羅東和光会（台北州）、

表26　台湾地方寺院・布教所一覧

所在		年月日		名称	附属事業
州庁	市街	開教	寺号公称		
台北	台北	明38.4.28	大3.1.30	了覚寺	日曜学校・裁縫講習
	基隆	明29.7.8	明38.11.6	光尊寺	日曜学校･釈放者保護･光の園（月刊）･無料宿泊
	羅東	大9.8.30		羅東布教所	日曜学校･釈放者保護･幼稚園･無料宿泊
	蘇澳	昭2.6.27		蘇澳布教所	幼稚園･釈放者保護
	太平山	昭5.9.20		太平山布教所	日曜学校
新竹	新竹	明31.1	大4.8.20	竹寿寺	日曜学校
	苗栗	明30.9	昭元11.19	苗栗寺	中学園･釈放者保護
台中	豊原	昭4.7.4		豊原布教所	日曜学校･釈放者保護
	台中	明29.6	大4.6.15	中尊寺	日曜学校･常盤授産部
	豊原	昭4.7.4		豊原布教所	日曜学校･釈放者保護
	台中	明29.6	大4.6.15	中尊寺	日曜学校･常盤授産部
	彰化	明42.3.1	大14.11.16	彰化寺	日曜学校･釈放者保護
	鹿港	明30.6.1	明37.8.9	龍山寺	日曜学校
	員林	大15.6.10		員林布教所	女子国語講習･釈放者保護
	南投	明44.7.31	大3.6.20	尊猷寺	日曜学校･釈放者保護
	集々	昭2.2.12		新高布教所	日曜学校･釈放者保護
	埔里	大2.10.20	大14.11.11	能高寺	釈放者保護･心の糧
台南	嘉義	明41.8	大3.9.10	光照寺	日曜学校
	虎尾	昭7.9.16		虎尾布教所	日曜学校･託児所
	塩水	明41.11.29		塩水布教所	日曜学校･釈放者保護
	烏山頭	大15.11		烏山頭布教所	幼稚園･釈放者保護
	台南	明29.4.1		台南布教所	日曜学校･幼稚園･釈放者保護
	台南	大15.1.10		弥陀寺布教所	日曜学校･女子青年会･家政学院･精神界（月刊）
高雄	高雄	明39.12.19	大9.12.3	宝船寺	日曜学校･青年会･裁縫講習･慶老会
	旗山	明42.5.18	大元.12	太平寺	日曜学校･釈放者保護
	屏東	明42.5.18	大4.5.27	大照寺	日曜学校･釈放者保護
	潮州	昭4.8.23		潮州布教所	
	恒春	大13.9.1		恒春布教所	釈放者保護
澎湖	馬公	明37.12		光玄寺	日曜学校･女子青年会･幼稚園･釈放者保護
花蓮港	吉野	明45.5		吉野布教所	
	花蓮港	大6.9.16		花蓮港布教所	日曜学校･女子青年会･少年団･釈放者保護
	豊田	大2.8		豊田布教所	日曜学校
	林田	大3.3.1		林田布教所	日曜学校･裁縫教授
	鳳林	昭3.5.1		鳳林布教所	日曜学校
	玉里	昭2.6.10		玉里布教所	日曜学校･釈放者保護
台東	里瓏	昭5.8.16		里瓏布教所	
	台東	大14.6.15		台東布教所	日曜学校･釈放者保護

『真宗本派本願寺台湾開教史』（台湾開教教務所臨時編集部編 昭和10）より

新営郡顕信会（台南州）、玉里清光会（花蓮港庁）、南投光明会（台中州）、台東更新会（台東庁）などがあった。大正十五年には、台湾人教化事業や本願寺派寺院・布教所の経営する社会事業費への補助金交付を目的に真宗本願寺派台湾教区教学財団が設立され、教育・社会事業の推進を財政面で支援した。

台湾別院の新築　昭和二年七月、芝原玄超《しばはらげんちょう》が別院輪番に就任した。本願寺派の台湾布教は活発化して、四年一月には台北別院が台湾別院と改称され、台湾全域の布教を統括する機関となった。三年に本堂新築工事が始まり、七年一月に本堂の落慶法要が修行された。本堂は正面総間一八・一八間（約三三メートル）、奥行一八・四五間（約三三・五メートル）、高さ七六尺（約二三メートル）、建坪数三〇二坪、総工費二五万円に及ぶ日本式寺院であった。台湾別院を中心とする本願寺派の布教地域は全島に及び、九年四月段階での寺院・布教所は表26の通りであった。

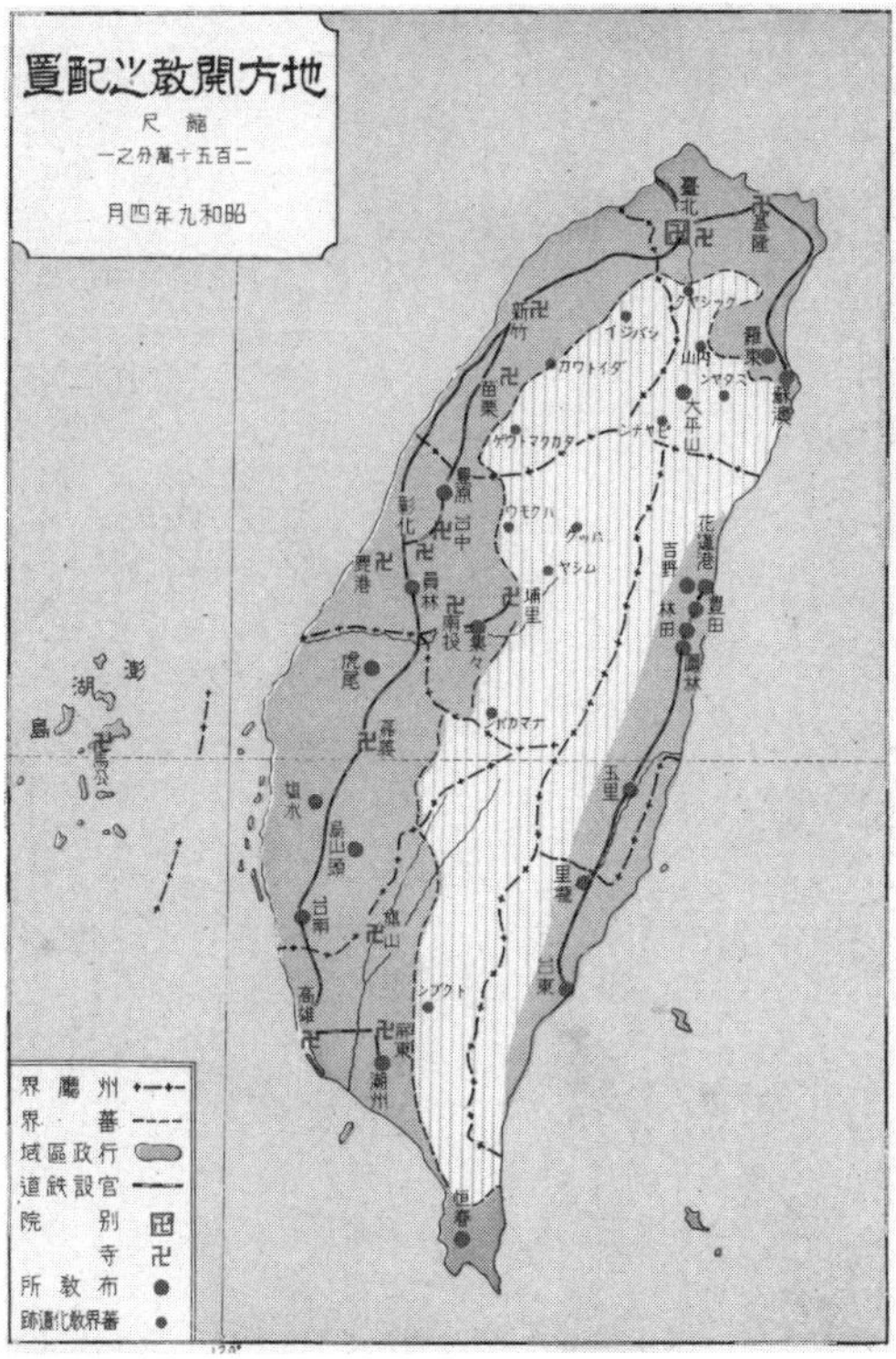

「地方開教之配置」（昭和９）

芝原玄超は台湾人布教者の養成にも取り組み、三年に台湾仏教学院を設置した。全島三八か所の布教所より一名ずつの台湾人を選抜して台湾仏教学院で一年間教育し、その後に京都での一年間の修学を経て本願寺派僧侶に養成するものであった。しかし、台湾総督府からの支援も得られず、数年で廃止となった（中西直樹「台湾別院跡（西本願寺広場）訪問記」『本願寺史料研究所報』四九 本願寺史料研究所 平成二十七年）。

八　清国開教

鏡如新門の清国視察と開教　鏡如新門は、明治三十二年（一八九九）一月十九日に神戸を出航して清国各地を視察し、五月三日に帰山した。

本願寺は、一月九日香川黙識に清国出張を、十三日台湾開教使紫雲玄範《しうんげんぱん》に福建省廈門への布教を命じた。十八日には香川に浙江省杭州での駐留を指示し、荒井賢祐にも追加出張を命じた。同じ頃、原田了哲に杭州への語学留学を命じた。杭州に駐留した香川は、荒井とともに保安橋街に仏教公館（本願寺出張所）を開設して新門、武田篤初《たけだとくしょ》ら一行を出迎えた。仏教公館に東亜学堂という日本語学校を付設して学生募集をおこなったところ、寄宿生六名、通学生四〇名が入学した。三月に松原深諦を上海に、十二月に藤枝沢通を清国に派遣して各地の視察を命じ、これと前後して七月に杭州留学中の原田了哲を武昌布教に派遣した。さらに九月には、毛利定寿（福州）、野部了懋（武昌）、東敬正（漳州）、中山了運（厦門）、太田周教（泉州）、佐々木芳照（清国通訳生）、平田博慈（福州）らに清国布教・出張を命じ、本願寺派の布教は清国の南部各地に拡大した（中西直樹『植民地台湾と日本仏教』三人社 平成二十八年）。

清国開教の挫折 明治三十三年八月、北清事変に乗じて日本が厦門事件を起こすと、現地では反日運動が活発化した。地方官も日本仏教の布教を拒絶・妨害するようになり、本願寺派の布教活動は大きく後退した。杭州では、香川らが現地の人びとの日本留学の斡旋をおこなう一方で、西湖付近に土地を確保して布教拡張を計画したが、北清事変により撤退を余儀なくされた。

清国の北部地方では、三十三年十一月頃にウラジオストクに駐在していた安倍道溟が、ハバロフスクを経てハルビン（哈爾浜）に約半年間駐在した。三十五年十二月には、ウラジオストクの開教助勤の谷口常之がハルビン埠頭第七街の松花会寺務所に仮布教場を設け、在留邦人への布教に着手した。ところが、日露戦争が勃発したため、三十七年二月に在留邦人とともに引き揚げた。

香港開教 香港では、明治三十三年に高田栖岸がワンチャイ町に一室を借りて布教に着手した。香港には在留邦人も多く信徒も増加し、三十五年本願寺の許可を得て本願寺布教所を設けた。三十六年に高田の実弟行映も香港に来て布教に加わり、四十年十一月には香港本願寺小学校を付設し、在留邦人の中核的機能を果たすようになった。その後、原田了哲、津村雅量、口羽義教らが駐在布教使として赴任した。香港と同じく在留邦人が多い上海でも布教がおこなわれたが、英国政府の方針で全居留民の葬儀がキリスト教に限定されており、布教の進展は見られなかった。

関東別院の活動　明治三十七年二月に日露戦争が勃発すると、本願寺派は一一〇余名の軍隊布教使を各師団・旅団などに配属させた。四月には大谷尊由《おおたにそんゆう》が渡航して大連に駐在し、従軍布教監督として従軍布教を統轄した。戦局の進展にともない、九月に慰問部本部を遼陽に置き、ついで奉天、鉄嶺が占領されると、両所にも慰問部を増設して娯楽施設を整備し、軍人・軍属への慰問をおこなった。

関東別院（『満洲教報』10-07より）

七月に大連信濃町に関東別院を創設し、翌年二月に北公園に大連倶楽部を設置し、十二月には別院に明如宗主の遺骨を分骨した。龍江義信《たつえぎしん》が開教総監付賛事として赴任し、清国開教総監部が設置された。

大連倶楽部は、兵站病院や守備隊の兵士のための娯楽施設で、文武官僚、在留日本人の集会施設として活用された。建物は洋館二棟であり、最も大きい部屋に仏像を安置し、定期的に精神講話を開いた後に蓄音機を奏し多くの兵士が参集した。また内田宏道著『名誉の勇士を送る』、名和淵海著『軍人の覚悟』、神根善雄編『不死の神方』などの小冊子が配布され、三〇〇余種の講談本を備えて貸し出し、新聞縦覧室には一〇数種の新聞・月刊雑誌も置かれていた。音楽室にはオルガン・手風琴（アコーディオン）・尺八・少年楽隊の楽器等が備えられ、慰問のための音楽隊の養成がおこなわれていた。活画室には人物・風景の写真が展示され、書信室には封用便箋等が用意され代筆も受け付けた。このほかに囲碁将棋室、玉突室、喫茶室などがあった。屋外には、大弓射場・テニスコート・撃剣場・相撲場などの設備があり、競技大会もおこなわれた。

明治三十九年に満州仏教青年会と関東婦人会、仏教研究・精神修養を目的とする道友会が設立され、関東写真研究会などの文化サークル活動も活発化した。

教育事業では、四月に外国語研究所が北公園の大連倶楽部に設置され、八月本願寺外国語研究部と改称した。英語・中国語・数学・法学を教授し、後にロシア語・簿記も科目に加えた。四十年四月に大連幼稚園が設置され、同年六月には在留邦人の実用教育のため女子技芸学校が開校した。関東別院を中心とした本願寺派の布教を含む多岐にわたる事業は進展して、表27に

表27 中国における布教概況

布教所々在地	布教使員数	布教場種別		信徒数
		別院	説教所	
大連	10	1	1	11,700
撫順	5		1	3,900
旅順	4		1	1,040
奉天	3		1	2,005
上海	3		1	1,170
漢口	2		1	2,990
香港	1		1	650
北京	1		1	195
プリスタンモストワヤ	1		1	
安東	1		1	1,170
四平街	1		1	
済南	1		1	
青島	1		1	2,143
大石橋	1		1	
鞍山	1		1	3,250
遼陽	1		1	1,638
営口	1		1	390
瓦房店	1		1	975
ハルビン	1		1	1,300
柳樹屯			1	195
熊岳域			1	195
本渓湖			1	1,750
鉄嶺			1	750
開原			1	250
長春			1	1,300
台東鎮			1	360
満州里			1	360
合計	40	1	27	39,678

『聖の跡』(臨時法要事務所、大正14)により作成

見るように、急速に布教地域が拡大した。

日露戦争後の布教状況　日露戦争中の明治三十七年十月、武田篤初は北京視察の際に内田康哉公使から北京での布教を依頼され、元公使館敷地を無償で貸与された。北京にはすでに渡辺哲信、堀賢雄らが臨時部部員として駐在していた。三十八年五月に派遣された紫雲玄範は北京出張所を新築した。戦後の三十九年九月には、出張所に北京在留日本人会と北京日本人小学校を付設した。十二月、開教地総監規程の発布により大谷尊由が初代総監（国内在勤）に就任した。三十九年秋には上海布教所が開設されて堀賢雄が赴任した。四十年に総監付賛事として藤山尊証が上海に赴任し、この地に開教総監部が設置された。

明治三十九年九月から翌年五月まで鏡如宗主は籌子《かずこ》裏方・大谷尊由を同伴して再び清国を視察した。この時宗主は交通の要所である漢口に着目し、清国布教の拠点として本願寺出張所を開設した。漢口出張所は日本人の多い繁華街にあり、日曜説教、施本伝道、印刷伝道、訪問伝道などが活発におこなわれた。教育事業でも、日本人小学校・幼稚園・青年夜学校（英語・漢文教授）が設置された。四十年には日語学堂を併設して中国人の日本語教育をはじめ、日系企業の女性の要望により英語学校も設置して、毎月一回茶話会を開いて講話も実施した。

辛亥革命と特設臨時部の設置　明治四十四年十一月に辛亥革命が起こると、特設臨時部本部を上海に設け、漢口・北京・大連・本山・東京に新たに同支部を、奉天・営口・香港・南京などに支部出張所を置き、軍人慰問、在留邦人の救助にあたった。

この時、上海本部長に大谷尊由、同賛事長に藤山尊証、漢口支部長に井上慈曠、北京支部長に寺本泰厳、大連支部長に前田徳水、香港支部長に津村雅量が就任した。特に上海本部においては避難者七〇名を収容したほか、本願寺救護団を組織して戦線に派遣した。

満州布教の発展　大正期には、在留邦人の経済活動が活発化するに従い、布教体制や施設が整備された。大正四年九月には、関東別院が大連市若草山に新築落成し、信濃町の旧別院は関東別院支院となった。明治末以降、院内での布教のほか職域での布教が活発化し、電話交換局、大連郵便局、婦人医院・小野田セメント会社・市内商店などに法話、講話に出向くようになった。

外国語研究部・音楽部・女子技芸学校などは公的教育機関の普及にともない廃止されたが、大連倶楽部の図書閲覧部や大連幼稚園は存続し、明治四十三年に本願寺大連日曜学校が設置された。開校当初在籍児童は七〇名程度であったが、大正七年頃には三〇〇名を超過するまでになった。また別院落成を機に関東雅楽会が組織された。満州青年会、関東婦人会の活動も盛んで、精神講話会、大会の開催、慈善事業に従事し、満州青年会は機関誌『満州教報』を刊行するなど文書伝道などもおこなった。七年頃に満州青年会会員二〇〇余名、関東婦人会会員約四〇〇名を数えた。

旅順では、明治三十九年十月以降、関東都督府旅順監獄署で教誨活動を始め、その後矯正保護の事業にも取り組み、関東別院内での直接保護に加え、市内の商店、工場などへの就職斡旋などもおこなった。

他の地域でも、南満州鉄道の沿線開発に沿って布教地域が広がり、開原（大正二年三月設置）・本渓湖（四年一月設置）・瓦房店（七年三月設置）・鞍山（八年五月設置）・沙河口（九年一月設置）・四平街（九年十一月設置）・大石橋（九年十二月設置）などに出張所が新設された。各出張所では、所内布教のほか、軍隊・監獄・工場・商店などで出張布教や文書伝道がおこなわれたほか、婦人会や青年会による活動もおこなわれた。幼稚園や日曜学校の併設も多く、六年に哈爾賓幼稚園が開設され、昭和初年までに大連・沙河口・遼陽・長春・撫順・大石橋・哈爾浜・瓦房店・本渓湖・鉄嶺・旅順などで日曜学校が開校された。

布教権問題　第一次世界大戦が勃発すると、日本は日中間の懸案の諸問題を旧ドイツ権益の摂取とともに解決しようとし、大正四年一月十八日に中国に対し二十一か条の要求を突きつけた。このなかには、中国での日本人の布教権を認める要求も含まれていた。しかし、この要求が欧米諸国に内示した項目に含まれていなかったため、各国から非難を受けた。結局、五月七日に日本政府の中国への最後通牒で布教権問題は後日交渉とされ、ワシントン会議に際して布教権問題は白紙に戻されることとなった。

日本仏教の布教権問題は解決をみなかったため中国全域に布教活動が行きわたらなかった。しかし、日本と欧米各国は、交通の要所にあたる多くの地域を租界・租借地としており、これら地域での経済活動と、これにともなう在留邦人の増加を背景に布教活動は活発化した。香港では出張所が新築され、大正四年四月に開催された起工式には、鏡如前宗主、今井忍郎総領事らが出席した。この年から日曜学校も開設し、婦人会には七年頃に会員が一〇〇名近くおり、中国人布教にも取り組

表28　満州における布教概況（明治41年12月現在）

出張所名	在留邦人員	信徒数	駐在人員	付帯団体・事業
大　連	21,069人	10,534人	6人	（本文中に記載）
旅　順	3,648人	409戸	2人	監獄布教、関東婦人会支部
遼　陽	2,500人	62戸	1人	白塔会（青年会）、関東婦人会支部
奉　天	3,000人	1,500人	1人	監獄布教、奉敬講、日清語学堂
撫　順	3,800人		1人	青年会、婦人会
鉄　嶺	2,138人	420戸	1人	仏教同志会(青年会・婦人会)
営　口	2,000人		1人	監獄布教、婦人会
柳樹屯	400人	150人	1人	青年会、女人講、小学校
哈　爾	600人	600人	1人	
長　春			1人	
安東県			1人	
計	39,155人	12,784人 891戸	17人	

『教海一瀾』第445号 ～ 第447号より作成

んでいた。

租界・租借地布教　上海出張所には、明治四十一年に婦人会、四十三年に日曜学校が設置され、大正二年には酬恩会（仏教青年会）が設立され、五月には上海女学校を開設した。近隣の会社、商店での出張布教もおこなわれていた。

山東省の済南出張所は大正十年七月に設置された。婦人会の活動がおこなわれ、慈善部が貧困者の救済事業に従事していた。日曜学校も開設され、昭和六年頃には八〇名の児童が在籍していた。

青島では、明治四十四年の辛亥革命の際に出張所が設置された。大正二年五月以来、在留邦人が増加して三〇〇人を超え、学齢児童も一六人となったため、青島本願寺小学校を設立した。第一次世界大戦で日独開戦するに及んで、三年八月に在留邦人とともに引き揚げたが、四年四月に青島幼稚園を開設した。大正七年頃幼稚園には保母三名、園児五〇余人が在籍しており、日曜学校・青年会・婦人会・敬老会も設立された。布教は所内の日曜講話や定例布教のほか、台東鎮布教場・李村布教場などを所外に設置しており、郵便局・婦人病院・衛戍病院などで出張布教がおこなわれた。

漢口出張所では、大正二年に婦人会・日曜学校・仏教研究会が、四年に読書会が設立された。出張所開設当初より漢口では教育事業がおこなわれ、英語・漢文・女子手芸などの講習会が開催された。八年には女子補習学校を開校して小学教育修了者に修身・国語・作文・習字・漢籍・英語・裁縫・家政・手芸・作法を二年間教授した。十一年八月に出張所の新築工事が完成し、十月に斯波瑞性開教総長を迎えて入仏式が挙行された。また布教活動としては、常例布教・日曜説教・軍隊布教のほか、江西省・湖南省・湖北省・四川省に巡回布教をおこない、近隣の商店や会社への出張布教も実施していた。

北京出張所では、青年会・婦人会が組織され、天津などへの出張布教もおこなわれていた。しかし、大正七年頃に一〇〇〇人以上いたとされる信徒数は、十四年には二〇〇人弱に減少している。

「満州国」と布教動向　昭和六年五月、上海出張所が上海別院と改められ、小笠原彰真《おがさわらしょうしん》が別院輪番事務取扱に任命された。同時に、チャボ路ローボーツ路角に古印度アジャンター式の本堂と会館が竣工し、大谷尊由らの出席のもと落成慶讃法要がおこなわれた（『教海一瀾』第七七三号）。一方、満州でも、五年十一月に撫順出張所が新築落成し、同年三月に奉天出張所の新築工事（八年竣工）も始まり、布教拠点が整備された。

六年九月に満州事変が起こると、本山は九月十九日に津村雅量《つむらがりょう》開教総長に対し、軍幹部と連絡をとって軍隊、居留民の慰問方法に善処すること、各出張所での活動が遺漏のないように打電した。翌二十日から満州各地で慰問活動がおこなわれ、各出張所婦人会は総動員で慰問袋を募り戦地に直送し、その後、国内でも仏教婦人会連合本部・関係諸学校などによる慰問活動が活発化した。

七年三月、中国東北部に「満州国」の建国以降は、チチハル（斉斉哈爾）、敦州、錦川、吉林などに出張所が設置され、「満州国」人対象の布教にも着手した。また「満州国」人を僧侶に養成して直接布教にあたらせる事業を計画し、「満州国」要人との折衝を経て各出張所に配置することを決定した。そのため長春公学堂長の斡旋を受けて、同学堂の卒業予定の十五、六歳の少年一〇数名の候補者の内、七、八名を選抜して日本に留学させた。しかし、日本の国策に順応する現地の布教者養成の事業は、朝鮮や台湾と同様に結実しなかった（浄土真宗本願寺派国際部・浄土真宗本願寺派アジア開教史編纂委員会編『浄土真宗本願寺派アジア開教史』本願寺出版社 平成二十年・海外開教要覧刊行委員会『海外開教要覧（海外寺院開教使名簿）』海外開教要覧刊行委員会 昭和四十九年）。

九　シベリア・南洋開教

シベリア開教の着手　本願寺は明治十九年（一八八六）七月、ウラジオストクの在留邦人への布教に多門速明を派遣した。多門はロシア人を対象とした布教もおこなっていたようであるが現地で没した。二十三年十一月に矢田省三（後に下間教証と改名）が新たに赴任した。二十六年には大江堂も赴任した。婦人会に二〇〇名の会員があり、邦人子弟の初等教育も実施されていた。二十七年に在留邦人が一〇〇〇人近くとなり、五月にはセメヨーノスカヤ街において布教場新築に着手し、十月竣工した。二十八年に矢田が帰国し、代わって蓮本連城が主任として赴任した。二十九年七月に香川《かがわ》葆晃《ほうこう》が出席して新布教場の遷仏式がおこなわれた。

明治三十年に伊藤洞月が主任となり、清水松月と安倍道溟も赴任した。安倍は二十九年からニコリスクでロシア語留学を経験しており現地語に堪能であった。三十一年に安倍は、ハバロフスクに赴き布教を始めた。現地には、二四五名の在留邦人がおり、三十三年に分教場を建築したが、三十五年に分教場を引き揚げ、その後信徒も離散した。

太田覚眠とシベリア開教の発展　明治三十六年一月に太田《おおた》覚眠《かくみん》がウラジオストクに布教使として赴任した。翌年に日露戦争が勃発したため在留邦人への帰国命令が下されたが、遠隔地にいる者は帰ることが困難となった。二月に残留を決意した太田は単身遠隔地に入り、八〇〇人の邦人とともにロシア中西部ウラル山脈の西ペルミを越え、ドイツを経て十二月六日、長崎に帰港した。

三十九年五月、太田覚眠はウラジオストクへ再び渡航し、布教活動を再開した。大正四年五月には布教場が完成して、鏡如前宗主の出席のもと落成式を挙行した。その後、七年二月太田は西比利亜開教監督に就任し、同年にハバロフスク布教所、九年にニコリスク布教場が開設された。しかし、十一年のソビエト連邦の成立により政府の取り締まりが厳しくなり、昭和六年に居住券の発行が認められなくなった。そのため太田は帰国を決断し、後を戸泉賢龍が引き継いだ（中神文雄『西比利亜開教を偲ぶ』本派本願寺教務部 昭和十四年・浦潮本願寺記念碑建立を支援する会事務局編『浦潮本願寺記念誌』浦潮本願寺記念碑建立を支援する会事務局 平成十三年）。

大正七年末の調査によれば、シベリアには四か所の布教所が設けられており、ウラジオストクに五〇〇〇人、ハバロフスクに二〇〇〇人、ブラゴヴェンチェンスクに一〇〇〇人、ザバイカルに一〇〇〇人の計九〇〇〇人の信徒がいた（『本願寺』本派本願寺教務部 大正八年）。

土岐寂静らの南洋視察　明治三十一年に本願寺は海外視察員を派遣した。宮本恵順《みやもとえじゅん》と本多恵隆《ほんだえりゅう》は北米方面に赴き、土岐寂静《ときじゃくじょう》と朝倉明宣《あさくらみょうせん》は南洋方面に向けて出発した。

土岐らは、香港・シンガポール・コロンボ・メルボルン・シドニー・木曜島の各地を視察する予定で、三十一年初旬に日本を出発しシンガポールに上陸した。その後、土岐らはコロンボへと向かい、この地で土岐が病気となり没した。このため、朝倉は南洋視察を中止して土岐の遺骨を携えて帰国した（『教海一瀾』第二七号）。

シンガポール開教　明治三十二年八月、佐々木千重《ささきせんじゅう》がシンガポールに布教使として赴任した。現地にはマライ語に精通した佐々木芳照が留学しており、両者は、ヴィクトリア街に本願寺派布教所を開設した。翌三十三年一月に挙行した開場式には大菩提会長ダルマパーラも出席して演説した。布教活動としては、毎月三回の定期布教のほか、マライ半島各地での出張布教もおこなった。布教所には教育部が付設され、一日六時間ずつ在留邦人四〇余名に英語を、中国人に日本語を教授し、夫人の佐々木照子が裁縫教授を担当し、夜学も開設していた。布教所の活動によりコーランボー（クアラルンプール）市の関係者など、外国人で仏教徒になる者もあった。三十三年六月二十八日に各宗派代理仏骨奉迎使が来着すると、講演会を開き南条文雄・日置黙仙・藤島了穏・佐々木千重らが数百人の聴衆の前で演説した。

明治三十六年、佐々木千重はバンクーバーへの転任を命ぜられ、代わって太田周教が赴任した。シンガポールの在留邦人は一〇〇〇名を超えていたが、布教の進展がなく太田は現地を去り、本願寺派の布教は途絶えた。

大正四年に桑野淳城が赴任して布教が再開され、ベンクーレン街に布教所が設立され、六年八月に鏡如前宗主を迎えて入仏式をおこなった。桑野の布教により婦人会も設立されたが、十年頃に桑野が帰国し、その後は昭和初年まで布教は進展しなかった（中西直樹「戦前期日本仏教のシンガポール布教」『仏教史学研究』六〇―一　仏教史学会 平成二十九年）。

オーストラリア木曜島開教　木曜島は、オーストラリア北東部、ヨーク岬半島の沖にある真珠貝の生息地で、明治十一年頃から日本人が真珠貝の採取のため渡航していた。三十年頃には邦人が九〇〇〇余名在住していた（入江寅次『邦人海外発展史』上巻 原書房 昭和五十六年）。

明治三十年二月に佐々木千重が同島に渡って布教に従事した。しかし、六月に日本政府は、現地での排日状況を受けて木曜島への邦人渡航を差し止め、三十一年に邦人の真珠貝採取の独立事業が禁止された。このため佐々木千重は帰国し、その後木曜島を含むオーストラリア方面での布教がおこなわれることがなかった。

フィリピン（マニラ）開教　大正期に入り、アメリカ本土での在留邦人への排斥運動が強まるなかで、マニラへの移民が増加し、現地の布教を有望視する意見も提起された。大正七年六月、原田慶満が出稼者としてマニラに渡航し、そのかたわら布教に着手した。原田は間もなく在留邦人の支援で仮布教所を開設した。原田は教師資格を得て、開教使補に任命され、布教所も本願寺公認となった。その後、布教所では、仏教日曜学校・仏教婦人会・仏教青年会・日本語学校・本願寺寮（託児及寄宿施設）などの事業も展開した（大谷純一編『比律賓年鑑』昭和十二年版 田中印刷出版 昭和十一年）。

スマトラ島メダン開教　大正七年、高岡永善寺の山達北陸は仏教大学（現、龍谷大学）を卒業後、自費で南洋視察に渡航した。翌年春に帰国後蘭領スマトラ島メダンに渡り、現地に布教所を設置した。九年には本願寺から一五〇〇円の布教所建築補助を受け、布教使手当も支給された。昭和三年にはメダンに日本領事館が開設され、在留邦人も多く居住していた。七年に山達のメダン布教所は本願寺名義に改められ、その後も教団から開教使が派遣された（中西直樹『植民地台湾と日本仏教』三人社 平成二十八年・海外開教要覧刊行委員会『海外開教要覧（海外寺院開教使名簿）』海外開教要覧刊行委員会 昭和四十九年）。

南洋群島テニアン開教　第一次世界大戦後、日本は旧ドイツ領の南洋群島を委任統治することとなり、ドイツ人宣教師に退去を命じたが、日本組合協会と天主教のキリスト教布教を保護した。それは現地の民心の安定を図るねらいがあった。大正期には、真宗大谷派がサイパン、パラオに布教所を設置していた。

本願寺派は、昭和七年（一九三二）三月に、テニアン市街地に七二〇坪の土地を南洋庁から無償貸与され布教所が設置されることになった。岩佐昭雄が主任として開設準備のため渡航し、在留邦人七〇〇〇人を対象として十二月に布教所が設立された。布教所では日曜学校・婦人会・農繁期託児所などを設け、翌八年には幼稚園を開設し、南洋庁より六万円の補助金を受けた。同年に日本が国際連盟から脱退して、日本による南洋群島の植民地化が進み、布教活動も活発化した（『海外開教要覧（海外寺院開教使名簿）』）。

第六章　社会事業の変遷

一　明治期の慈善事業の動向

明治新政府と仏教側の対応　明治政府は、近代国家の形成に向けて、骨格となる徴兵令・地租改正・義務教育制などを推し進めた。そのため、国民の負担は増加し、都市部及び農村部では多くの生活困難者を生みだした。また、一揆や騒動が全国的に発生し、世情不安を招いた。

政府は、こうした事態への対策として、明治七年（一八七四）に恤救《じゅっきゅう》規則を制定した。しかし、この規則は、財源の関係から扶助対象を厳しく制限し、血縁・地縁に基づく旧来の共同体的相互扶助の役割を強調する内容となっていた。その結果、生活困難者の多くが政府の扶助対象から漏れることとなった。

その後、政府による生活困難者への対策が恒常的に遅滞するなかで、その不充分さを補完する役割を担ったのが仏教者の慈善活動であった。仏教界は廃仏毀釈からの復興を進めるなか、積極的に慈善事業を推進し、社会的有用性を示そうとした。

そこで京都では京都療病院（医療福祉施設）、東京では福田会（児童福祉施設）・楽善会訓盲院（盲人教育施設）などが設立された。それまでの互助関係が機能していた地方では、寺院がその中心となって困窮者の救済活動をおこなった。

本願寺派の慈善救済の動向　明治三年二月、福井藩は本願寺派福井別院に病院を設置し、五年に広島で施薬院を設立した際にも地元の寺院が支援した。十年の西南戦争の際には、熊本県・大分県・鹿児島県の罹災民救助のために多額の寄付をおこない、十四年の函館火災には災害救助をおこなうとともに、大分県立病院、京都療病院などの慈善事業にも寄付をした。

また十三年十二月には、茨城県板敷山大覚寺の住職円性が育英同盟社を設立して棄児・孤児の養育事業に着手した。同じ頃、高知別院でも育児教会が発足した。これらは、本願寺派関係者による慈善事業の早い例である。

貧困児教育学校の設置　明治十九年の小学校令制定によって貧困児対象の小学校簡易科の設置が認められ、就学率の低迷に苦慮した自治体から仏教側への設置の要請があった。東京府では、僧侶教員養成のための簡易科小学校教員速成伝習所が設立され、一〇数校の小学校簡易科が設立されて、各宗寺院同盟設立の私立小学校組合が結成された。全国的には八〇校以上の仏教系小学校簡易科が設けられた。

本願寺派では、高知別院の恵愛学舎・広島闡教部の慈善学校・宮城教校附属小学校などが開設された。ところが、二十三年十月の第二次小学校令の改正にともなって、僧侶によって設立された学校は急速に減少していった（中西直樹「教育勅語成立直前の徳育論争と仏教徒「貧児教育」」『龍谷史壇』一〇五

龍谷大学史学会 平成八年）。

更生保護事業のはじまり　明治十四年の改正監獄則では、刑期満了後も居場所のない者は別房に留まることが認められていた。ところが二十年頃には、この別房に留まった者が在監人の二割近くを占めるようになって地方の財政を圧迫した。このため二十二年七月に監獄則が改正され、別房での留置が廃止となり、民間保護会社設立を奨励する内務省訓令が出された。

この内務省訓令に対応して、監獄（刑務所）の教誨師であった僧侶によって、刑期を終えた出所者の保護施設や感化院が各地で設立された。

この時期に設立された更生保護施設で本願寺派の僧侶・教誨師が主導的役割を果したものに、次のようなものがある（『教海一瀾』第二一三号～第二一八号）。

大阪感化保護院（明治二十年十一月設立）・岡山感化院（二十一年八月設立）・下関保護院（二十一年九月設立）・京都感化保護院（二十二年二月設立）・長崎県慈善感化院（二十二年八月設立）・新潟県出獄人保護会（二十二年九月設立）・東京出獄人保護会（二十二年設立）・大分県出獄人保護会社（二十三年六月設立）・福井県感化保護院（二十四年設立）

濃尾地震と医療伝道の機運　明治二十四年十月二十八日午前六時三十九分、岐阜県本巣郡西根尾村（本巣市）を震源とする地震が発生し、岐阜・愛知両県を中心に大きな被害をもたらした。死者は七〇〇〇人を超え、負傷者も一万七〇〇〇人以上、全壊家屋は約一四万戸を数えた。震源地付近では、地滑りで約五メートルの断層が生じ、岐阜市とその周辺では二日二晩にわたって火災が続き壊滅的被害を受けた。

明如宗主は十月三十日に鷲岡天麗を、さらに十一月一日には業田広昭を知堂代とし派遣した。業田は名号・法名数千を携え、勤式練習生を引率して死者弔葬のため出張した。前後して赤松連城と小田仏乗も、惨状視察と教諭のため震災地に行った。また白米三〇〇俵と五〇〇〇円の義援金を当面の救助のために被災地に贈った。十一月二十八日には鏡如新門自身が、大洲《おおず》鉄然《てつねん》・水原《みずもと》慈音《じおん》らをともない、被害者の追弔慰問のため京都を発した。

この震災での門末寺院の被害は、愛知県下で全壊寺院七、岐阜県下で全壊寺院九九、半壊寺院一九に及んだ（『本山月報』第二十三号　明治二十四年十二月二十三日）。十一月三十日には第十四回臨時集会を開催し、被災寺院の救済のため共保会規則の制定を議決し、これら被災寺院への本山の支援金は総額一万二九〇〇円に達した。

鏡如新門は、四日市・桑名を経て罹災地を慰問しつつ、十一月二十九日に名古屋に入って翌日に追弔会をおこなった。十二月一日に新門は岐阜別院に到着し、追弔会、帰敬式、病院慰問などをおこない、七日に帰山した（小笠原真成編『本派本願寺岐阜別院史』本派本願寺岐阜別院　昭和四十三年・「震災（濃尾）之記」『明如上人日記抄』前編　本願寺室内部　昭和二年）。

本願寺看護婦養成所　濃尾地震の際の慰問活動においては、キリスト教の医療救護活動が関心を集めた。東京の本願寺派関係者が刊行した『婦人教会雑誌』は、明治二十四年十二月号で「仏教者の看護婦を養成すべし」という論説を掲げ、キリスト教の救護活動にふれつつ、医療伝道の必要を訴えた。

本願寺派では、明治二十九年十一月から十二月にかけての第十九回定期集会で蓮如宗主四〇〇回忌記念事業として、本願寺看護婦養成所の開設が可決され、三十年三月に設置された。

看護婦養成所規則（「教示第四号」『本山録事』明治三十年三月八日）は、第一条で設置目的を「看護婦養成所ハ天災地殃等ノ事故ニ依テ生シタル疾病傷痍者ノ為メニ看護婦ヲ養成スル所トス」と規定した。入所志願者は「本派僧侶若くは信徒中法義篤信者の子女」で、年齢一六歳以上三五歳以下の者とし、高等小学第二年級修業の者もしくはこれに相当する学力を有する者とした。就業期間は二年で、在学中は毎月五円の学資が支給され、卒業後三年間は本山の指定機関で看護の職務に服すべきことが定められた。

しかし、定員三〇名を充足せず、一年遅れて明治三十一年四月に開校した。しかし、二年後に卒業した生徒はわずかに一五名であった。三十七年に大日本仏教慈善会財団が経営を引き継いだが、卒業生が医療現場に定着しなかったため大正七年に廃止された（中西直樹『日本近代の仏教女子教育』法蔵館 平成十二年）。

二　大日本仏教慈善会財団の事業

大日本仏教慈善会財団の設立　本願寺派は、仏教他宗派に先がけて慈善事業に取り組む団体を組織した。

明治三十一年（一八九八）冬、明如宗主は梅上沢融《うめがみたくゆう》執行長に慈善会財団設立の意向を伝え、梅上は設立準備のための調査に着手した。三十二年六月十日、各地の門徒七〇名を本山に招いて慈善会設立の第一次相談会を開いた。相談会では宗主から設立趣旨についての説明があり、満場一致をもって設立を可決した。その後、二十日に各地の門徒一〇〇余名を招いて第二次準備会を開催し、宗主の教諭が披露された（『教海一瀾』第四八号～第五〇号）。

この教諭では、内地雑居後のキリスト教の社会事業への進出に対応し、仏教者として国家に対する義務として財団の設立を企図した趣旨が表明された。宗主を総裁とし、全国の門徒有志が財団の設立に向けて動き始めた。この財団は、慈善事業に関心のある人びとに寄付を募り、僧侶よりも門徒を中心とする組織をめざした団体であった。

三十三年七月十日、慈善会財団設立条例、慈善会財団事務条例を発布した（「法度第九号」・「教示第十五号」『本山録事』明治三十三年七月十一日）。設立事務所を本願寺内に置き、所長に大洲鉄然《おおずてつねん》、参務に山名立天が就任した。募財の趣旨伝達のために各地に布教使が派遣され、多くの門末から寄付金が

赤松連城

集まり、一年を経過せずして申込金が一〇〇万円を超え、宗主も三万円を寄付した(『教海一瀾』第九七号)。三十四年六月二十二日、本願寺は財団法人設立認可申請書を内務省に提出し、九月二十一日内務・司法・文部三省大臣の名をもって財団設立の認可を得た(「告示第二十六号」『本山録事』明治三十四年十月五日)。十月には評議員を飛雲閣に召集して財団細則を決議し、赤松連城《あかまつれんじょう》を理事長に選出した(『教海一瀾』第一一一号)。

寄付金の申し込みはその後も寄せられ、三十五年四月に一四七万円、三十七年に三二二万円、三十九年七月には四一五万円を超えた。

大日本仏教慈善会財団は、機関誌『慈善団報』を明治三十六年六月に創刊した。一時中断したが、四十二年一月から毎年一月に刊行され、慈善に関する論説、慈善会団の事業報告、寄付者名簿などを掲載し、ひろく慈善の必要性と財団の事業内容を社会に発信した(中西直樹・高石史人・菊池正治『戦前期仏教社会事業の研究』不二出版 平成二十五年)。

慈善会財団の初期事業 慈善会財団が最初に直接経営した施設としては、広島の育児院・感化院・

保護院がある。この三院は県下の本願寺派寺院有志が発起し、明治三十二年七月に真宗崇徳《そうとく》教社の事業として設立した。広島育児院は、三十二年八月に孤児の収容を開始した。同年末の収容人員は一〇名であったが、三十四年には一七名に増加した。広島感化院は、三十二年十月に収容を開始し、三十四年当時の収容人員は八名であった。広島保護院は、三十二年七月に収容を開始していた。これらは、三十四年九月の慈善会財団の発足によって崇徳教社から経営が移管された（宮前無涯編『広陵慈善乃礎』広島感化院　明治四十一年）。

その後、慈善会財団は明治三十七年に本願寺看護婦養成所の経営を移管され、翌年四月に日露戦争の戦没者孤児を収容するため軍人遺孤児養育院を本願寺門前の学林町に開設した。軍人遺孤児養育院には四十一年十二月当時、一七名が在院していたが、大正四年に廃止となった。

慈善会財団は直営事業のほかに、罹災民救助に義援金を贈り、教団内外の各種慈善施設・団体に補助金を交付してその経営を支援した。明治三十七年度には広島三院・本願寺看護婦養成所のほか、京都施薬院・備中笠岡甘露院・美濃清水育児院・長崎孤児院・播磨慈善会・三重育英会・愛媛慈恵会・東京盲人医学協会に補助金を交付し、北海道小樽火災・山口県水害・韓国風害などの罹災救助のための義援金を贈った。また戦没者遺族・出征家族の支援のため、京都府ほか二五庁・横須賀海軍下士卒家族診察所・海員掖済会呉支部海員素養学校・呉海軍下士卒家族共励会・大分慈善奉公会・酒田市奉公会に支援金を贈り、京都文中女学校・大阪相愛女学校・豊前扇城女学校・周防徳山女学校・石見楓川仏教中学の関係学校にも補助金を交付していた（『教海一瀾』第二四六号）。

感化救済事業講習会　明治三十六年の内務省の調査によれば、全国の慈善団体二七三の内、仏教関係者による施設は八三と、全体の三分の一近くを占めていた。日露戦争後、政府は生活困窮者の急増に対応する慈善事業の必要性を認識していた。内務省は、四十一年九月一日から十月七日まで感化救済事業講習会を開催した。以後、一五年間にわたって開催された。第一回は行政側の出席者が多かったが、第二回では出席者一三二名の内六九名が仏教関係者だった。十月には、慈善救済事業の関係者の全国的連絡組織として中央慈善協会が設立され、会長には渋沢栄一が就任した。

政府による慈善事業への必要な公費支出が講じられなかったため、仏教・僧侶に期待が寄せられた。本願寺派では、慈善会財団の財政支援により慈善活動が活発化するとともに、事業内容も多様化していった。

更生保護事業の広がり　明治三十年一月三十一日、英照皇太后の死去にともなう恩赦によって出所者が増加し、出所者保護や免囚保護を目的とする施設や団体が各府県に設立された。地域の各宗僧侶によって共同経営される場合が多かったが、本願寺派の僧侶が主導的な役割を果たした鹿児島県免囚保護会（三十二年設立）や東京の斉修会（三十二年設立）などがあった（『教海一瀾』第五〇号・『新修築地別院史』本願寺築地別院　昭和六十年）。

明治三十三年、最初の少年保護法である感化法が制定された。この感化法では留置の言い渡しを受けた少年等を収容する感化院の設置を府県に奨励したが、設置は府県の任意とされ、財政も府県の負担であったため一部の府県が設置するにとどまった。

四十一年、感化法の改正によって国庫補助が始まり、内務省が感化救済事業講習会を開催して感化事業を奨励した。四十三年九月の内務省調査によると、全国各地に五三の感化院が設置された。二十五道府県には公立の感化院が設置されていたが、私立感化院の府県も二一あり、それらの多くは仏教者の設立によるものであった。

西日本では、本願寺派が中心となって次のような感化院が設立された（社会局『感化事業回顧三十年』昭和五年）。

清水育児院感化部豊富学院（明治三十九年設立・岐阜）・私立進徳学館（四十一年設立・佐賀）・慈善奉公会循誘学館（四十一年設立・大分）・日州学院（四十一年設立・宮崎）・私立育児院感化部平岡学園（四十一年設立・福井）・私立錦江学院（四十二年設立・鹿児島）・薫育寮（四十二年設立・山口）・福岡学園（四十二年設立・福岡）・私立球陽学園（四十四年設立・沖縄）

これらの感化院は、いずれも県の代用感化院に指定され、慈善会財団から補助金が交付された。

東京盲人教育会　明治三十五年、築地別院内に盲人保護会が設立された。同会は、視覚障がい者に鍼治術・マッサージ・点字などの技術を授け、同業組合を保護することを目的に掲げた。三十七年には鍼按講習所を開設した。三十九年に盲人保護会は東京盲人教育会と改称され、築地別院輪番の後藤環爾《ごとうかんじ》は、別院の事業とした。四十年四月から点字月刊雑誌『盲人教育』の刊行をはじめ、毎年、夏期特別講習会を開催して、視覚障がいについての啓発活動に努めた。また同年十月、活動資金に充てるため慈善演劇会を開き、以後も恒例事業とした。

四十一年九月、鍼按講習所は私立学校としての認可を得て盲人技術学校と改め、鍼按科と音楽科を置いた。翌年四月に卒業年次生の実地研修のために診療部を開設し、鍼灸・マッサージによる診療を開始した。同校は、四十四年に内務省制定の按摩術営業取締規則・鍼灸術営業取締規則に基づく学校に指定され、卒業生には無試験で開業する資格が与えられた。

大正五年（一九一六）には、盲人技術学校は、日本初の点字図書館として聖恩記念点字図書館を開館し、翌年に財団法人となった。十二年九月、関東大震災によって盲人技術学校はすべての施設を焼失したが、直ちに復興に着手し、翌年盲学校及聾唖学校令に基づく中等学校として認可を受けた。しかし戦後、公立の盲学校が整備されたため閉鎖された（『新修築地別院史』本願寺築地別院 昭和六十年）。

孤児院・育児院の設立　日露戦争の戦没者が八万五〇〇〇余人を数えたことから、遺児の養育が大きな課題となった。明治二十四年の濃尾地震や二十九年の三陸地震などの災害でも孤児となる者もあった。生活難による捨て子の数も、十八年に一三〇〇人を超え、その後減少したが二十年代後半でも年間七〇〇人前後あり、大正末以降にようやく一〇〇名前後までに減少したとされる。この時期、キリスト教者である石井十次が設立した岡山孤児院の活動にも刺激を受け、仏教徒による児童養護施設（孤児院）が各地で設立された。

慈善会財団も広島育児院、軍人遺孤児養育院を経営したが、本願寺派関係者が中心となって次のような施設が設立された。

龍華孤児院（明治三十二年設立・福岡）・甘露育児院（三十三年設立・岡山）・清水育児院（三十三年設立・岐阜）・長崎孤児院（三十四年設立・長崎）・愛媛慈恵会（三十四年設立・愛媛）・三重育英会（三十七年設立・三重）・慈善奉公会教養院（三十七年設立・大分）・呉堅徳社会事業育児部（三十七年設立・広島）・岩国孤児院（三十九年設立・山口）・洗心孤児院（三十九年設立・広島）・幼児保育所（三十九年設立・東京）・大和育児院（三十九年設立・奈良）・因伯保児院（三十九年設立・鳥取）・南越育児院（三十九年設立・福井）

慈善病院の設立　本願寺派関係者により慈善病院も設立されるようになった。島根県浜田市の弘宣講は、真宗門徒の経済活動を振興するため、製炭・養蚕・製紙等の奨励・技術改良を図る組織として設立された。明治三十七年に弘宣講は貧困者救済のため一厘講を起こして浄財を募り、大日本仏教慈善会財団の補助金を得て、困窮者への無料施薬を始めた。四十五年七月に県の認可を得て、浜田市片庭の元楓川仏教中学（四十一年廃止）の建物に病院を設立し、貧困者のみならず一般患者の診療を開始した。病院は後に仏教各宗の共同事業に改められ、石見仏教興仁会病院と称した（中西直樹『仏教と医療・福祉の近代史』法蔵館 平成十六年）。

東京では、北米開教使であった西島覚了が帰国後、医師になることを志し、東京慈恵会医院医学専門学校に入学した。明治四十三年九月に同校を卒業し、高楠順次郎・薗田宗恵・藤島了穏など本願寺派関係者の支援を得て、病院設立の募金活動を開始し、翌年、旧同仁病院を買収して十二月に早稲田病院を開院した。

早稲田病院では、患者の生活状態によって治療費を請求する場合、実費のみを徴収する場合、全く無償で治療する場合等に区分して患者に対応した。また、仏教の教えによる精神的救済と医療技術を融合した医療方針を採用した。早稲田病院は、戦前を代表する慈善病院として、仏教界に大きな影響を与えたが、昭和期に入ると経営難に陥り昭和五年（一九三〇）頃に廃院となった。

三　社会課創設と仏教社会事業の興起

大日本仏教慈善会財団の停滞　大正三年（一九一四）、大谷家負債に関わって、大日本仏教慈善会財団の資金を流用したという背任の疑いで財団理事長赤松連城は退任し、以後本願寺派の慈善活動は停滞した。慈善会財団の直営事業であった軍人遺孤児養育院が四年に、本願寺看護婦養成所が七年に廃止された。

慈善会財団の資産の大部分が本願寺の寺債に充てられていたが、七年には本願寺の財務状況も回復し、寺債は本山講が引き継ぎ、寺債の一部を公債に改めて日本銀行に保護預けとした。これにより財団の財政基盤は安定し、同年度には罹災民救助費、監獄教誨費などの補助金を交付した。

さまざまな機関への補助金を支出する慈善会財団のあり方には、批判的意見が寄せられた。昭和元年（一九二六）に慈善会財団は、社会課経営の本願寺人事相談所を引き継ぎ、京都の財団事務所に六条診療所（現、あそか診療所）を開設し、貧困者のための治療に着手した（『教海一瀾』第七一九号）。以後、慈善会財団では直営事業に重きを置いた。大正七年に約八〇〇〇円であった直営事業経費は昭和五年には四万円余りに増額された。反対に七〇〇〇円近くあった学校補助金は七〇〇〇円に、一万円であった布教補助費は八〇〇〇円に減額された（『真宗本願寺派大日本仏教慈善会財団三十周年概況』大日本仏教慈善会財団 昭和六年）。

社会事業研究所の開設　大正八年五月、東京上野で初のメーデーがおこなわれ一万人が参加した。八月には内務省の社会課が社会局に昇格し、翌年には、中央慈善協会も社会事業協会と改称された。この頃から、従来の感化救済事業に変わる用語として、社会事業という名称が定着するようになった。

大正六年に慈善会財団理事長に就任した名和淵海《なわえんかい》は、八年に慈善会財団の事業として、社会事業に従事する人材を養成するため社会事業研究所を開設した。第一回の社会事業研究所は、八年十一月一日より約六か月間、築地別院に開設され、四〇名の修了生を出した。講習科目と講師は、表29の通りで、当時の社会事業界をはじめ、各界での第一人者が担当した。

九年にも十一月一日より四か月間、築地別院に第二回社会事業研究所が開設され、六一名が修了した。同年八月一日からは、京都市東山の京都幼稚園で女子部が三か月間にわたって開設され、二四名が修了した。また第三回は、東西本願寺の連合社会事業研究所として、十一年四月一日より三か月間、大阪の津村別院で開設され、本願寺派僧侶七三名、大谷派僧侶二五名が講習を受けた。

社会事業大会の開催　大正十二年四月、立教開宗七〇〇年記念法要にあわせて、慈善会財団主催

表29　第一回社会事業研究所の講習内容

講義科目	講　師（役職等）
憲法	斎藤　樹　（東京府救護課長）
行政法	山田準次郎（内務省会計課長）
自治制度	三辺長治　（内務省市町村課長）
社会学	小林照朗（女子高等師範附属高等女学校主事）
倫理学	深作安文　（帝国大学助教授）
経済学	田中広太郎（内務省事務官）
心理学（児童）	富士川游　（文、医学博士）
教育病理学	同
教育学（児童）	河野清丸　（日本女子大学附属小学校主事）
統計学	田中太郎　（東京市主事）
社会的行政法	斉藤　樹
社会問題汎論	添田敬一郎（内務省地方局長）
社会政策汎論	桑田熊蔵　（法学博士）
防貧事業	田中太郎
部落改善	留岡幸助　（家庭学校長）
児童保護	生江孝之　（内務省嘱託）
社会衛生	湯沢三千男（内務書記官）
災害救護	小河滋次郎（法学博士）
社会政策各論（労働問題）	北沢新次郎（早稲田大学教授）
零細貯金	天岡直嘉　（通信省貯金局長）
	滝本豊之輔（同監督課長）
公設市場、質屋	大橋重省　（東京日用品市場協会常務理事）
風化事業	棚橋源太郎（東京教育博物館長）
	牧野虎次　（内務省嘱託）
救貧事業	相田良雄　（内務省嘱託）
感化事業	留岡幸助
犯罪問題と保護事業	谷田三郎　（司法省監獄局長）
感化救済事業管理法	相田良雄
聾唖教育	小西信八　（東京聾唖学校長）
盲人教育	町田則文　（東京盲学校長）
白痴教育	石井亮一　（瀧の川学園長）
吃音矯正	松沢忠太　（楽石社副社長）
社会事業と宗教	前田慧雲　（文学博士）
	矢吹慶輝　（宗教大学教授）

『社会と救済』3巻8号・『教海一瀾』第643号により作成

の社会事業大会が顕道会館で開催された。宗派として初の社会事業大会で、次の議題が協議され、「社会改善人心の指導に専心努力すること」が宣言された（『教海一瀾』第六八二号）。

一、本山社会課及び慈善会財団が派内社会事業に対する統轄奨励上最も注意すべき点
二、各寺院住職に社会事業に関する智識を養成普及すべき方法
三、地方寺院の先づ着手すべき社会事業如何
四、児童教化上最も注意すべき事業如何
五、専門的社会事業家の養成方法

社会課の設置　大正十一年四月、教務部に社会課が新設された。設置時に発布された社会課規定では、「社会的施設ノ調査並ニ派内社会事業ノ振興及連絡ヲ図ル」ことを目的とし、「一、監獄布教、二、其他ノ社会事業」の事務を所掌した。また「社会的施設ニ関シテハ慈善会財団ト協同動作ス」と規定された（「甲教示第四号」『本山録事』大正十一年五月二十五日）。宗派を超えた仏教慈善を標榜する慈善会財団と宗務所の一機関である社会課との役割分担は、明確なものではなかった。地方の個別事業でも各宗派共同事業から宗派単独事業へ移行しつつあり、社会課が派内事業の振興及び連絡を職務とするものとなった。

十一年四月、社会課は派内の社会事業団体・施設の現状をまとめた『本派本願寺社会事業便覧』

を刊行した。以後、数年おきに便覧は発行され、昭和十一年八月まで七冊が発行された。

関東大震災と救助活動　大正十二年九月一日に発生した大地震は関東地方南部に大損害を与え、東京・横浜では大火災となり被害を拡大した。東京では全市街の三分の二を焼失するという未曾有の災害であった。三日に本願寺は住職・檀信徒・関係諸団体に義捐金・慰問袋の寄贈を督励する訓告を発し、救援活動を開始した。震災発生の当日、本願寺内に震災情報部を開設して情報の収集と救護の方法等に万全の配慮を尽くすことになった。そこで本願寺は一万円と白米二〇〇石を送るとともに、婦人会本部は五〇〇円と慰問袋一〇〇〇個を送り、慈善会財団は救護班を組織した。四月には本願寺内に臨時救災事務所を開設した。

九月十一日、第五十九回臨時集会を召集して救護の方針を審議し、罹災末寺には本末共保財団の非常準備金を支出し、本山からも復興資金を支給することになった。一般罹災者に対しては、布教使・婦人会・日曜学校・開教総監等を動員して、慈善会財団とともに救護にあたった。また龍谷大学の学生をもって救護班を組織し、罹災地に派遣した。罹災者の鉄道や港湾を利用した避難に際して、京都駅に一二班、神戸港・三宮駅に三班の学生班を出動させ、慰問文・医薬・日用品等を罹災者に支給し、宿泊・行先案内等の相談に応じた。

築地本願寺は本堂等多くの建物が焼失し、末寺七六か寺・門徒一三万人が被災した。その焼跡に天幕を張って臨時救災事務所出張所が仮設され、大谷光明の指揮の下に東京各地で生活必需品・医薬品を贈った。その後各所に児童学校・幼稚園・託児所・青年夜学校・職業紹介所・授産・無料宿泊所・浴場・人事相談所・盲人収養所・医療所・図書館などを設けた。罹災死亡者に対しては納骨取り扱い、追悼法要を勤修して遺族の支援に努めた（松岡了眼編『築地本願寺社会部事業要覧』大正十四年度　大正十五年・築地本願寺社会部編『東京築地本願寺社会部事業要覧』昭和六年九月版　築地本願寺社会部　昭和六年・『新修築地別院史』本願寺築地別院　昭和六十年・『教海一瀾』第六八六号・第六八七号）。

四　宗門社会事業の展開

輔導使規程　関東大震災から約一年を経過し、罹災者支援を契機として僧侶が社会事業に取り組むことが増加したことに対応して、本願寺は大正十三年（一九二四）八月二十六日、輔導使規程を制定した。その第一条では「本山ノ命ニヨリ社会事業ニ従事スルモノヲ総シテ本願寺輔導使ト称ス」と規定した。同時に輔導使・輔導使補の補任規程も制定して、その任用方法、資格なども規定した（「甲教示第八号」・「甲教示第九号」『本山録事』大正十三年九月十五日）。

築地本願寺社会部　関東大震災に際して築地本願寺には臨時救災事務所が設置されたが、復興の兆しが見え始めた十四年四月、それまでの応急的な救護施設を充実させるため、臨時救災寺務所を廃止し、新たに築地本願寺社会部を設置した。発足当初、築地本願寺社会部の所管する事業内容は、表30の通りであった。

社会部昇格と社会事業の再編　昭和二年（一九二七）四月、社会課は社会部に昇格し、藤音得忍《ふじおとくにん》が部長に就任した。事務規程第十条によれば「一、刑務教誨ニ関スル事項、一、社会的施設ノ調査ニ関スル事項、一、派内社会事業ノ振興及連絡ニ関スル事項、一、其他ノ社会事業ニ関スル事項、一、主務ニ関スル統計及文書ノ編纂保管」などが社会部の業務とされた（「甲達第八号」『本山録事』昭和二年五月二十五日）。

五月の明如宗主二五回忌法要に際して、顕道会館で本願寺派社会事業大会が開催され、社会事業連盟会と少年保護協会の設立が決議された。両会は本部を本願寺内に、支部を各教区教務所に置いて、調査・研究・専門家養成、派内事業所の連絡調整を図ることを目的とした。

昭和六年四月には覚信尼六五〇回遠忌法要に際し、京都女子高等専門学校（現、京都女子大学）の講堂で全国仏教婦人会幹部社会事業大会が開催された。大会では「一、吾等仏教婦人会員ハ愈其ノ機能ノ発揮ニ努メテ日曜学校、幼稚園託児所等社会事業ノ開設発達ニ努力スルト共ニ次代仏教徒ノ宗教的情操ノ涵養ヲ一層徹底的ナラシム」などの決議が採択

表30　築地本願寺社会部事業概要

事業種別	施　設　名
統摂機関	築地本願寺社会部
幼児保育事業	和光童園、江東学園、仁風会館幼稚部、方南託児所、深川仏教会館付設深川児童園
職業紹介事業	築地本願寺職業紹介所、明治会館婦人職業紹介部
婦人職業補導事業	中央看護婦学校
公衆食堂	本願寺食堂
簡易宿泊事業	築地会館、明治会館宿泊部、明治会館学生寄宿舎、本願寺診療所付設宿泊部
救療事業	築地本願寺診療所
社会教育事業	築地通俗図書館、鉄道々友会
少年保護事業	服業治産会
隣保事業	仁風会館
特殊教育事業	財団法人東京盲人教育会財団（盲人技術学校、施療部、聖恩記念点字図書館）
釈放者保護事業	斉修会、両全会

『築地本願寺社会部事業要覧』（大正14年版）により作成

された（『教海一瀾』第七七三号）。六年四月に社会部は教務局社会部に改組され、日曜学校・幼稚園もあわせて所管することになった。

仏教セツルメント　昭和の初めには世界恐慌や農業恐慌の影響を被って、国民生活は困窮をきわめた。この時期の本願寺派の社会事業の変遷は、表31の通りである。

この表にあるように、貧窮を救済・支援するため、教育事業・職業紹介・人事相談・宿泊所提供などの事業が進展し、事業数が増加していった。ことに片山潜らの労働者支援のセツルメント運動に影響を受けた仏教者は、都市部で施設をひらき地域住民の生活改善に取り組んだ。

本願寺派の代表的なセツルメントには、大阪の光徳寺善隣館、東京の仁風会館と猿江善隣館などがある。光徳寺善隣館は大正十年五月、大阪市光徳寺住職の佐伯祐正により設立された。十四年に会館を設立し、夜間裁縫教授・学童保護・救貧事業・法律相談・幼児教育・託児事業・授産部・医療事業など幅広い事業を展開した。

仁風会館は、関東大震災後の十一月、罹災者収容の建物を借用して応急的託児事業に着手したことにはじまり、大正十三年には東京府の委託業務となって荒川三河島町に会館を新築した。翌年に築地本願寺社会部の直営事業となり、少年部・教化部・裁縫部・健康相談部・人事相談部・助葬部・生花部・書房部などの事業を展開した。

猿江善隣館は、昭和五年四月に大日本仏教慈善会財団の事業として深川住吉町に設けられた。ひろく地域住民の生活改善をめざし、児童部・教育部・経済部・社会部・社交部・体育部などの多彩な事業を展開した。また、近接するあそか病院に委託して診療部を設け、児童愛護会健康相談などもおこなった。

表31　社会事業施設数の変遷

大正11年		昭和3年			昭和8年		
救貧事業	17	救貧事業	窮民救助	4	救貧事業	窮民救助	6
			養　老	6		養　老	6
			軍事救護	1		軍事救護	2
			災害救護	4		出稼人保護慰問	1
児童保護	35	児童保護事業	育　児	8		育　児	10
			幼児保護	40	保育事業	幼児保育	129
						季節保育	190
			少年感化	5	司法保護事業	少年感化	5
		司法保護事業	釈放者保護	33		釈放者保護	73
			少年保護	10		少年保護	14
		医療保護事業・救療及施薬		4	医療事業		6
防貧事業	4	経済保護事業	公設浴場	1	防貧事業	公衆浴場	1
			公設洗濯所	1		公衆洗濯所	1
			公衆食堂	1		公衆食堂	1
			職業紹介	4		職業紹介	2
			簡易宿泊	6		簡易宿泊	6
						授　産	1
		社会教化事業	助　葬	1		助　葬	2
			労働者慰安	2		組　合	4
教化事業	42		特殊教育	9	社会教化事業	特殊教育	12
			人事相談	11		人事相談	11
			社会教化	9		社会教化	29
社会教育	233		社会教育	35		社会教育	45
生活改善	4		生活改善	18		生活改善	4
農村振興	8		隣　保	1	隣保事業		13
		融和事業・地方改善		14	融和事業		11
合　計	343	合　計		228	合　計		585

『本派本願寺社会事業便覧』（大正 11・昭和 3・昭和 8）をもとに作成

このほかに、五劫寺同心会（大正十年設立・奈良）、深川仏教会館（十二年設立・東京）、鯖江仏教婦人会（十二年設立・福井）、昭和学園（昭和四年設立・山形）、日出善隣館（五年設立・福井）、報徳善隣館（六年設立・和歌山）、常照寺善隣館（七年設立・大阪）などがあった（本願寺派社会事業協会編『本願寺派社会事業便覧』本願寺派社会事業協会　昭和十一年）。

診療所の開設　関東大震災時に本願寺救療班は、日比谷公園に診療所を開設した。仏教婦人会連合会会長の大谷紝子《きぬこ》、同本部長の九条武子《たけこ》も救護活動に参加した。大正十四年三月に日比谷の仮設建物が解体されて閉鎖となったが、診療再開への要望は強く、東京市より本所区役所跡地を借り受けて仮診療所を建て、同年六月に築地本願寺本所診療所として診療活動を再開した。

築地本願寺診療所（写真提供　仏教婦人会総連盟）

この年の暮れ、九条武子の発案により第一回の歳末巡回診療が実施され、本所・深川方面の貧困罹病者を戸別訪問して施薬施療をおこない、九条武子自ら先頭に立って病床を慰問して日用品などを贈った。歳末巡回診療は、翌年も読売新聞社・製薬会社・製菓会社の後援を得て実施され、昭和五年末にあそか診療班に引き継がれるまで毎年おこなわれた。

あそか病院の開設　九条武子は、関東大震災の救護活動が始まって間もなく、困窮者救護のための病院設立を志したようである。その遺志は、大谷紝子に引き継がれ、武子の歌集『金鈴』と歌文集『無憂華』の印税を基金として、病院設立資金を募るため、あそか会が設立された。

あそか会の募金運動は、仏教婦人会活動の支援を受け、また多方面からの寄付も寄せられた。財団法人同潤会（震災後の住宅復興を目的に内務省の外郭団体として設置）から病院建設敷地を無償提供され、昭和四年十月に着工、深川区猿江裏町（現、江東区住吉）に地下一階地上三階の病舎が完成して、翌年十一月五日にあそか病院の開院式を挙げた。大谷紝子が名誉院長に、大角真八が院長に就任した。診療科目には、内科・小児科・外科・産婦人科・耳鼻咽喉科・眼科・歯科があった。

診療方針に「入院・外来共ニ有料・無料二種ニ分チ、特別ノ手続及ビ規則ヲ設ケズ、患者ノ自由ニ任ス事」、「本会長始メ各会員ハ病者ノ母トナリ、友トナリ、其状態ヲ察シテ医療ト共ニ其救護ニ務メ、兼テ精神的慰安ノ徹底ヲ期スル事」などを掲げた。入院・治療費を有料と無料に分けて患者の自由に任すことに独自性があった。昭和八年度には、外来で延べ一五万八五〇三名（有料一〇万六〇三四名、無料五万二四六九名）、入院で延べ七五七名（有料五四六名、無料二一一名）の患者が診療を受けた（中西直樹『仏教と医療・福祉の近代史』・あそか会編『あそか会六十年史』あそか会 平成二年）。

このほか、本願寺派関連の医療救護事業として、東京盲人教育会財団診療部（明治四十二年設立）・京都婦人慈善会巡回診療（大正十年開始）・築地本願寺診療所（十二年設立・東京）・恵浄寺眼疾診療所（十二年設立・大阪）・六条診療所（昭和元年設立・京都、現、あそか診療所）・角島児童保護会（五年設立・山口）・

表32　本願寺派関係保育施設の設置状況（設置時期別）

	総数	明治39～45	大正1～5	大正6～10	大正11～15	昭和1～5	昭和6～11	設置年不明
本山認可保育園	128	4	9	6	28	33	48	0
本山未認可保育園	82	2	1	4	11	26	37	1
季節保育園	310	0	1	4	14	114	149	28
合　　計	520	6	11	14	53	173	234	29

『本派本願寺派社会事業便覧』（昭和11）により作成

藤花巡回診療所（五年設立・石川）・本派本願寺北御堂診療所（八年設立・大阪）などがあった。

軍事救護事業　昭和六年九月に満州事変が勃発したことにともなって、軍事救護事業が活発化した。八年六月に築地本願寺社会部が別院内に昭和寮を仮開寮した。昭和寮は、傷痍軍人の職業教育をおこない、傷痍軍人・戦病没者遺族の慰問・救助活動などを実施した。翌年五月には杉並区和泉町に新施設が落成して移転した。

本願寺派が関わった軍事救護施設には、奈良県北葛城郡仏教護国団軍事部（大正八年設立）・新潟県傷兵連合会（昭和元年設立）・金沢傷痍軍人無料宿泊所（八年設立）・奨兵会（八年設立・奈良県）などがあった。

保育事業の拡充　大正期の後半から昭和初めにかけて、表32に見るように、本願寺派では保育施設が増加し、保育事業が展開した。特に季節保育施設は急増した。

保育従事者の養成事業もおこなわれ、昭和二年九月から十月にかけての一か月間、社会部の主催により保姆養成所が築地別院に開設された（『教海一瀾』第七三三号・第七三四号）。翌三年保育事業大会が本山で開催され、全国の保育事業関係者六七名が参加した。参加者は本願寺に対して、常設の保母養成機関の設置、讃仏歌・遊戯などの創作、宗教的玩具の制作、関係幼稚園との連絡機関の設置などを要望した。

四年には十月十八日から六日間、社会部主催による第一回農繁期託児所講習会が開催された。定員を三〇名限定としていたが、五〇名を超える受講生があった（『教海一瀾』第七五六号）。翌五年五月にも第二回が大阪の津村別院で開催された。さらに同年五月には、京都高等女学校内に本派本願寺保姆養成所が開設された（『教海一瀾』第七六一号）。

第七章　法式と法要

一　明治の改暦と本願寺

明治七年の改暦　明治五年（一八七二）十一月九日、明治政府は太陰暦から太陽暦への改暦の詔書（「太政官布告第三三七号」『法令全書』）を発布し、明治五年十二月三日を明治六年一月一日とした。改暦は本願寺にも大きな影響を与えた。特に太陽暦に合わせた「祖師聖人御忌日」の変更と、それに対応した年中行事の執行日時の再編は本願寺の大事業であった。政府の方針に従い、真宗各派でも祖忌以下の改定を協議し、明治六年十二月、本願寺は、政府の改暦事業にともない、諸国門末に「達書」をもって、今後の親鸞聖人の忌日を一月十六日と新暦換算し、来たる明治七年一月九日逮夜より、十六日日中まで報恩講を修行すると布達した。この時、本願寺にとっての改暦の意義を記した「祖師祥忌告諭書」（版本）も交付している（明治六年十二月十八日付「改暦ニ付惣国布達書類幷御請印帳」史料研保管）。

ただし新暦が適用された明治六年の報恩講については、旧暦の日付にあわせて従来通りの十一月に修された。

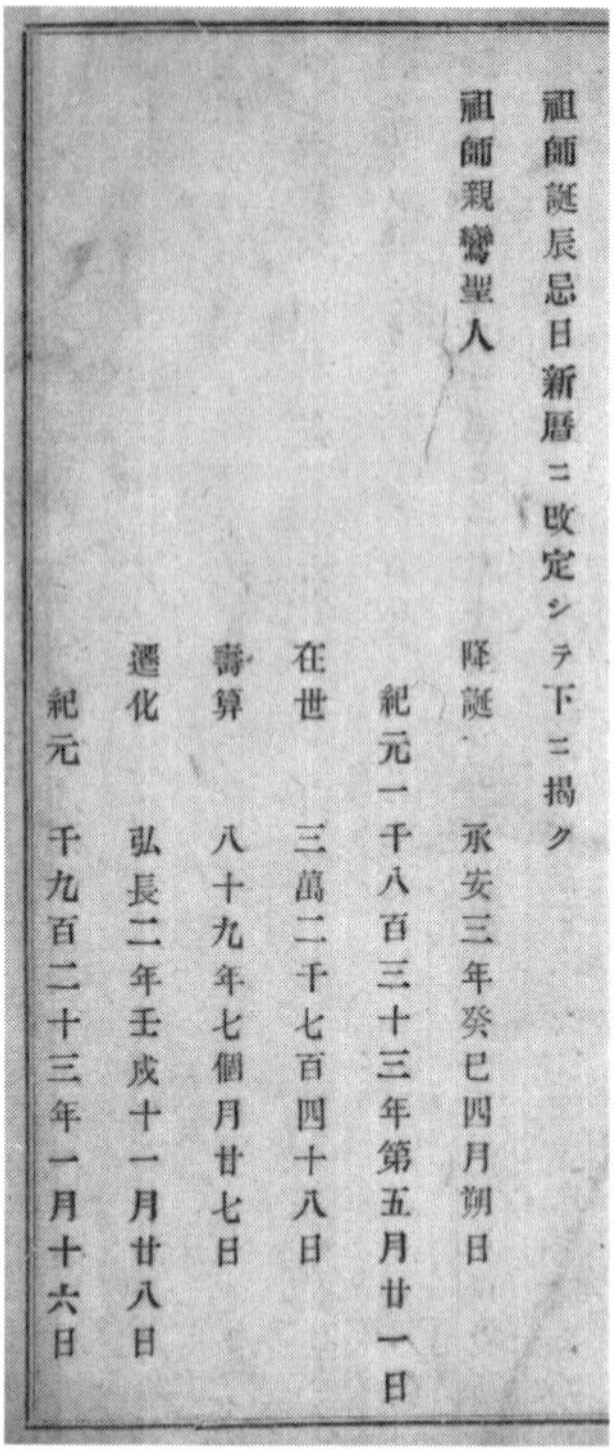
祖師誕辰忌日新暦ニ改定シテ下ニ掲ク
祖師親鸞聖人
降誕　承安三年癸巳四月朔日
紀元一千八百三十三年第五月廿一日
在世　三萬二千七百四十八日
壽算　八十九年七個月廿七日
遷化　弘長二年壬戌十一月廿八日
紀元　千九百二十三年一月十六日

「祖師祥忌告諭書」（部分）史料研保管

なお「奥日次抄」（本願寺室内部編『明如上人日記抄』前編 本願寺室内部 昭和二年）明治五年十月五日条に「講名はい（廃）せられ候に付、是迄報恩講之事、以来祖師忌と称候」とみえ、報恩講は祖師忌と改称された。しかし明治九年の「香房日記」（史料研保管）には「祖師忌」ともあるが、同時に「報恩講役配」とも併記され、旧名も使用されている。

法要忌日の改暦　「祖師祥忌告諭書」は、最後に「祖師誕辰忌日新暦ニ改定シテ下ニ掲ク」と述べて、次のように記している。ここに聖人の降誕・遷化の日が新暦で決められた。

祖師親鸞聖人
降誕　承安三年癸巳四月朔日
紀元一千八百三十三年第五月廿一日
在世　三万二千七百四十八日
寿算　八十九年七個（箇）月廿七日
遷化　弘長二年壬戌十一月廿八日

紀元千九百二十三年一月十六日

太陽暦採用最初の報恩講　「香房日記」明治七年（一八七四）正月九日条に「就二祖師忌一、奉レ伺、一、九日・十二日・十五日御逮夜」などと、報恩講（祖師忌）について記述があり、太陽暦採用後、初めての報恩講が修された。また同日の「老女日記」（史料研保管）にも「今明日、祖師忌御修行」と、大谷家内仏である真実閣でも報恩講が修された（大喜直彦「明治初期、改暦事業の一様相――西本願寺の文化受容の一様相――」『行信学報』一二　平成十一年・龍谷大学図書館編『時を超える親鸞聖人像』龍谷大学図書館　平成十九年）。

宗祖降誕会の始まり　宗祖の誕生日は中世では不分明で、近世中頃、高田派学僧により四月一日と指摘され、本願寺はその四月一日説を採用した。明治九年に政府統計寮が故家名族調査を実施した際に、本願寺が提出した「本願寺歴世継続書」（史料研保管）には、宗祖の誕生日を「承安三年四月一日」と政府へ報告した。

四月一日の日付を太陽暦に合わせ、宗祖の誕生日である降誕会を最初に催したのは、明治七年五月二十一日である（「香房日記」・「老女日記」史料研保管）。

宗祖降誕会の隆盛　「香房日記」には記事自体小さく付けたり程度で記され、当時は法要として大々的なものではなかった。やがて明治十五年から論義作法を加え、二十年以後には、普通教校の学生が中心となり、行事が次第に盛大となった。さらに三十三年には京都府知事や京都市長、京都市地方裁判所・税務署役人、堀川警察署長、京都・大阪・神戸各駅長など、広範囲にわたり招待した。また四十二年には「大活動写真」（映画）・「煙火」（花火）も実施されるなど、本願寺の一大行事へと発展した（『時を超える親鸞聖人像』）。

二　法式の改定

明如宗主と園部覚秀　明治十三年（一八八〇）、明如宗主は侍僧の和田了因らを京都大原の魚山《ぎょざん》に派遣し、園部覚秀《そのべかくしゅう》を師として声明を学ばせた（経谷芳隆「本願寺の声明とその伝来」『仏教史学』二　仏教史学会　昭和二十五年）。

練習場は、大津の園城寺山内の光浄院であったが、翌十四年九月十五日にこれを本願寺の奉仕局内に移転させた。阿弥陀堂北の旧学林の建物を永春館跡（現在の龍谷大学大宮図書館の敷地）に移築して使用した（明治十六年秋竣工）。

園部覚秀は、それまでの声明が音声の表現のみにとどまっていたことに対し、声明の調子や五音《ごいん》の譜あるいは作法荘厳なども教えた。また、園部は、本願寺のために数多くの声明を作製した（明如上人伝記編纂所編『明如上人伝』明如上人二十五回忌臨時法要事務所　昭和二年）。明治十六年七月に園部が病没した後、練習場の教授は、第一期生の人びとがこれにあたり、明治四十三年頃まで継続開設された（『明如上人伝』・経谷芳隆「本願寺の声明とその伝来」）。

声明集の開版　広如宗主は安政四年（一八五七）閏五月に本願寺の蔵版として『声明集』四冊を開版した。これは、声明集としては本山最初の蔵版本で、宝暦六年（一七五六）の『真宗声明品』以下、教団内においておこなわれていた声明を集成し、墨譜を加えたものであった。明如宗主は園部覚秀にこれをよく検討させ、園部が新しく作製した声明を集大成し、明治二十一年三月『龍谷唄策《ばいさく》』と題して上下二巻の声明本を開版・頒布させた。また同時に、『阿弥陀懺法』と『例時作法』の二冊も刊行し、声明練習場の教本とした。この『龍谷唄策』は、安政版が同種の声明品目をまとめて編集したのに対し、調子を示して五音を付し、作法次第をも明らかにしたものであった。

明治二十四年には声明練習場の第一期生である沢円諦《さわえんたい》の編譜による『浄土礼讃儀』を刊行し、これを同年四月の顕如宗主の三〇〇回忌法要に依用した。この内容は、浄土法事讃の行儀に準じたものであった。また正信偈和讃の唱法を整理して、真譜《しんぷ》・墨譜《ぼくふ》・中拍子《ちゅうびょうし》・舌々行《ぜぜぎょう》・草譜《そうふ》の五種類として、明治十八年と二十三年にこれを刊行した（武田英昭『本願寺派勤式の源流――宗祖より現代まで――』本願寺出版部　昭和五十七年）。

『仏会紀要』と『龍谷叢書』　明如宗主は、古来からの仏事法会について調査研究を進めていた。明治二十七年三月には、ほぼ草稿を終え、それに例言四条を添えた。明如宗主はこれを刊行する予定であったが、在世中には実現しなかった。そこで、明治四十二年の明如宗主七回忌を機に、遺されていた稿本を『仏会紀要』と題して刊行した。その内容は、「年中行事障子」に見える御斎会《ごさいえ》・大元帥法《だいげんすいほう》・諸国吉祥悔過《しょこくきっしょうけか》・殿上論義《てんじょうろんぎ》・御読経《みどきょう》等の一五種の勅会をはじめ、諸大寺でおこなわれた法会の起源・沿革等について詳細に記述したものである。

また、明如宗主は、広く各宗派の仏事法要行事の記録を調査して収集筆写させ、『龍谷叢書』二三冊（龍谷大学図書館蔵）を編集した。

役配の整備　従来、法要の役配に、会奉行《えぶぎょう》・維那《いな》（古くは鎰役《かぎやく》、後には勤番と称した）・堂達《どうたつ》（古くは御堂衆と称した）・三十日番等の役名を用いた。法要を差配する会奉行は会行事《えぎょうじ》と改称し、会行事の指示に従うものを会役者《えやくしゃ》と称した。御真影に奉仕する維那は、明治十二年に司鑰《しやく》と改称したが、明治十九年一月に侍真《じしん》と改めた。式務に従事する堂達・三十日番は知堂《ちどう》・讃衆《さんしゅう》・承仕《じょうし》・堂掌《どうしょう》と改称して現在に至っている（本願寺史料研究所編『本願寺史』第三巻 浄土真宗本願寺派 昭和四十四年）。

また法要出仕の場合に、結衆制度を設けたのも明如宗主の頃である。常備と予備との両結衆制を設けて、その班列を衲衆《のうしゅう》と甲衆に分け、結衆参仕のときは堂班の班列はなく、衣体も衲袈裟と甲袈裟と名付けた貸衣体を作るなどした。

結衆による出仕は、内陣出仕の人数をあらかじめ偶数の人員に規定して出仕するもので、たとえば六人であれば六口、八人であれば八口と称した。この結衆のうち、衲衆は、法要において結衆の上班に列し、衣体も一般と異なったものを用いており、法要席次の最上位を占める栄誉のものとされた。甲衆は、さらに紫甲と青甲に分けて編成し、それぞれが紫および青の袈裟を着用した（大谷光明『龍谷閑話』本派本願寺内事部 昭和二十八年）。これは法式に堪能なものを選んで、その法要を荘重に修行するよう配慮したものである。

結衆による出仕でない場合は、列衆出仕または堂班出仕と称して、内陣出仕の人員をあらかじめ規定することなく、堂班に従って内陣から余間へと順に出仕した。したがって声明作法による法要の場合は、結衆出仕によっておこなわれ、そのほかの読経作法のような場合には、列衆出仕によって修行された。そのため逮夜法要には結衆制度を用い、日中法要には列衆制度を用いるのを慣例とした（『本願寺史』第三巻）。

年中行事の改更　明治元年十二月、徳川家に対する仏事を廃し、本堂北余間に安置していた徳川家代々の位牌を撤去して、聖徳太子絵像を南余間から北余間に移した（「御堂日新録」明治元年十二月十九日条　史料研保管）。そして歴代天皇の位牌を本山に遷座して、忌日法要がおこなうようになった。また年中行事について、彼岸会を讃仏会に、盂蘭盆会を歓喜会《かんぎえ》に、前住上人祥月法要を先師会に、それぞれ改称した。なお、新たに年中行事として始められたものは、次の通りである（『明如上人伝』・『龍谷閑話』・『本願寺派勤式の源流』）。

宗祖降誕会

宗祖の誕生を祝う行事。明治七年、初めてその祝賀行事があり、宗祖誕生日の五月二十一日におこなわれた。

談山会《たんざんえ》

藤原鎌足の祥月法要。明治十五年から阿弥陀堂において十一月十七日におこなわれた。

得度会

宗祖の得度を記念する行事として、青蓮院において東西両本願寺が参向して、明治十五年から五月十二日におこなわれた。

内山廟法会

東福寺山内の内山廟は九条家の墓所である。この廟所の整備には、真宗各派も尽力した。本願寺派では、明治五年四月五日以降、兼実祥月法要を修した。改暦に伴い、兼実祥月法要は、内山廟の再興後、毎年五月十日に営むことにし、秋季には十月十日にこの廟所で報恩講を修行した。

中宗会《ちゅうそえ》・覚祖会

蓮如宗主と覚如宗主の祥月法要。明如宗主はとくに中宗会（四月十三・十四日）は山科別院で、覚祖会（四月二十二・二十三日）は西山別院で、それぞれ別修して本山行事とした。

宣旨奉送迎

明治九年宗祖に「見真大師」、明治十五年蓮如宗主に「慧燈大師」の諡号宣下《しごうせんげ》があり、大師号の宣旨の保管については東西本願寺が交替であたった。一月一日から六月三十日までは本願寺派、七月一日から十二月三十一日までは大谷派が保管した。毎年七月一日には東西本願寺の間に、その宣旨の奉送迎がおこなわれた。その後、期日を四月一日に改めて昭和五十八年（一九八三）まで続けられた。

梵唄集の開版　明治三十九年二月大谷尊重執行長は、梵唄《ぼんばい》書が完備されていないとして、本山蔵版に係る『龍谷梵唄集』五冊一帙を刊行した（「甲達第五号」『本山録事』明治三十九年二月十日）。鏡如宗主は、同年声明本『龍谷梵唄集』の改定を柱本瑞雲《はしらもとずいうん》、沢円諦らに指示し、明治四十年九月に柱本瑞雲編譜の『梵唄集』、明治四十三年一月に沢円諦編譜の『梵唄集』三冊が刊行された。上巻に無量寿経作法・阿弥陀懺法・例時作法・中巻に大師影供作法・入出二門偈作法・五会念仏略法事讃作法を収め、下巻に如法念仏作法・讃仏偈・浄土三昧法・重誓偈・読経作法・式間和讃を『龍谷唄策』から取り入れた。四十三年秋には『梵唄集』五冊本が出版され、翌年四月の大遠忌法要に依用された。

末寺の勤式凡例　大正十年八月一日には末寺法要勤式汎例を制定した（「甲達第十三号」『本山録事』大正十年八月十日）。これは現在の法式規範の原型となっている。その内容は左記の通りである。

○報恩講

逮夜　報恩講作法（調声人ハ式文御伝授済ノ者ニ限ル）又ハ大師影供作法

初夜　御伝記、正信偈中拍子三首引

晨朝　礼讃偈又ハ正信偈中拍子六首引、御文章

日中　読経中間作法又ハ無量寿経作法

○両度御命日及御歴代御祥月

逮夜　正信偈中拍子六首引

晨朝　正信偈中拍子六首引、御文章

日中　読経二首引

○歳末新年

除夜　重誓偈律曲、四句念仏、回向自信教人信

元旦　正信偈中拍子六首引、御讃頭弥陀成仏

○前住上人御祥月

逮夜　五会念仏作法

晨朝　礼讃偈又ハ正信偈中拍子六首引、御文章

日中　読経中間作法又ハ無量寿経作法

○春秋讃仏会

晨朝　正信偈中拍子六首引、御文章

日中　小経二首引

逮夜　讃仏偈律曲、四句念仏、回向願以

○太子聖忌及元祖御忌

逮夜　重誓偈律曲、四句念仏、回向願以

日中　奉讃早引、四句念仏、回向願以又ハ小経二首引

○降誕会

晨朝　正信偈中拍子六首引、御讃頭尊者阿難、御文章　聖人一流

但シ一座法要修行ノ場合ハ無量寿経作法ヲ依用スヘシ

○歓喜会

逮夜　重誓偈律曲、四句念仏、回向願以

晨朝　正信偈中拍子六首引、御文章

日中　小経二首引

前項各法要ヲ通シテ逮夜ハ正信偈中拍子六首引

日中ハ読経二首引ヲ換用スルモ差支ナシ

○常時

晨朝　正信偈草譜六首引、御文章

日没　正信偈草譜、短念仏、回向願以

○一座法要

無量寿経作法

阿弥陀懺法

例時作法

読経作法
重誓偈律曲
以上各自ノ中随時其一ヲ依用スヘシ
○三昼夜法要
第一日
逮夜　大師影供作法（報恩講以外ノ法要ハ画讃ヲ略シ二門偈ノ勧請ヲ用ユ）
又ハ二門偈作法
晨朝　礼讃偈、御文章
日中　読経中間作法
第二日
逮夜　五会念仏作法
晨朝　礼讃偈、御文章
日中　読経中間作法

第三日
逮夜　如法念仏作法（報恩講ノ場合ニハ報恩講作法ヲ依用スヘシ、但調声人又式文御伝授済ノ者ニ限ル）
晨朝　礼讃偈、御文章
日中　読経一座作法
○葬儀
棺前勤行　帰三宝偈、短念仏、回向我世彼尊
次路念仏
次式場勤行　正信偈舌々、短念仏二首引（初ニ伽陀ヲ依用スルモ差支ナシ）
但シ弔辞ハ式場勤行ノ前後トス

声明の改正と開版　本願寺派では声明全般にわたって検討を加え、昭和六年十二月一日に左記のように改定した（「甲達第十一号」『本山録事』昭和六年十二月一日）。

一、修正会作法
一、報恩講作法
　　第一種
　　第二種
一、読経一座作法
一、無量寿会
一、讃仏講式作法
一、正信偈真譜
　　以上本山ノミ依用
一、無量寿経作法
一、観無量寿経作法
一、阿弥陀経作法
一、讃仏偈作法
一、重誓偈作法
一、十二礼作法
一、讃弥陀偈作法
一、浄土法事讃作法

一、五会念仏作法
一、広文類作法
一、大師影供作法
一、二門偈作法
一、報恩講作法　第三種
一、奉讃早引作法
一、上宮太子会作法
一、円光大師会作法
一、読経作法
一、往生礼讃
一、般舟讃
勤　行
一、正信偈　真譜
一、正信偈　行譜
一、正信偈　草譜
　　以　上

右の勤行・声明は昭和八年四月に開版された。これにより正信偈は従来の五種類を三種類（真・行・草）の唱法とし、その章譜も根本的に改めた。また礼讃はその編製を改めて、日没偈から初夜・中夜・後夜・晨朝・日中と次第し、ほかに般舟讃を新制した。声明は、その章句をすべて所依の経釈文によっており、その章譜は従来のもののなかから取捨選択したものであるから、本願寺派独自の声明といえる。

三　宗祖六五〇回大遠忌法要の準備

明如・鏡如両宗主在職時の法要　明如宗主は、明治四年（一八七一）広如宗主が没したあとに法灯を継承して以来、明治三十六年に没するまでその任にあった。その後を継承したのが鏡如宗主で、大正三年（一九一四）に引退した。その間変化の激しい時代にあって、次の法要が厳修された。

明治二十三年　　巧如宗主四五〇回忌
明治二十三年　　湛如宗主一五〇回忌
明治二十四年　　顕如宗主三〇〇回忌
明治二十五年　　綽如宗主五〇〇回忌
明治三十一年　　蓮如宗主四〇〇回忌

明治三十三年　　覚如宗主五五〇回忌
明治四十二年　　明如宗主七回忌
明治四十四年　　宗祖六五〇回大遠忌

顕如宗主三〇〇回忌法要　顕如宗主三〇〇回忌法要は、明治二十四年四月二十日から二十七日まで七昼夜にわたって厳修された。法要期間が七日間とされたのは、蓮如宗主の三五〇回忌法要に準じたものである。このときにはあらたに沢円諦《さわえんたい》編の「浄土礼讃儀」の法式が制定された。また宗主生前の活動を讃えて、朝廷から錦一巻が贈られた（「甲達第十四号」『本山月報』明治二十四年五月十五日）。

法要後の四月二十九日から五月十二日には鴻之間において法宝物展観がおこなわれ、法宝物二二点が一般参拝者に公開された（「蒐覧会陳列ノ本山法宝物」『本山月報』明治二十四年五月十五日）。鴻之間上壇には証如宗主筆六字名号・顕如宗主筆十字名号・顕如宗主陣中所持小本聖教などの法物と、織田信長誓詞・一文字茶碗など顕如宗主時代の歴史を語る品々が展観された。あわせて広間にも区画を設け、門末に伝来していた顕如宗主ゆかりの法宝物が出陳された。開催中の拝観者総数は二万五五一人にのぼった。

蓮如宗主四〇〇回忌法要　蓮如宗主四〇〇回忌法要は、明治三十一年四月七日から同十四日まで七昼夜にわたって厳修された。法要に先立って二十九年七月から本願寺の執行所機能をいったん浪之間に移し、旧屋舎を取り壊して大仲居を起工するなどの改築事業がおこなわれた（「甲達第三十三号」

大仲居（『本派本願寺真宗写真宝典』より）

『本山録事』明治二十九年七年十五日）。三十一年二月には、法要のための臨時法務庁が開設され、三月には門前の拡張、大仲居・総会所が落成するなど、法要を執行する準備が整えられていった（『教海一瀾』第一五号）。

この法要は御堂内の荘厳や行事の規模において、明如宗主時代における大きな法要であった。真宗各派の管長らの参拝をうけたほか、およそ一五〇〇名に及ぶ一般寺院の僧侶が出勤した（『教海一瀾』第一九号）。

風致園　明治四年一月、上知令により境内地を除き、寺内町などの寺地が公有化された。明治二十六年、京都府より門前の地の一部などを、本願寺内に編入することが認可された。

明治三十一年四月の蓮如宗主四〇〇回忌を契機に、防火防災対策を主たる目的として、門前の地（堀川通）の拡張計画が浮上した。このことは、元治の大火などの度重なる火災で、本願寺が焼失の危機に瀕した経験から、危機管理として計画された。

同計画は、門前の地に木柵を設け樹木を植え、その中央に噴水池を造営し、火災時には池の水を利用するものであった。この庭園を「風致園《ふうちえん》」と呼んだ。なおこの計画により門前の寺院（常楽寺・金宝寺など）は立ち退きとなった（『教海一瀾』第二五号）。

しかし明治四十四年三月、宗祖六五〇回大遠忌に備え、風致園の変更が計画された。大遠忌に際して多くの参拝者が来山することへの配慮から、往来を便利にするため、風致園は埋め立て整地され、広場の状態となった（『教海一瀾』第四七六号）。

宗祖六五〇大遠忌御待受消息の披露　明治三十九年三月二十一日、鏡如宗主は鴻之間において、四十四年に厳修される予定の宗祖六五〇回大遠忌御待受の消息を一〇〇〇余名を前に披露した（『教海一瀾』第三〇三号・『鏡如上人年譜』鏡如上人七回忌法要事務所　昭和二十九年）。

宗祖大師の入滅は星霜はるかに隔たると雖、遺訓あまねく行はれて遠く海外に及べり、其徳沢の広大なること之を仰けば弥高し、然るに六百五十回の諱辰は僅に数年の間に逼れり、予も此希有の勝縁に値はんことを喜び、益報恩の経営を致し宗門弘通の基礎を固くせんと念願する所なり、（中略）是即ち世の中安穏なれ仏法

風致園（『同心帖』より）

弘まれとのたまへる宗祖大師の遺訓を遵奉するに在れば、予か念願を助け、近くは大会の準備を思ひ遠くは弘通の基礎を固くせんと同心戮力せられ候はゞ、大師の遺弟たる本分之に過くべからず候なり、あなかしこあなかしこ

明治三十九年三月二十一日

龍谷寺務釈鏡如

総法中

惣門徒中

このたびの法要については、二十三年までは総会所で趣旨の演達がおこなわれており、各地に使僧が派遣され、趣旨の徹底が図られていた。

宗主親示　鏡如宗主は、明治四十年十二月十日、次の親示を下した（『本山録事』明治四十年十二月二十一日）。

宗祖大師六百五十回大遠忌モ既ニ三年余ノ短時日ニ逼レリ、報恩ノ経営トシテノ企画宜ク極力之カ進行ヲ図ルヘシ、曩ニ大遠忌紀念トシテ本末共保財団ヲ設立セシメ、著々其完成ニ近キツ、アルハ予ノ深ク喜フ所ナリ、今ヤ事業ノ著手ヲ謀ルニ際シ、各員須ク予カ意ヲ体シテ設計スル所アルヘシ、抑モ大遠忌ニ際シテ本山殿堂ノ建築営繕ヲ企テ、以テ輪煥ノ美ヲ加ヘタルハ殆ン

ト累代ノ遺例タリ、既ニ完全ナル諸殿堂ヲ有スル今日ニ在リテハ新ニ大工事ヲ起シテ営造ヲ企ツルノ必要ヲ認メスト雖モ、亦其緩急ヲ計リ其必要ニ応シテ修繕ニ遺漏ナキヲ期スヘシ、次ニ仏教大学ハ一宗興学布教ノ淵源ニシテ、始メ教興院殿学黌ヲ創メ玉ヒシヨリ連綿二百数十年殊ニ前住上人明治十二年現今ノ校舎ヲ新築シ玉ヒ、専ラ育英ノ業ヲ振興セラレ、予モ亦継職以来心ヲ此ニ留メテ漸次改良ヲ加ヘタリ、然ルニ時運ノ急転ハ宗勢ノ拡張ヲ促シ益々人財ヲ要スルヤ急切ナリ、現今ノ施設ヲ以テシテハ之ニ応センコト甚タ難シ、コレ予カ常ニ憾トスル所ナリ、今回ノ大遠忌紀念トシテ此ニ一大拡張ヲ加ヘ、講堂・教場・寄宿舎等ヲ増設シ、境内ヲ恢宏シ、規模ヲ大ニシ、諸般必要ノ育英ニ応スル教育機関ヲ具備シ、現今幾倍ノ学生ヲ収容シ得ルヲ期スヘシ、固ヨリ其充分ノ完成ヲ期センコトハ僅少ノ年月ニ如何トモスヘカラサル所ナリト雖モ、其可能ノ程度ニ於テ完備ヲ図ルヘシ、随テ中学ヲ増加スルノ必要アリト認ム、亦宜キニ随テ設計スル所アルヲ要ス、次ニ大日本仏教慈善会財団ハ前住上人ノ遺業トシテ本宗慈善ノ事業ヲ振興シ、以テ世運ニ資スル所アラシメンカ為ニ設立セラル、所、其資財ノ充実ニ伴ヒ事業ノ進歩ヲ見ツ、アリト雖モ、時機未タ達セスシテ財団直接ノ事業ノ（ママ）以テ世ニ示スヘキモノナシ、コレマタ今回ノ大遠忌ヲ期シ、先ツ完全ナル孤独給救慈恵施療ノ設備ヲ具ヘ、財団ノ面目ヲ発揮スルハ甚タ当ヲ得タリトス、執行ハ財団ニ協議スルニ予カ意ヲ以テシ、宜ク相当ノ企画アラシムヘシ、如上ノ事項ト共ニマタ施設ノ怠ルヘカラサルモノアリ、即チ内地ノ各都邑及外国ニ於ケル邦民ノ集合地ニ於テ伝道ノ機関タル寺院・教会ノ設備普カラサル為メ、聞法ノ勝縁ヲ欠カシムルハマタ遺憾ノ極ナリ、希クハ各地ノ機縁ヲ察シテ著々伝道機関ノ普及ヲ図リ、苟クモ有縁ノ信徒アルノ地ニハ必ス法音宣布ノ声有ラサル無キニ至ラシメンコトヲ、執行各員宜ク以上各項ニ就キ其方法ヲ考ヘ、以テ予カ報恩ノ懇念ニ副フヘシ

明治四十年十二月十日

右の親示によって、大遠忌記念の主要な事業は、本末共保財団の設立、仏教大学（現、龍谷大学）の充実、慈善事業の振興、伝道体制の強化等であったことがわかる。その全体を通じての特徴は、それまでの大遠忌のように堂舎の整備に重きをおかず、教団の充実発展に主眼をおいた点にあった。これは当時教団が、日露戦争にかかわる時局費などで負債をかかえていたために、財政的に安定を図る必要があったためである。とりわけ、最も力点がおかれたのが、本末共保財団による財政基盤確保と伝道体制の強化であった。

このような時局のなかで大遠忌を迎えることとなったので、懇志は本末共保財団の基金として募られ、法要費は本末共保財団の常用金一八〇万円の内から支出されることとなった。これは教団の財政基盤を確保しながら、大遠忌法要を修するということを意味した。法要費をまかなう常用金の部門については、比較的収納状況が良好であったので、鏡如宗主は四十一年年頭の親示において、「共保財団ハ資産ヲ著シク充実セシコト予ノ足スル所ナリ」と述べている（『本山録事』明治四十一年一月五日）。

本山法要及親修法要規定　同年一月には、本山竹檜之間に本廟の御遠忌法要事務所が設けられ、また本山法要及親修法要規程が制定された（「教示第三号」『本山録事』四十一年一月十八日）。これは同年四月に予定された予修法要に先立って法要に関する慣例を法制化し、体制を整えたものである。

第一条　本山法要ヲ分チ常例・臨時ノ二種トシ、本廟・別院及別格別院ニ於ケル親修法要ハ総テ臨時トス

第二条　常例法要ノ事務ハ左ノ職員之レヲ掌ル

会行事　一名

副会行事　二名

会役者　無定員

第三条　臨時法要ノ事務ハ左ノ職員之レヲ掌ル

会行事　一名

副会行事　無定員

会役者　無定員

副会役者　無定員

但、法要ノ軽重ニ依リ全員ヲ置カス幾分ヲ省略スルコトヲ得

第四条　会行事ハ常例ニ在テハ侍真長之ヲ行ヒ、臨時ニ在テハ連枝ニシテ賛事名簿ニ登録セラ

レタル者ノ中ヨリ特命ニ依リ任ス

第五条　会行事ハ法要ニ関シテハ法主ニ直属シ、最高ノ管理権ヲ有シ、連枝以下参仕僧俗ヲ命令ス

（中略）

第十二条　会係ハ僧俗ヲ問ハス、任命シ会行事ノ命ニ依リ法要ニ関シ諸般ノ事務ニ任ス

（下略）

この規程では、法要を常例と臨時の二種として、親修法要はすべて臨時とすることを定めるとともに、法要をつかさどる会行事以下の職員やその職権について定められた。また法要の必要に応じて会係を任命し、会行事の命によって法要事務にたずさわることが定められた。

大谷本廟大遠忌予修法要　明治四十一年四月大谷本廟において大遠忌予修法要が修された（『教海一瀾』第四一一号）。この予修法要は、この当時の伝道体制の強化という方針にもとづいており、また四十四年に迎える大遠忌法要への足がかりとしての意味があった。法要は十一日夕座に始まり、十六日朝座で満了した。この間朝夕の二座が修行され、無量寿会作法が用いられ、満日中の一座については報恩講作法が用いられた。この法要には約二〇〇〇名の僧侶が参勤した。参拝者は約一〇万人にのぼり、このうち一五〇〇人余りが帰敬式を受けた。

この法要においては、積極的な布教体制を編成し、臨時布教をおこなった。十一月二十八日には、

臨時布教の開始にあたり親示が下され、監督賛事大谷尊祐第三区（京都）が布教の統率を執り、そのもとに第一布教総班・第二布教総班・独立学生第一総班・同第二総班・同第三総班が編成された。第一布教総班は四〇名の巡回布教使で構成され、本山集会所・同茶所・総会所・淳風会館・真徳寺において伝道布教にたずさわった。第二布教総班は二〇名の巡回布教使で構成され、大谷仮茶所・同仮総会所で伝道布教にたずさわった。

また独立学生第一総班・第二総班が仏教大学生、第三総班が布教練習所（明治四十二年四月二十六日開設）学生で構成され、それぞれ布教活動に従事した。第一総班は七〇名で構成され、七条停車場（現、京都駅）や近辺に設営された天幕・六条各町・仏教大学講堂法義示談所・総会所前法義示談所の各所で伝道布教に従事し、市会議事堂演説会・仏教大学演説会・六条の旅宿七五戸で慰問伝道をおこなうなどの活動をした。

独立学生第二総班は六〇名で構成され、三十三間堂方面・円山公園方面・岡崎方面に天幕を張って伝道を実施したほか、移動する参拝者に寄り添って布教する遊履布教に従事、独立学生第三総班は開教練習所学生二〇名をもって大谷本廟前の宏山寺・堀川本山前の専修寺・大谷仮茶所での布教に従事した。このときの活動においては、『本願寺の聖人』他数種の冊子が十数万部配付された。

第一・第二布教総班中から二〇名の遊履伝道隊が臨時に組織され、七、八名で本願寺境内・本廟付近で九五回の布教がおこなわれた。このときの聴衆は約一万九〇〇〇人に及んだ。これらは先に規定された布教教範に基づき、京都市全般にわたって組織的伝道を実践したものである。

準備の進捗　この後も、六五〇回大遠忌を機に教団体制の拡充が進み、団体参拝の計画や諸種の記念事業も進捗した。

明治四十三年（一九一〇）十一月四日には、鴻之間においてさらに大遠忌に関する消息が披露されるとともに（「御消息」『本山録事』明治四十四年一月一日）、同日全国の組長を召集の上、親示があった（「御親示大意」『本山録事』明治四十三年十一月十五日）。そこでは大遠忌の厳修にあたって本格的に団体参拝を計画し、参拝者の便宜を図るとともに積極的な布教を展開していくという方針が示された。翌年一月には、御待受消息披露ならびに趣意演達のため、全国都道府県および樺太・朝鮮・アメリカなどへ一一〇余名の使僧が派遣された（『教海一瀾』第四八三号・「甲達第十二号」『本山録事』明治四十四年二月一日）。また四十三年六月八日には、宗祖大師六五〇回大遠忌準備事務所が開設され、臨時法務院開設まで実務を担った（『教海一瀾』第四七三号）。

臨時法務院　明治四十三年九月一日、これまで大遠忌に関する諸般の事務を掌ってきた大遠忌準備事務所を廃し、臨時法務院職制章程及び臨時法務院事務分掌規程を制定して、執行所内に臨時法務院を開設した（「甲教示第七号」・「甲教示第二十一号」・「告示第十五号」『本山録事』）

第一条　臨時法務院ハ法主総裁ノ下ニ宗祖大師六百五十回大遠忌報恩講ニ関スル一切ノ事務ヲ掌ル

第二条　臨時法務院ヲ分テ左ノ六部トス

総務部　通報人事部命令其他全般ニ関スル事務ヲ主管ス
法務部　法要式事ニ関スル事務ヲ主管ス
布教部　布教ニ関スル事務ヲ主管ス
参拝部　参拝ニ関スル事務ヲ主管ス
度支部　出納・用度・工作ニ関スル事務ヲ主管ス
庶務部　接待並ニ他部ニ属セザル事務ヲ主管ス

第三条　臨時法務院ニ左ノ職員ヲ置ク

副総裁　一名
理事長　一名
理事　　若干名
副理事　若干名
録事　　若干名
用係　　若干名
属　　　若干名

（下略）

臨時法務院は鏡如宗主を総裁として、理事長に大谷尊由、布教部長に梅上尊融、庶務部長に大洲鉄也、度支部長に朝倉明宣、参拝部長に本多恵隆、法務部長に藤枝沢通、総務部長に後藤環爾が就任し、そのもとで多くの職員が業務にたずさわった。十二月二十九日には、臨時法務院参拝部支部が東京・大阪・門司に設置され、拡充がはかられた（「法令第一号」『本山録事』明治四十四年一月十五日）。

法要期日の決定　同年十月法要期日が公表された（「甲達第二十三号」『本山録事』明治四十三年十月十五日）。法要は二期に分けられ、第一期は四十四年三月十六日から同二十四日まで、第二期は四月八日から同十六日までとされ、全門末に通達された。大遠忌法要は十昼夜にわたって修行を勤めるのが例なので、二〇日間の期間のうち隔日で偶数日に法要が修されることとなった。あいだの法要のない日については、遠来の門信徒のために、御真影の礼拝、宗主の対面、帰敬式の受式等に当てられるような日程の工夫がなされた。

大遠忌法要を二期に分けて厳修することは、この六五〇回大遠忌が初めてのことであった。十一月四日の消息においては、「ユメ〳〵怠慢ナク、近ツク遠諱ノ法要ヲ待受ケ、千百群ヲ作シ陸続参詣セラレ候」ことが勧奨された（「御消息」『本山録事』明治四十四年一月一日）。

法楽兼題　本願寺においては大切な法要を厳修する際には、法楽の和歌を募って奉献してきた。六五〇回大遠忌においては、法楽兼題を「法水流遠」と定め、四十四年一月派内一般に告示した（「告示第三号」『本山録事』明治四十四年二月一日）。提出された和歌短冊は室内部で取りまとめられ、宗主によって大谷本廟に奉じられた。大谷家および本願寺関係者をはじめ、政財界・文化人など各方面の人びとが宗祖に歌を献じ、鏡如宗主は「うるほはぬあをひとくさもなかるらむ　みなもとふかきのりのなかれに」と献詠した。また歌人としても名を馳せた九条武子は「さはりあらは山もなかしてのりの水　うるほはぬはての世にあらめやは」と献じた。法楽百首として公表されたなかには、『古今和歌集』を注釈したことで知られる国学者本居豊穎《もとおりとよかい》や宮中御歌所派の歌人として活躍した小池道子の歌もみえる（『教海一瀾』第四八九号）。

大遠忌の下賜品　この大遠忌法要厳修に先立つ明治四十四年三月、かねてからの内願を受けて朝廷からの「下賜《かし》」が決まった（「告示第十七号」『本山録事』明治四十四年四月一日）。宗主は三月十三日に参内し、朝廷から菊紋銀香炉一合ならびに香花料が贈られた（『教海一瀾』第四八七号）。銀香炉は現在も本願寺に所蔵され、本体・蓋・中子からなる純銀製で惣量は九九五匁である。本体には鬲状の三足が付き、肩に双把手が付く。おおらかに花弁を広げる菊花透かしの蓋に桔梗の摘みを付ける。胴

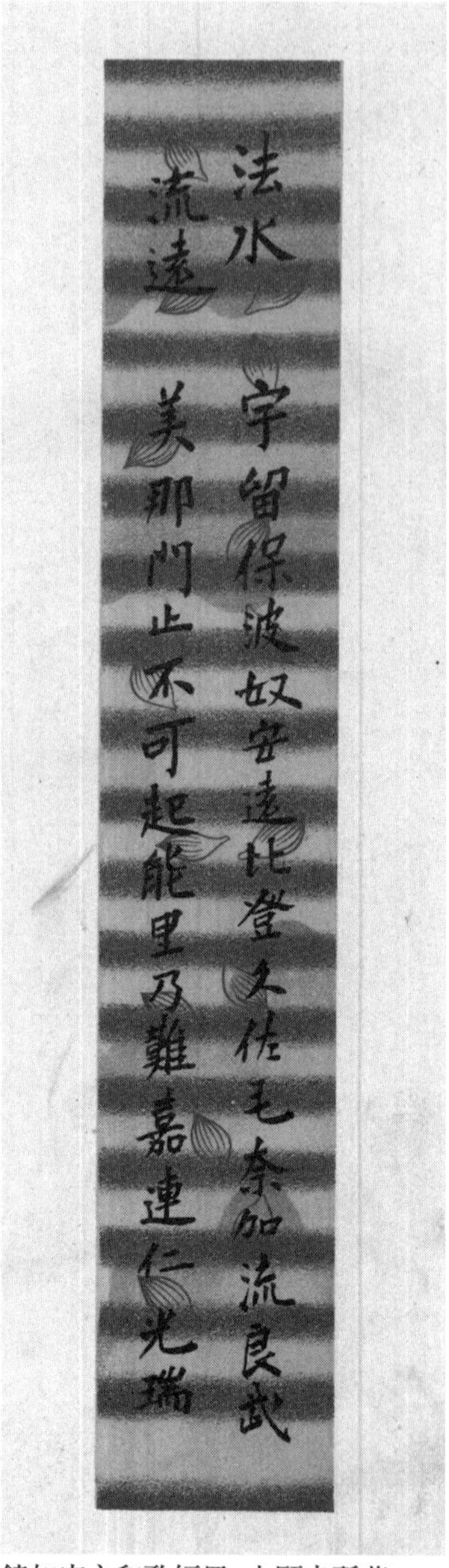

鏡如宗主和歌短冊　本願寺所蔵

部には帯状に魚々子地を蒔き、正面と背面に十六葉菊紋を据えるとともに、唐草の上に六つの桐紋を散らすように配して動きをつくっている。底部外面中央に「重光（花押）」と刻印されており、明治・大正期に活躍した金工師平田重光の作と考えられる。

四　法統継承式と伝灯奉告法要

明如宗主の遺言　鏡如新門は、明治三十二年（一八九九）に渡欧して以来帰国しておらず、父明如宗主の没時および葬儀の際にもインドに滞在していた。宗主没時に次期宗主が不在というのは、本願寺の歴史で初めての事態であった。

明治三十二年十一月、鏡如新門の渡欧前に明如宗主が遺言を示していた（明如上人伝記編纂所編『明如上人伝』明如上人二十五回忌臨時法要事務所　昭和二年）。遺言では、鏡如新門の欧州滞在中に明如宗主が危篤となれば、鏡如新門の帰国を待たずに発表し、帰国までの間は大谷尊重（光明）が全権を代理するようにと述べている。さらに、謚号及び宗主影像に賛を入れるのは新門の帰国後とし、御堂法具類以外の宝蔵は新門帰国まで封印するようにと記されている。

遺言では、鏡如新門の不在中であっても、大谷尊重の代理によって葬儀及び法務が滞りなくおこなえるように、さらに重要事項の決定権が鏡如新門にあるように書かれている。遺言書の末尾には鏡如新門の副署があり、鏡如宗主の継職については、三十二年の段階で決定していたことがわかる。

鏡如新門の電報指示　明治三十六年（一九〇三）一月十六日に没した明如宗主の訃報に接し、鏡如新門は宗主の立場で一月十九日、コルカタ（カルカッタ）より本願寺執行宛の電報を発し、鏡如宗主は大谷尊重に葬儀を委任した（「大谷御名御電報訳文」史料研保管）。

大門様（明如宗主）急ニ御遷化ノ打電ニ接シ、痛惜ニ堪ヘス、予ハ便ニ任セ出来得ル限リ早ク帰朝スヘシ、
御葬儀挙行ノ場合ハ、其権ヲ淳浄院（大谷光明、浄如）ニ委任ス
カルカッタ、グレート　イースタンホテルニ於テ
御名（鏡如宗主）

鏡如宗主の帰山　鏡如宗主は、三十六年三月十四日に帰山した。遺言書の通り十六日に明如宗主の遺骨を大谷本廟に納骨し、信知院と諡した（護持会財団編『楳牕余芳』真宗本願寺派護持会財団 昭和二年）。鏡如宗主は四月一日、参内のために上京した。それにあわせ「直諭披露並びに趣意演達」が計画された。明治三十六年三月三十日付の「大法主帰朝講演開催通知」が築地本願寺に保管されている。内容は以下の通りである。

各組正副組長中

今般大法主殿御帰朝ニ際シ、特ニ御直諭被レ遊候ニ付、右披露並ニ御趣意演達ノ為メ、島地黙雷

殿被二差向一、来四月五日ヨリ六日マテ、午后二時別院（築地）ニ於テ開座相成候条、各寺住職・衆徒ハ勿論、門徒末々迄参聴可レ致旨、組内無レ洩通達相成度候也

追テ別記ノ通各組巡回相成候条、不都合無レ之様取計相成、右巡回ニ関スル経費ハ、其組ニ於テ負担之事

明治三十六年三月三十日

東京教区管事痴山義亮（印）

日割		会所	
四月	五日・六日	築地	別院
同	七日	築地	三組
同	八日	麻布組	善福寺
同	九日	芝組	常教寺
同	十日	赤坂組	林光寺
同	十一日	北組	西教寺
同	十二日	浅草組	永称寺
同	十三日	大森組	厳正寺

四月五日・六日には築地別院（現、築地本願寺）において、翌七日から十三日にかけては東京各組の寺院において開座すると達している。なお宗主は築地別院での直諭の後、六日に帰山している。

「伝灯奉告会」の発表　明治三十六年四月四日、本願寺は末寺に対して五月上旬に予定された「御継職の式典」を挙行のため、住職や門徒の上京参拝を促す旨を達した（「甲達第十六号」『本山録事』明治三十六年四月五日）。そして同月十一日、次のような伝灯奉告会事務規程を発表した（「甲達第十九号」『本山録事』明治三十六年四月十五日）。この規程において初めて「伝灯奉告会」の名称が使用されている。

第一条　執行所ニ伝灯奉告会事務局ヲ置キ、伝灯奉告会ニ関スル一切ノ寺務ヲ管理ス

第二条　伝灯奉告会ハ法灯相承奉告ノ式典ニシテ、其式典ヲ分テ左ノ三トス

一、大師真影堂奉告法要

二、大谷本廟奉告法要

三、附属式典

法要及ヒ附属式典ノ規程ハ別ニ之ヲ定ム

第三条　伝灯奉告会事務局ニ左ノ各部ヲ置キ、事務ヲ分掌ス

式事部

庶務部

会計部

また同年四月「伝灯奉告会紀念トシテ出勤堂班」に対し、下り藤の紋が入った五条袈裟の着用が許された（「甲達第二十五号」『本山録事』明治三十六年四月十七日）。

伝灯奉告会法要　鏡如宗主は、明治三十六年（一九〇三）五月一日に本願寺において、同二日には大谷本廟において、初めて伝灯奉告会法要を厳修した。第一日目の本願寺における法要は、さきに阿弥陀堂で、続いて御影堂で修された。その式次第は次の通りである（「伝灯奉告会法要次第」史料研保管）。

本堂之部

先　打行事鐘
次　分華衆着外陣正面
次　衲衆入道場　上臈為先
次　調子
次　御導師入道場
次　楽
次　御導師登礼盤
次　嘆仏文
次　楽

次　御導師降礼盤直御退出
次　衲衆退出
次　分華衆退出
此間椽儀

御影堂之部

（中略）
次　講読師就礼盤三礼
同時総礼　威儀師促之
次　講読師登高座

次　威儀師打磬
次　唄発音
　　此間賦華籠　堂童子賦之
次　散華師左右進高座下住立
次　諸僧立列
　　分華衆若干名正面一行立列
次　散華発音
次　対揚句
次　楽
次　此間諸僧着座
　　威儀師御誦経賦講師　上巻
次　威儀師打磬
次　講師表白
次　勧請　取香炉
次　読師揚経題
　　諸僧読経
次　仏名　取如意

次　教化　取如意
次　読師揚経題
次　経釈　取如意
　　此間問者着高座下
次　論義
次　威儀師打磬
次　後唄　呂曲　分華衆同音
　　此間威儀師撤御誦経
　　堂童子撤華籠
次　威儀師打磬
次　楽
次　講読師降高座就礼盤三礼
次　講読師復座
（下略）

御影堂での法要は講師を宗主が勤めたほか、僧綱を淳浄院（大谷尊重）、読師を積徳院（大谷尊由）唄師を聴誓院（日野尊宝）・普照院（近松尊定）、散華師を乗願院（大谷尊祐）・法鼓院（堅田広吼）、問者を智矩院（梅上尊融）の各連枝がそれぞれ勤めた。また、御影堂において舞楽がおこなわれた。

この法要には、早朝から多数の参拝者があり、門外に臨時警察官出張所が設けられて警備にあたった。また一日の朝、一二一発の祝砲が放たれて法要を盛りあげた。

なお、この法要には、佛光寺、興正寺をはじめ、相国寺・建仁寺・妙心寺・大覚寺・仁和寺・智積院・教王護国寺・本圀寺・知恩院・南禅寺・東福寺・専照寺・永源寺・天龍寺・清浄光寺・融通念仏寺などの各管長が列席した（『教海一瀾』第一六七号）。

大谷本廟の式次第　第二日目の大谷本廟における法要は、本願寺から行列して本廟に到った。諸講中総代・護持会財団評議員・慈善会財団特別会員・末寺檀家総代など約一万人、諸学校生徒約一〇〇〇人、出勤法中約二五〇〇人による大行列となり、二時間を費やした（『教海一瀾』第一六七号）。本廟では大谷殿と明著堂において法要が修された。そのときの式次第は次の通りである（「伝灯奉告会法要次第」史料研保管）。

仏殿之部

先　打行事鐘
次　諸僧着仏殿

先　外陣列座
次　脇之間
次　余之間

次　内陣列座
次　本座一二等
次　上座一二等
次　侍真
次　正准連枝
次　御導師御入堂
次　先駆、殿、副行事、弟子従僧着仏殿
次　讃衆着仏殿
　　右之外総退便宜之所
次　御導師登礼盤
次　重誓偈
次　御導師降礼盤
次　楽行事引伶人立仏殿階下
次　音取
次　楽
次　参進　筵道地布

　　拝堂之部
次　打雲版
次　外陣列座　　着拝堂
次　脇之間　　同
次　余之間　　同
次　正准連枝　　同
次　侍真　　同
次　上座一二等　　同
次　本座一二等　　同
次　列座　　同
次　御導師御着座　　僧綱従之
次　弟子賦物具着座
次　楽行事引伶人着楽所
次　先駆已下諸役着座
次　執綱、執蓋、持幡童、上童、其他退
　　便宜之所
次　楽

次　御導師登礼盤
次　唄発音
　　此間賦華籠
次　散華発音
　　此儀如例
次　御導師表白
次　六種
次　楽
次　御導師降礼盤御復座
次　楽行事引伶人立階下

次　弟子撤物具立階下
次　御列諸役整列階下
次　会行事御還列御案内
次　楽　　階下発音
次　正准連枝、侍真、各堂班、副行事、
　会役者、両儀師着仏殿
次　御導師御退出
次　連枝已下各退出
次　諸僧退出
次　諸役退出

右の法要次第では、導師を宗主が勤めたほか、僧綱を大谷尊由、唄師を大谷尊重・大谷尊祐、散華師を日野尊宝・近松尊定、会行事を堅田広吼がそれぞれ勤めた。法要の後、本廟から本山への還列がおこなわれ、伝灯奉告会法要は終了した。

関連行事　五月三日・四日は一般参列者に記念品を授与するとともに、出勤法中及び本山・別院勘定らを招待し、鴻之間において饗応した。さらにこの両日、仏教専門大学において伝灯奉告会に関する大演説会が開催された（『教海一瀾』第一六七号）。

また五日には演能のほか、白書院において宗主が採集したインド及び西域の古美術品や写真の展示が催された。

六日には西山別院において大谷尊重を導師代として伝灯奉告会法要を修した。七日には大谷家関係者及び在京・近府県の来賓七〇〇余名を招いて饗応した（『教海一瀾』第一六八号）。

法要中、六条旧境内の住民は家ごとに紅灯を吊し本山旗を提げて祝意を表したほか、三日には楽隊を組織して植柳小学校から本願寺まで紅灯行進をおこなった（『教海一瀾』第一六七号）。四日には六斎踊を大玄関前庭で催し、宗主もこれを観覧した（『教海一瀾』第一六八号）。

五月十二日には伝灯奉告会事務局が閉鎖された。宗主は法要後、仏教大学及び各仏教中学・相愛女学校に対して金壱封を授与したほか、連枝及び末寺僧侶に対する功賞をおこなった（『教海一瀾』第一六七号）。また慈善会財団と護持会財団は市内貧民に対する施米をなした。このほか、教団外においては山陽・奈良両鉄道会社が参拝者の運賃について二割から三割値引きし、また切符の通用期間を延期するなどの協力をした。

伝灯奉告法要の始まり　伝灯奉告法要は、江戸時代までは存在しなかった法要である。従前は次期宗主が葬儀を修したことをもって本願寺継職を阿弥陀仏・宗祖に対して奉告したものとしていた。したがって鏡如宗主の時に修された「伝灯奉告会」法要が、この始まりといえる。

明如宗主が没したのが、公式発表によると一月十八日、鏡如新門がコルカタより明如宗主葬儀の指示を出したのが二月四日、「伝灯奉告会」挙行の発表が四月であることから、挙行が決まったのは、明如宗主没後の約三か月の間である。これらはにわかに制定された法要と考えられる。

明如宗主の継職手続き　明如宗主の継職時の手続きは次のとおりである。明治四年十月十二日、本願寺は、寺院を管轄する京都府庁へ「後住職之儀」についての「聞届」の願いを提出した。それに対し、京都府庁より聞届の旨が伝えられ、追って許状（本願寺所蔵）が出された。宗主は十四日に継職した後、十五日に京都府庁まで許状を請け取りに出向いた。十七日、人びとは「御寺務御相続」を祝賀した。

奉二願上一候口上覚

今般本山本願寺前大僧正光沢遷化ニ付、後住職之儀、新御所大僧正光尊江被二仰付一被レ下度奉二願上一候、尤末寺一同異存無二御座一候間、此段宜御聞届被二成下一候様奉二願上一候、以上

本願寺末寺総代

辛未　権大僧都安養院（中山摂観）（印）

十月十二日　権大僧都顕証寺（近松沢含）（印）

京都府

御庁

（付箋）「聞届候事

但シ許状之儀者、追而可二相渡一候事」

鏡如宗主の本願寺継職　鏡如宗主の本願寺継職の際には、門末一般に宛てた告示において「新御門跡本願寺寺務御継承遊ハサル」と表現されている（「告示第四号」『本山録事』明治三十六年一月二十五日）。

門末一般

今般新御門跡本願寺寺務御継承遊ハサル

明治三十六年一月十八日

執行長土山沢映
執行　小田尊順
執行　水原慈音
執行　堅田広吼

継職について内務大臣の認可が下りたことについては、門末に対して「今般、大法主猊下、管長御就職之儀、内務大臣ヨリ認可相成ル」（「告示第五号」『本山録事』明治三十六年一月二十五日）と発表している。本願寺は継職を「寺務継承」として、政府ではそれを法令に準拠して「管長御就職」と言っている。管長は一宗派の代表に対する政府側の名称である。

「法統」という表現　明如宗主の継職時には「法統」という表現はみられなかった。五年後の明治九年（一八七六）統計寮へ提出した「本願寺歴世継続書」（史料研保管）にも本願寺を継職してきた歴代が記されているが、「伝灯」「法統」の表現はない。歴代が本願寺を継職したことは「本願寺ノ統ヲ継ク」と表現している。ここでの「統」とは系脈のことで、「本願寺ノ統ヲ継ク」とは本願寺の代々受け継いできたものを継ぐという意味である。つまりそれは教義や財産、組織など本願寺が歴史的に形成してきたすべてを受け継ぐということである。

「法統」という語の初見と意味　「法統」という表現が確認できるのは、鏡如宗主が本願寺を継職し、その後、明治三十六年（一九〇三）三月二十五日に本願寺鴻之間で初めて発せられた次の直諭（『鏡如上人年譜』・本願寺所蔵）と思われる。

（前略）予モ法統ヲ継承シタレハ、重ネテ委ク申示スヘク候ヘトモ、前住上人御遺告ノ趣キ、トリアヘス申伝ヘ候間、一同篤ク心得ラレ候ヤウ、希フ所ニ候ナリ

明治三十六年三月二十五日

「予も法統を継承した」とは先の一月十八日の「告示第四号」にいう「寺務御継承」の言い換えであることは明らかである。つまりここでの法統とは本願寺の寺務のことである。

「伝灯」という表現　「伝灯奉告」の「伝灯」という言葉は、江戸時代に使用された事例は確認されていない。それが確認できるのは、明治九年（一八七六）三月の宗規綱領である。

ここでは「本願寺伝灯」として「開祖親鸞」「第二世如信」以降「第二十世光沢」（広如）まで名が列挙されており、「伝灯」とは代々住職を継承してきた歴代を指すものであった。宗規綱領に記

される「此他伝灯諸祖著述教書」という表現は、明治十九年宗制では「此他歴代宗主著述教書」と言い換えられている。このように「伝灯諸祖」が「歴代」に置き換えられていることからも、「伝灯」は「歴代」を意味していたと言える。

また「列祖会　即チ伝灯歴代ノ忌辰」では「伝灯」と「歴代」が併記される表現もある。これは、代々本願寺を受け継いできた歴代という意味であろう。明治十九年の宗制では「伝灯法主ノ職任」とあるように伝灯と法主が併記された。これも本願寺を受け継いできた法主という意味であろう。

「伝灯奉告会」本山典例に規定

本山典例

第一章　通則

第一条　本山ニ於ケル左ノ式典ハ本例ニ依テ之ヲ行フ

（中略）

三、法統継承式

（中略）

第四章　法統継承式

第一節　法主法統継承式

第二十九条　法統継承式ハ法主法統継承アリタル後チ特ニ時日ヲ定メテ之ヲ行フ

第三十条　法統継承式ヲ分テ左ノ二トス
一、伝灯奉告会
二、慶賀式
第三十一条　伝灯奉告会ハ親修トス
第三十二条　伝灯奉告会ヲ分テ左ノ四トス
一、真影堂奉告法要
二、大谷本廟奉告法要
三、西山久遠寺奉告法要
四、諸別院奉告法要
第三十三条　奉告法要ノ日数ハ左ノ如シ
一、真影堂奉告法要　一日
二、大谷本廟奉告法要　一日
三、西山久遠寺奉告法要　一日
四、諸別院奉告法要　各一日
第三十四条　大谷本廟奉告法要ハ真影堂奉告法要ノ翌日トシ、西山久遠寺奉告法要ハ大谷本廟奉告法要ノ翌日以後トス、但シ不レ得レ已事故アルトキハ更ニ延期スルコトアルヘシ
第三十五条　諸別院奉告法要ハ西山久遠寺奉告法要ノ後チ其日時ヲ定ム

第三十六条　慶賀式ハ大谷本廟奉告法要ノ翌日以後ニ於テ之ヲ行フ
第三十七条　門末ハ総テ慶賀ノ誠ヲ表シ出勤参列スヘキモノトス
（下略）

右の史料は「伝灯奉告会」が本願寺の法規に定められた初見である（「教示第十一号」『本山録事』明治三十六年八月五日）。これは明治三十六年八月に制定された「本山典例」であり、初の伝灯奉告会法要厳修後に整理して定められたものと思われる。第二九条には、「法統継承式」は宗主の法統継承後として、時日を定めておこなうとしている。続いて第三〇条で「法統継承式」を「伝灯奉告会」と「慶賀式」とに分けており、「伝灯奉告会」と「法統継承式」は現在でいう別の法要ではなく、「法統継承式」に含まれるのが「伝灯奉告会」であった。

五　本末共保財団

本末共保財団の設立目的　鏡如宗主は明治三十九年（一九〇六）年頭の親示において、「宗祖大師六百五十回ノ諱辰ハ僅カニ数年ノ間ニ逼レリ、斯時ニ遭フノ遺弟師恩報謝ノ懇念ヨリ一宗本末ノ基礎ヲ鞏固ニシ、伝道ノ永遠ニ企図セサル可ラス、是ニ依テ本年度ニ於テ先ツ本末共保ノ目的ニ副フノ施設ヲ為シ以テ祖意ノ万一ニ応ヘンコトヲ望ム」と述べ、本末共保財団設立の意図が示された。

さらに御正忌満座の際の直諭において、門末に対して「派内本末一致和合シ施設ノ緩急ヲ図リ、維持ノ基礎ヲ固クスルコト、其必要勿論ナリ」としている(『教海一瀾』第三〇四号)。

すでに明如宗主の時、護持会財団や慈善会財団が設置されていたが、教団の財政をささえる財団は設置されていなかった。そこで大遠忌厳修をめざして教団の財政的基盤を安定させるために本末共保財団の設立が企図された。本末共保財団設立にあたって、三月二十二日に第三十二回臨時集会が開催された。鏡如宗主の親示をうけて、本末共保財団設立が審議され、条例が発布された。『教海一瀾』第三〇四号誌上において財団の目的を次のように述べている。

抑も本財団の目的とする所は何ぞや、読んで名の如く本末共保、一派基礎の安全を図るにあり、寄付金は之を三分して一を本山基金とし、一を別院・末寺・説教所・教会講社の基金とし、一を常用金として日露戦役の為めに生じたる本山の負債を償却し、併せて大御遠忌御待受の準備に供するに在り、資産金五百四拾万円以上を得たりとするも、其の三分の一は僅かに百八拾万円以上に過ぎず、其の各項に対しては固より少額なり、然れども確固たる財団としての資産こゝに達せば蓋し其利益永く後世に及ぶ、本山も以て安全なるべく、末寺も以て安全なるべくば、末徒としては喜んで之に応ぜざるべからざるの理なり

本末共保財団設立条例　第三十二回臨時集会では、本山勘定会の議論を受けて本末共保財団設立

条例全一一条が決議された（「法度第十号」『本山録事』明治三十九年四月一日）。

第一条　宗祖大師六百五十回忌大御遠忌紀年ノ為メ本末共保財団ヲ設立ス
第二条　本末共保財団ハ本山・別院・末寺・説教所及ヒ教会・講社ノ維持資金ヲ積立テ一派本末基礎ノ安全ヲ図ルヲ以テ目的トス
第三条　前条ノ目的ヲ達スル為メ左ノ方法ヲ以テ資金ノ寄附ヲ受ク
一時金又ハ数時現金ノ寄附一人ニテ毎年金壱円八銭ツヽ五年間継続ノ寄附又ハ一時ニ金五円四拾銭ノ寄附之ヲ一口ト称ス
但、一人ニテ数千口又ハ二人ニテ一口ヲ収ルモ寄附者ノ意思ニ任ス
第四条　資産ハ金五百四拾万円以上ヲ得ンコトヲ期ス
第五条　資産ハ之ヲ基金常用金ノ二ニ分ツ
第六条　基金ヲ本山基金ト、別院・末寺・説教所・教会・講社基金トノ二ツニ分ツ
第七条　寄附金ハ之ヲ三分シテ一分ヲ本山基金、一分ヲ別院・末寺・説教所・講社ノ基金、一分ヲ常用金ニ充ツ、本山基金常用金ニハ特ニ指定寄附ヲ受ク
第八条　常用金ハ別途ニ之ヲ蓄積シ、本山ノ法要、殿堂ノ維持、教学ニ対スル臨時ノ費用及ヒ本財団ノ設立及基金予定額ニ達スル迄ノ費用ヲ支弁スルモノトス
（下略）

この条例によると、本末共保財団は大遠忌記念のために設立されるもので、第二条では、一派本末基礎の安全を図るために維持資金を積み立てるとしている。これらの目的を達成するためには、五四〇万円以上の財団資産が必要であるとして、目標額が定められた。寄付金はこれを三等分して、本山の基金、別院・末寺・説教所・教会・講社の基金、常用金に充てることを定めた。常用金は条例のうえでは、大遠忌を待つ本山の法要・殿堂維持・教学に対する臨時費用だけでなく、財団設立のための費用と基金が予定額に達するまでの費用に支出されるということであった。常用金は、各一般寺院に個別に割り当て、寄付額に応じて堂班を昇階させる褒賞制を採用した。

本末共保財団設立条例は三月二十四日に発布され、同日財団設立事務所が浪之間に開設された。これとともに布教員一三一名が全国に派遣され、さらに全国各教務所に共保財団の出張所が設けられた。

本末共保財団の認可　鏡如宗主は明治四十年の年頭の親示において、本末が協力して宗門の進歩を図るべきであるとし、「特ニ本末共保ニ関スル施設ノ消長ハ、則チ率ヒテ宗門ノ興廃タレハ、宜シクソノ発達ト整頓トニ対シ、全力ヲ挙ケテ之レニ竭ス所アルヘキヲ望ム」と述べている（『本山録事』明治四十年一月五日）。また同年一月二十八日には、本末共保財団設立事務地方監督規定によって、事務進行の必要に応じ各出張所に監督を置くことが定められた（「教示第三号」『本山録事』明治四十年二月二日）。

第一条　本末共保財団設立事務ノ進行ヲ期スル為メ、地方ノ必要ニ依リ監督ヲ置ク
第二条　監督ハ本末共保財団設立事務所ノ命ヲ承ケ、担任地ノ出張所ヲ指揮監督シ諸般ノ責ニ任ス
第三条　監督ハ担任地ノ出張所職員及布教員ノ進退ニ関シ具申ス
第四条　監督ハ必要ニ応シ、担任地ノ組長ヲ召集シ、又ハ指示スルコトヲ得
（下略）

右によれば、監督には出張所の職員及び布教員の指揮監督・組長の召集または指示をおこなう権限が与えられており、各地方においても財団設立事務の進捗を徹底させようとしていた。このような状況のなか本末共保財団は、明治四十年四月時点で本末共保財団への寄付応募申込額が数百万円に達し、現金収納二四万二四三六円五四銭一厘を得たことを受けて内務省に財団法人の認可を申請し、六月三日内務大臣から許可を受けた（「告示第十一号」『本山録事』明治四十年六月十五日）。

財団の総裁には鏡如宗主が就任し、評議員三〇名が置かれた。評議員の中から理事三名・監事三名を選出することが定められた。評議員会は年一回の開催とされ、そこでは収支決算の報告と次年度予算の決議をおこなうこととし、その他は必要に応じて臨時評議員会を開くこと、また財団の規定を改正する時は、評議員会出席者総員四分の三以上の決議をもって総裁の同意を得た上、主務官庁の認可を得ること等が定められた（「告示第十一号」『本山録事』明治四十年六月十五日）。

財団認可をうけて、理事長には大谷尊由執行長が就任し、理事には木村省吾・足利義蔵両執行が任命された。またこの年六月十日には、全国一七管区について採訪使・採訪副使規程が更改され、これら採訪使に本末共保財団の寄付奨励が委任されることで、財団事業の遂行が図られた（「教示第二十五号」『本山録事』明治四十年六月十五日）。

このように本末共保財団は、護持会・慈善会財団と並ぶ本願寺三財団の一つとして、その基礎固めがおこなわれた。しかしながら、教団の財政基盤として十全に機能したとはいえない。

募金状況　本末共保財団は宗祖六五〇回大遠忌法要費調達のためとして常用部基金一八〇万円の募集を優先させて資金確保にあたった。その結果、明治四十一年末には常用部基金の四分の三の納入があり、翌四十二年四月には一八〇万円に達した。しかしこれは本末共保財団がかかげた全基金総額五四〇万円には遠かった。

この状況に対し鏡如宗主は、明治四十二年の年頭の親示において「本末共保財団ハ常用部資産ハ予定額ノ四分三ヲ得ト雖モ、速カニ残額ヲ整理シ完全ニ法要ノ修行ヲナサシメサルヘカラス、而シテ更ニ基金ノ募集ニ全力ヲ傾注シ、一派ノ財政ヲシテ根本ヨリ確立シ、財政ノ欠陥ヨリ生スル教学ノ不振ヲ避クヘシ、負債ノ整理ハ一日モ忽ニスヘキニ非ラス、財政整理部長ハ案ヲ具シ逐次償還ヲ期スヘシ」と述べている（『教海一瀾』臨時増刊第一号　明治四十二年一月五日）。

この結果常用部基金の納入が予定額に達したので、財団は次に本山基金及び末寺基金の募財に力を入れることとなった。財団は趣意書を配布し、基金完納の寺院・講社・個人等に対して諸種の褒賞規程を設けて納入を奨励した（『教海一瀾』第四七〇号）。

法要後本山がまとめたところによると、常用部基金は予定額を超えて二五〇万円の収納をみたが、そのほとんどは、実際には基金となることなく支出された。基金部全体では約三〇万円の収納にとどまった。本末共保財団は教団財政の基盤として充分な機能を果たしたとはいえない。

財政整理部の設置　本末共保財団の設置に連動して、明治三十九年十月十二日七月財政整理部が大仲居の一部に設置された（『教海一瀾』第三三二号）。設置が決定されると、負債の深刻さが風聞となり、新聞においては、本願寺側の負債が二三〇万円という巨額に達しており、その整理のために設置されるものであると報道された。本願寺側は、『教海一瀾』第三二〇号紙上において、これを払拭するために情報を公開した。そこでは明治三十八年十月段階で三十九年七月には六六万円にまで減少しており、九か月間で約一七万円もの負債を償却したとした。またこのうち二五万円は本山特別会計から補填されていたため、実質的負債総額は四〇万円余であるとする主張を展開した。財政整理部における整理の主旨は「決して既往の負債を償却するのみが目的にあらず、寧ろ旧の整理よりも新の負債を生ぜざらしむるが、主要目的たらざるべからず、左れば此の機関の設置は、悲観的のものにあらず、向上的・積極的のものなり」とし、本末共保財団の基金を用いて財政整理を実施することへの理解を求めた。

ところが、実際にはこのとき負債整理が容易に進捗していたとはいえない。本願寺が負債償却を発表し財政整理部を閉鎖したのは大正元（一九一二）三月末にいたってのことであった（「甲教示第四号」

『本山録事』明治四十五年四月一日）。九月には大谷家負債問題が表面化しており、これに対処するため翌二年には寺債を発行するに至り、大正十年に至ってようやくこれら寺債の償還をみているので、負債問題は実際にはそこまで継続していた。いずれにしても本末共保財団の設立が問題となった頃は、本願寺として負債償却に本格的に着手しなければならない事態に立ち至っていたということがいえる。

六　宗祖六五〇回大遠忌法要

団体参拝の始まり　団体参拝の本格的な始まりは、明治四十二年四月の明如宗主七回忌法要からであった（『教海一瀾』第四五五号）。このとき本願寺は鉄道・汽船の諸会社と提携し、低費用で参加できる計画を立てたことから、団体参拝者は約八万人に及び、東西六条の旅館をはじめ、淳風会館・総会所および新設の第三仏教中学校舎等を宿舎に充てるなどの対応がとられた。このときの団体参拝は、各教区ごとに組織的に募集されたものではなく、本願寺が二〇名以上の集団参拝者を募り、交通や宿泊などの面で安い費用で参拝できるように便宜を図ったものである。

このような団体参拝にあたって、門信徒間における連帯を密にするために、明治四十二年四月二十五日にいたって諸講社会概則が制定された（「甲達第二十七号」『本山録事』）。

名称幷ニ区域

第一条　本講（社又ハ会以下之ニ同シ）ヲ何々講ト称シ、一県又ハ一国ヲ以テ其区域ト定ム

但、地方ノ状況ニ依リ尚ホ之ヲ小分スルコトヲ得

目的

第二条　本講ハ本宗二諦ノ教義ヲ聞信シ知恩報徳ノ思ヒヨリ本山ニ対シ崇敬ノ誠意ヲ表スルヲ以テ目的トス

方法

第三条　前条ノ目的ヲ達スル為メ毎年一回以上説教ヲ開キ、廟塔ニ詣テ以テ法義相続ノ助縁ニ資ス

（下略）

これによれば、講社は一県または一国を単位とする取り結びを奨励し、門信徒の団結と団体活動を促すものであった。その後四十三年三月一日から四月三十一日の二か月間、本願寺において法物蒐覧会が開催された。この時の蒐覧には本願寺法物のほか、門末からも出陳があった。この年三月には、「法然上人七百回忌予修法要」が、それに引きつづいて彼岸会が修されたので、この間も団体参拝が募られた。これについては各布教区を通じて広報がおこなわれ、全国を二三総班に分けて組織的な展開が図られた（『教海一瀾』第四六八号）。

六五〇回大遠忌法要の団体参拝

明治四十三年二月に本願寺に参拝事務本部が設けられた（『教海一瀾』第四六八号）。事務本部においては、三月十日から二十七日に至る前後一八日間についての団体参拝が計画された。団体参拝の募集趣意書によれば、団体加入の参拝者に対しては、汽車汽船・宿泊料割引や法物・書院拝観、法要参拝や帰敬式等の諸手続について参拝者の便宜を図られている。本願寺を中心に団体参拝が計画的に推進される体制がとられ、参拝の時期を配分した計画が作成された。全国を五区二七総班（のち二九）に分け、参拝奨励区域を設定するとともにそれぞれに事務監督を置いて募集を開始した（『教海一瀾』第四七〇号）。

第一区　第一総班（北海道）

第二区　第二総班（青森県・岩手県・山形県・秋田県・宮城県・福島県）・第三総班（新潟県）・第四総班（長野県）・第五総班（東京府・神奈川県・静岡県・千葉県・栃木県・群馬県・埼玉県・山梨県・茨城県）

第三区　第六総班（富山県）・第七総班（石川県）・第八総班（福井県　若狭国及び敦賀郡を除く）・第九総班（愛知県）・第十総班（岐阜県）・第十一総班（三重県）・第十二総班（滋賀県・若狭国及び敦賀郡）・第十三総班（京都府・奈良県）

第四区　第十四総班（大阪府）・第十五総班（和歌山県）・第十六総班（兵庫県・岡山県）・第十七総班（徳島県・愛媛県・高知県・香川県）・第十八総班（広島県〈備後〉）・第十九総班（広島県〈安芸〉）・第二十総班（鳥取県・島根県）

第五区　第二十一総班（山口県）・第二十二総班（福岡県・大分県〈豊前〉）・第二十三総班（大分県〈豊後〉）・第二十四総班（熊本県）・第二十五総班（佐賀県）・第二十六総班（長崎県）・第二十七総班（鹿児島県・宮崎県）

本願寺側からのこのような積極的な奨励をうけて、団体参拝申し込みの数は増大した。一月時点での参拝部輸送課が取りまとめた参拝予定者数は、二二万八五五〇人（第一期一一万七七五〇人・第二期一〇万八〇〇〇人）であった（『教海一瀾』第四八二号）。法要後報告された参拝者数は、第一期が五七万五八二四人・第二期が四三万一六一六人、総数は一〇〇万七四四〇人にのぼった（中外日報社編輯局編『遠忌大観』中外日報社　明治四十四年）。このような団体参拝についての組織的な取り組みは、布教の組織的強化とも連動していた。

大遠忌法要の概況　宗祖六五〇回大遠忌法要は、二期に分けて厳修された。第一期法要は明治四十四年三月十六日から二十四日の間の隔日五日間厳修された。毎日朝夕二座の法要がおこなわれ、朝座は九時、夕座は午後二時から開始、それぞれ約三時間をかけて勤められた。法要の次第は次のようなものであった（『教海一瀾』第四八七号）。

三月十六日　　朝座　報恩講作法　引続き御俗姓
　　　　　　　夕座　無量寿会

十八日　朝座　報恩講作法　引続き御俗姓
　　　　夕座　無量寿会
二十日　朝座　報恩講作法　引続き御俗姓
　　　　夕座　無量寿会
二十二日　朝座　報恩講作法　引続き御俗姓
　　　　夕座　無量寿会
二十四日　朝座　報恩講作法　引続き御俗姓
　　　　夕座　大師影供作法　引続き御伝鈔

法要の作法には無量寿会作法が取り入れられた。これは明如宗主のときの勤式作法の改革をうけてのことである。すなわち、比叡山におこなわれる法華八講の作法を参考にして無量寿会作法を制定し、明治十二年大教校落成の際の慶讃会において修されたのを初例とした。それ以後、宗祖降誕会・蓮如宗主四〇〇回忌などの法要の際に修されていた。

従来の大遠忌法要の例によって、舞楽が奏納された。初日は宮内省雅楽師が、それ以降は大阪雅楽師が奏楽を担当した。奏

大縁儀

納された楽題は次の通りである（『遠忌大観』）。

三月十六日　朝座　振鉾二節　万歳楽　延喜楽
　　　　　　夕座　陵王　納曾利
　十八日　朝座　迦陵頻
　　　　　夕座　胡蝶
　二十日　朝座　承和楽
　　　　　夕座　仁和楽
　二十二日　朝座　桃李花
　　　　　　夕座　登天楽
　二十四日　朝座　陪臚
　　　　　　夕座　還城楽

第二期法要　第二期法要は四月八日から十六日まで第一期と同様隔日に五日間修された。勤式作法は、第一期の第一日朝座の報恩講作法・御俗姓と第五日夕座の大師影供作法・御伝鈔とが入れ替っただけで、その他については大差なく執行された。

出勤僧侶　二期一〇日間の法要期間中、朝夕ごとに三〇〇〇名ずつの僧侶が交代で出勤した。法要に際しては僧侶らが、阿弥陀堂北方の集会所から阿弥陀堂前を経て御影堂に至る経路を行列にて進み、縁儀を繰り広げた。縁儀の列は、先頭に素袍が立ち、ついで本願寺世話係一五〇余名と七条袈裟の出勤僧侶六〇〇名がこれに続いた。そのあとを鏡如宗主が進み、三〇〇間の長回廊を経て堂内に入るという次第であった（『遠忌大観』）。

施設の整備　この大遠忌では、団体参拝の奨励によって多くの参拝者が見込まれた。そこで御影堂前に掛出（建出）が設けられ、参拝席が設置された。その広さは間口五四間余・奥行二〇間余・建坪一三〇〇坪に及ぶもので、御影堂の前に、北は阿弥堂南縁、南は虎之間前にいたり、中央に大銀杏を取り囲むように設営され、二五〇〇枚の畳が敷かれた。参拝者の便宜をはかるために前方を低く後方を高く造られた（『遠

境内設営の様子

御影堂前掛出（建出）に参集する人びと

忌大観』)。

この掛出は御影堂とあわせて二万五〇〇〇名の収容をめざして計画された。前方には宗主・嗣法の御逢の座と舞楽台が設けられた。壁の上部には教団の歴史を示す展示がなされ、宗門の各種学校・別院・孤児院・海外諸所の教会堂等の写真が公開された。

阿弥陀堂北側には出勤僧侶の集合する場所として、約四〇〇坪の集会所（仮建築）が造られた。経蔵前に団体参拝事務所、茶所に新聞記者詰所、太鼓楼横に京都検疫官および警察官幹部出張所、門前広場に慈善市・仮設郵便局・救護所等が設けられた。本願寺看護婦養成所（東中筋花屋町北）が臨時医療所とされ、二期にわたる法要中に救護者約一〇〇名を収容した（『遠忌大観』）。

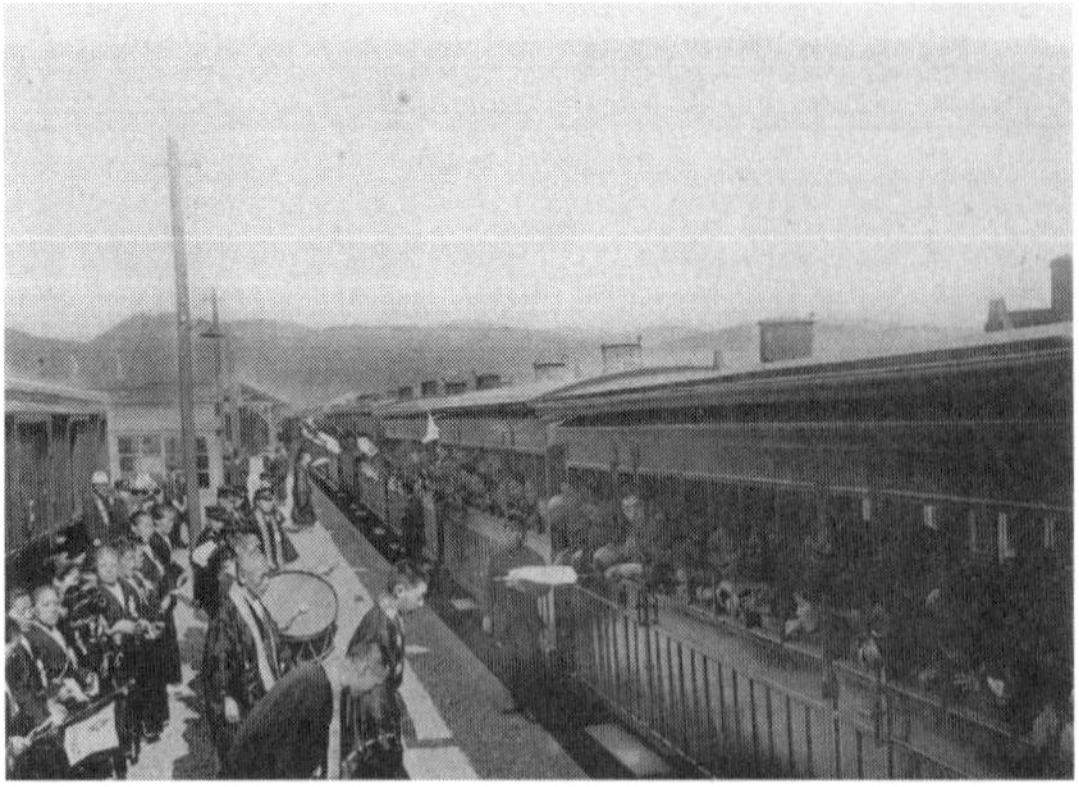
梅小路駅での歓迎

本願寺の周辺には、参拝者を迎える歓迎のアーチが建造された。京都市寄贈によるアーチは梅小路駅入り口・大宮七条・烏丸七条に、諸企業寄贈のものが猪熊七条に造設された。梅小路駅は宗祖大遠忌が執行されるに先立ち、明治四十三年十一月ごろから起工され、大勢の団体参拝者を京都に迎えた。また周辺の街区には、夜間用の電灯提灯多数と二五〇〇個の台付提灯が設営された。

また六角会館は本願寺諸事業の展示場になった。法要中は梅小路駅からの道沿いや門前の街区には、五色の大旗が建てられた（『遠忌大観』）。

団参取り扱い　六五〇回大遠忌においては、法要期間中に団体参拝と大挙伝道がおこなわれたことが最大の特色であった。全国各地の団体参拝者は二期に分かれた法要の時期に合わせて順次京都入りした。京都駅・梅小路駅・京阪電鉄大宮駅において団参到着の体制がとられた。梅小路駅は鉄道院が法要のために特設した臨時停車場で、仮設費に四〇万円余りが投じられた。各駅にはイルミネーションを付した歓迎アーチが建てられ、京都市仏教青年会・同仏教婦人会の会員らが団体参拝者を出迎えた。団体列車発着のたびに楽隊の吹奏があり、花火が打ち上げられた。

臨時法務院参拝部に宿舎課が設けられ、輸送課と連携して配分の計画が立てられた。団体配分の実務は、平安中学内に設けられた宿舎係が担当した。門前九三軒の旅館のほか、民家・慈善会財団事務所・本山直轄宿舎（大仲居・下間邸・平安中学・本山役員宿舎）が宿舎にあてられた（『遠忌大観』）。

大挙伝道　法要にあたっての伝道活動は「大挙伝道」と称された。仏教大学内に布教本部が置かれ、精力的な活動が展開された。伝道組織は布教使によって総班が編成され、これに学生総班が加わるかたちで全体が構成されていた。

第一期法要においては布教使総班七か班と仏教大学学生総班二か班、第二期法要においては布教使総班二六か班と仏教大学学生総班二か班および東京と京都の他大学生による学生総班一か班が加わり伝道活動がおこなわれた。

本願寺境内においては阿弥陀堂および御影堂前の掛出・虎之間、市中においては総会所・淳風会館・光瀬寺・真徳寺・蓮光寺・明覚寺・名声寺・妙順寺・西光寺および大谷本廟・山科別院に法義示談所が置かれた。また学生総班による天幕伝道・慰問伝道・路傍伝道は活況を呈した。

天幕伝道は、本願寺門前広場・大谷本廟前・三十三間堂北等に天幕を張り、伝道場とした。宿舎慰問伝道は、団体参拝者の宿舎を訪ね、遠路の疲れを慰めつつ伝道するものであった。布教使・女教士・学生の布教・婦人会会員が出張しておこなった。路傍伝道は街頭に出ての伝道活動で門前町を中心に市内各所でおこなわれた。また遊履伝道という一所に留まらない形式もとられた。ほかにも「幻灯」を用いる講話が妙順寺・山科別院・

学生による天幕伝道

六角会館で開催された。

梅小路駅と京都駅では、団体参拝列車の着発にあわせて布教がおこなわれた。連枝や連枝夫人らもこれにあたった。団体が帰郷する際の乗車前の時間には告別伝道がおこなわれたほか、団体参拝者が通過する東京・大阪・門司・米原にも出張して伝道活動が展開された（『教海一瀾』第四八五号・『遠忌大観』）。

お斎接待の様子

参拝者の接待　参拝者に対する接待は、仏教婦人会連合本部・京都と各地の婦人慈善教会が中心となって、接待要員約五〇〇名が動員されておこなわれた。一般門徒参拝者のうち、希望者には虎之間でお斎接待が、飛雲閣においては茶菓接待がなされた。お斎は、法要が営まれる日は午後七時から、あいまの日は午後三時から出された。また来賓の接待は、黒書院・白書院・鴻之間でおこなわれた。

その他本山勘定方と護持・慈善・共保の各財団評議員およびこれら三財団へ一〇〇〇円以上寄付した会員らも、来賓として接遇された。二期にわたった法要期間中の来賓者総数は二五〇〇名とされる。なお、宗教関係者以外の来賓者のなかには、桂太郎総理大臣や後藤新平逓信大臣ら政治家の姿もあった。

記念出版物　大遠忌に当たっての刊行広報活動について、臨時法務院のもとで大遠忌日報社という担当部署が設置された。『大遠忌日報』は、明治四十四年三月十日から四月二十日まで日刊で発行され、四〇号を数えた。日報社刊行の記念出版としては、写真をまじえて法要の実況を収めた『大遠忌写真帖』、宗祖四五〇回大遠忌の様子を描いた『大遠忌絵巻』が刊行された。

団体参拝者の記念品として宗祖自筆『唯信鈔』と『善信聖人絵』の一場面を影印印刷して額装用にしたものや、赤松連城・前田慧雲《まえだえうん》・藤島了穏《ふじしまりょうおん》の法話を収めた記念小冊子『遠慶宿縁』が配布された。その他、宗派内外から数多くの記念出版物が編集刊行された。とくに興教書院や顕道書院・蔵経書院などの京都の仏教書肆の活動はみるべきものがあった。大遠忌の厳修が、事典・叢書はいうに及ばす、一般向け書籍なども含めた仏教関係の出版が活発化する契機となった。

またこの時期、近代歴史学の方法によって宗祖の行状を解明しようとする研究も進展をみた。明治三十年代より東京帝国大学の辻善之助《つじぜんのすけ》らによって宗祖関連史料の調査が進められていたが、それらの成果をうけた実証的研究が宗派内外で発表され、世に問われるようになった。長沼賢海《ながぬまけんかい》「親鸞聖人論」（『史学雑誌』二一―三〜一二　明治四十三年）などはその例であった。このような潮流は、本願寺や教団において地道な史料調査・編纂事業が進展する契機ともなった。

満座消息　第一期法要の満座にあたって鏡如宗主は参拝者に親示を下し、二期にわたった法要の全日程が終了した四月十七日には満座の消息が発布され、鴻之間において披露された（『本山録事』明治四十四年五月一日）。

宗祖大師ノ大遠忌ハ一宗重大ノ式典ナリ、余幸ニコノ勝縁ニ値ヒ、巨万ノ同朋ト共ニ二期ノ法要ヲ修了セシコト喜ヒ之ニ過キス候、然リト雖モ若シタヽ一時ノ盛況ニ止リテ、将来ノ発展ニ資スルナクンハ、報恩謝徳ノ真意ニ副フヘカラス、是レ深ク意ヲ留ムヘキ所ナリ抑大師ノ一流ハ教義真俗ニ亘リ、利益現当ニアマネシ、其真諦ハカネテ申示ス如ク、具縛ノ凡夫如来ノ願力ニヨラスンハ、イカテカ生死ヲ出離スルコトヲ得ン、故ニ一向ニ弥陀ニ帰シ一心ニ本願ヲタノミ、毫末モ自力ノ妄計ヲマシヘサレハ、往生ハ仏ノ方ヨリ治定セシメタマフ、コノ信決定ノ上ヨリハ、行住坐臥ニ称名相続シ広大ノ仏恩ヲ念報シ奉ルヘシ、俗諦ニ於テハ王法ヲ本トス、ツラ〳〵方今ノ世態ヲ観スルニ、貧富日ニ遠サカリ互ニ軋轢ヲ醸シ、邪見熾盛ニシテ動モスレハ常道ヲ逸ス、是レ深ク恐ルヘキ所ナリ（下略）

七　宗祖六五〇回大遠忌記念事業

営繕事務規程　六五〇回大遠忌の記念事業においては、堂舎建築について本格修復がおこなわれず、若干の修理等がおこなわれた。明治四十年（一九〇七）五月、営繕事務規程及び営繕委員職制が初めて制定された（「教示第十八号」・「教示第十九号」『本山録事』明治四十年五月十一日）。

営繕事務規程第一条によれば、この規程は「本山・本廟・別院・本山説教所・本山立学校及其他本山管轄の土地・営造物・家屋の営繕」についてのもので、ここでいう営繕とは、「新営・修理・裁撤」（同第二条）のことであった。この規定によって、これ以後経費が一〇〇円を超える営繕は、営繕委員の管掌のもとに進捗を図ることとなり、営繕委員は、工事設計書・経費仕訳書・配置書・外面図・平面図・断面図等を本山執行に提出することが義務づけられた。営繕委員の職制は、委員長の他に事務委員三名、技術委員三名が、本山稟授以上の職員で構成する体制がとられた。この職制に基づき、委員長には執行長があたることとなった。後述の大遠忌記念にかかる営繕事業も、この規程に基づいて執りおこなわれた。

大谷本廟の営繕　明治四十一年四月の大谷本廟大遠忌予修法要を厳修するに先だって、諸種の営繕工事がおこなわれた。大谷本廟はこれ以前、慶応三年（一八六七）の出火により、二天門周辺の仏殿・対面所・奥書院・輪番所・納骨堂などを焼損していた。その後仏殿と奥書院は再建されたものの、いまだ全面的再興には至っていなかった。

諸施設の工事については、越本長三郎（鵜飼長三郎）技師と松室成貞技手に工事監督が委嘱された。明治四十年七月二日より八月二日にかけて、聴聞所と輪番所についての撤去工事がおこなわれた（『教海一瀾』第三七一号・第三七五号）。

対面所一棟の（大工棟梁雑賀長三郎）新設工事は、十一月一日より始められた。十二月十五日に立柱式が、翌年一月二十日に上棟式がおこなわれた。対面所は、桁行八間梁行一一間、木造平屋建、本瓦葺、入母屋《いりもや》舟肘木造《ふなひじきづくり》で、正面中央には登り高欄を付した階段が設けられた。室内は七室に分けられ、御座所は一〇畳敷で折上格《ごう》天井、三尺二間の床の間が設けられた。対面所は二四畳敷、客室は一二畳敷、読経室は一八畳敷、事務室は一八畳敷、受付室は一八畳敷で、各室の天井はいずれも猿頬《さるぼお》天井とされた。仏間は桁行一間梁行三間で、平格天井であった。

聴聞所一棟（大工棟梁柴田留次郎）は、桁行二間梁行五間の中二階建本屋に、一間三間の葺卸を付設し、屋根は入母屋桟瓦葺で、階上には八畳二間を設け、階下を物置とした。

また、手水屋形一棟（本瓦葺二軒造、虹梁《こうりょう》・桝組付《ますぐみつき》）や仏殿から対面所に至る二棟の廊下、対面所から台所に至る廊下、御成殿より対面所に至る廊下、対面所南脇より御廟南脇に至る延長一〇〇間以上にも及ぶ長押塀、車寄が新設された（『教海一瀾』第三九〇号・第三九四号・第三九九号）。さらに連枝墳墓の南に墓地が拡張・新設された（『教海一瀾』第四〇六号）。

祖廟・拝堂については、屋根の総葺替、宝珠の新調、彩色が、また拝堂両脇欅塀の屋根銅板の張替えなどがおこなわれた。その他、大門の屋根葺替え、太鼓楼・鐘楼・茶所・蓮池などの修繕がおこなわれた。また大門前の石段や五条坂前道路より眼鏡橋を経て大門石段下に至る敷石の敷替え、眼鏡橋東からの御成道の整備、境内敷石の敷替え、建物内部の畳・障子などの建具・飾金具の修理・調整などもおこなわれた（『教海一瀾』第四〇六号）。

これより以前、明治十三年（一八八〇）明治天皇より寄進を受けた大宮御所御黒戸《おくろど》は、仏殿裏に移築されていた。しかし、大遠忌法要に際して敷地が狭隘であったので、御黒戸が一時的に撤去され、拝堂前を一一〇〇坪余に拡張して、豆砂利を散布した（御黒戸は四十四年一月、現在地に再営）。また、参拝者の便宜を図るため、拝堂前庭の北の築地塀に二か所の穴門が設けられ、修復・移転された二天門北側にも新たに通用門が設けられた（『教海一瀾』第四〇六号）。

『仏教大辞彙』の編纂　明治四十年七月、大遠忌記念事業として仏教大学に『真宗大字彙』の編纂が命じられた。学長薗田宗恵が編纂所長を兼務し、仏教大学関係の学者一〇数名によって編纂が開始された。かつて五〇〇回大遠忌には『真宗法要』が編纂され、六〇〇回大遠忌には『真宗法要典拠』が校刻されていたことから、この事業の発足はその先例を承けたものであった。

当時、一般学術の面で諸種の辞典が編纂されていたが、仏教関係の辞典はごく簡略なものや分野を限ったものしか存在しなかった。本願寺は初め六号文字約四〇〇〇頁の辞典編纂を予定し、仏教大学で真宗の聖教類に精通した教員が参加して、一年半の期間にその編纂を終えることを予定していた。しかし本願寺の要望する辞典の内容は、真宗の教義・儀式・地理・歴史・紀伝・名蹟・制度・学事・僧侶に加えて、仏教の一般知識などを広範囲にわたって収録することであったので、短時日にその完結をみることは不可能であった。

『仏教大辞彙』

明治四十一年四月に仏教大学講堂に編纂室が設けられ、編纂事業が進められていたが、本願寺の要望を受けて計画が変更され、広く仏教に関する事項をあまねく収録することとなった。編纂事務所は東京に移され、事業発足から七か年の歳月を経て、『仏教大辞彙』と題して刊行された。大正三年第一巻が刊行され、大正十一年に全三巻（四三六二頁）が完結し、その後版を重ねた。立項された項目二万三〇〇〇、挿図一五〇〇、仏教に関するもの一切を網羅した。

飛雲閣の修理　飛雲閣は、明治三十五年に隣接する興正寺からの出火があり、類焼はまぬがれてはいたが、そのとき破損状況の詳細な点検がなされていた。その結果、経年による諸所の破損がはなはだしいことがわかり、修理の必要が認識されていた。そこで経費二万二〇〇〇円を費やして明治四十一年十二月から飛雲閣の修理がおこなわれ、四十三年三月初旬にこれを完了した。建築用材については、檜材は名古屋御料局より払下げを受けた。京都府技師亀岡末吉監督のもと、同土肥藤助が現場主任となり、修理が進められた。（『教海一瀾』第四六六号）。

八　広如・明如両宗主の年忌法要

明如宗主七回忌　明治四十一年（一九〇八）十一月二十七日、明如宗主七回忌法要を、翌四十二年四月十一日から十八日まで修する旨が告示された（「告示第二十四号」『本山録事』明治四十一年十一月二十八日）。四十二年一月十六日には直諭が出され、明如宗主の遺徳を讃えるとともに、多くの人が本願寺ならびに大谷本廟へ参拝するよう求めた（『教海一瀾』臨時増刊号第一号）。

団体参拝を初めて受け入れたこの法要では、御影堂前面に奥行一五間、横三〇間の掛出《かけだし》や虎之間前面の掛出、木柵による団体参拝者用の通路が設けられた係員を七部に分け、それぞれ徽章（色の異なるリボン）を制定して、参拝者の対応に当たった。仏教婦人会連合本部員ならびに婦人慈善会員による参拝者接待所が阿弥陀堂前に、その他、新聞記者の休憩所、救護所なども設けられた。

法要は、毎夕座には五会念仏作法、朝座は例時作法でおこなわれ、特に十五日夕座は大師影供作法、十六日朝座は報恩講作法でおこなわれた。鏡如宗主による縁儀もあり、各地よりの出勤僧侶は毎座三〇〇名以上にのぼった。

鴻之間では、明如宗主ゆかりの品々（宗主依用の袈裟・法具・染筆一行物・日記・詠草など）が陳列され、書院とともに公開されたほか、明如宗主が亡くなった耕作之間も一般公開された。

門前町では、家ごとに本山旗（菊崩し紋）・松・紅提灯の飾りを付け、両堂門前の公園（風致園）および堀川七条、台所門七条の辻（七条猪熊）には本山旗の大旗、または五色の吹き流しが掲げられた。

帰敬式は、十二日より十九日までの毎日、午前・午後の二回おこなわれ、その受式者の総数は三万余名であった。団体参拝者ならびに参拝証所持の参拝者には、記念品として明如宗主の和歌短冊、記念写真帖などが一七万五〇〇〇余点、また出勤僧侶には明如宗主の『仏会紀要』が交付された。その他、施本として『青年の修養』・『仏教と婦人』・『慈善のす丶め』・『団体参詣者慰問』・『明如上人』・『婦人と慈善』など、総数一〇数万部が刊行された（『教海一瀾』第四五八号）。

十八日の法要満座にあたっては、満座の消息が発布・披露され（『教海一瀾』第四五八号）、また鏡如宗主らにより「春懐旧」の題で詠まれた法楽和歌が影前に供えられた（『教海一瀾』第四五九号）。十一月には、法要の記念写真帖である『同心帖』が本願寺執行所より刊行された（刊記）。

明如宗主一三回忌　大正四年（一九一五）四月に明如宗主の一三回忌法要を修するに当たり、同年一月一日に臨時法要事務所職制を発布し、同月四日に同事務所を開設した（「甲教示第二号」『本山録事』大正四年一月十八日）。そして一月十三日、六雄《むつお》沢慶《たくけい》管長事務取扱は法要御待受の垂示を出した（「御垂示」

『本山録事』大正四年一月十八日）。その二日後、利《かが》井《い》明朗《みょうろう》執行長はこの垂示の披露と趣意演達のため、二月から全国への使僧の派遣を達した（「甲達第二号」『本山録事』大正四年一月十八日）。

法要を迎えるにあたり、五柳之間・耕作之間・黒書院の修繕をおこなうとともに、両堂の畳替え（『教海一瀾』第五八三号）、門前庭園（本願寺門前の御前通から北小路に至る二間幅）に植木や芝生の植付け、各所屋根の修繕工事等を計画した（『教海一瀾』第五八二号）。

また、特に岐阜教区では全国末寺各組の出勤僧侶を収容する集会所の新築寄進を決議した。阿弥陀堂の北、護持会財団の西にあたる空地に、三万円を投じて、間口一八間・奥行八間半の集会所を建てることになった（『教海一瀾』第五八〇号）。集会所は、六月四日に上棟式を挙行し（『教海一瀾』第五八七号）、九月二十六・二十七日に落成法要を修行した（『教海一瀾』第五九三号）。

明如宗主十三回忌法要（『明如上人十三回忌記念帖』より）

法要は、大正四年四月十一日から十八日まで修行された。全国各地からの団体参拝は二〇四組、五万四一七四人を数え、出勤僧侶は毎座八〇〇人（『教海一瀾』第五八四号）、収支予算は二六万九〇〇

○円に達した。
　また、一月二十八日には、香儀を次のように定めた（「甲達第三号」『本山録事』大正四年二月一日）。

別院	金十五円	脇之間	金六十五銭
別格別院	金六円七十銭	外陣列座	金三十五銭
別格寺	金五円	平僧	金十五銭
内陣上座一等	金三円五十銭	末寺支坊	所属寺堂班二分ノ一額
内陣上座二等	金二円七十銭	前住職及副住職	各堂班二分ノ一額
内陣本座一等	金二円	堂班許可ノ衆徒	各堂班二分ノ一額
内陣本座二等	金一円七十銭	堂班未許可ノ衆徒	進納額随意
内陣列座	金一円三十銭	両山兼末寺	総テ二分ノ一額
余之間	金一円		

　法要に合わせて、明如宗主ゆかりの品々が五柳之間に展示されたほか、明如宗主が亡くなった耕作之間が公開された（『明如上人十三回忌記念帖』本派本願寺執行所　大正四年）。また、法要にあたり、二月十四日には異安心処分者の恩赦もおこなった（「甲教示」『本山録事』大正四年二月十五日）。

明如宗主一七回忌　明如宗主の一七回忌法要は、大正八年四月十一日から十八日まで修行された。

法要を修するにあたり、一月四日に垂示を出し、「門末ト倶ニ師恩ノ万一ニ応ヘンコトヲ期ス」とした（『御垂示』『本山録事』大正八年一月十八日）。垂示は、一月十三日に披露され、同日には弓波瑞明が、翌十四日と十五日には赤松連城が、それぞれ垂示の趣意演達をした。また垂示の趣意演達のため、各教区に向けて使僧を派遣し、その数は一月十三日から二月二十一日の間までで一二二名に達した（『教海一瀾』第六三四号）。

法要の準備は、臨時法要事務所を開設して進められた。両堂・各書院の畳替え、滴水園内の澆花亭・胡蝶亭の修繕などをおこなった（『教海一瀾』第六三五号）。また、法要にあわせて四月十九日には婦人会大会が開かれた（『教海一瀾』第六三六号）。全国各地からの参拝は六二〇団体・一八万六〇〇〇人・出勤僧侶一万六〇〇〇人にも及んだ（『中外日報』大正八年四月二十日）。

また、法要に際して香儀ならびに懇志の進納者には、御扱品が配られた。御扱品として用意されたのは、菓子・扇子・念珠・『明如上人御消息集』の四品で、これらが進納の多寡に応じて配られた。また、非公開であった明如宗主ゆかりの伏見三夜荘の公開を許可した。

三夜荘（『明如上人十三回忌記念帖』より）

広如宗主五〇回忌

武田沢心《たけだたくしん》管長事務取扱は、大正九年一月六日に垂示を出し、そのなかで広如宗主の五〇回忌法要を四月に執りおこなうとした（「御垂示」『本山録事』大正九年一月二十一日）。また同日には臨時法要事務所職制が定められ（「甲教示第一号」『本山録事』大正九年一月二十一日）、さらに一月十日より竹檜之間に臨時法要事務所が開設された（「告示第一号」『本山録事』大正九年一月二十一日）。そして同月十四日にも垂示を出し、それを晨朝に引き続き鴻之間で披露した（「御垂示」『本山録事』大正九年一月二十一日）。そこでは、広如宗主の事績を讃え、世界大戦の余波を受けて社会道徳や民衆の心性が不安定となった現状に対し、忠君愛国と社会福祉に益々邁進するように求めた。

一月十五日、垂示披露と趣意演達のために各教区へ使僧を派遣することとし（「甲教示第二号」『本山録事』大正九年一月二十一日）、さらに香儀を定め、堂班未許可の衆徒については金一〇銭とし、それ以外は明如上人一三回忌と同額とした（「甲教示第三号」『本山録事』大正九年一月二十一日）。

大正九年四月二十五日から五月二日まで広如宗主五〇回忌法要が修された。法要に際しては、京都市電の車両に本山定紋の菊崩しと市電記章を赤で染め抜いた小旗を交差させて運行した（『教海一瀾』第六四八号）。また、活発であった団体参拝については、「本月は鉄道院に於て団体を絶対に謝絶せるにも拘らず、六条境内の各旅館は法要中遠くは朝鮮、樺太、台湾より隊をなし伍をなして、上人の遺徳を偲び絡繹として祖堂に詣する者、法要期間中の延人員は実に二十七万人に上れり」などと報じられた（『教海一瀾』第六四八号）。

本願寺は、竹檜之間における法宝物五〇余点の陳列や記念講演会、法要示談、宿舎を訪問しての布教など、数々の記念行事を催し、布教活動を展開した。特に法要記念出版として、真宗教義と本願寺の歴史を叙述した『教義と歴史』を刊行したほか、施本伝道の試みとして、鈴木法琛《すずきほうちん》勧学の『広如上人御遺訓御消息講話』を三万部施本し、また『聖典抜翠』と題する甲乙両冊の小冊子を三〇万部印刷した（『教海一瀾』第六四八号）。

五月三日には鴻之間において満座の垂示が発せられた（「御満座御垂示」『本山録事』大正九年五月十五日）。八日に、臨時法要事務所を閉鎖した（「甲教示第七号」『本山録事』大正九年五月十五日）。

「米国羅府在住邦人ノ祖廟参拝団」
（『明如上人二十五回忌御法要記念写真帖』より）

明如宗主二五回忌　昭和元年（一九二六）九月二十一日、大谷尊由《おおたにそんゆう》管長事務取扱は、翌年の明如宗主二五回忌法要にあたり垂示を出し、十月一日には臨時法要事務所職制を発布して事務所を設けた（「御垂示」・「甲教示第十二号」『本山録事』大正十五年九月三十日）。翌二年二月六日には臨時団体参詣本部規程を出して、臨時団体参詣本部を設置して、法要の準備を進めた（「甲教示第四号」『本山録事』昭和二年二月二十八日）。

法要を迎えるにあたり、百華園中之島に茶席・休憩室・付属待合室などをしつらえ、浪之間屋根は葺き替えた。白書院白洲の北能舞台は文部省の許可のもと大修理を加え、芙蓉之間北には鉄筋コンクリートの便所を新築した。他にも耐震対策を重視した修繕が進められた（『教海一瀾』第七二九号）。

明如宗主二五回忌法要は、昭和二年五月一日から八日にかけて修行された。この法要に際しては、全国各地からの参拝に加え、アジアの各地、さらにはアメリカやハワイからも参拝者があった。参拝者は延人数で約三〇万人を数えた（『教海一瀾』第七二九号）。

法要期間中、特に参拝者の耳目を集めたのは、五月一日の大阪朝日新聞社による飛行参拝で、本願寺上空を低徊飛行し、金銀五彩の蓮華五万枚、「明如上人の御法要を迎へ奉る」と題した青黄赤白紫の五彩のパンフレット一〇万枚を撒布したことである。ほかにも、舞楽、法宝物展観、ラジオ放送、特別講演、布教伝道、映画班伝道、学生仏教徒大会、団参慰安会等も催された（『教海一瀾』第七二九号）。

また、五月七日には、大谷本廟の墓前で宮内省から策命使の町尻良弘が派遣され、明如宗主の功績を讃え、従一位を贈位する策命の儀が執りおこなわれた。派内一般に向けて出された「告示第五号」には、次のように記されている（「告示第五号」『本山録事』昭和二年五月二十五日）。

今般　特旨ヲ以テ信知院殿へ左ノ通御贈位アラセラレタリ

昭和二年五月一日

執行長　大谷昭道

（左記）

故正二位伯爵　大谷光尊

特旨ヲ以テ位階追陞セラル

故正二位伯爵　大谷光尊

贈従一位

右之通本日宣下相成候条此旨及二伝達一候也

昭和二年四月三十日

宗秩寮総裁子爵　仙石政敬

伯爵　大谷　照殿

『明如上人伝』等の編纂　法要の記念事業として、大正十五年七月五日、明如上人伝記編纂所が開所された（「甲教示第七号」『本山録事』大正十五年七月三十一日）。同月、明如上人伝記編纂の委員長に前《まえ》田《だ》慧雲《えうん》が任命され、また編纂主事・委員に高島浩円・禿氏祐祥・佐々木慶成・西光義遵・上原芳太郎らが任命されて（「任免辞令」『本山録事』大正十五年七月三十一日）、明如上人伝記編纂所編『明如上人伝』が法要初日の昭和二年五月一日に刊行された。『明如上人伝』の編纂を担った上原芳太郎は、同日に『楳《ばい》憁《そう》余《よ》芳《ほう》』を護持会財団から刊行した。そして、八月と十一月には室内部が『明如上人日記抄』（前・後編）を刊行した。他にも記念事業の一環として、昭和九年二月に法式調査会が津村雅量編輯『法式紀要』を出版して、明如宗主の遺徳を讃えた。

九　立教開宗七〇〇年記念法要

立教開宗の垂示　大正十一年（一九二二）一月十六日、大谷尊由《おおたにそんゆう》管長事務取扱は、宗祖の立教開宗に関して垂示を出した（「御垂示」『本山録事』大正十一年二月二十二日）。

謹ミテ浄土真宗ノ源流ヲ尋ヌルニ、忝クモ宗祖聖人化跡ヲ日域ニ垂レ、在家示同ノ宗風ヲ開キ、五乗斉入ノ大道ヲ顕示シタマヒシニ濫觴ス、（中略）元仁元年甲申ノ暦広ク一代蔵経ノ肝腑ヲ探リ、大聖興世ノ本懐タル大無量寿経ノ宗致ヲ開闡シ、教行信証文類六軸ヲ撰述シテ浄土真宗ノ玄規ヲ定メ給ヘリ、コレニヨリテ古ヨリ此歳ヲ以テ立教開宗ノ紀辰トス、（中略）明年ハ恰モ星霜正ニ七百歳ニ相当レリ、乃チ此ノ佳辰ヲ期トシテ宗祖開宗ノ素懐ヲ顕彰シ、旧習ヲ洗除シ以テ浄土真宗ノ面目ヲ発揚シ、進ミテハ妙教弘布ノ新運ヲ拓カハヤト念願ノ至リニ候

大谷尊由はこのように述べて、大正十二年四月十五日から二十一日に立教開宗七〇〇年記念法要を厳修するとした。

明治九年に真宗四派により定められた宗規綱領には、「宗祖親鸞年五十二、常陸国稲田ニ在テ、『無量寿経』ニ依テ浄土真宗ノ名ヲ立テ、『教行証文類』ヲ作ル、是ヲ立教開宗ノ本書トス」と明記さ

れている（「宗規綱領」『真宗史料集成』第十一巻 同朋舎 昭和五十年）。宗祖親鸞聖人の主著『教行信証』の著述年時は「化身土巻」に元仁元年（一二二四）の年紀がみえるので、この年をもって算出すると、大正十二年が七〇〇年に相当する。

記念調査会の設立　これより先、大正十年八月、開宗記念調査会を設立、委員に福井瑞華・転法輪公美・長尾雲龍・津村雅量・吉村成覚・高木俊一・後藤澄心・千葉康之・花円映澄を任じ、記念事業に関する方針を審議した。大正十一年二月開催の第五十五回定期集会では、記念事業には一般門末から一〇〇万円の懇志を募って記念法要・記念出版・記念伝道・諸事業に充当することを決めた（『教海一瀾』第六六九号）。また、三月一日には、立教開宗七百年記念慶讃事務所職制を定めた（「甲教示第一号」『本山録事』大正十一年三月二十五日）。さらに三月九日には立教開宗七百年記念伝道部規程を発布し、準備に着手した（「甲教示第二号」『本山録事』大正十一年三月二十五日）。

また、三月一日には竹檜之間で布教使会を開催し、この法要の垂示ならびに趣意演達のために全国各教区に布教使を派遣するための打ち合わせをおこなった。

そして、本願寺派では法要に際して次のような伝道計画をたてた（『教海一瀾』第六七〇号）。

一、臨時布教　全国各主要都市に本部より直接布教使二名を派遣し、是れに地方布教使を参加せしめ講演会を開催す、此回数百四十一回、総延人員四百二十九名

一、巡回布教　全国を五部に頒ち、本部直属布教使一名に地方布教使二名を加へ、壱組二ケ所

の予定にて布教宣伝せしむ、此巡回日数九百〇《（ママ）》四日、布教使総員二千七百十二名

一、文書伝道　簡易聖典、浄土真宗、信徒心得、立教開宗、親鸞聖人、開宗記念、寺族心得等の冊子を編纂配付す

一、活動写真　六班に頒ち、一班を特別班とし四月上旬より各主要都市を巡回公開し、他の五班は来る七月一日より全国壱千ケ所に於て公開す、映画種目は稲田の草庵・本光坊の殉教、本山直属学校等の実写、山立京都女学校の運動会、其他教育映画

一、地方布教　伝道部直属以外の布教使をして地方布教班を組織せしめ、巡回布教、臨時布教活動班の布教期間外に於て伝道せしむ

右の計画によって大正十一年七月から十二年三月まで全国を巡回し、宗祖立教開宗の意義を伝えることになった。巡回に先立って、四月十日に京都岡崎公会堂で活動写真班による活動写真の第一回公開が試みられた。午後七時に開会してから入場者はおよそ五〇〇〇人に及び、当夜は盛況で、階上から階下まで多くの人びとが押し寄せた。特に、映画『稲田の草庵』の上映時には、親鸞聖人の在世当時を追想する念仏の声が解説を中止させるほどであった（『教海一瀾』第六七〇号）。

こうした映画の上映は、当時の最先端のメディアを活用した伝道活動であった。映画は伝道部が特に牧野教育映画製作所に依頼して、『稲田の草庵』（二三〇〇フィート）・『本光坊の殉教』（三七〇フィ

ート）・『光りに浴して』（二三五〇フィート）・『女学校の運動会』（四〇〇フィート）・『英皇太子の御来山』（三〇〇フィート）・『宗祖降誕会』（五五〇フィート）などを作成させた（『教海一瀾』第六七三号）。宗祖を題材にした映画は、東西本願寺以外でも製作されており、東西本願寺が公認しない映画が「東西本願寺公認」と銘打って宣伝・興行されることもあった（『教海一瀾』第六七二号）。

寺族と門信徒の心得　大正十一年六月十五日、大谷尊由管長事務取扱は、立教開宗七〇〇年を迎えるにあたって寺院及び門信徒の心得を説いた垂示を出した（「御垂示（寺族一般へ）」・「御垂示（門信徒一般へ）」『本山録事』大正十一年六月二十二日）。寺族に対しての垂示では、次のように述べた。

一、一子ノ如ク憐念シマシマス如来衿哀ノ大悲ヲ仰キ、仏祖崇敬ノ誠ヲ致スヘキコト

一、行住坐臥、大悲摂護ノ下ニアルヲ思ヒ、念々称名常懺悔ノ上ヨリ一身ノ修養ニ努ムヘキコト

一、ヒトシク白毫ノ恩賜ニハク、マル身ナレハ、寺族互ニ敬愛シテ協和推譲、他ノ模範タルヲ期スヘキコト

一、門徒ハ仏祖ノ御預リモノナレハ、親疎ヲ分タス、常ニ法義ヲ勧奨シテ教化ヲ翼賛セシムヘキコト

一、スヘテノ人ハイツレモ有縁ノ同朋ナリト心得、努メテ仏縁ヲ結ヒ、常ニ法味ヲ愛楽セシムヘキコト

また、門信徒に対しては次のように述べた。

一、フカク如来ノ本願ヲ信シ、光明摂取ノ勝益ヲ喜ヒ、言行ヲツ、シミテ一身ノ修養ヲ怠ラサルコト
一、法味愛楽ノ上ヨリ家族互ニ敬愛シ、一家ノ和楽ヲス、ムヘキコト
一、国家覆護ノ恩ヲ仰キ、オノ〳〵職業ヲ励ミテ国運ノ発展ヲ資クヘキコト
一、衆生共存ノ大義ニモトツキ、自他相扶ケテ社会奉仕ノ誠ヲ尽クスヘキコト

このように、法要を迎えるにあたり、寺族と門信徒の信仰と生活態度にそれぞれ心得を促した。前者に対しては宗教的自覚を強調し、後者に対しては現実生活のなかでの具体的な規範を説くところに力点の相違があるが、こうした形態で寺族と門信徒に垂示を出すこと自体が特異なことであった。

本願寺は、宗派外に向けて、社会的地位の向上・地方文化の啓発を企図し、寺院を社会に開放する種々の施策を打った。具体的には、信仰相談会の常設・日曜学校の増設・青年の教化・人事相談・託児・児童遊園施設の設置等を計画した（『教海一瀾』第六八一号）。

記念事業　本願寺の記念事業のうち、建造物としては奉仕局（香房）本館の改築があった。改築は、建坪六四坪余に鉄筋コンクリートでカーテンウォール式の二階建とし、総工費が五万八八〇〇余円

であった（『教海一瀾』第六八一号）。このほか、虎之間前仮屋・御影堂畳敷の拡張・スロープの設置・唐門屋根葺き替え・竹檜之間の大修繕・両堂木口塗り・大仲居ならびに膳所の竈改築移転・大仲居土間床張・各所の壁の塗り替え修繕・防火栓の新設等をおこなった（『教海一瀾』第六八一号）。

なお、法要記念として本願寺所蔵の『教行信証』影印本をコロタイプ版で刊行し（『教海一瀾』第六七一号）、記念衣体を制定した（『教海一瀾』第六八一号）。

各派の法要　本願寺派に限らず、高田派を除く真宗各派では、立教開宗七〇〇年記念法要が厳修された。大谷派は四月九日から十五日、興正派は十一日から十七日、木辺派は十四日から十八日、佛光寺派は十五日から十八日にそれぞれ修した。本願寺は十五日から二十一日までの七日間厳修した。勤行・法話・示談のほか、記念講演・宝物展観・舞楽・活動写真・提灯行列等各種行事が盛大に催された。また、このとき正信念仏偈作法が新製依用された（経谷芳隆「本願寺の声明とその伝来」『仏教史学』二　仏教史学会　昭和二十五年）。

本願寺派の法要では、女教士の講演と高声電話（スピーカー）が参拝者の注目を集めた（『教海一瀾』第六八二号）。

日曜学校教師大会　法要第三日目の四月十七日には、顕道会館で日曜学校教師大会が開かれ、次の宣言と決議がなされた（『中外日報』大正十二年四月十七日）。

宣言

真宗興行の祖縁を讃仰する吾人は、常に人格完成の基本的機関たる日曜学校の普及及発展を計り、進んで日曜日を以て国民的修養日たらしめむ事を期す

決議

一、日曜学校研究の機関を各地方に設くる事
一、日校青年部の発展を計る事
一、日曜学校教師の連絡を計る事
一、既設日校の内容を充実せしめ、更に新設を計る事

本願寺派の日曜学校は、大正天皇即位の礼・大嘗祭に際して記念事業として設けられており、立教開宗法要の段階で一二〇〇余の校数が認可されるに至っていたが、さらなる児童の教化機関設置の活発化が必要だと考えられた（『教海一瀾』第六七一号）。

また、この大会が開催された顕道会館は松田甚左衛門の尽力によって設立された（中西直樹『近代西本願寺を支えた在家信者――評伝松田甚左衛門――』法蔵館　平成二十九年）。法要初日の十五日に開館式をおこない、大谷尊由が挨拶した（『中外日報』大正十二年四月十七日）。

社会事業大会　法要第四・五日目となる四月十八日から十九日の二日間にわたり、社会事業大会が顕道会館を会場に開催された。

この大会は、前月の三月十七日に大谷尊由管長事務取扱の発した社会事業の垂示を踏まえて開催

された。その垂示は、「方今世態激変シテ思想険悪ニ傾キ種々ノ社会問題雑起シテ、動モスレハ世道人心ノ荒廃ヲ来タサントスルノ懼レアリ、此際本宗ノ道俗ハ卒先《ママ》シテ社会ノ改善人心ノ指導ニ任シ、以テ真俗相資ノ実ヲ挙クヘキナリ」（「御垂示」『本山録事』大正十二年三月三十一日）と、社会状況の激変や社会問題が人心荒廃をもたらしているとし、社会改善と人心指導を推進することを求めたものであった。

大会では左記の議題について協議された（『教海一瀾』第六八二号）。

一、本山社会課及び慈善会財団が派内社会事業に対する統轄奨励上最も注意すべき点
二、各寺院住職に社会事業に関する智識を養成普及すべき方法
三、地方寺院の先づ着手すべき社会事業如何
四、児童教化上最も注意すべき事業如何
五、専門的社会事業家の養成方法

また、大会では、「我等は人生共同生活の本義に基き宗教生活の社会化を徹底するは真宗教徒としての急務なりと信ず、爰に立教開宗七百年を迎へたる吾人は今回発布せられたる社会事業垂訓の意を体し、卒先《ママ》して社会改善人心の指導に専心努力することを宣言す」（『教海一瀾』第六八二号）という「宣言書」をまとめた。

布教使大会　法要第六日目の四月二十日には顕道会館で布教使大会が開かれた。これには五〇〇余名が参加し、以下を決議した（『教海一瀾』第六八二号）。

一、地方布教班の編成を完うし、自治的に活動せしむること
二、布教研究の機関を改善し、斯道の発展に資すること
三、青年男女の教化機関を増設し、その発展を計ること

記念事業収支決算　この法要記念事業は、その当初、門末の懇志一〇〇万円の募財を目標にしたが、門信徒の懇志は二四七万円にも上り、その総収入は二六一万円に達した。収支決算の概要は次の通りである（『宗会議事録』大正十三年度第六十三回定期）。

収入
総額　二六一万五二九円八七銭
内訳　門信徒懇志　二四七万九三五三円二七銭五厘
寺院御香儀懇志　三万七一三〇円五八銭
雑収入及利子　九万四〇四六円一銭五厘

支出

総額　二四一万九三二三円六六銭

内訳　事務費　三五万四四六円五銭

本山記念法要費　三三万九〇五〇円四三銭

本山記念事業費　三八万九八八四円四二銭五厘

（本利営繕費一〇万二四四二円五二銭・御真筆本典出版費一万三〇九円五一銭・記念伝道及出版費七万六三九六円五九銭五厘・功労者表彰費一万三六七三円九九銭・各派協同事業費六〇三二一円六銭・宝蔵建設費二万八八〇円・香房改築費六万六九九円五二銭・千代田高等女学校高等科教室建設補助五万円・役宅新築費四万九四五〇円二三銭）

地方記念事業下附金　三〇万三三一八円二〇銭

臨時救災事務所費　四〇万円

帝都教線拡張費、築地別院建築費補助費　三〇万円

会館建設費　八万円

末寺記念事業費未下附金　四万六六八一円八〇銭

羅馬法王庁使節問題費（財務部へ貸付）　三万五八一三円八六銭五厘

土地整理費　一二万一〇七四円九四銭

剰余金　一九万一二〇六円二一銭

満座の垂示

四月二十二日、大谷尊由管長事務取扱は、左記の満座の垂示を出した（「御満座御垂示」『本山録事』大正十二年四月三十日）。

今回稀有ノ宿縁ニ由リ立教開宗七百年記念慶讃法要ヲ修行セシニ、遠近ノ門葉踵ヲ接シテ子来雲集シ此盛筵ニ参詣セラレ、昨日ヲ以テ魔事ナク満座ニ及ヘリ（中略）苟クモ衆生共存ノ大義ヲ忘レス、凡テノ民族ニ当相敬愛ノ金言ヲ守リ、飽マテ社会全般ノ幸福ヲ増進シテ仏所遊履国豊民安ノ経説ヲ実現スルニ努メラルヘシ、千百ノ空論ハ十一ノ実行ニ如カス、各自須ラク勇猛精進真俗ノ施設ニ従事セラレナハ、在家仏教ノ真義ヲ発揚シ、聖人開宗ノ素意ヲ時運ニ適応スル所以ナランカ、一宗ノ道俗呉々モ懈怠ナカランコトヲ念願ノ至ニ候也

なお、この法要を機に、毎年四月十五日を立教開宗記念日として一座法要が修されることとなった。

法要期間の一週間で団体参拝した人数は、「延べ六十万四千二十余人」であった（本願寺史料研究所編『本願寺史』第三巻　浄土真宗本願寺派　昭和四十四年）。また、本願寺派の教務部では、法要の際に好評を博した活動写真を、法要後も継続して重視すべき伝道活動であると考え、教務部に映画布教班を常置することとした（『教海一瀾』第六八三号）。

第八章　国家の諸政策と教団の対応

一　西南戦争と本願寺

西南戦争　西南戦争は明治十年（一八七七）二月に西郷隆盛を中心とする鹿児島県士族の反乱から勃発した。明治初年の士族の反乱としては最大のものである。

征韓論をめぐり西郷隆盛らが官職を辞職した明治六年の政変後、大久保利通・岩倉具視らが政府の主導権を握っていた。鹿児島では士族が私学校を中心に集まり、大久保や政府への批判を強め、西郷はその中心人物に担ぎ上げられていた。鹿児島県令の大山綱良も西郷を支持し、鹿児島県は一種の独立国のようであるといわれる状況を呈した。十年一月、政府はこれを憂慮し、動向調査のため警視庁警察官を派遣し、鹿児島県属廠の兵器・弾薬を移転させた。

このことで西郷側が不信を抱き、さらに政府からの密偵疑惑や西郷暗殺計画疑惑などが発覚すると、政府と西郷らは一触即発状態となった。その結果、西郷は上京を決意し、二月十五日、西郷軍は熊本鎮台へと向かった。明治天皇は同月十九日、征討の詔を発し、西南戦争が開戦した。九月二十四日、政府軍の総攻撃で西郷軍は壊滅した。西郷は自刃《じじん》し、半年に及んだ戦闘が終結した。

大洲鉄然の捕縛　明治に入り鹿児島県において真宗が解禁されると、本格的に真宗僧侶が鹿児島県に入った。しかし先の西郷暗殺計画に関連して、警視らが真宗僧侶に扮し潜入して暗殺を実行するなどの噂が流布したため、真宗僧侶は次々と捕縛された。そのさきがけとして、当時出張所の所長であった大洲《おおず》鉄然《てつねん》以下八名が、二月六日に政府に通じる者との嫌疑をかけられ捕縛された（開教百年史編集委員会編『本願寺鹿児島開教百年史』浄土真宗本願寺派鹿児島教区教務所・鹿児島別院 昭和六十二年）。大洲らはこのとき出獄することができたが、西郷側に嫌疑をかけられたのは、大久保利通や木戸孝允と近しい関係にあったためであった。（小川原正道「西南戦争――日本最後の内戦の中で――」『近代日本の戦争と宗教』講談社 平成二十二年）。

明如宗主の連続巡教　明如宗主は、明治九年八月十五日「東京ゟ北国辺五ケ国計御化導」（「奥日次抄」本願寺室内部編『明如上人日記抄』前編 本願寺室内部 昭和二年）のための巡教をおこない、十二月二十一日に帰京した（「達書第八十四号」『本山日報』明治九年第二十二号）。その半年後の明治十年六月十一日から、再び北越へ巡教している（「奥日次抄」）。この北越巡教後は長野、東京へ向かい、十二月二十六日に帰京した（「達書第百十九号」『本山日報』明治十年第二十五号）。

そして宗主は巡教途中の明治十年八月十九日、「薩州変動ニ付御消息」を九州門徒中に発した。宗主はその消息で「変動」（西南戦争）に際し、門徒は「朝旨ヲ遵守シ法令ニ従順シ」、「聖上（明治天皇イカバカリカ叡慮ヲ悩マセラレ」ているので、門徒は大義をわきまえ名分を誤ることなく「報国尽忠ノ丹誠ヲ抽デ」よと述べている（『本願寺鹿児島開教百年史』）。そして翌日、宗主代理の日野《ひの》沢依《たくえ》を鹿児島門末の布教に派遣した。

日野は八月二十七日、長崎市へ到着し、鹿児島へ着港する予定だったが、西南戦争の難を避けつつ、鹿児島加治木（姶良《あいら》市）へ移った。一〇余日潜伏したが、事態は好転せず鹿児島を脱出して、随行者一二名とともに十四日長崎へ到着した（『本山日報』明治十年第十九号）。そして日野は十月十五日、大阪富田（高槻市）本照寺に帰寺した（「奥日次抄」）。

西南戦争追弔法会　西南戦争の終結をうけて、本願寺は明治十一年二月二十八日、鹿児島の人びとを賑恤《しんじゅつ》するため、同県庁へ金一万円を寄贈した（『本山日報』明治十一年第四号）。続いて四月二十六日から五日間の臨時法会を修した（「西南戦死別時法会之記」史料研保管）。三月八日には法会を修するので、上京して参拝を希望する遺族については、寺務所へ届け出るように末寺僧侶へ達した（「達書第四十号」『本山日報』明治十一年第六号）。

また法会三日目の二十八日には、三好重臣陸軍少将や京都府官僚・警察関係者ら百数十人が参拝した。控室は書院の一之間・二之間・菊之間・雁之間が当てら

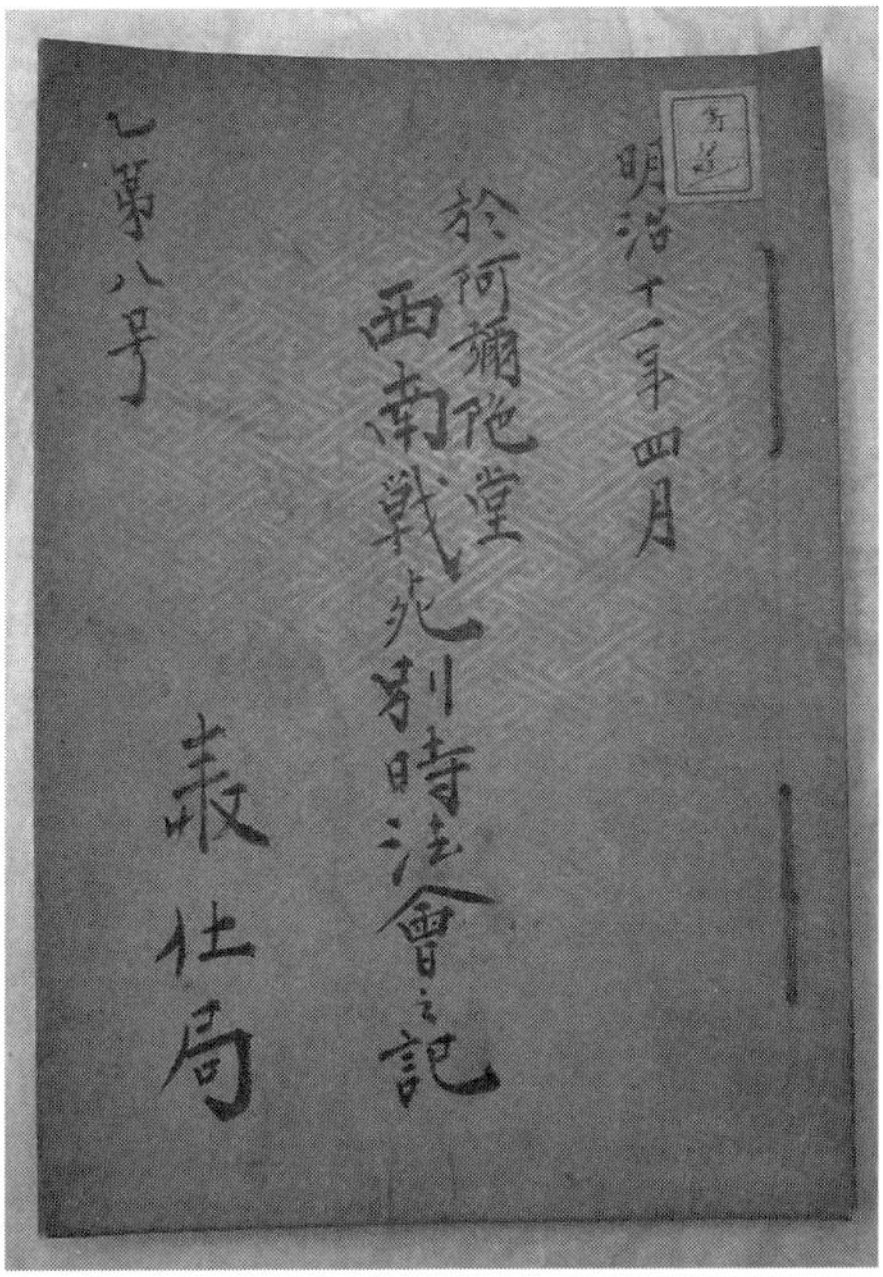

「西南戦死別時法会之記」　史料研保管

れた。また参拝者は供物として、懇志や菓子盛・青物籠などを納めた。この時戦死遺族に対して書院菊之間・雁之間でお斎《とき》が接待された（「西南戦死別時法会之記」）。

さらに同年十一月二十五日には、大津園城寺で西南役戦死者記念建碑法要が修され、明如宗主が参列した（「奥日次抄」）。

姫路での法会へ　西南戦争は一挙に大量の戦死者を出したため、本願寺は未経験の事態への対応に迫られることになった。そのために別時法会を修したり、一括して慰霊しうる記念碑（忠魂碑）建立などの動きへとつながった。忠魂碑建立は明治十一年秋以降に始まった。十二年九月、姫路営所による西南戦争戦死者の記念碑設置について、歩兵第十連隊長の奥保鞏《おくやすかた》中佐の願いにより、臨時法会を修することになり、明如宗主は二十二日に京都を発った（「内事日記」明治十二年九月二十一日条　史料研保管）。記念碑は姫路城内と亀山本徳寺との二か所に設置された（「奥日次抄」明治十二年九月二十二日条）。

石川県と西南戦争　このような動向は真宗門徒の多い石川県でもみられた。なお、西南戦争当時の石川県は、新川県（現在の富山県にほぼ相当）と敦賀県（現在の福井県にほぼ相当）の嶺北地域も編入した地域であった。

石川県では金沢の第七連隊本部と第一大隊から第三大隊までが出兵し、総数二〇〇〇名に達した。戦局の激化にともない、徴兵制下の陸軍部隊のほか、政府軍の要員として約六七〇〇名の警察部隊が派遣された。石川県人の戦死者は、出兵した全兵士の約一割に当たる三九〇余人にものぼった（本

康宏史「明治紀念標の建設」『軍都の慰霊空間』吉川弘文館 平成十四年）。

また、府県別の戦没者数をみてみると、石川県の戦没者は四五七名となっている。この数字は、戦没者のもっとも多い山口県の四八三名に次いでいる。ちなみに東京府が二五〇名、戦場地の熊本県が三六二名であった（靖国神社編『靖国神社誌』靖国神社 明治四十四年・高野和人編『靖国神社忠魂史 西南の役』西南戦争史料集 青潮社 平成二年）。

記念碑の建設　明治十三年になると、名古屋鎮台金沢営所の将校、県庁官吏、宗教家、県民らが共同して、戦死者のための記念碑「明治紀念之標」を兼六園内に造ることになった。

この記念碑とは、二丈四尺五寸の基石の上に、日本武尊《やまとたけるのみこと》の銅像を建設するものであった。銅像建設にあたり、明治天皇から一〇〇円、旧藩主の前田斉泰《まえだなりやす》から七〇〇円、東本願寺から二〇〇〇円の寄付があった。本願寺は標の外回り柵などを寄進した。

こうして明治十三年十月二十六日から三十一日にかけて竣工式兼落成法会（「新築大祭」）が修された。そこには東西本願寺宗主をはじめ、各宗派僧侶および神職が来会した（本康宏史「明治紀念標の建設」）。

明如宗主記念標法会へ　明治十三年十月十三日、宗主は「すまりかね」（耳痛）により病院で診察を受けており（「奥日次抄」）、体調不良で当初この法会に不出仕の予定であった。そのため代理として、十月十六日、日野沢依を石川県へ派遣した（「内事日記」）。

しかし同月十九日に千坂高雅《ちさかたかまさ》石川県令より電報で強く招請があり、翌日、宗主は病をおして石川県へ出立し、法会に臨むこととなった（「内事日記」）。千坂県令はみずからも陸軍中佐として西南戦争に出兵しており、記念碑の法会には深い思いがあった。

なお記念碑の柵外には明如・厳如東西両宗主の歌碑がある（本康宏史「明治紀念標の建設」）。明如宗主は「国の為たて《立》しいさを《勲》は　万代の　すゑ《末》までのこれ《残》　越のいしぶみ《碑》」（上原芳太郎『六華遺音』臨時法要事務所 昭和十年）、厳如法主は「国のためつゆと消ても武士の　なこそ玉とは世にひゞきけれ」と各詠んでいる（羽賀祥二「神社と紀念碑」『明治維新と宗教』筑摩書房 平成六年）。また記念碑の左右にある赤松は「手向《たむ》けの松」と呼ばれ、東西本願寺から戦死者のために手向けられた松と伝える。

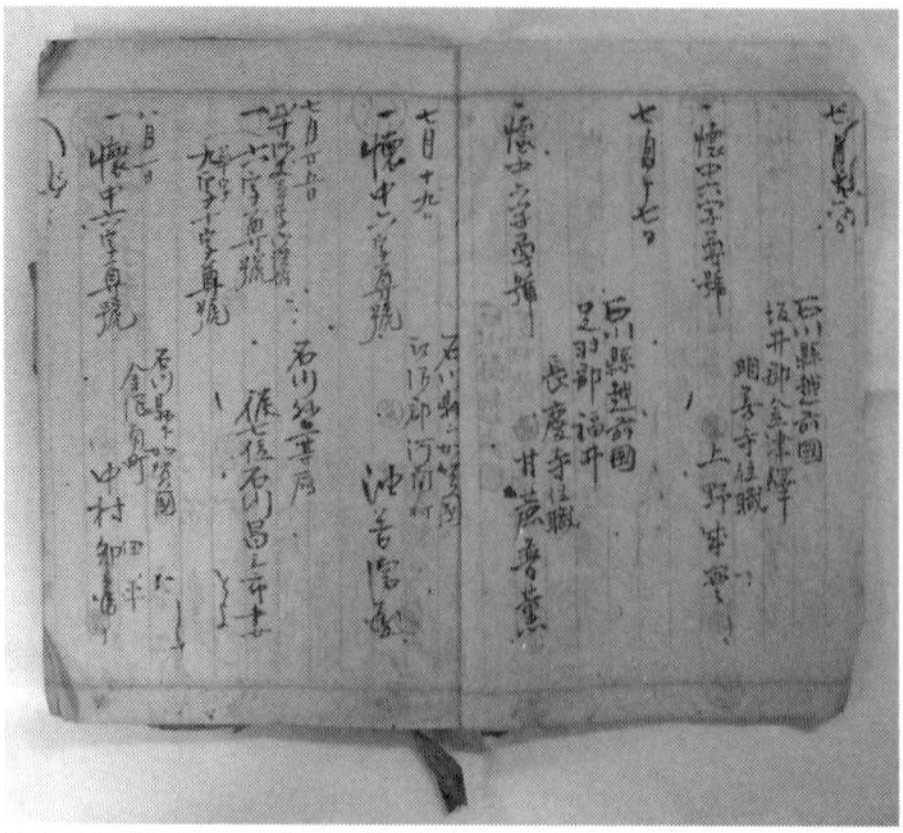

「御染筆上申簿」（明治10年）　史料研保管

西南戦争と懐中名号　懐中名号は、これより以前慶応元年（一八六五）三月に、広如宗主から近江八幡土田村真成寺へ授与した事例が確認できる（「御用向当座留帳」三月二十五日条　史料研保管）。ただ明如宗主が本願寺を継職した明治四年後も記録でみる限り、懐中名号の大量授与はされていない。懐中名号が多く授与されるのは西南戦争である。

明如宗主は明治十年六月十一日、北越巡教をして、長野・東京へと向かい、十二月二十六日に帰京した。宗主はこの下向時に、懇志などを献納して申請した各地の寺院・僧侶・門徒に、諸染筆を授与した。六月十七日に滋賀県高島郡（高島市）の勝安寺住職に「懐中六字尊号」を授与したのを初例として、七月五日からは石川県で授与している。このとき授与された名号は懐中名号が四三点、その他の名号が二三点であり、懐中名号が約二倍になっている。さらに四三点中一九点が、十月十一日に集中して石川県の巡査・警部らの門徒へ授与されている（「御染筆上申簿」史料研保管）。ちなみに西南戦争に際して政府は兵力補充のため、士族から人を募り、巡査として戦地へ派遣した。これを徴募巡査という（大日方純夫「警察の軍事的機能」『日本近代国家の成立と警察』校倉書房 平成四年）。

石川県では、門徒と門徒の徴募巡査とに対して、申請に応じて懐中名号が授与された。このような手続きは江戸時代の流れを受け継いでいるが、戦争に赴く多くの巡査（兵士）に授与されたことは、これまでにない事態であった。こののち日清戦争時に携帯用名号が「陣中名号」と称され、出征軍人に授与されていくのは、西南戦争の懐中名号授与を前例にしたものと思われる。

和歌短冊授与と戦争　宗主が巡回先で和歌短冊や額字・一行物などを、申請に応じて門徒へ授与する場合もある。石川県においては、明治十年八月五日、門徒の巡査・警部など一四名の徴募巡査に対して、和歌短冊を授与している（「御染筆上申簿」）。

加賀国金沢桜畠町

一、同（御短冊）　晴わたる　一等巡査　坂井弥陸

同金沢中橋町

一、同　　きのうまで　　二等巡査　　中宮保忠

和歌授与も懐中名号授与と同様に江戸時代からの先例を承けたものだが、以後の大規模戦争において出征兵士に和歌を授与するのは、西南戦争時のこの事例が元になったと考えられる。

西南戦争の経験　明如宗主が西南戦争に深く関わったのは、鹿児島開教の成功と内乱により戦没した門徒らが多数出たことを憂慮したためと考えられる。西南戦争の法会修行や記念碑建立は、新たな事態への対応といえる。このように西南戦争は教団として近代戦争への対応・施策を模索する大きな経験となった。

二　日清戦争と本願寺

対外戦争と本願寺　近代の日本が本格的な対外戦争に乗り出したとき、本願寺ではそれに協力する方針をとった。軍隊布教や軍資献納、戦地や銃後での慰問活動、門信徒への協力要請など、戦時下の本願寺の活動は多岐に及んでいる。こうした対応は、他の宗教団体にもおおむね共通するところであった。

本願寺は、日清戦争以前から軍隊布教をおこなっていた。本願寺では、そうした取り組みを日清戦争の際に教団全体で組織化し、日露戦争ではその組織の規模を拡大して、政府に期待される役割

を積極的に果たした。同時に、真俗二諦の教説を繰り返し援用し、門末一般の戦争への協力を促すこととなった。

軍隊布教のはじまり　軍隊布教の早い事例には、明治十年（一八七七）の西南戦争の際に本願寺の僧侶が大阪鎮台で講話をおこない、明如宗主もしばしば慰問したというものがある。山口素臣《やまぐちもとおみ》陸軍大将は明如宗主と親しく、大津営所に在勤した中佐時代に、数年にわたり本願寺の報恩講に将士を率いて参拝したことがあった（明如上人伝記編纂所編『明如上人伝』明如上人二十五回忌臨時法要事務所　昭和二年・上原芳太郎『六華遺音』臨時法要事務所　昭和十年）。軍隊布教が組識的な形態をとるに至ったのは明治二十六年頃からであった。本願寺では、同年に陸海軍人の布教につき各師団および鎮守府の布教担当を定めるべく陸海軍人布教法案を制定し、実施方法についても詳細に定めた（『明如上人伝』）。

日清戦争開戦前夜　明治二十七年二月に東学党の乱が起こり、朝鮮国軍による鎮圧が失敗すると、閔《びん》氏《し》政権は六月一日に清国への派兵を要請した。こうした情勢を考慮し、日本は朝鮮半島における影響力を拡大するために朝鮮への派兵を決めた。そして、日清両国は七月二十五日の豊島沖で交戦し、八月一日の宣戦布告で日清戦争へと突入した。

七月九日、明如宗主は、島地黙雷《しまじもくらい》執行長らに対して「朝鮮事件に関しては、本山が之に対するの準備を怠らざる様」に達し、二十四日に加藤恵証巡教使を指名して、軍隊慰問及び朝鮮在留の信徒訪問のため慰問使僧として派遣をした（『本山録事』明治二十七年七月二十七日）。加藤は七月二十五日に京都を出発した。加藤は、明治二十六年からシベリア布教の実績と、仁川・釜山での官民在留邦人との交流の経験を持っていた（中西直樹『植民地朝鮮と日本仏教』三人社 平成二十五年）。当時、朝鮮布教を積極的に展開していたのは真宗大谷派であったが、朝鮮の在留邦人の七割は本願寺派の門徒であったとされ、出兵した第五師団も本願寺派門徒の多い広島・島根・山口の出身者で編成されていた。本願寺派からの慰問使僧の派遣は、こうした在留邦人と日本軍の慰問を目的としていた。

二十七年八月一日、日本は清国に対して宣戦布告した。当時、伏見三夜荘《さんやそう》で静養中であった明如宗主は、七月三十一日に帰山し、ただちに執行に対し、訓告を発するよう命じた（興教書院編集部編『先帝と本願寺』興教書院 大正元年）。これを受け、同日、島地黙雷執行長・小田仏乗執行・水原慈音《みずもとじおん》執行は、門徒に次の訓告をし、真俗二諦に立った時局への対応を求めた（「訓告第三号」『本山録事』明治二十七年八月一日）。

我真宗ハ二諦相資ケテ以テ二世ノ幸福ヲ完全ナラシム、其真諦トハ弘願他力ヲ深信シテ報土得生ヲ決定シ何等ノ事変ニ遭遇スルモ泰然トシテ恐ル、事ナシ、其俗諦トハ忠孝ヲ重ンシ職業ヲ勉メ緩急ニ臨ミ国家ト休戚ヲ同クスルニアリ、今ヤ出征ノ軍隊ハ拍天ノ洪濤ヲ凌キ三伏ノ炎熱ヲ省ミス身命ヲ抛チ報国ノ分ヲ尽サント期セリ、在国ノ輩豈座視傍観ス可ンヤ

さらに、同訓告で、朝鮮への派兵にともなって政府が陸軍恤兵部《じゅっぺいぶ》を設置したことにも言及し、「本宗ノ信徒タル者、奮然トシテ国家ト教法トノ深恩ニ答ン事、切望ニ堪ヘス」と軍資献納を奨励した。

日清戦争開戦　明如宗主は、八月一日の宣戦の詔勅を受け、翌二日に鴻之間で門末一般へ親教し、一等巡教使で司教の香川葆晃《かがわほうこう》がこれを復演した。その内容は、門徒の踏まえるべき真俗二諦の立場を確認したうえで、日清戦争が東洋文明の徳義による出兵であり、東洋の平和を維持するために始められたことを説き、国民の義務と真宗門徒の本分を尽くすように求めるものであった。

そして八月七日、本願寺は日清戦争に関する全般的事項に対処するために臨時部を設置し（「局達第四十六号」『本山録事』明治二十七年八月九日）、大洲鉄然《おおずてつねん》を部長とした（「任免辞令」『本山録事』明治二十七年八月十一日）。そして、全国各地へ使僧を派遣して軍資の献金を奨励し、また出征軍人に対する臨時帰敬式は時日を定めず随時執行することとした。

日清戦争開戦後、明如宗主は、八月十三日に東上して十四日と十七日に参内し、さらに十八日に帰山してからすぐに近畿、中国、九州、四国の各地を巡回し、各師団と鎮守府の慰問、出征軍人の帰敬式、名号・法名の授与などをおこなうとともに、奉公の大義を教諭した（服部来浄編『両門跡慰問紀要』京都新報社　明治二十八年）。それは約五〇日にも及ぶものであった。また本願寺は、例年より開催を早めた第十七回定期集会を九月十五日より開き、戦争協力に要する臨時予算や戦後の朝鮮布教を協議した。

明如宗主は十月十四日、本願寺の鴻之間で門末一般に直諭を発した。また陸海軍人に対する教諭を印刷して『剣の光』と題して随時寄贈することとした。そこには、「後の世はみた《(弥陀)》のをしへ《(教)》にまかせつゝいのちをやすく君にさゝけよ」という宗主が軍人に寄せた歌が添えられていた。十一月二日、明如宗主は再び「天機奉伺」のために広島の大本営へ向かい、五日に明治天皇に対面し、十一日に帰山した。

金品の献納　本願寺は、その間、明治二十七年八月に発布された軍事公債条例に基づく同月の第一回軍事公債募集、十二月の第二回軍事公債募集に際し、それぞれ一四万円、三六万円の債権を購入した。他にも滞韓軍隊へ清酒五〇石、恤兵部へ五〇〇〇円、広島陸軍病院へ二〇〇〇円、解雇軍夫病院へ二〇円、呉海軍病院へ五〇円、東京陸軍予備病院へ一〇〇〇円を寄贈した。軍人に名号を約一〇万五〇〇〇幀授与し、直諭を約一〇万通配布した。また、書籍を約八万五〇部、手拭を約八万筋、薬を一万包提供した。諸国の門末から本願寺を経由して献納した金額は一万一二七九円四六銭五厘であった。以上のほかに、本願寺を経由せずに恤兵部や兵站部《へいたんぶ》などへも直接献納された（『明如上人伝』）。

従軍布教　二十七年十一月には、大本営より在清日本軍の慰問と従軍布教の許可を得て、木山《きやま》定生《じょうしょう》ら一三名を順次派遣した（詳細は表33）。従軍僧の任務は以下の六項目とされている。①各兵営を慰問して本山の意志を伝えるとともに、名号を授与し、書籍などを寄贈すること、②各病院を訪問し、患者に対して慰安を与えること、③適宜の所に教筵を開き、兵士と軍夫に対して安心立命および衛生、風紀に関する説話をすること、④死者の遺骸を火葬もしくは埋葬して葬儀を営むこと、⑤追弔法要を修すること、⑥死者の遺骸および遺物を本人の郷里に送致すること、またこのほかに、流行病が生じたような場合は、患者の看護にも従事することとされた（『明如上人伝』）。

表33　従軍布教者の派遣

布教者名	宇品港発日	帰京日	従軍部隊
木山定生	明治27年11月29日	明治28年5月23日	征清第一軍及び第二軍
香川黙識	明治28年1月15日	6月1日	第二軍
鹿多正現	同	5月26日	第二軍
弓波明哲	同	同	第六師団司令部
伊藤洞月	同	7月7日	第一軍
下間鳳城	明治28年3月7日	3月29日死亡	台湾征討軍混成枝隊
名和淵海	同	5月20日	同
大江俊乗	明治28年4月10日	10月23日	征清征台近衛師団
磐井宗城	明治28年4月13日	（月未詳）12日	第四師団
武内升量	明治28年8月14日	11月17日	征台近衛師団
小野島行薫	明治28年9月24日	12月24日	征台軍慰問
豊田凝秀	同	10月13日	征台第二師団
長尾雲龍	同	4月18日	同

なお、二十八年六月三日には、軍隊に従って自己の危険を顧みず戦地で布教に尽力した者を表彰するために従軍布教者賞与条例を発布した（「教示第五号」『本山録事』明治二十八年六月五日）。

追弔会　二十八年三月五日、日野沢依執行長は、大本営のある広島への臨時部出張所移動を指示した（「局達二十六号」『本山録事』明治二十八年三月六日）。その理由は、戦線の拡大により、従軍布教、在郷将卒教諭、軍隊出入の迎送、戦没者の葬儀などの事務が繁忙となったからである。同月十日には広島東練兵場で第一回追弔大法会を、十五日には呉の海軍鎮守府において海軍追弔会をそれぞれ修した。それ以降、明如宗主または代理の連枝により、各師団・分営・鎮守府などで追弔法会の修行や病院の慰問が活発におこなわれ、翌年の六・七月の頃まで数十か所でおこなわれた（『明如上人伝』）。追弔会は、本願寺でも明如宗主により二十八年十月十九日から二十一日までの三日間にわたり修された（「甲達番外」『本山録事』明治二十八年九月二十三日）。

日清戦争の終結と布教員の駐在　日清戦争は、二十八年四月十七日の下関での講和条約調印によって終結をみた。明如宗主は七月に門末一般に対して、次の直諭を発した（『先帝と本願寺』）。

こたび征清の陸海軍ともに振古未曾有の大捷を奏せし結果として帝国の版図を海外に拡め御稜威を宇内に輝かしたること、天皇陛下の御盛徳に由ると雖も、亦陸海軍人が義を重んじ死を軽んじて報国の赤誠を抽でられたる功勲にあらざるはなし、然るに軍人諸子は毫もその功に誇り勇を誇るるの色なく謹慎謙譲なほ自ら慊らざる者の如きは誠に殊勝奇特の振舞と謂ふべし、是れ啻に軍人の本分なるのみならず吾宗教俗諦の教旨にも相契ひて王法為本務修礼譲の実践を表白したる儀に候へば、予が喜びは譬ふるに物なく候

日清戦後、本願寺派は、大谷派とも交渉して師団・鎮守府所在地に布教員を駐在させることを陸海軍両大臣に出願し、許可を得た。これにより、二十八年以降、陸海軍隊の駐屯する要地に布教員が駐在することとなった。本願寺派の軍隊布教は表34「本願寺派軍隊布教一覧」のように展開していた（『教海一瀾』第一七号・第一八号）。「本願寺派軍隊布教一覧」に見られるように、日清戦争で従軍した布教使が、東京・広島・仙台といった主要地に派遣されており、軍隊布教の中核を担っていた。こうして本願寺は、戦時のみならず、平時においても軍隊に対する講話や監獄に収監された軍人への教誨《きょうかい》にあたるようになった。また外地の駐在布教員はその地の開教使が兼任した。

表34　本願寺派軍隊布教一覧

軍隊所在地	兵種隊号	開設年次	開設者
東京、佐倉	近衛歩兵第一、第二、第三、第四連隊、工兵大隊、輜重兵大隊、騎兵連隊	明治29年1月	武内升量
		明治29年5月	弓波明哲
	衛戍監獄	明治28年12月	幡多乗之
高崎	歩兵第十五連隊、衛戍病院	明治28年11月	磐井宗成
仙台	歩兵第四連隊、第十七連隊、騎兵第二連隊、工兵第二大隊、輜重兵第二大隊	明治29年4月	長尾雲龍
	衛戍監獄	明治30年10月	同
金沢	歩兵第七連隊	明治29年7月	井上叩端
鯖江	歩兵第三十六連隊	明治30年9月	本好祐誓
大阪	歩兵第八連隊、第二十連隊、第三十九連隊、騎兵第四連隊、砲兵第四大隊、輜重兵第四大隊、衛戍監獄、衛戍病院	明治29年7月	牧野大蓮 西行徳量
姫路	歩兵第十連隊	明治29年7月	西行徳量
大津、伏見	歩兵第九連隊、第三十八連隊、工兵大隊	明治30年10月	喜多村哲雄
広島	歩兵第十一連隊、第二十一連隊、騎兵第五連隊、工兵第五大隊、砲兵第五大隊、輜重兵第五大隊	明治29年5月	木山定生
		明治29年6月	鹿多正現
山口	歩兵第四十二連隊	明治30年8月	伊藤真順
松山	歩兵第二十二連隊	明治29年6月	永野天真
丸亀	歩兵第十二連隊、第四十三連隊、栄倉、衛戍病院	明治29年6月	永野天真
高知	歩兵第四十四連隊	明治30年9月	長尾顕照
熊本	歩兵第十三連隊、第二十三連隊、輜重兵大隊	明治29年7月	西川偏称
大村	歩兵第四十六連隊	明治31年1月	和田耕月
久留米	歩兵第四十八連隊	明治30年7月	菅原苔岩
小倉、福岡	歩兵第十四連隊、第四十七連隊、第二十四連隊	明治29年6月	三松永成
下関、門司	下関要塞砲兵、同仮設佐世保要塞砲兵	明治29年12月	多田道然
	門司兵器本廠	明治30年11月	同
鹿児島	歩兵第四十五連隊	明治30年11月	天野蓮城
札幌	独立歩兵大隊、独立砲兵大隊、独立工兵中隊	明治30年8月	蓮本蓮城
威海衛	占領軍	明治30年4月	井手円純
台北	衛戍監獄、兵器修理所	明治29年2月 明治29年7月	紫雲玄範 田中行善
台南	歩兵第五連隊、砲兵中隊、衛戍監獄、経営部	明治29年2月	宮本英龍 平田博慈
台中	歩兵第三連隊、砲兵中隊、工兵中隊	明治29年6月	井上清明
鹿港	歩兵第四連隊	明治29年10月	佐々木一道
嘉義	歩兵第四連隊	明治30年7月	田中良雄
鳳山	歩兵第六連隊	明治30年7月	池田慧琳
雲林	歩兵第四連隊	明治30年9月	藤本周憲
新竹	歩兵第二連隊	明治30年9月	故選義貫
苗栗	歩兵第二十四連隊	明治30年9月	桜井桃英
宜蘭	歩兵第六中隊	明治30年9月	楠祐護
卑南	歩兵第六連隊	明治30年9月	橘摩騰
澎湖島	水雷布設隊	明治30年12月	足立格致
佐世保	海兵団、海軍監獄、水雷布設部、軍艦内	明治30年7月	岡玄諦 和田耕月
呉	海兵団、海軍監獄	明治29年6月	鹿多正現 伊藤真順
横須賀	海軍監獄	明治29年1月	武内升量 永野天真
横須賀	要塞砲兵	明治29年1月	武内升量

義和団事件と布教　明治三十三年に義和団事件が勃発すると、本願寺は日清戦争の経験を生かして種々の活動をおこなった。六月二十二日には、軍隊慰問のため、一等巡教使の赤松連城に佐世保出張を命じたほか、同日には五等巡教使の和田耕月を派遣し、大沽《たいこ》砲台背面攻撃の死傷軍人を慰問させた（『教海一瀾』第八五号）。七月二十一日には広島市大手町に臨時出張所を開き（「乙達番外」『本山録事』明治三十三年八月十一日）、事務係長に加藤正廓を、事務係に五条尽識と永野天真をそれぞれ任命し、広島および呉における軍隊布教と慰問事務を管掌させた（『教海一瀾』第七四号）。

八月四日には梅上沢融執行長が門末一般に向けて、「無数ノ兇徒」が当地の「在留ノ同胞ヲ屠戮」しても清国がそれを鎮定できないこと、日本はそのために列国とともに「在留民ヲ保護センカ為メ」派兵に至ったことを説明し、王法為本の教義を踏まえ、奉公の至誠を率先して示すべく、在外軍隊の慰労と在国軍人家族の慰問に「応分ノ義挙ヲ為スヘシ」と督励した（「訓告第七号」『本山録事』明治三十三年八月十一日）。また七月十一日には、従軍布教の許可を得て、布教員の井上叩端・長尾顕照・竹林秀道の三名を清国大沽に派遣した（『明如上人伝』）。井上らはその地の戦病将士の慰問のほか、天津をはじめとする各地の駐屯部隊を巡回講演し、追弔会等を修した。本願寺は、さらに十月にも別に慰問使として川上貞信・長尾雲龍の二名を清国に派遣した。一方、広島では大谷尊由《おおたにそんゆう》が歩兵第九旅団の追弔会に臨んだ。

この間、陣中名号一万五〇〇〇幅の授与をはじめ、書籍・煙草・扇子・手巾等を寄贈した。また戦没者に法名を授け、遺族に対して香や弔慰状を贈った。上のうち煙草に関しては、明治三十三年九月に「報国」と題した紙巻煙草五〇万本の寄贈を陸軍省に願い出て、認可を得た後、広島市宇品《うじな》へ送り（『教海一瀾』第七六号）、海軍省にも同煙草数十万本を託して各軍艦に寄贈した（『明如上人伝』）。

三　日露戦争と本願寺

戦時奉公の大規模化　日露戦争期の本願寺は、教団全体で臨時部を中心とした組織的な戦時奉公運動を展開するとともに、従軍布教使の派遣を進めた。この二つの方策は、日清戦争期の経験を踏まえて遂行された。その規模は、日清戦争期のそれをはるかに上回っていた。こうした戦争への協力は、宗教界全体に見られる傾向であった。たとえば、明治三十七年（一九〇四）五月十六日に東京の芝公園忠魂祠堂会館で開催された大日本宗教家大会には、神道徒、仏教徒、キリスト教徒、宗教学者など一五〇〇名が参加し、日露戦争への協力を確認していた（大日本宗教家大会事務所編『宗教家大会彙報――時局に対する宗教家の態度――』金港堂書籍　明治三十七年）。なかでも本願寺による従軍布教は、他宗派を上回る規模で展開した。

臨時部の開設　明治三十七年一月七日、日露交戦が不可避と見られるなか、本願寺は、臨時部職制を発布し、同時に臨時部を本願寺の黒書院内に設置した（『教海一瀾』第一九二号）。臨時部は、「国家非常の事変に際し本山として務むべき奉公の臨時事務を管轄する所」（本願寺史料研究所編『本願寺史』第三巻　浄土真宗本願寺派　昭和四十四年）と規定されたように、戦時奉公の事務を統括する部署であった。

また、臨時部の部長には小田尊順執行長が就任し、部員には藤井皆立（会計事務主任）、赤松連城、武田篤初、菅了法（交渉係）、三谷教応（布教係）、菅田実言（会計係）、名和淵海（交渉係）、神根善雄（文書係、庶務係）、木村省吾（交渉係）足利義蔵（交渉係）、本多恵隆が任命された。また、中国・朝鮮への渡航実績を評価して、上原芳太郎を臨時部加談に任命した。そして書記に後藤環爾、大八木大行、伊藤祐覚を、書記補に藤池乗台、加藤道円をそれぞれ任命した（『教海一瀾』第一九二号）。

開戦前の臨時部の活動　本願寺は、この一月七日以降、師団ごとに多くの名号を授与した。宣戦の詔勅の発布前日となる二月九日までの間に、将校に計一九九〇幅、下士に計二二五〇幅、兵卒に計三万四五六〇幅を授与しており、総数は三万八八〇〇幅にも及んだ。

また、本願寺は、日露開戦へと突き進んでいく情勢を見据えて、一月十二日には井上弘円を北京経由でハルビンに、十三日には升巴陸龍《ますともりくりょう》をダルニー（大連）に派遣した（『教海一瀾』第一九二号）。

井上と升巴が携帯した小田尊順執行長の申示は一月八日に発せられたものだが、「刻下の形勢を観察するに万一にも国際上非常の事変を生せん乎、或は非命の運に死せんも知るべからず、若し我仏教弘通の地に生れたる者にして其感化を蒙りながら猶ほも出離解脱の安心に暗く来世の大事を誤ることあらん乎、万劫の後悔不レ過レ之候」（『教海一瀾』第一九四号）と、そこには緊迫した状況ゆえの布教活動であることが書き込まれている。

また、十六日には大谷尊由を広島と呉に（『教海一瀾』第一九三号・第一九四号）、二十二日と二月六日には大谷尊重を名古屋、金沢に派遣した（『教海一瀾』第一九四号・第一九五号）。この派遣は、広島第五師団、呉軍港、名古屋第三師団、金沢第九師団に真宗門徒が多く関わっていたことを、本願寺が重視していたからであった。そのほかにも、二月七日以降には日野尊宝が第十二師団と第六師団などへの慰問のため下関・九州・釜山・仁川に出張し、二月九日には大谷尊由が福知山、舞鶴の各部隊へ慰問に向かうなど、本願寺は開戦以前から積極的に慰問活動を展開していた。

開戦前夜の鏡如宗主と桂太郎総理大臣　鏡如宗主は、開戦前の明治三十七年二月七日の段階で、「天機奉伺」のため小田尊順執行長とともに東上した。そして翌八日には宮中に参内して「天機奉伺」し、さらに桂太郎総理大臣と会談した。宗主はその際、宣戦の詔勅が近日中に発せられる状況にあると桂総理大臣から説明を受け、国家の存亡をかけた戦争にあたって必要となる巨額の軍資に協力するよう依頼された。これに対して宗主は、全国各地に一五〇〇名の係員を配置して、公債応募、恤兵献金・軍人留守家族の慰問救護・戦死者葬祭および遺族の慰問救護などをおこなう用意があると応じた。宗主は、公債応募が第二、第三回となった際には応募状況が厳しくなると指摘し、本願寺がその際にこそ尽力する方針だと述べた（『教海一瀾』第一九五号）。

このとき宗主に同行していた小田尊順は、桂総理大臣の自邸に招かれ、時局について懇談する場を持った。その席で小田は、桂総理大臣から、本願寺はもとより一般寺院門徒を勧誘して公債応募に全力を挙げて協力するように申し入れを受けた（『中外日報』明治三十七年二月十九日）。このように、本願寺は、開戦を間近に控えた政府に有力な軍資金協力の期待をかけられていた。

日露戦争開戦　二月十日、宣戦の詔勅が発布され、日露戦争が開戦した。同日、鏡如宗主は直諭を発して次のように述べた（『真宗史料集成』第六巻 同朋舎 昭和五十八年）。

凡そ皇国に生を受る者、誰か報国の念なかるへき、今や国際の艱難に際し畏くも宸襟を労したまひ、遂ひに宣戦の大詔を下したまふに至れり、陸海の軍人寒威の酷烈なるを厭はす、風濤の険悪なるをも顧す、遠征の途に上り交戦の事に従ふ、一般の臣民宣く義勇奉公の志さしを励まし、以て聖旨に奉対すへし、抑本宗の教義ハ真俗に亘り信心を本とし仁義を先とす、其信心といふハ出離生死の一大事、凡夫自力の企及ふ所にあらされハ、偏に弥陀大悲の本願をたのミ疑なく、願力に乗託し順次の往生決定し、其深く信すること金剛の如くなるを信心とも安心ともまふすなり、此安心決定の上にハ真につけ俗につけ粉骨砕身の思ひに住し、報恩の経営怠慢あるへからす、吾人幸に文明の聖代に遭遇しやす〳〵殊勝の妙法を聴聞すること、偏に国家保護の洪恩なり、然るに今回の事たる実に我帝国未曽有の事変なれハ、挙国一致して之に当らさるへからす、況や本宗の教義を信する輩ハ已に金剛堅固の安心に住する身に候へハ、死ハ鴻毛よりも軽しと覚悟し、たとひ直に兵役に従ハさる者も或は軍資の募に応し、或ハ恤兵の挙を助け、忠実勇武なる国民の資性と王法を本とする我信徒の本分を顕し、ます〳〵皇国の光栄を発揚すへきこと、今此時にあり、此旨よく〳〵心得らるへく候也

明治三十七年二月

宗主はさらに、翌十一日に「出征軍人の門徒に告ぐ」と題した親示を発して不惜身命の奉公を求めた（『教海一瀾』第一九六号）。そして、この親示を『餞出征』と題した小冊子にして、兵士として出征する門徒に贈った（『教海一瀾』第一九六号）。

宗主はまた、二月十五日から開かれた第二十九回臨時集会の開場式でも、「方今隣邦ト釁端ヲ開ク国家ノ存亡、宗門ノ安危是ヨリ大ナルハ莫シ、予ハ門末護国扶宗ノ赤誠ニ信頼シ、闔宗ノ心力ヲ挙テ茲ニ従ハントス」と、戦時下における宗門の国家への協力を繰り返し説いた（『教海一瀾』第一九六号）。

「門末の婦人達に告く」　二月二十六日には、大谷籌子《かずこ》裏方が「門末の婦人達に告く」と題した直示を発した（『教海一瀾』第一九七号・『鏡如上人年譜』鏡如上人七回忌法要事務所　昭和二十九年）。そこで籌子裏方は、日露戦争にあたり、女性は女性にふさわしき務めを担うべきこと、特に坊守は「女の人の先達として」の役割を果たすように求めた。男性の志を助け、彼らが憂いなく務めを全うできるようにすることが女性にふさわしい役割だと説いた。小田尊順臨時部長は「臨達番外」を出し、この「門末の婦人達に告く」と題した直示を冊子にして各寺の坊守に配布するよう指示した（上原芳太郎『光顔院籌子夫人』興教書院　昭和十年）。籌子裏方は、三月にも門末婦人へ直示を発し、先の「門末の婦人達に告く」と同様の趣旨を重ねて説いた（「御裏方御直示（門末婦人一般へ）」『本山録事』明治三十七年四月九日）。また、籌子裏方は、臨時部員の服部来浄、室内部主事の湯川良之助らとともに中国・九州の各地を巡回し（三月三日から十七日）、慰問・諭示に積極的に取り組んだほか、北越地方へも巡回した（三月二十八日から四月十三日)。

臨時部の拡張・強化　宣戦の詔勅発布と同日、臨時部は臨時部出張所規則を発布し、臨時部を拡張・強化した。すなわち、全国二九教区の教務所に出張所を設置して、その管事を部長に任命するとともに、臨時部出張所長は各地教務所長が兼務した(『本願寺史』第三巻)。また、教務所書記を出張所書記に、各組正副組長を地方用係に、小集会常備衆を評議員にそれぞれ任命した(『教海一瀾』第一九五号)。これらの総数は約一五〇〇名にも及び、即日、辞令交付となった。こうして臨時部は、全国に二〇の出張所と八〇〇余りの出張所支部を置くこととなった(『教海一瀾』第三六三号)。

臨時部出張所が担った戦時奉公の具体的内容は、臨時部出張所規則の第一条によると、①軍資献納・恤兵金品寄贈の奨励に関する事項、②軍事公債・国庫債券応募の奨励に関する事項、③出師凱旋の送迎慰問に関する事項、④軍人留守家族の慰問および救護に関する事項、⑤軍人傷病者の慰問に関する事項、⑥戦死者の葬儀及追弔に関する事項、⑦戦死者遺族の慰問及救護に関する事項、以上の七点が臨時部出張所による戦時奉公の中心的な活動であった(『本願寺史』第三巻)。

臨時部の第一の活動は、軍隊の慰問であった。東京をはじめとする各地の師団などに、宗主の代理として連枝や部員が出張した。代理出張の回数は、二月中にはすでに三二回に及んだ。また臨時部員の軍隊出張は同期間で二五回であった(『教海一瀾』第二一八号)。早くも明治三十七年二月末には、本山臨時部員は七〇名、各地臨時部出張所部員は九五一名に達した(『教海一瀾』第二一八号・『鏡如上人年譜』)。

戦時奉公事業　本願寺は、国内はもちろんのこと、明治三十七年六月には韓国釜山にも臨時部出張所を設置し、布教員一名を駐在させた。また戦争の進捗にともなって東京・広島・樺太・門司の主要地にも臨時部支部を設けた。

また本願寺は、国債応募にも積極的に取り組んだ。当時政府が軍事のために発行した一億円にのぼる公債に協力し、本願寺は大日本仏教慈善会財団を活動させて総額五〇〇万円を応募した。実際は八二万九〇〇〇円の債券を購入した。このとき、宗主は、自ら二万一〇〇〇円を文庫から拠出した。また、本願寺の役員は月俸から一定額を財務部で積み立てることとした（『教海一瀾』第一九七号）。

三十七年三月、大日本仏教慈善会財団は、基金の中から二〇万円を拠出して遺族救恤に当てた。この救恤事業で、十一月に軍人遺孤養育院（大正四年四月二十日閉鎖）を学林町に設立した。軍人遺孤養育院は、財団理事の水原《みずもと》慈音《じおん》を院長として、男子を陸海軍人に、女子を看護婦に育てることを目的として経営された（高石史人「真宗教団と慈善の論理――「大日本仏教慈善会財団」の場合――」吉田久一編『社会福祉の形成と課題』川島書店　昭和五十六年）。

各地方では幾多の救恤・慰問・法要などをおこなっている。特に懐中名号の授与やパンフレットの配布は駅での兵士送迎のほか、様々な機会におこなわれた。奉公事業の中核を担った臨時部の活動については、四十年五月に『教海一瀾』第三六三号がその活動の総計を次のようにあきらかにしている。

△戦役中の経営項目
○七条通過の軍隊に寄贈した懐中名号および書冊
懐中名号　四四万二三三二帖
書冊　七八万三三一八冊
書冊内訳
『餞出征』四四万五二三九冊　『傷病諸人諸君に告ぐ』三万四二五冊
『心身の慰め』五万四二八三冊　『凱旋諸子に告ぐ』二五万三八一冊
○国債応募額
応募申込　五〇〇万　　募入額　八二万九〇〇〇円
○地方庁を経由して出征軍人遺族賑恤のため支出した金額
一万二五三三円五〇銭
○遺族救助を目的とする団体へ寄付した金額
三四七〇円
○留守軍隊布教員　一二二名
○戦地派遣の布教員　一〇五名
○通訳を兼ねた布教員　八名
○傷病兵療養地の布教員　三〇名

○予備病院慰問のため寄贈した書冊　九万一七七六冊
内訳　『身心の慰め』三万二四〇六冊　『不死の神力』二万五二四〇冊
『軍人の覚悟』二万五五三〇冊　『心の鏡』三五〇〇冊
『仏教或問』一七〇〇〇冊　『原人論和訳』一二五〇冊
『真宗宝訓』一一五〇冊
その他、造花ならびに慰問料など若干
○開戦以来戦病死者遺族に法名を授け、また弔慰状を発送した数
法名　一万四四〇二帖　　弔慰状　五五一三通
○軍人遺孤養育院
設立　三十七年十一月二十一日　　収容人員　一四名
○内地師団へ出張して帰敬式および名号付与の数
法主および御代理の出張数　四〇余回　　名号授与　八八万八三七〇帖
法名附与　四九万九三三七名

△戦地の経営
○戦地における本願寺慰問部開設地
大連　遼陽　柳樹屯　奉天　鉄嶺　法庫門

同付属品の種類

楽器　遊戯具　幻灯　蓄音器　玉突　新聞雑書　小説　理髪具　テニス　大弓　活画

○戦地において凱旋部隊に配付した絵端書三〇万枚、小冊子『送凱旋』二〇万部

○活動写真部の各地巡回一ケ年余

このような本願寺の軍事奉公に要した臨時部支出の費用は、三十九年末までに八一万四三五六円九三銭に及んだ（『教海一瀾』第二六三号）。本願寺の動向を掲載する『教海一瀾』も、三十七年三月二十六日から従来の毎月三回発行を毎週土曜日発行に改めた（『教海一瀾』第一九八号）。これは、開戦後、迅速な情報の伝達を目的とした変更であった。

多様な慰問活動　軍隊出征があわただしくなると、本願寺では三十七年二月十六日より京都駅や七条駅で出征軍人の迎送・慰問にあたった。本願寺では三八名を出征軍人迎送者に任命し、それを三組に分けて、交代で出張した。将校・下士・兵卒への「六字尊号」および『餞出征』の授与のほか、駅に列車が停車すると同時に慰問かつ談話がおこなわれた。迎送には鏡如宗主や大谷尊重もあたった（『教海一瀾』第一九六号）。

戦況の変化にともない、五月二十八日には大谷尊由に戦地布教と法務を命じて、戦地に派遣した（「臨第十一号」『本山録事』『教海一瀾』五月二十九日号号外）。また、同日には執行の武田篤初に、六月四日には臨時部員加談の上原芳太郎に、同六日には臨時部員の木村省吾に、それぞれ清国の北京と韓国

への出張を命じ、戦況及び従軍布教の状況を視察させた。（「臨時部記事」『本山録事』明治三十七年六月十一日）。七月一日には中国東北部の大連に関東別院が開設された。八月二十二日には大谷尊重が満州軍布教使総監督に就任し、戦争終結後の三十八年十一月まで清国に滞在して、従軍布教使の指揮監督にあたった（『教海一瀾』第二二二号・第二八六号）。

従軍布教　日露戦争に際する本願寺の奉公の中心は従軍布教使の派遣であった。三十七年二月十日の開戦と同時に次の従軍布教使条例を発布した（「教示第四号」『本山録事』明治三十七年六月四日）。

第一条　日露交戦ニ際シ、戦地ニ於テ布教事務ヲ執ラシムル為メ、従軍布教使ヲ置ク

第二条　従軍布教使ハ執行ニ隷シ其指揮監督ニ従フ

従軍布教使ハ親授若クハ稟授トス

第三条　従軍布教使戦地ニ在テハ、所属司令官又ハ関係部隊長ニ稟議シ、其指揮ニ依テ執務スヘキモノトス

第四条　従軍布教使布教事務ハ左ノ如シ

一、軍人軍属ニ対スル説教法話

二、死亡者ニ対スル葬儀及ヒ追弔法要

三、傷病者ノ慰撫

四、前各号ノ外、本山ヨリ特ニ命シタル事項又ハ所属司令官及ヒ関係部隊長ヨリ依嘱ヲ受

ケタル事項

第五条　前条布教事務ハ所属司令官又ハ関係部隊長ノ意見ヲ聞キ、軍事ニ差支ナキ時処ニ於テ之ヲ執ルモノトス

第六条　法話説教ハ我宗義ニ基キ精神ノ安慰義勇ノ鼓舞ニ務ムヘシ
葬儀及ヒ追弔法要ハ追慕ノ誠ヲ表シ静粛謹厳ヲ旨トシテ行フヘシ
傷病者ノ慰撫ハ懇切ニ之ヲ為シ時トシテ看護ノ務ニ従フ

第七条　従軍布教使中ニ監督ヲ置ク

第八条　監督ハ従軍布教使ヲ指揮監督ス
監督ハ、本山ノ命令及ヒ下付ノ金品ヲ所属ノ従軍布教使ニ伝ヘ、又ハ所属従軍布教使ノ諸申牒ヲ本山ニ伝達ス
監督ハ、監督事務ニ関シ重要ノ件ハ経伺ノ上決行シ、其他ハ之ヲ専行ス
但、時日切迫経伺ノ遑ナキトキハ決行ノ後認可ヲ乞フヘシ

第九条　従軍布教使ハ、重要ノ件ハ其所属監督ノ指揮ヲ待テ決行シ、其他ハ之ヲ専行ス
但、時日切迫指揮ヲ待ツ遑ナキトキハ事後承諾ヲ乞フヘシ

第十条　従軍布教使ハ、日記ヲ製シ其任命ノ日ヨリ帰任復命ノ日迄毎週之ヲ本山ニ報告スヘシ
但、重要ノ事項ニ就テハ其事項ヲ抜キ別ニ報告スルヲ要ス

なお、同年十二月十日には、従軍布教使条例の第七条にある「監督」が「総監」に改められたほか、第八条と第九条が削除され、第十条が第八条に改められた（「教示第二十四号」『本山録事』明治三十七年十二月十七日）。

また、三十七年二月末日現在の軍隊布教員任命数は九四名であり、そのうち従軍布教使は四〇名、内国在留布教員は二四名、第一補充員は七名、第二補充員は一四名、北清韓露特派員は九名であったが（『教海一瀾』第二二八号）、この条例に基づいて戦地に派遣された従軍布教使は、総計一〇五名に及んだ。日清戦争期に派遣した従軍布教使が一三名であったのと比較すると、この日露戦争期の従軍布教は大きな規模であった。従軍布教使は主として慰問部が設置された大連・遼陽・柳樹屯・奉天・鉄嶺・法庫門・台北などの各地に派遣され、その地に駐屯する軍隊と行動をともにした。したがって布教使は、戦闘のおこなわれているなかで死者の法要、傷者の看護にあたることがしばしばであった。

戦時奉公と賞与　明治三十七年十一月十一日には、明治二十八年に発布した従軍布教者賞与条例を廃し（「教示第二十二号」『本山録事』明治三十七年十一月十九日）、同日、新たに戦時教務賞与条例を発布した（「教示第二十三号」『本山録事』明治三十七年十一月十九日）。その第一条は「本例ニ依リ賞与スヘキ者左ノ如シ」として、次のように三つの賞与基準が示されている。

一、軍隊ニ従ヒ戦地ニ於テ布教ニ尽力スルノミナラス、自己ノ危難ヲ顧ミス特殊ノ功績アリタ

ル者

二、内地ニ於テ戦時布教事務ニ従事シ、若クハ軍隊又ハ傷病兵ノ慰問ヲ為シ其功績顕著ナル者

三、義勇奉公奨励ノ為メ説教演説等ヲ為シ功績アリタル者

ここで示された第一項は、日清戦争期の従軍布教者賞与条例の第一条とほぼ同内容で、第二・三項が新たに設けられ、戦地における布教のみならず、銃後の布教や慰問、さらには義勇奉公の説教演説に功績のあった者への賞与が定められた。賞与品（大五条袈裟七種）について規定した第二条では、戦地の従軍布教使には大五条袈裟七種の現物を与え、内地の従軍布教使には大五条袈裟七種の許状を与えるとした。

「念仏突貫」　日露戦争の旅順総攻撃の際に、盤竜山東保塁の攻略にあたったのは、第九師団第六旅団の歩兵第七連隊と歩兵第三十五連隊であった。これらの連隊はほとんどが金沢と富山の真宗門徒によって構成されていた。第一次旅順総攻撃の攻防戦で両連隊とも壊滅的打撃を受けたという。そのなかで、歩兵第三十五連隊第二大隊長の木庭堅磐少佐は、死ねば極楽浄土であり生きれば金鵄《きんし》勲章《くんしょう》であると説示し、それに応じて念仏を称え突貫した大隊によって砲台の占領を達成した。このことは、後に「念仏突貫」と呼ばれた。「死なば極楽である」と題された『教海一瀾』の記事には、その場面が以下のように描写されている（『教海一瀾』第二二四号）。

某方面に於ける、某砲台に向つて、某大隊が突貫に際し、木庭少佐は衆に説示して曰く、予て聞く如く、汝等は今此処て、死なは極楽浄土である、生きれば金鵄勲章であるから、確かりやれ、と云ひて、突撃にかゝられしに、大隊は一時に称名の声揚り、士気大に振ひ、遂に某砲台を占領せり、而して少佐の意気は我兵一名斃るれば、己れ畜生奴と云つゝ、前進の模様は真に鬼神の如く、夜叉の如くにてありしと、（中略）実に法国の軍人死ねは極楽の一言に、仏陀大悲を思ひ出しての勇進は感するに余ありと云ふべし

慰問部の活動　慰問部では諸種の兵士慰労の事業がおこなわれており、従軍布教使には兵士に対する布教・法要の修行だけではなく、社会事業的役割も付帯されていた。明治三十八年八月に奉天本願寺慰問部から本願寺に報告された活動概況には、一月に六回開催された定日講話は平均一二〇〇名の聴衆が参加したことや、通行軍隊などが来部した際に臨時講話をおこなったこと、頻繁に病院各軍隊へ出張慰労をおこなったことが報告されている。こうした機会には、蓄音機あるいは幻灯・尺八などの余興を催すこともあった。他にも、名号授与、書籍貸出、弔葬、理髪器貸出、書信用紙・状袋・私製端書提供、巻煙草・粟おこし・煎茶接待、寄付金ならびに賽銭、寄贈書籍、入場者、将校・代議士等の来訪者への対応など、活動の詳細についても報告されている（『教海一瀾』第二七四号）。

長引く戦争　宗主は、讃仏会の中日の三十七年九月二十三日に直諭を発し、「交戦ニ従フ人ノミ

ナラス、挙国一致報効ノ誠意ヲアラハシ軍資ノ募ニ応シ恤兵ノ挙ヲ助ルカ如キ、縦ヒ年月ヲ重ヌルモ毫末ノ懈心アルヘカラス（中略）国家ノ安危ハ即チ宗門ノ興廃ニ関ス、吾人夙ニ本宗ノ教沢ヲ蒙リ超世ノ本願ニ遇ヒ無上ノ妙果ヲ期スル輩、国家ノ大事ニ対シテハ身ヲ粉ニシ骨ヲ砕キテモ報謝ノ懇念ヲ尽サヽル可ラス」（「御直諭」『本山録事』明治三十七年十月一日）と説いた。つまり、宗主は門末に対し、国家存亡と宗門のそれを直結する問題だと説き、長引く戦争のなかで弛緩しがちな心性を引き締め、「国家ノ大事」に対して「報謝ノ懇念」を尽くすよう求めた。

さらに宗主は、「天機伺」をおこなうため、藤井皆立執行らとともに十月一日に京都を発った（『教海一瀾』第二二七号）。また、明治三十八年二月二十四日、鏡如宗主は籌子裏方をともなって上京し、二十七日に皇居へ「天機伺」をおこなった。三月十三日に帰山するまで、宗主は各宮をはじめ桂太郎総理大臣や各大臣、文武高等官らを歴訪し会談したほか、築地別院を拠点として門徒に時局についての心得を説き、出征軍人や門徒に対する帰敬式を一日数回おこなった（『教海一瀾』第二五〇号）。そして、宗主は、帰山したその日に、桂総理大臣に宛てて書簡を送っている。書簡では面会の礼を述べるとともに、「然は将来一層門末信徒を督励し、益報国之実績相挙り候様尽力可レ仕候」（千葉功編『桂太郎関係文書』東京大学出版会 平成二十二年）と、より一層の国家への貢献を約束した。

講和条約調印と臨時部の閉鎖　三十八年八月十日、アメリカのポーツマスで始まった日露講和会議は九月五日に講和条約調印となり、日露戦争が終結した。宗主は九月二十七日に籌子裏方とともに上京し、皇居へ「天機伺」をおこなった（『教海一瀾』第二七八号）。

『凱旋諸子に告ぐ』

戦争は終結したが、一一万八〇〇〇〇人もの戦死・先勝による服役免除者を出したことや、増税が繰り返されたこともあり、賠償金のない講和条約の調印は国民感情を必ずしも満足させるものではなかった。宗主は十月十八日に直諭を出して講和を祝うと同時に、「深ク国家ノ前途ト蒼生ノ幸福トヲ念ハセラレ其条件ヲ嘉納批准アラセラル、旨ノ大詔ヲ発シタマヒタレハ、此土毫末ノ疑懼ヲ存スヘキニアラス、偏ニ平和ニ眷々シタマフ至仁ノ聖旨ヲ感戴シ奉ルヘキハカリナリ」（「御直諭」『本山録事』明治三十八年十月二十一日）と諭した。この直諭はただちに数千部が印刷され、各別院、各教務所、各組長、常備・予備布教員、特選総代両会衆、その他の枢要の箇所へ配布された（『教海一瀾』第二八一号）。また同十八日には、「凱旋諸子に告ぐ」と題した親示を発して凱旋兵士を慰労するとともに、この親示も小冊子にして各地を通過する軍人に配布した（『教海一瀾』第二八二号）。また、本願寺では、出征軍人を見送った七条駅に役員が交代で出張し、凱旋軍人を慰問した（『教海一瀾』第二八二号）。

戦争終結にともない、十二月二十四日に臨時部が閉鎖され、あわせて臨時部支部、各出張所が閉鎖された（「甲達第十六号」・「乙達第二十二号」『本山録事』明治三十九年一月一日）。こうして日露戦争期の奉公運動は大きな区切りを迎えた。

追弔会　戦病死者の追弔会は、日本各地ではもちろん、樺太や満州などでも修された。会場は別院や現地寺院、練兵場や陣中などであり、規模も様々であった。本山では、三十九年四月二十五日と二十六日に御影堂において、三十七・八年戦役忠死者追弔法会を修した（「甲達第十三号」『本山録事』明治三十九年四月七日）。その両日は「戦役忠死者遺族」に限り、無冥加で帰敬式が受けられるとしたところ（「甲達第十四号」『本山録事』明治三十九年四月七日）、一七一七名の遺族が帰敬式を受けた（『教海一瀾』第三〇九号）。二十五日は、真宗大谷派の現如宗主も参拝した（『教海一瀾』第三〇九号）。

勅語　講和条約調印後、本願寺には戦時下の奉公に対して各師団から感謝状が殺到した。三十八年十一月二十五日には、海軍軍令部長であった東郷平八郎が来山した（『教海一瀾』第二八七号）。また、四十年五月、明治天皇から次のような勅語が出された（『教海一瀾』第三六三号）。

明治三十七八年ノ戦役ニ際シ、先志ヲ紹述シテ門末一般ノ奉公ヲ奨励シ、又汎ク従軍僧侶ヲ出征部隊ニ派遣シ士気ヲ鼓舞スルニ努メ其労尠カラス、朕深ク之ヲ嘉ス

本願寺に対し公式に勅語が出されたのはこれが初めてのことであった。宗主は、五月十三日に天皇からこれを受領し、帰山した十五日に御影堂で勅語拝受奉告法要を修した。宗主は、翌十六日に直諭を出して、「今回料ラスモ至優至渥ナル勅語ヲ賜ハリ恐懼ノ至ニ勝ヘス、是啻ニ予一身ノ光栄ナ

ルノミナラス洵ニ宗門ノ名誉ト謂フヘキナリ」（「御直諭」『本山録事』明治四十年五月十八日）と門末一般と勅語拝受の喜びを共有した。また二十一日を勅語拝受記念日に定めて、本願寺の年中行事に加えた。

四　天皇の代替わりと本願寺

「戊申詔書」と三教会同　明治四十一年（一九〇八）十月十三日に「戊申詔書《ぼしんしょうしょ》」が発せられ、「戦後日尚浅ク庶政益々更張ヲ要ス、宜ク上下心ヲ一ニシ忠実業ニ服シ勤倹産ヲ治メ惟レ信惟レ義、醇厚俗ヲ成シ華ヲ去リ実ニ就キ荒怠相誡メ自彊息マサルヘシ」（『官報』第七五九二号）と説かれた。「戊申詔書」に伴い、家族国家観の形成や国民道徳論の展開のほか、地方改良運動における神社の統一整理・報徳思想の喧伝などが進められた。そして、明治四十五年には、国家の積極的統合を宗教勢力の利用によって推進しようとする三教会同が企画された。

四十五年二月二十五日、原敬内務大臣は仏教・キリスト教・神道（教派神道）の三教代表者約七〇名を華族会館に招待した。本願寺では鏡如宗主が招待された。原内務大臣は、三教代表者たちを前に、「政府と三教徒と余りに疎遠なるにより一夕の会合を企てたりとの趣旨」と「彼等の社会風教のためにも尽力を望む旨」を述べた（原奎一郎編『原敬日記』第三巻　福村出版　昭和五十六年）。この挨拶のあとは、食事や各自の挨拶、雑談といった程度で会は終わったようだが、この三教会同に積極的意義を見出そうとする三教代表者たちは、翌日会合し決議会を開催した。そこでは仏教・キリスト教・神道の三教それぞれの提案を修正して、以下の議案が作成され可決された（『教海一瀾』第五一〇号・『万朝報』一九一二年二月二十七日）。

（一）吾等は各々其教義を発揮し、皇運を扶翼し益々国民道徳の振興を図らん事を期す

（二）吾等は当局者が宗教を尊重し、政治、宗教及び教育の間を融和し、国運の伸張に資せられんことを望む

三教会同（『図説日本文化史大系』11 明治時代より）

このように、三教代表者は、皇運の扶翼と国民道徳の振興に取り組むとともに、当局者による宗教の尊重などを求めた。三教代表者が三教会同に積極的意義を見出して、国家に対する自発的奉仕の態度を揃って明確にしたことは、明治政府の宗教政策の成果を端的に示すものであった。

明治天皇の死去への対応　明治四十五年七月二十日に宮内庁より明治天皇の重篤が発表されてから、皇族・政府関係者の参内が相次ぎ、公共団体・市町村長・教育機関などの代表者・国民の「天機伺」が皇居の東・北の車寄、宮内省官房の三か所で受け付けられ、

皇居には天皇の病気平癒を祈願する国民が詰めかけることとなった。

七月二十日午前十一時に東京出張所から明治天皇の重篤の電話連絡を受け、大谷尊由《おおたにそんゆう》執行長は電話で二楽荘の鏡如宗主にその旨を連絡した。鏡如宗主は渡辺千秋宮内大臣をはじめ香川敬三皇后宮大夫らに見舞い電報を打って、その日の午後八時二〇分京都駅発の列車で後藤環爾執行らと「天機奉伺」のため上京した。そして、二十一日に参内し、さらに東宮御所、北白川・竹田両宮、麻布・高輪両御殿に伺い、見舞いを述べた（『教海一瀾』第五一九号）。また、明治天皇の容体不安を受け、七月二十七日午前には新門の浄如（大谷光明）と妻の紝子《きぬこ》が京都を出発した。同日午後には鏡如宗主も京都駅を発ち、再び「天機伺」に向かった（『教海一瀾』第五一九号）。そして二十八日午前一〇時三〇分に参内し、続けて皇后への「機嫌伺」を済ませた後、同日午後七時に重ねて「天機伺」をし、翌日も参内した。二十九日深夜に明治天皇が死去すると、宗主は、三十日午前一時三〇分に宮中に参内し、悔みを伝えた（『教海一瀾』第五一九号）。

執行所では、二十日に明治天皇の重篤の連絡を受けた大谷尊由が、派内一般に向けて、「聖上陛下御違例ニ渡ラセラレ御重態ノ趣拝聞シ全国ノ臣民斉ク憂懼措ク能ハサル所ナリ、特ニ二諦ノ教義ヲ信奉スル本宗ノ門末宜シク海嶽ノ聖恩ヲ想念シ奉リ此際深ク謹慎ノ意ヲ表スヘシ」（「訓告第四号」『本山録事』明治四十五年八月一日）と訓告した。すでに明治天皇の病状報道の影響から、自粛の雰囲気が社会の全体を覆っていたが、本願寺でも同様に謹慎の態度を奨励した。さらに、天皇死去の電報に接した際、執行所では非常召集があり、各執行や賛事長をはじめ本願寺内の役員は即刻出勤が命じられ、各教団、採訪使、各別院などに急いで電報を発した。
鏡如宗主は、天皇死去の報に接して、三十日、直ちに次の親示を発した（「御親示」『本山録事』明治四十五年七月三十日）。

恭ク惟ルニ大行天皇陛下大統ヲ継紹シ給ヒシヨリ王政維新ノ鴻業ヲ成就シ、立憲政体ノ丕基ヲ確立シ広ク宇内文明ノ長所ヲ採リテ我国体ノ精華ニ培ヒ、夙夜ニ文治武備ノ完整ニ鋭意アラセ給フコト茲ニ四十有五年、王化普ク新附ノ黎民ニ光被シ、皇威長ヘニ東洋ノ平和ヲ保障シ、其文績武勲ノ赫々タル前古未タ曾テ其比ヲ見奉ラサル所ナリ（中略）冀クハ二諦ノ教旨ヲ遵奉セル本宗ノ道俗、数々煥発シ給ヒシ深厚ノ聖旨ヲ服膺シテ、益々宏遠無窮ノ皇恩ニ報イ奉ランコトヲ期シ、大喪ノ期間ニ在リテハ特ニ謹慎ノ衷情ヲ尽シ、奉弔ノ誠意ヲ抽テ以テ本宗門末ノ本分ヲ愆タサランコトヲ

この親示は、三十日午後一時から大谷尊由により披露された。親示披露は、本願寺内の役員、在京採訪使、護持会財団、慈善会財団、本末共保財団、仏教婦人会連合本部、仏教青年会連合本部、仏教大学・平安中学校・京都高等女学校教職員生徒、第三教団職員、安居聴講者、在京各種布教使などを鴻之間に集めておこなわれた（『教海一瀾』第五一九号）。続けて大谷尊由が、親示の趣旨を踏まえて哀悼の至誠を尽くすようにと訓告した（「訓告第七号」『本山録事』明治四十五年八月三日）。

また、宗主は八月五日に鴻之間で寺院・門徒に向けて直諭を発し、明治天皇の事績をたたえるとともに、大正天皇の治世においても真俗二諦の立場を踏まえて国家に貢献するよう求めた（「御直諭」『本山録事』）。その直諭披露に続き、赤松連城勧学による直諭の演達がおこなわれた（『教海一瀾』第五二〇号）。そして八月十日、大谷尊由は、九月十六日に阿弥陀堂において鏡如宗主の親修で大行天皇聖忌法要を修する旨を、派内一般に達した（「甲達第二十五号」『本山録事』大正元年八月十五日）。

明治天皇聖忌法要　大正元年九月十三日には明治天皇の葬儀が帝国陸軍練兵場でおこなわれた。宗主は侍僧の吉村成覚と橘瑞超とともに十一日午後八時二〇分京都駅発の列車で東上し、葬儀に参列した（『教海一瀾』第五二二号）。一方、本願寺では、十三日午後八時の「霊轜《れいじ》進御」と翌十四日の午後五時一〇分の「桃山仮停車場御着輦」に合わせて一〇八の弔鐘を撞いた。また、阿弥陀堂に明治天皇の「尊儀」を安置し、京都市内および付近の門徒に、「尊儀参拝」を許可した（『教海一瀾』第五二二号）。あわせて十三日には総会所と淳風会館において、勧学の鈴木法琛、是山恵覚をはじめ、小川貫練、久保玄又、脇田一雄らが交代で聖徳奉頌、皇恩報謝の布教をした（『教海一瀾』第五二二号）。そして九月十六日午後三時から、阿弥陀堂において宗主により明治天皇聖忌法要が修された。法要は二七八名の結衆のもと修され、法要後には鴻之間で赤松連城による「先帝と本願寺」と題した講演がおこなわれた（『教海一瀾』第五二三号）。

本願寺では、大正四年七月二十日にも、明治天皇聖忌法要を阿弥陀堂において修し、明治天皇の「聖徳を追想し」た（『教海一瀾』第五九一号）。

大正天皇の即位への対応　大正四年十一月十日に大正天皇の即位の礼が、同十四日には大嘗祭《だいじょうさい》がそれぞれおこなわれた。それに先立って、同年七月十八日に六雄《むつお》沢慶《たくけい》管長事務取扱が次のような垂示を出した（「御垂示」『本山録事』大正四年八月一日）。

今上天皇陛下曩ニ万世一系ノ大統ヲ継セラレ、来ル十一月十日及ヒ十四日ヲ以テ御即位ノ大礼並ニ大嘗祭ノ大典ヲ行ハセ給フ旨仰セ出サセラレタリ、伏テ惟ルニ御即位ノ大礼並ニ大嘗祭ノ儀ハ畏クモ聖代ニ一タヒ行ハセラル、国家最重ノ盛典ナレハ、臣民タルモノハ満腔ノ誠意ヲ披瀝シ奉慶ノ微意ヲ表スルト共ニ、益々各自ノ職業ヲ励ミ忠君愛国ノ志ヲ致スヘキハ勿論ナリ、殊ニ我一宗ノ法流ニ浴シ二諦ノ教義ヲ奉スル身ニアリテハ、予テ聴聞ノ如ク煩悩具足ノ身ナカラ弥陀大悲ノ誓願ニ乗シテ順次ノ往生ヲ遂クルコト喜ヒノ中ノ喜ヒ何事カ之ニ如ンヤ、カ、ル無上ノ大法ニ値遇シ奉ルコト偏ニ国王護持ノ恩庇ナリ、（中略）愈々報恩謝徳ノ行業懈リナク朝家ノ御為国民ノ為忠愛ノ志ヲ専ラニシ、国家ノ富強ヲ扶ケ社会ノ公益ニ資シ念仏行者ノ本分ヲ尽サルヘキコト肝要ニ候也

大正四年七月十八日

このように、六雄沢慶は、即位の礼と大嘗祭の意義を説き、臣民のとるべき態度をあきらかにした。それと同時に、念仏行者が天皇とその国家への忠誠を尽くすように求めた。

また、名和淵海執行が、同十八日午後二時から総会所において、この垂示について趣意演達した。名和は、「我が大日本帝国は今更申迄もなく、開闢以来皇統連綿として一糸紊れず皇位を継がせ給へること、て、世界の博き万国の多き中にも、斯る神聖なる国体は他には一ケ国も見ることの出来ない、実に難レ有国体である、さればこそ畏くも天祖以来の御即位には必ず天祖御親授の神器を奉じて、天皇の御位に即せられ、而して天神地祇を御親祭あらせらる、御盛儀となつて居るのである」と万世一系の皇統を論拠に国体の神聖性を説いた。また、「本宗の門末信徒たる吾々は来る十一月の御大典を記念する為め、先づ第一に各自の信仰を堅固にし而して信後報謝の経営として尽忠報国の事業に従はねばならぬのである」と、門末に対して真宗信仰を踏まえ、「尽忠報国の事業」に従事するよう説いた（『教海一瀾』第五九一号）。

御大典慶讃法要の全国的展開　九月一日、本願寺では、利井明朗《かがいみょうろう》執行長が十一月十日から十四日に御大典慶讃別時法要を無量寿経作法で修する旨を派内一般に通知した（「甲達第十六号」・「甲達第十七号」『本山録事』大正四年九月五日）。さらに、利井は、十一月十日・十四日の両日については寺院・門徒の葬儀を遠慮するよう通達し（「甲達第十八号」『本山録事』大正四年九月五日）、この両日に全国の寺院で御大典慶讃法要をおこなうように指示した（「甲達第十九号」『本山録事』大正四年九月五日）。このように、御大典慶讃法要は、本願寺内での最優先事項として位置づけられた。

また、本願寺では、この大正天皇即位の礼・大嘗祭に際して、日曜学校の運営ならびに奨励が記念事業として進められることとなった。

大正天皇の死去への対応　大正十五年十二月二十五日に大正天皇が死去した。天皇の死去を受け、大谷尊由管長事務取扱は、同日に参内して悔みを伝えた（『教海一瀾』第七二五号）。欧州視察中であった大谷光瑞（鏡如前宗主）は、天皇死去の報に接し、急遽予定を変更して帰国することとなった（『教海一瀾』第七二五号）。大谷光瑞は一月六日に上京して翌七日に参内し、「天機伺」した。さらに皇后や皇太后の「機嫌伺」にも向かった。光瑞は、前裏方（籌子）や嗣法大谷光明の妻（紝子）が大正天皇の皇后節子《さだこ》と姉妹であったこともあり、天皇が療養していた葉山にはかねてより看護見舞いに出向いていた（赤松徹眞「天皇の代替りと真宗――西本願寺教団の場合――」『龍谷史壇』九六　龍谷大学史学会　平成二年）。

十二月二十五日に参内した大谷尊由は、二十九日に帰山することとなったが、帰山前に垂示を発した。垂示は二十八日午後二時から鴻之間で披露された。垂示では、第一次世界大戦や関東大震災といった危機に直面しながら、国家を繁栄・発展させてきた大正天皇の功績を讃え、その死に対する哀悼の意を表した。さらには無事に昭和天皇の践祚《せんそ》がおこなわれたことが、臣民の心情に配慮したものだと述べた。そして、「我カ大谷ノ法流ヲ汲ミ真俗二諦ノ教義ヲ奉行スル輩ハ、殊ニ罔極ノ朝恩ヲ仰キ益々忠君愛国ノ誠ヲ抽テ、愈々粉骨砕身ノ思ニ住シテ国家ノ富強ヲ資ケ社会ノ公益ヲ進メ飽マテ臣民タルノ本分ヲ尽シ、以テ永ク叡慮ニ奉対センコトヲ銘記セラルヘク、是レ併シナカラ朝家ノ御為国民ノ為メニ念仏申サルヘシトノ祖訓ニモ相契フモノナルヘシ、予カ念願コレニ過キス候也」（「御垂示」『本山録事』昭和元年十二月二十八日）と続けて、真俗二諦の教義を踏まえた国家への貢献を説いた。

　また、大谷昭道執行長は、派内一般に向けて、「朝旨ノ所在ヲ奉戴シ謹慎恐懼二諦ノ宗風ヲ顕彰シテ臣民ノ本分ヲ発揮スルニ万一ノ遺憾アルヘカラス、各寺住職ハ普ク檀信徒一般ニ対シ此際特ニ教導ニ努メ昭和改元ノ皇運ニ副ヒ奉ルヘク注意セラルヘシ」（「訓告第二号」『本山録事』昭和元年十二月二十八日）と述べた。

　昭和二年一月二十日には、執行所出仕の林嶺信が先の垂示の趣意を総会所で演達した（『教海一瀾』第七二六号）。また本願寺は、垂示の披露と趣意演達のために、各地に林嶺信（金沢・大阪）、岡部宗城（名古屋・東京）、甲斐静也（神戸・広島）、海野覚応（札幌）らを派遣した（『教海一瀾』第七二六号）。一月二十六日、大谷昭道執行長は各寺院においても門徒を集めて、「厳儀遙拝ノ悃誠ヲ抽テ聖徳ヲ奉頌シ、当夜ハ特ニ謹慎静粛ヲ保チ真俗二諦ノ教義ヲ遵守スル本宗末徒タルノ微衷ヲ竭クシ奉ルヘシ」（「甲達第三号」『本山録事』昭和二年一月二十九日）と指示した。

　同二十六日、枢密部は「御大喪儀ニ付末寺一般ノ特ニ注意スヘキ事項」を出して、二月七日に弔旗を掲げること、門徒を参集させて遙拝式を挙行して霊轜《れいじ》が皇居を発する時刻である午後六時に法要を修すること、引き続き聖徳讃仰の講演・法話の通夜を続けて翌八日午前二時二〇分の斂葬《れんそう》の儀の終了時刻まで謹粛に法悼の誠を尽くすこと、さらに霊轜の皇居発引時刻に一〇八の弔鐘を撞くこと（一分一撞）などを一般寺院に通達した（「御大喪儀ニ付末寺一般ノ特ニ注意スヘキ事項」『本山録事』昭和二年一月二十九日）。

大正天皇葬儀当日の本願寺　大正天皇の葬儀は昭和二年二月七日から翌八日にかけておこなわれた。大谷光瑞らは親族として葬儀に参列し、本願寺からは、大谷尊由管長事務取扱、大谷昭道執行長、後藤環爾執行、橋本節円枢密部長らが葬儀に参列した（『教海一瀾』第七二六号）。

本願寺では、二月七日午後六時、霊轜が皇居を発する時刻に合わせて一〇八の弔鐘を撞くとともに阿弥陀堂門を開き、中尊前卓中央に奉安した「大正天皇尊儀」への拝礼を許した。参拝者は翌八日の斂葬の儀の終了時刻まで間断なくあったようである。また、総会所では定例布教の他に、是山恵覚勧学、藤音得忍社会課主事、川尻宏済龍谷大学教授、村上西忍社会課賛事らが交代で聖徳奉讃の説教および講演をおこなった（『教海一瀾』第七二六号・第七二七号）。

そして二月十日に本願寺は、阿弥陀堂で大正天皇聖忌法要を修した（『教海一瀾』第七二七号）。また十三日には、「大正天皇尊儀」の安置にともなって、大正元年以来、阿弥陀堂に安置してきた「明治天皇尊牌」を、歴代天皇の尊牌を安置する大谷本廟内の御黒戸《おくろど》に移した（『教海一瀾』第七二七号）。

昭和天皇の即位への対応　昭和天皇の即位の礼および大嘗祭は、昭和三年十一月十日から十七日にかけて京都でおこなわれた。それにあわせて全国各地で奉祝の行事がおこなわれた。大正天皇の即位の礼・大嘗祭の際と同様に、本願寺では昭和天皇の即位を積極的に意義づけるべく、様々な活動を展開した。

三年九月七日、勝如宗主は次の直諭を発した。直諭は同日午前八時に鴻之間で披露された（「御直諭」『本山録事』昭和三年九月十一日）。

睿聖文武天皇陛下曩ニ万世一系ノ帝祚ヲ承ケサセラレ、典範ニ遵ヒ来ル十一月十日及ヒ十四日ヲ以テ御即位ノ大礼並ニ大嘗ノ祭典ヲ挙行アラセタマフ、中外歓騰シ遐邇慶賀ヲ表ス、恭ク惟ルニ御即位ノ大礼並ニ大嘗ノ祭典ハ、畏クモ聖代ニ一タヒ行ハセラル、国家最重ノ盛儀ニシテ、億兆ノ臣民均シク歓呼抃舞聖徳ヲ瞻仰シ宝祚ノ無窮ヲ祝シ来ルヘキ鉅典ナリ、況ヤ真俗二諦ノ宗訓ヲ体スル本宗ノ門侶、豈卒先シテ奉讃ノ微衷ヲ披瀝セサルヘケンヤ、抑末法澆季ノ世垢障厚重ノ機専ラ弥陀願王ノ誓約ヲ仰信シテ報土得生ノ素懐ヲ遂クルコト、偏ニ多生曠劫ノ宿縁聖朝外護ノ恩沢ニ因ラスンハアラス、コノユヘニ歴代ノ宗主忠誠ヲ王事ニ傾ケ、偶天下騒擾国用窮匱ノ秋ニ際シテハ大礼ノ用度ヲ進献シ、遺範ヲ後世ニ垂ル流ヲ汲ミ化ニ俗スルトモカラ争テカソノ芳躅ニ倣ヒ忠勤ヲ抽テ罔極ノ皇恩ヲ念報セサランヤ、我等幸ニシテ茲ニ希覯ノ盛儀ニ遭遇ス、宜シク精誠ヲ歓呼ノ間ニ輸シ報效ヲ抃舞ノ裏ニ思ヒ、謹ミテ皇上ノ聖旨ヲ奉体シ勤敏業ニ服シ、恭倹産ヲ治メ浮華ヲ斥ケ質実ヲ尚ヒ忠孝彝倫ノ道ヲ正クシ博愛共存ノ誼ヲ篤クシ、国家ノ興隆ト社会ノ福祉トヲ図リ二諦相資ノ宗風ヲ発揚セラルヘキコト肝要ニ候也

昭和三年九月七日

この直諭は、即位の礼と大嘗祭が「国家最重ノ盛儀」であることを強調し、それが挙行される日時を通達するとともに、僧侶・門徒が真俗二諦を踏まえてそれへの奉賛の気持ちを披歴するように説いている。あわせて国家の外護を受けてきたことを指摘し、歴代宗主が天皇即位に際して「大礼

ノ用度ヲ進献シ」てきた態度を模範として、眼前の即位の礼・大嘗祭に尽くすべきだとも述べた。

また同日、松原深諦執行長は派内一般に向けて、「国家最重ノ典礼」と即位の礼・大嘗祭を位置づけ、真俗二諦を踏まえた皇恩への奉答を求めた（「訓告第四号」『本山録事』昭和三年九月十一日）。松原はまた、翌九月八日に総会所において直諭の趣意を演達した。この直諭の披露と趣意演達のために、九月から十月にかけて松原執行長、斯波随性・千葉康之両執行は各教区に出張した（『教海一瀾』第七四四号）。

記念事業と奉祝の献上品　即位の礼・大嘗祭に際して、本願寺ではいくつかの記念事業が進められることとなった。昭和三年十月二十八日には、御大礼記念として関東社会事業協会が設置された（『教海一瀾』第七四六号）。他にも、幼稚園、託児所、児童園、保育園などの保育事業を中心とする社会事業を奨励した（『教海一瀾』第七四五号）。

九月二十日から十二月二十五日にかけて、京都市の主催により岡崎公園などで大礼記念京都大博覧会が開催された。ここには、本願寺所蔵の「慕帰絵詞」・「雪中柳鷺図」・「熊野懐紙」が出陳された（『教海一瀾』第七四四号）。

また、本願寺では、即位大礼奉祝のため、天皇と皇后に「三十六人家集」の色紙模様を織り出した五色紋緞子《どんす》五巻を献上し、十一月四日付で宮内省から受け取りの旨が通達された（『教海一瀾』第七四五号・第七四六号）。

即位の礼当日の本願寺　九月一日、本願寺は、即位の礼の当日となる十一月十日から十四日までの五日間、阿弥陀堂において「御大礼奉讃別時法要」を無量寿経作法にて修することを派内に達した（「甲達第八号」『本山録事』昭和三年九月十一日）。また十月一日には、一般寺院に対し、十一月十日午前五時から奉祝のために慶鐘を一〇八声打ち、即位の礼当日であることを知らせるように指示したほか、十一月十日から十四日までの五日間は敬意を表し、特に十日と十四日は寺院・門徒の葬儀をおこなわないことを達した（「甲達第十四号」・「甲達第十五号」『本山録事』昭和三年十月十五日）。

十一月十日は他にも、松原執行長、斯波・千葉両執行、在京顧問、管事、輪番、会衆、山内事務員一同が、正装で御大礼奉讃別時法要参拝後、午後二時から鴻之間を会場に奉賀式をおこなった（「乙達第七十二号」『本山録事』昭和三年十一月十九日）。奉賀式では、天皇皇后の「御真影」を安置し、定刻になると一同は正面に整列し、君が代を斉唱した。午後三時の号砲を合図に松原執行長の発声で万歳を三唱し、参加者一同は祝宴をおこなった（『教海一瀾』第七四六号）。十三日には総会所や六角会館で御大礼特別講演が開催された。また六角会館では講演後に御大礼の記録映像を映写した。

十一月十七日には「鹵簿《ろぼ》奉拝」のため、勝如宗主、大谷紝子、大谷泰子《ひろこ》（尊由の妻）ほか、松原執行長、斯波・千葉両執行らが真宗大谷派本山玄関門前の「奉拝席」に着き、貴族院議員の大谷尊由は京都駅内で、大谷昭道保摂は京都駅前奉迎門内でそれぞれ「鹵簿奉拝」にあたった。また、龍谷大学・平安中学校・京都女子高等専門学校・京都高等女学校・京都裁縫女学校の教職員ならびに学生生徒と仏教婦人会連合本部所属の婦人会員は、京都御苑内の「奉拝席」で「鹵簿奉拝」をおこなった（『教海一瀾』第七四六号）。

天皇の代替わりと宗教　政治・軍事・祭祀の大権を保持していた現人神天皇の代替わりは、国家の神話を再生産して国民に普及することで、国家への忠誠を引き出す契機となるものであった。天皇の代替わりを通じて、神社神道の国家的次元での再生産が進められるなかで、本願寺はその国家的祭典を、繰り返し様々な方法で積極的に意義づけた。

五　普通選挙法

僧侶被選挙権獲得運動　明治二十二年（一八八九）二月十一日に公布された衆議院議員選挙法の第十二条で、「神官及諸宗ノ僧侶又ハ教師ハ被選人タルコトヲ得ス」（『法令全書』）と規定していた。さらに明治三十三年に成立した改正衆議院議員選挙法と治安警察法によって、宗教者・教師の被選挙人資格および政治結社への加入が禁じられ、宗教者・教師の政治活動は禁止された。これに対し、僧侶側は還俗して議員になるという手続きをとった。また、大正四年（一九一五）に成立した仏教連合会を中心に、僧侶らは被選挙権請願運動を展開し、僧侶の被選挙権の獲得を政府側に請願するとともに、僧侶や門徒をいかにして政界に送り込むかを模索した。

こうした動向と連動して、大正五年二月二十八日から開催された第四十六回定期集会では、僧侶参政権を政府に要請する建議案が出された。なお、この建議案は議決延期となった（「仏教僧侶ニ参政権ヲ賦与セラルベク政府ニ要請セラレタキ建議」宗会百年史編集委員会編『本願寺宗会百年史』史料編下　浄土真宗

本願寺派宗会 昭和五十六年)。

大正五年三月十五日には、仏教連合会の幹事一団が文部大臣の高田早苗に面会して、宗教教師僧侶参政権の件について申請書を提出し、宗教教師も同一国民であるから国民と等しい権利を与えられるべきことを主張した(『中外日報』大正五年三月十九日)。

また、第四十四回帝国議会前の大正九年十二月八日から九日には、仏教連合会と仏教護国団の主催により本願寺で第一回各宗派懇談会が開催されており、そこで運動方針を確立し、東京と京都で運動を進め、双方が呼応して運動に着手することを議決した。東京では、仏教大会の開催、総理大臣訪問、貴衆両院議員訪問、新聞雑誌記者の招待、印刷物および雑誌の配布などが、京都では府下代議士の招待、仏教護国団開催支部の仏教徒大会、印刷物および雑誌の配布などが、それぞれ進められた。さらに、第四十五回帝国議会に対しては、各地方に仏教連合会の支部を設立して運動方法の統一をはかり、議会前に各支部から代表者を上京させて前年とほぼ同様の運動を推進した(「参考資料第三号 僧侶被選挙権獲得運動状況」衆議院議員選挙法調査会編『衆議院議員選挙法ニ関スル調査資料』大正十一年)。

普通選挙運動が拡大していくなか、大正十年一月から開催された第五十四回定期集会では、本願寺内でも会衆選挙権の拡大を求める声があがった(『本願寺宗会百年史』史料編下)。

大正十四年五月五日、普通選挙法が公布された。その第五条には、「帝国臣民タル男子ニシテ年齢二十五年以上ノ者ハ選挙権ヲ有ス」、「帝国臣民タル男子ニシテ年齢三十年以上ノ者ハ被選挙権ヲ有ス」（『官報』第三八〇八号）と規定された。こうして、納税資格が撤廃され満二十五歳以上の成年男子に選挙権が認められたことで、有権者は従来の約四倍の一二〇〇万人を超えることとなった。他方、被選挙権も満三〇歳以上の成年男子と改められ、神官・僧侶や小学校教員、官公私立学校の学生生徒にまでも被選挙権が認められ、政治参加への道が開かれた。

普通選挙法への対応　大正十四年八月十二日、布教調査会が竹檜之間で開催され、普選・農村・融和の三問題に関して審議がなされた（『教海一瀾』第七〇九号）。関心の中心は普通選挙法の公布を受け、どのように僧侶・門徒が国民としての責任を果たしていくかという点にあった。普選問題については、政治的偏向を避け、個人の意志を尊重し、国政参加と国家の一員としての責任を自覚することを確認した。

また、本願寺は、九月十一日から十九日にかけておこなった臨時布教で、「普通選挙の精神的基準」の下に国民の注意を喚起し、実力の涵養に発奮させるべく、全国の各教区に講師を派遣した（『教海一瀾』第七〇九号）。この臨時布教の方針に関しては、国政参加の責任や国法遵守の責任を自覚することや、公民の義務に対する宗教的信念の涵養が大切であるとした。

本願寺はさらに、『普選に直面せる国民に対して』という小冊子を作製し、末寺に配布した。その冒頭には「本山としての方針」と題して次のように記されている（『普選に直面せる国民に対して』本派本願寺教学部　大正十四年）。

一、本山としては一党一派に偏せず個人の意志を尊重し飽く迄其の自由を束縛せざるも我が教徒は精神的に一致して理想的政治の実現を計ること
一、本派僧侶は国民として普選の精神を貫徹せしむべく自ら範を示して有権者を督励することに力むべきも政治運動に没頭して僧侶の本分を忘れざる様注意すること

これに続けて「普選を標語としての臨時布教の方針」と題し、普選に関する諸種の注意をあきらかにした。

また、大正十五年二月二十七日から開催された第六十五回定期集会では、三月に入って「吾等仏教徒ガ十年一日ノ如ク主張セシ僧侶被選挙権ハ帝国議会ヲ通過シ其実施近キニアラントス、当局執行ハ速カニ策ヲ立テ案ヲ具シ集会ニ提出スベシ、右建議候也」とする「普選ニ関スル決議案」が出され、可決された。同集会では、普選に関する建白も多数出され、いずれも採択された（『本願寺宗会百年史』史料編下）。

六　第一次宗教法案

第一次宗教法案と仏教公認教運動　近代日本の仏教界にとって文明国の宗教といわれるキリスト教はめざすべきモデルであるとともに克服すべき相手でもあった。明治三十二年（一八九九）七月の

条約改正実施にともない、外国人の内地雑居が進められることとなった。条約改正交渉と並行し、明治二十六年頃から内務省社寺局において神道・仏教・キリスト教に対する統一的な法案の準備が進められ、明治三十二年十二月九日に第十四回帝国議会（貴族院）に五三か条から成る宗教法案が提出されることとなった。

仏教界は、こうした内地雑居や宗教法案の動向に対応するために、国家的保護の要求を基本方針とする公認教運動を開始した。その運動は明治二十年代から三十年代初めにかけて一挙に拡大した。それは内地雑居にともなうキリスト教布教やキリスト教系学校・病院などの開設の広がりに対する危機感および護教意識に支えられていた（柏原祐泉「明治に於ける仏教公認運動の性格」『印度学仏教学研究』四―一　日本印度学仏教学会　昭和三十一年）。

仏教法案の作成　宗教法案提出に先立って、仏教各宗は政府との交渉のために協力して法案を作成することとなった（以下、川尻文昭「明治期宗教法案問題」真宗教学研究所編『教化研究』七三・七四　真宗大谷派宗務所　昭和五十年）。仏教各宗協会は、明治三十一年六月から京都建仁寺で定期大会を開き、仏教を公認教とする寺院制度草案を作成し、これを内務省に提出することとした。八月に京都の相国寺で開催された各宗会議を経て、内務省に寺制案を提出した。十月十五日には板垣退助内務大臣宛に寺制案採用とともに宗教法制定が確定する前に仏教側の意向を確認するよう求めた開申書を提出した。

また、明治三十二年六月に開催した各宗管長会議で、天台宗・真言宗・臨済宗妙心寺派・曹洞宗・

本願寺派・真宗大谷派・日蓮宗の七宗派の管長総代は、宗教法案の内容について明示するよう内務省に求めることを決めた。そして、七月六日、明如宗主と曹洞宗管長の森田悟由《もりたごゆう》が代表し、以下の申請書を提出した（土屋詮教『明治仏教史』三省堂　昭和十四年）。

近日条約改正実施相成候に付、仏教及び其他の宗教に対する御方針は、既に御治定相成候儀と奉レ存候、就ては此際衲等門末、及檀信徒取締上心得置度候条、委曲御明示相成度、此段特に申請候也

七月二十日付で内務省社寺局長の斯波淳六郎《しばじゅんろくろう》から明如宗主宛に書簡が届き、内務省に出頭することとなった（明治三十二年七月二十日付「斯波淳六郎書簡」本願寺所蔵）。七月二十八日には内務大臣との面談が通牒され、三十一日に七管長および各宗委員が内務省に出頭した。このとき判明したのは、仏教界が要望した公認教制度が政府の構想外であり、仏教は他宗教と対等な処遇を受けるということであった。

そこで仏教界側は先に起草した寺制法を修正した仏教法案を八月上旬に内務省へ提出し、さらに交渉を続けた。

第一次宗教法案への対応　貴族院に提出されたこの法案は、先に提出した仏教法案に対する一定の配慮は見られたが、仏教がキリスト教や教派神道と対等に扱われることとなっていた。そのため、

教派神道各派やキリスト者をはじめとして、当時の新聞・雑誌等の論評ではおおむね好評であった（小林和幸「第二次山県内閣「宗教法案」をめぐる諸相」『青山大学文学部紀要』二九　青山大学文学部　昭和六十二年・山口輝臣「宗教法案の不成立と神社局・宗教局の成立」『明治国家と宗教』東京大学出版会　平成十一年）。ただし、仏教法案まで提出しながらもその骨子が不採用にされたと考えた仏教各派は、十二月十二日に会合を持ち、修正の条項を定めて政府と交渉することとした。交渉の結果、政府は、そこで仏教の公認教化と新宗教の制限については応じられないが、その他の希望については修正に同意すると回答した。

十二月十六日、梅上沢融執行長は、一般寺院に対して、「今般政府ヨリ帝国議会ニ提出セラレタル宗教法案及ビ之ニ関鏈スル徴兵令改正案ハ、宗派及ビ寺院ニ関スル現行国法ノ闕典ヲ補ヒ国家及ビ宗教ノ為メニ必要欠クベカラザルモノナリ（中略）本案ノ大体ハ本派年来ノ希望ト齟齬スルコトナク、其成立ニ至ラムコトハ大法主殿ガ国家及ビ宗派ノ為メニ望マセラル、所ナレバ、従テ門末一般ノ誤解ヲ万一ニ生ズルナカラムコトヲ欲シ、尊旨ニ依リ茲ニ訓告ス」と通達した（「訓告第五号」『本山録事』明治三十二年十二月二十六日）。このように、本願寺派は宗教法案の成立を支持した。

各宗派との提携謝絶　法案の修正通過をめざしていた仏教各派のうち、真宗大谷派は宗教法案に対して全面否定を強硬に主張するようになった。大谷派が中心となって組織し、仏教の公認教運動の推進団体となった大日本仏教徒同盟会は反対意見を鮮明にした。大日本仏教徒同盟会は、即座に反対意見を表明し、この法案において、仏教が諸宗教と対等に扱われたり、寺院の財産が政府の所有であるかのように扱われたりする点を非難した。そして、それが本山と末寺の関係破壊に繋がるばかりか、宗派の実権と管長の最終採決権が政府に掌握されることになると主張した（川尻文昭「明治期宗教法案問題」）。大日本仏教徒同盟会は、法案内容から仏教界の既得権益が脅かされると警告した。

一方で、本願寺派・真宗興正派・真宗木辺派、真言宗・浄土宗西山派・法相宗などは、大谷派のような強硬姿勢には出ず、穏健な行動を選択した（土屋詮教『明治仏教史』）。本願寺派は、実質的な宗教統制法であるこの法案を、むしろ積極的に支持した（赤松徹眞「仏教公認運動の論理と状況」千葉乗隆博士還暦記念会編『日本の社会と宗教』同朋舎出版 昭和五十六年）。

当時の本願寺派の代表委員であった名和淵海（代表委員は他に神根善雄・赤松連城）は、明治三十三年二月二十四日に名古屋別院でこの一件について演説している。名和の説明によると、本願寺派は三十二年十二月十五日付で各宗派に対して提携謝絶の手紙を送ったが、それを受けた各宗派は方針を一転し本願寺派との提携を求めたため、本願寺派もこれに応じたという。ところが、真宗大谷派の強硬姿勢は、同派で三十三年一月六日から八日に開かれた議制局の会議などを経て鮮明となり、二月五日と六日に京都妙心寺で開かれた各宗臨時大会での決議もその方針に沿ったものとなったため、再び本願寺派は各宗派との提携を絶つこととなった。本願寺派が各宗派との提携を断念した主たる要因は、宗派の公法人化と、仏教への特別保護とキリスト教への抑制の要求とを本願寺派が希望しなかった点にあった（名和淵海口演、会員某筆記「宗教法案否決に就て迷者の蒙を啓く」『伝道新誌』一三―二 明治三十三年二月）。

本願寺派の立場　三十三年二月十日、梅上沢融執行長は、一般寺院にむけてその経緯を通達し、本願寺派の立場を明示した（「訓告第一号」『本山録事』明治三十三年二月十一日）。

宗教法案ニ就テハ客臘訓告ニ及ヒシ如ク其大体ニ於テ本派ノ意見ト齟齬スルコトナキヲ以テ之カ成立ヲ期セリ、然トモ条文中規定ヲ欠ク所ナキニアラサレハ各宗派ト共ニ適当ノ修正ヲ謀リ相携テ以テ昨今ニ至レリ、然ニ本月妙心寺ニ開キシ委員会ノ決議ハ従来ノ方針ヲ一変シテ絶対的反対ノ方向ニ転スルコト、ハナレリ、此ノ如キハ本派ノ素志ニアラサレハ之ニ協同スルニ忍ヒス已ムヲ得ス他ノ宗派ト提携スル能ハサルニ至ル、抑モ強テ国法ノ特庇ニ依頼シ俗権ヲ仮テ布教ヲ保ントスルハ教家ノ本旨ニアラス、時勢ヲ察セスシテ非分ノ欲望ヲ遂ント欲スルハ本派ノ忍フ能ハサル所ナリ、今ヤ改訂条約実施ノ日ニシテ彼我対等ノ権義ヲ有セリ、信教ノ自由豈ニ自他ノ別アランヤ、信義ヲ遠人ニ致シテ国光ノ発揚ヲ期シ教法ヲ中外ニ布キテ宗門ノ伸張ヲ努ルハ仏者カ国家及宗派ニ対スル刻下ノ急務ナリトス、豈ニ区々ノ虚栄ニ拘リテ此大事ヲ遺忘スヘケンヤ、故ニ本派ニ在テハ此際特ニ本末心ヲ一ニシ遠クハ宗祖大師ノ化風ヲ欽仰シ近クハ大法主猊下ノ尊旨ヲ服膺シ以テ国家宗門ニ尽サスンハアラス、門末一般此旨ヲ領シ誤解セサランコトヲ要ス、仍テ重テ訓告ス

このように、本願寺派は、国家に保護を進んで求め、その庇護の下で布教を進める立場を退け、

キリスト教にも仏教と対等の信教の自由が保障されるべきであると主張した。こうした本願寺派の態度は、名和淵海が「政府の力を仮らずとも、信仰堅固にして、実際社会に利益を与へ、国家に補翼を与へるならば、願はずとても政府は自ら進んで保護を与へるに違ひないです、（中略）吾々仏教者に実力さへあつたなれば、彼れ外教の如きは法律の力らで抑へずとも、独りでに倒れて仕舞でせう」（名和淵海口演、会員某筆記「宗教法案否決に就て迷者の蒙を啓く」）と述べたように、国家に保護を要求する強硬姿勢を避け、自律的な教団運営を前面に出すことによって、国家との良好な関係の構築を模索しようとするものであった。

宗教法案は、三十三年二月十八日の貴族院議会で、原案・修正案ともに一〇〇対一二一で否決された。政府案が貴族院で否決されるということ自体が異例であった。その後、宗教法案は繰り返し議会に提出されることとなる。

七　神社問題

神社問題の歴史的背景　日本の近代は神仏分離と廃仏毀釈に始まった。明治初年から神道国教化政策が推進され、明治四年（一八七一）五月十四日には「神社ノ儀ハ国家ノ宗祀」として神祇祭祀の国営化への企図が明確に示された（「太政官布告第二三四号」『法令全書』）。また、同年七月には「大小神社氏子取調」で、国民は郷社とされた神社の氏子となった（「太政官布告第三二二号」『法令全書』）。これは、制度的位置づけとしては、近世の仏教が担っていた寺請制度を継承した側面を持っていたが、六年五月に廃止された。

神道国教化政策は、当初の廃仏政策からやがて仏教利用策へと転じ、ついには国民教化に仏教勢力を動員することとなり、いわゆる大教院体制が構築された。ただし、当初は神仏合同の機関として設置された大教院が、その性格を神道優位・仏教劣位へと変貌させていくなかで、真宗四派を中心とした大教院分離運動が進められることとなった（小川原正道『大教院の研究――明治初期宗教行政の展開と挫折――』慶應義塾大学出版会 平成十六年）。

この運動は、大教院を解散に追い込み、八年十一月二十七日には教部省から、信教の自由保障の口達書を得るに至った（福嶋寛隆「神道国教政策下の真宗――真宗教団の抵抗と体制への再編成――」『日本史研究』一一五 日本史研究会 昭和四十五年）。その信教自由は、「日本臣民ハ、安寧秩序ヲ妨ゲズ、及臣民タルノ義務ニ背カザル限ニ於テ、信教ノ自由ヲ有ス」（『法令全書』）というように、大日本帝国憲法で追認された。これは天皇制国家の許容する枠内での「恩賜的」な「自由」であった（福嶋寛隆「近代天皇制国家の成立と信教自由論の展開」『島地黙雷全集』第二巻 本願寺出版協会 昭和四十八年）。また、十五年一月二十四日には、神官の教導職兼補が廃され、神官が葬儀に関係することが禁じられた（「内務省達乙第七号」『法令全書』）。さらに、十七年八月十一日には神仏教導職も全廃され、これ以降は管長制へ移行した（「太政官布達第一九号」『法令全書』）。

さらに三十三年四月二十七日には、内務省社寺局を内務省神社局と文部省宗教局に分立させた（「勅令第一六三号」『法令全書』)。これにより、神社を宗教領域外に位置づけることが制度的にも整備された。近代日本では、政府が一貫して神社神道非宗教説に立脚したため、神道を国民に事実上強制することができ、その結果、種々の神道に基づく祭祀儀礼が遂行された。その一方で、政府の宗教政策を実質的なものとしたのは、諸宗教が神社神道非宗教説の建前を受けいれたからであった。

しかし、神社神道の宗教活動をめぐる動きは、しばしば神社問題として宗教界や仏教界で問題視された。法的次元では、主として大日本帝国憲法の信教自由条項に抵触するか否かが問われた。

大正期の神社問題と杉紫朗の主張　大正期から昭和初期にかけても、政府が推進する民衆教化政策は、一貫して神社中心主義に立って推進された。それを背景として生じた神社問題は、宗教法案とも密接に関わっていた。

宗祖以来、神祇不帰依の立場を説く真宗にとっては、真宗の信仰理解それ自体にかかわる問題としても論じられた。教団のみならず、門徒にとっては、神道が現実の生活世界に浸透してくる状況下でそれとの緊張関係が生ぜざるを得なかった。

大正十一年(一九二二)一月、仏教大学教授の杉紫朗《すぎしろう》は、大正期の神社問題を次のように整理した。明治天皇の病悩の際、全国の寺院・神社が病悩平癒の祈願をした一方で、真宗寺院だけは祈禱をしなかった。また、門徒の多くが住む地域でも病悩平癒の祈禱はおこなわれなかったという。そして、大正天皇の即位の礼・大嘗祭に際しては、地方によっては各戸に注連縄《しめなわ》を張らせたり、各戸に神棚を設置させて大麻を奉安させようとしたりしたが、真宗門徒はこれを是としなかったようである。

さらに、大正八年三月から床次《とこなみ》竹二郎内務大臣の提唱により民力涵養運動が開始された。この運動のなかで進められた神宮・神社参拝の強制に対して、真宗門徒が祈禱を拒否することがあった。

杉は、こうした経緯を踏まえ、真俗二諦に立つとき、皇恩の感得とそれを媒介した報恩生活が真宗門徒のあるべき信仰態度であり、真宗門徒が明治天皇の病悩平癒を希望しなかったというわけではもちろんないと述べ、また、真宗が信仰上の問題として、祈禱や大麻の奉安ができないと説いた（杉紫朗『神祇と真宗』龍谷会　大正十一年）。

杉のような神社問題への対応は、大正期の真宗の基本的性格をよく表している。真宗大谷派の河野法雲も『真宗の神祇観』（法蔵館　昭和五年）のなかで杉の所論に言及し、「杉氏の著書にある点が私の考へと粗々同一であります」と述べていた。

大正初年の神風会の質問　神宮大麻の受不をめぐって、教派神道の教義を研究する神風会という団体の宮井鐘次郎が、鏡如宗主と真宗大谷派の彰如宗主宛に、大正元年十一月三十日付で次のような質問書を出した（『中外日報』大正二年三月一日）。

勅令第八十五号に依り目下伊勢神宮神部署より頒布されつゝある神宮大麻（俗に大神宮の御札若くは伊勢の御祓と称する者）に対し、貴宗末寺々院及び信徒等が其宗教の真宗なりとの理由の下に敢て其拝受を拒絶致す者甚だ多く御座候が、右は貴宗の教義上より右大麻の拝受を拒絶致す次第に候哉、若しくは彼等末寺信徒が何かの誤解より如ㇾ斯拒絶致し居るものに御座候哉、若し彼等の誤解に出づるものに御座候へば至急其誤解を正す様厳達相成る訳に参らず候哉、又其の通達は如何なる法式によりて相成る次第に御座候哉、右甚だ恐入候へ共邦家の為め至急御返事被レ下度封入御願申上候、頓首

大正元年十一月三十日　　宮井鐘次郎

伯爵　大谷光瑞殿

伯爵　大谷光演殿

宮井の東西本願寺に対する質問は、真宗門徒による伊勢神宮の大麻拝受の拒絶が生じている現状を踏まえ、それが真宗の教義と末寺門徒の誤解のどちらに起因するのかという二者択一を迫るものであった。『中外日報』が報じるところによると、その後、以下のようなやり取りがあったという。

本願寺派は三月四日に枢密課の名義で、「明治十一年三月廿三日内務省令第三号（ママ）を以て被達の通り、大麻の受不は専ら人民の自由に任ぜられたる儀に付、特に当山より弁明の必要無レ之ものと認め候条、左様御了知相成度此段及二御回答一候也」と回答したところ、宮井は内務省令の被達云々は質問の要旨ではないとして、大麻拝受が真宗の教義と衝突するかどうかについて、そして衝突しないのであればなぜ真宗門徒が大麻拝受を拒絶するのかについて再度回答を求めた。

それに対する本願寺派の返書は、「先回の回答を以て其意を尽せるものと認む」というものであった。宮井はさらに真宗の学者の意見を尋ねるべく大谷派の村上専精と本願寺派の前田慧雲《えうん》にも質

問したが、どちらからも明確な回答が得られなかったようである。

一連のやり取りを踏まえ、宮井は神風会の機関誌『神風』誌上に「彼等は毫も神宮大麻を崇敬する誠意なく、之れを拝受せんとする精神の毛頭なき事は蓋し判断するに難からざるところである」といい、「要するに本願寺対吾人の往復文書に依つて彼等の神宮大麻に対し崇敬するの意志なきは洵に明かである、是れ真宗は即ち日本臣民たるの義務に背く行為を敢てする宗派なれば国家は当然憲法第廿八条の条文に依り其の布教を禁止すべきである」などと述べ、真宗を論難した（『中外日報』大正二年三月一日）。

大正天皇即位の礼・大嘗祭と神社問題　大正四年十一月の大正天皇の即位の大典に際しては、地方行政当局が神棚・注連縄の設置や神社参拝を奨励したのに対し、広島・香川・島根・石川・山形の各地で真宗門徒が抗議した（赤沢史朗「大正デモクラシーと神社」『近代日本の思想動員と宗教統制』校倉書房　昭和六十年）。こうした状況下で、広島県知事が真宗門徒に職権をもって儀式を推し進めた。これを受け、本願寺派と広島県安芸郡役所とのあいだでは激しい論争が起こった。

大正四年十二月二十日付で広島県安芸郡役所が出した利井明朗《かがいみょうろう》執行長宛の「詰問状」では、「宗旨の旨趣に依り之を遵奉するの要なしとの精神」は、行政権による府県令などが「絶対服従の義務あるものなるは申迄もなき儀」であるかぎり許容しえないのであって、執行所の達示のような「宗教上の便否に依り之れが遵奉の要否を決せしめらるゝが如きは吾が国家組織の存立上不可解の事実」であり、「国家の行政と相容れざる方針を採らるゝに於ては将来の治安上実に不二面白一結果を来す儀と憂慮に不レ堪」と述べている。

一方、十二月二十四日付で本願寺執行所から出された広島県安芸郡役所宛の「返答状」によると、「吾が浄土真宗は一向専念の宗義にして余神余仏を併祀せざることは本宗固有の教義にして宗制上明かに之を規定し既に中央政府に於いて之を認可し、本宗の弘通宣布を公許せる」以上は、「憲法に於いて信教の自由を許されたる国家にして府県令等を発し、他の宗教的儀礼を本宗門徒に行はしめらるゝが如きことは無レ之儀と信じ候」と述べている（『中外日報』大正五年一月五日）。つまり、本願寺派は、大日本帝国憲法が国内の法的体系において府県令より上位に位置づけられていることを論拠として反論した。

同年十二月十日に本願寺を会場に関西仏教各宗派および京都各本山重役の大会が開催された。この大会の決議項目には、各宗派が提携して「宗教法ヲ制定セラレンコトヲ其筋ニ要請スルコト」や「神職ト神道宗教ノ教師ヲ判然区別シ兼務セシメザルコトヲ其ノ筋ニ要請スルコト」、「最近仏教ニ関シ行官ノ取扱上穏当ヲ欠クノ嫌アル事項ヲ具申シ其ノ処置ヲ政府ニ要求スルコト」などが含まれていた（『教海一瀾』第五九七号）。

龍口了信による衆議院での質問　神社問題は衆議院でも問題とされた。大正四年十二月十七日、広島県選出の憲政会代議士であった龍口了信《たつぐちりょうしん》が衆議院に「宗教尊重に関する質問主意書」を提出した。

龍口は、慶応三年（一八六七）広島市の真宗本願寺派正順寺に生まれ、東京帝国大学国史科を卒業後、広島県第一尋常中学校教諭、同第三尋常中学校初代校長となり、さらに文学寮教授、執行所賛事、布教講習所長、台湾布教総督などを務めた。また、明治三十九年に高輪中学校、高輪商業学校の校主兼校長に就任した。大正四年三月の第十二回衆議院選挙に、還俗して立候補し、当選を果たしていた。

龍口はその主意書で「神社と宗教との関係に就て」という項目を立て、「神社は宗教に非ず、然るに府県社以下の神職は葬儀説教を為し神符神水加持祈禱を行ふ、其の行為は全然宗教教師と異るなし、是の如きは神社を以て宗教と為し神職を以て宗教教師と為すものに非ずや、今回の御大礼に際し或地方に於て神社強制・参拝神棚設置等の問題を惹起せしは畢竟神社と宗教とを混同せるの結果なり、之に関する政府の所見如何」と質問した（『教海一瀾』第五九七号）。二十一日の議会質問の際に龍口は、神社と宗教とを混同し、同一のものと見なすと種々の弊害を生ずるといい、その主たる弊害を以下のように指摘した。すなわち、「第一、神社の尊厳を害して其祖先崇拝の遺風を破ることになりはせぬかと思ふのである、第二、神社は遂に国教のやうな姿をして、他宗派を圧迫することになりはせぬかと思ふ」という二点である。龍口はさらに、「私は早く此神社を宗教視することを禁止せらるゝこと、或は神官神職の僧侶の真似をすることを禁止せらるゝと云ふことに願ひたいのであるが、若し既にサウ云ふことを御禁止に相成つて居るのならば、今日斯の如き地方に種々なる紛擾を起すのは、何が故であるか斯う云ふ御尋をしたいのであります」と続けた（『教海一瀾』第五九八号）。この龍口の質問は、即位の礼・大嘗祭に際して生じた広島などでの神社問題を背景に、神社と宗教を分けるべきだと指摘したものであった。

この龍口の質問に対して、大正五年二月十日付で一木喜徳郎《いちききとくろう》内務大臣と高田早苗文部大臣による答弁書が出された。答弁書の内容は、第一に、政府の宗教重視および宗教家の奮励への期待をあきらかにし、第二に、学校教育において教育勅語の趣旨に基づく国民道徳の振興を図り、その徹底によって龍口の質問書のような事態を回避すべき考えであることを述べた。第三に、「神社は国家の宗祀にして宗教に関係なく、神職は神社に奉仕すべき国家の機関にして固より宗教教師にあらず」という原則論を展開し、第四に、「政府は今回の御大礼に際し仏教徒が大なる凌辱を受けたる事実あるを認めず」と述べ、続けて「或地方に於て神社参拝等の申合せを為したればとて仏教徒に対する迫害なりと謂ふを得ず」などと反論した（『教海一瀾』第五九九号）。

この答弁に対し、二月二十一日に京都市新京極の浄土宗西山派本山の誓願寺で仏教連合会関西委員会が開催された。委員会は、その政府答弁を誠意なきものだとし、三月中に東京で全国各宗派委員会を開くこととした。さらに全国の仏教五六派より選出する九〇余名の評議員大会を京都で開会して委員会の結果を報告し、この件に関して政府に対し反省運動をすることを決議した（『教海一瀾』第五九九号）。仏教連合会は三月十五日付で仏教五六派が決議した申請書を高田早苗文部大臣に提出し、神社と神道教派との区別を明確にするために、府県社以下における神職が神道教師を兼ねないことを要望した（寺本慧達『神社問題と真宗』顕真学苑出版部 昭和五年）。

名和淵海による注連縄問題への指示　大正五年一月十四日に開催された布教使臨時懇談会で、名和淵海執行は布教使に対して注連縄問題を以下の六点に整理して説明した（『教海一瀾』第五九八号）。

第一、祈禱祈念を絶対に排斥し、物忌みを絶対に禁止している真宗の信徒としては断じて神棚を安置すべき筈のものでない
第二、宗教的祈禱に類するものは絶対に受納すべきものでない
第三、何処が浄・不浄であるといった物忌みを決していわない真宗門徒はあくまでも注連縄を張ることは出来ない
第四、憲法において信教の自由が与えられている以上は、憲法違反の命令を発する筈はない
第五、こうした態度をとるかぎりは忠君愛国の行為を目立つようにしなければならないという点で我真宗僧侶としての一大注意を要する
第六、敬神や愛国のために神棚を安置したり注連縄を張ったりするのも、唯形式に止まりては何にもならないのであって、真宗信徒はむしろ君恩の深さを心底から肝に銘じており、そのため戦場でも死を恐れずにいる

以上のように、大正天皇即位の礼・大嘗祭《だいじょうさい》を契機として生じた神社問題に対し、本願寺は大日本帝国憲法を法的根拠にして神祇不帰依を主張する一方で、神棚や注連縄などの形式的な敬神愛国とは異なり、実質的次元から国家に奉仕する立場を示した。

宗教法制定をめぐる動き　大正三年、文部省は再び宗教法案の起草に着手し、仏教側もこれに応じて仏教徒談話会を開いて調査研究に当たり、翌四年には各宗管長が会合して宗教法制定を政府に要請することを協議した。

大正五年三月十五日には、仏教連合会の幹事一団が高田早苗文部大臣に面会して、「宗教制度調査に関する申請」「神職と神道教師区別に関する申請」「宗教に関する地方行政矯正の件に付申請」「宗教教師僧侶参政権の件申請」といった四項の申請書を提出した。この仏教連合会の働きかけは、宗教法の制定を視野に入れたものであった。六月十九日、誓願寺で仏教各宗派本山重役および有志は会合を持ち、下間空教《しもつまくうきょう》弁護士から宗教法・寺院法についての説明を聴いた（『教海一瀾』第六〇三号）。

六年六月十三日には仏教連合会の開催にあわせて各宗派の管長および重役が官邸を訪問し、寺内正毅首相と面会した（『教海一瀾』第六一五号）。九年三月には、仏教各宗連合会が五章八二条にわたる宗教法草案を完成させ、これに五八管長が連署して政府に提出した（『教海一瀾』第六四七号）。

仏教各宗派が、熱心に法案成立を望んだ理由の一つに、上知令で政府が没収した寺院境内地の一部を返還するという件があった。これに関係する寺院は三万余といわれ、その返還の前提として寺院の法人格を取得する必要があったことから、宗教法の制定を強く望んだ。また、真宗の立場においては、神社が宗教でないことを宗教法において明確化することで、神社問題の解決を求めた。

民力涵養運動と神社問題　大正八年三月から開始された民力涵養運動に伴う神社参拝の強制をめぐっても地域で衝突が生じた。たとえば広島県では民力涵養運動における実行細目中に「一、神社に於て就学成業、入退営団、県市町村事務の報告（ママ）祭を挙行し、且大祭日神社祭日に一般町村民をして可成多数参拝せしめ敬神崇祖の観念を鼓吹すること、二、神職の教養に努め、其品位の向上を図ると共に優遇の途を講じ神社をして地方風化の中心たらしむること」とあることを受け、本願寺派安芸・備後両教区では、委員を選んで県当局と交渉することとした。大正九年二月、遠藤大寂ら四名の委員は、県庁に出頭して「其不都合を説破し意見を陳べ」、さらに上申書を提出し、県庁側と交渉を重ねた（『中外日報』大正九年十二月二日）。ここからは、神社中心主義の政策が地方で展開していく過程で、寺院・門徒との軋轢が生じていたことがわかる。

定期集会での一幕　大正十年一月二十七日から二月十二日まで開催された第五十四回定期集会では、石松貞雲が提出した「神社神道ノ取締並ニ大麻奉斎ノ義ニ付文部内務両省へ請願ニ関スル建白」が採択された。建白には、以下の見解が提示された（宗会百年史編集委員会編『本願寺宗会百年史』史料編下　浄土真宗本願寺派宗会　昭和五十六年）。

近来地方ニ於テ宗教ニ非ザル神社神道ガ一定ノ宗教ノ如キ意味ヲ宣伝シ、且ツ大麻ヲ強制的奉斎スベク知事郡村長ガ奨励スルハ信教ノ自由ヲ束縛スル事ニ成リ、且ツ我ガ宗意安心上檀信徒ノ信念ヲ迷ハス事ニナルカラ、一般ニ神官等ノ行動ヲ取締方及強制的ノ奨励ナキ様、其筋ヨリ布達アル様請願シテ貰ヒ度シ石松は、非宗教とされている神社神道の宗教的活動、具体的には、地方行政の長が権力を背景にして大麻奉斎を強制することによって、真宗門徒の信教の自由が束縛されていると問題視し、文部省と内務省への請願を求めた。

臨時制度調査会 昭和元年（一九二六）五月三日、本願寺派では臨時制度調査会規定を定めた。臨時制度調査会では、宗教法制度に関する事項、普通選挙法実施に関する事項、派内重要制度の創定改廃に関する事項、といった事項を調査審議する機関として設置され（「甲教示第五号」『本山録事』大正十五年五月三十一日）、同月十三日に会長には花田凌雲《はなだりょううん》勧学が任命された（「任免辞令」『本山録事』大正十五年五月三十一日）。調査会は、二十八日に文部省が宗教法案を発表するのを受け、法案への対策を検討するために設立された。

神社の宗教性と宗教制度調査会 昭和元年五月十二日、大本教などの新宗教の勢力拡大を受け、神仏基の他に新宗教をも包括する宗教法規制定（第二次宗教法案）の必要から、文部省のもとに宗教制度調査会が設置された。本願寺派からは、宗教制度調査会委員に花田凌雲が任官された（『教海一瀾』第七一八号）。その宗教制度調査会の審議において、宗教法案が取り扱う宗教の定義をめぐって議論され、それにともない神社が宗教であるか否かが問われた。宗教制度調査会委員の花田や東京帝国大学教授の姉崎正治らによって、神社の宗教的活動と、政府が建前として主張してきた神社神道非宗教説の矛盾とが指摘された。

宗教制度調査会での神社問題 宗教制度調査会では神社問題をめぐって、神道家の神崎一作が神社を宗教圏外に置くことは事実上不可能だと論じたり、京都帝国大学教授の佐々木惣一や大谷派寺院の出身で当時衆議院議員であった安藤正純らも神社非宗教の伝統政策に固執せずに方針を一変すべきだと論究したりしたが、政府は一貫して神社非宗教説に立った。

また、政府が宗教の定義を法文上に明記することを嫌ったため、仏教側の委員は特別委員会の後半で、宗教法上に「神社は宗教に非ず」との明文を加えるという修正案を提出した。しかしながら、宗教ではない神社に関する規定を宗教法上に記入することは法文の体裁として当を得ないという理由から条文の修正は認められなかった。

ただし、これは意見としては全委員の一致する所であったため、昭和元年十月二日に開催された第十九回特別委員会で、大谷派の渓内弌恵、曹洞宗の祥雲晩成《さくもばんせい》、浄土宗の窪川旭丈《くぼかわぎょくじょう》、本願寺派の花田凌雲、神道大教の神崎一作、金光教の佐藤範雄、日本メソヂスト教会の鵜崎庚午郎《うざきこうごろう》および貴族院議員の千秋季隆《せんしゅうすえたか》ら各委員は、次の決議案を提出することとなった（「宗教制度調査会第十九回特別委員会議事録」宗教制度調査会編『宗教制度調査会議事録』大正十五年）。

惟フニ神社ハ、上ハ皇祖皇宗ヲ奉斎シテ建国ノ宏謨ヲ光揚シ、下ハ国家ノ元勲民族ノ祖先ヲ奉祀シテ国民道徳ノ淵源ヲ顕彰シ、以テ報本反始ノ道ヲ明カニスル所以ナリ、蓋シ制度ノ規スル所マタ従フベキナシト雖、此趣旨未ダ洽ク徹底セズシテ現時種々ノ弊竇ヲ見ルモノナキニアラズ、是宗教法制定ニ際シ深ク考慮ヲ要スベキ点ナリ、又宗教上ニ於テモ往々ニシテ神社ノ尊厳ヲ毀損スルモノ無シトセズ、政府ハ其ノ声明ノ如ク宜シク神社ノ宗教圏外ニ立ツノ実ヲ明確ニシテ神社ノ尊厳ト宗教ノ権威ト相共ニ発揚スベク適当ノ方法ヲ執ラレンコトヲ希望ス

この決議案は花田によって読み上げられた。花田はそれに続けて、「宗教ト神社トハ互ニ相侵スヤウナコトガアツテハ誠ニ面白クゴザイマセヌシ、（中略）勿論制度トシテ既ニ御規定ノ件ハ幾多アリマスケレドモ、事実上現状ニ於キマシテ多少面白クナイ点ガアルト云フコトヲ認メラレ得ルノデアリマス」と述べている。この決議案は特別委員会全員一致で成立した。花田は、真宗と国家神道とを共存させるべく神社の非宗教化の徹底を政府に求めた（花田凌雲『現在の神社問題』興教書院　昭和二年）。

真宗十派の開陳書　昭和元年八月二十日、大谷尊由管長事務取扱など真宗十派管長は連署をもって、以下の神社問題に関する開陳書を、若槻礼次郎総理大臣と岡田良平文部大臣に宛てて提出した。これは前年の四月、真宗十派協和会が神社制度調査会を設け、ここで審議した結果であった（『教海一瀾』第七二一号）。

宗教法適用ノ範囲如何ノ疑問ヨリ、惹イテ神社宗教非宗教ノ質疑ニ亘リ、文部内務両当局ノ御説明モ大略伝承仕リ候（中略）此ノ如ク国家ノ神社観念ノ明瞭ナルニモ関ハラス制度更改前ノ多年ノ慣習歴史ニ拘泥シ神社当事者地方官公吏ノ間ニハ依然宗教観念ヲ以テ神社ヲ取扱ヒ幾多

ノ宗教設備ヲ具シ宗教的儀式行事ヲ継続スルモノ甚タ少カラス、加之斯道学者間ニハ公然神社宗教説ヲ唱ヘ極端ナル神社国教主義ヲ強調スル者スラ無キニ非ス、為メニ神社非宗教ノ国策ヲ攪乱シ時トシテハ神社ハ国家ノ宗祀ナリトノ基調ヨリシテ自然宗教圧迫ノ傾向ヲ発生シ憲法治下ニ有リ得ヘカラサル事実ヲ見ルコト往々有レ之（中略）神社ノ本質カ純粋ナル国家観念ニ一致シ総テ不純分子ノ存在ヲ排除スルト共ニ真箇ニ宗教圏外ニ超脱スルモノタルコトヲ熱望致居候条、今次宗教法制定ニ際シ明白ニ神社多年ノ因襲ヲ拒否シ以テ制度ト事実トノ一致ヲ図ラレンコト、蓋シコレ国民一般ノ誤解誤謬ヲ一掃スル所以ナルヘク窃カニ期待致居タル儀ニ御座候（中略）

大正十五年八月二十日

このように真宗十派は、神社当事者や地方官、学者により、神道が宗教と認識され、神社非宗教の国策が攪乱されているとし、それが他の宗教への圧迫として作用していると指摘した。さらに、宗教法の制定に際しては、神社神道非宗教説の制度と事実との一致を求めている。ここで真宗十派は、神社神道の非宗教化の徹底を要求した。

龍谷大学と大谷大学の審議　龍谷・大谷両大学においても、両本願寺の依嘱によって神社問題に関する特別委員会を設けて審議していたが（『教海一瀾』第七一九号）、昭和元年十月、教授総会を開いて委員会案の報告をおこなった。その報告では、「政府当局ハ神社ハ宗教ニ非ズト声明スレドモ、神社ノ過去及ビ現状ヨリ見テ、吾人ハ之ヲ宗教ナリト認ム、此故ニ若神社ニオイテ行ハル、宗教的行為、例ヘバ祈禱、護符ノ類ヲ強ヒルガ如キ事アラバ、信教ノ自由ヲ侵スルモノト認ム」（『教海一瀾』第七二三号）というように、神社を宗教であると捉え、神社における宗教的行為の強制を信教自由の侵害として位置づけている。

龍谷大学では昭和二年八月に『龍谷大学論叢』第二七五号を「神社問題研究号」として刊行した。その巻頭の辞で委員会の座長を務めた森川智徳龍谷大学教授は、神社問題の学問的根拠を明確にするために「神社問題研究号」を企画したことを明確に示し、あわせて以下のように述べた。

見よ神社に於て、さま〴〵の宗教行為が営まれつゝあるは、明白なる現前の事実では無いか、抑も神社は其本質に於て、宗教なりや、非宗教なりや、一部の人々は、神社に於て営まれつゝある宗教行為をば、偶々神社に付随したる非本質的のものなりと考へ、神社の本質は「報本反始」の思想に外ならないと主張して居るが、しかし「其報本反始《ママ》」の思想なるものは、果して非宗教のものであり、例へば単に道徳的性質のものに過ぎないのであらうか否や、今若し神社は其本質に於て宗教であり、而して神社に於て、さま〴〵の宗教行為が営まれつゝ、ありとせば、かゝる神社の崇敬を国民に強ゐる事は、正しく信教自由の権利を侵害する事とはならないのであるか、又かゝる神社を国費乃至公費を以て経営する事は、一種の憲法違反となるのでは無からうか、又若し神社が、其本質に於て、宗教で無いとすれば、政府は宜しく神社が如何なる意味に於ても宗教にあらざるの実を示す可きであらう、何れにしても政府は、学理上からは兎も角も、制度上からは云々といふが如き、一時逃れの見解に落ち着かないで、学理と実際制度との吻合を期す可きでは無いか

ここで森川は、神社非宗教説に疑義を呈し、神社崇敬の強制が信教自由の侵害であること、神社の国費・公費経営が憲法違反に該当する事案であることを示唆している。

第二次宗教法案の結末　第二次宗教法案は、昭和二年一月十七日、第五十二回帝国議会（貴族院）に提出された。大正十二年の立教開宗七〇〇年に際し真宗各派の連合体として組織された真宗各派協和会は、早速、昭和二年二月十四日に宗教法案に関する協議会を開催した。そこでは、法案の速やかな成立を希望し、貴衆両院議員の各政党幹部および貴族院の特別委員に対して希望書を提出することを決議した。希望書は仏教連合会の諒解を得て、二月十八日付で発送された（『教海一瀾』第七二七号）。ただし、第二次宗教法案は、信教自由保障やキリスト教の取り扱いをめぐって反対意見が提示され、ついに審議未了となった。

第一次宗教団体法案の結末　昭和四年二月十二日、宗教法案はその名称を「宗教団体法案」とされ、第一次案（勝田主計文部大臣案）が第五十六回帝国議会（貴族院）に提出された。名称の変更には衆議院議員で文部政務参与官を務めていた安藤正純からの強い要望があったという（安藤正純『政界を歩みつつ』大智書房　昭和十八年）。また、法案提出の背景には、天理研究会不敬事件や日本宗教大会の開

催といった昭和三年の二つの出来事があった。すなわち、新宗教への弾圧と新たな宗教団体の認可をめぐって宗教法案の必要性が再度浮上した。

昭和四年一月十日、法案の全文が発表されたのを受け、真宗各派協和会は本願寺飛雲閣で緊急協議会を開催した。検討の結果、この宗教団体法案の無修正での通過には反対であるとし、八項目の修正希望を決議した。そのうち主なものは、「一、神社問題に関し其の解決を更に明確ならしむこと」「四、単立教会を認めざること」、「六、結社に対しても許可主義をとること（但罰則付のこと）」であった（『教海一瀾』第七四八号）。真宗各派協和会は、もし政府がこれらの要求を受けいれない場合、法案は制定されない方がよいという強硬な姿勢を示し、仏教連合会の許可を得て、その主導のもとに運動を展開することとした（『中外日報』昭和四年一月十二日）。仏教界の大勢としては法案賛成の立場を採っており、法案制定促進運動を積極的に展開したが、本案も審議未了に終わった。

真宗十派による神社制度調査会の設置　昭和四年五月一日、真宗十派は、政府が神社法の制定を企画しているとの情報を得て、「神社及祭祀ニ関スル諸制度ヲ調査研究スル」ために神社制度調査会を設置した（『教海一瀾』第七五一号）。神社制度調査会は、真宗各派協和会の付属とされ、調査委員長には木辺孝慈が就任し、本願寺派の調査委員は、松原深諦・後藤環爾・花田凌雲・斯波随性・千葉康之・是山恵覚・高木俊一・梅原真隆・杉紫朗が担当した。他にも調査嘱託には伊藤義賢・寺本慧達・日下無倫・橋川正が、また理事には花田凌雲・下間空教・奥博愛がそれぞれ任命された。

第一回の神社制度調査会は、五月四日に本願寺飛雲閣で開催された。そこでは調査事項を、神社の本質上調査すべき事項・宗義上調査すべき事項・法制上調査すべき事項の三点に整理し、今後調査を進めることとした。

真宗各派協和会による滋賀県神棚事件への関与　真宗各派協和会が関与した神社問題に、昭和四年から翌五年にかけて滋賀県で起こった神棚事件がある（『中外日報』昭和四年十月二十三日）。昭和四年九月に文部省の指導のもと宗教教団・教化団体によって教化総動員運動が展開していった。滋賀県では十月十一日の思想善導委員会の決議に基づき、県から一四〇〇円の補助金を得て神職会が各小学校と官公署に神棚と伊勢大麻を寄贈することになった。神棚は県下に四九八個頒布されたという（『中外日報』昭和四年十二月十七日）。

これに対し、十月二十九日に第五回の真宗各派協和会が本願寺で開かれ、さらに翌月四日には協議会を滋賀県に移して近松別院で会合を持ち、県の意向を確かめるべく各派の代表者が登庁し、学務課長との面談に臨んだ。結果は「双方から水掛論を繰返された」にとどまり、物別れに終わった（『中外日報』昭和四年十一月八日）。十二月十四日には近松別院で第二回の協議会を開き、同日最後の交渉に委員は県当局に会見を求めたところ、当局は「大麻の意義は兎も角勅令による奨励である」と言明し、翌月の県下小学校長会で小学児童に神棚礼拝が非宗教である旨を誤解なきよう伝えると述べた（『中外日報』昭和四年十二月十七日）。県当局から満足いく回答が得られなかった真宗側は、十二月二十一日に近松別院で協議会を開き、同月二十七日から二十九日に県下三か所の会場に集会を持ち、伊藤義賢が講話をおこなうこととした。

この時期の大麻と神棚拝礼問題は、教化総動員運動が全面展開していくなかで生じた出来事であった。この政策は、神道の宗教的性格を示すものであったために、現場では神社問題が浮上せざるをえなかった。

昭和初年の神社問題——神社制度調査会への対応　昭和四年十二月十日、政府は神社制度調査会官制を公布した（「勅令第三四七号」『法令全書』）。それに対し、翌五年一月十三日、真宗各派協和会は、神社問題に対する真宗教義の立場を明示すべく、浜口雄幸首相、田中隆三文部大臣、安達謙蔵内務大臣および神社制度調査会委員に「卑見」と題する希望意見書を出した。「卑見」では、「神社制度の上に神社非宗教の精神を徹底的に表現せられ以て真宗教徒として国民として神社崇敬に何等の疑議《ママ》なきを得るに至らしめられんことを熱望して止まざる」という立場から、

一、正神には参拝し邪神には参拝せず
二、国民道徳的意義に於て崇敬し宗教的意義に於ては崇敬する能はず
三、神社に向つて吉凶禍福を祈念せず
四、此の意義を含める神社護札を拝受する能はず

と真宗の立場を明示し、さらに「神社にして宗教意義の付随を存せば、彼此の宗教信念と衝突するは止むを得ざる所なり、従つて神社崇敬の普遍性を失ふものなり、希くは此の点に就て十分の考察

を加へられんことを」と述べた（『教海一瀾』第七五九号）。つまり、真宗各派協和会は、従来の理解を踏襲し、宗教性を排除した国民道徳としてであれば神社崇敬が可能だとした（赤松徹眞「戦時下の神仏問題と本願寺派の動向」同編『日本仏教史における「神」と「仏」の間』永田文昌堂 平成二十年）。

大麻問題への対応　昭和四年十一月、本願寺教務部では、地方教区の布教研究会で大麻問題に関する疑問が生じており、問題への対応を本願寺に照会する動向があることを受け、これまで政府が大麻問題に関して発した法令を参考資料として、布教使三〇〇〇人に配布することとした。そこで選ばれた法令は、明治四年七月十二日「太政官達第三四六号」、明治四年十二月二十二日「神祇省第三号」、明治五年六月十日「教部省達第五号」、明治十一年三月二十三日「内務省達乙第三〇号」の四つであった（『中外日報』昭和四年十一月二十三日）。本願寺のこの処置は、大麻の受不については決して強制ではなく人民の自由であると布教使に再確認させる意図があった。ただし、その後も鹿児島県万世町（南さつま市）で神棚強制問題が生じており、布教使の藤等影が教務部にこれの対策について指示を求めているように、布教現場での混乱は続いた（『中外日報』昭和四年十二月六日）。

また、伊勢神宮の大麻頒布の問題について、昭和五年七月一日付で提出された勧学寮答申には次のようにある（市川白弦「仏教における戦争体験（一）」『日本ファシズム下の宗教』エヌエス出版会 昭和五十年）。

神宮神部署の解釈に従えば、現今頒布せらるる大麻は、皇大神宮の神霊なりとの事に候えば、若し単に国祖の名字を記し、以て国体観念の涵養に資するものなりとせば、真宗に於ても拝受差支なきことと存じ候えども、従来の歴史と云い、大麻は祈禱の意味を含み居るものと認められ候間、無祈禱を標榜する真宗信徒としては、拝受奉安せざるを可とすと存じ候

勧学寮の結論は、大麻が国体観念の涵養に資するならば差し支えないが、祈禱の意味を含むのであれば拝受奉安をしないというものであった。

第九章　部落問題と教団の対応

一　近世後期以降の被差別寺院の動向

五条袈裟の着用許可　被差別寺院のうちで五条袈裟の着用を許可された最初の事例は、摂津渡辺村（西木津村）の惣道場正宣寺と同村の惣道場徳浄寺であった。「諸事心得之記　三」（『真宗史料集成』第九巻　同朋舎　昭和五十一年）によれば、正宣寺の看坊《かんぼう》恵観が天明三年（一七八三）二月十三日に一代緋子衣浅黄緞子袈裟の着用を許可された。それについで、徳浄寺（看坊了順）が天明五年十一月に藍鼠色緒五条袈裟の着用を許可された（天明五年十一月八日付「下間兵部卿書状」日野照正編『摂津国諸記　一』同朋舎　昭和六十年）。

ただし、この着用許可の事例は、被差別寺院の僧侶や看坊に対して五条袈裟の着用が制度化されたということではない。徳浄寺の場合、本山や津村御坊への以前からの「勤功」に対する特例としての許可で、着用できる場所は「本寺・末寺ハ不ㇾ及ㇾ申、其外於㆓他所㆒着用無ㇾ之」（同前）と制限され、自坊のみであった。しかし、この後、被差別身分の門徒たちが、自分たちの惣道場の看坊に五条袈裟を着用させたいという願望は大きな広がりをみせた。

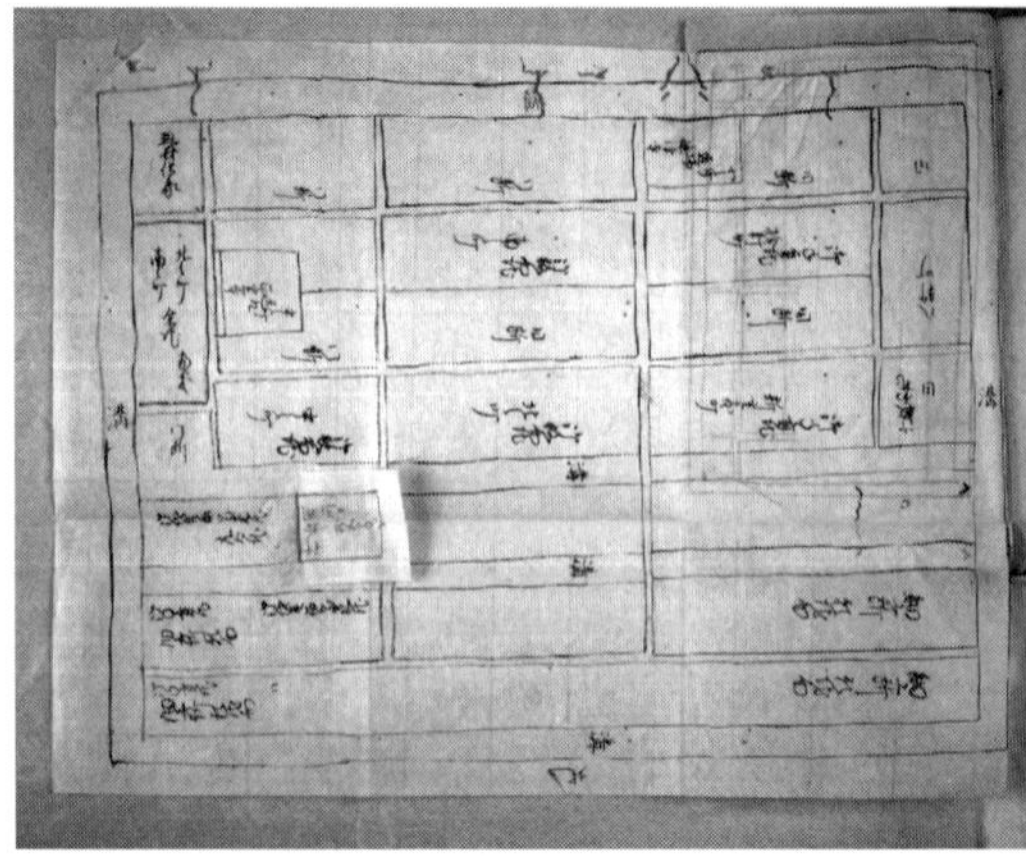
「西木津村地割図」（留役所「摂津国諸記」六十七番帳）史料研保管

「従二関東一被二仰渡一之義ニ付御寺法御取締被二仰出一諸事伺帳」（三番帳　史料研保管　以下「御寺法御取締被二仰出一諸事伺帳」と略記）と「穢寺江一代純子（ママ）袈裟御免相成候寺々取調書」（史料研保管）によって、一代浅黄唐草緞子の五条袈裟の着用許可事例を整理すると、次のようになる。

寛政十二年（一八〇〇）八月二十二日・摂津渡辺村徳浄寺看坊了順
　本山・津村御坊への貢献・自坊限り
文化六年（一八〇九）十一月二十六日・摂津渡辺村正宣寺看坊恵観
　兼て門徒教化への貢献・自坊限り
文化十二年三月朔日・筑前植木村願照寺円定・同辻村浄福寺宗鎧・同堀口村松源寺慈門
　三か寺で冥加金一〇〇両上納・自坊限り
文政元年（一八一八）十月六日・大和小林村惣道場光明寺看坊大演
　南都表借財済まし方への貢献・冥加銀五〇枚のうち金三〇両上納、残り二九〇匁拝借・其村並に自坊限り

文政四年十二月二十四日・摂津火打村惣道場勝福寺看坊智専
馳走筋への出精・冥加金三〇両上納・自坊限り
文政九年五月十七日・河内富田村円光寺了教
馳走筋志願・冥加銀五〇枚上納・自坊限りの「五字御除」
文政十二年十月十三日・山城金福寺慈観・同教徳寺円従
仕法筋出精・冥加金三両ずつ上納・「外穢寺例ニ難レ被レ成」
天保六年（一八三五）七月二十五日・和泉塩穴村願専寺智妙・同南郡島村円光寺秀教・河内更池
村惣道場称名寺看坊達性
天保の改革に出精・冥加金二〇〇〇疋ずつ上納・自坊限り

自坊限りという着用範囲の制限が緩和されたのは、文政元年十月六日の大和小林村惣道場光明寺が最初であるが、この許可には「他所ニおゐて着用無用」という制限が付されていた。光明寺以降は、村の中での着用が許可されることが多くなってゆく。

他方、本山には着用を安易に許可することに危惧もあった。「御寺法御取締被二仰出一諸事取計留帳」（三番帳　史料研保管）弘化二年（一八四五）二月二十八日条によれば、摂津高松村万徳寺は、緞子袈裟の着用を本山への「勤功」を記した書類を添えて出願するが、不許可となった。「御寺法御取締被二仰出一諸事伺帳」（十四番帳）弘化二年三月六日条によれば、被差別寺院の僧侶の緞子袈裟の着用許可は、出願する被差別寺院が本山へいかに「格別廉立候御馳走」をしているかに対して、本山が「格別之御次第」をもって許可するという性格のものである。この時本山側は、万徳寺の貢献実績が許可するには不十分であるととらえた。許可の可否の検討に際して本山の役人は、「別而初代之義ハ寺例ニも相成、二代目ゟハ冥加も減方ニ相成候」（同前）と記している。

七条袈裟の着用許可　「御末寺御取締被㆓仰出㆒候一件伺」（四番帳　史料研保管）天保十四年九月十一日条によれば、摂津富田本照寺下の丹波国八か寺組の被差別寺院が七条袈裟の着用を願い出た。これを検討した本願寺の役人は、当四月、五月に緞子衣晒布墨袈裟の着用を初めて許可したばかりなので許可にはなりにくいであろうとし、「七条着用御見通等之義願出、不㆑顧㆓身分㆒次第甚以如何敷事」であり、願書を取り下げさせてはどうだろうかと述べた。本山側としては、願い出た者たちを納得させるのに、この件を却下せず、「内々」として、自坊の門徒の葬式に限っては着用を黙認するという方向が検討された。その過程では「富田限り」（本照寺末に限定の意味か）ということも検討された。

同年閏九月六日、本山側は「従来彼等之義ハ、人外之御取扱」であるので、被差別寺院以外の寺との「出会附合等之義も無㆑之」と判断した。それよりも規定違反の衣体の着用を放置するのは、「御本山御救之不㆑被㆑為㆑在㆓振合㆒」であるので、「今度御取締之廉《カド》を以」て七条袈裟を許可することとした。ただし、「是迄有合せ之品丈ケ御見流しと申儀者御差支候事」であるため、黒晒七条袈裟については門徒の葬式での「引懸着用」を許可するということで落着した。その冥加金は、「白地平僧緞子七条之倍増」の金二〇〇疋であった。

衣体や輪袈裟の着用をめぐる状況　僧侶の衣体は、僧侶の席次を視覚的に示す指標として機能するために、許可する色目・素材などをどのように定めるかは、本山にとって大きな課題であった。被差別寺院の僧侶や惣道場の看坊が、実態として本山の規定外の衣体で宗教活動をおこなっていたことは、七条袈裟の着用許可の事例から判明していたので、現状を規制するのではなく、追認する形で着用許可の制度化が進められた。

寺内の真徳寺は天保十四年九月二十五日に、山城六条村の僧侶三人の衣体について、本願寺に次のように報告している（留役所「山城諸記」二十五番帳　天保十四年九月二十六日条　史料研保管）。

此度御尋ニ付申上候、先年七条墓所江拙寺儀山八ツ時門徒葬式ニ罷出申候処、彼六条村葬礼見聞いたし候節三僧相見へ、壱人ハ黒純子法服金入七条着用、外ハ紫紋白ま□□萌黄紋白五条袈裟着用仕居申候

報告した真徳寺には、六条村の三人の僧侶は黒緞子法服金入七条袈裟などは許可されておらず、私的に着用していたのであろうという意識がふくまれていた。あわせて真徳寺は、丹波での御書披露の時には「四ケ之本寺」金福寺が緞子衣浅黄緞子五条袈裟を着用し、他の僧侶は緞子衣に墨袈裟を着用していたことや、寺内における宗門改の節には六条村の僧侶が緞子衣に無金地輪袈裟を着用

して市中を「徘徊」していると報告した。

また、「御寺法御取締被二仰出一諸事伺帳」（二番帳）天保十四年四月条には、被差別寺院僧侶の輪袈裟着用について、次のようにある。

一、従来輪袈裟着用不二相成一候処、猥令二着用一候而已ならす、金入等之品相用候趣不埒之至ニ候、已来堅御制禁ニ候条、其段可二相心得一候、若不二相守一令二着用一候者も有レ之候ハヽ、其品御取上之上厳重御取計可二相成一候間、自今急度着用不二相成一候事
（朱筆付箋）「伺通」

この規定によれば、そもそも被差別寺院の僧侶による輪袈裟の着用自体が禁止されていた。しかし、実際には被差別寺院の僧侶や惣道場の看坊が規定外の衣体や輪袈裟を着用する状況があった。

着用場所の範囲の拡大　「御寺法御取締被二仰出一諸事伺帳」（十二番帳）弘化元年（一八四四）七月二十日条に次のような内容の達が記録されている。従来、本山は被差別寺院の僧侶や看坊へ、本山に対する格別の「馳走出精」への褒賞として、一代浅黄唐草緞子袈裟を自坊ならびに居村限りで着用することを許可してきた。しかし、この度は自坊や惣道場に加えて、「類寺類村」においても着用を許可する。ついては以前の免状の書き換えを出願するようにと達している。これはたんなる褒賞としての許可ではなく、一代浅黄唐草緞子袈裟の着用と着用場所を制度化したものであった。

着用袈裟の種類の拡大　幕末期には、着用を許される袈裟の種類が増えた。「諸事被二仰出一申渡留」（史料研保管）安政五年（一八五八）四月十九日条には、次のようにある。

四月十九日

一、　　河原者

今般格別之御沙汰を以願望之者江居村類寺類村限り、一代無紋呉絽薄白茶袈裟着用御免

但、布七条袈裟迄御免無レ之向ハ、御免不二相成一候事

冥加　金三千疋

附届　金百五十疋　御用番

小金七十五疋二

同百疋ツ、　非番

小銀六匁二ツ、

同百疋ツ、　御納戸

八匁六分　役料

右之通自今御定被二仰出一候間、此段相心得取扱可レ有レ之事

午四月

左之ケ所へ

御納戸　絵表　役宅　虎之間
御納方へ達　金福寺外三ケ寺へ通達之旨ニ而、達書半
切ニ認、一枚ツ、達之事

許可の対象者の表記が「河原者」となっているが、ここは被差別身分の門徒ではなく、被差別寺院の僧侶や惣道場の看坊を意味している。着用が許可された場所は、自坊に限定されず「類寺類村」であった。この達は下寺がすべて被差別寺院や惣道場であった「四ケ之本寺」へ通達するとともに、寺内町奉行にも通達され、奉行を通して寺内町の衣屋中へも「地合等御定之外紛敷品堅相調申間敷」と命じている（同前 四月廿一日条）。冒頭に「今般格別之御沙汰」とあるものの、「自今御定被㆓仰出㆒候」とあることから、恒常的な制度化が図られたことがわかる。

その他の新規許可　袈裟のほかに、被差別身分の毛坊主には一代布素袍の着用が許可された。「諸事被㆓仰出㆒申渡留」文久三年（一八六三）五月条によれば、「白地」毛坊主には冥加金三〇〇疋と御用番や御用番の非番・御納戸への「付届」で許可されたのに対し、「黒地」毛坊主については「付届」は同額であるが、冥加金三〇〇疋と追加の別冥加金二〇〇疋が必要であった。申物に関する五割増規定に加えての割増規定であった。

なお、「黒地」とは、幕末期の本願寺内において被差別寺院や被差別部落を示す呼称であった。本願寺内だけでなく在地の史料でも、極少ないが「黒」という色彩語彙をもちいて被差別部落を表

現することがあった。反対に被差別寺院や被差別部落ではないことを意味する「白地」は、本願寺独特の呼称である。

その他、新規に許可されたものに大谷本廟における墓地がある。「諸事被二仰出一申渡留」安政四年十一月二十七日条によれば、「大谷惣墓之余地御開発ニ相成」として、冥加金二〇〇〇疋と御用番・御用番の非番・極印所・大谷本廟への「付届」によって許可された。この許可においても「自今右之通御定之事」と以後の制度化が示され、その申達書が金福寺以下の「四ケ之本寺」に渡された。この新規の許可も、「近来河原者、白地手次之寺号を借り、大谷惣墓所へ相混し墓取建候趣相聞如何之事ニ候、向後不都合之儀無レ之様、急度取糺之上取計可レ有レ之候事」（同前）とあり、現状を追認して制度化したものであった。もっとも、被差別寺院の僧侶や門徒には、大谷本廟に墓の設置を認めないという明文化された規定もなかった。

着用色衣の拡大　天保十一年（一八四〇）二月十八日付で摂津渡辺村徳浄寺と正宣寺の門徒は、他の被差別寺院に先駆けてそれぞれの看坊覚了と看坊恵由に対する褐色裳附色衣着用許可を得た（『増補改訂　本願寺史』第二巻参照）。幕末期には諸種の袈裟の着用許可と同様に、被差別寺院の僧侶や惣道場の看坊にも色衣を着用させたいという願望が、畿内の他の被差別寺院の門徒にも波及していった。たとえば、河内更池村惣道場称名寺の門徒総代河内屋藤兵衛は、安政三年（一八五六）十二月に看坊恵達への色衣着用許可を本山に出願した（留役所「河内諸記」三十四番帳　安政三年十二月条　史料研保管）。河内屋藤兵衛は「私寺之儀」として、蓮如宗主が堺御坊在住の折に、たびたび称名寺に立ち寄ったという伝承や、これまでの様々な貢献を書き上げた。そして冥加金一〇〇両と宗主の代替わりごとに金五〇両、毎年の報恩講に五〇石を献納していたが、明年より二〇石を付加すること、さらに宗祖大遠忌正当までに銀五〇貫目を上納することを条件に、色衣着用の許可を求めた。この願いは、安政五年になって、冥加金二〇〇両としたことで本山に認められるが、更池村での火災などにより色衣着用許可を得るまでには次のような困難を極めた。

堺御坊塚本建右衛門は、安政五年正月十七日の書状（留役所「河内諸記」三十六番帳　安政五年正月十七日条）で、更池村の災害について記して、富島帯刀に色衣着用許可への取り計らいを求めている。この書状によれば、前年暮れの更池村での火事により河内屋藤兵衛の分家や村内の借家が焼失し、藤兵衛としても資金集めに苦労しているという。本山にとっては三年後に宗祖六〇〇回大遠忌をひかえていたため、河内屋藤兵衛の出した条件は魅力的なものであった。同年三月十日には称名寺門徒総代として孫兵衛ら三人が上京し、上納米に関する確認書を大谷派の親戚寺院が保証人となって提出した。同日付で二十歳の看坊恵達は、「居村限着用御免（中略）尤御本寺御末寺者不レ及レ申、於二他所一着用無用」という条件で、一代褐色裳附色衣の着用を許可された（同前）。

文久二年十月には、和泉南王子村惣道場西教寺看坊了雅が、褐色色衣の着用を内願した（留役所「和泉国諸記」十九番帳　文久三年六月二日条　史料研保管）。しかし、「昨年十月褐色衣内願之儀、上京致し候ハ、冥加上納方入念引合之上、満金致し候ハ、居村限り御免之御内意可二相成一旨、御下知御座候」とある。しかし了雅が「上京無レ之、此比上京致し候」という状況であったため、翌年六月二日に本願寺の役人は「尚又聢与引合方之儀（中略）再応伺出」て、許可条件などが再確認された。

上京後に了雅は、「全体残金百両三年賦、跡弐百両ハ小寄取結、追々繁昌次第上納」という条件を本山に申し出た。本山は「甚以不慥成申出方」と拒否したものの、本山側にも財政的に困窮しているという状況があり、許可を出す前提で条件が模索された。了雅は、このまま色衣着用の許可が得られないと「以後之気辺ニ相抱《ママ》、却而御為方不レ宜、彼等之癖而殊ニ寄候得者、無法之儀抔申、御崇敬をも相忘れ」るような事態が発生するとして、すべての冥加金を必ず三か年で上納する条件で、色衣の着用が許可された（同前）。了雅が惣道場の看坊であったので、その行動の背後には門徒たちの了解があったとみられる。

また、了雅は条件の交渉の過程で、本山に「尤更池村称名寺抔、多分之御取持申上候旨申上、出格之御取扱を蒙、其後上納御違約申上不都合之至（中略）拙寺事、右様成不冥加ハ不レ仕候故、過当之虚言不ニ申上一、御請申上候程之儀者、急度上納可レ仕儀ニ御座候」と述べている。称名寺恵達に対する色衣の着用許可は「居村限り」であったが、村を行き来する皮革を扱う門徒などを通して、他の被差別部落に情報はすぐに拡がったと推測される。一か寺が諸種の袈裟・色衣の着用を許可されると、それが他地域の被差別寺院や惣道場に波及することは必然であった。

本山の渡辺村両寺への対応　袈裟の着用許可の事例や色衣に対する願望が広がりをみせるなかで、本山にとって渡辺村徳浄寺と正宣寺への対応は、両惣道場の門徒の存在を考えると慎重さが必要であった。

たとえば、前記した弘化元年の（一八四四）七月二十日の達で、一代浅黄唐草緞子袈裟の着用範囲が拡大され免状の書き換えが必要となった時に、本山は渡辺村の両寺に次のように配慮をした。「御寺法御取締被二仰出一諸事伺帳」（十二番帳）によれば、両寺は、浅黄唐草緞子袈裟の許可は一代であるのに、「若哉心得違、先年御免之義永々御免相成候様相心得居候而ハ不都合之事ニ而、御寺法ニ相背候」と永代の許可と誤認し、両寺が免状の書き換えを失念しているのではないか伝えている。両寺の門徒総代を勤める皮革商人や財力を持つ両寺の門徒たちは、本山にとって特別な存在であった。

渡辺村の優越意識　村の門徒は、両寺を通じて本山に莫大な貢献をしてきたからこそその袈裟や色衣の着用許可であり、自分たちは特別な存在であると自負していた。

他の被差別寺院の僧侶や惣道場の看坊に袈裟・色衣着用許可が広がるなかで、徳浄寺門徒の岸辺屋伝兵衛ら一〇名は連署して、安政六年三月に津村御坊留守居に、次のような嘆願書を提出した（留役所「大坂諸記」六十三番帳　安政六年三月十四日条）。

未三月

一、

大坂船場町

徳照《ママ》寺門徒

（岸辺屋伝兵衛ら一〇名連署、省略）

乍レ恐書附を以奉二歎願一候

一、昨午年三月徳照寺門徒惣代奈良屋新助・岸辺屋伝兵衛、右両人之者を以奉二願上一、其後再三奉二歎願一候処、此度相改別段惣門徒中ゟ左之通奉二歎願一候

私共手次徳照寺義、於二御本山様一往古より外類村与者格別御取扱を以、先年市中一対之一代袈裟御免為(ママ)被(ママ)二成下一、当寺ニ相限類無レ之段冥加至極ニ奉レ存候処、御改革後右同様之一代袈裟所々江御免為レ被レ在、私共手次同様之類数ケ寺ニ相成、依レ之前々ゟ別御取扱之廉も相失ひ候儀、門徒中より奉二歎願一候所、御賢考を以格別御仁恵之御沙汰相成、先住江色衣御免奉レ蒙難レ有仕合ニ奉レ存候、然ル処近来卯(ママ)類寺江色衣御免為レ被レ在候ニ付、又候私とも手次寺同様之御取扱ニ相成候而無二差別一成行候段、愚昧之門徒とも末々至迄、大ヰ愁歎仕候、且者往古より於二而類寺一御大会相営候節者、請招ニ付参詣仕、出会之砌徳浄寺義色衣御免之規模も無レ之、別着座等決而不レ致、何れも同列同席相混候、又者類寺之輩御寺法取乱御免無レ之衣体着用致し、猥ニ我慢之ふる廻致候類不レ少、右ニ付格別之御憐愍を以何卒徳浄寺義、先規之御取扱ニ立戻り、外類寺与一際相立候様、別席御免為レ被二成下一候ハヽ、門徒共人気引立生々世々難レ有仕合ニ奉レ存候、最早大坂御下向之義も為レ被二近附一候得者、是又先規之振合等御座候ニ付、門徒末々迄一同人気打潤候而、御待設奉二申上一度候、誠末懇(未熟)之身分ヲ顧(不脱カ)奉二願上一候事奉二恐入一候得とも、私共村々之義ハ諸国類村与ハ格別之相違ニ御座候而、大坂三郷之内天満組ニ御座候、乍レ恐於二而御公儀様一御取扱之義、具ニ不レ奉二申上一候得とも、外類村而(ママ)者格別ニ為レ被二成下一候段、御憐愍之程難レ有仕合ニ奉レ存候、増而御慈悲之御本山様ニ御座候

故、門徒共取縋奉二歎願一候、右願之趣門徒中惣代として、徳浄寺肝煎・世話方連印を以奉二願上一候、何卒御聞届ケ為レ被二成下一候ハヽ、広大之御慈悲難レ有仕合奉レ存候、以上

津村御坊

御留守居所様

岸辺屋伝兵衛らによれば、手次寺の徳浄寺は以前より本山から格別の取り扱いで袈裟などを許可されてきたが、近年は他の被差別寺院でも僧侶や看坊が一代袈裟を許可される事例がでてきている。そこで以前のように他の被差別寺院とは違う格別の取り扱いにして欲しいと願っている。

岸辺屋伝兵衛らが「外類寺与一際相立候様、別席」として求めた内容は「入内」であった。具体的には、他の被差別寺院も参集する諸法会において徳浄寺の看坊が内陣に着座することである。これに対して、下間少進（仲潔）は、津村御坊岡田多仲に宛てた三月十七日書状のなかで「入内之儀者、所詮難二相成一事ニ而何共六ケ敷儀ニ有レ之、差当り勘弁之儀も無レ之候」（同 安政六年三月十七日条）と、「入内」の許可が困難であることを伝えた。

岸辺屋伝兵衛らは、袈裟や衣によって他の被差別寺院の僧侶や看坊より徳浄寺が格上であることを示せなくなったため、徳浄寺の看坊が諸法会において自坊の内陣に着座することで、格上であることを示そうとした。

渡辺村門徒の他村への対抗意識　これより以前、渡辺村の門徒は、他の被差別部落への対抗意識

を次のようにも表現していた。

安政五年三月、渡辺村の徳浄寺門徒と正宣寺門徒は、更池村称名寺への色衣着用許可について本山に抗議するとともに、向野村の西称寺を引き合いに出して次のような口上書を本山に提出した（留役所「大坂諸記」五十九番帳　安政五年三月条）。

乍㆑恐以㆓書附㆒奉㆓歎願㆒候口上

河州丹北郡更池村称名寺江此度色衣御免被㆑為㆑遊、当時着用仕居候、右ニ付私共手次徳浄寺義も右称名寺色目相違御座候へ共、類寺於者官位不㆑及㆑申、御殿於而御用ヒ無㆑之色衣ニ御座候、何れ之方上席相成ニ而何れ之方下輩候哉、其次第不同御座候、尤三官衆中着用色衣同色ニ御座候得ハ、双方之内此方院家之色衣、彼方余間之着用与、其次第明白ニ御座候、御用ヒ外色衣与申事ニ御座候故、是又席も同列仕候、左候而者同寺同様成行候事、一統歎敷奉㆑存候、尚又手次徳浄寺義津村御坊所最寄之義ニ付、御免無㆑之事ニ候而決而上席不㆑仕候へ共、類寺共其差別無㆓御座㆒、猥ニ上席仕者数多有㆑之候、何卒此段御賢察被㆑為㆓成下㆒候ハヽ、難㆑有奉㆑存候

一、御本山御取扱之義、往古ゟ徳浄義外村方与者格別被㆑為㆓成下㆒難㆑在奉㆑存候、尤先年ゟ身分過候御馳走も奉㆓成上㆒居候、尚又信慧院様御代ゟ住職江御免物数々被㆓仰付㆒、弥難㆑在奉㆑存罷在候所、此度更池村同様ニ成行候義、実ニ歎敷仕合ニ奉㆑存候、往古ゟ当今ニ至迄忠誠尽

し候義水之泡与相成、末々迄日夜愁歎仕居候、尤河州向井之村・更池村右両村之義者屠者村与申、近国類稀成下村ニ而御座候処、右様御免相成候義、甚以不審ニ奉レ存候、只今ニ而者上納金取集義も夫故大ヰニ六ケ敷気辺破候段重々歎敷奉レ存候、仍レ之此段以二書附ヲ一奉二言上一候

安政五午年三月　大坂船場町

徳浄寺門徒惣代

奈良屋新助

岸部屋伝兵衛

島田左兵衛権大尉様

右徳浄寺門徒歎願之通、私共手次正宣寺恵由江、先年色衣御免被二仰付一難レ在奉レ存候、二代共御沙汰無レ之内、更池村江御免ニ相成候段、幾重ニも歎敷奉レ存候、仍レ之調印仕候、以上

安政五午年三月　大坂船場町

正宣寺門徒

大和屋吉郎兵衛

池田屋利兵衛

島田左兵衛権大尉様

ここで注目されるのは「尤河州向井之村・更池村右両村之義者屠者村与申、近国類稀成下村ニ而御座候」という表現である。渡辺村は西日本で皮革集積量が最大規模の村であった。皮革加工の村であって、生皮の生産はおこなっていない。河内国のこの地域では、幕末期には生きた牛の屠畜がおこなわれ、食肉が流通していた。そのような点も、徳浄寺の門徒に前記の表現をさせた要因の一つである。

「入内」 先に徳浄寺の看坊を内陣に着座させることによって徳浄寺が格上だと示そうとする事例を記したが、「入内」によって他の被差別寺院よりも格上であることを示そうとする意識は、他の被差別寺院にも存在していた。

更池村称名寺の場合、明治元年（一八六八）十月十九日に門徒総代孫兵衛が「私寺義」として、「入内」を願い出た（留役所「河内諸記」四十二番帳 明治元年十月十九日条）。門徒総代孫兵衛は本山に、「先年一代袈裟御免被レ為レ下候時分ニ者、類寺辺ニ従来定メと歟申而、法事毎ニ余間之内陣敷居際へ着席仕、何之故障も無レ之、就而者御使僧御出席之砌ニ而も、右類寺仕来之定メヲ以、一席晴れに一代袈裟之類寺一同ニ右之席へ着座之義御免ヲ蒙り罷在候処、先年私寺へ褐色裳付御免被レ為レ下難レ有仕合ニ奉レ存候得共、着席之儀者以前之通り一代袈裟之類寺ト同席罷在候義、門徒一同一向歎ケ敷奉レ存候ニ付、何卒以二格別之思召一入内御免被レ為二成下一度、乍レ恐歎願候」と口上書を提出した。御用談所「日記」（一番帳 史料研保管）の明治元年十月二十一日条によれば、この歎願の時に孫兵衛は許可になれば冥加金「即金百両」を上納すると提示していたが、本山の担当者は「右ハ何れ故障之基（中略）ニ付、御聞済無レ之様伺差上られ候」と上申しているので、徳浄寺の例と同様に許可にはならなかった。

惣道場徳浄寺の分裂　徳浄寺の看坊了忍は、万延元年（一八六〇）三月に自庵申替を本山に認められた。下間大進が津村御坊岡田多仲に宛てた三月二十六日付の書状には、「然者其国東成郡大坂船場町惣道場徳浄寺看坊了忍儀、従来御本山厚崇敬之上、御宗則堅相守如レ法寺役相勤候ニ付、今般格別之御沙汰を以惣道場を自庵ニ申替、住職被レ成二御免一候間、此旨其地奉行所へ可レ然可レ被二相届一候、為レ其可二申達一如レ斯御座候」とあり、奉行所にも届けるように岡田多仲に指示している（留役所「大坂諸記」六十六番帳　万延元年三月二十六日条）。しかし、惣道場徳浄寺の自庵申替については、門徒集団は二つに分かれて対立の様相をみせていた。

徳浄寺が自庵寺院になるということは、徳浄寺に住職家が成立し、後継住職を決定する権限が門徒集団から住職家に移動することになる。看坊了忍を自庵寺院の徳浄寺の住職に推したのは、門徒総代の一人でもあり、了忍の実父の播磨屋五兵衛であった。播磨屋五兵衛は、この時期の渡辺村を代表する富豪のひとりで新興の皮革問屋であった。

了忍は徳浄寺住職となったが、同年十月には病気を理由に「退身」を本山と津村御坊の両方に願い出た。本山への願書には了忍自身が判を据え、門徒総代三名が連署し（留役所「大坂諸記」六十九番帳　万延元年十月条）、津村御坊には十月九日付で門徒総代二名の連署によって届け出た。津村御坊への届け出には、「此度門徒一統不帰依ニ付（中略）素親播磨屋五兵衛方江預ケ置候処、今日住職了忍ゟ退寺可レ仕旨申出候」とあり、病気が了忍「退身」の本当の理由ではなく、自庵中替によって表面化した門徒集団の分裂が原因であった（同前 万延元年十月十五日条）。

播磨屋五兵衛に対立したのが、新興の皮革問屋で播磨屋五兵衛と肩をならべる富豪の大和屋又兵衛であった。大和屋又兵衛ら一三名は連署し、徳浄寺の運営に自分たち門徒の意向が反映されていないとして、津村御坊へ次のような口上書を提出した（「同」万延元年十月条）。

乍レ恐口上

一、村方道場徳浄寺儀、是迄諸願筋門徒共江無二相談一存之取計ひ数々有レ之、門徒中及二迷惑一混雑仕候ニ付、向後何事ニ不レ寄願筋者勿論、御内意御願入候とも、左之名前調印無レ之候ハ、御取上ケ無レ之様御届置奉二申上一候、此段御聞置被二成下一候ハ、難レ有奉レ存候、以上

但シ、御用番様江右之趣奉二御願置一可レ申候ニ付、此段御断奉二申上一候、以上

西木津
徳浄寺門徒
大和屋又兵衛　印
（以下、一二名連署、省略）

万延元年
申十月

津村御坊
御留守居様

了忍の本山への「退身」願いと津村御坊への届けに連署した門徒総代は、この大和屋又兵衛ら一三名にはふくまれていない。この対立は、たんに徳浄寺という惣道場運営の主導権争いだけではなく、渡辺村の半分をしめる徳浄寺門徒たちの指導者は誰かという争いであり、ひいては村政の主導権をめぐる争いでもあった。

さらに大和屋又兵衛ら四二名は徳浄寺門徒総代として次のような願書を提出した（「同」万延元年十月十六日条）。

乍レ恐奉二願上一候

一、大坂船場町惣道場徳浄寺住職、是迄罷在候看坊了忍儀、門徒一統甚以不帰依ニ御座候ニ付、此度門徒一統調印之上退寺之儀奉二願上一候、何卒此段乍レ恐御聞届被レ為二成下一候ハヽ、難レ有仕合奉レ存候、已上

万延元申年

十月

大坂船場町

徳浄寺門徒惣代

北之町

大和屋又兵衛 印

（以下、北之町四名・南之町八名・十軒町八名・八軒町九名・新屋敷町一二名の連署、省略）

播磨屋五兵衛に対立する大和屋又兵衛らは、了忍は「退身」したものの、了忍に対して不帰依であるので、自分たちが徳浄寺を離れると出願した。

騒動に対する本山の対応　徳浄寺をめぐるこの騒動は、徳浄寺の門徒がこれまでに本山に上納してきた諸種の冥加金を考えた時に、本山にとっては放置できない事態であった。しかも、文久二年二月には「四ケ之本寺」万宣寺が「私義、先月廿五日摂州へ罷下り西木津村へ立倚《（ママ）》候得者、裏方へ転派抔密談仕候者有レ之候趣聞及大ニ奉レ驚」（留役所「摂津諸記」六十五番帳　文久二年二月六日条）と本山に報告するなど、村中に不穏な状況が発生していた。

さらに同年十一月、本山は、京都の「四ケ之本寺」のいずれかが無住になった時には了忍を入寺させることを念頭に、「四ケ寺同格ニ」（留役所「山城諸記」百六番帳　文久二年十一月十九日条）と申し付けた。本山のこの決定に対しては、「四ケ之本寺」万宣寺門徒の山城銭座跡村北組・下組・北小路村・六条村・大西組の門徒総代（同前）、「四ケ之本寺」福専寺門徒の銭座跡村北組・六条村の門徒総代（同前十二月二日条）、さらに「四ケ之本寺」教徳寺門徒の銭座跡村の門徒総代が（同前）、個別に激しい反対の声を上げた。

元治元年（一八六四）正月に本山が出した結論は、次のような内容であった。徳浄寺の自庵化に反対した大和屋又兵衛らを従来通り「村道場」門徒に差し置き、播磨屋五兵衛と「外百八十弐人」は、「追而令二一和一候迄津村御坊所江御引上」げて津村御坊の直門徒とした。了忍には、「慈愍之評義を以、其身一代京都四箇頭寺与同格之身分ニ申付、是迄差許ニ仕置候色衣等も相違不レ可レ有条、追而右四

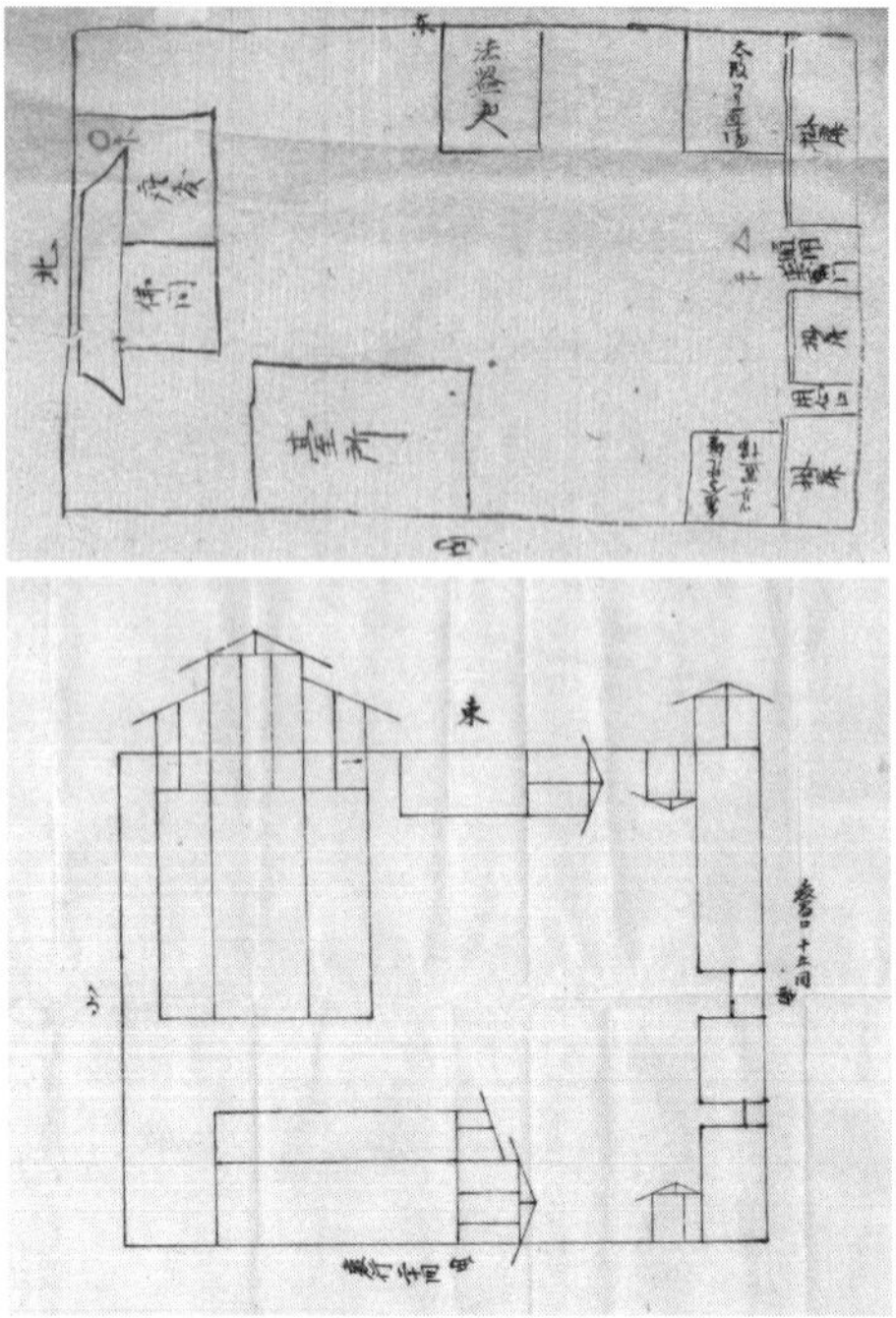

「津村御坊出張所指図」
（留役所「摂津国諸記」六十七番帳）
史料研保管

ケ寺之内住職被㆓申付㆒含ニ有㆑之候」（留役所「摂津諸記」六十七番帳元治元年正月条「正月十三日伺」）と申し渡した。しかし、「四ケ之本寺」と同格にして、「四ケ之本寺」のいずれかが無住となった時には了忍を入寺させるということについては、「四ケ之本寺」の山城の門徒が強く反対し実現しなかった。

阿弥陀寺の成立　徳浄寺をめぐる争論は、渡辺村のなかに津村御坊の出張所を建立し、そこに了忍を据えて、播磨屋五兵衛らを所属させることで落着した。その際に課題となったのは、新寺建立禁止の制度にいかに抵触しないようにするかであった。津村御坊の出張所を建設するというのは、そのための方便であった。出張所の建設にあたっては、津村御坊が窓口となり大坂西町奉行所と交渉を進め、播磨屋五兵衛が買得して献上した渡辺村の皮干し場の地所に、津村御坊の出張所という名目で寺院を建立した。こうして徳浄寺から分立したのが、阿弥陀寺であった。

呼寺号　呼寺号《よびじごう》とは、呼称としての寺号という意味であるが、在地においては呼寺号を名乗る施設があった。そこで宗教活動する僧侶と集う門徒がいれば、実態は寺院と大差ないことになる。
阿弥陀寺の門徒は、寺院建立以前の文久三年十一月段階で、本尊の木仏《もくぶつ》や本如宗主御影・太子七高僧御影などを願い出て許可されていた。同時期に本山内では了忍の願いにより寺号についても、津村御坊の出張所の寺号ではなく、了忍個人の呼寺号として許可する方向が模索されていた（同前）。元治二年（慶応元）三月二十二日付で明石屋藤太郎が本山の池尾主水に提出した「乍レ恐口上」に「西木津阿弥陀寺了忍」と「御直参総代明石屋藤太郎」とあるので（「同」元治二年三月二十二日条）、この時までには呼寺号も許可されていたとみられる。しかも直参寺院としての位置づけであった。

津村御坊五尊の阿弥陀寺への避難　明治元年（一八六八）正月には津村御坊は兵火を避けて、五尊などを阿弥陀寺に一時的に避難させた。通常であれば避難場所は木津村願泉寺であったが、渡辺村の阿弥陀寺に避難させた事情を、津村御坊の秋田修理は二月十日付で下間大蔵卿に次のように報告した（留役所「大坂諸記」九十七番帳　慶応四年二月十日条）。

以二剪紙一申上候、然者過月当御坊所五尊幷御法物類、其外御用物等御立除被レ為レ在候次第委曲言上仕置候通ニ而、当度之義者非常与ハ乍レ申兵火ニ付、誰壱人も駈付候者無レ之所、早速西木津村ゟ多人数駈付来、右御品々持運候勢ひ実ニ不惜身命働、感心之次第ニ有レ之候、猶又御出張所阿弥陀寺ニおゐて無二御拠一、四日ゟ十六日迄数日御立除御滞留ニ相成、御家中家族之者も差向立退場所も無レ之ニ付、御供致し同所ニ而止宿世話ニ相成候処、手厚御崇敬申上候段、御

高徳之御義与一同難レ有奉レ存候（下略）

秋田修理は、「無二御拠一」と言いつつも正月四日から十六日まで、津村御坊の本尊以下の五尊などとともに御坊の寺務職員たる「御家中家族之者」までが阿弥陀寺に避難し、手厚い保護を受けたと報告した。阿弥陀寺が津村御坊の出張所として成立したことからすれば不思議ではないのかもしれない。

「誰壱人も駈付候者無レ之」状況のなかで「早速西木津村ゟ多人数駈付来」て「実ニ不惜身命働」について「感心」とあるのは、秋田修理の実感であっただろう。渡辺村の門徒にしてみれば、それまでにも津村御坊の火災や近火の際には消火に駆けつけていたので、当然の行動であった。たとえば、嘉永二年（一八四九）三月四日の夜に津村御坊の境内で火災が発生した時、渡辺村徳浄寺と正宣寺の門徒が駆けつけ、「出火場所ニ而格別相働、跡々迄入レ念場所火之元気を附、消炭ニ相成候迄致二心配一候」であったとして、門徒たちそれぞれに、酒七升一樽または五升一樽を褒美として遣わしている（長御殿「大坂諸記」四十二番帳 嘉永二年三月九日条）。

津村御坊の五尊などは、正月十六日には本来の避難場所である木津村願泉寺に願泉寺人馬講の守護により移された。一三日間とはいうものの、津村御坊の五尊などと「御家中家族之者」は被差別部落のなかで過ごした。津村御坊の出張所という名目があったとはいえ、当時の教団の差別意識状況や、社会一般に存在していた被差別身分の者とは調理の火を同じくしないという「別火」の風習などからすれば異例の事態であった。

二　平民身分への希求と賤民解放令

山城六条村の抗議　天保十四年（一八四三）年三月、山城六条村の「同行」総代五名は連署して次のような抗議の嘆願書を提出した。耳の遠い者もいれば、また小さな声で法話をする法中もいるので、惣会所の前方の席で聴聞をしていたところ、法話を担当していた播磨瑛光寺は「御法御趣意之儀者差置、私共村方幷天部村抔之名前を出し、田舎辺鄙之村方之事を申立、私共村方之もの共を全体遠慮も不レ致、檐迄も上るへき筈之者共ニ而無レ之抔と申甚々之悪口」（留役所「山城諸記」二十三番帳天保十四年三月十一日条）を言ったという。そのため六条村の門徒は「御顔見知り之御同行茂在レ之候ハヽ、其手前も誠ニ無二面目一赤面仕、跡之御教化も耳ニ茂不レ入、外聞旁ニ而下向」（同前）した。

六条村総代たちの抗議は、「外々之御法中様とも御気分悪敷相成候哉と、村方一統取々之心配ニ御座候、何卒〳〵右瑛光寺様惣御会所御結合を御除き被レ為レ下度奉レ存候」（同前）と、瑛光寺を惣会所「御結合」から外して欲しいという非常に強硬なものであった。しかし、本山は、抗議した六条村総代たちの訴訟書を御用僧善行寺に渡し、御用僧から「理解申聞」せるだけであった（「同」二十三番帳 天保十四年三月十四日条）。

六条村には本願寺派の惣道場が三か寺存在しており、抗議の声を上げた「同行」総代五名もその三か寺のうちのいずれかの惣道場に属していた。彼らは個別の惣道場寺院の門徒の立場ではなく、六条村全体を代表する「同行」総代五名として抗議をした。

播磨潮江小村の抗議　安政三年（一八五六）三月十六日に播磨瑛光寺の連城は、自坊で法座を開いた。その場には神崎村の一四、五人の門徒と潮江小村の五、六人が参拝していた。連城は法座のなかで「穢多之事を種々悪口」申し、「穢多と限り御浄土参り者難レ叶」と発言した。聴聞していた潮江小村の亀次郎と神崎村の惣次郎の二人は、自分たちの聞き違いかと思い、周りの同行に確かめたところ、間違いなくそのような発言があったという。そのため二人は連署し、富田御坊所（本照寺）へ届け、御坊の添書とともに、本山役人へ早急の糾明を願い出た（留役所「摂津諸記」五十五番帳　安政三年四月条）。

二人は、周辺の被差別身分の門徒に今回の連城の発言が知れわたれば、「不レ遠騒働（ママ）相起り候哉も難レ計歎ケ敷奉レ存候故」と主張した（同前）。この時の本山の立場は「夫々手次寺ニ而不審も相晴候様可レ受二化導一筈ニ有レ之」（「同」四月二十九日伺御用掛百八十三番帳）と、上寺の本照寺で解決されるべき問題であるとしていた。しかし、それでは問題が解決せず、本山が直接問題の処理にあたった。この時本山が問題としたのは、連城の法話内容ではなく、「軽率之義申述、人機」（同前）を動揺させたことであった。

本願寺は同年十一月に、法話をおこなった瑛光寺連城を糾明した時、亀次郎らのことを「尤彼等之義者、内実寺柄者相弁居候共」（留役所「摂津諸記」五十六番帳　安政三年十一月十五日条）と述べつつ、「強情之者共ニ而、迚も理解而已ニ而者下願不レ仕」（同前）とし、亀次郎らのとった行動は、本山からは身分をわきまえない「強情」の結果であるとしか理解されなかった。しかし、彼らのこの「強情」さこそが、問題を本照寺にとどめず本山での糾明に持ち込み、瑛光寺連城の処分を本願寺に検討させたのであった。亀次郎らが憤慨したのは、「皮多之者共、浄土往生難レ叶旨令二演述一」（同前）という内容にあった。被差別身分の門徒にしてみれば、浄土往生を否定されれば真宗門徒ではないのも同じであった。

寺内止宿禁止への抗議　安政五年（一八五八）三月に摂津渡辺村徳浄寺の門徒総代二名は連署して、次のような質問書を本山に提出した（留役所「大坂諸記」五十九番帳　安政五年三月二十八日条）。

三月廿八日

大坂徳浄寺門徒
惣代
奈良屋新助
岸部屋伝兵衛

一、

上京之節、於二御境内一止宿御法度候哉之旨伺出、左之通右少進役宅へ差出

乍レ恐以二書附一奉二御伺申上一候

一、私共上京仕候処、此度町御役所ゟ御寺内於而黒所一統止宿御法度之旨宿々江被二仰附一、則

御請印可レ仕様被二仰出一候趣承知仕候、右ニ附夫々取次寺御座候分者右寺江止宿も可レ仕哉ニ奉レ存候へ共、私共手次幷門徒之義者御本山御直門徒之義ニ而御座候故、彼寺江可レ参筋も無二御座一候、右ニ付当度上納御礼上京之者共、多人数直様下坂仕、一統愁歎仕居候、向後上納上京砌、智音無二御座一候族大ヰニ迷惑仕候、御直門徒之分も止宿御法度御座候哉、此段以二書附一御詞奉二申上一候、已上

大坂船場町

安政五午年三月　　徳浄寺門徒惣代

奈良屋新助

岸部屋伝兵衛

御用番様

書き出しと書き留めにみえる「御詞」は、あまり例のない表現で、この強い語感からすれば、この質問書には徳浄寺門徒たちの抗議の意図が含まれていたとみなければならない。

本山寺内町奉行所より宿屋に通達された「御境内止宿御法度」が、「御本山御直門徒」である自分たちにも適用されるのかという質問書である。この「御境内」とは門前に拡がる寺内町のことである。「右ニ付当度上納御礼上京之者共、多人数直様下坂仕」とあるので、寺内においてこの法度は実際に適用されていたとみられる。

徳浄寺は、文化六年（一八〇九）十二月に万宣寺より離末しており（杉本昭典「史料紹介穢寺帳」仲尾俊博先生古稀記念会編『仏教と社会』永田文昌堂 平成二年）、しかも惣道場であるので形式的には総代二人が言うように「手次幷門徒之義者御本山御直門徒」であった。

奈良屋新介と岸部屋伝兵衛が「智音無二御座一候族大ヰニ迷惑仕候」と記すように、被差別寺院の僧侶や門徒、さらには惣道場の看坊にとっても、受け容れがたい法度であった。

本山は、前出の質問書以降も、津村御坊を経ずに直接本山へ願書を提出する行為を「甚以不都合」とし、この点を咎めて願書を取り下げさせる対応をとった（留役所「大坂諸記」五十九番帳 安政五年四月二十一日条）。

平民身分への希求　元治元年（一八六四）八月十七日に徳浄寺門徒総代池田屋才助と岸部屋竜助の二人は、「穢多寺へ随喜之次第ヲ以、平民と復候様願書」を本山に提出した（「御用向当座留帳 乾」三百十一番帳 元治元年八月十七日条 史料研保管）。この願いについては、「大坂船場町徳浄寺門徒ゟ平民ニ被二成下一度旨願書ニ付、御用掛江勘考申付候」（「同」元治元年八月二十三日条）とあるように、御用掛によって寺務処理案が検討された。

摂津渡辺村の被差別部落の門徒たちには、幕末維新期に「穢多身分」を脱して平民身分になりたいという気運が高まりつつあった。慶応三年（一八六七）五月に出された嘆願書（「藤岡屋日記」ひろたまさき校注『差別の諸相』日本近代思想大系二二 岩波書店 平成二年）には、「何卒私共身分に於て穢多之二字御除き被レ為二下置一候」とあり、最後に「摂州渡辺村穢多頭又右衛門」の署名がある。「又右衛門」

について「太鼓屋又右衛門太又と言て大金持にて（中略）渡辺村之内に又右衛門一手にて建立致候両本願寺の御堂在レ之」と説明している。しかし、若干の事実誤認がある。「太鼓屋又右衛門太又」とは、徳浄寺の分立問題で対立した播磨屋五兵衛と大和屋又兵衛に肩をならべる、正宣寺門徒の富豪太鼓屋又兵衛のことであろう。

平民身分獲得の動き　正宣寺門徒の太鼓屋又兵衛らの平民身分獲得への動きに少し遅れて、阿弥陀寺門徒の播磨屋五兵衛も同様の動きを示した。

一般的に穢れを忌避する神道では、被差別身分の者を氏子にすることはない。播磨屋五兵衛の場合は岸部屋才助とともに、坐摩神社の氏子となることによって平民身分を獲得しようとした。上原数馬は明治三年八月三日付で、津村御坊留守居の藤田典礼に「然ハ木津阿弥陀寺門徒播磨屋五兵衛・岸部屋才助与歟申者、此度狭間《（ママ）》社人ゟ被レ勧候而氏子改を受度由之処（中略）其事実聢与□□□内々探索有レ之、不都合之取計ニ不二相成一様心配有レ之候様致度候」（留役所「大坂諸記」百九番帳　明治三年八月三日条）と書き送った。本山では、播磨屋五兵衛らの動きを「右者全白地ニ相成度企望与被レ察候」（同前）と認識していたが、坐摩神社に出入りしている津村御坊の者や、渡辺村正宣寺に調べさせても事実関係は判明しなかった。

賤民解放令以前の明治四年正月、播磨屋五兵衛と門徒らは本山を通じて政府に平民身分獲得の嘆願書を届けようとした（典簿「摂津国諸記」七十八番帳　明治四年二月八日条）。

「本紙　御総督東京御持下候事」

乍レ恐以二書付一奉二歎願一口上覚

一、御一新ニ付各別之御仁恵ヲ以穢村御廃之上、平民ニ被二仰付一候村方共御座候、右ニ付重々恐縮之至ニ御座候得共、私共右同様平民ニ被レ為レ附レ仰被二下置一候様、出格之御慈悲ヲ以、御本山様ゟ御取成被二成下一度幾重ニも奉二歎願一候、右願之通御聞済被二成下一、東京へ右始末御配意被二成下置一御聞済ニ相成候ハヽ、御冥加金可レ奉二献上一候□、聊御本山様へも御冥加可レ奉二献上一候、右願之通御聞届被二成下置一候ハヽ、難レ有仕合奉レ存候、以上

摂州西成郡大坂

南町

明治四辛酉(未)年正月　播磨屋五兵衛　印

外門徒とも

御本山御役人中様

「御一新ニ付各別之御仁恵ヲ以穢村御廃之上、平民ニ被二仰付一候村方共御座候」とあるのは、このような情報が摂津国から播磨国にかけた地域で拡がっていたということであるが、実際に「平民ニ被二仰付一候村方」が存在したのかは確認できない。

平民身分獲得の動きの拡がり　明治四年四月に万宣寺は次のような届けを本山に提出した（典簿「摂

津国諸記」七十九番帳　明治四年五月十四日条）。

乍レ恐書付ヲ以御届奉二申上一候

一、麻田藩支配所摂州川辺郡片古村安楽寺・同門徒、右ハ由緒有レ之候村柄ニ候所、王政復古ニ付、去明治元辰年八月従二大坂府一、往古通り白地百姓ニ被レ為二仰付一候而、専田村与改名ニ相成候ニ付、向後者於二御本山ニ一穢村並之御取扱不レ被二成下一候様御届ケ置被レ下度与申出候事

一、兵庫県御支配所摂州能勢郡杉原村仏称寺幷門徒共義、去明治二巳年八月同断白地百姓ニ立帰り候ニ付、同様申出候事

一、明石藩御支配所播州三木郡村々寺々も当月上旬、地頭表より御政府之御布告として向後白地同様ニ取扱可レ遣旨与蒙二御沙汰一候間、其趣御本山様江御届置被レ下度与申出候事

右等之寺幷ニ門徒共より以来願物ニ罷登候節者、諸事白地之御取扱ニ被二成下一候様与申来候、仍而此段御届奉二申上一候、已上

明治四年　　御寺内

未四月　　万宣寺（印）

御本山

御役人中様

この届は、それぞれの寺々の「申出」を受けて、万宣寺が本山に提出したものである。その内容は、政府より「白地百姓」身分を認められたと考え、本山からも同様の取り扱いを受けることを求めたものであった。その背景には、旧来の陋習を克服することなどを宣言した五箇条の誓文や、明治維新を時代の刷新と捉える被差別身分の門徒たちの意識があった。前記した明治四年正月の播磨屋五兵衛と門徒たちの嘆願書にも「平民ニ被二仰付一候村方共御座候」とあった。摂津や播磨の被差別寺院や門徒のあいだで、そのような噂が広がっていたのであろう。

明石藩領地の播磨三木郡の場合には、「当月上旬」とあるので、明治四年三月十九日の「太政官布告第一四六号」（『法令全書』）が影響を及ぼしていたと思われる。この太政官布告は、「従来斃レ牛馬有レ之候節ハ、穢多へ相渡来候処、自今牛馬ハ勿論外獣類タリトモ、総テ持主ノ者勝手ニ処置可レ致事」というもので、それまで被差別民に保証されていた斃牛馬を取得する権利を否定されたことをもって、今後は「白地同様」になったと理解されたのであろう。

差別被差別寺院への消息授与　明治四年四月十一日に徳浄寺は、広如宗主に代わって明如宗主が代筆した消息の授与を願い出た（典簿「大坂諸記」百十三番帳 明治四年四月十一日条）。

四月十一日　　大坂西木津

徳浄寺

一、新御所様御代筆御巧御書奉二願上一度、冥加之義ハ即納五百金、残千金ハ年内中ニ相成候旨申登、播州寄講中之例も有レ之御採用可レ被レ為レ在旨、就而ハ御留守居右上納方御書御下ケ之砌、満金上納可レ致、万一六ケ敷候ハヽ、千金ハ是非御迎之節上納致し、残りハ成丈早行レ之上納心配可レ致様、御留守居ゟ申下ス

右ハ当今之折柄ニ候間、千金者御□□御下ケニも可二相成一御沙汰ニ候事

この後、本山では徳浄寺の出願の可否を判定するための事例が、御納戸で調べられた。その結果、文化十二年（一八一五）三月下旬に本如宗主が美濃国黒野御坊惣法中・惣門徒中へ授与した消息を、天保元年（一八三〇）閏三月下旬に広如宗主が写して播磨国の被差別身分の門徒たちの寄講中に授与した事例があった。その時の冥加金は一〇〇〇両と「付届」が五〇〇〇疋などであった。これにならって、広如宗主が慶応三年暮春下旬に讃岐国法中・門徒中に宛てた消息を明如宗主が写して、明治四年八月徳浄寺に授与した（「広如様御書被レ下留」史料研保管）。

冥加金の額そのものが、徳浄寺が被差別寺院であることにより設定されており、被差別寺院ではない場合よりはるかに高額となっている。高額の冥加金を負担してでも宗主の消息を授与されることを願ったが、本山へのこのような財政的な貢献をもってしても、「脱穢寺」は賤民解放令まで実現することはなかった。

興学場の開設　「学林万検」巻二十三（『史料編』第二巻 龍谷大学 平成元年）明治元年八月二日条によれば、摂州十二日講は「惣学場再興栄」（史料研保管）と題した仕法書を本山に提出し、被差別寺院の僧侶の学業を引き立てるための場を摂津富田本照寺に開設することを願い出た。この仕法書の表題に「再興栄」とあるのは、摂州十二日講としては、新規の開設ではなく以前にあったものの再建という意味を込めていた。

本照寺では、近世後期には例年八月に被差別寺院の僧侶も出席できる講釈が開かれていた。しかし、天保十年（一八三九）には学林より講師が派遣され、「当秋ヨリ学林知事・承襲壱人ツ、相下リ」という状況になったために、本山は、本照寺での講釈が「穢僧ニ懸席ニ似寄候趣ニ取計」となる点について検討するよう学林に命じた（「学林万検」巻七 天保十年六月十六日条『史料編』第一巻 龍谷大学 昭和六十二年）。これについて、六月二十六日に学林担当者は、「不レ宜候趣」を上申した（同前 天保十年六月二十六日条）ため、被差別寺院の僧侶の聴講は不可能になっていた。

一方、本山側には次のような事情があった。本山の学林における被差別寺院僧侶の懸席は、差別的な形式ではあったものの制度上は可能であった（『増補改訂 本願寺史』第二巻）。学林は元治元年（一八六四）七月の蛤御門の変による火災で焼失した後、仮講堂で安居を開繙していたが、「講堂焼失前ハ穢村之分者、檐外土間ニ聴講候儀ハ有レ之候へ共、当仮堂ニハ土間無二御座一候」（「八松館日新録」巻七 明治四年三月九日条『史料編』第四巻 龍谷大学 平成四年）、という状況で、被差別寺院の僧侶の懸席・聴講は実質的に不可能になっていた。その時に、摂州十二日講から仕法書が提出された。

この仕法書を検討した学林看護所は、次のような訂正意見を本山に提出した（「学林万検」巻二十三）。

一、惣学場と中名目ハ、差支ニ相成候事
一、講師御差向之儀ハ、勧学除レ之候事
一、知事・監事之名目差支候事
一、輪講者之儀其身一代たり共、紺渇（褐）色御免之儀如何哉ニ奉レ存候事
一、印判真宗学場差支候事
右之通ニ御座候、已上
八月　　　　　　　　　　看護所
御本殿
御役人中様

この訂正意見をうけて、明治二年四月、被差別寺院の僧侶だけが懸席する学林の出張所として、興学場が本照寺に開設された。興学場は学林の出張所とはいうものの、本山の学林と同列には扱われず一段下に位置づけられた。明治二年正月には、諸国の被差別寺院の僧侶の懸席を興学場に集約するために明治二年正月には、「四ケ之本寺」の金福寺・万宣寺・福専寺・教徳寺を通じて、「摂州富田御坊内ニおゐて、林門出張所興学場御取建ニ相成、諸国類寺中二、三男等ニ至候迄（中略）寺別

不レ洩様」に周知徹底を図った（留役所「山城諸記」百十五番帳　明治二年正月条）。興学場規則の「摂州興学場興業定条」には、「懸席無レ之僧ハ住職ハ勿論、諸願事御免無レ之」（「検事所万検録」『史料編』第四巻）とあるように、本山は被差別寺院僧侶の懸席の集約を目指していた。

学林への懸席の願い　大和添下郡の諦奥は、一般の僧侶として明治元年に学林に懸席し、興学場が開設されて以降も学林に続席していた。しかし、明治五年に一般僧侶として学林に懸席していたことが発覚した。諦奥について、「慶応四年大衆階次簿」（龍谷大学所蔵）には「旧黒寺御一新ニ付、昨秋懸籍御免ニハ候へ共、五ケ年前ニ懸籍ノ義ハ、全ク御殿林門ヲ欺キ候ニ付、黄袈裟取上ゲ申候也、改メテ新隷出願候事」とある。諦奥は、学林所化の象徴たる黄袈裟を取り上げられた上に、これまでの懸席実績を抹消されて、あらためて新入所化として出願するように申し渡された。諦奥の懸席について、学林の役人は「全ク旧黒寺僧ニ紛レ無二御座一候ニ付、壬申ノ夏五夏続籍ノトキ糾明ニ及ビ候処、白状イタシ（中略）是迄偽リ居申候段可レ悪、甚キ也」（同前）と記しているので、学林への懸席は、意図的な行動であった。

明治二年十二月十六日には山城国の被差別寺院の一二か寺が連署して、学林講堂での聴講を願い出た。彼らは願書に次のように記している（留役所「山城諸記」百十八番帳　明治二年十二月十七日条）。

（前略）現ニ僧中之一分、殊ニ門徒教導之職業ニ候得者、兎角片時茂遊惰に難二打過一、旧弊一洗修学護法之寸志憤発仕居候得共、何分可レ頼師範之人も無二御座一（中略）先年来より御殿非常御守護之奉㆑蒙㆓御命㆒居申候得者、尚以当時勢柄如何成非常出来候哉ニ存、他国江罷出修学仕候事茂難㆓出来㆒（中略）従来林門御講堂之檐聞御免之事ニ御座候得共、何分御講師与間遠く御座候得者、老僧分者始終御講弁耳ニ入り兼候、又仮令若僧ニ而も聞落し多分御座候而筆記も出来兼、折角聴講之詮も無㆓御座㆒残念ニ奉㆑存候（中略）乍㆑恐向後者何卒林門講堂内之末席ニおゐて聴講之義、御許容被㆑成下候ハヽ、莫大之徳分一同如何計難㆑有、門徒末々迄奉㆓希望㆒候（下略）

一二か寺は、自分たちも門徒を教導している僧侶であり、学ぶ意欲もあるにもかかわらず師範とする人もいない。学林では講堂の縁側で聴講することは許されているが、講師との距離が遠く聞き落としもあって、折角の聴講も残念な結果になっていることなどを記して、学林講堂内末席での聴講を本山に願い出た。この願いは林門掛に検討が命じられ、二十六日の林門掛よりの検討結果を受けて本山はこれを許可しなかった。

明治三年四月六日、さらに一か寺が加わって、総計一三か寺で再び学林講堂での聴講を願い出た。京都周辺の被差別寺院一三か寺は、総代として野田村西教寺・六条村正覚寺・北小路村教宣寺の三か寺が、さらに門徒総代として六条村大和屋仙次郎と柳原村笹屋円三郎の二名が連署して、学林講堂での聴講を願い出た（留役所「山城諸記」百二十番帳　明治三年四月六日条）。

この時に提出された口上書では、明治二年十二月の願いが却下されて、興学場での聴講を申し渡されたと記した後に、「従来御殿臨時非常御守衛之奉㆑蒙㆓御命㆒居候得ハ、他国修学中者右之御役被㆑

免候哉為レ念奉レ伺候」(同前)と、本山守護の任務を放棄することもありうるという姿勢が示された。それに対して本山は、「興学場江罷出候様再応御沙汰ニ候得共(中略)他行学業相励申度候間、其間ハ非常御用、其余一切何歟御用向御断申上度旨」という一三か寺の姿勢を認識しつつも、興学場での聴講を沙汰した(「同」明治三年四月十四日条)。

この案件を検討した林門掛には、被差別寺院の僧侶が懸席する施設として興学場の存在が大前提としてあった。明治二年十二月の出願について林門掛は、「右ハ学林講釈之節、入堂御免ニ相成候(中略)御殿ハ御聞済ニ相成候上ハ、林門所化中必不承知可二申出一与被レ存候間、此義者御聞届無レ之方可レ然奉レ存候」(留役所「学林諸記」六十九番帳 明治二年十二月二十六日条 龍谷大学所蔵)としている。本山のなかでは、許可した際に混乱が生じないかという危惧もあった。

賤民解放令と被差別寺院 明治四年八月二十八日に布告された「太政官第四四八号」、賤民解放令は全国一律に布達されたわけではない。京都府では九月十九日に布達された(『京都の部落史』第六巻史料近代1 京都部落史研究所 昭和五十九年)。この布達を承けて本願寺では、九月二十四日に飛雲閣で明如新門が出席して会議が開かれた(「検事所万検録」明治四年九月二十四日条『史料編』第四巻)。

廿四日、穢僧今般平民同様ニ相成候ニ付、官職出願幷ニ林門懸続等出願候節、如何取扱哉進退難レ有ニ付、於二飛雲閣一会議、嗣法主御出座、所置未二決定一

十月七日には次の会議が開かれ、僧侶に対して正式な懸席許可がおりた。「学林江被二仰出一申渡帳」明治四年十月七日条（史料研保管『史料編』第四巻）に、次のようにある。

十月七日

一、（朱筆）「元穢寺之分
此度ヨリ始リ」

泉州　証真
摂州　恵門
同　教宣
同　恵順
同　大乗
同　貞了
城州　歓了
同　法重
河州　龍雲
同　法誓

今般一同江学庠懸続籍被レ許候間、年々結夏者勿論、学庠規則堅相守、学業策進可レ有レ之事

辛未十月

これに続いて十月二十五日には林門掛より、学林懸席の許可について住職に加え、次男・三男・弟子僧・供僧に至るまで触れ達す旨の廻章が出された（『京都の部落史』第六巻）。「監事記録　五」（『史料編』第三巻　龍谷大学　平成二年）には、この許可について「旧穢田寺（ママ）「新」（抹消）平民同様被二仰出一ニ付、初メテ林門懸籍被二仰レ之付一」とある。「学林江被二仰出一申渡帳」の朱筆と同様に、被差別寺院の僧侶の学林への正式懸席を今回が最初としている。懸席は可能であったはずである（『増補改訂　本願寺史』第二巻）が、聴講場所については講堂の西の縁側で、三夏を越えても下座のままという差別的な処遇であった。学林への正式な懸席が許可されたことにより、興学場の役割は失われた。

京都の一二か寺が学林講堂内での聴講を願い出た時に、可否の検討にあたった林門掛にみられた混乱への危惧は、明治四年十月七日の正式な懸席許可のときにもあった。学林の監事は、翌五年に「当夏旧穢僧、初テ入寮ニ付、黒白ノ交際混雑闘論、役員大ニ心配云々」（「監事記録　五」）と記している。しかし、役人たちが心配したような、「黒白ノ交際混雑闘論」が実際に発生したという史料は残っていない。

ただし、学林への正式懸席が許可されたといっても、学林において被差別寺院の僧侶の処遇が、他の僧侶と一挙に平等になったわけではない。

これと前後して寺内町の万宣寺は、明治四年十月十八日に法談試験を出願したが、林門掛は「同人ハ黒僧ニ付、御評議之上、御沙汰可レ有筈」（「検事所万検録」）と記しており、被差別寺院僧侶の処遇が平等になったわけではなかった。

三　明治期の被差別寺院の動向

堂班の変更と教学への関心　明治九年（一八七六）の本願寺の諸改革で、幕藩体制下の本末制度と触頭制度が廃止された。また、僧階次序は堂班と名称を変え改定された。それは旧来の序列に対応するもので、明治十五年連枝制が復活して別格寺が定められ、明治三十年代には別格別院が定められ、一般堂班の上位に置かれた。寺院および僧侶の間に対等な関係が実現されたが、近世的制度の復活は、教団内に残る強い上下意識の反映といえる。それはまた、賤民解放令を出すとともに、特権的な華族制度を創出した近代国家の形態に対応するものであった。

とはいえ、被差別寺院にとっては近世の本願寺教団に見られる差別的制度は無くなり、冥加金の納入により堂班上昇が可能になった。二〇世紀初頭前後には、蓮如宗主四〇〇回忌、宗祖六五〇回大遠忌、大日本仏教慈善会財団、本末共保財団などの募財が集中し、その機会が多かった。例えば大阪府更池村称名寺は明治三十八年に、「壱代内陣本座壱等より永代へ継目本山冥加金」の「壱百五拾円」を納入して上位に昇進している。さらに四年後、同寺の「大遠忌法要予修」の直前、「上座弐等壱代昇進冥加金五百七拾円ナレバ七分金納金セハ残金壱百七拾円ハ三ケ月猶予之借用証ヲ入レ仮ニ堂班衣体着用」できるので、それを利用して変更している。同寺の割当懇志四〇〇円を超過していたが変更への思いは強かった（「称名寺文書」大阪の部落史委員会編『大阪の部落史』第四巻 史料編近代Ⅰ 部落解放・人権研究所 平成十四年）。この傾向は、門徒戸数の多い旧五畿内の被差別寺院に多く見られた。

一方、賤民解放令をうけて本願寺は、被差別寺院の僧侶の学林への懸席を許可したので、明治元年、出張所として大阪府富田村本照寺に設置された興学場はわずか二年で廃止された。それにより宗学研鑽への思いも高揚していった。宗祖大遠忌は被差別寺院でも盛大に厳修されたが、各寺院間の宗学に関する交流も活発であった。明治四十三年五月、大阪市西浜町正宣寺では大遠忌と前住職の横川峰月司教の三回忌が、五日間にわたり修行された。「伊井勧学、鈴木司教、森、西村両輔教諸師の説教なれば、市内は勿論遠くは四国九州の遠きより団体参詣があり」という状況で、無料宿泊所が設けられ、そこでは「毎朝九時から正午迄来会の学者連」の「臨時伝道」がおこなわれた。また、「諸国から故人の友人なり故人の社中有階者が数十人も来ているのを幸ひに、追善として宗学の研究会読」が真夜中までおこなわれていた（『中外日報』明治四十三年五月二十八日）。これは宗学に対する強い思いの象徴的な一例である。

明治新政府は天皇を頂点とし、それを護る皇族と華族、臣民としての士族と平民という新たな序列社会を創出した。そして多くの分野で序列化が進み、国民全体がそれを強く意識するようになった。それにより努力し立身出世に励む社会意識が形成されていった。堂班制も門徒戸数を基盤としながらこのような社会意識に沿うものであった。

このような社会意識のなかで被差別部落の指導者層は、抑圧されてきた歴史から、政治、経済、学問など多くの分野で、実力で社会的地位を向上させるという思いを強く持つようになっていった。教団内では、色衣や席次で具体的にわかる堂班の変更や、自由に宗学を学べることによる学階の上昇という形であらわれることになる。

堂班をめぐる差別事件　教団内には被差別寺院の向上に対する反発も生まれた。これは賤民解放令後に、被差別部落と同等になるのを良しとしないことから、西日本を中心に起きた、「解放令反対一揆」といわれる騒乱の社会意識と似たものであった。法要での席次をめぐる混乱がその典型であった。奈良県磯城郡の寺院で、明治三十二年四月、蓮如宗主四〇〇回忌が修された。その際、会行事が被差別寺院に堂班に応じた席を与えないという事件が起きた。この差別に県下の被差別寺院が結集し、関係寺院に抗議した。二か月後、「一は宗教社会の弊風を芟除し、一は部落の向上啓発」するために大和同心会が組織された。その方向は、大正期に大和同志会に継承され、全国的に展開されていくことになる（岡本弥『融和運動の回顧』光風文庫 昭和十六年）。

僧侶による差別事件は各地で起き、二年後には、次のように、差別の現実が僧侶間にあることを『教学報知』（明治三十四年五月十六日）は指摘している。

大法会に際し、これらの僧侶が堂班に依て出勤せんとするときは、兎角に之と席を並ぶるを喜ばざるの風あり、同一の教師たり、同一の席次たり、況や平民主義の宗門、御同行御同朋たるものをや、階級廃止より已に三十年、今尚区別を存せんとするが如き、最も開化せざる者と謂はざるべからず、遠く通するに四海の内皆兄弟たるの実何処に在るや

一方、本願寺側の意識はどうであったか。明治十四年九月、本願寺内に声明練習場が開設された(「声明練習場開設ノ覚」本願寺所蔵)。開設の意図を示すなかで、被差別寺院僧侶については、同席が不都合だと述べられている。

一、現今堂班ハ往古出勤ノ者ト違ヒ、其時ノ看坊、甚シキ新平民ノ類而已ナリ、故ニ其列ヲ同スルモ不都合ノ三字ヲ下サヽルヲ得ス

しかし、制度上、入所が可能になっているので、同席するには声明・作法などの熟練が必要だとして、次のように入所を求めた。

若之ヲ社会ニナシ置ハ梵唄行儀ニ善良ナルヲ以、前様ノ類モ亦加ヘサルヲ得ス、依テ声明習練場ヲ開キ、梵唄行儀、且説教、尚宗乗ヲ講究セシメ、勤行等ニ通シ、他日知堂ニ補スル見込ナリ

このように差別意識を内包しつつ、入所を認める状況であった。

募財をめぐる差別事件　賤民解放令により、差別事象を容認せず平等を求める権利意識が被差別部落の指導層に浸透していった。ところが、本願寺内には、従来からの差別意識が存続していた。明治三十五年五月、和歌山県有田郡の寺院での、大日本仏教慈善会財団の募財を呼びかける法座で、布教使が人間の尊厳を傷つける賤称語を用いた差別事件があった。同県伊都郡の岡本弥《おかもとわたる》らは、これを教団改革の機会ととらえ、厳しく批判して、三か条の請願を提出した。具体的には、当該布教使の僧籍を除くこと、真俗二諦に則して、「博愛平等の仏意に副ひ、毫も隔意なく相互に交誼を厚ふし、愛国護法の実を挙ぐべき旨」を全国に諭達すること、被差別寺院の有能な人材を要職に登用することであった。岡本らはその実行を迫ったが、本願寺の対応が鈍かったので全国に檄文を配布した（岡本弥『融和運動の回顧』光風文庫　昭和十六年）。

これに対して本願寺は、同年十一月十四日に当該布教使を慈善会布教員から解任し、同月二十八日、土山沢映執行長は各教区管事に次のように通達した（「乙達第三十七号」『本山録事』明治三十五年十二月五日）。

近頃或地方門末ノ中ニハ、猶新平民抔ノ名称ヲ以テ同胞中相卑ム者有レ之哉ニ相聞ヘ候処、右ハ既ニ去ル明治四年八月穢多非人ノ称ヲ廃シ、爾後華士族平民同一ノ権義ヲ有セシメラレ、本山ニ於テモ已ニ彼此ノ差ヲ立テス、学階ヲ授ケ堂班ヲ許シ布教員ニ任スル等更ニ新旧ノ別ヲ見

サルコト丶相成居候儀ニシテ、心得違ノ者有レ之候テハ不二相済一候条、教区内屹度取締致スヘシ

本願寺は内部の差別を公に認め、請願の二つを実行したことで、岡本らの抗議は一定の成果があった。また、この差別事件が全国に知られたことで、部落改善運動のなかに教団改革という課題が視野に入ってきた。一方、本願寺は賤民解放令に基づき、教団内外に制度的な差別はなく、明治天皇の心を理解しない不心得者が差別をするという見解に立ち、あくまで個人の問題とした。

大逆事件と思想善導　明治四十三年五月の大逆事件は、幸徳秋水ら社会主義者だけではなく、曹洞宗の内山愚童《うちやまぐどう》、真宗大谷派の高木顕明《たかぎけんみょう》が連座し、多くの仏教関係者が事情聴取を受け、仏教界に大きな衝撃を与えた。仏教の因果論を否定する「悪平等論」者として、両宗派は、現実社会での平等を説いた二人の僧籍を剝奪した。

本願寺は関係者が出なかったものの、同年十月十日、大谷尊由執行長は「近来稍モスレハ欧米各地ニ於ケル危険ナル思想ニ感染シ、社会ノ風教ヲ壊乱スルノ言行ヲ為ス者アルヲ聞ク、洵ニ痛歎ニ堪ヘサル処ナリ」と彼らの行動を批判し、「若シ誤リテ斯ル非違ノ言行ニ出テンカ、啻ニ邦家ノ罪人タルノミナラス、又実ニ祖門ノ罪人タリ」と、真俗二諦を教旨とする本願寺にはあってはならないこととし、「特ニ教導ノ任ニアル僧侶ニ於テハ、宜ク社会思想趨勢ノ機微ヲ鑑察シ、愈ヨ国家ノ安寧ヲ増進シ社会ノ秩序ヲ維持シ、以テ宗門ノ光輝ヲ発揚センコトヲ期スヘシ」と述べた（「訓告第

四号」『本山録事』明治四十三年十月十五日)。

本願寺が危機感を持ったのは、特に高木顕明が和歌山県新宮町の被差別部落で、宗祖の教えによって平等社会を説いていたからである。本願寺は、社会主義思想とともにそのような真宗理解を否定し、それらの阻止が本願寺の基本的立場であることを明確にした。そして、「思想善導」の役割が僧侶に課せられた。大正期に入ると、大正七年(一九一八)の被差別部落の人びとも参加した米騒動を経て、この傾向はより強くなり、本願寺は部落解放をめざす水平運動と対峙した。

四　大正期の部落改善をめざす融和運動

大正デモクラシーの思潮　大正期になると、人間・人道・民衆・自由・平等・自決・教養などを標榜する、いわゆる大正デモクラシーの諸思想が顕在化した。明治四十四年(一九一一)には、宗祖を宗教改革者とする木下尚江の『法然と親鸞』(金尾文淵堂)が刊行された。大正六年(一九一七)には倉田百三の『出家とその弟子』(岩波書店)が刊行され、親鸞ブームの先駆けとなった。大正から昭和の初めにかけては、宗教がある期待をもって、国民の多くに受け入れられた時代であった。宗教は文芸や思想、社会的実践と混然一体となり、いわば融合されたものであった。また、その担い手は既成教団の教学にとらわれず、宗祖や教祖の教えをより直接的に、また自由に吸収して、自己のものとして主張した。特に、親鸞ブームにより、宗祖に関する教学的、歴史的理解は、本願寺が困惑するほど多様に展開された。

自主的部落改善運動への道　被差別部落の指導層や僧侶、青年層も、このような思潮の影響を受け、諸思想を積極的に学び、それを表現する文芸や評論活動を盛んにおこなった。東西本願寺に対しても教学や組織、体質などを客観的にみて、発言する人たちが増えた。従来の改善運動にも変化が起きてくる。

日露戦争後の経済の疲弊と社会不安の増大に対して政府は、感化救済と地方改良事業および「危険思想」の取り締まりを計った。明治四十一年、「戊申詔書《ぼしんしょうしょ》」を発布し、協調と勤勉、質素と倹約、風紀の粛正などの努力を国民に求めた。ようやく進捗し始めた部落改善は、地方改良事業の一環とされ、具体的には「風俗矯正」によって、生活改善を進めるために、各地で官民一体の矯正会が組織された。中央集権的な体制で実施される運動で、被差別部落の指導層や僧侶は立場上、それに組み込まれていった。

本願寺にも、「戊申詔書」の二年後、大逆事件の直前に内務省から要請が来た。それに対して本願寺は、「特種部落改善布教」の実施を決めた（『龍谷週報』五七　明治四十三年三月二十六日）。

全国各地特種部落の改善は、一日も忽緒に附す可からざる事は、夙に識者の間に唱へられしが、曩に高知、奈良、兵庫等の各県知事より内務省に内申する処あり、内務省は更に我本山に対し右改善策に就て依嘱せられしかば過般来内国布教総監部にては大に画策する処あり、専任布教

使を要地に駐在せしめ更に巡回布教使八淵蟠龍氏を各地に派出せしむる

しかし、「特種部落」の呼称が問題となり、各地で大きな反発が生じた。このようないわば上からの部落改善運動は、被差別部落の苦悩や誇り、そして自主性をあまり考慮に入れなかったので、被差別部落の指導層は次第に不信感を抱くようになった。

大和同志会の設立　大正元年八月、これまでの運動に飽き足らない奈良県の被差別部落の指導層により、奈良市の松井庄五郎（奔泉・道博）を会長とする自主的部落改善団体の大和同志会が設立された。

松井は、大和同志会の機関誌『明治之光』第一号（大正元年十月）の「会説」で「一般社会に門戸開放を求めたるに彼等は喜んで我等を歓迎せり、此新思潮は誠に聖代の賜にして益々融和の傾向を示しつゝあり」との認識から、「益々奮励一番熱血と能材を挈け、一般社会と同等の位置に進み以て兄弟の如く融和握手の実を挙げ」ることが、賤民解放令を出した明治天皇の「叡旨」に報いることであると表明した（『復刻・明治之光』上巻 兵庫部落問題研究所 昭和五十二年）。そのために幹部の多くは、自らの実力を高める研鑽を重ねた。また、政府、自治体主導の運動は、差別の原因を被差別部落側に求め、それを上から矯正するので、差別する側の責任を問わないと批判した。

融和運動からの教団改革論　大和同志会は「融和握手」実現のためには、自らの経済的向上が必要であるとする立場から部落改善を実践し、全国的な展開を目指した。そのための六項目の事業を挙げているが、そのひとつに「宗教ノ刷新」がある。その内容は、「本願寺内局ノ弊習ヲ打破スルニ努力スベシ」「各支会ノ宗教家ノ修養ヲ激励シ、併セテ向上発展ヲ計ル」「出獄人保護ヲ各寺院ニ於テ行フ」の三つである（「改正大和同志会会則」『明治之光』一）。松井は設立大会の講演で、宗祖や教団の否定ではないかという疑念に対して、次のように反論した（「大和同志会の主義目的の一端に就て」『明治之光』一）。

我が同志会が宗教の刷新と呼号したのは決して宗義の改革を意味するものでなく、吾人の希望は本願寺の議決機関たる総代会衆の組織を改正し、進んで本山内局の醜類たる売僧を放逐して内局の廓清をなし、以て吾が社会の僧侶が従来蒙りつゝありし本山内局の圧制を打破して、以て一般僧侶と対等の権利を獲得せんと欲するのである

このように、本願寺財政の監督のため、集会への門徒の参加と、内局への被差別寺院僧侶の登用を求める教団改革を主張した。

そして、明治期の相次ぐ募財に応じた結果、経済力の強化を阻むのが募財と連動する堂班制であり、また、それが部落改善や融和思想への関心の薄さにつながると考えた。本願寺への不信感を、「寄附を誅求するの傍ら吾人の社会を疎んじ、部落出身の人材を排斥し此の如く我社会を貧弱ならしめ一般社会に後れしめし責をも顧みず部落改善には毫も其意を注がす」と表明している。ただ、「吾

人は法主猊下に退隠を迫るの不敬漢にもあらず、亦た本山をして滅亡破壊するを快とするものに非ず」という思いは一貫していた（「再び本願寺を論ず」『明治之光』二―六　大正二年六月）。

この頃、大谷家の負債問題が表面化したことで本願寺への不信感はより強くなった。そのため、本願寺への資金の流れを断つ「断金主義」を主張した。具体的な行動としては、負債整理のために寺債発行が決議された直後となる大正二年二月、松井は幹部の小川幸三郎（緑雲）と本願寺を訪問し、執行の名和淵海と会談して大和同志会の主張を表明した（「西本願寺訪問録」『明治之光』二―二　大正二年二月）。

同年六月十七日、梅上尊融《うめがみそんゆう》執行長は、大和同志会を含む多くの本願寺批判に対して、「口ヲ廓清ニ籍リ言ヲ改革ニ托シ、軽挙妄動ヲ重ヌルノ徒アリ」とし、「軽噪附和漫ニ宗政ヲ批議シ、所内ノ安寧ヲ攪乱スルガ如キ言動」を戒めるために、「宗安維持ノ必要ニ迫ラレ、寺法ノ命スル処ニ遵ヒ、此等ニ対シテ成規ノ処分ヲ加ヘ、以テ一般ノ帰向ヲ謬マラサラシムルノ止ムヲ得サルニ至レリ」（「訓告第五号」『本山録事』大正二年七月一日）と強い姿勢を示した。

大和同志会の経済優先の堂班制批判は、「断金主義」という形をとった。それに対し、長く本願寺を護持してきた被差別部落内には反対も多かった。人材登用の根拠については、不祥事防止のためだけではなく、「祖師上人の平等主義は現代も未来も共に同行にして、一般僧侶の信ずるが如く未来のみに同行にして現代には彼我社会の如く非同行の区別あるものにあらず」（「西本願寺改革論」『明治之光』二―一　大正元年十一月）と、宗祖の同朋思想に求めた。また、機関誌『明治之光』は全国的に展開し、部落改善を中心とする融和運動の情報の集積と発信の役割を果たした。同年五月に、出雲同志会が結成され、以後、同様の組織が各地で結成された。

米騒動と本願寺の対応　大正七年七月に始まった米騒動は、被差別部落の人たちも多く参加したことで、内外に大きな衝撃を与えた。利井明朗《かがいみょうろう》執行長も発生直後の八月十九日に、前年のロシア革命を念頭において、その経済優先の考えが「精神的廃頽」を招き、その結果「貧富ノ懸隔愈々甚シク其弊毒殆ンド予測ス可ラザル者アリ今ヤ到ル処所有不祥事ノ頻発スルヲ見ル」と米騒動の原因を述べた。そして、大正天皇が救済のために三〇〇万円を下賜したことに見習い、真俗二諦説の立場から、「知恩報徳ノ経営トシテ地方有志ト協力戮力シ以テ適宜ノ方法ヲ講シ社会救済ニ努力セラルヘシ」と求めた（「訓告第二号」『本山録事』大正七年八月三十日）。

翌九月五日、奈良県各部落代表委員会の松井道博（庄五郎）ら三人が、本願寺を訪れ、各被差別部落が希望する六か条の項目について交渉を持った（奈良県「部落改善ニ関シ本派本願寺へ交渉顚末」同朋運動変遷史編纂委員会編『同朋運動史資料』一　浄土真宗本願寺派出版部　昭和五十八年）。その主なものは、「第一、奈良県ニ少クモ二名以上ノ部落改善ニ関スル専任ノ布教使ヲ駐在セシムル事」と「第五、今回ノ暴動事件ニ処スル善後策トシテソノ原因ヲ精査シ、真俗二諦ノ教義ヲ徹底的普及セシムル事」である。これに対して松原深諦執行は、第一は各府県からも申し出があり、財政的に困難と回答した。第五は訓告を出していると回答したが、松井らは、本山ノ御膝元ニ於テ我真宗ノ徒輩ガ暴動ヲ惹起セシハ布教ノ足ラザルト信仰ノ行キ亘ラス、部落住職ノ不親切不法義ノ結果今日ヲ来セシモノト見ルヲ得ベク其責一半ハ本山ニアラネバナラヌ、故ニ本山ハ此際時局ニ鑑ミ最善ノ方法ヲ講セラル、ベキナリ

と要望した。松井らは、本願寺に対して、村内の混乱を収拾し秩序を保つためには、部落改善の実践を中心とする真俗二諦の徹底を求めた。両者の危機感の違いがこの交渉に見られた。

米騒動の翌大正八年、政府は宗教界を含めた官民の指導者を集めて、細民部落改善協議会を開催し、改善事業の強化と、治安対策を兼ねた融和思想の重要性を確認した。本願寺も部落改善を含めた社会事業の必要性から、同年十一月、大日本仏教慈善会財団内の組織として、築地本願寺に社会事業研究所を設置した。所長は名和淵海で、官民の専門家を講師とし研修をおこなった。例えば部落改善は、キリスト者の社会改良家で家庭学校長の留岡幸助が担当した。生徒は「各宗派の宗派的根性を忘れ、男女の区別をもなさず、極めて平等的に組織せられたるは頗る時代思潮に順応したるものなりとて一層社会の注意を引けり」と、自ら論評している（『教海一瀾』第六四三号）。また、翌年二月の第五十三回定期集会では、「執行所内ニ社会部設置ノ建白」が提出され、採択された（宗会百年史編集委員会編『本願寺宗会百年史』史料編下　浄土真宗本願寺派宗会　昭和五十六年）。

大正二年、賤民解放令発布に影響を与えた大江卓（天也）は、融和運動の全国的組織である帝国公道会を設立した。大江も米騒動に危機感をもち、治安維持を計るため「同情融和」を主張した。

大正十年二月、帝国公道会を中心に第二回同情融和大会が、各界名士を集めて築地本願寺で開催された。発起人の一人であった社会事業研究所所長の名和淵海が講演した。その内容は、社会事業に努力してきたが、「内務省方面でも絶えず恥をか丶されましたこともありましてさう云ふ方面に於て私共の主義が世間に誤解されて居ることも沢山ある」と政府側からの批判に反論する形で、宗祖は「徹頭徹尾階級を無くさうとして信仰された」と、その「四海同胞主義」を強調している。そして、悪人正機が悪を助長しているというのは誤解と指摘し、「同胞の苦しむ者を先に救ふと云ふことが宗教の出発点」であると述べている。一方、「宗門の趣意と云ふものはどうしても詰る所は此報恩と云ふことから、国家に尽し社会に尽すと云ふことの決心を以て進むのが吾々の信仰の土台である」として、政府との協調を明確にした（『社会改善公道』二九・三三　大正十年　西播地域皮多村文書研究会覆刻『公道』第三巻所収　昭和五十九年）。

五　部落解放をめざす水平運動

部落改善から解放へ　米騒動以後、各地に帝国公道会系と行政主導の部落改善団体が多くできた。また、多くの被差別部落には青年層を中心に独自の改善組織が生まれた。後に水平運動の母体となる、奈良県掖上村の燕会《つばめ》もそのひとつであった。この三、四年はロシア革命、ヴェルサイユ条約調印、国際連盟成立などがあり、民衆蜂起、自由平等、民族自決、人種平等などの社会思想が彼らにも少なからず影響を与えた。第二回同情融和大会で、初期水平運動の指導者の平野小剣《ひらのしょうけん》が「民族自決団」の檄を撒き、同情融和の姿勢を批判したことは知られている。

また、国内では、大正初期からの人道主義、人間主義の視点に立つ宗祖についての宗教的文芸が流行し、『歎異抄』の流布などによる宗祖再発見という傾向が強まった。一方、被差別部落の歴史的研究では、大正八年（一九一九）の喜田貞吉《きたさだきち》『民族と歴史――特殊部落研究号――』によって大きく前進し、特に宗祖と被差別民という研究は、青年層に大きな関心を抱かせ、直後の水平運動の推進力となった。宗教者の社会的実践では、キリスト者の賀川豊彦がその翌年に刊行した『死線を越えて』（改造社）が大きな影響を与えた。賀川は神戸市葺合区の被差別部落に住み、消費組合運動などを指導した。燕会の青年たちは賀川を訪問し指導を受けた。この時期、宗教と社会問題という課題は関心を集めていった。

燕会の阪本清一郎・西光万吉《さいこうまんきち》（清原一隆）・駒井喜作らは、自主的改善運動を進めるなかで社会主義思想にも出会った。早稲田大学教授の佐野学が、「特殊部落民解放論」（『解放』七月号 解放社 大正十年）で、被差別部落の自力解放を主張したことに感激し、部落改善から部落解放へと方向を転換していった。

水平社創立趣意書　燕会の青年たちは、部落解放のための理論を模索した。掖上村の本願寺派西光寺に生まれた西光万吉を中心に、宗祖の教えをはじめとして社会主義やキリスト教などを学んだ。その結実が、大正十一年二月の水平社創立趣意書『よき日の為めに』（『水平』近代文芸史料復刻叢書 世

界文庫　昭和四十四年）であった。趣意書の作成には隣寺の同派誓願寺三浦参玄洞《みうらさんげんどう》（大我）の助言があったといわれている。『中外日報』の記者でもあった三浦は、以後、水平運動の支援者として同紙上で全国に動静を伝えた。

『よき日の為めに』は、佐野学の論文「特殊部落民解放論」の一部を掲載し、自力解放の原則を訴えた。そのためにはあらゆる「死の思想」を否定し、あらゆる「生命の思想」を受容し、融合するとした。そのひとつが宗祖の教えであるとして、「吾々の運命は生きねばならぬ運命だ、親鸞の弟子なる宗教家？によつて誤られたる運命の凝視、あるひは諦観は、吾々親鸞の同行によつて正されねばならない」と、宿業論によって固定化、正当化されている部落差別の現実を、宗祖の同朋思想によって変革しようと呼びかけた。それにより、様々な呪縛から解放された「よき日」への道が拓かれることを、「火と水の二河のむこうによき日が照りかゞやいている、そしてそこへ吾等の足下から素晴らしい道が通じている、火水を恐れぬ堅固なる信者よ、無碍の一道だ」と、善導大師の二河白道によって表現した。

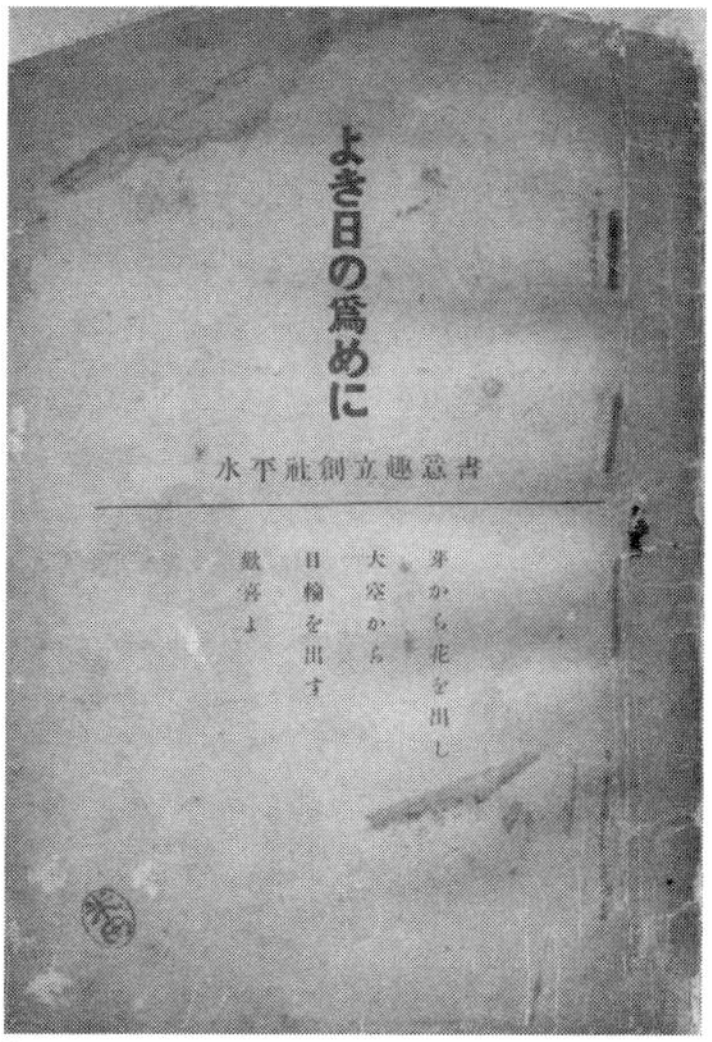

『よき日の為めに』　水平社博物館所蔵

趣意書では、「吾等の中より――よき日の殉教者よ出でよ」と呼びかけた。また最後には、

全国内の因襲的階級制の受難者よ
寄って来い――夜明けの洗礼を受けるのだ、よき日の晨朝礼讃を勤行するのだ
起きて見ろ――夜明けだ

と、被差別者が人間を尊敬することで自ら立ちあがることを、キリスト教用語もまじえて訴えた。この趣意書は三浦の世話で、京都市の同朋舎で印刷され、『明治之光』の講読者名簿によって各地に発送された。

全国水平社の創立　この趣意書と思いを同じくする人たちが各地から集まり、西光・阪本・平野ら九人で全国水平社の宣言・綱領・決議・規約が決定され、大正十一年三月三日、京都市岡崎公会堂で創立大会が開催された（『水平』）。「全国に散在する吾が特殊部落民よ団結せよ」で始まり、「人の世に熱あれ、人間に光あれ」で終わる宣言は、人間主義の温かさと自力解放の力強さで貫かれている。自力解放については、「人間を勦るかの如き運動は、かへつて多くの兄弟を堕落させた事を想へば、此際吾等の中より人間を尊敬する事によつて自ら解放せんとする者の集団運動を起せるは、寧ろ必然である」と述べた。

創立者たちがキリスト教も学んだことから、「殉教者が、その荊冠を祝福される時が来たのだ」という一文も宣言に見られるが、彼らの多くは宗祖の教えを基盤としていた。宣言は、「吾々がエタである事を誇り得る時が来たのだ」と、被差別者が人間の誇りを回復し、それによって、「心か

ら人生の熱と光を願求礼讃するものである」とした。この宣言は宗祖の教えで育った西光が起草し、労働運動をしていた平野が添削したとされている。

また、綱領は、自力解放、経済と職業の自由の獲得、そして「吾等は人間性の原理に覚醒し人類最高の完成に向つて突進す」の三つを掲げた。これは水平運動が、部落差別撤廃に止まらず、宗祖の教えでいえば御同朋御同行の世をめざしていたことを示している。

全国水平社創立大会では、実践すべきこととして、差別者に対する「徹底的糺弾」、機関誌『水平』の発行、「部落民ノ絶対多数ヲ門信徒トスル東西両本願寺ガ此際我々ノ運動ニ対シテ抱蔵スル赤裸々ナル意見ヲ聴取シ其ノ回答ニヨリ機宜ノ行動ヲトルコト」を決議した。

翌日、全国水平社の委員はこの決議に従い、東西本願寺を訪問した。本願寺派では大谷尊由管長事務取扱には会えず、花田凌雲執行と面会した。

西光は僧侶の立場から、「今日水平社の運動を起さねばならぬ事になつたを恐しく思ふている、若し本願寺が親鸞の心を以て差別撤廃に尽していたならば、かゝる必要はないのである」と発言している。これに対して花田執行は、「諸君の意のある処はよく理解しました、従来の事は誠に恥かしい事のみであるが、今後は本願寺は本願寺として自発的に此の問題に尽したいと目下研究を重ねている様な次第であります」と、一応の理解を示しつつ、全国水平社とは立場を異にすることを表明した（『中外日報』大正十一年三月七日・『水平』）。

差別撤廃の垂示　大谷尊由管長事務取扱は、三月二十一日に差別撤廃に関する垂示を発表し、次のように述べた（御垂示『本山録事』大正十一年三月二十五日）。

惟ルニ性海平等ニシテ妄執差別ノ痕ヲ留メス、生仏一如ニシテ悉有仏性ノ光朗ナリシカモ縁起無尽ニシテ万象羅列シ迷悟境ヲ分テリ、然レハ則チ自他不二ハ法性自爾ノ真理ニシテ相依相立ハ社会組織ノ実相ナリ

このように、人間には本来、平等性がそなわっているが、現実社会では縁起によって様々な形となって現われ、それらが相関していると述べた。

続いて、『無量寿経』の「相敬愛シテ相憎嫉スルコトナク」という生き方が、「縁起相由ノ妙諦社会人類ノ常道ナリ」と述べた。そして、曇鸞の「四海ノ内皆兄弟ナリ」と宗祖の「御同朋御同行」の教えに生きることを強調し、次のように述べた。

平等大悲ノ仏意ニモ随順シ、亦人類平等ノ大義ニモ相応センモノカ、一宗ノ道俗深ク世相ニ覚醒シテ差別ノ陋習ヲ離レ、社会ノ安寧人類ノ福祉ヲ増進セシメ候ヤウ希フ所ニ候也

ただ、この垂示のなかには、水平運動を批判する次の一文が挿入された。

然ルニ近年各種ノ思潮頻リニ交流シテ人心ノ帰趨定カナラス、或ハ悪平等ノ僻見ニ住シテ社会自然ノ差別ヲ撥無セントシ、或ハ悪差別ノ邪執ニ拘ハリテ自他互ニ排擠シ憎嫉ヲ重ネントス、殊ニ同一民族ノ間ニ尊卑ノ差別ヲ為シ、国民諧和ノ美風ヲ損スルモノアリ、コレ予ノ深ク歎キ思フ所ナリ

このように大谷尊由は、現実社会の差別を仏教の道理によって自然に成り立つものとし、その撤廃を「悪平等」と表明した。

同年四月一日、第五十三回定期集会での建白により、執行所内に社会課が設置された（『甲教示第四号」『本山録事』大正十一年五月二十五日）。その規定の第二条に「社会課ノ事業ヲ分チテ左ノ二種トス、一、監獄布教、二、其他ノ社会事業」とあり（『本山録事』大正十一年五月二十五日）、部落問題を社会事業に含めている。先述の社会事業研究所開所時の講義内容においても、部落問題は救貧事業・災害救援・障害者対策・児童保護などの慈善事業のひとつとして位置づけられていた。

募財拒絶と新しい親鸞像　垂示や社会課の内容に対して全国水平社は、四月十日、大谷尊由管長事務取扱と大谷派管長の大谷光演に、「向後二十年間我等部落寺院及門信徒ニ対シ、如何ナル名義ニヨル募財ヲモ中止サレタキ事」（浄土真宗本願寺派同朋運動変遷史編纂委員会『同朋運動史資料』一 浄土真宗本願寺派出版部 昭和五十八年）という決議通告を送付した。そこでは、「我等ガ此際蹶起シテ解放運動ヲ徹底セシメントスルニハ必ズ先ヅ経済的独立ヲ計ラザル可カラズ、是ニ対シ既ニ我等ノ行動ニ

賛セラレタル本願寺ハ右通告ヲ諒納セラルベキ、当然ノ社会的、宗教的義務アルモノト信ズ」と述べ、募財拒絶を表明した。

また、水平社は、本願寺の募財に応じてきた被差別部落の門徒の理解を得るために「檄」という形で意図を伝えた。そこでは、宗祖の教えにもかかわらず、依然として差別がある現実から、「私共はよくよく吟味して私共の御同朋のほんとの御すがたを拝まねばなりません」として、喜田貞吉の研究による、被差別民と共にある新たな宗祖像を次のように示した。

墨染の衣さへ剝取られて罪人としてなつかしい京を追放されてゞでも罪免るされて戻り帰った京の町でのたれ死にするまでもなほ念仏称名のうちに賤しいもの穢れたものと蔑まれていた沓造も非人も何の差別もなく御同行御同朋と抱き合って下さった、そしてまた御自分を無慚無愧とあやまって下さるこの御慈悲のまへにこそ私共は身も心も投げださずにおれません、この御開山が私共の御同行です、私共は此の御開山の御同朋です

水平社は、「色衣や金襴の袈裟」に惑わされて、堂班制に連動する募財に応じることが、「黒衣や俗衣」で過ごした宗祖の教えにそぐわないと訴えた。

この通告に対して、本願寺は、翌年に立教開宗七〇〇年記念慶讃法要を控えていたので、同意することは困難であった。他方、被差別部落の僧侶や門徒の本願寺護持の思いは強く、募財や堂班制

の問題を説明されても、内部の意見は分かれていた。全国水平社は、翌年三月の第二回大会でも「東西本願寺に対し募財拒絶の断行を期す」と決議し、第三回大会では、募財拒絶に加えて、「併せて解放の精神を麻痺せしむるが如き一切の教化運動を排す」と決議したが、実効性はあまりなかった（長谷川寧「水平運動並に之に関する犯罪の研究」渡部徹・秋定嘉和編『部落問題・水平運動資料集成』第一巻 三一書房 昭和四十八年）。

黒衣同盟の結成 全国水平社創立を受けて、大正十一年十月、奈良県五条町明西寺廣岡智教《ひろおかちきょう》は、僧侶の立場から水平運動に共鳴する黒衣同盟を結成した（廣岡祐渉『明西寺史』自照社出版 平成十九年）。『中外日報』の三浦参玄洞は、自ら同盟員となり、全国水平社支持と同様に紙上で支持の論陣を張り、その存在を報道した。

廣岡智教（写真提供 明西寺）

また『大阪時事新報』も黒衣同盟結成について報道し、その結成宣言の要約を掲載した。そこでは、募財とそれに伴う堂班上昇を「何たる非宗教的な行為か」と批判し、募財拒絶は「我等同族の檀徒」の「痛酷な叫び」で、その実行は部落解放の最初であり、水平運動に「呼応して黒衣同盟を起し反省を促す」と述べ、それが堂班制否定となることを「色衣をすて、黒衣にうつる時が来た、そして我々は親鸞に帰る時が来たのだ」と訴えている。そして、水平運動で示された、被差別民と共にある黒衣の新たな宗祖像を強調し、「単なる水平運動の共鳴にあらずして、やがて親鸞の真心に帰るのである」としている。最後に、「黒衣こそ我等同族が聖親鸞に帰つた象徴であらねばならぬ」と、部落の僧侶の決起を呼びかけた（『大阪時事新報』大正十一年十一月二十三日）。

黒衣同盟は十二年三月の第二回全国水平社大会でも「黒衣同盟に関する件」として決議され、その時決行された東西本願寺への示威行動の場で主張された（『部落問題・水平運動資料集成』第一巻）。反響は大きく、賛否両論が巻き起こった。

両本願寺は、四月の立教開宗七〇〇年記念慶讃法要で衣体等の問題に対応した。着用衣体を大谷派は晨朝を黒衣、本願寺派は堂班出勤者、法要事務員、布教使は白無紋の記念衣体、一般出勤者は黒衣と決定した（「甲達第八号」・「甲達第九号」・「甲達第十一号」『本山録事』大正十二年三月三十一日）。黒衣同盟の主張は、形式的ではあるが一部実現した。ただ、法要の実行役員に被差別寺院がほとんど採用されない差別待遇があった。法要中の四月十七日、廣岡を主唱者として五〇余名が、本願寺に隣接する日蓮宗本圀寺で抗議集会を開き、教団改革を協議した（『中外日報』大正十二年四月十九日）。

五月一日、廣岡は本派本願寺有志革新団を結成した。その宣言で「彼等と親子の関係を有する我等寺院住職者」は水平運動の主張に「適応すべき合理的措置」の「完成を計らねばならぬ甚大の責任がある」として、「先づ我本願寺教団の革新を徹底して、基本的に寺院生活の合理化を実現せねばならぬ」と述べている。綱領には次のように掲げられた（『明西寺史』）。

一切の政治的情実より脱却して、我本派本願寺の根本的革新を計り、近代的合理の教団を樹立すること
一、僧俗不二の教団を樹立する階梯として、まづ黒衣同盟の完成を期し、漸次その精神を体現すべきこと
一、寺門子弟教養の基礎を培養し、併せて従来寺檀の間に存在せる固陋の因襲を打破し、以て合理的寺檀制度を確立すること（下略）

本派本願寺有志革新団は、本願寺が水平運動については社会秩序を壊すものであると警戒していたため、革新団が同様に見られることを危惧していた。そこで、五月二十日付で大谷尊由管長事務取扱に建白書を出し、「教団の革新」の正当性を主張するとともに、「軽挙盲動時流に拠るにあらず、真に宗祖を思ひ本山を思ふ赤誠の一つに此処に到りたる結果」だと強調した（『明西寺史』）。同年八月頃には、一〇〇か寺余りの加盟者があったが、廣岡が危惧したように、内部に意見の相違が生じ、その後の活動は順調に進展しなかった。

『親鸞聖人の正しい見方』論争　水平運動をめぐる意見の相違は、根本的には宗祖の教えの受け止め方から生まれた。大谷尊由管長事務取扱は、大正十一年に差別撤廃に関する垂示で水平運動への立場を表明し、同年九月に『親鸞聖人の正しい見方』（興教書院）を刊行した。当時の親鸞ブーム現象のなかで、多様で自由な親鸞理解が流布していたので、大谷尊由は「不測の害毒を宗教界にも

一般社会にも及ぼすの虞なしとは言はれませぬ」という危惧を抱いていたからである。
そのなかで、特に水平運動を意識して、「差別を生ずる総ての原因が消滅し尽すことは、人間の社会で到底望まれない、随つて差別相も消滅しない」、したがって「自然に成り立てる差別は差別として、其の上に人類平等の理想を実現しよう」と述べた。また、「聖人の同朋主義の価値は、之を法悦生活の上に体験せねばならない、社会改造の基調などに引き付けるには、余りに尊と過ぎる」とも述べている。そして、次のように水平運動の宗祖像を批判した。

各方面に親鸞聖人の同朋主義平等主義なるものが唱導されつゝあります、中には現時の階級打破思想の先駆者として、社会改造論の聖壇に祭り上げようとする人もあるようです。資産階級や権利階級の存在を詛ひ、貧富貴賤の社会現象や経済現象を打破するといふような企画が聖人の思想に存在してあつたか、どうだか

これに対して西光万吉は、「業報に喘《あえ》ぐ――大谷尊由氏の所論について、特に水平運動の誤解者へ――」と題する反論を、翌十月と十二月に『中外日報』紙上で連載した。まず、宿業論によって、差別を自然に成り立つものと認めることは、「結果を無条件で頂戴して幾久しく保存せなければならぬと思ふ」ことになり、差別の固定化、永久化を招き、仏教の根本原理にも反するとした。そして、現実社会の差別状況を変えていくのは、「悪平等」ではなく、当然の姿であるとした（『中外日報』大

正十一年十月八日)。

つぎに、阿弥陀仏の救いによって、だれもが浄土往生できるという平等性にのみ「聖人の同朋主義の価値」を認めることに対しては、「一人の生活に於ける個人的と社会的とは往生と革命といふ文字相違以上に相違せぬものだ、社会改造の基調を卑むことは人間生活の半分を卑むことだ」と宗祖の信心が、単に心の問題にとどまるものではないと指摘した。西光は、分析的ではなく、人間の全体を見るということの大切さを次のように述べた。

社会的といひ個人的といひ、科学的といひ宗教的といふもそれは相剋し相排すべきものではない、吾等はそれに囚はれてはならぬ、そのいづれをも偶像にしてはならぬ、念仏者は自由人である、念仏者は人間を見る、業報に喘ぎつゝ白道を進む人間の相を見る、唯心にこだはり唯物にこだはつてはならぬ、(中略)生ける人間の全体を見ることを忘れてはならぬ

西光万吉(写真提供 水平社博物館)

そして、部落解放をめざす水平運動をおこなうことが、その信心から必然的に出てきた社会的実践であることを、「水平運動の非難に対して反省と考慮ととも

に念仏を忘れまい、（中略）卑下なる凡夫の実行の内になほその背景として崇高なる如来の願力不思議が観られねばならぬ」と表現した（『中外日報』大正十一年十月十五日）。

六　一如会の設立と事業

融和運動の変化　大正十年（一九二一）二月、帝国公道会が中心となって、同情融和大会が開催された。その恩恵的融和運動に批判的な部落の自主的改善を目指す運動家も増え、彼らの支持のもと、同年九月、有馬頼寧《ありまよりやす》を会長として同愛会が結成された。「同愛会趣意」によると、「挙国一致の美風」が国家発展の基盤であるとして、「物質的援助や形式的融和」ではない方法により「部落なるものを全然削除」することを設立目的とした。そして「同愛会宣言」で、人間愛と反省の視点から同胞相愛を主張した（復刻版『融和事業年鑑』大正十五年版 部落解放研究所 昭和四十五年）。

純真なる心を以て他の純真なる心に触れ合ひ、真の愛に立脚した融和が実現されてこそ、不幸は始めて傷つけられた霊魂をよみがへらせることが出来るであらう

同愛会の立場は、大正デモクラシーの思潮に合致する要素もあり、その影響を受けた知識人や融和運動に関係する宗教者の賛同を得た。龍谷大学教授の梅原真隆は機関誌『同愛』に執筆し、同会

からパンフレットも刊行している。

本願寺は全国水平社への最初の対応で、一応の理解を示しながら独自の運動をすると表明していた。その後二年間にわたる水平運動からの批判や黒衣同盟の結成などにより、差別問題への取り組みが進められつつあった。大正十三年四月、布教調査会が開催され、社会課より「差別撤廃に関する思想普及の方法」という諮詢案が提出された。重要課題であったので多様な意見が出され留保となった(『教海一瀾』第六九四号・『中外日報』大正十三年四月八日)。

一如会の設立　同年十月、社会課内に一如会が設立された。その創立趣意書によれば、部落差別の現実を「古来の因襲は一部同胞に対する差別偏見の余弊を醸成し、同胞侮蔑の陋習、漸く抜き難きものあり」と認識している。また、賤民解放令により「表面平等を叫び、親善を唱ふるもの漸く其数を加へ来り」という状況になってきたが、「内心に於ける障壁は容易に除去されず、諧和の実、亦、至らざるの憾あり」と、部落差別を心の問題とした。そして、その問題を解決するのは宗祖の教えであることを、次のように述べている。

宗祖親鸞聖人の高唱せられたる御同朋御同行の教旨に基き、一如会の名に於て其実動を進め、宗教的信念に依り深く人心の奥底に加充して、差別的偏見の絶滅を計り、共存共栄、国民諧和の実を挙げんことを期す会則第二条に、一如会の目的を「本会ハ親鸞聖人ノ教義ニ基キ、専ラ人類相愛ノ精神ヲ普及シ、社会ノ安寧と文化ノ向上ヲ図ル」と掲げ、それを達成するためにおこなう事業を、第三条で「文書、図書、講演、映画等ニ依ル宣伝」「文化ニ関スル講習会」「人物養成機関ノ設置」「事業施設ニ関スル研究会」「其他、必要ト認メタル施設」と掲げた。会長には執行長が就くこととした（「本派本願寺一如会要覧」同朋運動変遷史編纂委員会編『同朋運動史資料』別冊　本願寺出版社　平成二年）。一如会設立の二年後には、大谷派でも武内了温らによって真身会が設立された。

昭和期に入ると、一如会が助成する支部として、和歌山教区支部、兵庫教区支部、関係団体として広島同朋会、奈良昭和会、蛍雪会《けいせつかい》、ルンビニ学園が挙げられている（『本派本願寺社会事業便覧』第四輯　本派本願寺社会部　昭和三年）。

梅原真隆（写真提供　専長寺）

一如会の懺悔論　一如会は部落差別を「因襲」「陋習」ととらえ、その解決を懺悔の精神を中心とする「宗教的信念」に求めた。

一如会の理論的指導者であった梅原真隆は、水平運動に一定の理解を示しながら、次のような懺悔《ざんげ》論を展開した。

許しがたい罪過を懺悔するときにのみはじめて

水平運動が徹底されるのである、かくて私はわが国の一切の同胞融和の運動がこの懺悔的色彩によって更新しなくては不徹底に終るであらうと思ふ

水平運動の方向については「水平社の主張を公認して更にこれを純化し内省し徹底せしめて、国民的懺悔運動まで進展せんことを、わが衷情の切々たる念願である」（「国民懺悔の運動」『同愛』一八同愛会本部 大正十三年）と述べている。現実の差別を解消しようとする水平運動ではなく、観念的な懺悔論で広く融和運動と連携するものであった。

一如会の組織的活動 大正十四年二月、中央社会事業協会地方改善部が中心となって全国融和連盟が設立された。融和運動の立場を明確にした一如会は公的機関と連携するためそれに加盟し、理事の遠山正導が創立委員となった（『文化時報』大正十四年一月二十八日）。次に、昭和元年（一九二六）十月、京都府下の融和運動促進のため、一如会は真身会、京都府親和会など五団体と京都府融和団体連合会を設立した（復刻版『融和事業年鑑』昭和二年版）。そして、昭和五年五月には、近畿での融和運動の連携を図るため近畿融和連盟が設立された。一如会は前記二団体と共に加盟し、原田慶範が委員となった。他の加盟団体は、大阪府公道会、兵庫県清和会、和歌山県同和会、大和同志会、滋賀県昭和会、三重県社会事業協会融和部である（『融和時報』四三 中央融和事業協会 昭和五年・『融和時報復刻版』第一巻 三一書房 昭和五十七年）。

一方、教団内の組織的拡大と事業の進展のために、教区からの推薦を受けて、一如会の地方委員

を任命し、昭和二年六月、第一回地方委員会を開催した（『文化時報』昭和二年六月二十三日）。以後毎年開催され、地方と本部との意見交換がなされた。

婦人文化講習会の開催　一如会は、融和思想の普及徹底のために講演会や講習会を開催し、『一如会パンフレット』などのリーフレットを発行した。そのなかで特色があるのが婦人文化講習会であった。大正十四年三月の大阪府泉南郡を皮切りに、四月二十五日から五月十九日にかけては、兵庫県の朝来、出石、佐用など七郡において、兵庫県清和会と共催で開催され、延べ六三〇名が参加した。一如会の講師は女教士の前田伊智一人で、内容は融和思想の講話と礼儀作法であった。このような形態と内容で各地を巡回した。翌年の四月十一日から五月四日にかけて、愛媛県宇和島市と伊予、喜多など五郡で昼夜にわたり開催された。愛媛県善隣会との共催で、延べ三二〇〇名を超す参加者があった。講師は女教士の山田清井であった。このほか太田醜子、真田俊子などが講師を務めた（「一如会活動表」『同朋運動史資料』別冊）。

ルンビニ学園と蛍雪会への助成　日露戦争後、貧困問題が顕著になると、その地域に施設を設け、住民と生活を共にしながら、その向上を助けるセツルメント運動が、賀川豊彦などキリスト者を中心に盛んになり、仏教界にも影響を与えた。全国水平社創立の約二年前、大正九年五月、龍谷大学生の清水虎雄が中心となって、京都市東山区東三条に補習教育と伝道のために、土曜会が組織された。同年九月には蛍雪会と改称し、「地方改善、並ニ差別解放」を目的とするセツルメント運動を実践した。事業内容は、人事相談、代書代読、信仰座談会、宗教講座、蛍雪仏教少年会などであった。

施設は借家で、財源は幹部の支出と本願寺補助金が中心であった。蛍雪会からの中学校進学者が増加するなど成果を挙げたが、次第に財政難となり、運営が厳しくなっていった（『本派本願寺社会事業便覧』第三輯　本派本願寺社会課　大正十五年）。

ルンビニ学園（『本派本願寺社会事業便覧』6より）

一如会設立の二か月前、大正十三年八月、龍谷大学生の広瀬泉龍《せんりゅう》を代表、藤原凌雪《りょうせつ》を主任として、京都市下京区東七条にルンビニ学園が設けられ、セツルメント運動が始められた。小学校から大学までの教育援助する育英部、信仰人事相談部、融和事業研究会部、少年会、青年会、日曜学校などの活動をした。財源は本願寺と京都府の補助金および寄付金とし、個人経営の形態をとった（『本派本願寺社会事業便覧』第五輯　本派本願寺社会部　昭和六年）。

翌大正十四年十一月、本多恵隆・花田凌雲・名和淵海・内田晄融・後藤澄心などが発起人となり、蛍雪ダーナ会が設立された。事業資金を集め、財政基盤を強固にする目的であった（『文化時報』大正十四年十一月六日）。清水個人に支えられているという状況はあまり変わらなかったが、後継者も育ってきたので、昭和五年一月、セツルメント運動蛍雪会などを他地域へ展開するため、清水は三重県城南村（伊賀市）法善寺に入寺した。その時、後を託された蛍雪会会員は、一月八日に次の声明書を出した（『文化時報』昭和五年一月十日）。

吾等が師として戴きてより、精神的、物質的に受けし苦悩の数々その程度に大小ありと雖も、共に分ちし忍苦の涙は忘れんとして忘れず吾人の胸底に深く銘せり（中略）今や機は熟しぬ、吾等中心と代り而して従来の方針を徹底を期する為め、（中略）吾等が師を今回伊賀上野の地に送らんとす

昭和元年七月、ルンビニ学園のある東七条で、十数戸が全焼し、死者二名、負傷者二、三〇名、被災者四、五〇名を出す火災があった。青年団、在郷軍人会、水平社などが協力して義援金を集めることになり、学園の生徒はその活動に加わった。また、学園と日曜学校の生徒の家も被災したため、その家族を学園に収容した（『中外日報』大正十五年七月二十一日・『水平新聞』大正十五年七月三十日　近代文芸資料復刻叢書　世界文庫　昭和四十七年）。

ルンビニ学園の活動で注目されるのは、文芸部による園誌の刊行である。昭和二年四月、「文芸の研究と心の慰安のため」に、『出藍』が発刊された。生徒の文章を中心に、広瀬ら指導者も寄稿し、五年間継続した。昭和七年からは『悲劇』、昭和九年からは『破殻』と改称して存続し、生徒の心の支えとなった（「ルンビニ学園関係資料」『同朋運動史資料』別冊）。

昭和五年八月、広瀬は岐阜県穂積《ほづみ》村（瑞穂市）長光寺と長良川河畔で、ルンビニ学園の生徒と穂積

村の青年と合同で夏期講習会を開催した。その目的は「同朋融和の実地的効果を占めると共に、環境転換による品性の向上、健康の増進を期する」ことであった（『中外日報』昭和五年七月二十日）。以後、毎年開催され、京都府社会課の坂口真道、一如会の原田慶範など融和運動の指導者が講師を務め、藤原凌雪、広瀬の実弟の渓龍と教龍などが協力した。

昭和七年十一月、蛍雪会創立一〇周年記念式が開催された。広瀬は蛍雪会代表として会史を朗読しているが、ルンビニ学園と蛍雪会の中心となり、一如会の融和運動を実践面で支えていた。（『教海一瀾』第七九一号）。

七　昭和初期の社会状況と一如会

水平運動の分裂と宗教批判　全国水平社が創立された年には日本共産党や日本農民組合も結成され、労働運動や農民運動も部落解放運動とほぼ同時に進行した。水平運動のなかにもそれらと連携する動きが強くなっていった。このような社会状況に対して、大正十四年（一九二五）四月、治安維持法が公布され、社会運動は弾圧の対象となった。昭和三年（一九二八）三月には、日本共産党が弾圧を受け、農民運動に転じていた西光万吉ら水平運動関係者も検挙された。

全国水平社は昭和元年五月の第五回大会で、資本主義社会を変革すれば差別は無くなるとする階級闘争派が主流となり、創立時の「人間性の原理に覚醒し」という綱領を変え、「我等は賤視観念の存在理由を識るが故に明確なる階級意識の上にその運動を進展せしむ」という一項を掲げた（長谷川寧「水平運動並に之に関する犯罪の研究」渡部徹・秋定嘉和編『部落問題・水平運動資料集成』第一巻　三一書房　昭和四十八年）。

これに批判的な人たちも、部落差別に対する身分闘争という全国水平社創立時の方針を堅持する立場と、天皇制の下で平等を実現しようという立場に分かれ、水平運動は分裂して昭和期に入った。昭和初期の唯物史観による社会運動は、精神的なものを根本と考える唯心的な宗教を、現実社会の問題から目をそらさせる「阿片」的存在であり、支配階級に奉仕するものだと捉え、否定すべきであると主張した。「反宗教運動」が展開され始め、昭和六年九月、日本戦闘的無神論者同盟が結成された。

同年十二月の第一〇回全国水平社大会で主流派は「反宗教闘争に関する件」を提出し、可決された。募財拒絶が実現していない原因を次のように述べている。

兄弟達に深く喰い込むでいる宗教の影響が異常な執拗さをもつていることを現していると同時に、所謂先頭に起つ者が、反宗教闘争の意義と必要を充分に認識していないことにも起因している

そして、水平運動内にいる宗教を許容する者を「苛責なく批判し、彼等との無慈悲な闘争」を起

こし、「広汎な部落大衆をして宗教の影響下からひき出し、一切の宗教撲滅の闘争に参加せしめねばならぬ」と主張した（復刻版『融和事業年鑑』昭和七年版 部落解放研究所 昭和四十五年）。

このように宗教を否定する主張は、宗祖への回帰を求め本願寺批判をした初期水平運動とは大きく異なり、被差別部落の僧侶や門徒に浸透する余地は少なかった。

部落経済更生運動と一如会　昭和期に入り、水平運動との接点が希薄になった一如会は、真身会をはじめ、大正十四年九月、内務省社会局につくられた中央融和事業協会、府県社会課、大和同志会などの融和団体との連携を強めていった。昭和四年五月には、一如会主催で中国、四国地方も参加して、近畿府県融和団体協議会が開催された。一如会は「本問題に関して宗教家の活動に就いて御意見承度し」と「差別観念の内秘的傾向矯正方法如何」の二議案を提出した。そこでは部落問題の解決には、宗教団体を含めた広範囲な団体で取り組む必要性が論議された（『融和時報』三一 中央融和事業協会 昭和四年・復刻版『融和時報』第一巻 三一書房 昭和五十七年）。

翌年二月の大和同志会主催の同大会では、前回の論議をうけて、「融和運動は宗教の現状に対して如何なる態度をとる可きか」との協議題で討議され、宗教団体が反省し、改めるべきこととして次の三点が指摘された（『融和時報』四一 中央融和事業協会 昭和五年・『融和時報』復刻版 第一巻 三一書房 昭和五十七年）。

一、不当なる宗教的優越に依る融和上の一切の障礙を除去する事

二、不当なる宗教的人格冒瀆による融和上の一切の障礙を除去する事
三、宗教的観念遊戯による融和運動の一切の障礙を除去する事

昭和四年十月、世界恐慌が始まり、被差別部落の経済状況はさらに悪化した。昭和七年、中央融和事業協会は、被差別部落の経済的自立により差別撤廃をめざす、部落経済更生運動を開始した。中央融和事業協会長の平沼騏一郎《きいちろう》は、「自力更生運動に対する我等が信条」(『融和時報』七〇　昭和七年・『融和時報』復刻版　第二巻　三一書房　昭和五十七年)で、経済の悪化の原因を明治期以来の差別とし、「之に加ふるに、近時財界不況の影響を享けて、その窮迫の状態は、一般国民の経済生活の危機にも倍し」という状態にあるので、「先づ以てこの部落から救済してかゝるべき事の如何に急務なるか」と述べ、政府が地方改善応急施設費の予算を計上したことについて評価した。ただ、それだけでは不十分なので、「部落当面の人々が官公の施設と相俟つて、特に此際奮然厥起し、不撓不屈の信念を以て自力更生の道を拓く覚悟がなくてはならない」と主張した。

前年の第一〇回全国水平社大会では、被差別部落の人たちを階級闘争としての労働運動や農民運動に参加させるには、身分的組織である水平社に縛るのは有害だという水平社解消論も出された。これは大論争となり、各地の水平社にも影響を与え、対立が深まったため、七年は全国大会が開けなかった(渡部徹・秋定嘉和編『部落問題・水平運動資料集成』第二巻　三一書房　昭和四十九年)。

しかし、融和運動が部落経済更生運動を始め、同年、日本共産党が方針を転換したこともあり、

昭和八年三月の第一一回全国水平社大会で、身分闘争を再認識し、生活擁護闘争を重視する部落委員会活動という新運動方針が決定された。それは、同年六月に起きた結婚差別に関わる高松差別裁判闘争を通しておこなわれていった（『融和事業年鑑』昭和九年版）。

昭和九年十一月、一如会は創立一〇周年を迎えた。記念事業のひとつとして、「全国に百五十名の融和事業闘士を五カ年間に養成配置」するために、山科別院で内部自覚更生指導者養成講習会が開催された。顕真学苑主の梅原真隆が「真宗教義と融和運動」、京大助教授の渡辺庸一郎が「農山漁村経済更生の方途」、中央融和事業協会嘱託の河上正雄が「部落経済問題と更生策」をそれぞれ担当するなど、「経済更生」を中心とした講義がおこなわれた（『教海一瀾』第八一五号）。融和運動、水平運動が共に経済問題に重点を置いたことに一如会も歩調を合わせていった。

本巻を読むにあたって

本願寺教団では、これまで差別・被差別からの解放をめざして同朋運動の取り組みを進めてきました。部落差別の解決は、教団の課題であり、念仏者の課題です。二〇一六（平成二十八）年十二月十六日、「部落差別の解消の推進に関する法律」が公布・施行されました。そこには、現在もなお部落差別が存在することを認識し、部落差別の解消に向けた国及び地方公共団体の責務を明らかにして、差別のない社会の実現を目指すことが明記されています。私たちは部落差別の現実に学びながら、これからも同朋教団の実現に向けて歩みを進めていかなければなりません。

本願寺史料研究所は、かつて編纂した『本願寺史』（旧版）に対し、「被差別寺院を記録する史料や写真を記述・使用しながら、被差別寺院の存在を近世本願寺教団の歴史に位置づけていない」という指摘を受けました。当研究所は、この指摘を真摯に受けとめ、本願寺教団における差別の歴史をこれまで明らかにしなかったことが、差別の問題をすべての人びとの共有課題とする上での妨げとなり、結果として、差別の温存を招いた要因の一つであると考え、以後、「真宗と差別」の関わりを示す一次史料の蒐集・翻刻・刊行及び研究発表に努めてきました。また教団外の研究機関における本願寺所蔵関係史料の刊行・公開にも協力してきました。

このような教団内外で本願寺教団の差別に関わる史料の公開や研究の蓄積がなされる現状を鑑み、当研究所は『増補改訂 本願寺史』の編集にあたり、教団の部落差別に関わる歴史認識を新たにすることとしました。したがって、本巻は旧版以降に公開された史料や新たな研究成果をできるだけ吸収し、学術的立場で幕末から近代の本願寺教団の歴史的展開における差別の実態に迫りました。

本巻を手に取られた皆さまには、本巻で差別問題を取り上げた趣旨をご理解のうえ、この公刊を本願寺教団における差別の歴史について正しく学ぶ機縁としていただき、今後差別のない御同朋の社会の実現に参画されますことを念願しております。

増補改訂 本願寺史 第三巻

二〇一九年二月一日 発行
定価 本体(五、〇〇〇円+税)
編纂 本願寺史料研究所
発行者 浄土真宗本願寺派 総長 石上智康
印刷所 株式会社図書印刷同朋舎
発行 本願寺出版社
〒六〇〇―八五〇一
京都市下京区堀川通花屋町下ル
電話〇七五(三七一)四一七一
FAX〇七五(三四一)七七五三

(落丁乱丁はお取り替えします)
ISBN978-4-89416-088-0 C3315 ¥5000E
BD02-SH1-① 20-91